L'Adjectivité

L'Adjectivité

Approches descriptives de la linguistique adjectivale

Édité par
Franck Neveu et Audrey Roig

DE GRUYTER

ISBN 978-3-11-077704-8
e-ISBN (PDF) 978-3-11-060478-8
e-ISBN (EPUB) 978-3-11-060273-9

Library of Congress Control Number: 2019947139

Bibliographic information published by the Deutsche Nationalbibliothek
The Deutsche Nationalbibliothek lists this publication in the Deutsche Nationalbibliografie;
detailed bibliographic data are available on the Internet at http://dnb.dnb.de.

©2021 Walter de Gruyter GmbH, Berlin/Boston
This volume is text- and page-identical with the hardback published in 2020.
Cover image: Eugenesergeev/iStock/Getty Images Plus
Typesetting: Integra Software Services Pvt. Ltd.
Printing and binding: CPI books GmbH, Leck

www.degruyter.com

À la mémoire de nos collègues et amis
Naoyo Furukawa et Marc Wilmet

Sommaire

Franck Neveu et Audrey Roig
Introduction. Réflexions terminologiques et méthodologiques sur l'adjectivité —— 1

Partie 1 : **Regards sur le français**

Marc Wilmet
Chapitre 1 Adjectif, adjectivité et adjectivite —— 27

Jan Goes
Chapitre 2 Quels critères d'adjectivité pour... l'adjectif *en français* ? —— 40

Michèle Noailly
Chapitre 3 Peut-on présumer de la capacité d'un nom à s'adjectiver ? —— 61

Charlotte Schapira
Chapitre 4 Les syntagmes prépositionnels en *de* assimilables aux adjectifs —— 77

Franck Neveu
Chapitre 5 Détachement et adjectivité —— 91

Partie 2 : **Adjectivité et diversité linguistique**

Jean Léo Léonard
Chapitre 6 L'adjectivité dans deux antipodes typologiques, en termes de concentricité/exocentricité —— 129

Dan Xu
Chapitre 7 Adjectifs en mandarin : verbe ou adjectif ? —— 170

Yayoi Nakamura-Delloye
Chapitre 8 Adjectivation et adjectivité en japonais —— 187

Olga Artyushkina, Tatiana Bottineau et Robert Roudet
Chapitre 9   La mise en saillance et les réduplications adjectivales en russe —— 213

Jonas Sibony
Chapitre 10   Y a-t-il des structures morphologiques spécifiquement adjectivales en hébreu ? —— 234

Elise Mignot
Chapitre 11   Les noms composés de type nom + nom à accent tardif en anglais : un cas d'adjectivité —— 254

Adriana Orlandi et Michele Prandi
Chapitre 12   L'adjectif, une catégorie partagée : le cas de l'italien —— 270

Partie 3 : **Approches comparées avec le français**

Daniel Henkel
Chapitre 13   L'adjectivité en anglais et en français —— 295

Peter Lauwers et Kristel Van Goethem
Chapitre 14   L'adjectivité face à la perméabilité catégorielle. Examen contrastif du néerlandais et du français —— 333

Stéphanie Benoist
Chapitre 15   L'adjectivité en allemand et en français – étude comparative —— 356

Mats Forsgren
Chapitre 16   Adjectivité : statut et description grammaticale de l'adjectif dans la tradition scandinave, notamment suédoise —— 377

Eva Havu et Rea Peltola
Chapitre 17   L'adjectivité et le temps. Les propriétés permanentes et situationnelles des adjectifs finnois —— 392

Alvaro Arroyo-Ortega
Chapitre 18 Détermination et adjectivité du nom attribut en espagnol et en français. Éléments de comparaison —— 411

Huy Linh Dao et Danh Thành Do-Hurinville
Chapitre 19 Adjectivité entre lexique, syntaxe et discours : le cas de la recatégorisation N → V_Q en vietnamien —— 422

Naoyo Furukawa
Chapitre 20 Quelques cas particuliers de l'adjectivité en français et en japonais —— 446

Nizha Chatar-Moumni
Chapitre 21 L'adjectivité en arabe. L'état d'annexion et la relative —— 469

Adriana Orlandi et Michele Prandi
Conclusion —— 491

Table des matières —— 497

Franck Neveu et Audrey Roig
Introduction

Réflexions terminologiques et méthodologiques sur l'adjectivité

1 Introduction

Le titre principal donné à cet ouvrage collectif dit assez qu'il ne s'agit pas ici seulement pour les responsables de la publication d'offrir une contribution de plus à la grammaire descriptive de l'adjectif. Il s'agit aussi et surtout de faire travailler une notion, l'adjectivité, mal établie dans les nomenclatures et les usages terminologiques, afin de se donner la possibilité de poser autrement que dans les termes convenus de la tradition grammaticale française la question de la linguistique adjectivale.

Ce chapitre introductif se donne pour objectif de développer cette perspective, et d'égrener quelques hypothèses. Pour ce faire nous considérerons dans un premier temps l'adjectivité comme un observatoire des frontières syntaxiques et des niveaux d'analyse linguistique, ce que nous illustrerons au moyen d'un type de discontinuité syntaxique et énonciative représenté par le système appositif, puis par un cas de rupture du phénomène diastématique en français représenté par l'épithèse nominale.

Cette introduction sera également l'occasion de revenir sur les diverses étiquettes assignées au phénomène ici étudié et sur les implications inhérentes aux différents choix de nomenclature qui, s'ils procèdent évidemment du domaine linguistique étudié, limitent plus ou moins (voire cernent différemment) la portée de l'adjectivité. Cet état de l'art liminaire nous conduira ensuite à dresser un constat critique de certaines positions, ce qui nous permettra d'en revenir alors à des problèmes plus généraux dont les réponses conditionnent, quand elles ne le définissent pas d'emblée, le traitement de l'adjectivité.

Ces observations menées, nous proposerons pour terminer une définition syntaxique de l'adjectivité qui organise cette notion par rapport à son pendant morphologique, l'adjectivation. Nous montrerons comment ces deux notions se trouvent en situation de complémentarité plus qu'en situation d'équivalence.

Franck Neveu, Sorbonne Université, Faculté des Lettres, STIH
Audrey Roig, Université Paris Descartes - Université de Paris, EDA

2 L'adjectivité comme observatoire des frontières syntaxiques

La tradition française, et plus largement francophone, est l'héritière d'une conception analyse ascendante et catégorielle de la syntaxe qui se fonde sur une approche morpholexicale dans laquelle les fonctions sont décrites à partir des classes de mots. Les innombrables grammaires élaborées sur un plan se résumant à une morphologie et une syntaxe des parties du discours en sont une illustration. La perspective que l'on peut dire « Analyse descendante », qui aborde les fonctions syntaxiques à partir d'une segmentation sémantico-logique de la proposition, n'a connu en France, à la charnière des XIXe et XXe siècles, au moment de l'implémentation des savoirs grammaticaux par l'entreprise pédagogique, qu'un développement limité notamment par comparaison avec la tradition allemande :

> [...] en Allemagne, l'impact de l'analyse descendante (sémantico-logique) est beaucoup plus fort qu'en France, pays à forte tradition ascendante (et catégorielle). On peut s'en rendre compte dans le découpage des fonctions secondaires et du groupe verbal. Dans les grammaires de facture française, les fonctions secondaires portent l'empreinte des parties du discours auxquelles elles sont indissociablement liées : le *complément* est un nom, *l'épithète* un adjectif, *l'apposition* un nom. Dans la tradition allemande, en revanche, leurs homologues – qui ne le sont donc que de manière superficielle – s'inscrivent dans une logique descendante et correspondent à des entités sémantico-fonctionnelles (*Attribut/Apposition/(attributive) Bestimmung*). Dans le même sens, les grammaires allemandes dissocient la notion logico-fonctionnelle de prédicat, entité à constitution formelle variable (qui peut prendre la forme d'un simple verbe fléchi), et le *Verb* ou *Zeitwort*, c'est-à-dire le verbe en tant que partie du discours, alors que les Français se limitent à un seul terme, le *verbe*.
> (Neveu & Lauwers 2007 : 49)

Cette conception descendante, lorsqu'elle commencera à se répandre dans la description grammaticale du français, s'adaptera à ce contexte, et les grammairiens tenteront de concilier les deux approches dans le cadre d'une bidirectionnalité, illustrée particulièrement par l'analyse grammaticale et l'analyse logique (voir Chervel 1977), dont on connaît les incohérences :

> [...] ce n'est pas tant la bidirectionnalité en soi qui pose problème, mais surtout les incohérences qu'elle engendre. Ainsi, on assiste à des conflits « frontaliers » dans les zones où les deux perspectives entrent en concurrence, d'où la coexistence de deux conceptions du *complément* (sémantique et catégorielle) et de deux classements (*complément du sujet*, etc. vs *complément du nom*, etc.). En outre, les mêmes étiquettes désignent tantôt les groupes (nominaux) complets, tantôt les têtes, ce qui se reflète aussi dans la coexistence de deux termes pour la notion de fonction (*terme de la proposition* vs *fonction*). Qui plus est, certaines fonctions ne sont pas traitées dans le chapitre sur l'analyse de la

> proposition (par exemple l'épithète), mais sont rattachées à l'une ou l'autre partie du discours. Au fond, l'analyse de la phrase est minée par une discontinuité profonde, comme le montrent le peu de soin qu'on accorde à l'interface entre le niveau des parties du discours et celui des fonctions et l'absence de concepts intermédiaires tels que le syntagme (ou groupe de mots).
> (Neveu & Lauwers 2007 : 41)

On pourrait donc considérer que, d'une certaine manière, le terme d'*adjectivité* renoue avec une approche bidirectionnnelle de la syntaxe, mais informée et enrichie par le développement de la science linguistique au XXe siècle. Le terme en effet garde la trace de la tradition catégorielle dans sa base (*adjectif*) tout en s'ouvrant à une perspective fonctionnelle. Ce qui permet de poser l'hypothèse qu'il existe des segments linguistiques qui par leur comportement grammatical et sémantique entrent dans le champ de la syntaxe adjectivale sans pour autant présenter une similarité morphologique avec les entités traditionnellement réunies dans la catégorie « adjectif ».

Ce sont surtout les travaux réalisés sur la linguistique du détachement, notamment sur les caractérisants détachés, qui ont permis de donner corps à cette conception[1]. Ainsi, l'étude du système appositif, qui a réformé en profondeur les analyses traditionnelles de l'apposition, a pu faire apparaître le fait que l'adjectivité d'une séquence ne saurait être dissociée de la problématique interprétative et de la représentation d'un univers de pensée. Ce système a pu être décrit comme la mise en séquence par appariement de deux segments linguistiques hiérarchiquement ordonnés, constituant une expression désignative complexe formellement disjointe par le détachement.

Ainsi, à l'explication coréférentielle courante des appositions déterminées, qui postule une symétrie entre deux éléments de référence actuelle (coréférence actuelle selon Milner 1982 : 11), et qui bloque toute ordination entre les appositifs et donc toute partition du système en termes de support et d'apport, réduisant la construction à la formule du pléonasme (voir Figure 1):

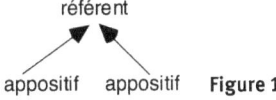

Figure 1

on a pu substituer une explication fondée sur une triple hétéronomie – syntaxique, sémantique, référentielle – de l'appositif détaché (voir Figure 2) :

---

[1] Pour le détail des analyses, des problématiques et des références, on se reportera, ici même, au chapitre 5 (*Détachement et adjectivité*).

Figure 2

Cette expression désignative complexe se compose ainsi d'un constituant support (contrôleur) et d'un consituant détaché (descripteur), de nature grammaticale diverse, prédiquant les propriétés du support, et formant avec lui une cellule référentielle et informationnelle.

L'adjectivité s'illustre également dans les cas de rupture du phénomène diastématique en français représenté par l'épithèse nominale (N_1N_2 : ex. *Sorbonne Université*). Ces constructions, étudiées en profondeur par Michèle Noailly (Noailly 1990), qui connaissent un développement considérable en français d'aujourd'hui du fait de la globalisation linguistique et de la relative uniformisation des systèmes syntaxiques (érosion des morphèmes prépositionnels, et préférence accordée aux mécanismes asyndétiques), illustrent ce qui pourrait être conçu d'un point de vue normatif comme des cas de « mise en séquence anomale ».

La langue française est riche de ce que Gustave Guillaume a appelé, dans une perspective psychomécanique, une *partie de langue diastématique*, c'est-à-dire une classe de mots dont l'incidence ne s'exerce pas à l'égard d'un support mais à l'égard d'un intervalle psychique entre supports (diastème). Par exemple, dans le syntagme *un chef d'orchestre*, la préposition (*d'*) a pour fonction de mettre en rapport le contenu de signification du substantif *chef* et celui du substantif *orchestre*, que sépare un intervalle grammatical non couvert par un mécanisme d'incidence en fonctionnement. En français moderne, deux mots en fonction substantive ne peuvent entrer mutuellement en incidence de manière directe. La préposition (*d'*) met donc ici en place un mécanisme d'incidence entre *chef* et *orchestre* qui sans elle serait réputé impossible, palliant ainsi l'inaptitude catégorielle du substantif en position 2 à caractériser le contenu de signification d'un autre substantif.

Or, dans les séquences du type N_1N_2, s'observe un phénomène que l'on pourrait associer au métaplasme par suppression, susceptible d'être décrit comme une construction directe par synthèse, autrement dit un cas de jonction par contiguïté.

Dans ces deux exemples d'application de la notion qui nous intéresse (qu'il s'agisse de constructions par détachement, ou par épithèse), on observe que l'adjectivité subsume deux opérations linguistiques fondamentales, celle de la caractérisation, pour le système appositif, et celle de la détermination, pour l'épithèse. Ce qui soulève la question de la nature exacte de l'adjectivité, qui semble dépasser de loin celle de la seule catégorie grammaticale.

3 L'adjectivité comme opération linguistique

On gagnerait sans doute à penser l'adjectivité comme une opération linguistique, ou du moins à prendre en compte, pour nourrir le débat autour d'une notion mal définie, la pertinence d'une telle perspective. Et c'est là encore Gustave Guillaume qui pourra aider à lancer la réflexion.

Guillaume, pour qui tout est opératif dans le langage, distingue (1919 : 31) l'opérateur-ouvrier, à savoir le sujet parlant, qui développe une visée constructive du discours qu'il veut énoncer, et les opérateurs-outils, qui sont en fait les opérateurs de langue que le sujet parlant doit nécessairement exploiter pour se donner les moyens d'exprimer verbalement sa pensée. Ainsi comme l'ont exposé André Joly et Annie Boone (1996 : 293) :

> L'intérêt est essentiellement dans la rencontre fonctionnelle des deux types d'opérateurs – l'opérateur-outil et l'opérateur-ouvrier. L'opérateur-outil s'offre à l'opérateur-ouvrier pour aider ce dernier dans ses manipulations. Opérateur de langue, il propose son cinétisme. L'opérateur de discours qu'est le locuteur transforme ce cinétisme en le convertissant en un statisme de saisie.

Deux acceptions de la notion d'opération sont développées par Guillaume : une acception qui renvoie aux différentes phases d'un procès mental ; une acception qui renvoie au fonctionnement d'une unité linguistique par rapport à d'autres unités. Si comme toute « partie de langue » (le nom, l'article, le verbe, etc.), l'adjectif exprime une opération, l'adjectivité peut être pensée comme une notion visant à mettre au jour le caractère opératif de ce que la grammaire fait entrer de segment de langue dans le champ de la notion d'adjectif. Dans ce processus complexe, comme élément intra-opérationnel, la construction n'est pas directement observable, elle n'est pas descriptible mais déductible du construit, qui résulte de la construction, et qui seul est observable. La tradition catégorielle et ascendante de la grammaire française a consisté à ne retenir dans sa description que cet observable, c'est-à-dire cet élément résultatif, ce construit (l'adjectif) pour exemplifier l'opération d'adjectivité.

Si comme le propose Guillaume on fait de l'acte de langage l'effectuation d'une transition entre la puissance de la langue et l'effet qui apparaît dans le discours construit sous la forme d'énoncés, on est tenu de considérer le manque dans l'explication linguistique visant la notion qui nous occupe, et que nous pourrions plaisamment formuler ainsi : *de quoi l'adjectif est-il le nom ?*

La linguistique générale a fait apparaître le fait que chaque langue exprime fréquemment par des catégorisations grammaticales différentes les mêmes opérations abstraites. Certaines de ces opérations, que nous pourrions dire « profondes », comme le contrôle, n'ont pas de portée ontologique bien que certaines entités aient des prédispositions à exercer un contrôle, comme le rappelle justement Jean-Pierre Desclés (2008 : 160) :

> Il faut [...] remarquer que le rôle de contrôleur exercé en général par une entité peut être transféré à une autre entité qui n'exerce pas, de par sa nature ontologique, ce rôle ; prenons pour exemple le transfert d'agentivité exercé sur « la voiture » dans *la voiture s'apprête à démarrer* (le conducteur de la voiture assume le rôle agentif qui est transféré, par le discours, à son contenant). Inversement, une entité qui exerce ontologiquement le contrôle peut perdre cette capacité, comme dans *Jean est tombé sans le faire exprès*.

Ainsi, sans doute, comme il le suggère, pour comprendre le statut des opérations de langage est-il nécessaire de disposer d'une architecture cognitive capable d'articuler les différents niveaux de représentation. C'est, on se le rappelle, une des tâches qu'Antoine Culioli assignait à la théorie des opérations énonciatives, qui analysait les marqueurs linguistiques comme des traces d'opérations plus abstraites. C'est en effet ici que commence véritablement la grammaire, dans ce qui fait énoncé.

C'est dans ce contexte que l'on peut mesurer la relation entre les notions d'adjectif et d'adjectivité, celle-ci servant à développer une reconception de celle-là. On peut ainsi formuler l'hypothèse qu'il n'y a pas de difficulté méthodologique à exploiter le terme d'*adjectivité* pour engager une analyse critique des descriptions grammaticales de l'adjectif et, le cas échéant, modifier son champ d'application. On y verra bien au contraire une vertu explicative puisque par là même on prend en compte l'origine catégorielle du terme pour en montrer les limites.

Mais afin d'y voir plus clair, il convient à présent de se pencher sur les questions d'étiquetages terminologiques pratiqués par les grammaires, ce qui fournit l'occasion d'observer le processus d'élaboration de la métalangue, ses réussites et ses impasses.

4 Problématique terminologique

L'adjectivité comme l'adjectivation suscitent depuis longtemps l'intérêt de linguistes d'obédiences différentes, tantôt de morphologues, de lexicologues ou de sémanticiens, tantôt de syntacticiens (cf. Kerleroux 1991 ou Aschenbrenner 2013, notamment). En fonction du regard porté sur l'objet, le phénomène constaté reçoit des appellations diverses et variées comme *conversion*, *dérivation*, *transfert*, *translation*, etc. Les étiquettes abondent – nous en avons recensé une dizaine – et ne se recouvrent généralement pas tout à fait.

- ***conversion*** (cf. Benveniste 1957 : 210, 1962 : 147 ; Marchand 1969 ; Tournier 1976 ; Lieber 1981 ; Corbin 1987 ; Chuquet & Paillard 1989 : 203 ; Kerleroux 1996, 1999 ; Apothéloz 2002 : 95–101 ; Bauer & Valera 2005 ; Lauwers 2008, 2014 ; Aschenbrenner 2013 : 40 ; Marzo & Umbreit 2013 ; Mignot 2016 ; Narjoux 2018 : 105, 126 ; Van Goethem & Koutsoukos 2018 ; etc.)
- ***dérivation implicite*** ou ***impropre*** (cf. Bally 1965 ; Grevisse 1936–1980 ; Dubois & al. 1973 : 142 ; Chevalier & al. 1990 : 55 ; etc.)
- ***dérivation zéro*** (cf. Corbin 1976 : 57 ; Tournier 1976, 1985 : 79 ; Sanders 1988 ; Everett & Kern 1997 : 347 ; Twardzisz 1997 ; Apothéloz 2002 : 95 ; Bauer & Valera 2005 ; Aschenbrenner 2013 : 41 ; Mignot 2016 ; etc.)
- ***distorsion catégorielle*** (cf. Kerleroux 1991, 1996 ; Lauwers 2008, 2014 ; Van Goethem & Hüning 2015 ; etc.)
- ***homonymie grammaticale*** (cf. Marchand 1969 : 359–60 ; Bauer 1983 : 32 ; Leisi & Mair 1999 : 86 ; Coates 1999 : 30 ; etc.)
- ***hypostase*** (cf. Marouzeau 1933 ; Bally ^{4}1965 : 307–308 ; Dubois & al. 1973 : 247 ; Académie française ^{9}2000 ; etc.)
- ***recatégorisation*** (cf. Landheer & Szirmai 1988 ; Roché 2003 ; Melis 2007 ; Fèvre-Pernet 2008 ; Habert 2009 : 158 ; Narjoux 2018 : 105, 126 ; etc.)
- ***transfert*** (cf. Martinet 1960 : 4.42 ; Nordahl 1972 : 72–73 ; etc.)
- ***translation*** (cf. Tesnière ^{2}1965 ; Guillaume 1987 : 88 ; etc.)
- ***transposition*** (cf. Bally ^{4}1965 : 112, 116 ; Benveniste 1969 ; Sechehaye 1926 : 100 et suiv. ; etc.)

Cette richesse métalinguistique est une double conséquence, celle de la difficulté de circonscrire le domaine linguistique habilité à traiter ce fait de langue d'une part, celle de l'évolution de la pensée scientifique d'autre part. Car les dix termes recensés ci-dessus pour désigner l'adjectivation ou l'adjectivité traduisent sibyllinement un parcours terminologico-disciplinaire où les « conversion » et « dérivation implicite/impropre » morpholexicales côtoient l'« homonymie grammaticale » ou la « translation », étiquettes plus syntaxiques qui s'inscrivent cependant dans des cadres linguistiques distincts : le distributionnalisme pour l'un, la syntaxe de dépendance pour l'autre (voir Tableau 1).

Cette observation liminaire laisse envisager la possibilité d'associer chacun des dix termes listés à un champ disciplinaire plus ou moins déterminé, mais il suffit d'évoquer par ailleurs l'existence d'une acception syntaxique du mot « conversion », par exemple, pour démontrer les limites qu'une telle classification

Tableau 1

Morphologie lexicale	Syntaxe
– conversion	– distorsion catégorielle
– dérivation Ø (zéro)	– homonymie grammaticale
– dérivation implicite ou impropre	– transfert
– hypostase	– translation
– recatégorisation	– transposition

rencontre. S'il semble donc possible d'identifier des affinités entre ces dix termes et certains domaines linguistiques, il faut aussi se garder de dresser des cloisons trop rigides entre ces dernières au regard du caractère mouvant de la nomenclature et de la porosité évidente aujourd'hui entre les disciplines linguistiques[2]. D'où l'utilité de faire le point sur le bagage sémantique des dix étiquettes listées plus haut.

(1) L'un des premiers termes rencontrés du côté des études de morphologie lexicale, c'est la *conversion*. D'apparition peu récente – Aschenbrenner (2013 : 40) fait remonter l'utilisation du mot en linguistique à Sweet (1891) –, la *conversion* désigne couramment le phénomène général de changement de classe grammaticale d'un lexème sans modification formelle de celui-ci.

> The term *conversion* goes back to Sweet (1891 : 38). He calls a lexeme converted when it adopts all features of the new word-class, e.g. inflectional endings, morpho-syntactic features, e.g. the converted noun *walk* in *he took a walk*. (Aschenbrenner 2013 : 40)

> La conversion est un mode de formation qui consiste à transposer un mot d'une catégorie grammaticale dans une autre sans aucune modification formelle, c'est-à-dire sans ajout ni retrait d'un affixe dérivationnel. (Apothéloz 2002 : 95)

> Conversion : change of word-class without change of form. (Aschenbrenner 2013 : 41)

Cette acception, encore très rencontrée dans les travaux contemporains, a largement excédé depuis lors le champ initial de la morphologie lexicale : la *conversion* est souvent retrouvée sous la plume de syntacticiens, par exemple, donnée alors en synonyme de la *dérivation zéro* (cf. la citation d'Aschenbrenner ci-dessous) ; voire dans des études de sémantique (*e.g.* Tournier 1985) (*idem*) :

---

[2] La morphologie tendant à la fois vers la lexicologie et la syntaxe, par exemple.

> The term « conversion » goes back to Sweet (1891 : 38). He calls a lexeme converted when it adopts all features of the new word-class, e.g. inflectional endings, morpho-syntactic features, e.g. the converted noun *walk* in *he took a walk* [...]. Gardiner (1951) regards conversion as a syntax-oriented approach and uses the term « incongruent function » (Štekauer 1996 : 15). Marchand (1969) or Koziol (1972) on the other hand, consider zero-derivation/conversion as a word-formation process. However, Koziol (1972) changed his mind and regards conversion as a syntactic phenomenon and thus not as a word-formation process any longer (Štekauer 1996 : 15). Hansen & al. (1982) place conversion again within syntax. And others such as Tournier (1985 ; 1988) see the phenomenon as a semantic process. Leisi & Mair (1999 : 86) state that from a synchronic point of view, conversion is treated as grammatical homonymy or zero-derivation (i.e. postulation of a zero-morpheme).　　　　　　　　　　　　　　　　　(Aschenbrenner 2013 : 40–41)

De ce débordement disciplinaire procède une forme de nébulosité du nom *conversion* dont le champ disciplinaire, plus que son étendue, requiert aujourd'hui d'être systématiquement précisé. Et c'est ce qui a conduit par ailleurs certains morphologues à préférer désormais l'appellation d'*affixation zéro* pour signaler l'exploitation morphologique du phénomène :

> Étant donné qu'elle opère sans mettre en œuvre d'affixes dérivationnels, la conversion ne laisse pas de trace sur le dérivé. C'est pourquoi on a pu dire qu'elle est une **affixation zéro**.　　　　　　　　　　　(Apothéloz 2002 : 95) [nous mettons en gras]

Remarquons en second lieu la contradiction que l'on peut observer entre plusieurs linguistes à propos de la définition même de la *conversion* : alors qu'elle implique généralement une modification de la classe grammaticale d'un terme sans que celui-ci ne change de forme comme nous venons de le montrer, la conversion exige, selon Dubois & *al.* par exemple, l'adjonction d'un suffixe dérivationnel à un terme de base :

> On appelle *conversion* la transformation d'une catégorie en une autre à l'aide de morphèmes grammaticaux ; ainsi, on dira qu'il y a conversion du nom en adjectif dans le cas d'addition du suffixe *-if* (*crainte*/*craintif*). (V. TRANSFORMATION).　　(Dubois & *al.* 1973 : 125)

(2) Le champ d'application de la *conversion* ne fait donc pas l'unanimité, mais il n'y a pas forcément d'incompatibilité entre la proposition de Dubois & *al.* (1973) et celle des précédents auteurs puisqu'il suffit de postuler l'existence d'un suffixe *zéro* (d'où l'appellation de *dérivation zéro*) pour pallier le problème que poserait l'analyse de *médecin* dans une phrase comme *Elle est médecin*. Le conflit est ailleurs, plutôt ; il concerne les cas de dérivations exocentriques comme *peureux* dans *Il est peureux*, qui illustrera un cas de *conversion* (morphologique) pour Dubois & *al.* (1973) mais non pour Apothéloz (2002) par exemple.

Il n'est pas rare au demeurant que la « dérivation zéro » soit présentée comme le synonyme parfait de la « conversion » morpho-lexicale :

> [...] dérivation zéro ou conversion, c'est-à-dire [...] un changement de classe ou de catégorie sans aucune modification formelle. (Dimmendaal 2004 : 206)

> From a synchronic point of view, the terms conversion and zero-derivation denote the same phenomenon, i.e. the change of a word-class without an overt formal marker on the word itself. However, these terms imply different theorical concepts. [...]
> Conversion : change of word-class without change of form. Zero-derivation : zero-morpheme as determinatum (Aschenbrenner 2013 : 41)

> Dans le cas de *smile* verbe par opposition à *smile* nom, on parle de *dérivation zéro* (comme s'il y avait un suffixe non réalisé phonologiquement), ou de *conversion*. (Mignot 2016 : chapitre 1)

Le syntagme « dérivation zéro » porte pourtant en lui les germes d'une lecture plus syntaxique, qui fait que l'on ne sait finalement trop dans quelle colonne du tableau proposé *supra* l'indexer : du côté de la morphologie lexicale ou de la syntaxe ? Comme la *dérivation* connait en effet une acception syntaxique – elle « désigne en grammaire générative l'application successive de règles de réécriture conduisant à engendrer une séquence dite *séquence terminale* » (Neveu 2004 : 93) –, il est possible d'interpréter la « dérivation zéro » syntaxiquement. Cette acception serait d'ailleurs née sous l'influence du distributionnalisme et sous l'essor de la grammaire générative transformationnelle, d'après Dubois & *al.* (1973 : 497), le morphème « zéro » permettant dans cette dernière perspective de lever certaines ambiguïtés qui n'auraient pu être levées autrement. Cette dernière hypothèse ne recueille néanmoins pas tous les suffrages : Guilbert (1975 : 164–165), par exemple, défend le rattachement de la « dérivation zéro » à la morphologie dans la mesure où la grammaire générative transformationnelle se passerait aisément de tout signe « zéro ».

> *Suffixe zéro et conversion*. [...] Le concept est lié à la théorie morphémique de la suffixation selon laquelle on opère une coupure entre le radical et l'affixe suffixal par la méthode des commutations. A partir du système de relations qu'institue cette analyse pour dégager successivement chaque élément, on peut prétendre dégager un élément zéro par opposition aux éléments pleins qui apparaissent dans une distribution donnée. Le signe zéro est alors un élément structurel du mot dont Godel a donné la définition : « un signe zéro n'est pas simplement l'absence d'un signe au sens saussurien, c'est-à-dire de l'ensemble signifiant + signifié, c'est un signe implicite dont le signifié se dégage de rapports mémoriels ou discursifs, mais dont le signifiant n'admet aucune réalisation phonique » (La question des signes zéro. *Cahiers F. de Saussure* 11, 1953 : 31). Cette définition très générale du signe zéro est valable aussi bien pour la flexion que pour la dérivation suffixale. [...] Selon les principes d'analyse de la grammaire générative, il s'avère inutile

de faire appel à ce concept de signe zéro. [...] La dérivation consiste donc dans le processus transformationnel et non dans l'adjonction d'un affixe qui peut être absent comme dans le cas analysé ci-dessus. (Guilbert 1975 : 164)

(3) Autre étiquette souvent associée de façon étroite à la *conversion* – mais davantage restreinte aux travaux portant sur le français –, la *dérivation implicite* (Bally 1965 : 305), aussi dite *impropre* (Grevisse 1936 à 1980 ; Dubois & *al.* 1973 : 142 ; Chevalier & *al.* 1990), permet quant à elle d'apporter une réponse à la difficulté exposée au début du point (2) en opposant sans ambiguïté les cas de dérivations *explicites* (*peur* > *peureux*) aux dérivations *implicites* (*rouge* > le *rouge*). Les qualificatifs « impropre » et « implicite » ne sont cependant pas neutres : ces adjectifs soulignent à demi-mot la contradiction sentie avec le principe même de la dérivation, qui reste avant tout un phénomène d'adjonction d'un affixe à une base.

> *La dérivation impropre*. Ce procédé consiste à transférer un mot de sa classe grammaticale d'origine dans une autre classe. (Chevalier & *al.* 1990 : 55)

> Nous appelons donc implicite toute dérivation où le signe de transposition, le suffixe, n'apparaît pas sur la ligne du discours, en sorte que le dérivé a, en apparence, la même forme que le mot dont il dérive, ou même une forme plus brève. (Bally 1965 : 305)

(4) Bally (^{4}1965 : 305) comme Dubois & *al.* (1973 : 142) opèrent en outre un rapprochement entre la dérivation implicite/impropre et l'*hypostase*.

> La lexicologie traditionnelle fait également usage du concept de *dérivation impropre* (ou *hypostase*) pour désigner le processus par lequel une forme peut passer d'une catégorie grammaticale à une autre sans modification formelle. La substantivation du verbe ou de l'adjectif, par exemple, sera un cas de dérivation impropre : *boire*, *manger* dans *le boire et le manger* ; *doux*, *amer* dans *le doux et l'amer*. (Dubois & *al.* 1973 : 142)

Utilisé dans le domaine de la théologie et de la médecine avant d'être évoqué en linguistique, ce terme désigne aujourd'hui ce que Sweet appelait autrefois la *conversion*, c'est-à-dire le changement de classe grammaticale d'un terme sans modification de sa forme.

> On appelle *hypostase* le passage d'un mot d'une catégorie grammaticale dans une autre (on dit aussi *dérivation impropre*) ; par exemple *Harpagon*, nom propre, peut devenir un nom commun, synonyme d'avare. (V. glissement de sens). » (Dubois & *al.* 1973 : 247)

> HYPOSTASE : 3. GRAMM. Passage d'un mot d'une catégorie grammaticale dans une autre. Les emplois substantivés de l'infinitif, comme « le parler », ou d'une expression entière, comme « le qu'en-dira-t-on », constituent des hypostases. (On dit aussi Dérivation impropre.)
> (*Dictionnaire de l'Académie française*, 2000)

> 507. Un substantif peut, avec la plus grande facilité, devenir adjectif (474). Il suffit pour cela qu'il soit privé d'actualisateur (110 ss.) et qu'il adopte les conditions d'emploi de l'adjectif : *orateur* est à moitié adjectif dans le type « Paul est *orateur* » (« *vraiment* orateur »), *artiste* l'est tout à fait dans « Paul est *très artiste* ». En fonction d'épithète, le passage est d'autant plus marqué : « un habit *marron*, des rubans *jonquille*, un chou *géant*, le style *gendarme*, des manières *peuple*, la question *argent* », etc. Comparez, pour la variété de ces nuances : « le travailleur, un travailleur, Paul est travailleur, très travailleur, plus travailleur que moi, un écolier travailleur ». **L'hypostase** n'est plus absolue quand le substantif prend la marque du genre mobile : *roman paysan : manières paysannes, logements ouvriers : questions ouvrières*, etc.   (Bally 1965 : 308)

Le substantif « hypostase » est également retrouvé dans les *Éléments de syntaxe structurale* de Tesnière (^{2}1965) bien que ce dernier l'utilise dans un sens très différent, quasi étymologique, sans lien donc avec la question de la « conversion » morpho-lexicale. Chez Tesnière, le mot trouve sa place au sein de la description syntaxique des appositions (*e.g.* « le *roi Louis* ») comme en témoigne cet extrait :

> Le substantif en apposition fait évidemment partie du nœud substantival ayant pour centre le substantif auquel il est en apposition. Ainsi *roi* fait partie du noeud structural commandé par *Louis*. En effet *roi* est en connexion sémantique directe avec *Louis*, dont il n'est syntaxiquement qu'une **hypostase**. (Tesnière ^{2}1965 : 163 (ch. 69, 2)) [nous mettons en gras]

(5) Dernier terme rattachable au domaine de la morphologie lexicale, la *recatégorisation* désigne elle aussi « de manière large toute forme de modification catégorielle d'une unité lexicale, qu'il s'agisse de catégories sémantiques (comptable/massif, concret/abstrait, animé/non animé, etc.) ou de catégories grammaticales (adjectif/adverbe, substantif/adjectif, préposition/substantif, participe/préposition, etc.) » (Neveu 2004 : 249). Ce qui particularise la *recatégorisation* par rapport à la *conversion*, c'est donc l'acception très large de cette première. Celle-ci rend le terme applicable à d'autres champs que la morphologie comme la sémantique par exemple, mais elle le rend également moins contraignant en ce qu'elle « ouvre son domaine d'application à la suffixation entraînant une modification catégorielle de la base » (*ibid.*). À cet égard, la recatégorisation rejoint finalement le procédé de la dérivation vu plus haut.

(6) Du côté de la syntaxe, l'examen de la nomenclature en lien avec la question de l'adjectivation et de l'adjectivité nous mène à la rencontre de l'*homonymie grammaticale*, notamment (Marchand 1969 ; Bauer 1983 ; Leisi & Mair 1999 ; dans une moindre mesure, Coates 1999). Moins attestée que d'autres, cette étiquette présente l'intérêt de s'opposer assez radicalement à la *dérivation zéro* : alors que la dérivation zéro suppose qu'il y ait toujours un terme « racine » et

un terme « dérivé », ce n'est pas le cas de la vision homonymique qui autorise la coexistence de deux formes lexicales, distinctes quoiqu'homonymes, sans rapport autre que formel entre l'une et l'autre.

> Grammatical homonymy : no fixed word-class (i.e. underspecification); word-class only actualized in concrete usage and purely syntactic approach. (Aschenbrenner 2013 : 41)

(7) Dans une perspective syntaxique également, Kerleroux (*e.g.* 1991, 1996) évoque quant à elle la notion de *distorsions catégorielles*[3] qu'elle différencie des *dérivations morphologiques* (dont la *conversion* serait un sous-type).

> L'hypothèse est que ce qui caractérise les cas de distorsion catégorielle par opposition aux cas de conversion, c'est que les termes n'acquièrent, de la position qu'ils occupent, que les propriétés de position, exclusivement, et non pas les propriétés d'identité catégorielle, pleine et nouvelle, que procure le statut de dérivé morphologique.
> Les cas de distorsion alors se laisseraient reconnaître au dentelé de leurs propriétés, tandis que le phénomène de dérivation morphologique se définit par l'acquisition systématique et massive d'une identité catégorielle. (Kerleroux 1996 : 189)

Cet extrait inspire à deux égards. Premièrement, l'on pourrait poursuivre la réflexion de Kerleroux en faisant de l'*adjectivité* une illustration de la *distorsion catégorielle* et de l'*adjectivation* un cas de *dérivation* (éventuellement une *conversion*) *morphologique*. Deuxièmement, ce passage laisse à penser qu'il y a peut-être lieu d'envisager un *continuum* pour situer et décrire les nombreux exemples de changements de classes grammaticales. Nous mettons provisoirement cette idée de côté pour y revenir à la section 4 de ce chapitre.

(8) Aux *distorsions catégorielles*, qui n'impliquent pas le changement de nature du terme concerné, semble répondre le *transfert* (*e.g.* Martinet 1960 ; Nordahl 1972). En effet, l'une des propriétés définitoires du *transfert* a trait à la possibilité, pour un lexème (ou un syntagme), sous réserve de voir sa nature originelle modifiée, d'occuper une fonction remplie prototypiquement par des items d'une autre classe grammaticale. Ainsi, *médecin* dans *Elle est médecin* sera décrit comme un *transféré adjectival attribut*, c'est-à-dire un nom qui, parce qu'il

---

[3] Les *distorsions catégorielles* de Kerleroux ont incité Lauwers à poursuivre la réflexion par le recours à la notion de *coerci(ti)on* (Kerleroux 2008, 2014 ; Lauwers & Willems 2011). Lauwers justifie l'emploi de cette appellation, plus étroitement liée aux *Grammaires de construction*, par l'importance qu'il convient d'accorder aux *contraintes* qui pèsent sur une forme ou qui en déterminent l'apparition. La coercition excède donc largement la problématique des seules distorsions catégorielles.

occupe une fonction traditionnellement remplie par un adjectif, a *transféré* dans une autre classe grammaticale, ici celle des adjectifs. Ce cas illustre au demeurant l'une des trois propriétés mises en évidence par Nordahl en 1972 :

> Non seulement les lexèmes nominaux, mais aussi un vaste répertoire de syntagmes nominaux et verbaux sont susceptibles de transfert adjectival. Sont caractéristiques de ce transfert les points suivants :
>
> (1) Les lexèmes nominaux et les syntagmes nominaux et verbaux transférés en adjectifs remplissent les trois fonctions principales de l'adjectif, à savoir les fonctions épithète, attribut, apposition. Fonctionnellement, le transfert peut donc être considéré comme accompli.
> (2) Grammaticalement, le transfert est marqué par
> a) la perte des marqueurs de modalité des noms,
> b) le refus des unités transférées d'accepter les modalités de l'adjectif : l'accord en genre et en nombre,
> c) la postposition presque obligatoire des transférés,
> d) la forme souvent syntagmatique des transférés,
> e) l'acceptation des transférés du système de comparaison.
> (3) Sémantiquement, les transférés adjectivaux dotent la langue d'un nouveau type d'adjectifs plurisémiques, qui se distinguent nettement des unités monosémiques que sont les adjectifs traditionnels.   (Nordahl 1972 : 72–73 ; *in* Lago Garabatos 1998 : 336)

Si le transfert implique en principe un changement naturel du mot, Martinet choisit par ailleurs d'intégrer à la catégorie des *transferts* les ellipses de support (par exemple, d'un support nominal) comme c'est le cas dans un syntagme du type *la cour des grands [garçons]*. Le degré de facilité de restitution de la lacune, quant à lui, n'importe pas : toute ellipse d'un support implique un transfert de l'avis de Martinet.

> on peut distinguer ici les emplois résultant d'une ellipse encore sentie comme telle (*la cour des grands [garçons]*) et où l'on peut restituer sur-le-champ l'élément manquant, et les cas où il y a eu réellement passage d'une catégorie à une autre (*les grands de ce monde, un grand d'Espagne*). Nous parlerons, dans l'un et l'autre cas, de *transfert*.
> (Martinet 1960 : 4.42)

(9) L'idée de *transfert* catégoriel cimente pareillement le concept de *translation* proposé par Tesnière (1959) bien que le changement catégoriel n'y soit plus que d'ordre syntaxique. Un nom peut ainsi fonctionner comme un adjectif par le biais d'une *translation* (ici, *simple*), opération qui permet à un *mot plein* d'assumer une fonction qu'il ne pourrait pas exercer autrement. Sur le plan fonctionnel (mais non morphologique), ce processus impose une modification de la classe grammaticale initiale du mot. Dans certains cas, cette opération exige le recours à un *translatif* comme la préposition *de* dans « la voiture *de Paul* » qui

permet l'assimilation du nom *Paul*, le *transféré*, à un adjectif épithète (à la manière de *rouge* dans « la voiture *rouge* »).

> dans le groupe *le livre de Pierre*, le substantif *Pierre* devient syntaxiquement un adjectif épithète au même titre que *rouge* dans *le livre rouge*. Bien que non adjectif morphologiquement, il acquiert ainsi les caractéristiques syntaxiques de l'adjectif, c'est-à-dire la valeur adjectivale (Tesnière 1965 : 364)

La notion de *translation*, qui gagnerait à être étayée davantage dans ce chapitre, a été la source de bien des travaux par la suite, et certains auteurs comme Feuillet (1986), Corblin (1991) ou Lago Garabatos (1998) n'ont pas hésité à revenir notamment sur le principe du changement syntaxique – mais jamais morphologique – du mot transféré. Par exemple, il y aurait, d'après Feuillet, une certaine « confusion » (1986 : 3) dans la théorie de Tesnière entre la catégorie et la fonction (*ibid.*) due au fait que « Tesnière, lui aussi, est victime de l'illusion selon laquelle l'identité des fonctions va de pair avec un changement de catégorie (translation) » (*ibid.*). Or, ajoute Feuillet, « Il n'en est rien » (*ibid.*) : même sur le seul plan syntaxique un nom *translaté* en *épithète*, c'est-à-dire présentant un *fonctionnement adjectival*, révèle des propriétés bien différentes de celles d'un véritable adjectif épithète :

> d'abord, on peut mettre en doute le fait que *de Pierre* serait épithète au même titre que *rouge*, [...]. Il serait sans doute nécessaire de distinguer au moins deux fonctions remplies par les adjectifs, comme on le fait pour les groupes nominaux déterminants : celle de qualité (*un homme de belle prestance*) et celle de possession (*le manteau de mon frère*). Plus important est le fait que *Pierre* garde sa nature nominale et connaît des expansions impossibles pour l'adjectif : *le livre de Pierre, l'ami dont je t'ai parlé hier, le livre du beau Pierre*, etc. Enfin, dans une langue comme le français, le comportement syntaxique de l'adjectif et du nom n'est pas le même : le complément nominal est obligatoirement postposé au déterminé alors que la place de l'adjectif est variable ; on ne peut coordonner *rouge* et *de Pierre* dans le même syntagme ; l'adjectif d'appartenance ne connaît aucune expansion. Parler « de valeur adjectivale » est donc un abus de termes. Tout se passe en fait comme si Tesnière avait figé le nom dans un rôle d'actant ou de circonstant et postulé une translation (arbitraire) dans les cas où il remplit une autre fonction : on ne peut trouver plus bel exemple de mélange des deux notions [= catégorie et fonction] fondamentalement différentes. (Feuillet 1986 : 3)

(10) Il reste enfin à mentionner la *transposition*, abondamment évoquée par Bally (1932) mais également retrouvée dans les travaux de Benveniste (1969) et de Sechehaye (1926) notamment. De prime abord, la *transposition* ressemble à bien des égards au principe de « translation » précédemment décrit. Comme la translation, en effet, la *transposition* permet à un lexème de remplir une fonction prototypiquement associée à des lexèmes d'une autre classe grammaticale. À cet égard, *translation* et *transposition* pourraient être sentis comme deux synonymes.

> Un signe linguistique peut, tout en conservant sa valeur sémantique, changer de valeur grammaticale en prenant la *fonction* d'une catégorie lexicale (substantif, verbe, adjectif, adverbe) à laquelle il n'appartient pas. Ainsi les substantifs *planète* et *campagne*, sans changer de signification, deviennent (fonctionnellement) adjectifs dans *(système) planétaire* et *(maison) de campagne* ; la phrase *tu mens* conserve son sens en devenant substantif et complément d'objet dans *(Je sais) que tu mens*. Ce système d'échanges grammaticaux sera appelé ici **transposition fonctionnelle**. (Bally ⁴1965 : 116) [nous mettons en gras]

À la différence de Tesnière néanmoins, Bally propose de distinguer deux types de *transpositions* : la *transposition fonctionnelle*, dont nous venons d'exposer la base et qui concerne directement la problématique de l'adjectivité, et la *transposition sémantique*, qui excède quant à elle les limites de la seule syntaxe puisqu'elle a également trait au lexique et à la sémantique. Bally illustre sa proposition au moyen de l'adjectif *glacial*, qui n'a pas le même rapport sémantique avec le substantif *glace* que le mot *sanglant* avec le nom *sang*. *Glacial* et *sanglant* sont pourtant tous les deux des dérivés adjectivaux par suffixation.

> La **transposition fonctionnelle** (qui relève exclusivement de la grammaire) doit être soigneusement distinguée de la **transposition sémantique**, qui intéresse aussi le lexique, par le fait que les signes changent de signification (généralement par emploi figuré) en même temps que de catégorie ; c'est le cas p. ex. lorsque *sang* devient adjectif dans *sanglant* (comparez « *vaisseau sanguin* », transposition fonctionnelle), et *glace* dans (un froid) *glacial* (comparez « *la période glaciaire* ») (Bally 1965 : 116) [nous mettons en gras]

Somme toute, la mention du procédé morphologique de la dérivation (ici, par suffixation) n'est pas anodine : la transposition, chez Bally, survient le plus souvent au terme d'une suffixation[4]. « Dans le domaine des signes virtuels ou sémantèmes, la forme la mieux connue de la transposition est la dérivation suffixale » (1965 : 118), écrivait-il d'ailleurs sans détour. Or, la plupart des dix termes discutés dans cette section 3 ne couvraient que les cas d'« homonymies » parfaites comme *rouge* vs *le rouge*. L'ouverture de la *transposition* aux dérivés « marqués » – par opposition à la *dérivation zéro* abordée plus haut – ouvre alors de nouvelles perspectives pour l'étude de l'*adjectivité*. Elle pose à tout le moins cette question : faut-il considérer les *dérivés (formellement) marqués* comme des manifestations d'*adjectivité* ? C'est là l'une des questions auxquelles nous allons tenter de répondre dans la dernière section de ce chapitre.

---

[4] Une tendance comparable est retrouvée chez Tesnière qui, sans les présenter pour autant comme des exemples canoniques, range les dérivés tels que *cornélien* (transférende : Corneille), *parisien* (transférende : Paris), etc. dans le tiroir des *translations*.

5 *Adjectivation* et *adjectivité*

Le passage sous la loupe des dix étiquettes précédentes permet d'établir un triple constat. D'abord, il semble désormais clair que l'abondance terminologique nuit plus qu'elle n'enrichit. Si les dix métatermes analysés ne se laissent pas toujours confondre, il n'en reste pas moins qu'un élagage de la nomenclature, sinon la réorganisation de ses termes, reste souhaitable. Cette remarque, de niveau micro, en appelle une autre, de niveau méso : les différentes positions adoptées par les auteurs cités *supra* donnent à voir la possibilité de regarder le phénomène de l'adjectivité de deux façons : soit en le liant à la fois à la problématique des catégories grammaticales et à celle des fonctions syntaxiques, soit en le restreignant au seul registre des fonctions syntaxiques. Pour le dire autrement, faut-il dire du mot *médecin* dans la phrase *Elle est médecin* qu'il est un *nom devenu adjectif de fonction attribut* ou est-il plus approprié de parler de *nom attribut* ? Si la première option illustre la voie de la *conversion* (au sens large) ou du *transfert*, la deuxième défend plutôt la thèse de la *translation*. Au demeurant, nous avons vu ci-dessus que la question de l'adjectivité et de l'adjectivation ne peut être restreinte au domaine de la morphologie lexicale puisqu'elle concerne également le champ de la syntaxe voire même, selon les auteurs, celui de la sémantique. De cela procède, au niveau macro, un questionnement plus général sur le rapport entre la morphologie et la syntaxe. Au regard des différents constats opérés ci-dessus, il nous semble désormais nécessaire de reconnaitre, plus qu'une complémentarité, une véritable *continuité* entre la morphologie et la syntaxe.

La souscription à cette démarche implique de regarder l'*adjectivité* et l'*adjectivation* en procédés *morpho(lexico)syntaxiques*. C'est d'ailleurs ce qu'a assez bien révélé l'examen de la terminologie ci-dessus : la question de l'analyse des termes *convertis* ne peut éluder les considérations syntaxiques de même que les *translatés* appellent systématiquement des commentaires d'ordre morphologique. Dans cette perspective, l'*adjectivité* et l'*adjectivation*, si elles sont les produits d'une question qui transcende la frontière de la morphologie ou de la syntaxe, servent finalement la cause de l'abolition de la cloison entre les deux disciplines. Elles plaident autrement dit pour la reconnaissance d'une continuité entre les deux domaines, articulés dynamiquement comme suit (voir Figure 3).

Il reste à présent à établir les différences entre l'*adjectivité* et l'*adjectivation*. Suivant la distinction opérée par Kerleroux (1996) entre les *distorsions catégorielles* et les *conversions morphologiques* ci-dessus et compte tenu plus généralement des informations livrées à la section 3 de ce chapitre, nous entendrons par *adjectivation* toute *formation d'un adjectif à partir d'un item qui, initialement, n'en est pas un*. Étant donné qu'elle implique le changement de la catégorie grammaticale

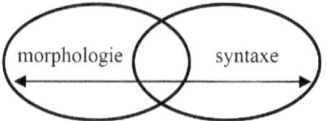
Figure 3

originelle de l'item adjectivé, l'adjectivation est donc intimement liée au principe morphologique de la *dérivation exocentrique*. L'*adjectivité*, par contre, naît de l'observation de données syntaxiques. Elle désigne de façon large *tout emploi adjectival d'un item ou d'un groupe de mots*. La complémentarité mise en évidence ci-dessus entre la morphologie et la syntaxe laisse par ailleurs envisager une forme de dynamicité entre les deux processus ; c'est pourquoi nous regarderons l'*adjectivité* comme le *résultat* d'une *action* particulière, celle de l'*adjectivation*.

À ce stade, deux questions se posent alors : celle de savoir s'il peut y avoir de l'adjectivité sans adjectivation d'une part et celle, contraire, qui interroge la possibilité d'avoir affaire à l'adjectivation sans adjectivité. Ces questions sont complexes et la réponse que l'on peut y apporter semble dépendre étroitement des choix théoriques qu'effectue le linguiste en amont.

5.1 Peut-il y avoir *adjectivité* sans *adjectivation* ?

À notre sens, la réponse tendrait vers l'affirmatif puisque si l'on s'en reporte aux définitions que nous venons de donner, il y aurait adjectivité sans adjectivation dans les emplois attributifs des noms comme dans *Elle est médecin*. Le fait qu'un nom en construction attributive ne présente pas toutes les propriétés d'un adjectif (cf. les propriétés recensées par Nordahl (1972) citées plus haut) serait en effet un indice de fonctionnement adjectival, c'est-à-dire d'une adjectivité, sans véritable adjectivation. Partant, une réponse positive de plus large envergure encore se profilerait en admettant l'absence de toute corrélation entre les classes grammaticales et les fonctions syntaxiques comme le propose Lago Garabatos (1998). Admettre cette hypothèse revient cependant à remettre en question le concept même d'*adjectivité* qui se voit en un sens réduit à néant. S'il n'y a pas la moindre corrélation entre les nature et fonction, en effet, il ne saurait y avoir d'*emploi adjectival*, c'est-à-dire d'*adjectivité*.

5.2 Peut-il y avoir *adjectivation* sans *adjectivité* ?

À l'inverse, il nous semble difficile de concevoir une adjectivation sans adjectivité et cela quelle que soit la portée du terme *adjectivation*. Ci-dessus, nous avons dit de l'adjectivation qu'elle était une dérivation exocentrique ayant pour finalité la formation d'un adjectif. Nous n'avons pas précisé toutefois le caractère plus ou moins morphologiquement marqué de cette dérivation. Pour le dire différemment, nous n'avons pas spécifié si l'adjectivation ne concernait que les *dérivations zéro* (*e.g.* « un pull *marron* ») ou si elle comprenait également les dérivations formellement marquées par un suffixe clairement identifiable (*e.g. peur > peureux*). À notre sens, il importe d'inscrire tous les cas de dérivations exocentriques, marquées ou totales (*e.g. peureux*) et non marquées ou partielles (*e.g. marron*), dans le cadre de l'adjectivation : *paresseux* (< *paresse*), *racinien* (< *Racine*), *stimulant* (< *stimuler*), etc. sont ainsi quelques résultats de l'opération d'adjectivation ; et toutes ces formes ne peuvent par ailleurs qu'illustrer, d'un point de vue syntaxique, l'adjectivité. À cet égard, il ne saurait donc y avoir d'adjectivation sans adjectivité.

6 Conclusion

La perspective morphosyntaxique que nous avons choisi d'adopter dans ce chapitre et qui sera adoptée plus généralement dans cet ouvrage, nous invite ainsi à concevoir l'*adjectivité* comme un phénomène de portée plus large que l'adjectivation : puisque l'adjectivité désigne notamment – mais pas exclusivement – le résultat de toute adjectivation, il faut donc concevoir l'ensemble *adjectivité* comme comprenant celui de l'*adjectivation* (voir Figure 4) :

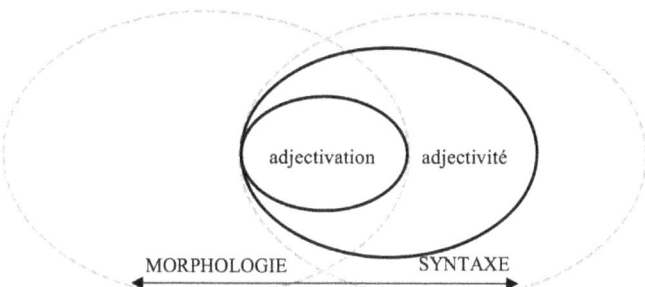

Figure 4

Nous le voyons, l'étude de l'adjectivité n'est pas totalement indépendante de celle de l'adjectivation. C'est vrai pour le français mais également pour d'autres langues du monde comme nous le verrons au fil des chapitres de cet ouvrage.

***

L'ouvrage que nous proposons n'a ni l'homogénéité d'une théorie, ni l'unité d'une monographie. Il n'a pas été pensé ainsi. Il développe des analyses qui, pour certaines d'entre elles, peuvent sembler entrer en conflit méthodologique. Il ne pouvait pas en être autrement sur cette notion si peu stabilisée qu'est l'adjectivité. Nous avons souhaité soumettre à la réflexion des linguistes un ensemble de perpectives couvrant l'essentiel des problèmes posés par la notion, en ménageant une place importante à la diversité linguistique et à la comparaison des langues, sans pour autant limiter l'intérêt porté à la langue française, que tous les auteurs du volume ont d'ailleurs en partage. Nous espérons ainsi offrir sur cette question un large éventail d'analyses susceptibles de déplacer quelque peu les lignes de la connaissance linguistique.

Au terme de cette introduction, nous réitérerons l'hommage dû à nos deux collègues et amis, Naoyo Furukawa et Marc Wilmet, qui nous ont fait l'honneur de s'associer à ce projet, et dont les travaux ont été si précieux pour notre discipline.

Bibliographie

Académie française, ^{9}2000, *Dictionnaire de l'Académie française*, vol. 2, Paris, Imprimerie Nationale/Fayard.
Apothéloz Denis, 2002, *La construction du lexique français. Principes de morphologie dérivationnelle*, Gap/Paris, Ophrys.
Aschenbrenner Anne, 2013, *Adjectives as nouns, mainly as attested in Boethius translations from Old to Modern English and in Modern German*, Herbert Utz Verlag, München.
Bally Charles, ^{4}1965 [1932], *Linguistique générale et linguistique française*, Berne, Franke.
Bauer Laurie, 1983, *English Word-Formation*, Cambridge, Cambridge University Press.
Bauer Laurie, Valera Salvador, 2005, « Conversion or zero-derivation : an introduction », *in* L. Bauer & S. Valera (eds.), *Approaches to Conversion/Zero-Derivation*, Münster, Waxmann Verlag : 7–18.
Benveniste Émile, 1957, « La phrase relative », *in Problèmes de linguistique générale* 1, 1966, Paris, Gallimard.
Benveniste Émile, 1962, « Le génitif latin », *in Problèmes de linguistique générale* 1, 1966, Paris, Gallimard.
Benveniste Émile, 1969, « Mécanismes de transposition », *in Problèmes de linguistique générale* 2, 1974, Paris, Gallimard.
Boone Annie, Joly André, 1996, *Dictionnaire terminologique de la systématique du langage*, Paris, L'Harmattan.
Chervel André, 1977, *Et il fallut apprendre à écrire à tous les petits Français : histoire de la grammaire scolaire*, Paris, Payot.
Chevalier Jean-Claude, Benveniste Claire-Blanche, Arrivé Michel, Peytard Jean, 1990, *Grammaire du français contemporain*, Paris, Larousse.
Chuquet Hélène, Paillard Michel, 1989, *Approche linguistique des problèmes de traduction anglais – français*, Gap/Paris, Ophrys.

Coates Richard, 1999, *Word Structure*, London/New-York, Routledge.
Corbin Danielle, 1976, « Peut-on faire l'hypothèse d'une dérivation en morphologie ? », *in* J.-C. Chevalier (dir.), *Grammaire transformationnelle : syntaxe et lexique*, Lille, Presses universitaires de Lille : 47–91.
Corbin Danielle, 1987, *Morphologie dérivationnelle et structuration du lexique*, Tübingen, Max Niemeyer Verlag.
Corblin Francis, 1991, « Lucien Tesnière, *Éléments de syntaxe structurale* », *in* H. Huot, *La Grammaire française entre comparatisme et structuralisme (1870–1960)*, Paris, Armand Colin.
Desclés Jean-Pierre, 2008, « Opérateurs et opérations constructives en linguistique », *Cahiers de praxématique*, 51 : 155–172.
Dimmendaal Gerrit Jan, 2004, « Morphologie », *in* B. Heine & D. Nurse (dir.), *Les langues africaines*, Karthala, Agence universitaire de la Francophonie : 193–208.
Dubois Jean & *al*., 1973, *Dictionnaire de linguistique*, Paris, Larousse.
Everett Daniel L., Kern Barbara, 1997, *Wari'. The Pacaas Novos Language of Western Brazil*, Chapter 2, London/New-York, Routledge.
Feuillet Jack, 1986, « Catégories et fonctions », *L'Information grammaticale*, 31 : 3–7.
Fèvre-Pernet Christine, 2008, « Stratégies dénominatives en onomastique commerciale », *Actes du 1er Congrès mondial de linguistique française (CMLF)*, https://www.linguistique francaise.org/articles/cmlf/pdf/2008/01/cmlf08268.pdf.
Grevisse Maurice, 1936, *Le Bon usage. Cours de grammaire française et de langage français*, Gembloux, Éditions J. Duculot.
Grevisse Maurice, ^{11}1980, *Le Bon usage. Grammaire française avec des remarques sur la langue française d'aujourd'hui*, Gembloux/Paris, Duculot.
Guilbert Louis, 1975, *La créativité lexicale*, Paris, Larousse Université.
Guillaume Gustave, 1919, *Le problème de l'article*, rééd. 1975, Paris/Québec, Librairie A. G. Nizet/Presses de l'Université de Laval.
Guillaume Gustave, 1929, *Temps et verbe*, Paris, Libraire ancienne H. Champion (rééd. 1965).
Guillaume Gustave, 1964, *Langage et science du langage*, Paris/Québec, Librairie A. G. Nizet/ Presses de l'Université de Laval.
Guillaume Gustave, 1964, *Leçons de linguistique 1943–1944*, série A, volume 10, *Esquisse d'une grammaire descriptive de la langue française* (II), Lille/Québec, PUL/Presses de l'Université Laval.Guillaume Gustave, 1987, *Leçons de linguistique 1945–1946*, série A, Lille/Québec, PUL/Presses de l'Université Laval.
Habert Benoît, 2009, *Construire des bases de données pour le français. 1. Notions*, Paris, Ophrys.
Kerleroux Françoise, 1991, « Les formes nues sont-elles simples ? », *LINX*, 25 : 21–44.
Kerleroux Françoise, 1996, *La coupure invisible. Études de syntaxe et de morphologie*, Villeneuve d'Ascq, Presses Universitaires du Septentrion.
Kerleroux Françoise, 1999, « Identification d'un procédé morphologique : la conversion », *Faits de langue*, 14 : 89–100.
Lago Garabatos Jésus, 1998, « Quelques remarques sur le concept de translation en Linguistique », *in* A. Englebert & *al*. (dir.), *La ligne claire. De la linguistique à la grammaire. Mélanges offerts à Marc Wilmet à l'occasion de son 60e anniversaire*, Louvain-la-Neuve, De Boeck Supérieur : 331–344.

Landheer Ronald, Szirmai Julia C., 1988, « Les effets sémantiques de la recatégorisation de l'adjectif », *in* R. Landheer (dir.), *Aspects de linguistique française : hommage à Q.I.M. Mok*, Amsterdam, Rodopi : 119–140.

Lauwers Peter, 2008, « The nominalization of adjectives in French : From morphological conversion to categorial mismatch », *Folia Linguistica*, 42 : 135–176.

Lauwers Peter, 2014, « Between adjective and noun : category/function, mismatch, constructional overrides and coercion », *in* R. Simone, F. Masini (eds.), *Word classes. Nature, typology and representations*, Amsterdam/Philadelphia, John Benjamins : 203–225.

Lauwers Peter, Willems Dominique, 2011, « Coercion : Definition and challenges, current approaches, and new trends », *Linguistics*, 49/6 : 1219–1235.

Leisi Ernst, Mair Christian, [8]1999, *Das heutige Englisch : Wesenszüge und Probleme*, Heidelberg, Winter.

Lieber Rochelle, 1981, « Morphological Conversion Within a Restrictive Theory of the Lexicon », *in* M. Moortgat, H. van der Hulst, T. Hoekstra (ed.), *The Scope of Lexical Rules*, Dordrecht, Foris : 161–200.

Marchand Hans, [2]1969, *The categories and types of present-day English word-formation : a synchronic-diachronic approach*, München, Beck.

Marouzeau Jules, 1933, *Lexique de la terminologie linguistique*, Paris, P. Geuthner.

Martinet André, 1960, *Éléments de linguistique générale*, Paris, Armand Colin.

Marzo Daniela, Umbreit Birgit, 2013, « La conversion entre le lexique et la syntaxe », *in* E. Casanova Herrero, C. Calvo Rigual (dir.), *Actes del 26e Congrés de Lingüística i Filologia Romàniques*, Berlin/New-York, De Gruyter : 565–576.

Melis Ludo, 2007, « La suite *préposition* + adjectif », *in* P. Larrivée (dir.), *Variation et stabilité du français : des notions aux opérations : mélanges de linguistique français offerts au professeur Jean-Marcel Léard par ses collègues et amis*, Leuven, Peeters : 221–234.

Mignot Elise, 2016, *Linguistique anglaise*, Paris, Armand Colin.

Milner Jean-Claude, 1982, *Ordres et raisons de langue*, Paris, Seuil.

Narjoux Cécile, 2018, *Le Grevisse de l'étudiant*, Louvain-la-Neuve, De Boeck Supérieur.

Neveu Franck, 2004, « Support et référenciateur de l'adjectif dans le système appositif – Sur l'interprétation des prédicats détachés », *in* J. François (dir.), *L'adjectif en français et à travers les langues*, Caen, Presses Universitaires de Caen/CRISCO : 337–356.

Neveu Franck, Lauwers Peter, 2007 : « La notion de tradition grammaticale et son usage en linguistique française », *Langages*, 167 : 7–26.

Neveu Franck, 2011 [2004], *Dictionnaire des sciences du langage*, Paris, Armand Colin.

Neveu Franck, Roig Audrey, Doualan Gaëlle (dir.), 2020, « Regards sur les adjectivaux », *Travaux de linguistique*, 79/2.

Noailly Michèle, 1990, *Le substantif épithète*, Paris, PUF.

Nordahl Helge, 1972, « Quelques aspects du transfert adjectival des lexèmes nominaux et des syntagmes nominaux et verbaux », *Archiv für das Studium der neueren Sprachen und Literaturen*, 209/1 : 57–75.

Roché Michel, 2003, « Catégorisation et recatégorisation en morphologie dérivationnelle : le cas de la dérivation en *-ier(e)* », *in* G. Coll & J.-P. Régis (dir.), *Morphosyntaxe du lexique. Catégorisation et mise en discours, Travaux Linguistiques du CerLiCO*, 16 : 75–92.

Sanders Gerald, 1988, « Zero Derivation and the Overt Analogue Criterion », *in* M. Hammond & M. Noonan (eds.), *Theoretical Morphology*, San Diego, California, Academic Press : 155–175.

Sechehaye Charles-Albert, 1926, *Essai sur la structure logique de la phrase*, Paris, H. Champion.
Sweet Henry, 1891, *A New English Grammar. Logical and Historical*, Oxford, Clarendon Press.
Tesnière Lucien, ²1965 [1959], *Éléments de syntaxe structurale*, Paris, C. Klincksieck.
Tournier Jean, 1976, « La notion de lexicalité. Deuxième partie : Lexicalité et lexicogénèse », *Recherches en Linguistique Étrangère*, 3 : 151–187.
Tournier Jean, 1985, *Introduction descriptive à la lexicogénétique de l'anglais contemporain*, Paris/Genève, H. Champion/Slatkine.
Twardzisz Piotr, 1997, *Zero Derivation in English. A Cognitive Grammar Approach*, Lublin, Maria Curie-Sklodowska University Press.
Van Goethem Kristel, Hüning Matthias, 2015, « From noun to evaluative adjective : conversion or debonding? Dutch top and its equivalents in German », *Journal of Germanic Linguistics* 27/4 : 365–408.
Van Goethem Kristel, Koutsoukos Nikos, 2018, « "Morphological transposition" as the onset of recategorization : the case of *luxe* in Dutch », *Linguistics*, 56/6 : 1369–1412.

Partie 1 : **Regards sur le français**

Marc Wilmet
Chapitre 1 Adjectif, adjectivité et adjectivite

> La nature de chaque mot est indépendante de l'usage qu'on en fait dans l'ensemble d'une proposition ; ce qui est une fois nom est toujours nom, ce qui est une fois Adjectif est toujours Adjectif, de quelque fonction qu'il puisse être chargé dans la proposition…
> (Nicolas Beauzée, *Grammaire générale*, 1767, vol. 1 : 303)

1 Introduction

Le linguiste qui se penche ou se repenche aujourd'hui sur la question de l'adjectif ne trouverait rien à changer à la sentence potentiellement décourageante de La Bruyère : « Tout est dit, et l'on vient trop tard depuis plus de sept mille ans qu'il y a des hommes et qui pensent », sinon… la date. En la matière, les premiers jalons remontent aux Grecs Platon et Aristote, cinq siècles avant notre ère. Que « tout » ait été « dit », l'excellent panorama de Goes (1999) en témoigne. Certains éléments méritent cependant d'être reprécisés et d'autres éliminés. C'est le toilettage que projette le présent chapitre.

2 À la recherche d'une définition

La grammaire latine rassemblait dans une classe de *nomina* 'noms' des *nomina substantiva* 'noms substantifs' et des *nomina adjectiva* 'noms adjectifs', affichant les mêmes déclinaisons : *pulchra puella* 'jolie fille', *bonus dominus* 'bon maitre', *magnum templum* 'grand temple', etc. Il aura fallu attendre en français l'abbé Girard (1747) pour que les deux sous-classes, que la morphologie ne solidarise plus, obtiennent leur autonomie : noms *fille, maitre, temple*, … ; adjectifs *joli, bon, grand*, …

Suivent au fil des années quantité d'essais de différenciation des noms et des adjectifs, par le sens (l'ontologie de la « substance » et des « accidents ») ou par la forme (les noms, possesseurs d'un genre et pour la plupart variables en nombre ; les adjectifs, dépourvus de genre intrinsèque mais pour la plupart

Marc Wilmet, Université Libre de Bruxelles

variables en genre et en nombre). On n'oserait jurer que les grammairiens modernes s'en soient complètement dépêtrés.

> Les grammaires traditionnelles se sont souvent contentées de la définition intuitive selon laquelle les noms désignent les êtres et les choses *(chien, table)*, laissant ainsi de côté de nombreux mots, comme *crime, courage, inflation, solidité*, auxquels le lexique et la syntaxe accordent le statut de noms. C'est pourquoi certaines d'entre elles ont jugé bon d'enrichir cette définition en ajoutant aux êtres et aux choses, les actions, les sentiments, les qualités, les phénomènes, etc., dont le défaut est de provoquer des chevauchements avec d'autres parties du discours : ainsi la notion d'*action* entre également dans la définition du verbe ; quant à la notion de *qualité*, elle joue un rôle essentiel dans la définition de l'adjectif. (Arrivé & *al.* 1986 : 404)

La solution pourrait venir du mécanisme guillaumien de l'*incidence*. Rappelons-en le libellé : « [L'incidence] a trait au mouvement, absolument général dans le langage, selon lequel, partout et toujours, il y a apport de signification, et référence de l'apport à un support » (Guillaume 1971 : 137)[1].

Que signifie au juste « dans le langage » ? Des formulations comme « le support que le substantif se destine » et « le support qu'on destine à l'adjectif en discours » (leçon du 17 mars 1949) ou « la propriété que le verbe a en commun avec l'adjectif d'être incident en dehors de lui-même » (Guillaume 1990 : 78) réservent l'incidence à des rapports virtuels. La leçon du 1er juin 1950 enfonce le clou.

> Lorsqu'on parle d'incidence, il faut bien se représenter qu'il s'agit toujours de quelque chose de virtuel. Dans la langue, le mot apporte avec lui, liée à lui, une prévision d'incidence à lui destinée. Cette incidence *in posse* liée au mot dès la langue est le déterminant majeur de la partie du discours. C'est faute d'avoir reconnu pour ce qu'il est le mécanisme d'incidence lié aux mots, que la théorie des parties du discours a été jusqu'à présent si mal réussie par des linguistes de grande réputation (1974 : 202).

On n'en relève pas moins sous la plume de Guillaume des ferments d'ambigüité (cf. Wilmet 2006). Le fait, par exemple, d'excepter l'infinitif de l'incidence externe du verbe ou d'imputer l'adverbe à une incidence « en cours » glisse de la virtualité de l'incidence hors énoncé à une incidence effective en énoncé[2]. Le

---

1 « Une notion nouvelle, très importante, dont, avant nous qui en faisons état depuis longtemps, aucun grammairien n'a fait état », proclamait Guillaume (*ibid.*). Rendons toutefois à César... La *Présentation générale* du volume *La prédication* (Merle 2009 : 8) mentionne, à la fin du XIIIe siècle, les modistes Jean et Martin de Dacie substituant à la relation logique *sujet-prédicat* le couple *suppositum-appositum*.

2 Deux extraits à sonder de la leçon du 1er juin 1950 (Guillaume 1974 : 200, 202) : « En effet, quand je dis *marcher*, je ne réfère pas le verbe à une personne sujet à lui extérieure, je réfère l'idée de "marcher " à elle-même, et c'est ce jeu d'incidence interne qui confère à la

mieux serait donc de distinguer nettement deux modalités d'incidence : une incidence *in posse*, distributrice des classes grammaticales, et une incidence *in esse*, créatrice des fonctions[3].

3 Les classes grammaticales

Le nombre de classes (anciennement *partes orationis* 'parties du discours') et leur composition n'ont rien eu de stable dans l'histoire. Platon en identifiait deux, Aristote trois, les stoïciens cinq, l'Alexandrin Denys le Thrace huit, un chiffre qui allait revêtir, de l'époque romaine au Moyen Âge et au-delà, une valeur à ce point symbolique que les grammairiens seront amenés pour s'y tenir à compenser chaque sortie par une entrée et à pratiquer d'incessants transferts.

Au XIXe siècle, la grammaire scolaire récupère les classes de la lignée platonicienne à l'enseigne des *natures*. Contrairement à ce qui a parfois été soutenu, les deux noms *classe* et *nature* ne font pas double emploi : une classe se constitue de mots de même nature (il serait truistique de déclarer « de mots de même classe ») et la nature commune ramène l'attention, de l'extérieur à l'intérieur de la classe, vers l'identité des membres promis à une diversité de *fonctions*.

Comment l'incidence guillaumienne en arrive-t-elle à renouveler la problématique ?

Si l'on y réfléchit, le rapport d'un mot apport à un support virtuel rejoint l'*extension* logique, c'est-à-dire l'ensemble des êtres du monde auxquels le mot est applicable.

Les mots « du dictionnaire » se répartissent d'après ce critère dans quatre classes : (1) le nom, (2) l'adjectif, (3) le verbe, (4) le connectif.

(1) Les noms ne sont en attente d'aucun support étranger à eux-mêmes. *Homme* ou *chat*, par exemple, s'entendront toujours directement d'hommes, fussent-ils français, lapons, iroquois ou javanais, et de chats, fussent-ils siamois, abyssins, chartreux ou de gouttière. Leur extension est *immédiate*.

---

construction d'infinitif son caractère nominal » [une note embarrassée de l'éditeur oppose *le beau*, « fait momentané d'exploitation discursive », et *marcher*, « fait permanent de langue »].
« Dans *Pierre marche vite*, "vite" n'est pas incident à *Pierre* et n'est pas non plus, comme on le supposerait à tort, incident à *marche*. *Vite*, est incident à l'incidence de *marche* à *Pierre*, c'est-à-dire incident à une incidence en cours. »
3 Boone & Joly (1996) établissent que « l'incidence est en partie fait de langue, en partie fait de discours ».

Ni les mesureurs *kilo, litre, mètre, stère,* etc. ni les quantifieurs *millier, million, milliard,* etc., évidemment voués à diverses affectations ultérieures (un kilo/millier, etc. de x, y, z), ne contreviennent au principe : un kilo de plumes ou un kilo de plomb restent d'abord un kilo... Les noms abstraits, pas davantage. Par exemple les noms *courage* ou *combativité*, bien qu'ils subsument les propriétés d'un chapelet d'actes et d'individus courageux ou combatifs, dont ils extraient la quintessence, se rapportent prévisionnellement à toutes les variétés et à n'importe quelle variété de courage ou de combativité, non à ces actions où à ces individus courageux et combatifs[4].

(2) Les adjectifs sont en attente d'un support étranger à eux-mêmes. Par exemple *roux* se tient en instance d'application à un homme, un chat, un écureuil, etc. ; *aimable* à un individu, un sourire, une promesse, etc. Leur extension est indirecte ou *médiate*.

Aux adjectifs du type de *roux* ou d'*aimable*, classiquement nommés « qualificatifs », s'adjoignent les « déterminatifs » de la tradition scolaire : « articles définis », « indéfinis » et « contractés » *le, la, les, un, une, de, du, de la, des* ; « numéraux cardinaux » *un(e), deux, trois, quatre,* etc. et « numéraux ordinaux » *premier, deuxième, troisième,* etc. ; « démonstratifs » *ce(t), cette, ces* ; « possessifs atones » *mon, ma, mes,* etc. et « possessifs toniques » *mien, tien, sien,* etc. ; « interrogatifs » et « exclamatifs » *quel, quelle, quels, quelles* ; « relatifs » *lequel, duquel, auquel,* etc. ; « indéfinis » *chaque, tout, plusieurs, autres, certains,* etc.

Mais, dispute scolastique prévisible, prenons *automobile* ou *apéritif*. Des adjectifs « qualificatifs » (*voiture automobile, boisson apéritive*) ou des noms ? Rien n'empêche de considérer qu'originellement adjectifs, ils auraient troqué au sens d'"auto' et au sens d'"apéro' leur extension médiate contre l'extension immédiate d'un nom féminin et d'un nom masculin. Et vice-versa pour les « adjectifs de couleur » *rose* ou *marron*. Ces noms et ces adjectifs coexistent en tant qu'homonymes (les gentilés distinguant à l'écrit la nature nominale au moyen de la majuscule : *Français, Chinois,* etc. vs les adjectifs *français, chinois,* etc.).

---

4 La critique de Goosse (2016 : § 459 : « la formule *objets du monde* s'adapte difficilement, selon le sentiment ordinaire, aux noms abstraits ») rejoint les analyses, à mon avis erronées, des philosophes du langage Goodman (1951 : 111 : « A quality is a class of all those things that have someone quality in common ») ou Strawson (1977 : 45 : « une occurrence de sagesse peut être un homme, une remarque ou une action »). Pour R. Martin (communication personnelle), l'extension du mot abstrait *bonté* n'est pas celle d'individus mais d'une propriété : celle qui s'attache à tout acte de bonté. La remarque est compatible avec la définition du nom abstrait que fournit notre *Grammaire critique* (2010 : 102) : *courage* et *découverte*, par exemple, sont 1° des noms d'objets immatériels, 2° dérivés d'un adjectif (*courageux*) ou d'un verbe (*découvrir*), 3° abstraction faite des informations circonstancielles de personne, de lieu, de temps, etc.

(3) Les verbes sont, comme les adjectifs, d'extension *médiate*. Par exemple, *courir* s'attachera à un homme, un animal, une rumeur, la maladie d'amour, etc. La différence est que l'adjectif sollicite les catégories de genre et de nombre du nom, le verbe les catégories de la conjugaison : mode, temps, aspect[5].

Deux formes verbales significativement étiquetées « participes » (autrement dit « participant » de deux natures) cumulent les catégories du verbe et de l'adjectif. Elles ont d'ailleurs longtemps constitué une classe des grammaires latines et des grammaires françaises sous l'Ancien Régime. Disons que les mal nommés participes « passés » et participes « présents » (le temps d'époque ne les concerne pas) seront au moins toujours des adjectifs, nonobstant la séparation tardive et à motivation purement orthographique de « participes présents » accentuant le versant verbal et d'« adjectifs verbaux » accentuant le versant adjectival.

(4) Les connectifs – un terme préféré au plus courant *connecteur*, qui annonce ou semble exiger une connexion réelle, pourtant absente à l'initiale de phrase : *Mais où sont les neiges d'antan ? Si Versailles m'était conté*, etc. – sont en attente de deux supports extérieurs. Ils regroupent les prépositions et les conjonctions. Leur extension est *bimédiate*.

En résumé, à côté du nom, d'extension immédiate, à côté du verbe, d'extension médiate et pourvu de catégories spécifiques, à côté du connecteur, d'extension bimédiate, l'adjectif est un mot d'extension médiate doté des catégories (genre et/ou nombre) du nom[6].

L'étape suivante est celle de l'entrée en contexte. Elle aura pour effet d'actualiser l'incidence des mots anciennement isolés. De façon prévisible, la prise d'un support par l'adjectif s'effectue à deux niveaux : le niveau intermédiaire du syntagme et le niveau supérieur de la phrase.

---

5 *Catégorie* est souvent utilisé, sous le patronage moral d'Aristote, comme synonyme de *classe* (pas seulement en grammaire : on parle aussi de « classes » ou de « catégories » sociales »...). Tirant parti du doublet, nous spécialisons *catégories* aux formants des classes.

6 Sortent ainsi de la liste des classes trois espèces de mots ne réagissant pas à l'extension immédiate, médiate ou bimédiate, à savoir les pronoms, les adverbes et les interjections. Les pronoms sont promus au rang de syntagmes nominaux synthétiques (par exemple *je* = 'celui qui parle lui-même de lui-même'), les adverbes au rang de syntagmes nominaux prépositionnels synthétiques (les « Messieurs » de Port-Royal, Arnauld et Lancelot (1660 : chap. XI), en avaient eu l'intuition lorsqu'ils observaient que *sagement* ou *aujourd'hui* n'étaient « que pour signifier en un seul mot ce qu'on ne pourrait marquer que [comprendre 'ce qu'on pourrait ne marquer que'] par une préposition et un nom commun : *sapienter*, sagement, pour *cum sapientia*, avec sagesse ; *hodie* pour *in hoc die*, aujourd'hui »). Les interjections deviennent de leur côté des phrases synthétiques (d'ailleurs déjà taxées à l'envi de « monorhèmes », de « phrasoïdes », de « phrasillons » ou de « mots-phrases ») : *Allo* = 'qui est à l'appareil ?', *Aïe* = 'j'ai mal', *Ouste* = 'sortez !', etc.

4 Le syntagme

On désigne par syntagme une réunion organique de vocables autour d'un mot faisant office, au choix, de centre, de tête, de foyer, d'axe ou – ma préférence personnelle – de noyau[7]. Concrètement, les syntagmes se laissent ramener à une trilogie : (1) syntagme nominal (abréviation SN), (2) syntagme adjectival (abréviation SA), (3) syntagme verbal (abréviation SV)[8].

(1) Un SN se constitue d'un noyau nominal (NN) et d'un ou plusieurs mots qui s'y rapportent : les déterminants (au sens propre de déterminer = 'circonscrire, limiter, enclore')[9].

Le NN est le plus souvent un nom, que son extension immédiate prédestine à cette tâche, mais pas forcément. On y trouve :

- Des adjectifs : *les Précieuses, la carte du Tendre, un faux dur, la der des der*, etc., sans bien entendu oublier les participes : *un croyant, les mourants, une inculpée, des proscrits*, etc.
- Des verbes : « Un *tiens* vaut mieux que deux tu l'auras » (La Fontaine) et en particulier des infinitifs : *un grand savoir, le manger et le boire*, etc.
- Des connectifs : conjonctions *Il n'y a pas de mais ou de si qui tienne* ; prépositions *son ex* = « ex-mari ou ex-femme », *un extra* = 'un supplément', etc.
- Des pronoms, des adverbes et des interjections (reclassés *supra* SN synthétiques, SN prépositionnels ou PREPSN synthétiques et phrases synthétiques) :

---

[7] Autre choix terminologique, dont l'enjeu dépasse le simple vocabulaire : alors que beaucoup de grammaires du français utilisent obstinément *groupe* au lieu de *syntagme*, l'étiquette savante offre l'avantage de conjoindre à l'idée de linéarité (due à l'étymologie de σύνταγμα = 'rangement'), celle de bloc ou d'agrégat, qui évite l'assimilation contre-intuitive de par exemple le nom propre *Pierre* de *Pierre aime la jolie Marie* à un passablement hétéroclite, mêlant la nature et la fonction, GPS 'groupe sujet'. Second avantage : *groupe* resservira à désigner un morceau de syntagme (par exemple le syntagme *la jolie Marie* inclut le groupe *jolie Marie*).

[8] Les SP 'syntagmes prépositionnels' de la grammaire américaine deviennent dans cette optique des syntagmes nominaux prépositionnels (PREPSN), syntagmes adjectivaux prépositionnels (PREPSA) et syntagmes verbaux prépositionnels (PREPSV).

[9] Une toute jeune tradition française, hélas vite ancrée (depuis Dubois & Lagane 1973), bénéficiaire mais aussi victime du distributionalisme américain déferlant sur l'Europe après la seconde guerre mondiale, en est arrivée à oublier sa propre tradition des *natures* et des *fonctions* pour créer deux classes séparées d'« adjectifs » (les anciens « qualificatifs ») et de « déterminants » (les anciens « déterminatifs » augmentés des « articles » et dégraissés des « numéraux ordinaux », des « possessifs toniques », des « indéfinis » *autres* et *mêmes* passés « adjectifs »). Répétons qu'à rigoureusement parler *adjectif* désigne une classe et *déterminant* une fonction.

un moi surdimensionné, « Le vierge, le vivace et le bel *aujourd'hui* » (Mallarmé), « … c'est un acteur déplorable qui gueule,/Et qui soulève avec des *han !* de porteur d'eau/Le vers qu'il faut laisser s'envoler » (Rostand), etc.

La façon dont ils déterminent trie les déterminants en (a) quantifiants (un terme plus en harmonie avec *déterminant* que ses concurrents *quantifieur* ou *quantificateur*), (b) qualifiants, (c) quantiqualifiants.

(a) Les quantifiants déclarent l'*extensité* – un néologisme de Guillaume mais une notion qui remonte, sous le nom d'*étendue*, à Beauzée (1767) – d'un NN (ou d'un groupe nominal GN : cf. la note 7), en clair la quantité d'êtres du monde auxquels le NN (ou le GN) est appliqué dans l'ensemble des êtres du monde auxquels il est applicable. Ce sont eux qui font véritablement le SN, qu'il s'agisse de marquer une extensité précise (les « numéraux » *un, deux, trois, quatre, cent, mille*, etc.), une extensité transversale, fluctuant d'un pôle – à un pôle + (les « articles » de *Un enfant pleure dans la chambre voisine* ou de *L'homme portait un chapeau de paille* = 'un individu' vs *Un enfant est l'ouvrage de sa mère* et *L'homme est un animal raisonnable* = 'tous les enfants/tous les hommes') ou une extensité sectorielle de zone haute, moyenne ou basse : *tout, chaque, quelques, plusieurs, aucun, nul*, etc.

Quoique les adjectifs se taillent en cette fonction la part du lion, ils disposent en extensité numérique et en extensité sectorielle de doublons ou de suppléants sous des formes diverses : SN *une douzaine de, un millier de, une moitié de, une troupe de, un fragment de, un chouïa de, la plupart des, nombre de, quantité de*, etc. et compositions pronominales ou adverbiales *que de, ce qu'il faut de* (chez Aragon : « Ce qu'il faut de malheur pour la moindre chanson... »), *beaucoup de, longtemps de, bien des*, etc.

(b) Les qualifiants touchent à l'extension du NN, soit, pour rappel, l'ensemble des êtres du monde auxquels le NN est applicable (nommée « latitude d'étendue » chez Beauzée), hors contexte ou dans une situation donnée. Par exemple, le SN *une fille courageuse* réduit l'ensemble des filles à un sous-ensemble (il existe moins de filles courageuses que de filles tout court), le GN *fille courageuse*, que quantifie *une*. Même les neutralisations *le bouillant Achille* = 'Achille en permanente ébullition' ou *la perfide Albion* = 'l'Angleterre telle qu'en elle-même l'éternité ne la change pas' inscrivent aux ensembles singletons, *i.e.* constitués d'un seul élément, *Achille* et *Albion* des sous-ensembles *bouillant Achille* et *perfide Albion* égaux aux ensembles initiaux (se souvenir qu'en mathématique ensembliste l'ensemble est déjà le premier sous-ensemble de l'ensemble).

Les qualifiants sont en majorité des adjectifs (y compris les participes *thé dansant, eau bouillante, eau bénite, porte close, ramoneur juré*, etc.), indépendamment de leur sémantisme : les « intrinsèques » *grand, rouge, pauvre, serviable, bon*, etc., les « extrinsèques » *autre, même, ainé, cadet, dernier*, etc., les « relationnels » *cardiaque* = 'du cœur', *routier* = 'des routes', *terrestre* = 'de la terre', etc., les « comparatifs synthétiques » *meilleur, pire*, etc., les « ordinaux » *premier, second, troisième*, etc., les « multiplicatifs » *double, triple*, etc., les « possessifs » *mien, tien, sien*, etc. Mais aussi, en plus des adjectifs, des noms (et des SN), des verbes, des pronoms et des adverbes, raccordés directement ou indirectement au NN, des sous-phrases qu'enchâssent un pronom ou une conjonction, des « interjections ».

- Noms : *robes roses* (la marque du pluriel naturalise *rose* adjectif, vs *des vestes marron, des pantalons garance, des sous-vêtements cerise*, etc.), *régime minceur, plan catastrophe, fauteuil Voltaire*, etc.
- SN : *arbre à fruits, soupe aux potirons, femme du boulanger, château de ma mère, gloire de mon père, biscuits pour chien*, etc., classiquement dits « compléments déterminatifs », donc *déterminatif* assez juste, mais *complément* inexact, les SA et les SV ayant le monopole de la fonction complétive. Sont encore à inclure aux qualifiants les « fausses appositions » *roi Louis, ville de Paris, Sinbad le Marin, nos ancêtres les Gaulois*, etc.
- Verbes : les infinitifs *fer à friser, fureur de vivre*, etc.
- Pronoms : *Pierre le Grand, Jeanne la Folle*, etc. (la majuscule indique que les qualifiants sont partie intégrante de la dénomination propre), *bien d'autrui, envie de rien, besoin de tout*, etc.
- Adverbes : *lettre exprès, banquette arrière, temps jadis, fille bien, ci-devant marquis, désormais ministre, journal d'hier, gens d'ici, neiges d'antan*, etc.
- Sous-phrases : *l'homme qui rit* (pronominale), *la pensée que Marie m'attend* (conjonctivale), etc.
- Phrase synthétique : *la bof génération* = « qui méprise tout et n'importe quoi ».

(c) Les quantiqualifiants assurent conjointement l'extensité et l'extension du NN ou du GN. Un ingrédient quantifiant et un ingrédient qualifiant coopèrent ainsi au creux des « possessifs » *mon, ton, son, ma, ta, sa, mes, tes, ses, notre, votre, leur, nos, vos, leurs*, et des « démonstratifs » *ce* (*cet* devant voyelle), *cette, ces* : *mon livre* = 'le' (quantifiant) + 'à moi' (qualifiant), *ce livre* = 'le' (quantifiant) + 'que je montre' (qualifiant), etc. Moins apparents, les adjectifs auxquels l'addition d'un quantifiant laisse la composante qualifiante : *certain* vs *un certain sourire* (par exemple « *Certain* Renard gascon, d'autres disent normand... »

[La Fontaine] = 'un renard' (quantifiant) + 'que je sais' ou 'qu'il n'est pas nécessaire de caractériser davantage' (qualifiant), *quel* (qualifiant dans *lequel*) et *tel* (par exemple *Quelle heure ?!* = quantifiant « une » + NN *heure* + qualifiant 'sur laquelle je m'interroge' ou 'à propos de laquelle je m'exclame', ou *Rendez-vous tel jour à telle heure* = 'un jour et une heure non précisés mais précisables'), *différents* et *divers* (les singuliers exclusivement qualifiants), *quelque* (le pluriel *quelques* exclusivement quantifiant).

Prétendent également à ce rôle :
- Les quantiqualifiants complexes *l'un ou l'autre, ni l'un ni l'autre*, etc., les soudés *ledit* (le quantifiant *le* détaché du qualifiant *dit* par la préfixation : *le susdit*), *duquel, auquel*, etc.
- Les SN composés de deux noms unis par la préposition *de* où tantôt le premier nom, tantôt le deuxième nom est NN (par exemple *Une espèce de dinosaures s'est conservée plus longtemps* = « tous les spécimens de dinosaures n'ont pas disparu simultanément » vs *Gaston est une espèce de dinosaure* = « quelque chose de ressemblant à un animal préhistorique » : successivement, 1° quantifiant *une* + NN *espèce* + qualifiant *de dinosaures*, 2° quantiqualifiant *une espèce de* + NN *dinosaure*).
- Les approximations *une sorte de, une manière de, un genre de, un drôle de…* et les « affectifs » (Gaatone 1988) *un putain de climat, ma vingt dieux de bécane*, etc. (dont une nouvelle liste de « fausses appositions » : *cette coquine de Marie, cette canaille de Paul, cet imbécile de gendarme*, etc.).

(2) Un SA se constitue d'un noyau adjectival (NA) et d'un ou plusieurs mots qui s'y rapportent : les compléments de l'adjectif (abréviation CA)[10].

Le NA permet au SA de remplir entre autres la fonction d'« épithète » ou, plus clairement désormais (la collocation *adjectif épithète* ayant transformé dans la routine scolaire *épithète* en un synonyme d'*adjectif*), la fonction de

---

[10] Le nom, que l'extension immédiate tourne originellement sur lui-même, « importe » des *déterminants* ; l'adjectif et le verbe, d'extension médiate, originellement tournés vers le dehors, « exportent » des *compléments*. À l'encontre de Van Raemdonck (2016 et *passim*), je considère que la fonction complétive doit absolument être distinguée de la fonction déterminative (et vice-versa : relire ce qui est dit *supra* du « complément déterminatif »). L'argument de la réduction d'extension que partageraient les compléments et les déterminants qualifiants assimile à tort, dans par exemple *Pierre croque une pomme*, l'action « croquer une pomme » à un sous-ensemble de l'action « croquer » plutôt qu'à un élément du couple – en mathématique, le « produit cartésien » – des sujets croqueurs et des objets croqués.

déterminant qualifiant, mais les CA n'y sont jamais de nature adjectivale : *content de vivre, bon pour la toux, étendu dans l'herbe*, etc.

(3) Un SV se constitue d'un noyau verbal (NV) et d'un ou plusieurs mots qui s'y rapportent : les compléments du verbe.

En position de NV, les participes exploitent leur volet verbal : « C'est un trou de verdure où chante une rivière/*Accrochant* follement aux herbes des haillons/D'argent » (Rimbaud) [le SA *accrochant follement aux herbes des haillons d'argent* déterminant qualifiant du NN *rivière* et le SN *des haillons d'argent* complément de *accrochant*], « *Couchés* dans le foin/Avec le soleil pour témoin... » (Pills et Tabet), etc.

Les compléments du verbe, qu'ils soient nucléaires, ayant leur incidence au NV (ou au GV 'groupe verbal' que le NV forme avec un premier complément nucléaire) : *Pierre offre un livre à Marie*, etc., ou linéaires, quand leur point d'incidence déborde du NV ou du GV : *Chaque année, pour son anniversaire, Pierre offre un livre à Marie*, etc., sont tour à tour des SN, des pronoms ou des adverbes, mais il n'est pas sûr, malgré certaines apparences, que la fonction complétive soit accessible aux adjectifs.

Demandent dès lors discussion :
- L'auxiliaire *avoir beau* au sens de 'pouvoir bien' : « A *beau* mentir qui vient de loin » (proverbe) ou « J'ai *beau* dire : on me laisse toujours seul ; il n'y a pas moyen de les arrêter ici » (Molière).
- Les régionalismes *avoir facile, avoir difficile, avoir bon*, etc. analogiques de *avoir chaud, avoir froid* = 'éprouver une sensation de chaud ou de froid'.
- Les adjectifs à valeur adverbiale de *tenir bon* = 'fermement', *coûter cher* = 'beaucoup', p*arler vrai* = 'franchement', *bronzer idiot* = 'bêtement', etc.
- Les adjectifs que lie à un sujet le verbe *faire* servant de copule : *Ce manteau fait élégant* (de là l'éventualité d'un accord au féminin : *Cette robe fait élégante*).
- Les quasi-locutions verbales *miser gros, servir chaud, boire sec*, etc. pourraient soit nominaliser un adjectif (« du gros, du chaud, du sec, etc. », avec article zéro), soit pronominaliser des SN munis d'un adjectif épithète (« de grosses sommes », « la vie facile », etc.) ou, solution *difficilior*, se prolonger d'une apposition adjectivale (« *x*, *y* ou *z* de gros, de chaud, de sec, etc. ») avec neutralisation au masculin du nom effacé interchangeable.

5 La phrase

N'entrons pas dans les discussions sur la définition de ce qu'est une phrase. En tout état de cause, une phrase graphique se constitue de la séquence de mots qui remplit l'intervalle d'une majuscule initiale à un point final[11].

La phrase repose sur une dichotomie capitale : énonciation vs énoncé. L'*énonciation* désigne l'enveloppe ou le contenant de la phrase, qui ancre l'énoncé dans une situation de communication aux trois points de vue de la personne, du temps et de la modalité (assertion, interrogation ou injonction). L'*énoncé*, métaphoriquement, dans son agencement maximal, constitue un pont dont le premier pilier figure le thème (au sens propre du grec *théma* 'socle, soubassement'), le second pilier le rhème (du grec *rhéma* 'parole, verbe, prédicat') et l'ensemble de l'ouvrage la prédication. C'est au niveau de l'énoncé que l'on situera les dernières fonctions adjectivales, prédicatives, en lien avec la prédication première pour l'une, avec la prédication seconde pour l'autre.

La prédication se subdivise en effet en prédication première (à maximum trois termes) et en prédication seconde (à maximum deux termes).

La prédication première complète établit le rapport d'un rhème apport à un thème support par le truchement d'un verbe incluant une copule. Son thème est le sujet. Son rhème est le prédicat, qui se scinde, en cas de copule visible, en verbe copule + attribut : dans *Pierre est orgueilleux*, « Pierre » constitue ainsi le thème tandis que du prédicat résulte le rhème, composé du verbe copule « est » et de l'attribut « orgueilleux ». Le discours commun a pour habitude de restreindre abusivement l'*attribut* à l'expression d'une « propriété caractéristique ou emblématique d'un être ». Nous incluons plus volontiers dans la catégorie *attribut* une série de syntagmes nominaux prépositionnels étiquetés à tort par la grammaire scolaire comme des compléments circonstanciels : *Il est à l'hôpital* (= « hospitalisé ») ; *L'élève est dans le couloir ; Marie est pour la démocratie*.

La fonction prédicative est également le ciment de la prédication seconde, laquelle a pour thème (à peu près inconnu, lui, en grammaire française) l'*apposé* et pour rhème l'*apposition* (curieusement sous-estimée et parfois surestimée en grammaire française).

---

[11] Ici s'achève le chapitre de Marc Wilmet dans sa version rendue en octobre 2018. Si elle est inspirée des précédents travaux de l'auteur, la suite du chapitre a été rédigée par les directeurs du présent volume, sur la base principalement du texte de la dernière conférence plénière qu'a donnée Marc Wilmet au 6e *Congrès Mondial de Linguistique Française* (CMLF, Mons 2018) et de son article « Extension, incidence et fonctions » paru dans *Les fonctions grammaticales. Histoire, théories, pratiques* (2013 : 45–62).

L'apposé, d'abord, échappe quelque peu aux adjectifs. Il est plutôt l'apanage du syntagme nominal : *Victor Hugo, romancier romantique français, est né en 1802* ; *Le chat parti, les souris dansent*.

Se présentant comme le rhème de la prédication seconde, l'apposition est quant à elle plus facilement rendue au moyen d'un adjectif, alors que la grammaire scolaire l'a indûment restreinte aux noms : *Ils marchèrent quelque temps en silence, lui heureux, elle absorbée* (internet). Si nous sommes d'avis d'ôter définitivement les qualifiants nominaux comme « Voltaire » dans « *un fauteuil Voltaire* » ou « de Paris » dans « *la ville de Paris* » de la liste des appositions, il est nécessaire en revanche d'y restituer les « épithètes détachées » (« *Sa voix s'éleva, curieusement impersonnelle* » (Gracq)) et les « attributs du complément d'objet direct » (*Il boit son thé chaud*) que la grammaire scolaire avait fini par retirer, ainsi que les « apostrophes » (*Es-tu heureuse, chère France ?*), l'« infinitif de narration » (*Et flatteurs d'applaudir*), ou encore les infinitifs et les participes des prétendues « subordonnées infinitives » (*On entend un enfant pleurer*) et « subordonnées participes » (*Le chat parti, les souris dansent*), etc. ; voire supprimer le « sujet réel » de « *Il lui est arrivé malheur* » (Sartre), etc.

Cet inventaire, non exhaustif, des fonctions traditionnelles rattachées à l'apposition montre que l'adjectif, en tant que nature, n'a pas vocation à être associé à une fonction spécifique. L'« adjectivité » s'apparente en cela à une erreur théorique, cause principale de l'« adjectivite » des prétendus « changements de classe ».

Bibliographie

Arnauld Antoine, Lancelot Claude, 1660, *Grammaire générale et raisonnée*, Paris, Pierre Le Petit.
Arrivé Michel, Gadet Françoise, Galmiche Michel, 1986, *La grammaire d'aujourd'hui. Guide alphabétique de linguistique française*, Paris, Flammarion.
Beauzée Nicolas, 1767, *Grammaire générale*, vol. 1, Paris, Barbou.
Boone Annie, Joly André, 1996, *Dictionnaire terminologique de la systématique du langage*, Paris, L'Harmattan.
Dacie Jean de, ca. 1280, *Summa grammatica*.
Dacie Martin de, ca. 1270, *Modi significandi*.
Dubois Jean, Lagane René, 1973, *La nouvelle grammaire structurale du français*, Paris, Larousse.
Gaatone David, 1988, « *Cette coquine de construction*. Remarques sur les trois structures affectives du français », *Travaux de linguistique*, 17 : 159-176.
Girard Gabriel, 1747, *Les vrais principes de la langue françoise*, Paris.
Goes Jan, 1999, *L'adjectif. Entre nom et verbe*, Bruxelles, Duculot.
Goodman Nelson, 1951, *The Structure of Appearance*, Cambridge, Harvard University Press.

Goosse André, Grevisse Maurice, [16]2016, *Le Bon usage*, Bruxelles, Duculot.
Guillaume Guillaume, 1971, *Leçons de linguistique. 1948–1949*, éd. par R. Valin, Paris/Québec, Klincksieck/Presses de l'Université de Laval.
Guillaume Guillaume, 1974, *Leçons de linguistique. 1950–1951*, éd. par R. Valin, Paris/Québec, Klincksieck/Presses de l'Université de Laval.
Guillaume Guillaume, 1990, *Leçons de linguistique. 1943–1944*, éd. par R. Valin, W. Hirtle & A. Joly, Paris/Québec, Klincksieck/Presses de l'Université de Laval.
Merle Jean-Marie, 2009, « La Prédication. Présentation générale », *Faits de langues*, 31-32 : 5–12.
Milner Jean-Claude, 1982, *Ordres et raisons de langue*, Paris, Le Seuil.
Noailly Michèle, 1990, *Le Substantif épithète*, Paris, PUF.
Siouffi Gilles, 2017, « Florence Lefeuvre, *Etude grammaticale du français classique dans les textes*, Paris, Presses Sorbonne nouvelle, collection Les fondamentaux de la Sorbonne nouvelle, 2014, 193 pages », *Le Français Moderne*, 2 : 281.
Strawson Peter Frederick, 1977, *Études de logique et de linguistique*, Paris, Seuil.
Van Raemdonck Dan, [2]2016, *Le Sens grammatical. Référentiel à l'usage des enseignants*, Bruxelles, PIE Peter Lang.
Wilmet Marc, 2006, « Pitié pour l'incidence », *L'Information Grammaticale*, 110 : 49–54.
Wilmet Marc, [5]2010, *Grammaire critique du français*, Bruxelles, Duculot.
Wilmet Marc, 2013, « Extension, incidence et fonctions », *in* A. Ouattara (dir.), *Les fonctions grammaticales. Histoire, théories, pratiques*, Bruxelles, PIE Peter Lang : 45–62.
Wilmet Marc, 2018, « De la grammaire », conférence plénière au 6e *Congrès Mondial de Linguistique Française* (CMLF), Université de Mons, 9–13 juillet 2018.

Jan Goes
Chapitre 2 Quels critères d'adjectivité pour... l'adjectif *en français* ?

1 Introduction

L'utilisation des termes d'*adjectivité* et d'*adjectivation* pour le français, présuppose que l'adjectif existe en cette langue et que les critères d'identification de la catégorie sont bien arrêtés. Comme nous le savons, ceci est sujet à discussion ; ainsi, dans le cadre de la Grammaire générative, Lakoff (1970 : 115) affirme-t-il :

> [...] adjectives and verbs are members of a single lexical category (which we will call VERB) and they differ only by a single syntactic feature (which we will call ADJECTIVAL)[1].

S'inspirant du structuralisme, la *Grammaire Larousse* (1964 : 162) indique par contre que :

> La classe grammaticale du nom est constituée par le SUBSTANTIF et l'ADJECTIF QUALIFICATIF, qui se répartissent entre les deux GENRES et les DEUX NOMBRES, et qui ont un éventail de FONCTIONS *partiellement* commun. (nous mettons en italiques)

Ce lien entre le substantif et l'adjectif est confirmé par Noailly (2004 : 151), qui estime que « la mise en relation de l'adjectif avec le verbe dans cette même langue » est « de peu d'intérêt ». Bref, le français est une langue dans laquelle l'adjectif est *noun-like* (Dixon 2004), fait que tend à corroborer l'emploi de *être* pour la prédication attributive, tandis qu'on n'a pas besoin de ce verbe lorsque l'adjectif est *verb-like* (*id*. 2004). Il n'en reste pas moins que l'histoire de l'adjectif en français est celle d'une émancipation de cette catégorie par rapport au substantif (Goes 2000). Par la suite, une sous-catégorisation de plus en plus poussée a été proposée par différents chercheurs, comme nous le verrons dans cet article. Nous nous poserons également la question de savoir ce qui relie les différentes sous-classes ; en d'autres termes : quelle adjectivité pour l'adjectif en français ?

---

[1] 'Les adjectifs et les verbes sont membres d'une seule catégorie lexicale (que nous appellerons VERBE) et ils ne diffèrent que par une seule caractéristique syntaxique (que nous appellerons ADJECTIVE)' (n.t.).

Jan Goes, Université d'Artois, *Grammatica*

https://doi.org/10.1515/9783110604788-003

2 Le prototype adjectival

2.1 Le prototype abstrait

Comment distinguer l'adjectif du substantif en français, étant donné leurs ressemblances morphologiques (cf. la *Grammaire Larousse*) et le fait qu'ils peuvent remplir les fonctions d'épithète, d'attribut, et d'apposition ? Notre hypothèse[2] est que s'il y a un degré de partage des propriétés de l'adjectif par le substantif *adjectivé*, et du substantif par l'adjectif *substantivé*, les deux se trouvent néanmoins en distorsion catégorielle. Cette distorsion se manifeste entre autres par le fait que les substantifs attributs ne fonctionnent que difficilement comme épithètes, tandis que les substantifs épithètes ne passent que difficilement en fonction attribut et ne peuvent pas s'antéposer à leur support ; en outre, contrairement au substantif épithète, l'adjectif peut changer de sens en changeant de place. L'adjectif substantivé, quant à lui, garde le genre de son support (*un [ballon] dirigeable*) et parfois son déterminant spécifique (*du [vin] rouge*). En fait, c'est par le fait qu'il remplit les fonctions susmentionnées mieux que les autres parties du discours et qu'il est capable de les remplir toutes que l'adjectif se distingue des parties du discours *adjectivées*.

On voit se profiler ainsi ce que l'on peut appeler *le prototype abstrait* de l'adjectif. Ce dernier est construit à partir de l'accumulation des propriétés saillantes de la catégorie :

> Le prototype se redéfinissant comme l'exemplaire qui 'résume', 'condense' les propriétés saillantes de la catégorie, la notion de prototype-meilleur exemplaire[3] glisse vers la notion de prototype-entité construite d'attributs typiques. (Kleiber 1990 : 65)

Pour ce qui concerne l'adjectif, le prototype se dessine ainsi :

> L'adjectif-prototype se présente comme une partie du discours sémantiquement et syntaxiquement dépendante d'une base nominale, qu'il se trouve en fonction épithète ou en fonction attribut, qu'il soit antéposé ou postposé. Cette dépendance se traduit dans l'accord en genre et en nombre, scrupuleusement observé dans chaque fonction. C'est par sa faculté de se déplacer, le mouvement ANTEPOST[4], que l'adjectif épithète prototypique se distingue particulièrement des autres parties du discours qui peuvent remplir cette fonction. L'adjectif devrait accepter la gradation par *très* dans chacune de ses fonctions. (Goes 1999 : 281)

---

2 Pour un développement plus approfondi concernant l'adjectif substantivé voir Goes (1999 : 140–150) et Goes (2010) ; voir Goes (1999 : 151–170) pour le substantif adjectivé.
3 Cf. *infra* pour le *prototype meilleur exemplaire*.
4 Sigle que nous empruntons à Wilmet.

Il correspond au schéma suivant (Schéma 1)[5] :

sémantique	grad.	épithète	nom	grad.	épithète	grad.	attribut
[AS]	-	adjectif	substantif	-	-	-	-
	-	adjectif	substantif	-	-	-	-
[AS ↔ SA]	-	adjectif	substantif	+	adjectif	+	adjectif
	+	adjectif	substantif	+	adjectif	+	adjectif
	+	adjectif	substantif	+	adjectif	+	adjectif
[AS = SA]	+	adjectif	substantif	+	adjectif	+	adjectif
	+	adjectif	substantif	+	adjectif	+	adjectif
	+	adjectif	substantif	+	adjectif	+	adjectif
	+	adjectif	substantif	+	adjectif	+	adjectif
	+	adjectif	substantif	+	adjectif	+	adjectif
	+	adjectif	substantif	+	adjectif	+	adjectif
[SA]	-	-	substantif	-	adjectif	-	-
	-	-	substantif	-	adjectif	-	-

Schéma 1 : le prototype abstrait.

Ne pas posséder toutes ces caractéristiques n'exclut pas nécessairement une lexie de la catégorie, mais l'éloigne du prototype. Selon le poids des critères, un glissement vers de moins en moins de prototypicité se ferait par la perte successive de la mobilité [-ANTEPOST], puis la perte de la gradation [-très], finalement, un quatrième groupe d'adjectifs ne serait plus lié à la catégorie que par sa faculté d'être épithète postposée [-ATTR] (Goes 1999). L'accord en genre et en nombre et la fonction épithète postposée seraient les caractéristiques

---

[5] Le schéma du prototype prévoit la possibilité de quelques emplois exclusivement antéposés ([AS]) et de quelques cas d'opposition de sens ([AS ↔ SA]). La deuxième ligne de [AS ↔ SA] prévoit le cas ambigu d'*un très petit propriétaire*, où *petit* peut garder son sens de *modeste* en antéposition, malgré la présence de *très*, mais ne peut fonctionner comme attribut avec ce sens, tandis que la troisième ligne figure le cas où, par la présence de *très*, le sens en antéposition se rapproche du sens courant, que l'on retrouve en fonction attribut (*un très ancien château*). Nous prévoyons de même quelques cas de postposition exclusive. Ces zones annexes sont marquées en gris. Plus la zone grise prend de l'importance, plus l'adjectif s'éloigne du prototype. La zone *noire* constitue la zone *standard* du prototype, elle couvre tous les effets de sens qui permettent la gradation, la postposition et l'attribut, et accessoirement l'antéposition [AS = SA]. Toutes les formes s'accordent systématiquement avec le substantif support.

centrales de la catégorie et qui font qu'elle existe, car si on n'accepte pas la nécessité de critères communs à tous les membres d'une catégorie, on se prive tout simplement du « principe justificateur de l'existence des catégories » :

> La version Standard du prototype n'apporte pas de réponse satisfaisante au problème de l'appartenance à une catégorie. En refusant de postuler la nécessité de critères communs à tous les membres d'une catégorie elle se prive du principe justificateur de l'existence même des catégories. (Kleiber 1990 : 138)

Ce modèle pose quelques problèmes, que nous illustrerons à l'aide d'exemples. Tout d'abord il n'est pas tout à fait sûr qu'il y ait des adjectifs qui se comportent exactement comme le voudrait le prototype abstrait. Un adjectif prototypique comme *admirable* y correspond globalement, mais présente de légères difficultés de gradation (il est lui-même déjà un superlatif), il ne change pas de sens en fonction de sa place[6] (voir Schéma 2) :

sémantique	grad.	Epithète	Substantif	grad.	Epithète	grad.	Attribut
AS = SA	+	admirable	découverte	+	admirable	+	admirable
	+	admirable	commentaire	+	admirable	+	admirable
	+	admirable	instrument	+	admirable	+	admirable
AS = SA	+	admirable	famille	+	admirable	+	admirable
	+	admirable	stoïcisme	+	admirable	+	admirable
	+	admirable	femme	+	admirable	+	admirable
	+	admirable	ambition	+	admirable	+	admirable

Schéma 2 : *admirable*.

(1) On dépose entre les mains du secrétaire perpétuel un manuscrit composé tout exprès pour rendre justice à la très intéressante, très belle et **très admirable** découverte d'un savantissime confrère. (*L'esculape*, 1848, https://books.google.fr/books, consulté le 31/10/2018)

(2) Une *découverte* **admirable**, puisque jusqu'ici, l'étoile Tau Ceti gardait pour elle tous ses secrets. (*Découverte d'un système solaire abritant une planète habitable*, *Google*, consulté le 31/10/2018)

(3) Pour moi, cette *découverte* **est admirable** parce qu'elle permet de résoudre le problème que j'avais au départ. (Michel Serres, *Google*, consulté le 31/10/2018)

---

[6] Si l'on estime, comme Waugh (1977) qu'un changement de place implique nécessairement un changement de sens, cela devrait faire partie du modèle du prototype. Ce n'est pas le cas d'*admirable*.

(4) Sa femme a perdu la vue suite à une maladie et ce que fait pour elle son homme **est *vraiment très admirable*.** (https://www.dailymotion.com/video/x2m7ipe, via Google, consulté le 31/10/2018)

(5) Semblable évolution était sans doute aussi malaisément prévisible que celle des jeux olympiques eux-mêmes, ***très admirable*** *entreprise* aujourd'hui comme hier, mais appauvrie d'être hétérogène jusqu' à l'aberration. (Roger Caillois, *Jeux et Sports*, 1967, *Frantext*).

L'adjectif *monumental* (voir Schéma 3), que nous avons considéré comme prototypique parmi les adjectifs dénominaux (Goes 1999 : 306) présente lui aussi des caractéristiques indésirables, dues à son sémantisme d'adjectif d'intensité difficilement gradable (lignes 1–4 et 7 ; ex. 7–8), et à sa structure morphologique d'adjectif dénominal, apte à fonctionner comme adjectif de relation (lignes 8–10 ; ex. 10 et 11) :

	sémantique	grad	épithète	substantif	grad.	épithète	grad.	attribut
1	AS = SA	?+	monumentale	faillite	?+	monumentale	+	monumentale
2		?+	monumentale	dette	?+	monumentale	+	monumentale
3		?+	monumentale	erreur	?+	monumentale	+	monumentale
4		?+	monumentale	colère	?+	monumentale	+	monumentale
5		+	monumentale	façade	+	monumentale	+	monumentale
6		+	monumental	détail	+	monumental	+	monumental
7		??	monumental	crétin	??	monumental	-	-
8	SA	-	-	richesse	-	monumentale	-	-
9		-	-	art	-	monumental	-	-
10		-	-	cunéiforme	-	monumental	-	-

Schéma 3 : *monumental.*

(6) La ***monumentale*** *façade* enfin est Renaissance. (Larsson 1994 : 75)

(7) Au musée des *erreurs **monumentales***, Superphénix figurera entre les avions renifleurs et le sang contaminé. (*Le Monde*, 24/02/1994 : 9)

(8) Rapidement, elle l'a fixé dans le dos de ce ***monumental*** *crétin*. (San Antonio, *Renifle, c'est de la vraie*, Fleuve Noir, via *Google Books*, consulté le 10/08/2017)

(9) C'est une tâche qui requiert beaucoup de travail, les *détails sont **monumentaux***, mais c'est une tâche que nous entreprenons dans un esprit de paix. (*Le Monde*, 20/08/1994 : 4) [~très importants]

(10) Son exceptionnelle *richesse archéologique et* **monumentale** (Larsson 1994 : 140 ; *en* monuments).

(11) Le *cunéiforme* **monumental** (le cunéiforme *des* monuments).

Comme on le sait, certains adjectifs dénominaux se spécialisent comme adjectifs de relation : il en va ainsi de *présidentiel* (voir Schéma 4), dont l'emploi qualificatif ('comme d'un président', ligne 1, ex. 12) est extrêmement rare et l'antéposition exceptionnelle, pour ne pas dire *ironique* (ligne 2, ex. 13) :

	sémantique	grad.	épithète	substantif	grad.	épithète	Grad.	attribut
1	AS=SA [qual]	+	présidentiel	agenda	+	présidentiel		
2		???	présidentiels	ciseaux	??	présidentiels		
3	SA [+rel]	-	-	bras	-	présidentiels	-	-
4		-	-	élections	-	présidentielles	-	-
5		-	-	discours	-	présidentiel	-	-
6		-	-	vœux	-	présidentiels	-	-
7		-	-	espoir	-	présidentiel	-	-

Schéma 4 : *présidentiel.*

(12) Manuel Valls en Chine : « un agenda **très présidentiel** » (Entendu, BFMTV, le 30/01/2015)

(13) « Moi président, j'exigerai que *les* **présidentiels** *ciseaux* qui me coupent les cheveux soient en or massif.#CoiffeurGate », a aussi *ironisé* le vice-président du FN, Florian Philippot. (http://actu.orange.fr/france/le-salaire-du-coiffeur-de-hollande-confirme, consulté le 13/07/2016)

(14) Qui donc ouvrira dans les *bras* **présidentiels** le prochain bal de l'Opéra ? (*Le Monde*, 27/01/1994 : 22)

Finalement, lorsqu'on observe un adjectif primaire comme *ancien* (voir Schéma 5), on constate qu'il possède plusieurs traits indésirables : avec le substantif *président*, cet adjectif ne pourra que s'antéposer, mais avec *grammairien*, on constate une différence entre *un ancien grammairien* (devenu instituteur), et un *grammairien ancien* (Denys le Thrace) (ligne 5). Un *ancien château* offre la lecture préférentielle 'ayant reçu une autre destination', mais est peut-être également 'vieux', tandis que *un château ancien* ne peut être que 'vieux' (ligne 7). Il y a une indifférence de sens pour *un proverbe ancien* et *un ancien proverbe* (ligne 14, ex. 15), tandis qu'il n'y a

	sémantique	grad.	épithète	substantif	grad.	épithète	grad.	attribut
1	AS	-	ancienne	épouse	-	-	-	-
2		-	ancien	président	-	-	-	-
3		-	ancien	dirigeant	-	-	-	-
4		-	ancien	directeur	-	-	-	-
5	AS ↔ SA	-	ancien	grammairien	?	ancien		
6	AS ↔ SA	AS = SA	ancien	système	+	ancien	+	ancien
7	AS ↔ SA	AS = SA	ancien	château	+	ancien	+	ancien
8	AS ↔ SA	AS = SA	ancienne	colonie	+	ancien	+	ancien
9	AS ↔ SA	AS = SA	ancienne	demeure	+	ancienne	+	ancienne
10	AS ↔ SA	AS = SA	ancienne	riveraine	+	ancienne	+	ancienne
11	AS ↔ SA	AS = SA	ancien	logement	+	ancien	+	ancien
12	AS = SA	+	ancien	calendrier	+	ancien	+	ancien
13		+	ancien	meuble	+	ancien	+	ancien
14		+	ancien	proverbe	+	ancien	+	ancien
15	SA	-	-	peuple		ancien	-	-
16				peuple		ancien		

Schéma 5 : *ancien*.

pas d'antéposition possible pour *les peuples anciens* et *l'histoire ancienne* ('de l'antiquité') (ligne 15-16). L'opposition de sens entre l'antéposition et la postposition est fréquente, sauf si *ancien* est accompagné de *très*, comme dans l'exemple (16) (ligne 10 du schéma) :

(15) Un **ancien** *proverbe* dit : « Au ciel, il y a le Paradis, sur la terre, il y a Suzhou ». (Larsson 1994 : 175)

(16) Née Conquet, c'est une *très* **ancienne** *riveraine* : ses ancêtres sont inscrits depuis 1100 sur les registres de Carcassonne. (*Le Monde* 01/01/1994 : R03)
[≠ *une **ancienne** riveraine*]

De ces schémas, on peut déduire que les adjectifs *occurrences du prototype* sont minoritaires[7] tandis que d'autres adjectifs ont une zone prototypique réduite (ancien). Parallèlement, une autre caractéristique de l'adjectif apparaît : sa grande variation sémantique en fonction du substantif qualifié (*un escalier monumental* ≠ *un crétin monumental* ≠ *une richesse monumentale*[8] ≠ *le cunéiforme monumental*). Nous y reviendrons.

---

[7] En 1999, nous avons estimé qu'il s'agirait d'environ 25 % du lexique adjectival.
[8] Ambigu hors contexte.

2.2 Le prototype sémantique

La recherche du prototype sémantique constitue une autre façon de chercher l'adjectif « typique ». Dixon (2004) et Creissels (2010) estiment que toute langue possède des lexèmes exprimant des prototypes sémantiques à vocation adjectivale ; ces derniers peuvent donc être considérés comme les prototypes de la catégorie. Il s'agirait d'une catégorie universelle, et les lexèmes en question exprimeraient *la dimension*, *l'âge*, *la valeur/appréciation* et *la couleur*, en ordre d'universalité décroissante. Nous avons choisi d'étudier l'adjectif *grand*, non seulement parce qu'il exprime la *dimension*, première catégorie adjectivale universelle, mais également parce qu'il est l'adjectif le plus fréquent de la langue française. Le schéma[9] de *grand* ci-dessous (voir Schéma 6) nous montre cet adjectif associé à différents types de substantifs (cf. Flaux & Van de Velde 2000[10]), ceci pour illustrer sa variation sémantique par rapport au substantif support.

Que l'on choisisse *grand*, *petit*, *bon* ou d'autres adjectifs primaires[11] comme prototype sémantique, l'on constate qu'ils ont apparemment un comportement différent du prototype abstrait : ils sont principalement antéposés (jusqu'à 95 % de leurs emplois) et ils ont un éventail d'emplois « atypiques » (pour *grand*, ce sont les lignes 1–9 et 25–27) très étendu. Avec certains substantifs (principalement [+humains]) ils connaissent en théorie (voir cependant *infra* 4.2.) des différences de sens entre l'antéposition et la postposition (lignes 10–13). La zone standard (cf. *admirable*) n'occupe que la moitié des emplois (pour *grand*, il s'agit de son emploi comme adjectif qualificatif dimensionnel, lignes 14–24).

On pourrait en conclure que ce comportement syntactico-sémantique est trop hétérogène pour une seule lexie. C'est pourquoi différentes solutions ont

---

9 Le schéma se lit comme suit : *grand* est quantifieur [quant] dans *un grand kilo* [ligne 1] ; reflète la quantification et la dimension dans *un grand café* [ligne 4] (voir Goes 2012) ; il opère une quantification intensionnelle (à visée interne) [QI] dans *un grand vin* ; *un grand bombardement*, *un grand roman*, *un grand pays* [lignes 5 à 7] ; il est adjectif de dimension [dim] [lignes 14–19] ; adjectif de relation (*grande classe = classe des grands*) [ligne 25] ; finalement classifiant dans *du grand blé*, *la Grande Ourse* [lignes 26–27]. Parfois, il est ambigu et plusieurs valeurs se superposent [quant + dim + QI en ligne 4] car un *grand whisky* peut être un whisky de *très bonne qualité*, mais aussi *un grand verre de whisky*. Nous avons alors marqué le sens le plus fréquent en majuscules. Les zones noire et gris foncé correspondent au comportement prototypique de l'adjectif qualificatif. La zone gris-clair s'en éloigne.

10 Cette classification repose sur la distinction entre les noms atypiques (*kilo*), les noms véritables (dénotant des choses) et les noms dérivés à partir de verbes, d'adjectifs « ou en tout cas renvoyant à ce à quoi renvoient normalement les verbes et les adjectifs, à savoir des états, des procès, de qualités, etc. » (Flaux & Van de Velde 2000 : quatrième de couverture).

11 *Basic level terms* dans la terminologie de Taylor (1995 : 49).

		Place et emplois de *grand* en fonction des substantifs qualifiés							
		sémantique	grad.	épithète	nom	grad.	épith.	grad.	attr.
[AS]									
	1	[quant]	-	*grand*	kilo, heure	-	-	-	-
	2	[quant+dim]	?-	*grand*	bol / tasse / verre de X	-	-	-	-
	3	[quant+dim]	+/-	*grande*	frite, boisson	-	-	-	-
	4	[quant/dim+QI]	+	*grand*	café, whisky	-	-	-	-
	5	[QI]	+	*grand*	vin	-	-	-	-
	6	[QI]	+	*grand*	bombardement	-	-	-	-
	7	[QI]	+	*grand*	football	-	-	-	-
	8	[QI (+dim)]	+	*grand*	roman, poème, traduction	?	?	?	?
	9	« affectif »	-	*grand*	bête !	-	-	-	-
[AS ≠ SA]									
	10	[QI/??DIM ≠DIM]	+	*grand*	intellectuel, politicien, professeur	++	+gr+	+	gr
	11	[QI/?DIM≠DIM]	+	*grand*	propriétaire, fumeur, mangeur	++	+gr+	+	gr
	12	[QI/DIM ≠DIM]	+	*grand*	homme, femme, ami	++	+gr+	+	gr
	13	[QI/DIM≠DIM]	+	*grand*	pays / démocratie	++	+gr+	+	gr
[AS = SA]									
	14	[DIM]	+	*grand*	châle, pagne, bol, verre, pizza	++	+gr+	+	gr
	15	[DIM]	+	*grand*	maison, table, bâtisse, ballon,	++	+gr+	+	gr
	16	[DIM]	+	*grand*	ville, agglomération	++	+gr+	+	gr
	17	[DIM]]	+	*grand*	bébé, enfant, jeune homme, adulte	++	+gr+	+	gr
	18	[DIM]	+	*grand*	cheval, souris	++	+gr+	+	gr
	19	[DIM]	+	*grand*	voyage, marche,	++	+gr+	+	gr
	20	[dim+Quant]	+	*grand*	morceau, groupe	++	+gr+	+	gr
	21	[quant]	+	*grand*	nombre, quantité	++	+gr+	+	gr
	22	[degré]	+	*grand*	vitesse, froid	++	+gr+	+	gr
	23	[degré]	+	*grand*	bonté, mémoire, courage, aptitude	++	+gr+	+	gr
	24	[degré]	+	*grand*	amour, joie, tristesse, fatigue	++	+gr+	+	gr
[AS]						-	-	-	-
	25	[?rel]	-		classe				
	26	[repérage/ class.]	-	*grand*	séminaire, ourse	-	-	-	-
	27	[class. / dénom.]	-	*grand*	du grand blé, la grande distribution, le grand voyage	-	-	-	-

Schéma 6 : *grand*.

été proposées à cette problématique. La première consiste à « fragmenter » la catégorie de l'adjectif.

3 Une classe fragmentée ?

Le débat le plus ancien sur les types d'adjectifs concerne l'adjectif de relation. En 1963, Michel Glatigny pose la question suivante : « Existe-t-il des critères qui permettraient de distinguer deux classes d'adjectifs *qualificatifs* : les déterminants et les caractérisants ? ».[12] Dans le cadre de cette discussion Kalik (1967) répond par l'affirmative ; il appelle ces adjectifs des *adjectifs de relation* et stipule qu'ils « se sont différenciés grammaticalement des qualificatifs à la suite d'une longue évolution linguistique » (1967 : 275). Ils se caractérisent notamment par les traits suivants : du point de vue sémantique, ce type d'adjectifs « indique le caractère particulier d'un objet par la *relation* avec un autre objet » (1967 : 271). Cette valeur de relation fait que ces adjectifs refusent la gradation, la fonction attribut et l'antéposition et qu'ils ne peuvent pas être coordonnés avec un adjectif qualificatif. Ils forment difficilement des adverbes, il est difficile de les substantiver et ils ne forment pas de séries antonymiques (avec *im-*)[13]. Même s'il considère qu'il s'agit d'un deuxième type d'adjectifs, Kalik admet qu'ils puissent « se colorer de nuances subjectives en recevant la valeur d'un vrai qualificatif » (1967 : 272). Bartning (1980) les étudie en profondeur : pour elle, il existe effectivement deux types d'adjectifs, les *qualificatifs* et les *relationnels* et là où il y a deux interprétations possibles (une chanson *populaire = du peuple* ou *très appréciée*), elle considère qu'il y a des syntagmes homonymes. Elle distingue par conséquent *populaire*[1] (*du peuple*) et *populaire*[2] (apprécié) ; *nerveux*[1] (le *système nerveux*), *nerveux*[2] (un *cheval nerveux*). C'est, on le sait, la première fragmentation de la catégorie ; pour *grand*, elle permet peut-être de dissocier *la grande classe* où *grand* pourrait être relationnel (?*la classe des grands*) des autres *grand*.

(17) On était divisé en deux sections, *la petite* **classe** et *la grande* **classe**. Par mon âge, j'appartenais réellement à la *petite* **classe**, qui contenait une trentaine de pensionnaires de six à treize ou quatorze ans. [la classe *des petits*, la classe *des grands*] (George Sand, http://www.cnrtl.fr/lexicographie/classe, consulté le 18/02/2015)

---

[12] Question posée lors de la séance du 26 janvier 1963 de la *Société d'étude de la langue française*.
[13] « Nous vivons dans une démocratie, *non populaire* ». (J. Brel, interview à Knokke, 1971)

On peut évidemment continuer dans cette voie pour les autres emplois non qualificatifs et non attributifs des adjectifs. Cette démarche a été entamée dans le volume de *Langages* (Schnedecker 2002) sur *L'adjectif sans qualités*, baptisés *adjectifs du troisième type*. Cette catégorie regroupe ce que Marengo (2011) appelle *les adjectifs jamais attributs*. Le caractère vague de la dénomination de *troisième type* s'explique par le fait que ces adjectifs peuvent encore être catégorisés en adjectifs de *repérage temporel* (un *ancien château*), de *quantification du temps* (un *jeune marié*, un *jeune centenaire*[14]) et de *quantification des traits* dans le cas de *grand homme* (cf. Marengo 2011). Pour ce qui concerne l'adjectif *grand*, il en résulte une impression d'homonymie, impression renforcée par l'indexation des différents types de *grand* (*grand*^{1}, *grand*^{2}), *ancien* (*ancien*^{1}, *ancien*^{2}, *ancien*^{3}) et d'autres adjectifs, introduite dans Marengo (2011), comme l'avait fait Bartning pour *populaire*. Pour Marengo (2011 : 337), *grand*^{1} est un adjectif de mesure (une *grande* quantité de), *grand*^{2} un adjectif d'intensité (un *grand* courage), *grand*^{3} un adjectif de quantification des traits (un *grand* homme) ; *ancien*^{1} (*ancienne* auberge) et *ancien*^{2} (ses *anciennes* richesses) sont des adjectifs de repérage temporel indiquant, pour le premier que l'objet a changé de fonction (2011 : 335), pour le deuxième qu'il n'existe plus ; *ancien*^{3} est un adjectif de repérage ensembliste (*ancien* président, par rapport à l'ensemble des *anciens*, de l'*actuel*, et du *futur* présidents).

Or, Marengo, et d'autres auteurs (Girardin 2005) distinguent également des *adjectifs classifiants*. *Grand* entre alors dans des dénominations comme *une grande cuillère*, *la grande distribution*. Un grand nombre d'adjectifs peuvent être classifiants : vin *blanc-rouge-rosé* ; animal *domestique-sauvage*, eau *plate-pétillante-gazeuse* (exemples de Girardin 2005 : 62), une *géante gazeuse* (ou *planète jovienne*, composée de gaz légers). On distingue également des *adjectifs affectifs* : *grand bête*, *triste sire*, *pauvre crétin*, *petit sot* (Marengo 2011 : 125). Bref, l'inventaire des adjectifs du troisième type permet d'isoler tous les emplois de *grand* autres que qualificatifs et relationnels, de sorte qu'il ne reste pour le premier type (qualificatif et prédicatif) que le schéma suivant (voir Schéma 7) :

Ce schéma regroupe les emplois dimensionnels de *grand*, et quelques emplois de degré, ou intensifs. On pourrait même en écarter *grand* Adj. Intensif (lignes 22–24) si on suit Grossman et Tutin (2005), qui considèrent les adjectifs intensifs comme une classe à part. Il s'avère néanmoins que *grand* intensif n'accompagne que des substantifs intensifs (Flaux & Van de Velde 2000 : 76). En d'autres termes, il *devient* adjectif intensif sous l'influence du substantif qu'il

---

[14] Personne qui n'est centenaire que depuis peu de temps.

	sémantique	grad.	épithète	nom	grad.	épith.	grad.	attr.
10	[DIM]			*intellectuel, politicien, professeur*	+	+gr+	+	gr
11	[DIM]			*propriétaire, fumeur, mangeur*	+	+gr+	+	gr
12	[DIM]			*homme, femme, ami*	+	+gr+	+	gr
13	[DIM]			*pays / démocratie*	+	+gr+	+	gr
[AS = SA]								
14	[DIM]	+	*grand*	*châle, pagne, bol, verre, pizza*	+	+gr+	+	gr
15	[DIM]	+	*grand*	*maison, table, bâtisse, ballon,*	+	+gr+	+	gr
16	[DIM]	+	*grand*	*ville, agglomération*	+	+gr+	+	gr
17	[DIM]]	+	*grand*	*bébé, enfant, jeune homme, adulte*	+	+gr+	+	gr
18	[DIM]	+	*grand*	*cheval, souris*	+	+gr+	+	gr
19	[DIM]	+	*grand*	*voyage, marche,*	+	+gr+	+	gr
20	[dim+Quant]	+	*grand*	*morceau, groupe*	+	+gr+	+	gr
21	[quant]	+	*grand*	*nombre, quantité*	+	+gr+	+	gr
22	[degré]	+	*grand*	*vitesse, froid*	+	+gr+	+	gr
23	[degré]	+	*grand*	*bonté, mémoire, courage, aptitude*	+	+gr+	+	gr
24	[degré]	+	*grand*	*amour, joie, tristesse, fatigue*	+	+gr+[1]	+	gr

Schéma 7 : *grand*, adjectif qualificatif.

accompagne ; il reste adjectif qualificatif/prédicatif car il explicite un trait constitutif de ce type de substantif : la gradabilité. Il fait en outre partie d'une série d'adjectifs intensifs que l'on n'a jamais considérés comme non qualificatifs : *une grande intelligence, une intelligence exceptionnelle* [...].

À notre avis, l'hypothèse des trois types présente le désavantage de fragmenter la classe des adjectifs en une multitude de sous-classes. Il en résulte une impression d'homonymie, renforcée par la numérotation des différents types de *grand* (Marengo) et de *populaire* (Bartning). On peut alors se poser la question de savoir si la catégorie de l'adjectif présente encore une certaine unité, ou si elle regroupe effectivement des unités (très) différentes, comme c'est le cas de la catégorie de l'adverbe (*très, si* vs. *anticonstitutionnellement*), qualifiée de « classe fourre-tout » par Guimier (1996 : 1).

Cette fragmentation nous semble en outre contre-intuitive : nous avons constaté (cf. *monumental*, ex. 6–11) que les adjectifs dénominaux peuvent être soit qualificatifs, soit relationnels *en fonction du substantif support*, tout comme *grand* devient adjectif de degré[15] lorsqu'il accompagne des substantifs

---

15 Terme que nous préférons à *d'intensité*.

gradables. *Monumental* peut, lui aussi, avoir une valeur de degré (*monumentale erreur/erreur monumentale* (ex. 7)), affective/intensive (*monumental crétin/crétin monumental* (ex. 8)). Le flux et reflux entre le relationnel et le qualificatif étant courant (Bartning & Noailly 1993), l'existence de deux classes d'adjectifs dénominaux parallèles et homonymes nous paraît peu probable, d'autant plus qu'elles se recouvriraient entièrement (cf. l'emploi qualificatif de *présidentiel*, ex. 12).

Les mêmes arguments peuvent être appliqués aux adjectifs *classifiants*, étant donné que non seulement « Les deux catégories d'adjectifs [= les dénominaux et les autres] ont en principe la même possibilité au niveau du système linguistique d'opérer une classification » (Forsgren 1987 : 268), mais aussi qu'« Il ne se trouve aucun adjectif qui ne puisse jamais avoir une valeur de détermination pure » (Blinkenberg 1933 : 85). Il y aurait donc une classe d'adjectifs classifiants qui serait aussi vaste que la classe des adjectifs tout court.

Nous estimons par conséquent qu'il ne s'agit pas de plusieurs classes d'adjectifs, mais bien d'un seul adjectif qui connaît différents emplois syntactico-sémantiques et ceci en fonction du substantif support. Cette *hypothèse unitaire* permet non seulement d'éviter une trop grande fragmentation de la classe des adjectifs, mais aussi de formuler un début de réponse à la question de savoir ce qui fait l'adjectivité de... l'adjectif (en français).

4 L'hypothèse unitaire et *l'adjectivité de l'adjectif*

Notre hypothèse est donc qu'un seul adjectif connaît différents emplois (qualificatif, relationnel, du troisième type). *Grand*, prototype sémantique constituera notre point de départ ; en analysant ses emplois, nous espérons également déceler ce qu'il nous apprend sur cette autre façon de chercher le prototype : le prototype abstrait, accumulation de propriétés saillantes de la catégorie. Nous nous concentrerons sur la gradation, la place de l'adjectif et sa prédicativité pour en déduire en quoi consiste l'*adjectivité*.

4.1 La gradation

L'adverbe *très* est le spécifieur typique de l'adjectif. Sa présence entraîne une interprétation qualificative standard (ex. 16, une *ancienne* riveraine ≠ une *très ancienne* riveraine) de l'adjectif. Whittaker (2002 : 114) en conclut que « l'adverbe *très* a ici non une fonction de marqueur de haut degré, mais plutôt une fonction plus générale qui est de marquer qu'il s'agit d'un emploi particulier de l'adjectif ». Contrairement à Whittaker, nous pensons que *très* marque toujours le haut degré ; or, sa notion d'*emploi* est intéressante : *très* est effectivement lié à l'*emploi* qualificatif/attributif. Là où *grand* est non gradable, il est dans un autre emploi : la quantification approximative (Goes 2012) (ligne 1, *un grand kilo* ; *la grande classe* (ligne 25) ; *grand séminaire, grand blé* (lignes 26–27). Pour les lignes 10–13, nous avons donc bien une qualification, mais d'un ou plusieurs sèmes internes au substantif (*politicien, fumeur, pays*). *Très* peut effectivement aider à déclencher une interprétation qualitative que l'adjectif possède en puissance mais que le substantif support ne privilégie pas : si l'interprétation préférentielle de *français* est bien ethnique, identifiante (*un artiste français, je suis français*), il y a une interprétation qualificative en puissance que la présence de *très* propulse à l'avant-plan dans *un artiste très français, je suis très français*. De même, si *une chanson populaire* est un cas ambigu, *une chanson très populaire* ne l'est plus. Comme nous venons de l'indiquer, la possibilité de gradation ne dépend pas seulement de l'adjectif, *mais aussi du substantif support*. Cette dépendance du substantif explique pourquoi, combinés à certains substantifs, des adjectifs ontologiquement non gradables peuvent devenir syntaxiquement et sémantiquement gradables (*bleu, rond, absent, français*). Le cas des couleurs est révélateur : si on ne peut dire que très difficilement **sa voiture est très bleue*, *le ciel est très bleu* convient parfaitement. Comme le montre Kleiber (2007), c'est bien la couleur *bleue* associée à *ciel* qui est gradable, non seulement parce que le *ciel bleu* est variable de manière stéréotypique, mais aussi parce que nous pouvons référer à une norme implicite de *ciel bleu* : un *ciel très bleu* est un *ciel plus bleu* qu'un *ciel standard*. Kleiber écrit :

> Qu'est devenue la multidimensionnalité[16] des couleurs mise en avant ci-dessus pour expliquer leur difficulté à entrer dans les jugements de gradation ? Notre hypothèse est que la détermination du type de *bleu* par *ciel* ou *vert* par *herbe* ou encore *rouge* par *sang* entraîne en quelque sorte l'unidimensionnalisation de la sous-catégorie ainsi déterminée. (2007 : 39)

Kleiber nous montre en d'autres termes que la gradabilité de l'adjectif dépend également du substantif porteur. Inversement, comme nous l'avons vu avec *grand*, avec certains substantifs porteurs, un adjectif globalement gradable peut devenir non gradable.

---

[16] Kleiber (2007) montre que les couleurs sont ontologiquement non gradables ; ce qui est gradable, c'est une dimension de la couleur (intensité, luminosité,...).

4.2 La fonction épithète, et plus particulièrement la place de l'adjectif

Même s'il partage cette fonction avec d'autres parties du discours et en particulier avec le substantif (Noailly 1990), on admet généralement que l'adjectif est l'épithète par excellence :

> De tous les modificateurs, c'est l'adjectif en position d'épithète qui apparaît le plus *étroitement* uni au nom. (Riegel 1994 : 180 ; nous *soulignons*)

Ses emplois vont de la qualification sans détermination (l'épithète de nature) à la détermination/sous-classification (l'adjectif relationnel, les adjectifs classifiants) en passant par la gradation (*un grand chagrin*) et la quantification approximative (*un grand/bon kilo*). Comme *grand*, tout adjectif recèle en lui les possibilités de détermination et de qualification à un degré variable, et ceci par rapport à son substantif support : si *les grands hommes* constituent un sous-ensemble des citoyens d'un pays, *une grande mosquée* est un type de mosquée (mosquée du vendredi). L'adjectif se trouve en dépendance syntaxique et sémantique par rapport à un seul type de support : le substantif. Il s'agit là d'une spécialisation qui ne constitue qu'une caractéristique accessoire pour les autres catégories susceptibles d'être épithètes.

Ce qui distingue également l'adjectif épithète des autres parties du discours c'est sa faculté de s'antéposer ou de se postposer au substantif. Avec *grand* on constate néanmoins que l'on ne retrouve presque jamais l'opposition *grand homme – homme grand*, théoriquement possible[17], dans l'usage réel. Les locuteurs ont plutôt tendance à éviter la postposition (ex. 18–19) :

(18) **Sujet** : place pour un ***grand*** conducteur. voila **je suis très grand** (2m) et je voulais savoir si je peut aisemment rentrer dans une smart (mis a part le fait d'être ridicule en y sortant ^^) (Posté en 2008, consulté le 02/03/2014 ; orthographe et langue non corrigées – JG)

(19) C'est ***le plus grand*** joueur de ce tournoi : *2 m 01*. (Concernant M. Rosset, France 3, Tournoi de Paris Bercy, entendu le 03/11/1994)

---

17 Cité hors contexte, le syntagme *homme grand* se trouve dans les ouvrages de Martinet (1969) et Waugh (1977), *propriétaire gros* est mentionné dans une leçon de Guillaume (Valin & *al.*, 1989). La présence de *très* facilite néanmoins la postposition (cf. le schéma 7).

Le contexte élargi à la phrase, voire au texte (ex. 18), permet d'assurer une stabilité positionnelle à l'adjectif en forçant une interprétation dimensionnelle là où une autre interprétation s'imposerait. Cette constatation n'est pas nouvelle, car en 1933 déjà Blinkenberg a noté que :

> [...] cette liberté pour ainsi dire en acte n'est d'autre part pas entière ; elle est guettée constamment et assez souvent détruite par une tendance à la fixation d'un des deux ordres, pour un adjectif ou une série d'adjectifs donnés, par l'effet d'une généralisation de l'usage prépondérant. (1933 : 42)

Que ceci soit possible a des implications assez importantes ; notamment, elle indique que l'explication de la place de l'adjectif par une différence de sens *nécessaire* en antéposition (Waugh 1977) n'est pas suffisante. Pour un adjectif comme *grand*, il faudrait d'ailleurs plutôt expliquer sa postposition.

Il n'en reste pas moins que *hors contexte*, un adjectif comme *ancien*, souvent pris comme exemple de *deux places-deux sens*, présente un comportement syntactico-sémantique qui diffère un peu de *grand*. Il y a (voir Schéma 8) :

---
1. des substantifs par rapport auxquels il ne peut que s'antéposer (*ancien président*) ;
2. des substantifs par rapport auxquels l'alternance AS-SA entraîne une variation de sens (*ancien château / château ancien*) ;
3. des substantifs par rapport auxquels l'alternance AS-SA n'entraîne pas de changement de sens (*ancien proverbe / proverbe ancien*) ;
4. des substantifs par rapport auxquels il ne peut que se postposer (*meuble ancien*).

Schéma 8 : *ancien* et ses supports.

Il n'est d'ailleurs pas sûr que la postposition (ligne 4) soit obligatoire : avec *meuble* (cf. aussi *proverbe*), il est presque impossible de comprendre autre chose que 'vieux' ; tout comme avec *crétin*, l'adjectif *monumental*, quelle que soit sa place, ne peut prendre qu'un sens de degré. Nous revenons ainsi à l'importance du substantif support pour l'interprétation de l'adjectif.

Une analyse de la place de l'adjectif devrait par conséquent se faire en fonction des syntagmes et des noms supports. Elle devrait être modulaire, comme le suggère Nølke (1996) et se faire non seulement au niveau du syntagme, mais aussi au niveau de la phrase et du texte, le contexte pouvant assurer une place fixe à l'adjectif, ou au contraire, suggérer (non imposer) une antéposition (adjectifs anaphoriques du type : *J'ai vu un accident terrible. Ce terrible accident...* ; cf. Goes 2017).

Nous estimons par conséquent qu'il faudrait regarder la place de l'adjectif sous un angle différent : plutôt que d'étudier la *place*, il faudrait étudier les raisons du *déplacement*, en postposition ou en antéposition, à partir de son placement majoritaire. Ce dernier ne s'obtiendrait qu'en étudiant la diversité des syntagmes *substantif-adjectif*. N'est-il en effet pas envisageable que l'antéposition majoritaire de *ancien* soit due à la fréquence plus élevée de syntagmes du type *ancien président* par rapport à des syntagmes comme *meuble ancien* ? Ce seraient alors les syntagmes mentionnés qui seraient très fréquents, mais pas vraiment le taux d'antéposition relatif d'*ancien*, postposé à beaucoup d'autres types de substantifs (livre *ancien*, meuble *ancien*, proverbe *ancien*,...). En d'autres termes, l'analyse de la place de l'adjectif ne devrait pas se faire en fonction de chiffres absolus, mais en fonction du nombre de substantifs *différents* qu'il peut qualifier. Là aussi, on revient à l'importance du type de support nominal.

4.3 La prédicativité de l'adjectif

La prédicativité attributive est une autre caractéristique de l'adjectif. *Grand* nous montre que ce sont principalement ses emplois dimensionnels qui acceptent la fonction attribut, mais contrairement à ce qu'on attendrait (Grossman & Tutin 2005), il est également prédicatif lorsqu'il est adjectif de degré. Ceci est dû à un trait particulier des substantifs du type *bonté, tristesse* : la gradabilité constituant un trait constitutif de leur sémantisme, on peut donc la leur *attribuer*, comme on attribuerait une couleur à une voiture. *Grand* prend la valeur d'un adjectif de degré (intensité) *au contact de ces substantifs*, mais ne l'est pas *en lui-même* ; il ne cesse pas d'être qualificatif/prédicatif, et s'insère dans une série d'autres adjectifs qualificatifs (*grande tristesse, tristesse profonde, immense,* . . .).

La présence – principalement sur la toile – d'attributs qui ont pour source des emplois dits « du troisième type »[18] nous pousse à reconsidérer cette fonction, elle aussi :

(20) On croit qu'un *médecin* est *bon* et bien quand il a des connaissances et des compétences techniques (...) (Google ; http://forum.e-sante.fr/surdo sage/forum, 2007; consulté le 18 octobre 2015)

(21) Plus *grands* sont les *politiques*, plus grandes sont les manœuvres. (Savelli et Cappeau 1993 : 77)

(22) *Alonso* a été *grand*, *Barthez* a été *grand*, (...) (Google, journalisme sportif) (cf. un *grand* pilote de F1, un *grand* gardien de but, . . .)

---

[18] Nous les avons appelés qualifications à visée interne (intentionnelle) : *bon [en tant que] médecin, grand [en tant que] politique,* . . .

(24) Être *grand*, c'est dépendre de tout. (Max Gallo, *Napoléon*, vol. 1, Robert Laffont, Paris, 1997 : 387)

Il s'avère donc que lesdits adjectifs jamais attributs peuvent le devenir, même si la norme tend à ne pas accepter ces constructions. L'interprétation de l'adjectif attribut dépend, ici aussi, des substantifs porteurs sujets.

Il en va de même pour les adjectifs dits de relation – que nous préférons simplement appeler *dénominaux*, puisqu'ils sont potentiellement qualificatifs et relationnels – réputés non prédicatifs. En effet Bartning (1980) puis Nowakowska (2004) ont amplement démontré qu'ils peuvent garder leur sens classifiant en fonction attribut, ceci de préférence dans un contexte oppositif :

(25) La constitution de la Ve est-elle *présidentielle* ou *parlementaire* ? (*Le Canard Enchaîné*, Bartning 1980 : 15)

Nous avons néanmoins trouvé quelques exemples sans ce type de contexte :

(26) Le moteur de la croissance est désormais clairement *américain – automobile* et *pétrolier*. (J. Attali, *Une brève histoire de l'avenir*, 2006 : 90)

La fonction attribut faisant partie des critères saillants de la catégorie adjectivale, il ne devrait pas nous étonner qu'elle soit plus étendue que prévu : Forsgren (2000) a montré que le sémantisme de l'attribut ne se limite pas à la qualification. Il distingue notamment des attributs caractérisants (Je suis *fatigué*), typants (Luc est *médecin*), dénominatifs (Je suis *Mats*) et identifiants (Luc est *le pilote de l'avion*). Les attributs qui comportent un adjectif relationnel peuvent être classés parmi les attributs typants ; ils sont identifiants lorsqu'ils comportent un adjectif ethnique.

5 Une conclusion provisoire

Nous espérons avoir montré que l'hypothèse *unitaire* concernant l'adjectif possède quelques avantages : outre qu'elle évite de fragmenter la catégorie en un grand nombre de petites classes, elle montre ce qui constitue à notre avis l'adjectivité de l'adjectif en français moderne : certes, l'adjectif est gradable, épithète antéposée ou postposée, attribut, mais ces critères dépendent tous d'une autre caractéristique fondamentale : le fait que l'adjectif prend une grande partie de son sens et de son comportement du substantif support. Quitte d'ailleurs à se *désémantiser*, comme le disait Blinkenberg, dans certains de ses emplois, comme dans l'exemple devenu classique de *sa japonaise petite maman*, une maman qui peut être tout (*souriante, humble, petite*), sauf *japonaise* (Forsgren 1978 : 39–40). Cette dépendance du nom, cette *syncatégorématicité* constitue la caractéristique fondamentale qui rassemble les adjectifs qualificatifs (*un grand kilo ≠ un grand fumeur ≠ un grand homme ≠ un grand éléphant ≠ la grande classe*), et les adjectifs dits relationnels (*un salaire royal ≠ le palais royal* ; *une royale naissance*[19] *≠ une naissance royale* ; *la conquête césarienne*[20] (par César) *≠ l'héritage césarien*[21] (de César)). Parallèlement, elle réduit de façon drastique le nombre potentiel d'adjectifs *du troisième type*, car ils sont intégrés dans les différents emplois syntactico-sémantiques (cf. *grand, ancien*)[22]. La dépendance par rapport au support peut expliquer dans une large mesure la possibilité ou non de gradation (cf. les couleurs), d'antéposition ou de postposition, finalement aussi l'existence de certains attributs atypiques par rapport à la norme. Il s'agit en fait d'interprétations et d'emplois différents du même adjectif, non de classes différentes.

L'hypothèse unitaire permet sans doute aussi de lever un paradoxe : en 2004, nous avons écrit que les adjectifs primaires étaient des prototypes sémantiques, mais non des prototypes abstraits, car ils renfermaient trop de caractéristiques indésirables (Goes 2004). Or, un prototype sémantique comme *grand* semble renfermer quasiment tous les emplois potentiels des autres adjectifs, ce qui le rapproche du prototype abstrait.

Bibliographie

Arrivé Michel, Chevalier Jean-Claude, Blanche-Benveniste Claire, Peytard Jean, 1964, *Grammaire Larousse du Français Contemporain*, Paris, Larousse.

Bartning Inge, 1980, *Remarques sur la syntaxe et la sémantique des pseudo-adjectifs dénominaux en français*, Acta Universitatis Stockholmiensis, Romanica Stockholmiensa n°10, Stockholm, Almqvist & Wiksell.

Bartning Inge, Noailly Michèle, 1993, « Du relationnel au qualificatif : flux et reflux », *L'information grammaticale*, 58 : 27–32.

Blinkenberg Andreas, 1933, *L'ordre des mots en français moderne*, vol. 2, Kobenhavn, Levin & Munksgaard.

---

[19] FR3, Brigitte Bardot, le vendredi 27/01/2017 ; sur la naissance de son bébé, très suivie par les *paparazzi*. Une *royale naissance* = comme si c'était un roi ; une *naissance royale* : d'un (futur) roi.

[20] Christian Goudineau, *Par Toutatis ! Que reste-t-il de la Gaule ?*, Paris, Seuil, 2002 : 12.

[21] Arte, *Le destin de Rome, Venger César* (épisode 1), le 07/02/2017.

[22] Il resterait des adjectifs comme *certain, même, droit, gauche*, . . .

Creissels Denis, 2010, « La délimitation des classes d'adjectifs : un point de vue typologique », *in* J. Goes & E. Moline (dir.), *L'adjectif hors de sa catégorie*, Arras, Artois Presses Université : 15-31.
Dixon Robert M.W., 2004, « Adjective classes in Typological Perspective », *in* R. M. W. Dixon & A. Y. Aikhenvald (eds.), *Adjective classes. A Cross-Linguistic Typology*, Oxford, Oxford University Press : 1-49.
Flaux Nelly, Van De Velde Danièle, 2000, *Les noms en français : esquisse de classement*, Paris/Gap, Ophrys.
Forsgren Mats, 1978, *La place de l'adjectif épithète en français contemporain*, Stockholm, Almqvist et Wiksell.
Forsgren Mats, 1987, « Attribut et prédication. À propos de Martin Riegel, L'adjectif attribut », *Revue Romane*, 22 : 264-278.
Forsgren Mats, 2000, « Apposition, attribut, épithète, même combat prédicatif ? », *Langue française*, 125 : 30-45.
Girardin Chantal, 2005, « Les classifieurs : une sous-classe d'adjectifs non prédicatifs ? », *Cahiers de lexicologie*, 86 : 59-70.
Goes Jan, 1999, *L'adjectif. Entre nom et verbe*, Louvain-la-Neuve, Duculot.
Goes Jan, 2000, « Genèse d'une partie du discours : l'adjectif », *Le français moderne*, LXVIII/2 : 202-223.
Goes Jan, 2004, « Les adjectifs primaires : prototypes sémantiques ou prototypes abstraits ? », *in* J. François (dir.), *L'adjectif en français et à travers les langues*, Actes du Colloque international de Caen, 28-30 juin 2001, Caen, Presses universitaires de Caen : 109-134.
Goes Jan, 2010, « Les adjectifs substantivés : entre distorsion et conversion », *in* J. Goes & E. Moline (dir.), *L'adjectif hors de sa catégorie*, Actes du VIe congrès de linguistique franco-roumaine, Université d'Artois, 23-25 mai 2007, Arras, Artois Presses Université : 34-56.
Goes Jan, 2012, « Les adjectifs primaires, entre quantité et intensité », *in* C. Schnedecker & C. Armbrecht (dir.), *La quantification et ses domaines*, Paris, Champion : 637-649.
Goes Jan, 2017, « Que font les adjectifs dans le cadre du texte ? », *in* H. Horová (dir.), *Texte de spécialité, texte scientifique à l'université*, Faculté des lettres, Université de Bohême de l'Ouest à Plzeň, 12-13 octobre 2017, Plzeň, Západočeská univerzita v Plzni : 33-41.
Grossman Francis, Tutin Agnès, 2005, « Joie profonde, affreuse tristesse, parfait bonheur. Sur la prédicativité des adjectifs intensifiant certains noms d'émotion », *Cahiers de lexicologie*, 86 : 179-196.
Guimier Claude, 1996, *Les adverbes du français. Le cas des adverbes en -ment*, Paris/Gap, Ophrys.
Kalik André, 1967, « L'expression des rapports de déterminé à déterminant/adjectifs de relation », *Le Français Moderne*, 4 : 270-285.
Kleiber Georges, 1990, *La sémantique du prototype. Catégories et sens lexical*, Paris, PUF.
Kleiber Georges, 2007, « Adjectifs de couleur et gradation : une énigme... "très" colorée », *Travaux de linguistique*, 55 : 9-44.
Lakoff George, 1970, *Irregularity in syntax*, New York, Holt, Rinehart and Winston.
Larsson Bjørn, 1994, *La place et le sens adjectifs épithètes de valorisation positive*, Lund, Lund University Press.
Marengo Sébastien, 2011, *Les adjectifs jamais attributs. Syntaxe et sémantique des adjectifs constructeurs de la référence*, Bruxelles, De Boeck/Duculot.
Martinet André, 1969, *Langue et fonction. Une théorie fonctionnelle du langage*, Paris, Denoël.
Noailly Michèle, 1990, *Le substantif épithète*, Paris, P.U.F.

Noailly Michèle, 2004, « Du lien primordial de l'adjectif et du substantif en français, et du peu d'intérêt de la mise en relation de l'adjectif avec le verbe dans cette même langue », *in* J. François (dir.), *L'adjectif en français et à travers les langues*, Caen, Presses Universitaires de Caen : 151-168.

Nølke Henning, 1996, « Où placer l'adjectif épithète ? Focalisation et modularité », *Langue Française*, 111 : 38-58.

Nowakowska Małgorzata, 2004, *Les adjectifs de relation employés attributivement*, Cracovie, Wydawnictwo Naukowe Akademii Pedagogicznej.

Riegel Martin, 1994, « La catégorie grammaticale de l'attribut », *Le gré des langues*, 7 : 170-189.

Savelli Marie-José, Cappeau Paul, 1993, « Deux paradigmes de l'attribut », *Recherches sur le français parlé*, 12 : 61-83.

Schnedecker Catherine (dir.), 2002, *L'adjectif sans qualité(s). Langue française*, 136.

Taylor John R., 1995, *Linguistic categorization. Prototypes in linguistic theory*, Oxford, Clarendon Press.

Valin Roch, Hirtle Walter, Joly André, 1989, *Leçons de linguistique de Gustave Guillaume*, Québec/Lille, Presses de l'Université Laval/Presses de l'Université de Lille.

Waugh Linda R., 1977, *A semantic analysis of word order. The position of the adjective in French*, Leiden, Brill.

Whittaker Sunniva, 2002, *La notion de gradation. Applications aux adjectifs*, Berne, Peter Lang.

Michèle Noailly
Chapitre 3 Peut-on présumer de la capacité d'un nom à s'adjectiver ?

1 Introduction

La langue française présente une infinité de cas où un nom vient en qualifier un autre, de *date limite* à *justice escargot*, de *rugby champagne* à *film culte*. À la limite, on est en droit de placer n'importe quel nom après n'importe quel autre : on constituera un GN avec cet assemblage, insolite ou banal, raisonnable ou loufoque, à partir duquel le locuteur, si du moins il est quelque peu imaginatif, finira toujours par construire du sens. Mais si la langue autorise une étonnante créativité dans ce domaine, il faut reconnaître que l'usage commun est malgré tout plus restreint, et largement moutonnier. Pourquoi certains noms s'installent-ils avec plus d'aisance que d'autres dans ce nouvel état ? Qu'est-ce qui les y rend plus aptes ? Serait-ce leur forme ? Leur sens habituel ? Toujours est-il que le phénomène est bien inscrit dans l'usage, et mérite donc d'être observé[1].

2 Les principaux types de N épithètes

Des noms en position de N2, liés à un N1 à l'intérieur d'un GN, on en a de toutes sortes. On appellera ici « épithètes » ceux qui sont susceptibles de donner lieu à un paraphrase à Vêtre, de type : *N1 est un N2*, ou au moins *N1 est à certains égards un N2, N1 est comme un N2*[2]. On exclut donc ici les rapports de simple

---

[1] Abréviations utilisées pour les références:
   M. = le Monde
   JDD = Le Journal du Dimanche
   FI = France-Inter
   TV 5 = Télévision, Chaîne 5
   PR = Petit Robert

[2] Dans Noailly (1990), sous l'intitulé « substantif épithète » sont mis dans un premier temps tous les noms en épithèse, quelle que soit leur relation avec le N1 auquel ils sont adjoints, le distinguo n'étant fait que dans un second temps.

Michèle Noailly, Université de Brest

coordination (*une chambre-salon*), de complémentation (*une pause sandwich*) ou de caractérisation inverse (*la planète Terre* = 'la Terre est une planète'). Restons-en aux épithètes, dont la collection est infiniment variée.

2.1 Des noms épithètes métaphoriques

On dispose, par exemple, d'un très large choix d'exemples attestés (Noailly (1990, chap. II) en donne un aperçu) faisant intervenir en position de N2 des noms voués a priori à des désignations concrètes (au moins dans une de leurs acceptions). À la limite, tout nom dont le référent est susceptible d'être remarquable et distinctif par sa forme, par sa couleur, par son comportement ou par sa fonctionnalité peut faire l'affaire. La série est ouverte et se renouvelle de décennie en décennie : *une rencontre Canada Dry, un film mammouth* qu'on rencontrait beaucoup il y a une trentaine d'années[3] sont déjà un peu démodés. Et quand la Duchesse de Dino, dans ses *Souvenirs* évoque en 1834 « un dîner arlequin » (Robert Laffont, « Bouquins », p. 139), on ne sait plus a priori ce qu'être arlequin implique.

On peut, si l'on veut, établir deux sous-types dans cette vaste collection. D'un côté, on a *les maisons savonnettes, les boutades boucliers, une robe meringue, une jupe crayon, un dollar tango, un mari-passeport,* (M. Enard, *Boussole*, p. 138), *des journalistes-horloges* (M. 05/10/2018, p. 19), etc. Ici, le sens n'est pas immédiatement offert ; il est plutôt à deviner, à découvrir, par un recours attentif au contexte. Rien de stabilisé dans de telles associations, qui demeurent pour certaines à l'état de curiosité, voire d'hapax.

D'un autre côté, et bien plus fréquemment, on a des N2 sans grande originalité, qui, par le fait de l'usage, sont devenus habituels dans ce genre de programme. Alors, le sens qu'ils y ont acquis est fixé, stabilisé, et l'interprétation se fait selon cet automatisme. La liste des N2 de cette espèce n'est pas infinie, mais elle n'est pas non plus fermée, et elle évolue au fil des modes, et des fluctuations du vocabulaire. On y trouvera par exemple *boomerang, caméléon, charnière, clé, couperet, éclair, fleuve, kleenex, mosaïque, monstre, passerelle, pivot, phare,* qui, en usage répété dans cette position, ne se font plus beaucoup remarquer. Quelques exemples pour simple rappel :

---

[3] « Canada Dry » parce que la boisson en question venait d'être lancée et était un peu à la mode : « mammouth », parce que le ministre Claude Allègre, s'était emparé du terme pour qualifier l'Éducation Nationale.

(1) Encore un de ses procédés : cette façon de vous cueillir les mots sur le bout de la langue, et de vous les retourner sans même élever la voix, sous forme d'une réplique boomerang imparable. (*FNA-959-... Ou que la vie renaisse*, Gilles Morris, Fleuve Noir)

(2) Tous deux sont également des personnages clés de la Macronie. (M. 29/09/2018, p. 8)

(3) À la maison, nulle heure couperet n'est fixée pour les agapes initialement matinales. (M. *Sup. L'Epoque*, 30/09/2018, p. 7)

(4) J'ai toujours aimé Depardieu. [...] Il reste un acteur phare. (JDD, 07/10/2018, p. 41)

Dans la première sous-classe, la recherche d'une interprétation convenable s'élabore en fonction des informations apportées par le contexte, dans une démarche hésitante, et avec risque d'erreur (*maison savonnette* : où on glisse ? non, mais qui a la forme toute bête d'une savonnette). Dans la seconde, on a, à peu de choses près, des automatismes.

Quelle que soit la fréquence de tel ou tel item nominal en cette position, comment cela commence-t-il ? P. Arnaud (2018), à partir de l'exemple, bien choisi, de *bateau-phare*, pose qu'à l'origine, on trouve un nom composé, liant N1 et N2 de façon univoque et dans lequel N2 garde encore son sens habituel (*un bateau phare* est un bateau qui joue le rôle de phare). Mais il est rare que la langue procède ainsi : en général, la première association attestée de tel N2 avec tel N1 présente un sens de N2 déjà « élargi » : *roman fleuve, date couperet, moment charnière*, où le sens habituel de N2 semble mis entre parenthèses. Et si l'on peut bien trouver des attestations prouvant qu'*effet boomerang* et *position clé*, *date couperet* et *société écran* ont été chronologiquement premiers, et président à la diffusion d'emplois diversifiés, si ces associations fondatrices ont joué bel et bien un rôle de facilitation dans les cas en question, le principe ne vaut pas forcément ailleurs.

Aucun N1 ne vient spontanément à l'esprit, qui serait susceptible d'être le déclencheur initial auprès de *caméléon, marathon, béton, bidon, kleenex*, etc.

(5) Nous avons affaire à un président et à un gouvernement caméléon qui adaptent leurs discours selon leurs interlocuteurs et qui disent globalement ce qu'ils veulent entendre. (*Cap Finistère*, 27/04/2018, p. 4)

(6) Vendredi soir à la MPT d'Ergué-Armel, en marge d'une conférence marathon sur le plancton et le développement des algues vertes. (*Le Télégramme de Brest*, éd. de Quimper, 03/06/2013)

(7) J'avais une mémoire béton avant, tout s'organisait dans ma tête sans agenda. Maintenant je dois faire des listes et tenir un agenda serré. (www.revivre.org, 14/11/2017)

(8) Anelka : Jacquet m'a donné des excuses bidon. (titre, *Le Parisien*, 25/05/1998)

(9) On est rentrés dans l'ère de ce que l'on pourrait appeler les présidents kleenex. (*France Info*, 01/11/2018, 20h20)

De fait, la source de ces noms en position d'épithète est à chercher plus largement dans toute espèce d'emploi « élargi » (plus ou moins métaphorique[4]) des noms en question, expressions convenues ou pas, et réalisations syntaxiques diverses : *cet homme est un vrai caméléon* ; *ce fut un vrai marathon* ; *un alibi en béton* ; *ton excuse, c'est du bidon* ; *il s'est fait jeter comme un kleenex*[5]. À partir de là, le nom concerné est prêt pour un éventuel emploi épithétique[6].

Il y a même des cas où le passage par la case épithète ne semble pas devoir être nécessairement posé : ainsi, à partir d'expressions comme *C'est une/la galère*, on est passé directement à *C'est galère*. Donc mieux vaut admettre que le chemin parcouru par ces noms, les conduisant à apporter à N1 une caractérisation, est spécifique à chaque cas.

La grande question, me semble-t-il, c'est de savoir s'il convient vraiment de distinguer les deux séries, selon que l'usage de tel N en position de N2 est habituel ou pas. D'un côté, il faut bien admettre que les caractéristiques syntaxiques définissant un prototype adjectival (cf. Goes 1999, et ici même), la plus ou moins grande capacité du lexème considéré à figurer en position d'attribut, à être modifié par des adverbes, varie beaucoup, selon le plus ou moins bon degré de lexicalisation. Les N2 de type *bouclier*, *champagne* ou *meringue* n'ont guère d'autre position possible que celle d'épithète : en dépendance immédiate de N1. Si on veut de force en faire des attributs, ils retrouvent leur déterminant nominal (*un*

---

[4] Je préfère « élargis » à « métaphoriques ».
[5] Quand on tape cette dernière séquence sur Google, on tombe sur de très nombreuses attestations.
[6] Ce qui ne veut pas dire qu'il y accèdera automatiquement ! *Anguille, pieuvre, sangsue (c'est une véritable anguille, pieuvre, sangsue)* n'ont pas prospéré dans l'épithèse.

tel rugby est (comme) du champagne/c'est du champagne/*c'est champagne). En revanche, si la lexicalisation est avancée, on aura de bonnes chances de faire des N2 concernés des attributs (sans déterminants), de les doter de modificateurs adverbiaux (Noailly 1990 ; Salles 2004), éventuellement même de leur faire subir un accord de pluriel. Ils se comportent alors pleinement comme des adjectifs[7] :

(10) Ça va être clef. (à propos du 3ème round de la grève SNCF, TV5, 09/04/2018, 18h39)

(11) Ses années de classes préparatoires à Henri IV sont charnières. (*M. Magazine*, 03/03/2018, p. 40)

(12) C'est ça qui est un peu boomerang dans cette affaire. (TV5, 19/10/2015, 17h58)

(13) Ces projets exceptionnels tirent l'innovation dans l'ensemble du secteur et profitent aussi aux PME. L'innovation, c'est béton. (usinenouvelle.com, 14/04/2012)

Le problème, toutefois, c'est que, d'une série à l'autre, de l'insolite à l'habituel, les frontières sont tout sauf étanches. Le corpus propose tous les niveaux d'un processus de lexicalisation plus ou moins abouti. Par exemple, comment traiter *champagne*, N2 attesté dans *rugby champagne* :

(14) Le rugby à la française..., ce que l'on appelle parfois le rugby champagne. (FM, 21/11/1981, 20h)

mais qu'on a pu rencontrer aussi dans d'autres associations comme, par exemple, *conte de fées champagne* et *littérature champagne*[8] ? Peut-on d'ores et déjà assurer que sa lexicalisation est en cours, ou estimera-t-on, au vu de la modeste fréquence de ses emplois épithètes, qu'elle a été abandonnée ?

Certes, le dictionnaire, lui, n'a pas vocation à enregistrer les essais d'un jour, même si on imagine aisément l'embarras des rédacteurs devant tant de ces néologismes, dont le caractère plus ou moins usuel fluctue au gré des modes (les éditions successives du *Petit Robert* sont amenées à de continuels

---

[7] J'accorde, on le voit, peu d'importance à l'accord de pluriel, inaudible, absolument facultatif, qui ne constitue pas pour moi un critère.
[8] Cf. Noailly (1996b : 349 et 353).

aménagements sur ce point). Mais le regard du linguiste est différent. Lui s'intéresse au système, donc non seulement à l'observé, mais au champ des possibles. Le plus sage lui paraît donc de ne pas opposer les deux sous-classes, considérant que les N2 les plus timides dans ce mouvement vers la qualification peuvent, à la faveur de quelque caprice collectif, se libérer de leurs entraves au moment où on s'y attend le moins.

2.2 Les autres cas

Dans d'autres cas, la relation entre N1 et N2, comme donnée d'avance, relève de l'évidence. Il n'y a rien à deviner. C'est comme un degré zéro de l'interprétation[9]. Et le N2 dont il s'agit semble si « naturel » en position épithétique que rien n'arrête le lecteur/auditeur :

(15) Le film événement. Deux heures dans la vie intime de l'équipe de France. (JDD, 02/09/2018, p. 13)

(16) Sur la destruction des juifs d'Europe, Claude Lanzmann a créé avec Shoah, tourné entre 1976 et 1981, une œuvre-monument. (ciremm.org/recherches, 22/03/2013)

(17) Ces « French tacos », inspirés des burritos mexicains, sont à ranger dans la catégorie de la comfort food, les aliments réconfort. (JDD, 07/10/2018, p. 29)

(18) Saveur refuge. Alors que sa couleur fait valdinguer les codes de l'esthétiquement correct, elle demeure, en cuisine, une saveur refuge. (Madame Figaro, 06/06/2009)

(19) Pierre Ménès, ému par la venue surprise de sa femme Mélissa sur le plateau de TPMP. (programme-tv.net, 05/04/2017)

Ces exemples ont en commun de permettre tous le même type de paraphrase : « N1 est un N2 » (*ce film est un événement, cette œuvre est un monument, ces aliments sont des réconforts, une telle saveur est un refuge, sa venue est une surprise*),

---

9 Bien sûr, c'est une façon de parler, car on interprète toujours ! Mais il est vrai que ces exemples-là sont difficiles à repérer dans la presse ou à l'oral. Ils sont si anodins qu'on les laisse passer sans les voir !

ainsi que la reprise de N1 par « ce N2 » (*l'œuvre de C.L., ce monument ; la venue de sa femme, cette surprise*). En revanche, on ne les trouvera pas dans des emplois attributifs sans déterminant, et c'est sous leur forme pleinement nominale qu'ils forment de très bons attributs : **ce livre est événement, *cet aliment est réconfort.* vs *ce livre est un événement, cet aliment est un réconfort*. En gros, la position épithète semble ne les altérer en rien, ni dans leur sémantisme, qu'ils gardent intact, ni, oserai-je dire, dans leur statut de nom. C'est comme s'ils accueillaient cette position insolite sans le moindre embarras. Est-ce à dire que l'emploi épithète devrait être donné dans les grammaires comme accessible aux noms ? Cela va à l'encontre des idées reçues, mais la perspective n'est pas absurde.

En outre, que leur usage soit rare ou habituel dans cette position n'a aucune incidence sur l'acceptabilité de l'enchaînement : *événement* et *monument* sont communs dans cette position, sans aucun doute, ainsi que *choc, spectacle* ou *surprise*. *Refuge*, moins. *Réconfort*, pas du tout. Mais c'est toujours la même interprétation, évidente et immédiate.

Qu'ont-ils donc qui les prédispose à figurer en position de modifieur de N1 ? Comme le montre la succession de ces exemples, les N2 concernés sont plutôt des noms abstraits, assez variés[10] : *choc, fantôme, hommage, miracle, modèle, record, scandale, spectacle, souvenir, symbole, témoignage*, etc.[11]. Ils semblent avoir en commun une structure sémique assez simple (« événement » : quelque chose d'important qui arrive sans être prévu ; « monument » : quelque chose d'imposant, et qui est destiné à demeurer dans les mémoires, etc). C'est ce qu'on dit, ordinairement, des adjectifs. Et il est vrai qu'ils sont simples, comparés à des noms comme *tilleul, percale* ou *équerre*, qui demandent une définition longue et descriptive.

Leur sémantisme ressemble beaucoup plus à celui d'un adjectif, dans la mesure où ils prédiquent quelque chose du N1 auquel ils s'adjoignent. Toutefois, ils disent plus *ce qu'est* ce nom, que *comment* il est. En d'autres termes, en position d'épithète, ils ne jouent pas exactement le même rôle qu'un adjectif, même s'ils coexistent dans cette position.

Le critère d'une relative simplicité sémantique n'est d'ailleurs pas une spécificité exclusive de ces noms abstraits. Et certains noms, d'ordinaire considérés comme concrets, peuvent intervenir dans la position épithète avec la même facilité, la même évidence :

---

10 Les noms de qualité et les noms d'événement semblent toutefois exlus.
11 Je sais qu'il y a quelque arbitraire à vouloir décider de ce qui est abstrait et de ce qui ne l'est pas. Certains des noms concernés ici ont une acception abstraite et une autre, dans certains contextes, qui peut sembler plus concrète.

(20) Cette villa laboratoire se visite avec émerveillement. (JDD, 08/04/2018, p. 45, à propos de la maison de F.L. Wright, à Chicago)

(21) Les mésaventures [...] d'un garçonnet japonais bien décidé à retrouver son toutou sur l'île-décharge où sont envoyés mourir tous les chiens suite à une épidémie de grippe canine. (JDD, 08/04/2018, p. 41)

(22) Les adhérents LR réclament une Europe forteresse. (titre, JDD, 04/11/2018, p.12)

Là, de même, la relation avec N1 n'a rien de métaphorique : on peut dire simplement, *cette villa est un laboratoire, cette île une décharge* et *l'Europe souhaitée par LR est une forteresse*. Et comme précédemment, il est exclu de vouloir construire N2 comme un attribut sans déterminant : **Cette villa est laboratoire ; *cette île est décharge ; *cette Europe-là serait forteresse*. Ces noms concrets, associés avec des N1 qu'ils catégorisent, fonctionnent comme les noms abstraits observés précédemment.

On aurait donc, en schématisant beaucoup, deux types de N épithètes, ceux qui se glissent dans cette fonction avec une aisance immédiate, mais ne vont pas au-delà du rôle épithétique, et reprennent leurs droits de substantifs (avec déterminant) quand on en fait des attributs ; et de l'autre côté, des N concrets, que rien ne semble prédisposer à la qualification, mais qui, à partir du moment où ils ont emprunté la fonction épithète, risquent de s'émanciper vers les autres fonctions adjectives, emplois avec modifieurs adverbiaux, attributs sans déterminant, apposition même, et peuvent être dès lors considérés comme des adjectifs de plein emploi.

Lesquels « méritent » le mieux, en fait d'adjectivité ? Les observations ci-dessus nous conduisent à penser que ce ne sont pas les noms de la seconde série qui font les meilleurs adjectifs, en dépit d'un sémantisme qui semble les y prédisposer souvent. À la position épithète ne correspond, dans leur cas, aucune « conversion » au sens où l'entend Kerleroux (1996), puisqu'en dehors de cet emploi-là, ils n'occupent aucune des autres positions possibles de l'adjectif. Seraient-ils alors en « distorsion catégorielle », seule alternative possible selon cet auteur ? Comme on vient de le voir, il y a quelque gêne à le soutenir, quand on note le naturel des enchaînements qu'on vient de proposer, et ce sentiment que rien n'y est forcé. C'est une difficulté théorique fort gênante.

On pourrait résumer la situation de la sorte : d'un côté, des noms qu'il est facile et apparemment naturel d'employer comme épithètes (qui disposeraient donc d'un certaine « adjectivité » inhérente ?), mais en qui on ne constate aucune « adjectivation », en d'autres termes, aucun processus annonciateur de changement catégoriel ; et de l'autre, des noms qui, au naturel, n'ont aucune prédisposition à un tel rôle, mais qui, au rebours des autres, lorsqu'il entame un processus d'adjectivation, sont capables de le mener à son terme, et de devenir, parallèlement à leurs emplois substantifs, des adjectifs à part entière; autrement dit, d'accéder à une adjectivité incontestable. C'est ceux-là qu'on privilégiera dans la seconde partie de l'étude.

3 Peut-on évaluer la capacité d'un N à s'adjectiver ?

Comment la langue procède-t-elle dans sa sélection opératoire ? Pourquoi certains noms acquièrent-ils une adjectivité qui semble plus difficile à atteindre pour d'autres ?

1. On a pu penser que la morphologie pouvait être un facteur facilitant. Dans notre catalogue, deux modèles principaux dominent : une bonne partie de ces N ont à l'oral une finale épicène, se terminant soit par un *-e*, (*phare, charnière*, etc.) comme beaucoup d'adjectifs (*tendre, calme, absurde*, etc.), soit par une consonne prononcée (*éclair, mammouth*). À leur côté, on peut remarquer aussi un groupe important de noms en *-on* : *canon, bidon, béton, coton* mais aussi *cornichon, cochon, marathon, croupion, caméléon*, ce qui renforce l'idée que ce suffixe est non marqué en genre[12]. Pour le reste, la plupart sont mono- ou disyllabiques (*fleuve, phare* ; *Kleenex, béton, bidon, nickel*, etc.). Mais la relative homogénéité de l'inventaire ne fait probablement que refléter celle du vocabulaire courant. Et d'un autre côté, une longueur de plus de deux syllabes n'a rien de discriminant : *boomerang, marathon, caméléon*.

2. Auraient-ils, d'un autre côté, hypothèse plus tentante, un sémantisme qui permette facilement une éventuelle conversion ? La réserve paraît inépuisable, des noms auxquels l'inconscient collectif affecterait un trait saillant et définitoire, susceptible de définir une propriété évidente : c'est le trait définitoire « couleur, » qui fait ainsi de *sable, pêche, brique, sapin, turquoise* ou *émeraude* des adjectifs de couleur à part entière. À un moindre degré, cela peut être le trait « forme » : *un col cheminée, une jupe portefeuille, un pantalon fuseau, une*

---

[12] Le suffixe *-on* forme des noms masculins, certes mais pas exclusivement : *une souillon*. Cf. aussi les prénoms féminins : Manon, et des diminutifs : Fanchon, Lison, Suzon, etc. NB aussi que certains adjectifs en *-on* ont un féminin identique au masculin : *Elle est bien grognon, aujourd'hui !*

robe sac. Pour le reste, *bouclier*, c'est fait pour protéger ; *escargot*, c'est lent ; *champagne*, ça pétille.

Mais évidemment, tous les noms qui seraient susceptibles d'être retenus ne le sont pas : pourquoi *fourmi* et pas *écureuil*, *escargot* et pas *tortue* ? Pourquoi *phare* et pas *balise* ? Pourquoi *bouclier* et pas *paravent* (les deux protègent !) ? Dans l'ensemble inépuisable des noms susceptibles de fournir ce genre de « trait dominant », l'usage opère une sélection bien difficile à justifier par des critères raisonnés. Il serait présomptueux d'imaginer qu'on puisse prévoir quels noms seront retenus dans un avenir proche, et de comprendre pourquoi d'autres ne le sont pas (enfin, pas encore).

Plus inattendu : parmi les noms sélectionnés, le trait retenu n'est pas toujours celui auquel on pourrait le mieux s'attendre : pourquoi *kleenex* est-il critique ('ce qui se jette après un seul usage'), alors qu'on aurait pu tout aussi bien retenir que l'objet en question représente un progrès dans le domaine de l'hygiène ? De même, alors que *Canada Dry* aurait pu être pris méliorativement ('ça fait du bien et pas de mal'), tout au contraire, c'est l'apparence trompeuse de ce qui se donne pour ce que ce n'est pas, qui a été retenue[13] ; *parking*, c'est l'image de la mise à l'écart, et non du lieu fermé et protégé ; *écran*, ça pourrait être ce qui permet de voir, au lieu de ce qui fait obstacle à la vue, etc.

Certains même n'affichent a priori aucun trait saillant, ce qui n'empêche pas la langue de leur en affecter un, ou même, exceptionnellement, deux distincts, selon le contexte : le *bateau* de *décolleté bateau* ou de *lit-bateau* n'est pas celui d'une *interview bateau*, d'une *programmation bateau*. Les « sèmes afférents » (Rastier 1987) retenus dans chacun des deux cas sont si différents qu'on aboutit tout simplement à une homonymie des deux adjectifs *bateau*.

Les choix opérés par la langue semblent ainsi garder une part de mystère, que seule pourrait peut-être lever une analyse sémique très fine, qui irait au-delà des définitions référentialistes habituelles (et bien au-delà d'une sémantique du prototype), et découvrirait tout l'arrière-plan secret qui fait d'un mot une entité irréductible[14]. En tout cas, il ne semble pas que ce soit l'évidence du trait saillant ou au contraire sa non évidence, qui vont déterminer le degré d'adjectivation de l'item concerné : *passoire*, *poubelle*, au trait saillant parfaitement clair, ne sont guère qu'épithètes, tandis que *bateau* (dans les deux sens) est parfaitement adjectivé.

---

13 La faute, visiblement, dans ce cas particulier, au slogan publicitaire qui a marqué l'émergence du produit : ça a l'air d'être de l'alcool, mais ce n'est pas de l'alcool. Ce qui devait être apprécié comme une qualité a été au contraire pris péjorativement par les usagers.

14 Il s'agit bien là de dé-couvrir, en effet (cf. Rastier 1987).

3. Il serait logique de penser, d'un autre côté, que ces nouveaux adjectifs comblent des lacunes du lexique de base. Un nom trouverait des emplois épithètes quand l'usage veut ou doit suppléer à un manque dans le système adjectival. Par exemple, *éclair* n'a pas d'équivalent sous forme de mot simple (il faudrait à tout le moins dire 'ultra rapide'), ni *béton* (ça veut bien dire 'solide' mais plus précisément d'une solidité que rien ne peut ébranler), ni *kleenex* (d'un usage unique, mais qui vaut gaspillage), ni *boomerang*. Prenons deux cas très courants : *fleuve* et *phare*. Aucun adjectif, là non plus, pour signifier ce que traduisent ces deux formes quand elles sont employées adjectivement. Alors, si *fleuve* épithète n'implique pas d'eau, et si *phare*, dans la même situation, n'a plus aucun rapport avec la mer et les bateaux, dira-t-on pour autant que le sens initial de ces mots s'est considérablement appauvri au point qu'ils sont réduits, dans l'emploi adjectivé, à un trait unique ? Quand P. Arnaud (2018) écrit, à propos de *phare* :

> En effet, son sens correspond à un trait unique, haute visibilité ou, par abstraction, notoriété, et des traits comme tour, lumière, maritime, ont disparu, laissant subsister un sens unidimensionnel semblable à celui des adjectifs.

il me semble qu'il s'en tient à une analyse un peu trop référentialiste du vocabulaire. S'ils ne désignent plus, ces mots ne se privent pas de suggérer. Un *opéra fleuve* (23), ce n'est pas qu'un opéra de longue durée, c'est beaucoup plus : il y a la longueur, certes, mais aussi, une abondance continue, un flot ininterrompu. Et quand on parle de *compositeur phare* (24) à propos de Ligeti, Boulez ou Stockhausen, cela implique que ces musiciens éclairent certes, mais aussi guident, et exercent un fort pouvoir d'attraction sur toute leur génération. Donc, de fait, l'essentiel du nom d'origine est conservé dans l'emploi adjectif. La référence matérielle s'est évanouie, mais justement, n'est-ce pas là un argument pour défendre qu'elle n'est pas essentielle ?

(23) *Les Huguenots* de Giacomo Meyerbeer, mis en scène par Olivier Py, mêlent romance et politique pendant plus de quatre heures. Un opéra-fleuve qui file comme un songe, parce que c'est tout simplement somptueux ! (https://www.rue89strasbourg.com, 15/03/2012)

(24) Ligeti est un compositeur phare pour toutes les générations et esthétiques confondues. [...] Ligeti ou Boulez, la même question se pose. Mais ce qui fait la force de ces grands artistes c'est qu'il y a une sorte de noyau dur qu'on ne peut pas tout de suite déchiffrer et qui irradie, c'est ça la modernité. (Entretien avec Régis Campo, *Les chantiers de la création*, réalisé par C. Franco-Rogelio et J.-M. Denizart, 24/01/2015, sur Google)

Dans (23), à l'épithète *fleuve*, décrivant l'opéra dont il s'agit, sont liés (dans le reste de l'article) les termes de *sublime, somptueux, majestueux, riche et exubérant, épique, pharaonique*. Tous ces adjectifs sont « mis en texte » aux côtés de *fleuve* (et contribuent à son acception), pour caractériser conjointement l'œuvre et la mise en scène d'O. Py. De même dans (24), l'épithète *phare* appliquée à Ligeti met en avant le placement central (*noyau*), le caractère indéboulonnable (*noyau dur*) et la capacité illuminante (*irradie*). Tous les attributs de *phare*, en somme, hors la forme matérielle du bâtiment.

Pour résumer, les noms dont l'adjectivation se développe le mieux, ce sont ceux qui suggèrent le plus. Ce serait la richesse sémique d'un nom qui déterminerait sa capacité à s'adjectiver, richesse bâtie sur la somme infinie de ses emplois passés, et sur l'ensemble de son intertexte. Par là, ces nouveaux adjectifs enrichissent le vocabulaire, beaucoup plus que ne pourrait le faire un adjectif quelconque. Loin d'être « unidimensionnels », ils gardent de leur origine nominale un pouvoir de suggestion sidérant.

4. Ces observations mettent en relief le contraste entre le pouvoir d'évocation de ces nouveaux adjectifs et le peu de ressources des noms abstraits, tels qu'ils ont été décrits sous 2.2.

Mais le fait d'être abstrait n'est pas rédhibitoire, et n'interdit pas une adjectivation très aboutie, et il est de certains noms qui, tout abstraits qu'ils sont, sont très avancés dans ce processus. Ils ne se comportent pas du tout, à cet égard, comme ceux qu'on a observés sous 2.2. On prendra en exemple, parce que leur usage est surabondant dans les années où nous sommes, *classe, culte, limite, tendance*, et, d'importation récente, *vintage* et *glamour*. Les deux derniers tiennent peut-être leur magie évocatoire de leur origine étrangère. Mais les quatre autres ?

(25) C'est pas très classe... (blog des correcteurs du Monde, commentant des fautes d'orthographe, 07/05/2007)

(26) Robe néoprène ultra moulante. Col montant et échancré dans le dos. Taillée à la perfection, elle est hyper classe. (20/07/2018, https://www.vinted.fr)

(27) Le texte n'a rien d'une synthèse biographique sur le romancier américain contemporain le plus secret, le plus commenté et le plus culte. (*M. des Livres*, 09/03/2018, p. 10)

(28) Démissionnez, vous serez culte. (message adressé par un humoriste à E. Macron, FI, 04/10/2018, 8h58)

(29) Il y avait deux jeunes, avec un parcours un peu limite, comme on dit. (FI, 30/09/2018, 8h35)

(30) On est sur un scénario démocratique qui est très limite. (TV5, 18h35, 16/10/2018)

(31) En somme, le béton est la matière tendance du moment. (*Le Journal de la maison*, 16/04/2012)

(32) Le maillot de bain une pièce, c'est le plus tendance. (*Cosmo*, 12/06/2018)

(33) Vous voulez un maillot de bain vintage ? Choisissez un maillot de bain une pièce bustier. (*Cosmo*, 12/06/2018)

(34) Le premier s'est installé en 2008 dans les salons chics et vintage de la Mère Brazier. (JDD, 02/09/2018, p. 45)

(35) Valentino a construit son succès sur une idée de l'élégance à la romaine : glamour, festive et opulente. (M. 02/10/2018, p. 21)

(36) Toujours glamour en 1959, c'est Franck Sinatra, un habitué du lieu, qui inaugure sa piscine en forme de haricot. (dans un article consacré au grand palace de Biarritz, JDD, 16/10/2018, p. 22)

En quoi les noms dont il s'agit sont-ils différents de ceux examinés sous 2.2 ? Il semble que l'on n'ait pas ici la transparence interprétative des premiers, ce qui rendait leur présence auprès de N1 absolument « plate ». Le fait de savoir définir dans leurs emplois courants *classe, culte, limite, tendance* en tant que noms ne permet pas de comprendre exactement ce qu'ils veulent dire ici. Une paraphrase attributive serait inappropriée : ??*cette robe est une classe, ?ce romancier est un culte, ?leur parcours est une limite, ? le béton est une tendance*. C'est qu'ils ont pris, en emploi adjectival, un sens comme 'décalé' : *c'est classe* vaut pour (et, en quelque sorte, a remplacé) 'c'est chic' ; *c'est culte* pourrait être paraphrasé par 'cela fait l'admiration générale' ; *c'est tendance* a pris la place du démodé… 'c'est mode' ; *c'est limite* veut dire 'c'est à la limite du correct/supportable', etc. De même, *vintage* et *glamour*, d'abord importés comme noms, ont désormais des emplois adjectivaux aisés, *vintage* pour définir le chic de ce qui n'est pas neuf, tout en étant d'une ancienneté très relative (d'après 1920 ?[15]), et *glamour* une certaine forme de séduction éclatante, opulente.

Tout se passe comme si le décalage interprétatif par rapport au nom base rendait possible l'adjectivation de ces items. À l'inverse des noms de 2.2, qui, trop facilement, s'inscrivaient dans des emplois épithétiques sans histoire (et sans devenir), ces six noms (parmi d'autres) se sont construits une nouvelle identité adjective, plus ou moins détachée des emplois des substantifs d'origine. Et si l'effet est moins radical qu'avec les N concrets de 2.1, le décalage observé n'en est pas moins intéressant, puisqu'il est ce qui permet l'adjectivation.

On dirait à chaque fois que cette sorte de « pas de côté » sémantique agit comme un agent libérateur et permet au processus d'adjectivation de se mettre en place. Dans le cas des noms abstraits, la mutation se fait en douceur, et le rapport du N en cours d'adjectivation avec le N de base est encore bien perceptible. La mutation opérée par les noms concrets est, en général beaucoup plus spectaculaire, et peut même conduire à de véritables homonymies, qui justifieraient deux entrées distinctes dans le dictionnaire. C'est le cas, entre beaucoup[16], de *canon* (37) ou *coton* (38) :

(37) On avait toutes les deux 17 ans. Je la trouvais trop canon. Et j'adorais son rire. (M. *Sup. L'Epoque*, 30/09/2018, p. 2)

(38) D'après ce que nous avons déjà vu, ce sera sans doute coton. (Giono, cité dans PR)

Malgré les différences particulières, on peut penser tout de même que c'est le même processus qui est à l'œuvre dans les deux cas. La plupart des noms peuvent se retrouver en position épithétique, mais noms abstraits et noms concrets ne s'adjectivent bien qu'au prix d'un éloignement de leur sémantisme d'origine. La véritable adjectivité est ainsi, elle est conquise. D'évidence, plus la mutation sémantique est franche, plus les deux acceptions, du N initial et du N qualifiant se sont rapprochées d'une simple homonymie, et plus le processus d'adjectivation se trouve libéré.

La différence concret/abstrait, si elle est pratique pour sérier les cas dans le déroulement de l'exposé, n'est donc finalement pas essentielle dans la description des processus d'adjectivation des noms. Certains noms, concrets aussi bien

---

15 Dans Saugera (2017), on trouve un développement très informé sur cette importation, et cette date est proposée.
16 C'est le cas, surtout, d'un lot considérable d'appréciations familières et méchantes : *cornichon, courge, cruche, gourde, marteau, nouille, poire*, et j'en passe.

qu'abstraits, sont pour le moment bloqués en position épithète[17]. Et à l'inverse, une adjectivité pleine et entière peut affecter aussi bien les deux types. Simplement, elle est plus spectaculaire, plus drôle, plus énigmatique aussi parfois, dans le cas des noms concrets.

Alors, peut-on présumer de la capacité d'un nom à s'adjectiver ? On ne peut pas fournir à cette question de réponse très positive. Certes, un trait saillant dans la définition d'un nom concret est un critère favorable, mais nous avons vu que cela n'était ni suffisant, ni même nécessaire. Pas suffisant, parce que beaucoup de noms dont la définition comporte un trait saillant n'ont pas le privilège de se voir pour autant entraînés vers le moindre début d'adjectivation. Pas nécessaire, puisque des noms dont la définition habituelle ne comporte pas de trait saillant se construisent néanmoins une sémantique adjectivale très riche et étonnamment suggestive. De ceux-là on doit penser que, sans aucun doute, ils évoquent beaucoup plus que ce que la doxa en dit, et que des sèmes ignorés le reste du temps, et comme enfouis dans le subconscient linguistique d'une société, demeurent néanmoins, et se dé-couvrent à la faveur de leurs emplois adjectifs.

Un nom qui porte en lui ce type de pouvoir évocateur a donc des chances de pouvoir être « récupéré » pour des emplois adjectivaux, et de venir ainsi enrichir le lexique, en particulier dans le registre appréciatif. Mais il n'en reste pas moins que, parmi les innombrables noms susceptibles de drainer après eux cette complexité sémantique, seul un petit nombre est ainsi exploité. Et dans la sélection opérée, il reste une part de mystère.

Bibliographie

Arnaud Pierre, 2018, « *Bateau phare, magasin phare* : composés [N₁N₂]ₙ et séquences syntaxiques N₁+N₂ à N₂ adjectivé », dans *Travaux de linguistique*, 76 : 7–26.
Gavrilidou Z., 2001, « Structures *Dét. N1 N2* et détermination figée », *in* X. Blanco & *al.* (dir.), *Détermination et formalisation*, Amsterdam, John Benjamins Publishing : 163–175.
Goes Jan, 1999, L'adjectif. Entre nom et verbe, Louvain-la-Neuve, Duculot.
Kerleroux Françoise, 1996, *La coupure invisible. Etudes de syntaxe et de morphologie*, Lille, Presses universitaires du Septentrion.
Noailly Michèle, 1990, *Le substantif épithète*, Paris, PUF.

---

[17] C'est, assez curieusement, le cas de *fleuve*, qui tout en ayant un sens bien stabilité comme épithète et des emplois très fréquents dans cette position, n'apparaît presque pas dans d'autres situations adjectives.

Noailly Michèle, 1996a, « De l'image au concept : le nom en position d'épithète », *in* N. Flaux & *al.* (dir.), *Les noms abstraits, histoire et théories*, Lille, Presses Universitaires du Septentrion : 349–356.

Noailly Michèle, 1996b, « Dans le sens du fleuve : syntaxe et polysémie », *in* K. Fall, J.-M. Léard & P. Siblot (dir.), *Polysémie et construction du sens*, Montpellier, Presses universitaires de Montpellier : 25–40.

Noailly Michèle, 2004, « Du lien primordial de l'adjectif et du substantif en français, et du peu d'intérêt de la mise en relation de l'adjectif avec le verbe dans cette même langue », *in* J. François (dir.), *L'adjectif en français et à travers les langues*, Actes du colloque international de Caen, juin 2001, Caen, Presses universitaires de Caen : 151–167.

Rastier François, 1987, *Sémantique Interprétative*, Paris, PUF.

Salles Mathilde, 2004, « Adjectif et adjectivité ou comment un substantif peut être plus adjectif qu'un adjectif », *L'Information grammaticale*, 103 : 7–12.

Saugera Valérie, 2017, « La fabrique des anglicismes », *Travaux de Linguistique*, 75 : 59–79.

Charlotte Schapira
Chapitre 4 Les syntagmes prépositionnels en *de* assimilables aux adjectifs

1 Introduction

Les multiples significations de la préposition *de* sont à l'origine de la pléthore de compléments du nom et circonstanciels qu'elle introduit dans la phrase. Notre intérêt se porte sur les seuls compléments du nom en *de* et, parmi ceux-ci, sur une structure particulière :

> N1 *de* N2 (non déterminé)

dont les occurrences, très nombreuses, sont sémantiquement variées. N2 peut, comme on le sait, préciser, à propos de N1, la matière : *une table de marbre* ; le contenu : *un verre de vin* ; il est souvent catégorisant : *une agence de voyage/de presse/de publicité* ; *une maison de campagne/de vacances/de repos*.

Cependant, une fois écartées ces classes sémantiquement homogènes, il reste un nombre considérable d'occurrences correspondant au schéma ci-dessus non encore inventoriées, où le complément en *de* décrit N1 à la manière d'un adjectif. Que l'on compare, par exemple, *une maison de briques/une maison de campagne*, avec *une maison de rêve*.

« La disparition du déterminant dans le complément transforme le complément de relation en *complément de caractérisation* », lit-on dans *Le Bon Usage* (1993 : §342 c), les auteurs versant ainsi dans le même sac tous les compléments du nom en *de* à N2 non déterminé (p. ex. *la viande de ce cheval* → *viande de cheval*).[1] « Les compléments de caractérisation correspondent souvent à des épithètes », remarquent-ils pourtant (*ibid.* : §342 c Rem.) ; mais s'agit-il réellement du même phénomène ? De l'épithète, dans *vacances estivales*, ou du complément du nom, dans *vacances de rêve,* lequel est le plus proche sémantiquement de l'adjectif ?

---

[1] Cf. aussi Riegel & *al.* (2009).

Charlotte Schapira, Technion – Israel Institute of Technology
https://doi.org/10.1515/9783110604788-005

Les syntagmes prépositionnels sont donc bien mentionnés dans ce contexte, mais ils y bénéficient à peine d'une remarque et y sont traités comme un phénomène restreint et, pour ainsi dire, négligeable (peut-être quantitativement négligeable, ce qui n'est pas du tout le cas, comme il sera possible de le constater dans ce qui suit). Dans l'inventaire des éléments appartenant à d'autres classes grammaticales susceptibles d'être adjectivées, Riegel & *al.* (2009 : 603) rangent ces syntagmes dans une catégorie à part : « les formes invariables » hétéroclites, pouvant « acquérir le statut d'adjectif qualificatif grâce au phénomène de conversion »[2].

Le but du présent chapitre est de montrer que, loin d'usurper de manière sporadique le statut d'adjectif, les syntagmes prépositionnels « *de N2* » constituent, au contraire, des séquences construites sur un moule particulier, déterminé, et destiné déjà en langue à fonctionner comme des adjectifs.

1.1 Un phénomène aux racines profondes

En réalité, *de* n'est pas la seule préposition susceptible, avec un nom indéterminé, de fonctionner de cette manière : d'autres syntagmes prépositionnels fonctionnent aussi comme des adjectifs, introduits par *en* (*en colère, en retard*) ; par *sans* (*sans scrupules, sans défense, sans foi ni loi*) ; par *à* (*à l'abandon, à la mode*), occasionnellement par d'autres prépositions : *hors* (*hors pair*), etc.[3]

Pourquoi notre choix se porte-t-il sur les syntagmes propositionnels en *de* ? Tout d'abord, parce que ces syntagmes qui, selon les grammaires, sont aujourd'hui « assimilables aux adjectifs » représentent un ensemble quantitativement plus fourni et grammaticalement bien plus complexe que ceux introduits par d'autres prépositions ; et, surtout, parce qu'ils permettent de repérer les traces d'une évolution ininterrompue dans la langue du latin à nos jours.

Sans doute en synchronie les syntagmes prépositionnels fonctionnant comme des adjectifs qualificatifs sont perçus comme une anomalie, d'où l'explication grammaticale par la translation ou la conversion. Il suffit cependant de remonter au latin pour que le phénomène se présente à nous d'une manière

---

[2] Il est sans doute significatif que dans la section sur la conversion de Riegel (2009 : 909), ces syntagmes ne figurent pas parmi les formateurs d'adjectifs ; ils ne figurent pas, non plus, dans la section sur la translation de Grevisse & Goosse (1003 : §198) ni dans celle sur le transfert, de Wilmet (1997 : §40). Les exemples de Riegel & *al.* (2009 : 603) sont en position d'attribut : *Il est de bonne humeur/en colère.*

[3] Parmi ces prépositions, *sans* est la plus proche, quantitativement, de *de* mais son comportement est différent (cf. *Le Bon Usage*, 1993 : §245.4 et §943 Rem. 4).

totalement différente. Il apparaît alors clairement (cf. 3.1 *infra*) que ces syntagmes jouissent d'un statut grammatical particulier par rapport aux autres parties du discours assimilables aux adjectifs, puisqu'ils constituent en réalité – comme d'ailleurs la plupart des compléments du nom introduits par *de* – un vestige du cas génitif latin.

Le passage du latin, flexionnel et de ce fait synthétique, aux langues romanes analytiques a été en effet à l'origine de la profusion de compléments prépositionnels se chargeant, dans ces langues, des valeurs sémantiques et fonctionnelles assumées en latin par les cas nominaux. Le génitif était en latin le cas réservé au complément du nom et il a été traduit en français par le syntagme *de* + *N*. Or, à côté de ses significations courantes (possession, matière, spécifiant/catégorisant), le génitif latin connaissait aussi un emploi dit « de qualité » ou « caractérisant », servant à décrire le nom qu'il modifiait à la manière d'un adjectif. Le génitif qualitatif est donc devenu lui aussi, en français, un complément du nom en *de* mais fonctionnant, lui, comme une épithète[4].

Il importe de noter cependant une chose primordiale concernant le génitif qualificatif latin : le fait que le nom y est toujours accompagné d'un adjectif :

> Lorsque le nom d'une personne ou d'une chose est joint à un mot qui exprime la qualité, ce mot se met au génitif, *si du moins il est accompagné d'un adjectif* ; l'on doit dire : *Homo magni, summi, excellentis ingenii*, et non pas, *homo ingenii*, un homme d'esprit[5].

Cet usage du latin constitue une clé pour la compréhension de l'emploi et du fonctionnement adjectival des syntagmes prépositionnels en *de* en synchronie.

1.2 Pour cerner le corpus

Le fait que cette construction particulière ait attiré si peu les grammairiens, jusqu'à échapper quasiment à leur attention, est dû d'une part à la grande hétérogénéité des éléments de la classe – dont le seul trait commun reste la structure

---

4 Ceci n'est d'ailleurs pas un cas isolé : l'ablatif latin – cas du circonstanciel par excellence – a connu lui aussi un emploi qualitatif (l'ablatif de qualité) et a par conséquent donné aussi, en français, des syntagmes prépositionnels qualificatifs, introduits par *de* mais aussi par d'autres prépositions. Avec des différences infimes, le phénomène existe dans toutes les langues romanes.
5 *Grand Dictionnaire Latin Olivetti*, « Génitif Latin » (https://www.grand-dictionnaire-latin.com/dictionnaire-latin-grammaire.php?pg=158), §300. Cf. aussi Boxus & Lavency (1999 : §23) ; The Genitive Case | Department of Classics, https://classics.osu.edu/Undergraduate-Studies/Latin-Program/Grammar/Cases/genitive-case.

morphosyntaxique de base – et, d'autre part, à leur comportement très variable, pour ne pas dire chaotique. Comme nous l'avons déjà dit, les occurrences qui s'y rattachent sont nombreuses et variées.

Notre corpus rassemble des expressions et des exemples tirés de grammaires et de dictionnaires, d'articles de linguistique et, sur internet, de listes de locutions et d'expressions françaises, d'annonces et de textes publicitaires, d'articles de presse et de blogs où les syntagmes *de N* figurent en contexte[6].

Nous tenterons ici, dans un premier temps, d'organiser les occurrences examinées de la façon la plus claire possible, en essayant de dégager des traits morphologiques et fonctionnels caractéristiques.

1.2.1 Les syntagmes lexicalisés

D'emblée, une observation s'impose : un grand nombre de ces syntagmes sont lexicalisés et figurent par conséquent dans les dictionnaires avec les mentions « expression », « locution » ou « locution adjectivale ». En voici quelques-uns seulement, à titre d'exemples : *de bonne volonté, de bon ton, de goût* (une femme de goût), *de bon/mauvais goût, de bonne/mauvaise foi, de bonne compagnie, de bonne composition, de bon/mauvais augure, de bon/mauvais aloi, de bonne/belle/grande/mauvaise allure, de mauvaise vie, de mœurs légères/faciles, de haute/basse extraction, de haut niveau, de convenance, de complaisance, de circonstance, d'importance, de taille, de prédilection*, etc. Il n'est généralement pas possible de remplacer N2 par un synonyme mais souvent l'expression connaît plusieurs variantes, comme on peut déjà le constater dans les exemples ci-dessus.

Plusieurs de ces syntagmes s'avèrent plus ou moins contraints : certains forment corps avec un N1, créant ainsi de vraies formules (*morceau de choix, oiseau de malheur, tireur d'élite*), tout en restant par ailleurs ouverts à un éventail de N1 (*un voyage/un médecin de malheur, un hélicoptère/des sports d'élite*) ; d'autres sélectionnent des N1 particuliers : humains (*homme de parole*) ou, au contraire, inanimés (*certificat de complaisance*), concrets (*papier, pierres de choix*) ou abstraits (*résolutions de droit*). Dans d'autres syntagmes, N2 est nécessairement modifié par un adjectif : *de belle/piètre allure* (**d'allure*) ; *de belle/piètre apparence* (**d'apparence*), *de toute beauté* (*de beauté) ; il accepte ou non les gradations : *d'importance/de grande importance*, mais *de parole* (*de bonne, *fiable parole), etc.

---

6 Consultés entre janvier et août 2017.

En général, si N2 est modifié par un adjectif, celui-ci accepte la gradation par *très* : *de très bon ton, de très mauvais goût* ; mais ceci n'est pas non plus une règle : **de très piètre allure, *de très triste mémoire,* (femme) **de très petite vertu.*

Du point de vue sémantique, ces locutions ont un sens négatif ou laudatif avec, souvent, une valeur superlative : *de choix, de prix, de valeur, de qualité, de classe, de marque, de premier ordre, de toute beauté, de prestige, d'élite, de malheur,* etc. On observe même une tendance hyperbolique pour certains N2 au sens figuré ou métaphorique : *de rêve, de cauchemar, d'enfer, de paradis, d'exception, de misère* (un *salaire de misère* est un salaire jugé trop bas mais ne condamnant pas nécessairement à la misère), *de tonnerre* (bruit, prédicateur *à la voix de tonnerre, in TLFi*).

Un autre groupe de locutions figées, indiquées comme telles dans le dictionnaire avec la mention « populaires » et/ou « familières », ont la particularité de fonctionner comme une sorte de passe-partout avec n'importe quel N1. Dans cette catégorie très spéciale apparaissent exceptionnellement des N2 déterminés : *du tonnerre* (au sens de « admirable, formidable » : *une fille du tonnerre*), *du diable* (« très intense » : *une activité du diable, une mine du diable, un mal, une difficulté, un bruit, un désordre, un boucan, un vacarme, un vent du diable*), avec la variante *de tous les diables* :

> Il faut un toupet *de tous les diables* pour entreprendre une telle affaire. (inspiré par un exemple du *TLFi*)

Toujours dans cette catégorie se situent les qualifiants grossiers et obscènes : *de merde, de mon cul,* etc.[7] :

> Vos histoires *de merde* ne me concernent pas.

On peut s'interroger sur l'origine de cette quantité massive de locutions lexicalisées. C'est la fréquence d'usage qui constitue, sans doute, une des causes primordiales du figement linguistique. Il est donc légitime de penser que les constructions N1 *de* N2 ont connu par le passé une vitalité plus grande que celle que l'on constate de nos jours, et qui s'est manifestée par une plus grande flexibilité d'emploi. Il est possible d'imaginer en effet que tous les syntagmes prépositionnels cités ici (et très probablement d'autres encore, aujourd'hui disparus de l'usage) ont fonctionné d'abord en composition libre avec de multiples N1 et qu'ils ne se sont fixés en locutions lexicalisés que par une sélection

---

[7] « Ah ça, pour roupiller, vous êtes fortiches. Les chevaliers de la Table Ronde... *Chevaliers de mes deux !* » (Alexandre Astier, *Kaamelott*, Livre II, épisode *L'Ivresse*).

naturelle, à travers le temps. Les exemples suivants peuvent donner une idée de l'ampleur de cet usage aujourd'hui affaibli :

> Mieux vault courtoisie *de gré* que ne fait convenance. (*Perceforest*, vol. V, f° 32, cité par Littré)
>
> Il est estimé bon et *de grand courage*. (Jean Jourdin, 1655, *Le parfait chevalier ou la vraye connoissance du cheval, ses maladies et ses remedes*, p. 18, sur Google Books)
>
> Elle était, dit Brantôme, *de fort belle et riche taille, de grande majesté*, toutefois fort douce quand il le fallait, *de belle apparence et bonne grâce* [...]. (Saint Amand, *Les Femmes de la Cour des derniers Valois*, vol. 2, *Catherine de Médicis et ses contemporaines*, sur Google Books)

1.2.2 Les emplois en composition libre

Ces emplois sont traditionnellement considérés comme rares ou du moins non habituels. *Le Bon Usage* (1993 : §342 c Remarque) les attribue à un style éminemment littéraire :

> La langue littéraire (sans doute par imitation du style biblique) emploie comme compléments des noms indiquant un état d'âme, une qualité morale, ce que la langue commune exprimerait plutôt sous la forme d'une épithète :
> Voilà le roi de gloire ! (*Vulgate* : *rex gloriae*)
> Il eût fallu à M. Fénigan un cœur de pitié ou de pardon. (A. Daudet, *Petite paroisse*)
> Ses yeux de misère criaient la haine et l'épouvante. (R. Rolland, *Léonides*)
> [...] qui me regardait avec des yeux de pitié. (Bloy, *Désespéré*)
> Jean Paul évoqua, dans un visage creux, des yeux d'ardeur et de passion. (Mauriac, *Enfant chargé de chaînes*)

À ces emplois s'ajoute un autre type de syntagmes, bizarrement classés par *Le Bon Usage* (1993 : §349 a.1°) comme des « compléments du nom indiquant la matière » :

> Pour l'expression de la matière *de* est préféré dans les emplois figurés : *Mon cœur de cristal. Elle eût attendri un cœur de granit. Une santé de fer, des yeux de velours, une peau de satin, un visage de marbre.*

De nos jours, cependant, on constate un regain de vitalité de la construction libre *N1 de N2*, dont l'emploi présente maintenant une uniformité qui contraste fortement avec la richesse formelle et fonctionnelle des formes figées. Pour commencer, N2 n'est généralement pas modifié par un adjectif : *lieu/cadre/logis d'exception* ; *accessoires/bijoux/automobiles de luxe* ; *immobiliers/propriétés/*

uniforme de prestige ; *services/soins médicaux/médicaments de qualité* ; *objets/choses/bijoux de valeur* ; etc.[8]

Dans un grand nombre d'exemples, N1 est exclusivement humain : *homme(s), femme(s), personne(s), gens* (avec, souvent, *homme* dans un sens générique) :

> Je dirais qu'il faut agir en *homme de pensée* et penser en *homme d'action*. (H. Bergson)

Ces occurrences sont particulièrement fréquentes dans les titres de la presse :

> Joseph Smallwood, *un homme de volonté*
> Shimon Peres, *un homme de guerre et de paix*
> Ronald Lauder, *un homme de paix et d'ouverture*
> Mokrane Gacem, *un homme de lumières et de générosité*
> François Chérèque, *un homme de « courage et de progrès*
> Amadou Hampâté Bâ, *homme de science et de sagesse*
> Walesa – *L'homme d'espoir* : le film de la controverse (de Vajda)
> François Hollande : « Préval était un *homme d'ouverture et de dialogue* »
> « Le pape François, *un homme de dialogue et de charité* », a déclaré Mgr Felix Machado, évêque de Vasai, à l'ouest de l'Inde.
> François Bayrou, le retour d'*un homme d'expérience* (France – RFI)
> Emile Barneoud, *homme d'expérience et de génie*
> *Un homme de métier et d'expérience* : c'est l'impression que partagent sans aucun doute tous ceux qui croisent le chemin d'Hervé de la Tour d'Artaise. (Président de l'association CGPC)
> C'était *un homme de bon sens et de vision*.[9]

On peut s'interroger sur les causes de cette prolifération stylistique. Le manque d'adjectifs correspondant à *de N2* (un homme *de dialogue*, une femme *de feu* et *de rage*) n'est sans doute pas la seule raison de ces emplois, comme ne l'est, non plus, le fait que le complément du nom n'a pas toujours le même sens que l'épithète correspondante (cf. *fille de joie* ≠ *fille joyeuse*). On peut avancer l'hypothèse que les exemples de ce type sont encore perçus comme un effort de style et que cette originalité, en attendant que la pratique se généralise, rend l'expression plus forte que le simple nom modifié par un adjectif, même si celui-ci existe, et avec un sens identique :

> un homme courageux et énergique/un homme de courage et d'énergie
> un homme pacifique et ouvert/un homme de paix et d'ouverture

---

8 Tous ces exemples ont été relevés dans des annonces publicitaires.
9 Exemples relevés sur internet.

2 Les syntagmes prépositionnels en *de* sont-ils « assimilables » aux adjectifs ?

Revenons sur les remarques des grammaires : les auteurs du *Bon Usage* ont-ils raison d'affirmer que certains syntagmes prépositionnels sont assimilables aux adjectifs ? Et, dans l'affirmative, quel est le degré d'adjectivité de ces syntagmes ?

La confusion qui règne dans ce domaine (avec l'emploi indécis de termes tels que « complément du nom », « complément de caractérisation » et « épithète ») résulte en réalité de deux sources distinctes : d'une part, du fait que l'adjectif est une catégorie aux contours flous dont la définition, qui alimente encore la discussion entre les linguistes[10], reste encore ouverte, sinon controversée ; d'autre part, du fait que dans notre cas il s'agit, comme on l'a déjà vu, d'une catégorie d'éléments au comportement très variable et qui, le plus souvent, ne satisfont pas aux critères permettant généralement d'identifier l'adjectivation des autres parties du discours (notamment celle des noms).

2.1 Les propriétés nécessaires

Si l'on se rapporte, par exemple, aux critères définitoires de l'adjectif énoncés par Goes (1999), on constate que ces syntagmes ne possèdent, dans leur totalité, aucune des propriétés fondamentales nécessaires, à savoir l'accord avec le nom et le mouvement libre entre postposition et antéposition. Les syntagmes prépositionnels en emploi adjectival sont immédiatement postposés au nom tête du syntagme ; et pourtant, certains d'entre eux se laissent modifier globalement par un adverbe (invariablement un adverbe de temps) interposé entre N1 et N2 :

> Mais les vents capricieux *parfois de bon augure* | Vont chasser les nuages qui noircissent les cœurs... (Léo Chouraqui, « J'ai vu naître une larme », *in Le côté positif*, Marseille, Editions Jour et nuit, 2016, p. 156)

> Le prince Philip, spécialiste en blagues *parfois de mauvais goût* (titre du *Parisien*, mai 2017)

Et, dans ce cas, ils pourraient aussi précéder N1, en épithète détachée :

> *Parfois de mauvais goût*, ses blagues mettent dans l'embarras la famille royale.
> *Toujours de bonne humeur*, le prince Philip se montre particulièrement sociable.

---

10 Cf. Picabia (1978), Goes (1993, 1999), Noailly (1999), Salles (2004).

Quant aux autres traits adjectivaux caractéristiques : la gradation par *très* n'est pas possible : *très* ne peut pas s'antéposer à l'ensemble du syntagme en *de* (**très de mauvaise humeur*) mais, dans la plupart des cas, il s'attache régulièrement à un adjectif modifiant N2 (*de très mauvaise humeur*). En ce qui concerne leur fonctionnement comme attributs, certains de ces segments peuvent en effet figurer comme attributs dans la phrase ; dans ce cas, les dictionnaires les présentent comme des locutions (avec ou sans la mention « adjectivales »), précédés du verbe *être* : *être de bon ton, de bonne/mauvaise foi, de bonne compagnie, de bon/mauvais augure, de bon/mauvais aloi*, etc.

Mais comme il n'existe dans leur cas pratiquement aucune constante fonctionnelle, et en dépit de ce que laissent entendre les exemples de Riegel & *al.* (2009 : 603), un grand nombre de ces syntagmes ne fonctionnent pas comme attributs. À l'examen, on s'aperçoit que seuls certains segments du type :

N1 *de* ADJ. N2

– et d'ailleurs pas tous – peuvent être antéposés à N1 et/ou fonctionner comme attributs. Les N2 non modifiés par un adjectif ne peuvent fonctionner ni comme attributs, ni, à plus forte raison, comme épithètes détachées.

> Il s'est acheté une maison de rêve.
> *La maison qu'il s'est achetée est de rêve.

Faudrait-il conclure, dans un premier temps, que les syntagmes introduits par la préposition *de* ne peuvent pas, dans leur ensemble, être considérés comme intégrables à la classe des adjectifs ?

2.2 Les critères de l'adjectivité des syntagmes *de N*

Certes, ce type de syntagmes ne remplit pas toutes les conditions nécessaires pour être assimilé aux adjectifs ; mais les propriétés qui lui font défaut sont toutes d'ordre morphosyntaxique. Or, le contenu sémantique, la valeur de caractérisant du nom constituent eux aussi un facteur majeur dans la définition de l'adjectif.

« Du point de vue sémantique, l'adjectif exprime une manière d'être, une qualité de l'être ou de la chose désignées par le nom auquel il se rapporte », lit-on dans *Le Bon Usage* (1993 : §526). En effet, un jeu souvent compliqué s'instaure entre les trois éléments pertinents pour la définition de l'adjectif : la morphologie, la syntaxe et la sémantique. L'adjectif relationnel, par exemple, morphologiquement adjectif puisqu'il s'accorde en genre et nombre avec le substantif auquel il se rapporte, n'est en réalité, le plus souvent, qu'un raccourci pour un complément du nom, et par conséquent une source très efficace d'économie dans la communication : *des mesures administratives* (de l'administration), *le discours présidentiel* (du président), *les institutions gouvernementales* (du gouvernement), etc. Cependant, de par sa relation épithétique avec le nom, l'adjectif relationnel glisse souvent vers le qualificatif[11], perdant ainsi le sens littéral du nom dont il dérive ou ne s'y rattachant plus que d'une manière figurée ou métaphorique : *infernal* = 'excessif, violent, qui est la cause d'un tourment insupportable ou de sensations très désagréables' (*TLFi*) ; *exceptionnel* à valeur superlative, sans impliquer littéralement l'exception ; *enfantin* = 'très facile' :

> Il me semblait être dupe « d'un tour de prestidigitation dont le truc est enfantin, mais qu'on n'arrive pas à deviner. (BEAUVOIR, *Mém. j. fille*,1958, p. 221, *TLFi*, entrée *enfantin*, cité par Bartening & Noailly 1993)

Grevisse & Goosse accordent une importance prépondérante au facteur sémantique : dans leur catégorisation des parties du discours, ils retiennent, dans le chapitre consacré à l'adjectif (1993 : §§ 526–555), le seul adjectif qualificatif, reléguant l'adjectif relationnel dans la catégorie des déterminants. D'autres grammairiens et linguistes confirment implicitement ce choix en affirmant que l'adjectif qualificatif est le plus proche du prototype de la classe[12] : « L'adjectif prototypique nous apparaît comme une partie du discours *dont la fonction principale est l'assignation d'une qualité à un support*, une substance », écrit Goes (1993 : 13). Or, l'aptitude du syntagme prépositionnel *de N* à fonctionner comme un adjectif repose principalement sur sa qualité de qualifiant du nom. Pour Grevisse & Goosse (1993 : §342 c Rem.), le critère de reconnaissance du phénomène consiste simplement en la possibilité de substituer au complément nominal un adjectif du même radical :

> un train d'enfer → infernal
> du gibier d'eau → aquatique
> un homme d'esprit → spirituel

Mais ces linguistes reconnaissent eux-mêmes les limites de ce critère :

> Cette substitution n'est pas automatique, soit que l'adjectif n'existe pas : *Du poisson DE RIVIÈRE* ; soit que l'usage ait établi certaines restrictions dans l'emploi des adjectifs : on dit *une algue MARINE* mais non : **Du poisson MARIN* (*ibid.* : 342 c Rem.)

Et d'ailleurs, *aquatique* est un adjectif relationnel, et non qualificatif.

---

11 Cf. Bartning & Noailly (1993).
12 Cf., en effet, Goes (1993, 1999), Salles (2004).

2.3 Critères de l'adjectivité des segments prépositionnels en *de*

2.3.1 La commutation avec un adjectif

En réalité, le critère principal invoqué pour prouver le caractère adjectival de ces syntagmes est le fait de pouvoir leur substituer un adjectif qualificatif, sinon du même radical que N2 (*un homme d'esprit/un homme spirituel*), du moins un autre adjectif, de sens équivalent ; car, même si l'adjectif du même radical existe, il n'a pas toujours le même sens que le syntagme en *de* : *un homme actif* n'est pas nécessairement *un homme d'action*.

Il est important de souligner à ce niveau le rôle que joue l'intuition dans cet exercice linguistique. Instinctivement, le premier réflexe d'une personne cherchant à évaluer la signification du segment prépositionnel est d'essayer de lui trouver un substitut adjectival ; mais, même si on le trouve, le problème n'est pas résolu pour autant. Certes, *vacances de rêve/vacances de cauchemar* permettent aisément la substitution du complément par un adjectif de sens équivalent, même si celui-ci n'est pas un dérivé de N2 : *merveilleux* ou *horrible*, respectivement ; un certificat *de complaisance* est un certificat *fictif*, etc. Mais que faire des cas où la substitution n'est pas possible ? Que faire des occurrences où, même si le complément prépositionnel est ressenti intuitivement comme qualifiant, on aurait des difficultés à le paraphraser par un adjectif : *un homme/une femme/des gens de race*, où *de race* est glosé par le dictionnaire comme « de qualité », « de valeur » ?

> Il avait ce don que je prise fort chez les gens *de race*, de parler sur le même ton, des mêmes choses [...] au dernier des roturiers et au plus titré des aristocrates. JAMMES, *Mém.*, 1922, p. 135. (*TLFi*, entrée *race*)

2.3.2 La coordination du syntagme prépositionnel avec un adjectif

Il faut donc chercher des moyens supplémentaires pour tester l'adjectivité de ces syntagmes et le moyen apparaissant comme le plus solide est de vérifier la possibilité de coordonner le syntagme prépositionnel avec un adjectif :

> une femme *intelligente et de belle apparence*
> Les Parties s'engagent, d'une façon générale et pour toute la durée du présent contrat, à toujours se comporter l'un envers l'autre comme des partenaires *loyaux et de bonne foi*.
> Où acheter des vêtements *de qualité et durables* ?
> Nous arrivâmes à sa résidence, bâtiment *sale et de piètre apparence*, bien que spacieux et assez bien arrangé à l'intérieur.

BEI a refusé d'indemniser M. Bennett en faisant valoir qu'il n'avait pas respecté les exigences en matière de conduite *intègre et de bonne foi.*
une farce *bête et de mauvais goût*
jeux *de mauvais goût mais assez drôles*
Il faut [...] faciliter l'accès à des services *de qualité et sûrs* dans les limites supérieures fixées et permises.

2.3.3 Le fonctionnement exclusivement épithétique

Qui plus est, à la différence d'autres compléments du nom en *de*, ces syntagmes ne peuvent assumer dans la phrase qu'une fonction épithétique :

Un portrait d'après nature. / Il dessine d'après nature.
Une bouteille de vin. / Il a rempli son verre de vin.

Mais :

Un départ de mauvais augure. / *Il est parti de mauvais augure.
Une occupation de prédilection. / *Il travaille de prédilection.

3 Pour une systématisation des données

L'analyse qui précède met en lumière deux paramètres fondamentaux pour la définition de la classe : la lexicalisation et la métaphoricité. Sur la base de ces éléments, conjugués avec les traits morphosyntaxiques mis en évidence, il est possible maintenant de tenter une taxinomie plus systématique des syntagmes prépositionnels en *de* assimilables aux adjectifs, en les réorganisant en plusieurs catégories distinctes.

3.1 Les syntagmes N1 *de Adj. N2* : *de bonne humeur*

Ces syntagmes, résultant de la conversion N → Adj. déjà en latin, sont arrivés d'emblée en français, comme dans les autres langues romanes, avec une vocation adjectivale. Ils sont dans leur quasi-totalité lexicalisés, et pour la plupart figuratifs ou métaphoriques. Ils se distinguent des autres catégories par une plus grande flexibilité fonctionnelle, puisque, comme le génitif qualitatif latin, ils sont susceptibles d'assumer la fonction attributive et par conséquent être pronominalisés. Qui plus est, eux seuls – nous l'avons vu – modifiés par un adverbe, peuvent s'antéposer au nom tête du syntagme, en épithète détachée.

3.2 Les syntagmes lexicalisés et métaphoriques N1 *de N2* : *des vacances de rêve*

Ces syntagmes partagent les caractéristiques du groupe précédent avec deux différences de taille : sémantiquement, ils ont la valeur de superlatifs et, du point de vue syntaxique, ils ne peuvent pas fonctionner comme attributs.

3.3 Les syntagmes libres métaphoriques N1 *de N2* : *un cœur/ des regards de glace*

Le syntagme sans adjectif est toujours en composition libre et à sens compositionnel. Invariablement métaphorique, il est traditionnellement considéré comme une figure littéraire, voire poétique. Il exprime généralement l'affectivité.

3.4 Les syntagmes libres N1 *de N2* à sens littéral : *homme/ femme/geste de paix et d'ouverture*

Développement actuel du modèle classique, ce type de syntagme, dépourvu lui aussi d'adjectif, toujours en composition libre et à sens littéral, connaît de nos jours une considérable productivité.

Cette organisation des occurrences ouvre, croyons-nous, de nouvelles perspectives de recherche. Une analyse diachronique, notamment, apporterait des informations très intéressantes sur la fortune du génitif de qualité dans les langues romanes en général et sur l'évolution du phénomène en français. Le fait est que la traduction du génitif caractérisant par un syntagme prépositionnel en *de* a créé en français un moule adjectival qui, d'une part, s'est figé en un nombre considérable d'expressions lexicalisées et, d'autre part, a graduellement perdu sa structure originelle, dans laquelle N2 était obligatoirement modifié par un adjectif.

4 Conclusion

L'analyse des syntagmes prépositionnels en *de* révèle plusieurs points qui devraient nécessairement conduire à une reconsidération de leur statut en langue.

L'examen du corpus permet d'esquisser le cheminement de cette construction depuis son origine latine, à travers son évolution en français, jusqu'aux nouveaux types d'emploi dans la langue actuelle. Loin de constituer un phénomène négligeable – et qui a été de fait négligé par les grammaires –, le fonctionnement adjectival des syntagmes en *de* ne représente ni un emploi sporadique ni une adjectivation ponctuelle « par transfert ». Ici, il s'agit, au contraire, du cas très spécial d'une structure

- qui remonte au latin et existe, avec une forme quasi identique, dans l'ensemble des langues romanes ;
- qui présente du point de vue morphosyntaxique un nombre considérable de traits adjectivaux ;
- qui ne peut fonctionner dans la phrase qu'en emploi adjectival

et qui est donc prévue par la langue pour fonctionner comme un adjectif qualificatif.

Le nombre important de formules figées inscrites dans le lexique obscurcit dans une certaine mesure le statut grammatical de cette construction qui a connu une productivité ininterrompue par le passé et qui présente de nos jours un regain de vitalité très intéressant.

Bibliographie

Bartning Inge, Noailly Michèle, 1993, « Du relationnel au qualificatif : flux et reflux », *L'Information grammaticale*, 58 : 27–32.
Boxus Anne-Marie, Lavency Marius, 1999, *Clavis. Grammaire latine*, Louvain-la-Neuve, De Boeck/Duculot.
Goes Jan, 1993, « À la recherche d'une définition de l'adjectif », *L'Information grammaticale*, 58 : 11–14.
Goes Jan, 1999, *L'Adjectif : entre nom et verbe*, Bruxelles, De Boeck/Duculot.
Grevisse Maurice, Goosse André, [13]1993, *Le Bon usage. Grammaire française*, Louvain-la-Neuve/Paris, Duculot.
Picabia Lélia, 1978, *Les Constructions adjectivales en français*, Genève, Droz.
Riegel Martin, Pellat Jean-Christophe, Rioul René, [4]2009, *Grammaire méthodique du français*, Paris, PUF.
Noailly Michèle, 1999, *L'adjectif en français*, Gap/Paris, Ophrys.
Salles Mathilde, 2004, « Adjectif et adjectivité ou comment un substantif peut être plus adjectif qu'un adjectif », *L'Information grammaticale*, 103 : 7–12.
Wilmet Marc, 1997, *Grammaire critique du français*, Louvain-la-Neuve, De Boeck/Duculot.

Franck Neveu
Chapitre 5 Détachement et adjectivité

1 Introduction

Ce chapitre aborde la question de l'adjectivité sous l'angle de la problématique du détachement. Nous justifierons la corrélation de ces deux notions en faisant écho à ce qui a été exposé précédemment dans le cadre des réflexions terminologiques et méthodologiques sur l'adjectivité. Si l'adjectivité peut être décrite comme un observatoire privilégié de la labilité des frontières du domaine syntaxique (ou morphosyntaxique), il en va de même pour le détachement, qui a en partage avec cette notion le fait de présenter, bien au-delà des traits formels que l'on peut prêter aux types de séquences qui l'illustrent, un mode de fonctionnement qui l'apparente à une opération linguistique. Cette étude propose ainsi une approche de l'adjectivité non comme structure, ce à quoi prétend la notion logico-grammaticale d'adjectif, mais comme processus. À partir d'une synthèse des travaux que nous avons réalisés sur la question du détachement en français, nous exposerons tout d'abord la problématique actancielle du détachement, dans une perspective typologique, puis nous développerons une étude sémantique des caractérisants détachés dans laquelle le système appositif occupera une centrale, l'adjectivité constituant le fil rouge de certaines réalisations de la discontinuité syntaxique et énonciative en français.

2 La problématique actancielle du détachement

2.1 Une zone de l'énoncé disjointe de la structure argumentale : le rôle du point d'ancrage

Comme l'ont rappelé nombre d'études dans ce domaine, sans avancer plus d'hypothèses sur la nature exacte des opérations linguistiques impliquées dans les constructions ici visées, force est de reconnaître que le détachement *a minima* induit l'existence d'un segment de discours servant de base, de support, de point d'ancrage. Nous avons montré à plusieurs reprises[1] que, pour entreprendre une

---
[1] Voir, notamment, Neveu (1998a, b, c ; 1999a, b ; 2000a, b, c, d ; 2001 ; 2002a, b).

Franck Neveu, Sorbonne Université, Faculté des Lettres, STIH

typologie des constructions à détachement, il convient de considérer non seulement la configuration du segment détaché lui-même, mais aussi, et peut-être surtout, la nature, le format, et la position de ce point d'ancrage. C'est même l'inadvertance à l'égard de cette dynamique complexe, qui préside à l'organisation des systèmes détachés en syntaxe, qui a abouti aux développements aporétiques sur l'apposition, l'apostrophe, et la dislocation dans de nombreuses grammaires. L'inadvertance en question reste un danger permanent pour l'analyse linguistique, et ne saurait être mise au seul compte des errements des grammaires de l'Ancien Régime, de la grammaire générale, de la grammaire scolaire, disons plus généralement des analyses préthéoriques de la langue. La raison en est principalement que penser la dynamique des systèmes détachés en syntaxe est une activité difficile, et relativement étrangère à la perspective logico-grammaticale, dominante dans ce domaine, laquelle promeut généralement la structure au détriment des processus. Une manifestation de cette inadvertance, d'ordre terminologique, est la dénomination de *constituants extraposés* ou *périphériques* (à la structure prédicative) appliquée uniformément aux constructions susceptibles de se laisser identifier par la notion de détachement. Abusive *périphérie*, qui semble ignorer le fait que le constituant détaché (appositif, vocatif, disloqué) manifeste une grande mobilité, et qu'il est susceptible de venir sectionner un segment prédicatif, qui se trouve lui-même en position *périphérique* à l'égard de ce groupe. L'intégration microsyntaxique contre quoi se heurte le détachement conduit ainsi à rejeter ces segments, par un examen sans doute hâtif du contexte verbal, ou par excès de généralité, dans les zones polaires de la phrase. C'est pourquoi, il semble préférable de s'en tenir à une terminologie descriptive, qui ne préjuge pas de la position des constructions. Nous préférons donc parler d'une zone *disjointe* de la structure argumentale.

2.2 Détachements par redoublement actanciel

Pour élaborer cette typologie des grands types de détachement, nous avons proposé de rapporter les constructions à la question de l'actance prise très généralement au sens que lui a donné Gilbert Lazard (1994), qui la définit comme l'ensemble des relations grammaticales établies entre un prédicat verbal et les constituants nominaux qui en dépendent. Cela nous a conduit à affronter la problématique de la correspondance syntacticosémantique des opérandes du verbe, et surtout les difficultés terminologiques qui en résultent.

2.2.1 Sur les notions d'actant, d'argument et d'instanciation

Car on le sait la notion d'actant est loin d'offrir des contours parfaitement distincts. L'isomorphisme fréquemment dénoncé entre participant du procès et constituant nominal d'une relation prédicative saturant une des positions syntaxiques définies par la structure du verbe remonte à Tesnière (1959). En dépit de son apparente limpidité, la notion d'actant telle qu'elle est définie dans les *Éléments de syntaxe structurale* pose en effet de sérieux problèmes de frontière entre le niveau syntaxique et le niveau sémantique[2]. C'est la raison pour laquelle il est nécessaire d'en réorienter l'usage, et de lui opposer une notion qui permette de faire clairement le départ entre l'ordre syntaxique et l'ordre sémantique. Or, la métalangue n'offre pas grand choix dans ce domaine. Les résultantes terminologiques de la syntaxe de dépendance développée par Tesnière posent d'autres problèmes de frontière. Ainsi, la proposition formulée par Gilbert Lazard (1999) d'établir une correspondance entre la triade morphosyntaxique (*actants, circonstants, verbe*) et la triade sémantique (*participants, circonstances, procès*) semble difficile à faire assimiler par l'analyse, du moins pour ce qui concerne le premier constituant de chacune des deux séries. On voit mal comment éviter la confusion, suscitée par le terme de *participant*, entre perspective sémantique et perspective référentielle. Sur ce point, nous nous sommes rangé à la proposition d'Alain Berrendonner (1995 : 216), qui suggère entre autres d'en revenir à l'usage du terme d'*argument* pour la désignation des opérandes syntaxiques, par distinction avec le terme d'*actant* réservé à la désignation des opérandes sémantiques[3] :

---

2 Voir Tesnière (1959 : 102, § 1, 2, 3, 4) : « 1. Le nœud verbal, que l'on trouve au centre de la plupart de nos langues européennes, exprime tout un petit drame. Comme un drame en effet, il comporte obligatoirement un procès, et le plus souvent des acteurs et des circonstances. 2. Transposés du plan de la réalité dramatique sur celui de la syntaxe structurale, le procès, les acteurs et les circonstances deviennent respectivement le verbe, les actants et les circonstants. 3. Le verbe exprime le procès [...]. 4. Les actants sont les êtres ou les choses qui, à un titre quelconque et de quelque façon que ce soit, même au titre de simples figurants et de la façon la plus passive, participent au procès ». G. Lazard (1999 : 114–122) examine en détail les problèmes posés par la terminologie adoptée par Tesnière, qui mêle indistinctement d'un paragraphe à l'autre constituant de la phrase et entité référentielle.

3 L'origine logique du terme d'*argument* ne nous semble pouvoir poser problème que si elle est effectivement exploitée dans l'analyse, puisqu'elle suggère un parallélisme que nous récusons entre l'ordre de la logique et celui de la langue. Si tel n'est pas le cas, et que la notion reçoit explicitement sa définition de l'usage qui est le sien dans le seul champ linguistique, le terme pourra être tenu pour opératoire, et ne manifestera que l'opacité commune des unités de la métalangue, liée à leur inévitable polysémie.

[...] au plan syntaxique, les constituants sur lesquels opère un *verbe* (SN régimes ou sujet) seront appelés *arguments*, conformément à la tradition des grammaires catégorielles ; au plan sémantique, chaque verbe a pour contenu un *prédicat* complexe, dont les opérandes seront nommés *actants* ; les référents cognitifs qui correspondent à ces entités sont des *procès* reliant entre eux des *objets-de-discours*. (Un actant peut donc être sommairement caractérisé comme la représentation linguistique d'un objet-de-discours).

Proposition qui présente l'intérêt de faciliter le traitement du constituant zéro, qui fournit une des configurations les plus délicates et les plus intéressantes des faits de syntaxe détachée.

La typologie exposée dans cette section, qui reprend quelques-unes des études mentionnées en note 1, repose, partiellement, sur l'opération linguistique d'instanciation, que nous définissons sommairement, relativement à notre cadre d'analyse, comme la saturation d'une fonction argumentale par un constituant syntaxique désignant un référent actanciel, lequel est également désigné par la tête nominale d'un segment détaché, la relation entre ces deux expressions désignatives pouvant donc être dite *de coréférence*.

2.2.2 Constructions vocatives et constructions disloquées instanciées

La parenté formelle des constructions vocatives et disloquées a été étudiée de manière approfondie par Knud Lambrecht (1998)[4]. Elle est établie principalement par le redoublement actanciel qui affecte la plupart des tours exemplifiant chacun des deux types de construction.

Dans la dislocation, le référent actanciel du segment détaché est instancié dans la prédication principale sous une forme nominale ou pronominale, selon les cas (ex. *Le cigare*, Caroline ne *le* supporte pas ; *Il* m'énerve, *ce voisin*). Comme c'est le cas pour le vocatif, mais aussi pour l'apposition, même si celle-ci présente un fonctionnement très différent, la connexité entre les deux indices actanciels peut être toutefois sémantiquement oblique, lorsque le référent du relais syntaxique en position argumentale ne couvre, au moyen d'un déterminant personnel, qu'une partie de la référence du terme détaché (ex. *Lui*, *son* histoire est intéressante). Le redoublement actanciel illustre ici, quelle que soit la nature de la coréférence, un type de connexité entre le segment détaché et le reste de la séquence qui est tout à la fois sémantique et syntaxique, ce qui fait toute la différence de fonctionnement avec les types qui seront examinés en 2.4.

---

4 Cette courte section s'appuie sur les études référencées Neveu (1999a ; 2000b).

Cette connexité est aussi celle des vocatifs, dans leur configuration la plus couramment observée en corpus. Contrairement à ce que donnent à penser un grand nombre de descriptions grammaticales[5], la présence dans l'énoncé du vocatif instancié ne saurait être subordonnée à la seule modalité injonctive. Il est certes avéré, et la défectivité syntaxique de l'impératif, marquée par le sujet zéro, en fournit une explication, que l'injonction, quel que soit le contexte de l'allocution (*in praesentia* ou *in absentia*), appelle souvent le vocatif afin d'optimiser la désignation au moyen d'un ajustement référentiel que l'encodeur croit pertinent de mettre en œuvre. La fréquence du phénomène a d'ailleurs donné lieu à des analyses qui voient dans l'attelage vocatif + impératif un ensemble prédicatif fini et donc une manifestation de la possible complétude propositionnelle de l'impératif, dans laquelle le vocatif, explicitant le référent actanciel du lexème verbal, viendrait saturer une position de sujet pourtant réputée indisponible.

Nous avons pu illustrer cette perspective (Neveu 1999a) par la séquence suivante, empruntée à l'œuvre de Segalen : « Quand tu renaîtras, *Tch'en Houo-chang* fais-nous l'honneur de renaître chez nous », séquence dans laquelle la segmentation graphique des constituants syntaxiques semble plaider en faveur d'une intégration du vocatif à la valence du verbe à l'impératif, reversant nécessairement du même coup le segment désignatif formé par le nom propre dans une structure de type argumental. Mais, que l'on tienne le phénomène pour un simple effet de la diffraction interprétative suscitée par le texte, qui se joue de la démarcation standard des groupes, ou bien que l'on y décèle la marque d'une forme d'identité fonctionnelle du segment, et donc l'indice de son intégration syntaxique, cela ne doit pas occulter la remarquable adaptabilité modale du vocatif, qui prend place avec la même aisance dans l'énoncé injonctif, interrogatif et assertif, comme en témoignent ces trois séquences empruntées au même auteur : « *Ami, ami*, j'ai couché ton corps dans un cercueil au beau vernis rouge qui m'a coûté beaucoup d'argent [...] » ; « *Vous, ô vous*, ne traduirez-vous pas? ».

À comparer le vocatif et la dislocation, on observe aisément que la différence réside pour l'essentiel dans une plus large amplitude référentielle des constructions disloquées, qui agissent aussi bien dans le cadre de l'endophore (personne délocutive) que dans celui de l'exophore (personnes locutive et allocutive), alors que la fonction vocative est nécessairement restreinte à ce dernier mode de référence. À cet égard, nous avons montré que l'on doit tenir

---

5 On a d'ailleurs souvent parlé d'impératif nominal à propos du vocatif.

l'emploi exophorique de la dislocation pour une source majeure de difficultés interprétatives dans la reconnaissance des deux structures[6], que peut par exemple résoudre à l'écrit, au profit de la lecture vocative, en contexte poétique, l'usage de l'interjection lyrique (*ô*), véritable marqueur diacritique de l'appel invocatoire[7].

Les vocatifs présentent en outre la singularité tout à fait intéressante d'accepter des noms nus sans pour autant modifier leur capacité référentielle (voir un des exemples précédents : « *Ami, ami*, j'ai couché [...] »). Comme l'observe K. Lambrecht (1998 : 36), si l'usage du nom nu se rencontre dans bien d'autres configurations syntaxiques (on pensera par exemple aux structures attributives et appositives), seul le vocatif, de par son fonctionnement exophorique, leur assure une valeur pleinement désignative. Ce qui renseigne sur la présomption d'identification référentielle manifestée par la construction, ainsi que sur sa nécessaire accessibilité pragmatique, la condition discursive de l'appel étant déterminée minimalement par le fait que le locuteur doit tenir pour donné l'allocutaire, et qu'il doit le supposer apte à accéder situationnellement au message et à s'interpréter comme référent. Cette définitude permet en outre de mieux comprendre pourquoi le nom vocatif pourvu d'un actualisateur, du moins lorsque son référent se trouve instancié par un argument dans la prédication principale, refuse un déterminant indéfini[8]. À l'inverse, la dislocation, on le sait, autorise la représentation d'un SN indéfini au moyen de *ça*. Si l'écrit modifie nécessairement les données du fonctionnement référentiel des vocatifs, la présomption d'identification et d'accessibilité qui les caractérise n'en est pas moins active.

---

[6] Par exemple : « J'en perdrai la valeur enfouie et le secret, mais ô *toi*, tu radieras, mémoire solide, dur moment pétrifié, gardienne haute [...] » (Segalen).

[7] Jacqueline Pinchon (1986 : 282) rappelle ainsi l'analyse de J. Dubois et F. Dubois-Charlier (1970) qui voient dans le fait que l'impératif peut s'appliquer à une phrase emphatisée l'origine de l'apostrophe. Mais elle précise : « Il semble cependant que l'on ne puisse pas assimiler complètement, dans ce cas précis, emphase et apostrophe, l'apostrophe peut en effet avoir une valeur distinctive qui n'appartient pas à l'emphase ».

[8] Voir Lambrecht (1998 : 36) : « Étant donné le type de situation communicative dans lequel les vocatifs sont utilisés, on suppose nécessairement que les référents des SN vocatifs sont identifiables de façon unique : on ne s'adresse pas à quelqu'un sans supposer que l'interlocuteur est capable de s'identifier comme la personne à laquelle on s'adresse. La présence d'un déterminant défini, dont le but est de rendre un référent identifiable de façon unique, est donc du point de vue fonctionnel inutile ».

2.3 Détachements par caractérisation actancielle : l'apposition

Comparativement aux types de détachements qui viennent d'être évoqués, l'apposition présente un mode de fonctionnement très différent[9]. Nous l'avons qualifié de *détachement par caractérisation actancielle* pour rendre compte de plusieurs phénomènes syntaxiques et sémantiques : (i) comme dans le cas des vocatifs et des dislocations, le segment détaché évolue dans une zone de l'énoncé disjointe des zones d'arguments ; il n'exerce par conséquent aucune fonction argumentale ; (ii) mais il borne sa participation, quelle que soit la nature morphosyntaxique de sa tête, à une expansion de rôle actanciel, il n'a donc pas vocation *stricto sensu* à jouer lui-même un rôle actanciel, et c'est la raison pour laquelle il n'y a dans cette forme de détachement aucun redoublement d'actant, c'est-à-dire aucune forme de pléonasme ; (iii) le comportement référentiel du segment détaché est bien sûr aligné sur son comportement syntaxique et sémantique ; le groupe appositif disjoint est donc contrôlé par le référent actanciel de son support grammatical, dont, en tant que terme descripteur, il prédique des propriétés ; ainsi ce segment ne jouit d'aucune forme d'autonomie syntacticosémantique ou référentielle, mais participe de manière active au déploiement des informations dans l'énoncé en enrichissant les mécanismes désignatifs.

Relativement à la question actancielle, plusieurs ordres de faits, étroitement liés, illustrent la spécificité du détachement appositif : l'appariement support/apport, le rapport de dépendance unilatérale et la coalescence des constituants.

2.3.1 Incidence et prédication seconde

Nous avons ainsi défini l'apposition, devancé sur ce point par les analyses d'Irène Tamba et de Mats Forsgren, développées dans un contexte théorique et méthodologique toutefois très différent du nôtre[10], comme un type de construction complexe articulant nécessairement deux constituants, un segment support et un segment apport. C'est à I. Tamba que l'on doit une des premières approches

---

[9] Ce fonctionnement a été étudié en détail, principalement dans Neveu (1998a, b, c ; 2000b, c ; 2002a). Dans cette section consacrée à la typologie des principaux types de détachements, nous nous contentons d'un rapide survol de la problématique appositive.
[10] Voir particulièrement Tamba-Mecz (1975), Forsgren (1988).
[11] Nous en avons rendu compte dans Neveu (1998a : 49–50).

de l'apposition comme système dynamique à deux items[11], approche qui a permis de sortir progressivement de la conception étroitement fonctionnelle et analytique de la description grammaticale pour ouvrir la réflexion à des perspectives sémantiques et informationnelles.

La spécificité de notre travail s'est manifestée tout d'abord dans notre tentative de décrire au moyen de la notion d'incidence la relation syntacticosémantique entre les deux constituants de la construction appositive, sans préjuger pour autant de la validité des postulats de la systématique guillaumienne. L'incidence, chez G. Guillaume, est définie comme la mise en rapport d'un apport de signification et d'un support de signification[12]. Dans cette perspective, une unité linguistique est incidente à une autre si le contenu de la première doit être rapporté au contenu de la seconde, l'inverse n'étant pas vrai. Ainsi, chez Guillaume, l'adjectif est-il décrit comme incident au substantif, et le substantif incident à lui-même, en ce sens qu'il qualifie seulement l'objet qu'il désigne et non l'objet désigné par un autre mot. Or, comme l'observait déjà Forsgren (1988), syntaxiquement l'apposition (le segment détaché) présuppose la base, sans réciprocité. En tant qu'elle constitue un apport de signification dirigé sur un support, elle formule une prédication qui s'applique à ce constituant[13]. Il est indéniable que les notions de prédication et d'incidence manifestent une grande proximité conceptuelle. L'incidence est une opération linguistique qui établit le rapport de dépendance syntaxique entre les constituants du discours[14]. Proche de la relation attributive[15],

---

11 Nous en avons rendu compte dans Neveu (1998a : 49–50).
12 Guillaume (1971 : 137) : « Le mouvement d'incidence a trait au mouvement, absolument général dans le langage, selon lequel, partout et toujours, il y a apport de signification et référence de l'apport à un support ».
13 Voir André Joly (1993 : 93), qui définit la prédication comme « l'opération de référence (= incidence) de quelque chose qui est dit, ou prédiqué (= apport de signification) à quelque chose dont cela est dit (= support de signification) ».
14 Chez Guillaume, elle règle dès la langue la façon dont les mots prennent support dans la réalité du discours. Dans ce cadre théorique, l'incidence est un avant de la prédication, puisque le prédicat c'est ce qui est rapporté en phrase (en discours) à un support. C'est au niveau de la visée phrastique (ou dire puissanciel) que se forment les liens incidentiels entre constituants, mais c'est lors de la production de la chaîne parlée (ou dire effectif) que se réalise la linéarisation, c'est-à-dire l'agencement des constituants. Selon Claude Guimier (1993 : 128), la linéarisation ne peut pas modifier les résultats de la visée phrastique, mais elle peut les affiner, car elle est « un moyen pour l'énonciateur de manifester sa stratégie discursive ».
15 Voir Forsgren (1991 : 603) : « La parenté fonctionnelle entre l'apposition et l'attribut est évidente [...] : dans les deux cas, il y a assertion d'un prédicat [...] ».

l'apposition manifeste un fonctionnement incidentiel de type attributif, mais discontinu par absence de médiation verbale[16]. Ce que marque le détachement, indiquant par là même une incomplétude syntaxique, sémantique et informationnelle, et donc une situation de dépendance à l'égard d'un autre segment linguistique, analysée en termes de prédication seconde. La formule prédicative de l'apposition rend donc le segment détaché manifestement inapte à constituer un énoncé autonome[17].

2.3.2 La sphère actancielle

Bien sûr, la dépendance sémantique du prédicat second à l'égard de la prédication première n'est pas susceptible de contredire le mécanisme d'incidence du segment apposé vers son seul support. Ainsi, par exemple, dans la séquence extraite des *Mots*, de J.-P. Sartre, « Clandestin, je fus vrai », nous avons montré que deux relations prédicatives, bâties autour d'un même support (le constituant *je*, pivot argumental interprédicatif), coexistent dans un même cadre phrastique. La complétude syntacticosémantique de la prédication principale fait tenir à celle-ci le rôle de matrice. Et la portée sémantique du prédicat second vers la prédication première permet de définir une valeur de sens (valeur circonstancielle, ici causale par paradoxisme), évidemment fort variable selon les configurations. Cette valeur est suscitée non par la dépendance *stricto sensu* du segment apposé (*Clandestin*) à l'égard du prédicat premier (*fus vrai*) – paraphrase possible : *je fus vrai parce que j'étais clandestin* –, mais par la coexistence, c'est-à-dire le rapprochement discursif, des deux relations prédicatives de niveau hiérarchique différent : (i) *clandestin, je*, (ii) *je fus vrai*. Si bien que cette valeur de sens, qui semble sélectionnée par le SV de la prédication principale (puisque dans certains cas l'interprétation du terme détaché est effectivement subordonnée à la nature modale et temporelle du SV), n'est en réalité qu'un effet de sens fort instable. La portée sémantique du prédicat second, qui définit sa valeur, est d'ailleurs plurivoque, et peut s'exercer, dans un cas comme celui-ci par coulissage interprétatif simultanément vers la droite et vers la gauche, s'il existe un contexte verbal antécédent et si celui-ci s'y prête.

---

[16] C. Guimier (1991) a fait apparaître le fait que la construction attributive comporte deux mouvements incidentiels profonds : « [...] (i) incidence du complément à la copule (relation attributive : être ← *complément*) ; (ii) incidence du prédicat ainsi construit au SN sujet (relation prédicative : SN ← être ← *complément*) ».
[17] Sur la notion de prédication seconde, nous nous sommes appuyé principalement sur les travaux de L. Mélis (1988), N. Furukawa (1996), et B. Combettes (1998).

Ainsi, le noyau dur de cette notion d'appariement est-il constitué par une forme de coalescence des appositifs, qui définit la *sphère actancielle*. L'hypothèse formulée étant que l'incidence de l'apport au support fait nécessairement groupe, et que le segment détaché évolue, par contrainte d'interprétabilité, dans la zone de localité de son support actanciel, qui en commande le fonctionnement aux différents niveaux de réalisation du sens, et cela dans un espace linguistique étroit. Option explicative qui permet de considérer, dans une perspective communicationnelle, que c'est le groupe qui est activé dans le discours, et non le seul apport.

On aura donc compris que parler de « système appositif » permet d'éviter la notion de « fonction d'apposition », qui présuppose l'engagement du seul constituant détaché dans cette catégorie fonctionnelle. Dans cette perspective, le système appositif se définit comme un type de construction pouvant être décrit comme la mise en séquence par appariement de deux segments linguistiques hiérarchiquement ordonnés, formant une expression désignative complexe, formellement disjointe par le détachement, et qui se comporte au plan textuel comme une cellule référentielle et informationnelle. Cette approche de la notion d'apposition a l'avantage de prendre en compte au plan définitoire la dynamique qui préside à la formation de ce système, puisqu'elle repose sur la notion d'appariement d'un élément support et d'un élément apport, éléments formant entre eux une sphère actancielle affectée d'une forte coalescence. Cette approche permet aussi bien sûr de s'écarter du point de vue strictement fonctionnel et analytique de la grammaire traditionnelle, et de s'ouvrir à une perspective sémantique et informationnelle. Tenir le système appositif pour un des terrains fonctionnels possibles de l'adjectivité, implique de renoncer définitivement à la notion de coréférence dans la description de ces constructions. Ce qui a posé des problèmes à l'analyse grammaticale traditionnelle dans le cas des segments détachés formés de Np ou de SN pourvus d'un déterminant[18].

Nous ne reviendrons ici pas en détail sur la question de l'intégration difficile et très controversée de l'adjectif à la catégorie fonctionnelle de l'apposition. Une abondante littérature existe sur le sujet, dont nous avons tenté, dans plusieurs présentations historiques, de proposer une lecture[19]. À cela s'ajoutent les analyses de Mats Forsgren, qui ont permis de clarifier bien des points importants de la question[20]. Il convient toutefois de préciser que l'éviction de l'adjectif de cette catégorie fonctionnelle relevait d'une illusion explicative fondée sur

---

18 Voir Neveu (2000a).
19 Neveu (1996 ; 1998a ; 2000a).
20 Entre autres, Forsgren (1993).

deux croyances : (i) celle d'une délimitation claire, sans recouvrement, des catégories nominale et adjectivale espace ; (ii) celle d'une référence du segment détaché qui peut être bornée dans la plupart des cas à la référence virtuelle, c'est-à-dire indexée par le seul matériel lexical du segment considéré, sans extension à ce qui peut au-delà de ce segment construire ou au contraire bloquer le mécanisme référentiel, donc sans prise en compte du rôle joué par la syntaxe dans ce mécanisme. C'est assez dire que la question de l'adjectif apposé a toujours été étroitement corrélée à celle de la coréférence, et qu'à cet égard on est nécessairement amené à replacer régulièrement le débat sur ces deux terrains conceptuels quand on aborde le phénomène appositif.

2.4 Détachements par expansion de relation prédicative

Pour clore cette perspective typologique sur les principaux types de détachements, développée dans plusieurs de nos études sur les faits de syntaxe détachée, nous évoquerons le cas des constructions qui sont non seulement disjointes des zones argumentales mais qui, dans la plupart des cas, sont extraposées, et pour lesquelles la dénomination de *constituants périphériques* semble adéquate.

Dans cette configuration, aucun constituant en fonction argumentale n'instancie le référent actanciel contrôlant le segment détaché dans la phrase graphique où il se trouve logé à l'écrit, et, plus généralement, dans la prédication principale. Ce qui ne décrit qu'en apparence une assez grande diversité de constructions, puisque ne sont considérés dans cette typologie que les segments détachés susceptibles d'être associés aux constructions appositives, vocatives et disloquées, l'extraposition des circonstants et des modalisateurs étant exclue du domaine d'observation.

2.4.1 Constructions vocatives et constructions disloquées non instanciées

Prennent place ici des séquences qui manifestent une connexité exclusivement sémantique entre les deux segments principaux de l'énoncé, puisqu'aucune forme de dépendance rectionnelle n'est à relever : ex. « *Monsieur*, je vois de l'eau », « *La mer*, tu vois de l'eau » (exemples empruntés à Lambrecht 1998 : 42)[21]. La réunion

---

[21] Autres exemples de ce que Fradin (1990) appelle *constructions détachées sans rappel* et Lambrecht (1998) *constructions à topique non lié* : « alors *la roulade arrière* ce que vous faites souvent de faux c'est qu'au moment où vous partez vous oubliez de placer vos mains » ; « de

de ces deux fragments discursifs s'établit sur la base d'une assertion qui porte implicitement sur un objet de discours immédiatement antécédent, et qui délimite par conséquent un domaine d'interprétation pour la prédication droite. Comme l'observe Lambrecht (1998 : 42), la comparaison formelle entre les vocatifs non instanciés et ce type de dislocations[22] fait clairement ressortir toute la souplesse positionnelle des premiers, qui leur est conférée par leur nature exophorique et par leur accessibilité référentielle, avérée ou présumée : ex. « *La mer*, tu vois de l'eau »/« *Tu vois de l'eau, la mer* » ; « *Monsieur*, je vois de l'eau »/« Je vois de l'eau, *Monsieur* ». Pour reprendre le mode de description de Bally (1932), on peut dire ainsi que la pertinence pragmatique de la relation A/Z, lorsqu'il s'agit d'extraposition sans instanciation, est établie, dans l'agencement linéaire de la phrase, de manière unilatérale (fixe) pour les dislocations, et de manière bilatérale (mobile) pour les vocatifs. Le niveau de contextualité de ces derniers, c'est-à-dire leur degré d'intégration discursive, est donc infiniment supérieur.

2.4.2 Autres constructions, associées au système appositif

Nous évoquerons rapidement ici deux types de constructions, sur lesquels nous aurons l'occasion de revenir dans la section suivante, à propos de la sémantique des caractérisants détachés.

Il s'agit d'une part des constructions à tête nominale (généralement un nom de procès au comportement massif), d'extraposition gauche ou droite, qui semblent exercer un mécanisme incidentiel sur une relation prédicative : ex. « *Chose frappante*, aucune question ne fut faite, aucune autorité n'intervint » (V. Hugo)[23]. Mais, eu égard à l'absence de contrainte rectionnelle entre les deux segments réunis dans la phrase graphique, et donc à l'absence de toute forme de dépendance morphosyntaxique, ce type de configuration permet légitimement de douter du caractère explicatif de la notion d'incidence pour décrire la relation. La relation entre les deux segments de discours

---

toutes façons *le poulet* moi j'mets toujours un plat » (exemples empruntés à Berrendonner, 1990 : 31, et à Berrendonner & Reichler-Béguelin, 1997 : 7 : corpus oral).

22 Il serait sans doute souhaitable, comme l'a suggéré Dominique Willems (2001), de renoncer ici au terme de *dislocation*, afin de réserver cette notion aux constructions instanciées, qui sont effectivement disloquées.

23 Voir Neveu (1998a, b ; 2000b ; 2002a). Ces constructions ont fait l'objet d'une étude détaillée (Van den Bussche 1988).

apparaît davantage comme une relation de portée, de nature sémantique et pragmatique.

Il s'agit d'autre part des constructions à tête participiale ou adjectivale, le plus souvent en position frontale, dont le référent actanciel est généralement instancié en dehors de la phrase graphique, dans le contexte verbal immédiatement antécédent : ex. « Ils s'attaquent alors à une première voiture et trouvent à l'intérieur un porte-monnaie. *Pas entièrement satisfaits*, le coffre d'un second véhicule est forcé » (exemple emprunté à Marie-José Reichler-Béguelin 1995)[24].

Nous verrons par la suite que ces deux types de détachements sont susceptibles de recevoir une analyse qui les place en dehors du système appositif. Mais quelle que soit l'étiquette grammaticale proposée, ils sont du plus haut intérêt pour l'analyse macrosyntaxique.

Le développement de la problématique actancielle du détachement dans nos travaux, en dépit de son caractère partiel et forcément incomplet, puisque nous n'avons retenu que certains types de configuration, nous a permis de formuler des hypothèses de description dont l'intérêt essentiel, dans notre perspective de recherche, est d'aider à déterminer la spécificité du système appositif. Spécificité largement établie par des faits de dépendance microsyntaxique, que les mécanismes incidentiels constitutifs de l'apposition rendent apparents, et par un comportement sémantique du segment détaché globalement qualificatif qui conduit à explorer la piste de ce que nous pouvons appeler son *adjectivité*.

3 Adjectivité et système appositif. Sémantique des caractérisants détachés : de la place à la position informationnelle

Dans les dernières analyses que nous avons proposées du système appositif, nous nous sommes principalement attaché (i) à interroger la pertinence du critère de la coréférence, réputé, comme nous l'avons vu à de multiples re-

---

[24] Voir Neveu (2000b ; 2002a). Constructions étudiées par M.-J. Reichler-Béguelin (1995). Voir également Combettes (1998).

prises, définitoire de la notion, (ii) à décrire les types d'appariement des constituants du système, et leur fonction informationnelle[25]. Cette section souhaiterait proposer une synthèse de ces analyses. Nous aborderons successivement la question du contrôle référentiel du terme descripteur détaché, la question du format syntaxique de ce terme descripteur, et la fonction de sa place dans l'énoncé.

3.1 Sur le contrôle référentiel du terme descripteur détaché du système appositif : retour sur le critère de la coréférence

Héritage des grammaires du latin, l'analyse coréférentielle des constructions associées à l'apposition a, selon nous, durablement mis en échec la description des tours liés et celle des tours détachés. Cette analyse résulte, nous l'avons vu, d'une confusion méthodologique entre la perspective morphosyntaxique et la perspective sémantique, et, plus généralement, elle signale une approche à dominante morpholexicale et non pas discursive et contextuelle de la référence.

Dans différents travaux sur le sujet, nous avons en effet fréquemment formulé l'idée que l'échec en question n'est pas seulement imputable à la difficulté d'analyse du système appositif, il doit être également mis au compte d'une sous-estimation du paramètre syntaxique dans l'exercice de la référence. Or, il se trouve que cette sous-estimation a frappé aussi bien les syntagmes binominaux N_1 (*de*) N_2 que les constructions détachées.

3.1.1 Le cas des syntagmes binominaux N_1 (*de*) N_2

L'éviction des tours liés de la catégorie appositive ne saurait bien sûr s'expliquer par une stratégie de simplification méthodologique de la problématique. Elle marque la dissociation de deux objets linguistiques que nous tenons, à la suite de bien d'autres observateurs, pour distincts et hétérogènes, le segment (*de*) N_2 relevant du mécanisme déterminatif de l'épithèse[26]. Qu'il s'agisse d'une épithète de complémentation, de sens relationnel (avec ou sans discordance de nombre) où N_2 figure comme la réduction nominale d'un syntagme prépositionnel[27] :

(1)   un régime sandwiches

---

25 Voir Neveu (2000a, b, c ; 2002a).
26 Voir entre autres Pignon (1961), Kleiber (1985), Wilmet (1986), Noailly (1990 ; 2000), Forsgren (1991 ; 2000).
27 Sur la notion d'épithète de complémentation, voir Michèle Noailly (1990 : 94–131).

(2) le gouvernement Philippe

(3) le trafic marchandises, etc.

ou qu'il s'agisse d'une épithète de qualification avec ou sans ligateur graphique se prêtant à la paraphrase *N₁ qui est un N₂*[28] :

(4) un débat marathon

(5) un livre témoignage

(6) un remède miracle

(7) des classes passerelles, etc.

Tours que l'on peut rapprocher de créations plus nettement idiolectales :

(8) le rocher-hydre

(9) le torrent-reptile

(10) les hommes-musiques

qui sont des constructions empruntées à Hugo et Michelet, citées par Brunot (1922) dans *La Pensée et la langue*, et qui, très marquées par la littérature romantique, ont d'ailleurs longtemps figuré dans les grammaires du premier tiers du XXe siècle comme des exemples canoniques d'appositions liées.

Le fonctionnement sémantique de (8), (9), (10) est toutefois assez différent de celui des séquences (4) à (7), puisqu'elles se présentent comme des unités polylexicales métaphoriques (avec ligateur graphique) subordonnées à une contextualité poétique, donc expressivement marquées, et à cet égard, difficilement isolables de leur environnement discursif. Elles sont la trace lexicale d'un régime et d'un contrat interprétatifs spécifiques[29]. On observe ainsi un blocage du mécanisme de l'épithèse, donc un blocage du mécanisme déterminatif. Ici N_2 n'a pas vocation à qualifier ou à compléter N_1. Il forme avec N_1 un entier

---

[28] Sur la notion d'épithète de qualification, voir M. Noailly (1990 : 35–64).
[29] Nous entendons *polylexicalité* au sens de Gaston Gross (entre autres 1990), pour désigner des unités lexicales complexes dont les éléments lexicaux constitutifs ne jouent pas de rôle extérieur à la séquence.

conceptuel insécable. On a donc affaire, avec (8)-(10), à des expressions qui se prêtent difficilement à une lecture compositionnelle en dehors de leur environnement discursif. On aura ainsi plus de mal à déduire le sens de ces tours à partir de leurs constituants.

L'inaptitude référentielle de N_2 s'observe tout à la fois dans des syntagmes binominaux à détermination synthétique (N_1N_2) ou analytique (N_1 de N_2), qui forment des épithètes de dénomination (ou descriptions dénominatives) :

(11)   l'écrivain Sartre

(12)   la rue Descartes

(13)   le verbe *coudre*

(14)   la ville de Pontoise

(15)   le mois de décembre, etc.

Le type (12), a été étudié par Georges Kleiber[30], qui a montré que certaines catégories de lieux comme les rues, les places, etc., ne prennent pas de Np intégral, à la différence d'autres entités spatiales comme les pays, les villes. L'opposition de (12) et de (14) permet de noter que, pour le N_1 locatif de (12), la dénomination qui lui est conférée par N_2 n'est pas effectuée de façon totale. Cette dénomination n'est que partielle, ce qui n'est pas le cas de (14) : *Descartes est illuminée vs Pontoise est illuminée. Si l'on met à part le cas de dénomination partielle représenté par (12), dont N_2 n'a pas d'autonomie référentielle dans l'ordre locatif, on a affaire pour (11)-(15) à des constructions nominales complexes, qui présentent en N_1 une description de propriété et en N_2 un terme dénominatif Nc ou Np, lequel, en dépit de sa capacité à désigner, ne fait ici que contribuer à la référentialité de l'entier de l'expression, mais ne l'énonce pas seul[31]. Ce qui fait

---

30   Voir Kleiber (1981 ; 1985 : 8).

31   Georges Kleiber (1985 : 7-9) a en outre fort bien dégagé le fonctionnement sémantique et pragmatique des types (2) et (11). En (2) la dénomination est partielle. On a affaire à une dénomination descriptive, de caractère appellatif mixte : un prédicat descriptif formé par le Nc en N_1, et un prédicat de dénomination formé par le Np. Chacun des deux constituants a un rôle de dénomination, mais le Nc en N_1, en même temps qu'il sert dans l'appellation effective du référent, indique à quelle catégorie référentielle il appartient. Ces dénominations cumulent donc l'avantage de la transparence des descriptions définies (qui décrivent une propriété du référent, sa classe) et l'avantage de la désignation directe ou rigide des Np. En outre elles ne présentent pas le caractère accidentel des descriptions définies (qui sont liées aux situations

dire à Mats Forsgren, fort justement, que dans *le capitaine Dreyfus*, canon de l'exemple appositif dans les grammaires, les deux N ne sont nullement coréférentiels et substituables. L'unité *Dreyfus* n'est ni appositive, ni référentielle,

> c'est un prédicat attributif de dénomination, fonctionnant comme une épithète vis-à-vis du nom *capitaine*. Ce qui est référentiel, c'est le syntagme entier, *le capitaine Dreyfus*. Le test de substitution est donc inutilisable. Au niveau fonctionnel, celui de la structure syntactico-sémantique, il n'y a ainsi aucune différence entre un syntagme comme *le capitaine Dreyfus* et, par exemple, *le chien noir*, à cette exception près que le désignateur rigide *Dreyfus* peut, dans un autre contexte, être référentiel, alors que *noir* ne le peut pas. (Forsgren 1991 : 604–605)

Les séquences qui viennent d'être évoquées montrent qu'elles affichent un mode de fixation de la référence qui se présente sous la forme du compactage. La structure syntaxique vient ici bloquer le mécanisme référentiel de N_2.

Paradoxalement, au terme d'une littérature si abondante sur le sujet, on en revient sur ces constructions à ce qu'avait remarquablement fait apparaître Beauzée, dans l'article « Génitif » de l'*Encyclopédie*.

C'est un phénomène assez semblable que nous avons pu observer dans le cas des constructions détachées, dont le fonctionnement sémantique explicatif, et non plus déterminatif, interdit bien sûr toute assimilation au mécanisme épithétique que nous venons de décrire.

3.1.2 Constructions détachées

L'hypothèse que nous avons formulée, à partir de l'observation des appositions nominales pourvues d'un actualisateur, qui, selon la plupart des grammaires, sont les seules à pouvoir entrer sans difficultés dans le champ d'application de la notion de coréférence, a donc consisté à tenir le détachement et la prédication seconde pour responsables d'un blocage de tout mécanisme référentiel du segment apport. Notre travail a ainsi tenté de faire ressortir la fonction générale du segment

---

passagères d'un individu). Elles permettent donc de référer de façon constante à un même individu dans tous les mondes possibles. Et elles ne manifestent pas l'opacité des Np puisqu'elles indiquent toujours la classe référentielle de l'individu visé. En (11), la dénomination est totale. On a affaire à une description dénominative. La fonction première n'est plus la dénomination mais la description. Ces constructions décrivent un référent qui se trouve précisément être celui qui porte le Np de la séquence. Elles héritent également du prédicat descriptif et du prédicat dénominatif ; mais elles se distinguent du seul Np avec lequel elles commutent (*l'écrivain Sartre/ Sartre*) en ce que la présence du prédicat descriptif en N_1 rend inutile (ou annule) la présomption de connaissances référentielles inhérentes à l'emploi des Np.

détaché, qui est de prédiquer les propriétés de son support et non pas de désigner un référent.

La valeur dite « identifiante » des prédicats de dénomination (ex. *Le directeur, M. Dumont, est absent*), fréquemment convoquée pour illustrer le fonctionnement coréférentiel des constructions, doit ainsi être tenue pour un effet de sens résultant le plus souvent de l'abstraction du terme détaché de son environnement[32]. Elle n'est nullement une constante, et si elle apparaît dans certaines configurations discursives, elle ne peut être pour autant posée *a priori*, ni d'ailleurs bornée à ce seul type de prédicat, puisqu'elle est largement donnée par l'orientation pragmatique du discours.

Ce qui est généralement analysé comme un acte de référence au sens d'une relation mots/monde, c'est-à-dire comme la désignation d'une entité extralinguistique, semble devoir être décrit plus justement, dans le cas de ces constructions actualisées, comme un *renvoi* (au sens que Francis Corblin (1995 : 15), a donné à ce terme) – non par pointage[33], mais par assignation prédicative – à un référent déjà verbalisé, autrement dit introduit en discours, soit par le support contrôleur, si le support est un terme référentiellement autonome, soit par un autre constituant dont le support se fait alors le relais, si ce dernier est un anaphorique.

Ainsi, à l'explication coréférentielle courante des appositions déterminées, qui postule, comme nous l'avons vu, une symétrie entre deux éléments de référence actuelle (coréférence actuelle selon J.-C. Milner[34]), et qui bloque toute ordination entre les appositifs et donc toute partition du système en termes de support et d'apport, réduisant la construction à la formule du pléonasme, nous avons substitué une explication fondée sur une triple hétéronomie de l'appositif détaché : syntaxique, sémantique, référentielle.

Nous avons ainsi été amené à retrouver dans ces constructions certaines caractéristiques des phénomènes endophoriques, en particulier celles qui sont liées à la dépendance référentielle et interprétative d'un segment de discours à l'égard de sa source, tout en notant bien sûr qu'à la différence du terme anaphorisant, le segment détaché de l'apposition ne peut recevoir de tête clitique en raison des particularités positionnelles qui sont les siennes.

---

32 Une typologie sémantique des prédicats appositifs a été élaborée par Mats Forsgren (1988 ; 1991). Nous l'avons discutée dans Neveu (1998a : 72–86).
33 Nous empruntons la notion de *pointage* à A. Berrendonner (1990 : 29), qui la définit comme une relation présuppositionnelle établie entre une forme de rappel et une information présente dans la mémoire discursive.
34 Voir Milner (1982 : 11).

Dans le cas de l'apposition déterminée, il est donc toujours pourvu d'un descripteur nominal sémantiquement actualisé, qui a la charge de prédiquer les propriétés de son référenciateur (contrôleur référentiel)[35]. Cette prédication se fait par l'extraction d'un rôle actanciel, qui prend *ipso facto*, par cette mise en retrait spécifique de la structure argumentale de l'énoncé, une valeur qualificative. L'effet référentiel provient précisément de cette apparente duplication actancielle, qui, par le jeu des déterminants, permet en outre à des mécanismes endophoriques de se développer à l'intérieur de la construction, sans pour autant modifier la hiérarchie des deux constituants. L'existence de prédications « inverses » dans les constructions métaphoriques du type support *ce N*, apport *Le N* : ex. « Il se sentit enseveli à la fois par *ces deux infinis, l'océan et le ciel* » (V. Hugo) n'est pas de nature à remettre en cause cette hiérarchie, qui est fondée sur une ordination prédicative repérable à l'échelle de l'énoncé, et déterminée par l'orientation pragmatique du discours. L'apparente valeur prédicative du syntagme démonstratif dans cet exemple n'est nullement incompatible avec la fonction de référenciateur, et n'annule pas la prédication de propriétés fournie par l'apport. Elle souligne toutefois, du point de vue de l'encodeur, le caractère non fini du support appositif au plan informationnel[36].

Pour les constructions sans actualisateur, la prédication des propriétés du contrôleur se fait par l'extraction directe d'une qualification actancielle. D'un type à l'autre, l'apport ne révèle bien sûr pas le même degré de dépendance syntacticosémantique à l'égard du support, mais la dépendance référentielle à l'égard du contrôleur est du même ordre, et la caractérisation actancielle est active dans tous les cas.

Cette perspective générale sur le terme descripteur détaché de l'apposition nous a ainsi permis d'ouvrir la notion à des constituants de nature variée, mais nécessairement compatibles avec la caractérisation actancielle : descripteur adjectival, participial, nominal déterminé, nominal non déterminé, nominal absolu, nominal prépositionnel. Les liens établis entre ce terme descripteur et son

---

35 La notion de contrôle est issue des travaux de la grammaire générative sur les faits de gouvernement et de liage. Elle est utilisée en macrosyntaxe, où elle désigne les relations qui s'établissent entre deux signes linguistiques désignant dans deux clauses différentes un même référent de discours. C'est entre autres le cas de la relation anaphorique. Voir entre autres Berrendonner & Reichler-Béguelin (1989).
36 Ces constructions ont été étudiées de manière approfondie par Irène Tamba-Mecz (1975) et par Michèle Noailly (2000). Sur la distinction entre les types déterminés et non déterminés, nous renvoyons également à ces travaux, ainsi qu'à ceux de Lélia Picabia (1991 ; 1992 ; 2000).

support définissent son fonctionnement comme étant assimilable à un phénomène d'adjectivité de discours[37].

3.2 Format syntaxique du terme descripteur détaché : position du problème

Une des plus grandes difficultés que nous ayant eu à affronter dans nos recherches sur le système appositif est certainement celle du format syntaxique de l'apport, qui détermine bien sûr le type de syntaxe de l'apposition, et qui à ce titre concentre une part importante des problèmes linguistiques posés par ces constructions. Nous avons toutefois traité cette problématique, à plusieurs reprises, en tentant à chaque fois d'enrichir la description des constructions soumises à l'étude.

Nous sommes parti des hypothèses théoriques et explicatives les plus couramment formulées à l'égard des appositions concernant le rang syntaxique qu'elles occupent : prédicat second/clause. Nous prenons la notion de rang au sens qui est le sien en linguistique structurale, c'est-à-dire celui de niveau formant un palier dans la structure hiérarchiquement ordonnée de la langue. L'unité supérieure de cette hiérarchie n'est toutefois pas à chercher, selon nous, dans l'énoncé, ni dans la phrase, mais dans le texte.

3.2.1 Sur le rang de prédicat second

Les nombreux travaux sur la prédication seconde[38], en dépit de leur diversité, et parfois de leurs divergences, permettent d'établir une corrélation des faits entrant dans le champ d'application de la notion avec le niveau d'analyse microsyntaxique, principalement par le lien de solidarité entre sujet et prédicat, qui, comme le rappelle Ludo Mélis forme le fondement de la conception

---

37 Un essai de définition de l'apposition est proposé en conclusion, dans Neveu (2000b : 120–122). On notera toutefois qu'un chantier important reste ouvert sur la question, et que bien des divergences demeurent. Danielle Leeman (2000), dans le cadre d'une étude comparée avec les compléments circonstanciels, a ainsi développé la thèse d'un retour du critère de la coréférence pour définir l'apposition, réaffirmant sa pertinence, et sa nécessité dans la description grammaticale. Comme on le voit, la communauté des linguistes est loin d'avoir épuisé le débat.
38 Voir entre autres Mélis (1988), Furukawa (1996), Cadiot & Furukawa (2000). À quoi il convient d'ajouter les travaux de Mats Forsgren sur l'apposition (1988 ; 1991 ; 1993 ; 2000), et de Bernard Combettes sur les constructions détachées (entre autres, 1998 ; 2000).

syntaxique de la relation prédicative. Solidarité qui peut être décrite comme une présupposition réciproque du sujet et du prédicat, et qui se trouve marquée dans les formes de l'accord qui les lient :

> La reconnaissance d'une prédication seconde est donc liée à celle d'une relation entre sujet et prédicat. Elle devrait être évidente chaque fois qu'on pourra constater l'intégration d'une structure propositionnelle dans l'énoncé, comme dans les propositions subordonnées et peut-être également dans les constructions infinitives. Ces cas-là ne sont toutefois pas cités comme exemples d'une prédication intégrée et la notion s'utilisera préférentiellement dans les cas où la composante verbale du prédicat, absente de l'énoncé, peut être reconstituée. (Mélis 1988 : 9)

Cette idée d'une prédication intégrée, enchâssée, et donc subordonnée à une prédication principale se retrouve chez N. Furukawa, qui définit la notion ainsi :

> Par prédication seconde, on entend un type de séquence qui, malgré son statut syntaxiquement intégré, exprime sémantiquement un contenu phrastique à l'intérieur même d'une phrase. (Furukawa 1996 : 7)[39]

Nous avons insisté sur le problème posé par la notion d'intégration, dans ces définitions de la prédication seconde. Puisqu'en tout état de cause l'intégration *phrastique*, au sens graphique, n'engage nullement l'intégration *syntaxique* au sens de l'intégration à la structure *propositionnelle*, ce qu'illustrent précisément les constructions détachées – qu'il s'agisse des appositions, des dislocations, ou des vocatifs –, qui sont intégrées à la phrase graphique, mais disjointes de la structure argumentale de l'énoncé, et parfois même périphériques.

Quant à l'approche sémantique de la notion de prédication seconde, elle semble se définir par l'application à un constituant argumental de la prédication première d'une expansion, simple ou complexe, qui n'est pas de nature à modifier les conditions de vérité de cette prédication. Autrement dit, détachée ou pas, la prédication seconde laisse inchangée l'extension de son support.

Dans le cas des constructions associées à l'apposition la reconnaissance de la prédication seconde est réputée impliquer une paraphrase et une reconstitution de l'énoncé pour suppléer l'opérateur verbal, absent en surface. La pause, comme l'a montré Forsgren (1993) est dans ces constructions un marqueur explicite de relation prédicative. Le détachement, nous l'avons vu, marque donc l'absence de verbe médiateur et indique conséquemment une incomplétude sémantique et informationnelle du segment détaché, analysée en termes de dépendance à l'égard d'une prédication première. Le mécanisme incidentiel traduit ce rapport de dépendance syntaxique.

---

39 Définition maintenue avec quelques variantes dans Cadiot & Furukawa (2000).

3.2.2 Sur le rang de clause

Relativement à la question ici traitée, la notion a été employée pour décrire deux types de faits. (i) Des participes, adjectifs, ou noms en position détachée, et présentant des cas de « désaccords » avec la base et d'accords associatifs avec un référent non représenté linguistiquement dans la phrase, cas souvent décrit comme illustrant une forme de disconnexité syntaxique[40]. (ii) Les relatives appositives. Le relatif y est en effet analysé comme un anaphorique sous-jacent, donc comme un pointeur. Ce qu'indiquent (i) sa capacité à réaliser des anaphores associatives lorsqu'il pointe sur un objet implicite construit par inférence, (ii) sa capacité à se voir substituer un SN (type *lequel* + N), (iii) la souplesse de placement de la relative appositive, qui peut ne pas être en contiguïté avec son support, (iv) l'autonomie graphique possible des relatives introduites par le relatif de liaison (*à quoi, sur quoi, dont, ce dont,* etc.). Autant d'indices permettant de concevoir ces relatives comme des énonciations indépendantes, et non pas comme des structures propositionnelles enchâssées dans une matrice régissante.

3.2.3 Quelle connexité pour les constituants du système appositif ?

Dans cette perspective, la question était donc pour nous de savoir (i) si le segment détaché de la construction appositive et le reste de la séquence constituent deux clauses distinctes, donc deux segments de discours formant deux énonciations indépendantes au plan morphosyntaxique (aucune dépendance rectionnelle), et n'entretenant entre elles qu'une relation de présupposition – dans cette hypothèse, la connexité, qui est exclusivement sémanticopragmatique, réunit les deux segments dans une même macro-unité de discours (une période binaire) ; (ii) ou bien si l'on a affaire, pour le segment détaché à un constituant en situation de connexité morphosyntaxique avec le reste de la séquence, autrement dit s'il forme un constituant intra-clausal rectionnellement dépendant.

Dans le premier cas, ni la notion de détachement, ni celle de prédicat second ne semblent susceptibles d'être appropriées au phénomène. Le détachement induit en effet, nous l'avons vu, l'existence d'un énoncé comme support, qui lui sert de matrice. Quant à la notion de prédication seconde, elle n'est pas davantage opératoire en raison de l'idée d'ordination prédicative qui la fonde et qui se trouve mise en défaut par la structure syntaxique et sémantique de ces énoncés.

Notre travail nous a amené à considérer que dans la plupart des cas, il n'y a guère de légitimité à promouvoir, à propos de ces faits de syntaxe détachée,

---

[40] Voir entre autres Berrendonner & Reichler-Béguelin (1989 ; 1995).

un niveau de combinatoire au détriment de l'autre, c'est-à-dire à traiter chaque occurrence dans le cadre d'une semblable alternative. Ces niveaux jouent conjointement un rôle actif dans la formation du discours. Sauf, bien sûr, à poser arbitrairement comme préalable à l'analyse linguistique la pertinence d'une syntaxe débarrassée des contingences référentielles, autrement dit la pertinence d'un discours sans sujet ni objet. L'opposition prédicat second/clause fait clairement apparaître, dans le domaine du détachement, la porosité de la frontière qui est censée délimiter la connexité morphosyntaxique et la connexité sémantico-pragmatique.

3.3 Fonction de la place des segments détachés dans l'énoncé

Nous évoquerons ici les principaux types de constructions détachées sur lesquels nous avons travaillé, en prenant en considération le double problème du format syntaxique du segment et son fonctionnement informationnel.

3.3.1 Les constructions à « incidence » relationnelle

Elles ont déjà fait l'objet d'un rapide commentaire. La séquence (16) illustre des constructions qui sont des expansions de relations prédicatives, et qui manifestent par là même une « incidence » relationnelle, par distinction avec les constructions qui sont en incidence à un constituant occupant une fonction argumentale dans la prédication principale :

(16) Suite de quoi, *routine administrative*, Pastor demande par téléphone à un certain Caregga d'aller appréhender le nommé Arnaud Le Capelier. (D. Pennac, *La Fée carabine*)

Il s'agit d'un type de constructions très mobiles, décrites, selon les approches, comme *adpropositionnelles*, *exophrastiques*, ou encore *incidentes à la phrase*. H. Van den Bussche[41] a ainsi fait apparaître que le degré d'intégration syntaxique des segments détachés est ici plus faible que celui des constructions à support actanciel : (i) ces segments ne peuvent occuper la position de foyer d'une phrase clivée, (ii) ils ne sont pas affectés par la portée de la négation du verbe principal,

---

[41] Van den Bussche (1988 : 118–120).

(iii) ils sont régis par la modalité assertive et ne sont pas compatibles avec l'injonction ou l'interrogation.

Nous avons montré à plusieurs reprises[42] qu'en position frontale le segment détaché, qui révèle une analogie de fonctionnement avec les adverbes de phrase, ne présente pas, contrairement aux constructions à support actanciel, le comportement thématique de point d'ancrage informationnel ouvert sur le contexte verbal antécédent, car il ne véhicule aucune information donnée. Il s'agit d'un segment assertif, thétique, opérant dans le texte un décrochage métadiscursif, et qui n'est bien sûr pas sélectionné par le groupe thématique de la phrase où il apparaît.

La structure quasi autonome de tels segments, autrement dit leur dimension propositionnelle, est en outre confirmée par leur très accessible récriture phrastique et par la segmentation graphique isolante à laquelle ils se prêtent, comme l'indiquent les paraphrases en prime. Manifestement, on a quitté le terrain de la prédication seconde pour entrer dans un autre espace syntaxique.

3.3.2 Les constructions sans instanciation du référenciateur dans la phrase graphique

La séquence (17), empruntée à M.-J. Reichler-Béguelin (1995), illustre un des cas où aucun morphème ne vient instancier dans la phrase le référenciateur (ou contrôleur référentiel) du segment détaché[43]. Il s'agit d'une configuration qui présente l'intérêt de souligner les problèmes posés par la notion de phrase graphique. Cette organisation syntaxique se signale entre autres par la présence d'une tête participiale, et adopte d'ailleurs un mode de fonctionnement informationnel identique à celui des subordonnées participiales placées en position frontale :

(17) Lorsque nous lui avons proposé de se laver, elle est entrée sous la douche avec ses habits comme si elle n'en avait jamais pris! *Une fois déshabillée*, nous avons été choqués. (*L'Illustré*, 11/11/1992)

Si aucune instanciation du référenciateur ne s'observe dans la phrase graphique, l'instanciation est toutefois réalisée en amont par les pronoms et déterminants personnels. Ce qui fait une notable différence avec la séquence (16), et

---

42 Voir entre autres Neveu (1998a : 197–198).
43 Voir *supra*.

semble réduire d'autant l'autonomie prédicative du segment détaché, car une forme de dépendance morphosyntaxique apparaît bel et bien dans ces tours.

Le fait que le référenciateur ne soit pas représenté dans le groupe souligné accroît donc la dépendance du segment à l'égard du contexte d'amont, mais sans autoriser pour autant un rattachement graphique à ce contexte. Il n'y a donc pas ici, à proprement parler, de neutralisation du mécanisme d'incidence. On observe seulement qu'il ne coïncide pas avec la phrase graphique.

Plus que d'une forme de disconnexité syntaxique entre les deux groupes constitutifs de l'énoncé, ce que fait apparaître le segment détaché si on l'isole c'est une forme de désactancialisation d'un prédicat, ce qui réduit son rôle à celui d'un circonstant. Aboutissement finalement prévisible du phénomène de condensation syntacticosémantique et de compactage référentiel qui s'observe fréquemment en français contemporain.

Qu'un tel agencement du discours manifeste une tension entre deux ordres de dépendance des unités syntagmatiques apparaît clairement. On a là un phénomène linguistique qui s'impose par son ambivalence syntaxique et sémantique, et qui résiste à la segmentation univoque que produisent nécessairement les signes conventionnels des frontières graphiques.

On ne peut envisager ici, semble-t-il, une segmentation qui ferait du groupe détaché un isolat, pas plus qu'on ne peut envisager une intégration graphique de ce groupe au contexte de gauche. Manifestement, les notions linguistiques servant à décrire le niveau d'analyse des constructions détachées (prédication seconde/ clause) ne permettent pas de rendre compte du fonctionnement de ces tours. Ce qu'illustre cette séquence, c'est un phénomène de diffraction d'un niveau de dépendance de type macrosyntaxique vers un niveau de type microsyntaxique. Autrement dit, le lecteur est amené par la segmentation graphique à lire le segment détaché comme un constituant de la phrase, tout en lui conférant interprétativement un tout autre statut.

3.3.3 Les constructions obliques

Nous avons appelé *obliques* des constructions appositives qui, contrairement aux configurations les plus répandues, dites *standard*, présentent une asymétrie produisant un compactage référentiel avec la séquence qui précède, ou plus largement avec l'environnement contextuel.

Le référenciateur du terme détaché est de ce fait rendu implicite. Ce que l'on observe, par exemple, dans le cas des détachements manifestant des « accords associatifs » (Berrendonner & Reichler-Béguelin 1995). Constructions qui ont fait l'objet d'analyses approfondies, et que nous ne ferons qu'évoquer. Dans les constructions appositives, le phénomène apparaît, entre autres, lorsqu'il y a un conflit d'incidences entre plusieurs unités à l'intérieur d'un groupe détaché en position frontale, généralement participial, ce que marquent les morphèmes flexionnels. Par exemple, une première unité est incidente à un constituant du contexte gauche, extérieur à la phrase graphique, tandis que la ou les autres unités du segment détaché manifestent une incidence commune à un constituant intégré à la phrase graphique :

(18) Pour moi, j'étais le commencement, le milieu et la fin ramassés en un tout petit garçon déjà vieux, déjà mort, *ici*, dans l'ombre, entre des piles d'assiettes plus hautes que lui et *dehors*, très loin, au grand soleil funèbre de la gloire. J'étais le corpuscule au début de sa trajectoire et le train d'ondes qui reflue sur lui après s'être heurté au butoir d'arrivée. *Rassemblés, resserré, touchant d'une main ma tombe et de l'autre mon berceau*, je me sentais bref et splendide, un coup de foudre effacé par les ténèbres. (J.-P. Sartre, *Les Mots*)[44]

On a donc affaire à un segment rectionnellement disparate, ce qui contrevient à l'usage du traitement morphosyntaxique unitaire des constituants du segment détaché de l'apposition. Mais l'intérêt du phénomène réside surtout dans le fait que les frontières graphiques de la phrase ne sont pas en coïncidence avec le fonctionnement référentiel et l'organisation périodique de l'énoncé.

Phénomène également observable dans (19) et (20) :

(19) *Arrivée à son apogée*, Napoléon n'y fit pas même une halte espace ; ce fut pendant les deux années que je passai en dehors des affaires que le principe de son déclin, d'abord inaperçu, se décela. (J. Fouché, *Mémoires*)

(20) *Ingénieur*, votre connaissance des protocoles GSM/GPRS et du monde des mobiles (développement – intégration), votre pratique de la langue anglaise, accompagnent votre souhait d'avoir une vue globale du produit. (*Le Point*, 02/06/2000)

L'obliquité de la construction en (19) résulte d'une configuration textuelle gouvernée par ce que la rhétorique classique appelait l'*expolition*, c'est-à-dire, ici, une information redondante, que divers prédicats ont la charge de maintenir active sur plusieurs paragraphes, et qui peut être ainsi résumée : *une fois parvenu au sommet de sa puissance, Napoléon, dévoré d'une rage de conquêtes, ne*

---

44 Sur cette séquence, voir Neveu (2000d : 143).

sut pas mettre un terme à sa volonté de domination, ce qui provoqua le déclin de l'Empire. Le prédicat détaché *Arrivée à son apogée* est donc contrôlé par un référenciateur saillant dans la mémoire discursive (la puissance de Napoléon), qu'un clitique en position de circonstant (« n'*y* fit pas même ») suffit à instancier dans la prédication principale. Quant à (20), structure fréquente dans les annonces d'emplois, il s'agit d'un cas où l'asymétrie entre l'apport et le support (lequel n'est qu'un relais du référenciateur du segment détaché) semble facilitée par la présence antécédente de la mention du profil du poste (« INGÉNIEURS VALIDATION [RÉF. VAL] »). Mention qui révèle, avec une signalétique particulière, un fonctionnement iconique d'étiquette référentielle introduisant un espace d'interprétation.

Nous avons noté ici que, même en cas d'obliquité, l'instanciation du référenciateur dans la phrase graphique peut être tenue pour un indice fort de dépendance entre apport et support. Si les faits liés à la possible autonomie prédicative de certains groupes, et si la cellule informationnelle formée par le groupe détaché et un référent (explicite ou non) actualisé par le contexte d'amont plaident en faveur d'un fonctionnement macrosyntaxique, cette dimension macrosyntaxique des tours ne saurait pour autant induire un décrochage radical d'avec les dépendances microsyntaxiques.

3.3.4 Les constructions standard

En fait, l'observation des constructions standard ne permet pas de résoudre plus facilement ce problème. Nécessairement, on retrouve à l'œuvre dans cette configuration la connexité morphosyntaxique entre les constituants du système, laquelle est établie par un mécanisme d'incidence marqué par une dépendance rectionnelle du segment détaché à l'égard de son support. Ce qui confère à ce segment le rôle de prédicat second. Toutefois, outre la prédication des propriétés de son support, le terme descripteur détaché, comme c'était le cas dans les exemples précédents, exerce ici pleinement une fonction informationnelle, dans la mesure où sa position est toujours à corréler au degré d'accessibilité référentielle de son contrôleur. Ce que donnent à comprendre les exemples qui suivent :

(21) JULIUS EPSTEIN, *scénariste américain*, coauteur de Casablanca, de Michael Curtiz, est mort samedi 30 décembre 2000 à Los Angeles. (*Le Monde*, 05/01/2001)

La position droite du descripteur révèle ici clairement une accessibilité référentielle du contrôleur qui est pensée comme réduite par l'énonciateur, quel que puisse être par ailleurs le degré de notoriété du défunt. Notoriété nécessairement induite par la simple mention du décès dans une rubrique nécrologique. Le référent du nom propre en majuscules (en gras, dans le quotidien) n'a fait l'objet d'aucune introduction préalable dans le discours. Un carré ouvrant la séquence venait d'ailleurs généralement signaler au lecteur qu'il n'a pas à chercher une quelconque antécédence de ce référent dans l'environnement linguistique.

Cette fonction informationnelle de la place du groupe descripteur est largement corroborée par d'autres configurations. Ainsi, en (22) la position frontale du segment détaché marque une forte accessibilité référentielle, donnée à comprendre par la présence d'un anaphorique en fonction de support (*il*), qui sert de relais au référenciateur du segment en question :

(22) Paul Broca (1824-1880) et l'anthropologie physique. *Fondateur de l'Ecole d'anthropologie de Paris*, il s'appuie sur l'analyse des races et sur la craniologie. (*Sciences humaines*, 12/2000, 01-02/2001)

L'identité du référent est dans les deux cas fournie en début de séquence par la mention titre du nom propre.

Quant à la séquence (23), elle affiche un détachement frontal associé à un support référentiellement autonome (« Robert Crumb »). Ce qui réunit dans un même énoncé et dans une même sphère actancielle un marquage de forte accessibilité référentielle (la position frontale du segment détaché) et un marquage d'accessibilité faible (le support formé d'un nom propre) :

(23) Tapis rouge à Crumb et Uderzo. *Surnommé le « Bruegel de la bulle » par le Times, créateur de Fritz The Cat et de Mr Natural,* Robert Crumb est le président du XXVIIe Festival de la BD. (*Le Figaro*, 26/01/2000)

Dans ce type de séquence, très répandu dans les textes de presse, on observe en fait que le référenciateur du segment détaché, bien qu'en fonctionnement autonome dans sa position de support, a déjà été introduit textuellement dans un titre, qu'accompagne parfois une représentation iconographique. Se confirme ainsi nettement l'évitement systématique de la frontalité en cas de saillance nulle du contrôleur du système. Se confirme également la corrélation entre le placement d'un terme descripteur en position frontale et la volonté de l'énonciateur d'inscrire dans le discours une présomption de notoriété du référent.

Ce que cette séquence fait encore mieux ressortir[45] :

(24) Otan : de la patience et des bombes
[...]
Chassé de Pristina, le quotidien « Koha Ditore » renaît en Macédoine
(*Le Monde*, 27/04/1999 : titres de première page)

Il s'agit d'un titre de première page, situé au-dessous d'un article intitulé « Otan : de la patience et des bombes », où se manifeste une tension entre deux univers de connaissance, fréquente dans l'écrit journalistique contemporain. La frontalité de l'apport indexe l'univers du connu (« on en parle ») : le segment détaché évoque la guerre au Kosovo, qui fait l'essentiel de l'actualité du quotidien, et qui est introduite dans la mémoire discursive par le titre principal de la première page. La présomption d'accessibilité du référenciateur est donc ici marquée tout à la fois par antécédence et par connaissance partagée. Le segment support indexe, quant à lui, l'ajustement informatif indispensable à ces représentations mentales préalables, et la nécessité d'un référenciateur explicite et non ambigu. Si l'on en vient ainsi à introduire dans le discours comme connu, un actant qui pour la grande majorité des lecteurs français ne l'est vraisemblablement pas (« le quotidien "Koha Ditore" ») c'est qu'il s'agit moins, au plan communicationnel, de pointer sur un référent que d'évoquer, voire de construire, un espace cognitif consensuel.

3.3.5 Appariement des appositifs et normativité grammaticale

Nos travaux ont fait ressortir le fait que la concurrence entre les deux types d'appariement des appositifs en position frontale (standard/oblique) ne saurait aisément recevoir une explication d'ordre épistémologique, fondée sur l'opposition de deux grammaires[46] : (i) une grammaire de phrase, installée tardivement dans l'histoire, prescrivant le mode standard et censurant les constructions obliques au motif de leur configuration « anacoluthique » ; (ii) une grammaire énonciative, ou textuelle, voyant dans l'asymétrie un des nombreux arguments de la facticité du cadre phrastique, c'est-à-dire en fait du cadre graphique de la phrase.

---

45 Sur l'analyse de cette séquence, voir Neveu (2002b).
46 Position développée entre autres par A. Berrendonner et M.-J. Reichler-Béguelin (voir par exemple, Berrendonner & Reichler-Béguelin 1989 ; Berrendonner 1990).

S'il est sans doute légitime et cohérent d'associer à cette grammaire de phrase des prescriptions pédagogiques arbitraires, et de dénoncer leur influence néfaste sur le développement des pratiques syntaxiques en français contemporain, on ne peut pour autant justifier par la normativité de la grammaire scolaire la fréquence du mode standard. L'histoire de la langue, les études de Bernard Combettes sur l'évolution des constructions détachées l'ont montré avec clarté, signale un resserrement du schéma syntaxique et un affaiblissement du rôle de marqueurs de cohésion textuelle des segments disjoints coïncidant avec l'émergence de la notion de phrase.

Toutefois, rendre cette réalité historique explicative des tendances de l'usage, c'est, nous semble-t-il, faire une place excessive au poids de la doxa grammaticale, particulièrement en français contemporain. Car, dans cette perspective, seule l'allégeance à la norme expliquerait l'hégémonie du mode standard aujourd'hui, constatée en corpus, alors que sur ce type de faits l'étau pédagogique s'est depuis bien longtemps desserré. Et comment expliquer la présence même très déséquilibrée dans un même idiolecte des deux types de constructions sans tenir la norme justement pour faiblement opérante ?

(25) On a dit qu'il [Baudelaire] était attiré par les ressemblances troublantes que la vie du poète américain offrait avec la sienne. Cela est vrai. Mais cette identité de destin n'avait d'intérêt pour lui que parce Poe était mort. *Vivant*, l'auteur d'*Eurêka* n'eût été qu'une chair vague comme la sienne : comment accoter l'une contre l'autre deux injustifiables gratuités ? *Mort*, au contraire, sa figure s'achève et se précise, les noms de poète et de martyr s'appliquent à lui tout naturellement, son existence est un destin, ses malheurs semblent l'effet d'une prédestination (J.-P. Sartre, *Baudelaire*).

Peut-on se contenter de noter ici une simple manifestation idiosyncrasique, susceptible de ne recevoir, en raison de son caractère apparemment aléatoire, qu'une explication d'ordre rhétoricostylistique ?

En outre, l'argument de la normativité grammaticale présente l'inconvénient de borner la description des constructions au niveau formel, et de négliger l'économie sémantique et pragmatique qui gère respectivement, comme nous avons essayé de le montrer, le tour standard et le tour asymétrique. Car si la frontalité du système appositif est un marquage de continuité référentielle, continuité avérée ou présumée, l'étude des appariements fait ressortir la gradualité de cette continuité. Le compactage référentiel des appariements obliques, on l'a vu, traduit en effet une stratégie plus nettement présuppositionnelle.

Quant à la diffraction des niveaux syntaxiques susceptible d'être révélée par certaines configurations, elle varie en fait considérablement selon l'intention de communication. Ainsi, la structure périodique d'un énoncé, présumée cryptée par les unités graphiques, du moins en français moderne, peut au contraire être soulignée par cette segmentation. C'est ce que l'on observe, par exemple, dans des séquences appositives bisegmentales :

(26) *Hachée*, l'ortie est bonne pour la volaille ; *broyée*, elle est bonne pour les bêtes à cornes (V. Hugo, *Les Misérables*).

(27) *Humaniste*, mon grand-père tenait les romans en petite estime ; *professeur*, il les prisait fort à cause du vocabulaire (J.-P. Sartre, *Les Mots*).

La relation sémantique d'opposition qui unit les deux clauses constitutives de chacune de ces séquences est donnée à comprendre par la structure d'ensemble de l'énoncé. L'effet de rétroaction et de clôture de la seconde clause est clairement marqué par la présence de l'anaphorique (*elle*, *il*), qui trouve sa résolution référentielle dans le syntagme sujet de la clause qui le précède (*l'ortie*, *mon grand-père*), donc dans la même macro-unité graphique de segmentation syntaxique. Si le système de signes servant à la démarcation des grandes unités de syntaxe peut toujours faire l'objet d'une réforme, il n'empêche que la segmentation ici adoptée ne témoigne d'aucun déphasage et d'aucune diffraction. La description macrosyntaxique identifiera dans ces séquences deux périodes binaires, c'est-à-dire formées de deux clauses. La non-pertinence linguistique ne concerne donc pas, dans de tels cas, le mode de segmentation propre à l'écrit mais bien la *notion* de phrase, c'est-à-dire le concept de totalité structurale et sémantique sur laquelle elle repose, inapte à décrire la complexité des dépendances syntacticoréférentielles, et proprement inapplicable à la matérialité du discours.

Les différentes études que nous avons menées sur le fonctionnement sémantique des caractérisants détachés en position frontale nous a ainsi permis de considérer autrement la question des frontières graphiques. Ponctuer c'est déterminer un cadre linguistique à l'intérieur d'un espace textuel. Il s'agit donc d'une opération de dimensionnement des unités informationnelles, dans laquelle le placement d'un constituant en position d'ouverture ne saurait être tenu pour aléatoire.

Pour ce qui est du système appositif, la place du terme descripteur dans la séquence constitue un indice iconique du domaine d'interprétation de son référenciateur. À ce titre, la localisation du segment détaché est réglée par deux ordres de paramètres, celui de la place, évaluée relativement au microcontexte, c'est-à-dire à l'environnement immédiat, et celui de la position informationnelle, évaluée relativement à l'environnement textuel.

4 Conclusion

Si nous faisons retour sur la question des formats syntaxiques du système appositif (seul mode de détachement reposant exclusivement sur l'adjectivité), dans la perspective herméneutique que nous avons essayé de mettre en place, nous pouvons dire que plaident en faveur d'un fonctionnement microsyntaxique : le mécanisme incidentiel qui le régit, les faits rectionnels qui y sont associés, et leur dépendance à l'égard d'une prédication d'ancrage qui leur fournit leur support actanciel, nécessairement instancié. Le choix d'une description de l'apport en termes de prédicat second non fini implique donc un renoncement à toute analyse clausale du segment détaché, et par conséquent un traitement distinct de certaines constructions traditionnellement associées à l'apposition (le type *chose étrange*, mais également les relatives non restrictives), qui peuvent manifester une autonomie syntacticosémantique. Plaident en faveur d'un fonctionnement macrosyntaxique des constructions : la formation d'une cellule référentielle et informationnelle de l'apport avec son support actanciel, la fonction iconique de la place du système appositif dans l'énoncé, le niveau d'accessibilité du référenciateur, présupposé par cette place, et la structure fortement compactée des constructions obliques. Une approche des niveaux de syntaxe renonçant à une opposition structurale stricte des combinatoires micro et macrosyntaxique au profit de leur complémentarité, manifeste donc, sur la question de l'apposition, un meilleur rendement explicatif.

Concernant l'adjectivité, dans la perspective qui est ici la nôtre, il apparaît qu'elle ne saurait être conférée à un segment linguistique sur des bases morphosyntaxiques. Bien davantage, faudrait-il lui donner un cadre d'existence principalement syntaxique et énonciatif, dans lequel l'hétéronomie à l'égard du support et du référenciateur serait à tenir pour un phénomène central. Dès lors, l'adjectivité d'un segment linguistique ne semble pouvoir être dissociée de la problématique interprétative et de la représentation discursive d'un univers de pensée.

Bibliographie

Bally Charles, 1932, *Linguistique générale et linguistique française*, Berne, A. Francke.
Beauzée Nicolas, 1751–1772, article « Génitif », *Encyclopédie ou Dictionnaire raisonné des Sciences, des Arts et des Métiers*, vol. VII, Paris, Briasson, David, Le Breton et Durand.
Beauzée Nicolas, 1782, article « Apposition », *Encyclopédie méthodique – Grammaire et Littérature*, vol. I, Paris, Panckoucke ; *Archives de la linguistique française*, Centre d'étude du français moderne et contemporain – CNRS.
Berrendonner Alain, 1990, « Pour une macro-syntaxe », *Travaux de Linguistique*, 21 : 25–36.

Berrendonner Alain, Reichler-Béguelin Marie-José, 1997, « Left dislocation in French : varieties, use and norm », *in* J. Cheschire & D. Stein (eds.), *The Grammar of non-standard language*, London, Longman : 200–217.

Berrendonner Alain, Reichler-Béguelin Marie-José, 1989, « Décalages : les niveaux de l'analyse linguistique », *Langue française*, 81 : 99–124.

Berrendonner Alain, Reichler-Béguelin Marie-José, 1995, « Accords associatifs », *Cahiers de praxématique*, 24 : 1–25.

Berrendonner Alain., 1995, « Redoublement actanciel et nominalisations », *Scolia*, 5 : 215–244.

Brunot Ferdinand, 1922/1965, *La Pensée et la langue*, Paris, Masson.

Cadiot Pierre, Furukawa Naoyo (eds.), 2000, « La prédication seconde », *Langue française*, 127, Paris, Larousse.

Combettes Bernard, 1998, *Les Constructions détachées en français*, Paris-Gap, Ophrys.

Combettes Bernard, 2000, « L'apposition comme unité textuelle et constituant phrastique : approche diachronique », *Langue française*, 125 : 90–105.

Corblin Francis, 1995, *Les Formes de reprise dans le discours – Anaphores et chaînes de référence*, Rennes, PURennes.

Dubois Jean, Dubois-Charlier Françoise, 1970, *Éléments de linguistique française- Syntaxe*, Paris, Larousse.

Forsgren Mats, 1988, « Apposition adnominale : déterminants et ordre des constituants », *Travaux de linguistique*, 17 : 137–157.

Forsgren Mats, 1991, « Eléments pour une typologie de l'apposition en linguistique française », *in Actes du XVIIIe Congrès International de Linguistique et de Philologie Romanes*, Université de Trèves 1986, II, Linguistique théorique et linguistique synchronique, Tübingen, Max Niemeyer Verlag : 597–612.

Forsgren Mats, 1993, « L'adjectif et la fonction d'apposition : observations syntaxiques, sémantiques et pragmatiques », *L'Information grammaticale*, 58 : 15–22.

Forsgren Mats, 2000, « Apposition, attribut, épithète : même combat prédicatif ? », *Langue française*, 125 : 30–45.

Fradin Bernard, 1990, « Approche des constructions à détachement. Inventaire », *Revue romane*, 52/1 : 3–34.

Furukawa Naoyo, 1996, Grammaire de la prédication seconde – Forme, sens et contraintes, Louvain-la-Neuve, Duculot.

Gross Gaston, 1990, « Définition des noms composés dans un lexique-grammaire », *Langue française*, 87 : 84–90.

Guillaume Gustave, 1971, *Leçons de linguistique de Gustave Guillaume, 1948–49, série B, Psycho-systématique du langage – Principes et applications I*, éd. par R. Valin, Québec/Paris, Klincksieck/Presses de l'Université de Laval.

Guimier Claude, 1991, « La fonction "attribut du sujet": approche psychomécanique » *in* M.-M. de Gaulmyn, S. Rémi-Giraud (éds.), *À la recherche de l'attribut*, Lyon, Presses Universitaires de Lyon : 209–235.

Guimier Claude, 1993, « Les circonstants en phrase attributive » *in 1001 circonstants*, Caen , Presses Universitaires de Caen : 127–157.

Joly André, 1993, « Thématisation et focalisation – Fondements d'une syntaxe énonciative », *Modèles linguistiques*, XIV/1 : 87–98.

Kleiber Georges, 1981, *Problèmes de référence : descriptions définies et noms propres*, Paris, Klincksieck.

Kleiber Georges, 1985, « Sur la sémantique et pragmatique des SN – *Le projet Delors, La camarade Catherine* », *L'Information grammaticale*, 27 : 3–9.

Lambrecht Knud, 1998, « Sur la relation formelle et fonctionnelle entre topiques et vocatifs », *Langues*, 1 : 34–45.

Lazard Gilbert, 1994, *L'Actance*, Paris, PUF.

Lazard Gilbert, 1999, « Pour une terminologie rigoureuse », *Mémoires de le Société de Linguistique de Paris*, nouvelle série, vol. VI, « La terminologie linguistique », Paris, Peeters : 111–133.

Leeman Danielle, 2000, « Compléments circonstanciels ou appositions ? », *Langue française*, 125 : 18–29.

Mélis Ludo, 1988, « La prédication seconde : présentation », *Travaux de Linguistique*, 17, Paris/Gembloux, Duculot : 7–12.

Milner Jean-Claude, 1982, *Ordres et raisons de langue*, Paris, Le Seuil.

Neveu Franck, 1996, « La notion d'apposition en linguistique française : perspective historique », *Le français moderne*, 1/LXIV : 1–27.

Neveu Franck, 1998a, *Études sur l'apposition*, Paris, Honoré Champion, coll. « Grammaire et linguistique ».

Neveu Franck, 1998b, « Les constructions appositives frontales et la structure informationnelle de l'énoncé», *in* M. Forsgren, K. Jonasson, H. Kronning (éds), *Prédication, assertion, information, Actes du Colloque d'Uppsala en Linguistique française, 6–9 juin 1996*, Uppsala, Acta Universitatis Upsaliensis, Studia Romanica Upsaliensia : 367–375.

Neveu Franck, 1998c, « Prédication seconde, zones actancielles et niveau macrosémantique – Le cas des appositions asymétriques », *in* B. Caron (éd.), *Proceedings of the XVIth International Congress of Linguists, 20–25 july 1997*, Pergamon, Oxford, Elsevier Science Ltd. (CD Rom, paper 0237, 12 pages).

Neveu Franck, 1999a, « Vocatifs et formats syntaxiques dans *Stèles* », *in* F. Neveu (éd.), *Phrases : syntaxe, rythme, cohésion du texte* (actes du colloque organisé à l'Université Paris VII-Denis Diderot les 22 et 23 novembre 1999), Paris, SEDES : 277–295.

Neveu Franck, 1999b, « Les ouvertures phrastiques et la construction de la référence dans *Histoire d'un voyage en terre de Brésil* », *in* G. Mathieu-Castellani, *Cahiers Textuel*, 21, « Jean de Léry, *Histoire d'un voyage fait en la terre du Brésil* » (actes de la journée d'étude sur Jean de Léry organisée à l'Université Paris VII-Denis Diderot), Paris, Université Paris VII-Denis Diderot : 55–64.

Neveu Franck, 2000a, « L'apposition : concepts, niveaux, domaines – Présentation », *in* F. Neveu (éd.), « Nouvelles recherches sur l'apposition », *Langue française*, 125 : 3–17.

Neveu Franck, 2000b, « Quelle syntaxe pour l'apposition ? Les types d'appariement des appositions frontales et la continuité référentielle », *in* F. Neveu (éd.), « Nouvelles recherches sur l'apposition », *Langue française*, 125 : 106–124.

Neveu Franck, 2000c, « Les détachements gauches asymétriques, entre microsyntaxe et macrosyntaxe », *in* Englebert, M. Pierrard, L. Rosier, D. Van Raemdonck (éds), *Actes du XXIIe Congrès International de Linguistique et de Philologie Romanes, volume VI, De la grammaire des formes à la grammaire du sens*, Bruxelles, Niemeyer : 371–377.

Neveu Franck, 2000d, « De la syntaxe à l'image textuelle – Ponctuation et niveaux d'analyse linguistique », *La Licorne*, 52, « La ponctuation », Poitiers, Université de Poitiers : 201–215.

Neveu Franck, 2001, « Des marges de la phrase aux marges de la grammaire – Sur la grammatisation de "l'annexe syntaxique" en français », *in* J. Demarty-Warzée et J. Rousseau (éds.), *Faire une grammaire/faire de la grammaire*, Paris, Les Cahiers du CIEP : 66–73.

Neveu Franck, 2002a, « Du prédicat second à la clause – Sur le rang syntaxique de quelques types de détachements », in M. Charolles, P. Le Goffic, M.-A. Morel (éds.), *Actes du colloque international « Y a-t-il une syntaxe au-delà de la phrase ? »*, 21–22 septembre 2000, Université Paris III, *Verbum*, XXIV/1-2 : 129–140.
Neveu Franck, 2002b, « L'ajout et la problématique appositive – Détachement, espace phrastique, contextualité », in J. Authier-Revuz & M.-C. Lala (éd.), *Figures d'ajout : phrase, texte, écriture* Paris, Presses de La Sorbonne nouvelle : 111–122.
Neveu Franck, 2003a, « Détachement, adjonction, discontinuité, incidence… Présentation », in F. Neveu (éd.), « Linguistique du détachement », *Cahiers de praxématique*, 40, Montpellier, Université Montpellier III, CNRS, UMR 5475 : 7–19.
Neveu Franck, 2003b, « Grammaires de l'adresse – Aspects de la discontinuité syntaxique », in F. Neveu (éd.), « Linguistique du détachement », *Cahiers de praxématique*, 40, Montpellier, Université Montpellier III, CNRS, UMR 5475 : 27–42.
Neveu Franck, 2003c, « La glose et le système appositif », in A. Steuckardt & A. Niklas-Salminen (éds.), *Le Mot et sa glose*, Aix-en-Provence, Presses de l'Université de Provence : 143–167.
Neveu Franck, 2004, « Support et référenciateur de l'adjectif dans le système appositif – Sur l'interprétation des prédicats détachés », in J. François (dir.), *L'adjectif en français et à travers les langues*, Université de Caen/CNRS, Presses Universitaires de Caen/CRISCO : 337–356.
Neveu Franck, 2006, « Approches de la discontinuité syntaxique et énonciative ». Actes de la journée d'études CONSCILA, Université Paris VII (décembre 2004), *L'Information grammaticale*, 109 (mars).
Neveu Franck, 2007, « Détachement et connexité », in Claude Guimier (ed.), « Éléments de relation : de la phrase au texte », *Syntaxe et Sémantique*, 8 : 165–177.
Neveu Franck (en collab. avec Denis Apothéloz et Bernard Combettes), 2009, *Les linguistiques du détachement*, actes du colloque international de Nancy (juin 2006), Berne, Peter lang, coll. « Sciences pour la communication », vol. 87.
Neveu Franck, 2011, « Détacher est-ce décondenser ? Un regard sur les avant-postes de l'énoncé en français », *L'Information grammaticale*, 130 : 18–23.
Neveu Franck, 2015, " "Anomalies" syntaxiques aux avant-postes de l'énoncé. Quand le texte envahit la phrase », *Pratiques*, 167–168 : 1–19.
Noailly Michèle, 1990, *Le Substantif épithète*, Paris, PUF.
Noailly Michèle, 1999, *L'Adjectif en français*, Paris/Gap, Ophrys.
Noailly Michèle, 2000, « Apposition, coordination, reformulation dans les suites de deux GN juxtaposés », *Langue française*, 125 : 46–59.
Picabia Lélia, 1991, « Article zéro et structures apposées », *Langages*, 102 : 88–102.
Picabia Lélia, 1992, « Apposition droite – apposition gauche/Apposition circonstancielle – apposition attributive », in L. Tasmowski & A. Zribi-Hertz, *De la musique à la linguistique. Hommages à Nicolas Ruwet*, Gand, Communication et Cognition : 426–439.
Picabia Lélia, 2000, « Appositions nominales et déterminant zéro : le cas des appositions frontales », *Langue française*, 125 : 71–89.
Pignon Jacques, 1961, « L'apposition », *Le français moderne*, 4 (octobre) : 252–257.
Pinchon Jacqueline, 1986, *Morphosyntaxe du français – Étude de cas*, Paris, Hachette.
Reichler-Béguelin Marie-José, 1995, « Les problèmes d'emploi du gérondif et des participiales en français contemporain », in K. Zaleska & A. Cataldi, *Le Français Langue Etrangère à*

l'Université : théorie et pratique, Varsovie, Uniwersytet Warszawski, Instytut Romanistyki : 243-260.

Tamba-Mecz Irène, 1975, « Système de l'identification métaphorique dans la construction appositive », *Le français moderne*, 3 : 234-255.

Tesnière Lucien, 1959, *Éléments de syntaxe structurale*, Paris, Klincksieck.

Van Den Bussche Henri, 1988, « Typologie des constructions appositives », *Travaux de linguistique*, 17, Paris/Gembloux, Duculot : 117-135.

Willems Dominique, 2001, « Linéarité et métalangue : de la phrase type aux types de phrases », *in* B. Colombat & M. Savelli, *Métalangage et terminologie linguistique*, Louvain, Peeters : 43-50.

Wilmet Marc, 1986, « Apposition, épithète détachée et attribut », *Enjeux*, 10 : 65-69.

Partie 2 : **Adjectivité et diversité linguistique**

Jean Léo Léonard
Chapitre 6 L'adjectivité dans deux antipodes typologiques, en termes de concentricité/ exocentricité

1 Problématisation

1.1 Objectifs

Notre objectif[1] sera ici d'explorer ce *domaine transitoire* qu'est l'adjectivité en sondant la forme de cette *catégorie lexicale secondaire* qu'est l'adjectif, en considérant l'opposition verbo-nominale, à la fois du point de vue de quelques procédés caractéristiques d'encodage de l'adjectif en tant que *classe lexicale* (entendue comme *partie du discours*), telle qu'on peut l'observer dans quelques langues du monde d'une part, et comme continuum de *condensation des marques* morphosyntaxiques, ou *continuum distributionnel*, d'autre part. Ce deuxième point de vue nous permettra de questionner l'extension de la catégorie adjectivale dans la théorie grammaticale en termes d'*adjectivité*, à travers le prisme d'un paramètre typologique majeur : celui de l'opposition entre langues *concentriques*, ou Head-Marking (HM) et langues *exocentriques*, ou Dependent Marking (DM) – cf. Nichols (1986), Lehmann (2005). Les premières concentrent les marques flexionnelles sur la tête de l'énoncé (le verbe), tandis que les secondes condensent celles-ci sur les dépendances (notamment, les arguments, ou actants).

On attendrait, en bonne logique, que l'examen attentif et documenté de langues représentatives de ces deux types opposés (HM ou concentrique vs. DM

---

[1] Remerciements : à Antonia Colazo-Simon pour l'enquête et la coordination des transcriptions des enquêtes ALIM auprès des étudiants de la ENBIO et auprès d'informateurs de Huautla de Jiménez et de San Andrés Hidalgo. À Marco Antonio Garcia Estrada (Huautla) pour nous avoir confié les données de son excellent glossaire inédit du mazatec de Huautla de Jiménez, lors d'un séjour de terrain en 2013. À Bien Dobui, pour des échanges stimulants au sujet de la morphologie et de la morphosyntaxe des langues otomangues. À Franck Neveu pour avoir sollicité cette recherche, que l'auteur de ces lignes n'aurait jamais entreprise sans cet aiguillon. À Audrey Roig pour la relecture attentive et efficace d'une première version de ce texte.

Jean Léo Léonard, Sorbonne Université, Faculté des Lettres, STIH

https://doi.org/10.1515/9783110604788-007

ou exocentrique) fournisse des pistes de recherche heuristiques sur le statut de cette classe intermédiaire entre nom et verbe qu'est l'adjectif et, partant, aide à mieux appréhender le concept d'*adjectivité*, entendu comme forme et contenu de ce paradigme qu'on peut envisager comme intermédiaire au sein de la polarité verbo-nominale dans les langues du monde. À cette fin, nous avons retenu, sur le plan typologique (et non pas phylogénétique), plusieurs langues méso-américaines de type concentrique : tseltal (données de Polian 2013) et mazatec (données de Gudschinsky 1959, ou les nôtres), représentant respectivement les langues mayas et otomangues et plusieurs langues fenniques (ouralien) : finnois (Hakanen 1973 ; Hakulinen & Karlsson 1979) et estonien (Erelt & *al.* 1993–1995). Ces langues feront office de parangons plus ou moins archétypiques des deux extrémités du continuum distributionnel HM *vs.* DM en morphosyntaxe. Sur le plan théorique, nous croiserons la taxinomie sémantique de Dixon (1982) avec les propositions de confrontation de la sémantique avec la syntaxe selon Lemaréchal (1989, 1991, 1992) et Edmonds (1985) ainsi que de la morphologie lexicale selon Dokulil (1994), afin de revisiter à l'aide de modèles complémentaires les notions d'adjectif et d'adjectivité.

L'adjectivité au sens large – en tant que troisième dimension catégorielle fondamentale, aux côtés de la prédicativité et de la substantivalité (cf. les versants verbal et nominal de la paire oppositionnelle classique), résiste-t-elle au « test » de la dichotomie HM vs. DM, autrement dit, de l'opposition concentrique *versus* exocentrique ? Ou, au contraire, rend-elle cette division inopérante ou caduque ? La marque ou le marquage morphologiques apportent-ils des indices fiables ou, tout au moins, heuristiques, sur les procédés de construction de la charpente morphosyntaxique des langues, ou bien ne s'agit-il que de simples indices relevant de la « boîte à outils » taxinomique du lexique, finalement autonomes et superficiels, par rapport aux questions catégorielles et distributionnelles de fond ? Dans quelle mesure la classe lexicale des adjectifs est-elle plus ou moins « substantovoïde » ou « verboïde » selon les langues et selon le type HM ou DM – Hagège (1982 : 75–77) parle de *nominants* et de *verbants* ? Comment représenter ou modéliser ces situations structurales plus ou moins complexes, plus ou moins séparées, plus ou moins mixtes ou en relation de trame typologique locale, ou de continuum catégoriel universel ?

1.2 Approche

Nous tenterons de répondre à ces questions en contrastant des données de première et de seconde main sur nos paires de parangons de langues concentriques (tseltal, mazatec) et exocentriques (finnois, estonien), en tentant d'apporter une grille d'analyse suffisamment souple et heuristique pour permettre d'étendre l'observation à des échantillons plus larges, ultérieurement.

Nos trois hypothèses de travail (H/1–3) seront les suivantes :

(H/1 : *prisme catégoriel*) L'adjectivité est un prisme pour observer les contraintes structurales sens-forme intervenant dans l'émergence et la systématisation des classes lexicales dans les langues du monde. Autrement dit, l'adjectivité sera considérée comme un angle d'observation, ou un observatoire, voire un laboratoire, qui nous informe sur les relations sens-forme dans le lexique, et en morphosyntaxe de la phrase simple.

(H/2 : *test sur paramètre*) Ces relations sens-forme prennent d'autant plus de relief si on les « teste » à l'aide de paramètres typologiques forts, comme la concentricité (Head Marking) *vs.* l'exocentricité (Dependent Marking) distributionnelle des marques dans les langues du monde, dans la mesure où ce paramètre peut également être considéré comme un prisme pour l'observation des conditions de marquage morphosyntaxique dans les langues.

(H/3 : *prisme distributionnel*) Le paramètre Concentrique *versus* Exocentrique (désormais, CONCTR/EXOCTR) fournit un cadre d'observation heuristique sur les conditions locales d'économie et de parcimonie constructionnelle dans les langues du monde. De ce point de vue, l'adjectivité en tant que concept transversal sur le plan catégoriel (parties du discours) constitue un prisme taxinomique. Dans son introduction au volume sur l'adjectif en tant que classe lexicale dans les langues du monde, Dixon propose l'hypothèse heuristique selon laquelle il existerait une corrélation entre ce paramètre typologique et le comportement de l'adjectif dans les langues du monde. Son point de vue est très clairement résumé par un contributeur du volume, John Hajek, dans son chapitre de synthèse en conclusion de l'ouvrage coordonné par Dixon & Aikhenvald (2004) :

> Dixon presents [...] the hypothesis that a cross-linguistic correlation may exist between morphosyntactic type (head- vs. dependent-marking) and the (non-)verb-like behaviour of adjectives. It is suggested that in head-marking languages, adjectives will tend to be verb-like whilst in dependent-marking languages they will tend to be non-verb-like. Languages which are neither head- nor dependent-marking will tend to have verb-like adjectives. (Hayek 2004 : 358)[2]

---

[2] Traduction : 'Dixon propose [...] l'hypothèse selon laquelle une corrélation pourrait exister du point de vue de la comparaison interlangues entre le type (concentrique vs. exocentrique) et la nature (non) verbale du comportement des adjectifs. Il en résulte que, selon ce point de vue, dans les langues concentriques, les adjectifs tendent à agir comme des verbes, tandis que dans les langues exocentriques, ils tendent à agir de manière non verbale. Les langues qui ne sont ni concentriques, ni exocentriques, ont tendance à avoir des adjectifs relevant de la sphère verbale'.

Dans le présent chapitre, nous tenterons d'aller plus loin, en montrant la pertinence heuristique de ce paramètre de condensation morphosyntaxique Tête vs. Dépendances) à l'échelle de l'adjectivité, non plus seulement de la catégorisation de l'adjectif en tant que catégorie lexicale ou partie du discours. Nous verrons aussi qu'une telle démarche, centrée sur l'adjectivité, comme *champ catégoriel* transitionnel, plutôt que sur l'adjectif comme *catégorie lexicale* délimitée) confirme l'hypothèse de Dixon, voire, la rend encore plus puissante, au bénéfice de la typologie linguistique. Très brièvement, nous définirons le paramètre CONCTR/EXOCTR, à l'aide de quelques exemples particulièrement explicites[3]. Pour autant que le verbe (ou le *prédicat*) puisse être posé comme le noyau ou le centre de tout énoncé (la « tête » morphosyntaxique par excellence), tandis que les autres parties du discours comme le substantif, les déterminants ou l'adjectif seraient autant de « dépendances » ou satellites, toute langue qui privilégie une forte concentration de marquage morphosyntaxique sur le verbe sera considérée en conséquence comme « concentrique » (CONCTR) tandis que toute langue qui, au contraire, déploie ses marques sur les dépendances sera considérée comme « exocentrique » (EXOCTR). Les langues sans inventaire casuel et déclinaison, dont l'essentiel de la morphologie flexionnelle se condense sur la flexion verbale, comme nombre de langues amérindiennes, relèvent par conséquent du premier type, tandis que celles qui font un usage important du marquage casuel et des cas, sur les dépendances (notamment, les actants dans leurs expressions pronominales et nominales), comme les langues indo-européennes, ouraliennes et altaïques, ou australiennes, relèvent du second type. Certaines langues peuvent être considérées comme relevant du « double marquage », car elles associent un riche marquage casuel sur les dépendances à un non moins riche marquage flexionnel du verbe, comme c'est le cas d'un isolat tel que le basque, en Europe, ou de la famille kartvélienne, dans le Caucase méridional. D'autres langues privilégient un marquage minimal dans les deux domaines paradigmatiques – verbe et nom – comme le français, et la plupart des langues romanes, ou l'anglais, par déflexion (appauvrissement ou perte de la flexion) et sont considérées ici comme hors corrélation. Les langues dites « isolantes » (Asie du sud-est : sinitique, austro-asiatique, tai-kadai) se situent également hors corrélation. La carte de la Figure 1 donne une vue d'ensemble sommaire sur la répartition géographique de ces deux types antagonistes, sur le plan distributionnel, dans les langues du monde, en indiquant la répartition du type concentrique à l'aide de points noirs. Les points blancs correspondent aux langues exocentriques

---

[3] Voir, de manière plus générique, dans le WALS (https://wals.info/), le chapitre de Nichols & Bickel (2008).

Figure 1 : Distribution spatiale des langues concentriques, selon Nichols (1995 : 212).

(Eurasie, Afrique septentrionale et centrale), ou bien hors corrélation (Asie du sud-est).

Quelques exemples tirés d'une langue de type résolument concentrique, comme le mazatec (popolocan, otomangue oriental, Mexique) d'une part (exemples 1a-g), et d'une langue nettement exocentrique, comme le finnois (fennique, ouralien) d'autre part (exemples 2a-d), permettront de mieux comprendre cette dichotomie.

1.3 Le paramètre CONCTR/EXOCTR

1.3.1 Une langue concentrique : le mazatec

En (1a), la dépendance adverbiale *ntsoko*[4] 'à pied' porte seulement une marque de clitique sociatif *=ko* se traduisant par 'avec', et qui n'a rien d'un cas

---

[4] Les conventions graphémiques actuelles (graphie ALFALEIM, ou *Alfabeto para la Lengua Indigena Mazateca*) sont les suivantes : <t, ti (= t^j), k, ku (= k^w), ts, ch ; s, x ; m, n, ñ ; y, b issu d'un glide labial /w/ > – les graphèmes sont indiqués entre chevrons. La jota < j > indique l'aspiration (en réalité, la voix soufflée, ou *breathiness*), et l'apostrophe, la glottalisation ou voix craquée (ou *creakiness*), Quant aux noyaux syllabiques, signalons que le système est pentavocalique (*i, e, a, u, o*), avec des jeux d'alternances distributionnelles pour les deux voyelles haute et moyenne postérieures/u/et/o/et les corrélations orale/nasale (notée par l'ajout du graphème < n >), modale/craquée/soufflée ; il faut compter également avec une classe de cinq

comitatif. En outre, le verbe de mouvement k<u>i</u>i, dans sa forme fléchie à l'accompli, porte une marque de rôle sémantique instrumental =ni (qu'on attendrait, dans d'autres langues, sur une dépendance, plutôt que sur la tête de l'énoncé intransitif). On retrouve cette marque d'instrumental en (1c) et en (1d) également, pour des verbes transitifs. En (1b), (1e) et (1g), les rôles sémantiques respectivement de locatif (1b) et de bénéficiaire (1e-g) sont distribués aussi bien sur la tête de l'énoncé (le verbe) que sur la dépendance (le nom), selon une logique locale de double marquage. En revanche, aucune marque casuelle, ni de locatif (en 1b), ni de datif (1e-g), ni même de partitif (en 1b) n'est exprimée sur les actants. En (1c), le rôle d'instrument n'est exprimé que dans le verbe 'tuer' sík'en, alors qu'on l'attendrait dans l'outil servant à l'action, à savoir, la machette : k<u>i</u>chanto<u>o</u>. Le référent instrumental ne prend pas même un sociatif, puisqu'un énoncé comme *sík'en=ni k<u>i</u>chanto<u>=k</u>o serait agrammatical. Tout le rôle instrumental, pourtant d'une importance capitale ici, est dévolu au verbe, autrement dit, à la tête de l'énoncé. De même, en (1f), seul le verbe exprime le rôle d'instrument : dans t<u>i</u>i tí=kjèn=ni najmáa seule la tête verbale porte la marque du rôle instrumental (tí=kjèn=ni), tandis que la « cuillère » ne porte pas même la marque de sociatif (le même énoncé, avec *kuchàr<u>a</u>=k<u>o</u> serait agrammatical), pas plus que l'agent (t<u>i</u>i 'le garçon') ne porte de marque de nominatif ou d'ergatif, ou le patient (najmáa 'les haricots'), de marque d'accusatif ou d'absolutif[5]. Il en va de même en (1d) où, dans t<u>i</u>i tísíxáni kitimàa, la 'houe' kitimàa, ne porte aucune marque d'instrument. Tous ces faits relèvent de manière exemplaire du type concentrique. Sans préjuger pour autant de contraintes implicationnelles liées au marquage de l'aspect dans les deux types de langues (CONCTR/EXOCTR), nous avons retenu, pour la série d'exemples mazatecs, des énoncés dans lesquels le verbe est fléchi à l'aspect progressif, afin de mieux contraster avec la prochaine série d'exemples, en finnois, dans laquelle les traits aspectuels sont reportés sur les dépendances.

---

diphtongues (ia, iu, ei, ai, au), qui partagent toutes une voyelle haute i, u comme pivot. La notation des quatre tons ponctuels (H haut, h mi-haut, M moyen, B bas) se fait à l'aide de diacritiques (H : accent aigu, ex. á ; h accent grave ex. à ; M par défaut, aucun diacritique, ex. a ; B voyelle soulignée ex. <u>a</u>), et celle des contours par l'usage de doubles graphèmes valant pour deux mores (mais il n'y a pas de corrélation de quantité en mazatec, d'aucune sorte), ex. áa = HM, àa = hM, etc.).
5 Les langues otomangues relèvent plutôt de l'alignement accusatif-nominatif, à la différence des langues mayas, qui suivent l'alignement ergatif-absolutif (en corrélation avec la possession) ; cf. Guzmán Morales (2009).

Chapitre 6 L'adjectivité dans deux antipodes typologiques — **135**

(1) Mazatec de Huautla de Jimenez, d'après les données de Gudschinsky (1959 : 84–85), remaniées selon les conventions orthographiques ALFALEIM.

(1a) *Kii̲ni ntso̲ko̲*
    kii̲=ni   ntso̲=ko̲
    venir.3ACMPL=INSTR pied=SOC
    'il/elle est venu(e) à pied'

(1b) *ni'yaa̲le̲ tjinle̲ xo̲n*
    ni'yaa̲=le̲   tjin=le̲   xo̲n
    maison=3POSS EXIST=3POSS papier
    'Il a du papier dans sa maison'

(1c) *sík'enni ki̲chanto̲o*
    sík'en=ni   ki̲chanto̲o
    tuer=INSTR machette
    'il/elle tue avec une machette'

(1d) *Tii̲ tísíxáni kitimàa*
    tii̲   tí=síxá=ni   kitimàa
    garçon PROG=travailler=INSTR houe
    'le garçon est en train de travailler avec une houe'

(1e) *Tii̲ tísíxále̲ n'ai̲le̲*
    tii̲   tí=síxá=le̲   n'ai̲=le̲
    garçon PROG=travailler=3POSS père=3POSS
    'Le garçon est en train de travailler pour son père'

(1f) *Tii̲ tíkjènni kuchàra̲ najmáa*
    tii̲   tí=kjèn=ni   kuchàra̲ najmáa
    garçon PROG=manger=INSTR cuillère haricot(s)
    'Le garçon est en train de manger des haricots avec une cuillère'

(1g) *Tsòtii̲ tísíteele̲ nio̲ n'ai̲le̲*
    Tsòtii̲   tísítee=le̲   nio̲   n'ai̲=le̲
    fille   faire:tortillas=3POSS tortilla(s) père=3POSS
    'La fille est en train de préparer des galettes de maïs pour son père'.

1.3.2 Une langue exocentrique : le finnois

En (2a-d) sont présentés quelques exemples finnois, où le marquage de traits aspectuels se réalise sur les dépendances (les arguments du verbe), à l'aide des cas grammaticaux (accusatif *versus* partitif) au lieu de s'intégrer au verbe, comme en mazatec. Ce procédé est favorisé par la corrélation de marquage de l'objet direct opposant l'objet total (marquage accusatif) à l'objet partiel (marquage partitif). On retrouve une contrainte analogue en estonien et dans les langues du *Sprachbund* baltique (cf. Klaas 1996, 1999). En (2a), *Jussi rakensi* **mökin**, le marquage du patient sur l'objet *mökki* 'cabane' à l'accusatif *möki-n* associé au passé du verbe fléchi requiert une interprétation perfective (aspect accompli), que nous traduisons ici par un prétérit ou un passé composé, tandis qu'en (2b), le marquage du patient au partitif *mökki-ä*, appelle une interprétation imperfective (aspect inaccompli), traduit par l'imparfait. Plus subtil encore, et conforme à la motivation première de l'opposition des deux cas grammaticaux, qui permet de contraster la *partie* contre le *tout*, en l'occurrence, l'objet partiel contre l'objet total, les exemples (2c) et (2d) spécifient l'aspect de l'action, du point de vue de la résultativité : en (2c), dans *Jussi ampui karhu-n*, à l'accusatif, l'interprétation sera plutôt Jussi a *abattu* l'ours, tandis que dans l'énoncé en (2d), au partitif, Jussi a *tiré* sur l'ours, sans préjuger du résultat (l'ours a pu n'être que blessé et s'enfuir).

(2) Marquage aspectuel sur la dépendance en finnois standard (extrait de Renault 1991 : 32–33)

(2a) *Jussi rakensi mökin*
 *Jussi   rakens-i   möki-**n***
 Jussi.NF construire-Passé3Sg cabane-**ACC**
 'Jussi construisit/a construit une cabane'

(2b) *Jussi rakensi mökkiä*
 *Jussi   rakens-i   mökki-**ä***
 Jussi.NF construire-Passé3Sg cabane-**PART**
 'Jussi construisait une cabane'

(2c) *Jussi ampui karhun*
 *Jussi   ampu-i   karhu-**n***
 Jussi.NF tirer- Passé3Sg ours-**ACC**
 'Jussi abattit un/l'ours' (résultatif : procès abouti)

(2d) *Jussi ampui karhua*
 *Jussi   ampu-i   karhu-**a***
 Jussi.NF tirer-Passé3Sg ours-**PART**
 'Jussi tira sur un/l'ours' (non résultatif : procès non abouti)

On voit à quel point le sémantisme de la tête de l'énoncé se retrouve ici dépendant des arguments, notamment du marquage casuel de l'argument interne, alors qu'en mazatec, c'était l'inverse : le verbe concentrait l'essentiel de l'information grammaticale, tandis que les arguments externes (sujet ou agent) aussi bien qu'internes (patient) ou tiers actant (bénéficiaire), étaient réduits à leur plus simple expression, en termes de marquage actanciel.

Ces exemples mettent en relief les caractéristiques des types concentrique et exocentrique. Ils nous rappellent également l'importance des relations entre tête verbale et arguments ou actants, en termes de valence. La catégorisation des parties du discours ainsi que la structure interne des lexèmes (dont la *valence* est le noyau) sont les deux champs de structuration qui vont nous intéresser ici, du point de vue du questionnement de l'adjectivité, et de ce que ce questionnement nous apprend sur cette question centrale, qui fonde la linguistique moderne : comment fonctionnent les langues du monde, en tant que systèmes complexes susceptibles d'être appris en tant que systèmes finis (inventaires d'unités fonctionnelles et de propriétés combinatoires, dans la *langue*) permettant une infinité d'expressions dans la communication (dans la *parole*) ? En somme, l'essentiel de la complexité qui s'offre à nous ici tient en deux termes, ou deux dimensions : taxinomie (ou systèmes de classement des unités fonctionnelles ou opératoires dans les langues du monde) et procédés combinatoires (valence et rôles sémantiques, structures actancielles). Nous verrons que tous les problèmes liés à l'adjectivité ressortissent peu ou prou à ces deux versants de l'analyse des systèmes linguistiques, à savoir catégories fondatrices de classes naturelles d'une part (cf. notion de *fondation* chez Dokulil 1994, *infra*), et analyse distributionnelle d'autre part.

Nous reprendrons nombre d'idées et de modèles à un linguiste estonien qui a consacré de très nombreux travaux, dans les années 1980–1990, à l'adjectif, Mati Erelt, qui a été par ailleurs le coordinateur de la grammaire de référence de l'estonien standard (Erelt & *al.* 1993–1995). Outre l'apport théorique de cet auteur, ses données constituent pour nous un ensemble substantiel d'exemples issus d'une langue fortement exocentrique, qui contrastent avec les données issues du tseltal (maya occidental) et du mazatec (otomangue oriental), que nous aborderons dans la section 3.

2 Modèles et modélisations

2.1 Taxinomies : classes ouvertes. Noyau, transition et périphérie catégorielle

La langue doit avant tout être considérée, du point de vue de la définition de ses parties constitutives, comme un système de cercles concentriques, plutôt que comme un ensemble de catégories étanches nettement délimitées. Les éléments constitutifs de la phrase, notamment les parties du discours, doivent se définir par leurs interrelations (notamment leurs interactions dans le discours, donc dans les textes), entre *fonction* (le sens, le signifié) et la *forme* (la combinatoire, la position phonotactique ou syntagmatique, les configurations phrastiques, etc.). Les classes de mots ou de morphèmes (respectivement classes lexicales et classes fonctionnelles) dans les langues naturelles relèvent, tout comme les phonèmes et les traits distinctifs qui les caractérisent, d'une logique de classe naturelle : elles ne sont pas données en soi, de manière déductive, mais elles sont le produit de leur comportement et de leurs interactions mutuelles, relevant de l'induction, pour toute tentative de modélisation.

Erelt (1980) rappelle que, pour le Cercle Linguistique de Prague (CLP), toute langue se laisse décrire à travers la dynamique des interactions entre le *centre*, ou le *cœur*, et la *périphérie* du système (grammaire et lexique), selon une subdivision fondamentale entre champs primaire et secondaire, comme dans l'arborescence de la Figure 2.

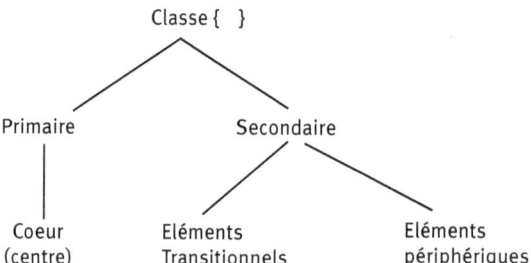

Figure 2 : Centre vs. périphérie *taxinomique*.

Toute description d'une langue doit commencer par la description du *cœur* ou du *centre*, pour ensuite considérer les traits en relation de coexistence dans les autres cercles concentriques. La notion de « classe ouverte » est, de ce point de vue, préférable à celle de « classe fermée » : les classes ne doivent pas être conçues comme des boîtes juxtaposées ou comme des ensembles cloisonnés, mais comme des ensembles en partie imbriqués[6]. Erelt prône donc une vision dynamique des catégories linguistiques, analogue à celle des isoglosses en dialectologie – notion qui revêt une forte valeur heuristique d'isomorphie dans les domaines les plus divers de la nature des systèmes linguistiques. Les classes naturelles (et non pas abstraites) que l'on peut dégager de l'observation, bien que relevant d'un inventaire limité, universel, sont en outre contraintes par des conditions locales du point de vue de leur jeu d'intersections. Alonso-Cortés, dans son monumental manuel de linguistique générale (2015 : 397–401), fait bien d'insister sur le caractère intersectif de l'adjectif (et, *a fortiori*, de l'adjectivité) : pour cet auteur, l'adjectif se définit par les propriétés logico-sémantiques de ± syncatégorème (comme modifieur organique, sans être attributif pour autant, ex. *son fils unique, son unique préoccupation, un pauvre homme ≠ un homme pauvre*[7], etc. analysables comme *lexies complexes* plutôt que comme constructions attributives), [± intersectif] (*le joueur/footballeur blond, un joueur brésilien* : X est N et X est A), [± subsectif] (*Alice est une bonne pianiste* X est N, et A en tant que N) et [± privatif] (*un faux Picasso* : NA ou AN n'est pas contenu dans l'extension de N). Nous ne pouvons davantage nous étendre sur ce point, mais il nous permet d'évoquer la complexité syntaxique et logique sous-jacente à tout syntagme adjectival, qui s'analyse comme un microcosme, tant au niveau lexical (lexies complexes) que phrastique (actance et prédication ± attributive)

Les classes définies en (3a-c) résument les propriétés primaires relatives aux verbes, noms et adjectifs, autour de deux notions fondamentales : *prédication* (structure interne inhérente, notamment valencielle) et *accord* (propriétés interactives, ou d'intercourse) : pour le verbe, la prédication exprime procès ou état, et l'accord opère sur le complexe ATMV (Aspect, Temps, Mode, Voix). Les substantifs primaires remplissent des fonctions actancielles liées au prédicat, et ils s'accordent en genre et/ou en nombre, ou par le cas, avec des contraintes très variables de réalisation morphologique de ces traits dans les langues du monde. Les adjectifs se définissent, en termes de prédication, comme les attributs du prédicat, et suivent les mêmes contraintes que les noms en termes d'accord[8]. Les adjectifs se divisent d'ailleurs en prédicats

---

[6] Cf. la notion de *tuilage*, dans la dialectologie telle que la concevait jadis Séguy (1973).
[7] Cf. le texte de J. Goes dans le présent volume.
[8] Cependant, signalons que la déflexion (ou perte de la flexion, du marquage flexionnel) tend à être plus répandue dans les langues dans le paradigme des adjectifs que dans celui des déterminants et, surtout, des noms. Lucien Tesnière faisait remarquer dans son essai sur le duel en slovène, où la question des mécanismes de la déflexion dans les langues slaves de cette catégorie particulièrement marquée est centrale, que « parmi toutes les formes de la déclinaison (noms,

monoargumentaux, indiquant des qualités sensibles (X est __ : 'froid', 'chaud', 'clair', 'sombre', etc.), ou polyargumentaux, indiquant des qualités relatives ou ressenties (X est__ de Y : 'content', 'satisfait', 'déçu', etc.)[9].

(3) Modèle d'Erelt (1980, adapté)

(3a) Verbes primaires : {*PRÉDICAT* {Procès, État}, *ACCORD* {Aspect, Temps, Mode, Voix}}

(3b) Substantifs primaires : {*PRÉDICAT* {Actants}, *ACCORD* {Cas, Nombre, Genre}}.

(3c) Adjectifs primaires : {*PRÉDICAT* {Attribut}, *ACCORD* {Cas, Nombre, Genre}}.

Le schéma de la Figure 3 illustre avec quelques exemples estoniens la complexité de la catégorie adjectivale dans cette langue, à travers des exemples explicités en (4a-c).

(4) Données de la Figure 3 *infra* :

(4a) *tore* 'formidable', *ilus* 'beau/belle', *mõnus* 'amusant', *haige* 'malade'

(4b) *loetav raamat* 'livre à lire, lecture requise', *seikleja vend* 'aventurier' (litt. 'frère aventurier'), *algaja töötaja* 'apprenti, débutant' (litt. 'travailleur débutant')

(4c) *pikavõitu* 'longuet, interminable', *väärt* 'valable'.

---

pronoms, adjectifs), ce sont les adjectifs qui sont les plus enclins à substituer les formes du pluriel aux formes du duel. Viennent ensuite les démonstratifs, puis les substantifs, et enfin les pronoms personnels, qui [...] comptent parmi les formes où le duel s'est conservé le mieux et le plus longtemps. [...] Dans une langue très évoluée comme l'anglais, qui n'en est plus à l'élimination du duel, mais bien à celle du pluriel, c'est encore une fois l'adjectif qui, en devenant invariable, a devancé toutes les autres espèces de mots » (Tesnière 1925 : 337). Voir Van de Velde & *al.* (2014) pour une approche analogue de la dialectique de maintien vs. perte de la flexion en germanique et dans les langues romanes.
9 cf. Erelt (1986).

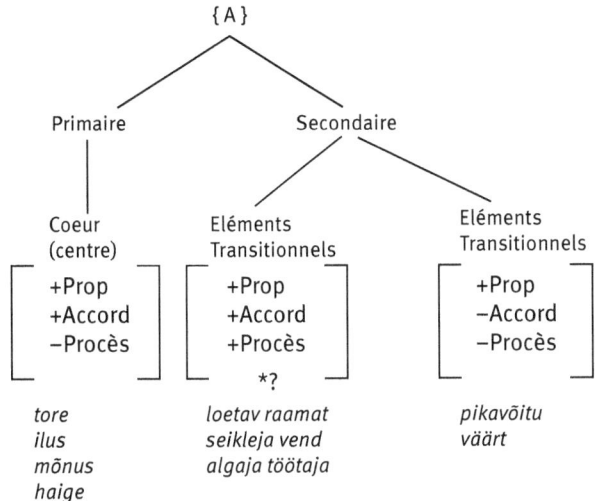

Figure 3 : Taxinomie des traits primaires de catégories lexicales fondamentales (Erelt 1980, modifié).

Les formes en (4a) représentent des lexèmes adjectivaux primaires, relevant de classes flexionnelles diverses par ailleurs (*tore* 'formidable', *ilus* 'beau/belle', *mõnus* 'amusant' : classe A2 ; *haige* 'malade', classe A S 1)[10].

Les formes en (4b) illustrent des formes secondaires, transitionnelles, comme *loe-ta-v raamat* où *loe-ta-v* est un dérivé participial présent, modifieur de *raamat* 'livre', *seikle-ja vend* a pour modifieur une forme agentive dérivée du verbe *seikle-ma* 's'aventurer, se promener' avec suffixe agentif *-ja*, venant modifier une tête nominale *vend* 'frère', qui prend ici une simple connotation de genre, au masculin ; *algaja töötaja* 'apprenti' est également formé par déverbation avec un suffixe agentif *-ja* sur le modifieur verbal *alga-ma* 'commencer', venant modifier une tête nominale elle-même déverbative agentivisée avec *-ja*, formée sur *tööta-ma* 'travailler', alors qu'on aurait pu attendre une dérivation participiale en *-v* (*alga-v* 'commençant, débutant'), pour le formatif verbal, qui

---

[10] L'une des 26 classes flexionnelles nominales et adjectivales (ou déclinaisons) recensées par le dictionnaire de référence de l'estonien standard. Le lecteur trouvera un tableau complet de la déclinaison estonienne, issu de Viks (1992) mis à jour, sur la page https://en.wiktionary.org/wiki/Appendix:Estonian_nominal_inflection. À ce titre, il importe de préciser que la déclinaison des adjectifs en estonien est tout aussi complexe que celle des substantifs, et n'en diffère que par quelques rares formants spécifiques, mais nullement par les procédés flexionnels. Ici A = adjectif, S = substantif, dans les étiquettes de classes flexionnelles selon Viks.

n'a pourtant pas lieu, ce qui confirme le statut de lexie complexe. Tout se passe ici comme si le syncatégorème *algaja töötaja* 'apprenti' poussait l'harmonisation de ses composantes jusqu'à réaliser un « accord agentif » (donc, dérivationnel), appliquant *a posteriori* une sorte d'harmonie agentive entre les deux constituants déverbaux, de manière purement lexicale, dans le cas présent.

Enfin, les données en (4c) rendent compte de deux lexèmes périphériques de valeur adjectivale, qui ont la particularité d'être invariables : *pikavõitu* 'longuet, interminable' (mot composé formé sur l'adjectif *pikk/pika* 'long' et *võitu* formé sur la racine *või* 'force', valant ici pour 'teneur') et *väärt* 'valable'. Les traits entre crochets constituent des matrices : [+ Prop, + Accord, – Procès] dans le cas des unités en (4a), qualifiant les adjectifs de base ou prototypiques comme exprimant une propriété ou qualité, sur le plan sémantique, se prêtant à l'accord flexionnel, et dénué de valeur prédicative verbale (notamment de procès ou action). En (4b), les éléments transitionnels sont, comme nous venons de le voir, plus ou moins liés à un sémantisme de prédication verbale, de procès ou d'action, tout en partageant les traits de propriété et d'accord avec la liste en (4a) ; mais tous ces exemples sont issus de formations déverbatives, et se laissent plutôt traduire par des substantifs. Enfin, le type périphérique en (4c) est indéniablement adjectival et dénote bel et bien des qualités ou propriétés, et il n'a rien à voir avec la prédication verbale, mais il est opaque à l'accord et diffère radicalement des deux autres paradigmes, de ce point de vue.

Erelt propose par ailleurs, au-delà d'une simple analyse en traits de propriété, prédication et accord, un modèle de transposition, sur deux plans (syntaxique et sémantique), partielle ou totale, comme dans la Figure 4 (données en [5a-c]).

(5)   Données de la Figure 4 :

(5a)   *venna raamat* 'le livre du frère', *vahjakujude muuseum* 'musée de cire', *metaallist plaat* 'plaque métallique'

(5b)   *kaevama* 'creuser' > *kaevur* 'mineur', *ilus* 'beau' > *ilu* 'beauté', *haige* 'malade' (adj.) > *Haige* 'Le malade, le patient'.

(5c)   *koer poiss* 'mauvais garçon, sale gamin', *narr olukord* 'situation embarrassante'.

Les exemples en (5a) de transposition syntaxique partielle en estonien sont autant de constructions génitivales (*venna raamat* : *venna* est le génitif de *vend* 'frère', *vahjakuju-de muuseum* : le composé *vahjakuju* 'mannequin de cire' est

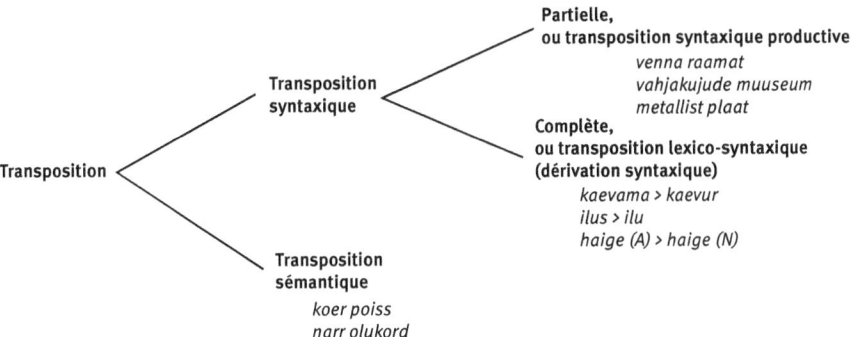

Figure 4 : Types de transpositions des parties du discours (Erelt 1980, non modifié).

fléchi ici au génitif pluriel avec le suffixe -*de*) ou avec un cas locatif, ici élatif -*st*, indiquant la *source* matérielle du référent nominal (*metallist plaat*). Dans nombre de langues, notamment slaves, on attendrait des constructions adjectivales (tchèque : *bratrská kniha, Muzea voskových figurín, kovové desky*) ; en français, 'plaque métallique' pour *metallist plaat* décrirait ce qui, en estonien, se traduit littéralement par « plaque (faite) de métal », avec cas locatif (plus précisément, élatif). Dans tous ces cas, une qualité ou propriété (possesseur, locatif, qui ressortissent également à des rôles sémantiques) vient modifier une tête nominale. Les exemples en (5b) font jouer divers processus de dérivation transcatégorielle *kaeva-ma* 'creuser' > *kaev-ur* 'mineur' (V > N, par suffixation), *ilu-s* 'beau' > *ilu* 'beauté' (A > N$_{abstrait}$, par réduction suffixale), *haige* 'malade' (adj.) > *Haige* 'Le malade, le patient' (A > N, par simple conversion). Le dernier procédé, de transposition sémantique, est illustré en (5c) : *koer poiss* (N + N > A) 'mauvais garçon, sale gamin', litt. 'un garçon (*poiss*) + chien (*koer*)', *narr olukord* (N + N$_{abstrait\ \&\ composé}$ > A) 'situation embarrassante', litt. 'une situation (*olukord*) de bouffon (*narr*)', ou 'bouffon' + 'situation'. Là encore, c'est le statut de modifieur qui prime dans le mécanisme constructionnel, indépendamment des catégories lexicales respectives de chaque constituant de ces locutions.

2.2 Modèles et modélisations des procédés de transposition adjectivale

La taxinomie de l'adjectivité, selon Lemaréchal (1992), reprise et adaptée dans le schéma de la Figure 5, converge avec les modèles d'Erelt, en subdivisant l'adjectivité entre constantes syntaxiques (fonctions et foncteurs, d'épithète et de

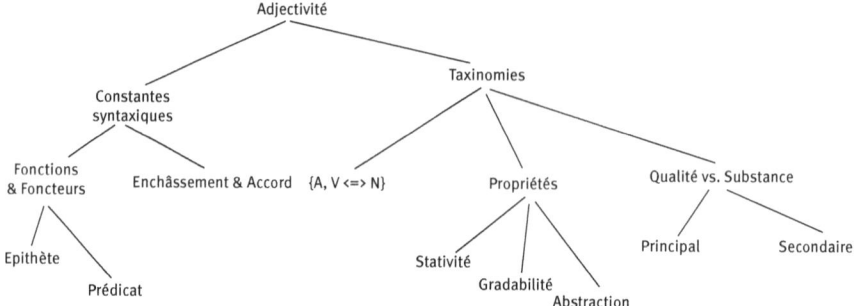

Figure 5 : Taxinomie de l'adjectivité, selon Lemaréchal (1992), adapté.

prédicat, d'une part ; enchâssement et accord, d'autre part, comme dans la Figure 3 *supra*) et taxinomies (transferts de classes, comme en 5b-c *supra*, propriétés ou qualités de stativité, gradabilité et abstraction, qualité et substance, comme nous le verrons bientôt, avec le modèle de Dixon, en 7a *infra*).

Une notion importante dans ce modèle, reprise à Tesnière, est la *translation* :

> Certaines marques segmentales (« translatifs ») ont précisément pour effet d'ouvrir à une partie du discours donnée des fonctions auxquelles elle n'a pas accès directement et qui sont les fonctions fondamentales d'autres parties du discours, assurant par là une sorte de changement de partie du discours, ce que Tesnière a appelé « translation » (cf. Lemaréchal 1989 : chap. II) (Lemaréchal 1992 : 225, note 6)

La *translation* du modèle de Lemaréchal est analogue au modèle de *transposition* proposé par Erelt (Figure 4 *supra*) : elle permet à des catégories fonctionnelles de faire accéder des parties du discours plus ou moins pré-catégorisées dans le lexique à des fonctions secondaires (ou tertiaires). Mais ces deux modèles restent encore vagues, ou trop génériques, dans la description des procédés de translation ou de transposition. Là encore, un retour aux principes énoncés dans le cadre du CLP permet d'affiner l'approche : la gamme de catégories et de procédés onomasiologiques proposée par Dokulil (1994 : 131–136).

Pour cet auteur, les interférences paradigmatiques entre les lexèmes relèvent de la *fondation*. Un lexème est *fondé* quand il se base sur un ou plusieurs *exemplaires* d'une *série* dans le lexique. La relation de *fondation* implique des *grappes* ou des *bouquets* multidimensionnels (*multidimensional bunches*), aboutissant à des *séries* linéaires (monodimensionnelles), qui se connectent à des *nichées* ou des *couvées* (« broods » = « paradigms »), qui convergent tous directement ou indirectement vers des lexèmes fondés sur le plan synchronique, pour aboutir à une unité lexicale terminale qui, elle, n'est plus (nécessairement) fondée et suit un développement autonome (*op. cit.* p. 132).

Les notions de *fondation* et de *motivation* sont les deux faces d'une même médaille. Elles entretiennent une relation causale : ce qui est plus complexe se laisse décrire par ce qui est plus simple. Les relations de fondation/motivation sont orientées : un exemple de relation bidirectionnelle (à la fois morphologique et sémantique) est la dérivation en tchèque *jablko* 'pomme' ⇔ *jabloň* 'pommier'. Les relations peuvent aussi être plus complexes, multilatérales : *žehlička* 'fer' et/ou 'fer à repasser' < *žehlicí* 'repassant', *žehlit* 'repasser' < *žeh*. Les exemples estoniens en (5b) suggéraient un même ordre de complexité, ou de caractère moins cumulatif (concaténatif) que d'alternances multilatérales, en estonien : *ilus* 'beau', qui ne génère pas pour autant ce qui paraît une forme réduite, *ilu* 'beauté' par « réduction suffixale », comme nous l'avons indiqué plus haut dans un premier temps, en restant au ras de la surface du système, à un niveau de description que l'on peut qualifier de trivial.

La liste en (6) déploie les principaux procédés de dérivation identifiés par Dokulil, à l'aide d'exemples tchèques. En (6A), la collocation revient au même procédé constructionnel que celui analysé en (5a) dans le modèle d'Erelt : toutes ces formes génitivales et locatives de l'estonien ne sont jamais que des schèmes collocatifs, qui se répartissent des stratégies de marquage de rôles sémantiques. Il en résulte une condensation adjectivale, sur le mode de ce que l'auteur appelle l'*univerbisation*. Les procédés de dérivation observés en (5b) dans le modèle d'Erelt relèvent de types listés en (6B), notamment le type transpositif (B1), mais il faut aussi compter avec les types modificatif (B2), coordinatif (B3), reproductif (B4), que nous n'illustrons pas ici, faute de place. Ils rendent compte cependant de l'essentiel des procédés formatifs des adjectifs dans une langue comme l'estonien où, selon Vare (1984 : 104–112), outre le jeu des formations primaires, d'une grande complexité, aboutissant à une large cohorte de classes flexionnelles (pas moins 26 modèles de déclinaison), seulement un mince contingent de suffixes dérivationnels adjectivaux assume la plus grande partie des formations, à des fins évaluatives (type modificatif, en 6B2), en relai avec le type coordinatif (en 6B3), tandis que, comme en finnois, le type reproductif, ou iconique, (6B4) est assumé dans cette langue par des gabarits thématiques spécifiques (cf. Heinsoo & Saar 2015, Leinonen 2010), associés à un sous-inventaire (ou une *nichée* ou une *couvée*, selon les termes de Dokulil) de suffixes *ad hoc*.

(6) Procédés de dérivation selon Dokulil :
(A) *Condensation* ou *univerbisation* : production de formes à partir de **collocations** : *malinová šťáva* = *malinovka* 'jus de framboises', ou *parolod'* 'bateau à vapeur' > *parník* 'steamer'.

(B) Catégorisation onomastique d'ordre relationnel ou mutationnel : ex, *village* > *villageois* ('qui vit dans un village').

(B1) *Type **transpositif*** : *vite* > *vitesse* ; *chuter* > *(la/une) chute*

(B2) *Type **modificatif***, notamment morphologie évaluative (diminutifs, augmentatifs)

(B3) *Type **coordinatif***, à partir de collocations et de composés : *loup-garou, homme-singe*, etc.

(B4) *Type **reproductif*** : par symbolisme phonétique et iconicité phonique.

Une autre contribution en faveur d'une approche dynamique, plutôt que statique, ou multicomponentielle, au lieu d'univoque, des parties du discours, provient de la grammaire générative, à l'apogée de la période de *Principes & Paramètres*[11] : le modèle des catégories manifestes *vs.* « déguisées » d'Edmonds (1985 : 162–166). Ce modèle inclut, outre un module d'analyse de la valence (les thêta-positions et thêta-rôles), un module de projections catégorielles ayant le statut de « têtes phrastiques » : {N, V, A, P} (P vaut pour « Préposition » ou « adPosition »), et se déployant comme des projections syntaxiques de ces noyaux catégoriels. Ces catégories sont conçues comme autant de catégories « ouvertes », auxquelles on peut associer des sous-catégories davantage « fermées » (d'inventaire limité dans le lexique : des sous-ensembles sériels, comme les déterminants et les classificateurs), qui s'opposent à d'autres catégories fermées, comme les numéraux et les quantifieurs.

L'auteur donne comme exemple de sous-catégorie fermée des N en anglais : *one, self, people, thing, place, name, time* ; comme sous-catégorie de V, les auxiliaires : *be, have, get, do, go, come, make, let, want, say*, qui sont autant de « V déguisés ».

---

[11] Ou « Théorie du Gouvernement et du Liage », dont les principes sont exposés succinctement dans Chomsky (1982). Cette méta- ou macrothéorie fonde l'analyse des grammaires des langues du monde sur sept modules autonomes, mais interactifs : théorie X-barre (toute catégorie lexicale ou fonctionnelle se définit comme la projection syntaxique d'une tête, modifiée par un spécifieur externe et un complément interne), la thêta-théorie (valence verbale), la théorie du cas (marquage casuel, qu'il soit implicite ou explicitement réalisé selon les langues), théorie du liage (anaphore et traitement des ellipses), théorie des domaines (contraintes sur les mouvements de constituants dans les transformations), théorie du contrôle (constituance et interdépendance entre constituants), théorie du gouvernement (rection, de manière générale, aussi bien pour les verbes que pour les adpositions). Cette macro-théorie complexe, car multimodulaire, reste, à notre sens, d'une grande puissance heuristique pour la typologie linguistique, bien qu'elle ait été abandonnée au profit de la théorie dite « minimaliste » au sein du courant génératif (Chomsky 1995), dont la finalité est moins centrée sur la typologie des langues, et se focalise davantage sur la faculté de langage, au cœur du programme générativiste depuis ses débuts.

La catégorie qui nous intéressera ici principalement est l'adjectif « déguisé » (Disguised A), ou le pseudo-adjectif : il s'agit de nombre d'adverbes, qui ne diffèrent des adjectifs que par leur distribution syntagmatique, sans qu'il soit besoin de marques de dérivation (*fast, hard, long,* etc.). Des modificateurs de N peuvent s'avérer de « bons candidats » pour se « déguiser » en A : *other, same, different, such* ; les quantifieurs *many, few, much, little.* Les particules postverbales de l'anglais (*up, down, out, away,* etc. qui sont autant de directionnels) sont également de bons candidats pour se « faire passer » pour des P (adpositions : prépositions, postpositions). Il en découle une idée forte : des catégories fermées comme {Accusatif}, {Datif} sont intrinsèquement liées à V et à P, si bien qu'un adjectif accordé à l'accusatif peut se décrire à l'aide d'un indice verbal, puisque doté d'une marque casuelle (correspondant à la Théorie des cas, dans le modèle *Principes et Paramètres*) : on notera alors l'adjectif fléchi comme A_V, puisqu'il reçoit une marque de rection verbale qui le sous-catégorise. Un substantif accordé au datif se décrirait comme N_P. D'autant plus qu'en Grammaire Générative, l'adjectif est considéré comme doté des deux traits, substantivaux et verbaux, selon la formule A ⇔ [+N, +V] (Chomsky 1970). Cette convention notationnelle permet :

i) une parcimonie descriptive (fondée sur la série primaire {N, V, A, P}, voire {N, V, A}, si {P} est relégué au cycle des accords et à la métaclasse des *foncteurs*) ;
ii) une intégration des relations dynamiques d'inclusion intercatégorielle ;
iii) une caractérisation typologique des langues du monde ;
iv) des relations d'implication entre les conditions locales des trois paramètres précédents (3a-c), cf. supra.

On peut ainsi appliquer ce modèle d'Edmonds à des constructions adjectivales en estonien, et le mettre en regard avec une indexation selon les types de catégorisation proposés par Dokulil (Figure 6). Les données proviennent de la grammaire de référence de l'estonien standard (Erelt & *al.* 1993–95 : 115), et se répartissent entre constructions (a) de qualité ou qualification d'un rôle agentif ou sujet, (b) de numération et quantification, (c) démonstratif, quantifieur, (d) formes participiales, ou complétives, (e) relatives, (f) formes substantivales fléchies, (g) adverbes (ou rôles sémantiques secondaires, cf. Erelt 1986). Autant de contextes où l'adjectivité est réalisée comme relation de modifieur à tête, par des foncteurs aussi divers que par des adjectifs prototypiques (énoncé ou entrée 1 de la Figure 6, auquel s'applique la *gradation*, avec le comparatif et le superlatif), des déterminants (énoncés 8, 11, 12), des quantifieurs (7 à 10), des constructions participiales (14 à 19) ou à complémenteurs (20). Dans un index comme $_{N^*}$, l'astérisque signale que le morphème est invariable. Un exposant cumulé à un index catégoriel indique une translation vers un troisième cercle de catégorialité

		Modèle	
	Edmonds	Dokulil	a) Qualité, agent adjectivé
1.	A (+Compar)	Prototypique	**tubli** *(tublim / kõige tublim)* töötaja tubli　　　　　　(tubl-im　　/ kõige tubli-m) töötaja formidable:Nf　(A-COMPAR / QUANT A- SUPERL) ouvrier 'un ouvrier (des(plus)) formidables'
2.	A_{N^*}	Type B3(*)	**koer** *poiss* koer*　　poiss chien:Nf　garçon:Nf 'un mauvais garçon'
3.	A (+Dériv)	Type A	**Vaikne** *okean* Vaik-ne　　　okean Calme-DérAdj:Nf océan:Nf 'Océan pacifique'
4.	A_Q (+Dériv)	Type A	**kümnekorruseline** *maja* #kümne#korruse-line#　　maja #dix#étages-DérAdj:Nf #　maison:Nf 'une maison à dix étages'
5.	$A_{Dér}$ & asyndète	Type A & B4	**sõbralik-südamlik** *toon* #sõbra-lik#　　#südam-lik#　　toon Ami-DérAdj:Nf Ami-DérAdj:Nf　ton:Nf 'un ton méliflue"
6.	$A_V{}^N$	Type A	**hakkaja** *mees* hakka-ja mees commencer- AGENT homme:Nf 'un homme adroit'
			b) Numéral, quantification
7.	$A_Q{}^P$	Type B1	**kümnendas** *klassis* kümne-nda-s klassi-s dix-ORD-INES classe-INES 'en dixième année' (du cursus scolaire)
8.	A_Q	Déterm	**üks** *mees* üks　　　mees QUANT:Nf homme:NF 'un homme'
9.	$A_Q{}^N$	Type B3 & Flex	**kahed** *kingad* kahe-d　　　　kinga-d QUANT-Nf/ACCPL　gant-Nf/ACCPL 'une paire de gants/deux gants'
10.	$A_Q{}^N$	Type A & Flex	**pooled** *külalised* poole-d　　　　külalise-d QUANT-Nf/ACCPL　invité-Nf/ACCPL 'la moitié des invités'
			c) Démonstratif, quantifieur
11.	A_N	Déterm	**need** *lilled* nee-d　　　　lille-d DET-Nf/ACCPL　fleur-Nf/ACCPL 'ces fleurs'
12.	$A_Q{}^N$	Déterm	**mõlemad** *lapsed* mõlema-d　　　lapse-d QUANT-Nf/ACCPL　enfant-Nf/ACCPL

Figure 6 : Séries attributives en estonien, indexées à l'aide du modèle d'Edmonds (données de Erelt & al. 1993–95 : 115). NB : $_{N^*}$ = substantif non fléchi, Q = quantifieur.

			'les deux enfants/tous les deux (enfants)'
13.			d) Formes participiales actives et passives en -*nud*, -*tud*, -*v* et -*tav*
14.	A_V^N	Type A Flex(*)	**möödunud** *päevad* *möödu-nud päeva-d* précéder- SUPIN(*) jour-Nf/ACCPL 'les jours précédents'
15.	A_V^N	Type A Flex(*)	**oodatud** *külaline* *ooda-tud küla-line* attendre- PARTCPASS(*) village/chezSoi-DérAdj/N 'un invité attendu'
16.	A_V^N	Type B3	**rabisev** *vihm* *rabise-v vihm* cingler- PARTCPRES:Nf pluie:NF 'une pluie cinglante'
17.	A_V^N	Type B3	**hinnatav** *saavutus* *hinna-ta-v saavut-us* prix-PARTCFACT-PARTCPRES atteindre-DérN:Nf 'un exploit remarquable'
18.	A_V	Type A	**pesemata** *nõud* *pese-ma-ta nõud* laver- PARTC-ABES couvert:Nf 'un couvert sale (non lavé)'
19.	A_V	Type A	**teada** *asi* *tea-da asi* savoir- INF chose:Nf 'la chose à savoir'
			e) Relative
20.	A_C	Type A	**mees**, *kes valetas* / *valetav mees* *mees, kes valeta-s / valeta-v mees* homme:Nf, CMPL:Nf mentir-PASS3SG / mentir-PARTCPRES:Nf(…) 'l'homme qui a menti' ⇔ 'l'homme qui ment'
			f) Formes substantivales fléchies
21.	A_N	Type B3	**Jaapani** *sirel* *Jaapani sirel* Japonais:GENSG lilas:Nf 'le lilas japonais'
22.	A_N	Type B3	**head tõugu** *lehm* *hea-d tõugu lehm* Japonais: PARTSG race: PARTSG vache:Nf 'une vache de bonne race/bon pedigree'
23.	A_P	Type A	**nahast** *portfell* *naha-st portfell* peau- ELATSG portefeuille:Nf 'un portefeuille en cuir'
			g) Adverbes
24.	A_P	Type B3	**omaette** *tuba* #*oma#ette# tuba* #PRONREFLEX#POSTPOSILL# chambre:Nf 'chambre à part'
25.	A_P	Type B3 (& B4)	**pilukil** *silmad* *pilu-ki-l silma-d* clos-DérAdv-ADESSSG œil-Nf/ACCPL 'yeux mi-clos'

Figure 6 : (suite).

induite par la microsyntaxe, par ex. en (6) *hakkaja* 'entreprenant' < hakka-ma 'se mettre à, commencer' avec son suffixe agentif *-ja*, que nous avons déjà mentionné plus haut, s'analyse comme A_V^N à savoir, un adjectif (A) déverbatif (A_V) nominalisé et fléchi au nominatif sg (A_V^N). Les dièses indiquent des frontières de mots dans des lexies complexes.

Dans une telle série de schèmes constructionnels, l'adjectif n'est jamais qu'une forme d'expression de l'adjectivité parmi d'autres, et elle est loin de représenter l'option dominante, rappelant qu'elle est prototypique du statut de modifieur d'une tête, mais aussi qu'elle est une forme de prédication comme nous l'avons rappelé plus haut.

2.3 Grappes affixales, grille sémantique : l'inévitable décalage

Vu sous cet angle, la pertinence de l'*adjectivité* prime sur la notion d'*adjectif*, en termes catégoriels. On comprend mieux le scepticisme catégoriel de Menon (2012) quant à l'universalité de la catégorie adjectivale à partir d'une étude de cas dravidienne :

> This paper contributes to the discussion by arguing with data from Malayalam and other Dravidian languages that A cannot be universal since there is no independent class of adjectives in Dravidian. More specifically, adjectives are not found in the lexicon nor are they created in syntax. An adjectival-like construction can be syntactically created for the purpose of attributive modification and predication. With the help of verbal and nominal heads, a relativization structure is created for attributive modification, and a nominalization structure is created in the case of predication. The lexicon comprises only of roots.[12] (Menon 2012)

On retrouve dans ce paragraphe l'essentiel des procédés adjectivaux mentionnés à travers notre survol des modèles de linguistes fonctionnalistes (Erelt, Dokulil, Lemaréchal) ou générativistes (Edmonds) : les adjectifs sont pratiquement davantage générés en syntaxe que dans le lexique à proprement parler, en tant que modification attributive ou en tant que prédication. Une langue peut se contenter de n'avoir

---

[12] Traduction : 'Le présent article contribue à la discussion en démontrant à l'aide de données issues du malayalam et d'autres langues dravidiennes que la catégorie adjectivale ne saurait être universelle, puisqu'il n'existe pas de classe adjectivale dans cette famille de langues. Plus précisément, il n'existe rien qui ressemble à un adjectif, ni dans le lexique, ni en syntaxe en dravidien. Une construction de type adjectival peut certes être générée en syntaxe à des fins de modification et de prédication attributive : un tour relatif peut être mobilisé, avec l'aide de têtes verbales ou nominales, pour la construction attributive et, en ce qui concerne la prédication, la langue peut avoir recours à la nominalisation. Le lexique ne connaît que des racines'.

que des racines polyvalentes, susceptibles de prendre des colorations adjectivales, entre autres valeurs, dans des matrices syntaxiques et discursives. Même s'il existe plus de 150 suffixes dérivationnels productifs en finnois, seulement une douzaine sont spécialisés dans l'adjectivité comme le montre le modèle de taxinomie affixale de Hakanen (1973), reproduit ici dans la Figure 7.

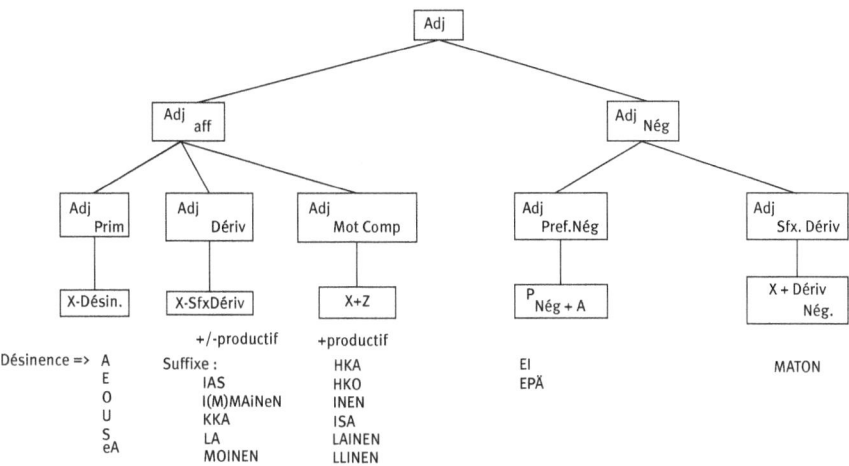

Figure 7 : Morphologie lexicale de l'adjectif en finnois, selon Hakanen (1973 : 19).

Dans la branche de la polarité assertive, à gauche du graphe (Adj$_{aff}$), les désinences primaires (X-Désin et sa liste de désinences *-a, -e, -o, -u, -s, -eA* en bas à gauche de l'arborescence) sont elles-mêmes polyvalentes et valent aussi bien pour des thèmes nominaux. Le suffixe *-eA* (*komea* 'beau', *pimeä* 'sombre', la voyelle basse suffixale étant colorée par l'harmonie vocalique palato-vélaire) est certes adjectival, du point de vue diachronique (<*-eδa*), mais n'est guère plus analysé comme tel en synchronie. Le procédé X-SfxD ériv avec la liste *-iAs, -i(m)mAiNen, -kkA, -lA, -mOiNen* (sont notés en majuscules les segments phonologiques susceptibles d'alterner en fonction de règles morphonologiques, dont l'harmonie vocalique) est d'autant plus composite que certains éléments sont d'anciens locatifs (*-lA*, ou le formant *-mA-* dans *-i(m)mAiNen*)[13], d'autres sont des diminutifs démotivés (*-kkA*). La

---

[13] Hakulinen (1979) divise les suffixes adjectivaux en finnois en formatifs primaires (cf. les *désinences*, dans le schéma de Hakanen, fig. 7) *versus* secondaires : locatifs (*-mA, -nA, -lA*), possessifs (*-pA*), diminutifs.

composition adjectivale (schème X+Z, en troisième position à droite de la première branche senestre du graphe) avec des formants comme -*lAiNen* inclut des composés démotivés (<*laji+nen* : 'sorte, espèce de'+DérAdj). Dans la branche de la polarité négative, à droite du graphe (Adj$_{Nég}$), les adjectifs négatifs présentent un inventaire asymétrique : préfixation en *epä-* (PNég+A) d'une part, suffixation en -*mAtOn* (X+Dériv Nég) d'autre part.

La grille de Dixon (1982) est largement connue et mentionnée dans le présent ouvrage par divers auteurs. On comprend mieux désormais qu'elle concerne surtout la zone *Qualité & Substance* dans le graphe issu du modèle de Lemaréchal, présenté *supra* dans la Figure 5. La table des classes de concepts liés à la notion de propriété selon Dixon suit le principe du CLP évoqué par Erelt (noyau *versus* périphérie)[14] ; elle est présentée en (7a-b), selon la version de Quirk & *al.* (1972 : 925) pour l'anglais standard :

(7a) **Core :**
DIMENSION — *big, little, long, wide*
AGE — *new, young, old*
VALUE — *good, bad, pure, delicious*
COLOUR — *red, blue, yellow, brown, black, white*

(7b) **Periphery :**
PHYSICAL PROPERTIES — *hard, heavy, smooth*
HUMAN PROPENSITY — *jealous, happy, clever, generous, proud*
SPEED — *fast, slow, quick*[15]

Le tableau de la Figure 8 applique l'essentiel de cette grille à quelques exemples d'adjectifs en finnois standard (les concepts en finnois sont notés en majuscule, comme autant de structures conceptuelles *ad hoc*). Au premier coup d'œil, on voit qu'il serait vain de chercher une corrélation terme à terme entre les suffixes, présentés dans la Figure 7, et les concepts de propriété : le paléosuffixe adjectival -*eA* par exemple est attesté autant pour le concept forme & dimension (*pyöreä* 'rond') que pour la couleur (*vihreä* 'vert'), et le suffixe adjectival très productif -*iNen* vaut aussi bien pour la couleur (*punainen* 'rouge') que pour l'origine ou les formes

---

[14] Notons que d'après Dixon (1982), les adjectifs comptent pour 15% du lexique total de l'anglais. Là encore, une portion congrue du système de la langue.
[15] (7a) Noyau : DIMENSION — *grand, petit, long, large*...ÂGE — *nouveau, jeune, vieux*...VALEUR — *bon, mauvais, pur, délicieux*... COULEUR — *rouge, bleu, jaune, marron, noir, blanc*... ; Périphérie : CARACTÉRISTIQUES PHYSIQUES — *dur, lourd, lisse*... TRAIT DE CARACTÈRE — *jaloux, heureux, intelligent, généreux, fier*...VITESSE — *rapide, lent, prompt*...

HAHMO	IKÄ	VÄRI	ALKUPERÄ	AINE
Forme, dimension	Âge	couleur	origine	matière
iso 'gros' *pyöreä* 'rond'	*vanha* 'vieux' *uusi* 'nouveau, neuf'	*punainen* 'rouge' *vaalea* 'pâle' *vihreä* 'vert'	*kiinalainen* 'chinois' *suomalainen* 'Finlandais'	*muovinen* '(en plastique)' *puinen* 'en bois (ligneux)'

Figure 8 : Application de la grille de Quirk & al. (1972 : 925), adaptée au finnois (selon Hakulinen & Karlsson 1979 : 135).

gentilices (*suomalainen* 'Finlandais', *kiinalainen* 'Chinois') ou la matière, comme source matérielle d'une entité (*muovinen* 'en plastique', *puinen* 'ligneux').

Cependant, même si cette grille sémantique s'avère plutôt inopérante pour le finnois, certaines cellules de la grille de Quirk & al. font apparaître des corrélations transversales dans le système de la langue (ex : suffixe **-inen** pour origine, matière, par ailleurs également « recruté » pour la nominalisation des verbes : *puhu****minen*** '(le fait de) parler', *katso****minen*** '(le fait de) regarder', *sano****minen*** '(le fait de) dire', etc., conformément à la dynamique intercatégorielle évoquée plus haut, lors de l'examen du modèle de Erelt (Figures 3 et 4). Une telle grille sémantique recèle donc un certain pouvoir *heuristique*, plutôt dans une logique de transversalité que de cloisonnements catégoriels. On retrouve là encore cette tendance fondamentale des systèmes linguistiques à constituer leur architecture catégorielle de manière dynamique, en faisant interagir des sous-systèmes – la dimension inférentielle du système de la langue, tant dans le lexique que par la grammaire, en relais avec la syntaxe et le discours.

3 Condensation morphosyntaxique

Si telle est la tendance dans les langues, et si la fondation même des parties du discours procède par condensation, d'un paradigme à l'autre, tout en tissant des liens entre les paradigmes de divers ordres de grandeur (*grappes* et *niches* ou *couvées*, selon les termes de Dokulil), autant, pour le linguiste, prendre la langue à son propre jeu, dans la traque de l'adjectivité, en orientant son analyse sur des mécanismes de *condensation*, notamment dans la syntaxe et le discours. Nous avons vu en effet que les catégories sont moins données en soi que construites par émergence dans la micro-syntaxe (les locutions et collocations, à savoir le type A de Dokulil) ou dans la syntaxe et le discours. Comme annoncé au début de ce chapitre, nous allons utiliser le paramètre concentrique *versus* exocentrique comme prisme analytique, à cette fin. Dans la mesure où nous avons principalement fait appel à des données ouraliennes (langues fenniques : finnois et estonien), représentatives des langues du second type, nous allons surtout nous intéresser désormais à des langues du premier type, dont deux langues méso-américaines (tseltal et mazatec), auxquelles nous avons accès de première et de seconde main. Leurs principales propriétés typologiques, relatives au thème qui nous intéresse ici, sont évoquées en (8).

(8) Cristallisation sur la tête de l'énoncé : les langues concentriques de Méso-Amérique. Principales caractéristiques :

(8a) Marquage condensé sur la tête de l'énoncé – à savoir, le verbe (donc *action*, *procès* et *états*), avec une tendance à privilégier l'opposition *actif-statif* sur l'opposition *transitif-intransitif*.

(8b) Absence de marquage casuel. La *possession* supplée par exemple au marquage *ergatif* dans les langues mayas ; la *prédication attributive* applique les mêmes procédés d'affixation et les mêmes formatifs que l'*accord absolutif* dans ces langues. En mazatec, langue à alignement nominatif-accusatif, on observe deux « jeux » d'accord sujet, en fonction des structures actancielles, selon qu'elles sont *directes* ou *obliques*.

(8c) Faible inventaire adpositionnel, contrebalancé par des stratégies alternatives : dans les langues mayas, on observe le plus souvent une préposition unique qui s'oppose à un riche inventaire de substantifs relationnels (fléchis à l'accord sujet) et de particules positionnelles et directionnelles. En mazatec, il y a également une préposition unique locative, qui s'oppose à une riche gamme d'incorporation de particules positionnelles et directionnelles – notamment dans le complexe verbal, etc.

(8d) En somme, l'essentiel des faits mentionnés en (8a-c) peut se résumer dans la formule $\{\{V°\{N_P, V_P\}\}, \{-P, -K\}\}$, selon le modèle d'Edmonds présenté plus haut. V° indique que le verbe est la tête recevant la condensation flexionnelle, N_P ici vaut pour les substantifs relationnels (maya), V_P vaut pour l'incorporation de particules positionnelles ou directionnelles dans la flexion verbale en mazatec.

Dans les données de la Figure 9, où l'on applique la grille sémantique de Dixon, on notera l'ubiquité de la préfixation *j-* (en gras dans le tableau) : cette labilité la rend inopérante comme marqueur morphologique, en tous cas en

(a) DIMENSION	(b) CARACTÉRISTIQUES PHYSIQUES	(c) COULEUR
za'ai 'plat' ➤ *síza'aijòn* 'aplanir' *ndo̱* 'large' *ndí* 'petit, menu' *tse* 'grand' (un animal) *je̱* 'grand' (un volume) *jchi̱* 'petit' (de stature, une personne) *jtoà* 'trapu'	*san* 'aigre' *se* 'épais' (un liquide) *xi* 'doux, sucré' *jnza* 'salé' *jnzo* 'étiré' *ndsó* 'plissé, ridé' *cho̱bí* 'pourri' (une dent) *'nyi̱kan* 'humide, frais' *jba* 'liquide, détrempé'. *tàja* 'dur' *nzan* 'dur' *jzó* 'doux' (au toucher) 'velouté' *i̱nda* 'mou' *jkuè* 'râpeux' ➤ *síjkuè* 'râper, rendre lisse' ➤ *tí=chjén* 'cuit' ➤ *s'a=tí=chjén* 'bientôt cuit' *koa-jchá* 'mûr' ➤ *s'a=**kji**=ma-jchá* 'en cours de maturation' *isin* 'irrespirable, odeur étouffante' *jndé* 'puant (odeur d'oeuf pourri)'	*chàn* 'marron' *jko* 'violet' *sinè* 'jaune' *sa̱se* 'vert' *iso̱* 'bleu' ➤ *ndí iso̱=kji* 'légèrement bleu' *ndí sa̱se=**kji*** 'légèrement vert *sa̱se=t'a* 'verdâtre'
(d) QUALITÉS HUMAINES	(e) AGE	(f) VALEUR
ch'ao 'égoïste' *ndiso* 'menteur' *xi̱'a* 'heureux, enthousiaste' *jtaya* 'espiègle, coquin' *tsjoakjoa* 'content' ➤ *tsjoale̱* '(je) lui donnerai, (il est) content' *soa* 'pudeur' ➤ *suale̱* 'modeste' *jnza* 'salé' ➤ *jnzasja* 'personne salée (malchanceuse)'	*chjotse̱* 'nouveau' *jchá* 'vieux'	*chjí* 'cher' *tjotjo* 'savoureux' *jto* 'pourri, moisi, sale' *'ndo podrido* *jndí* 'sale' *ch'aa̱=**kji*** 'laid' *naská=**kji*** 'beau, belle'
	(g) VITESSE *ndi̱ton* 'rapide(ment), vite' *jbí* 'lent(ement)'	

Figure 9 : Grille de Dixon appliquée au mazatec de Huautla (MzHu), langue otomangue du Mexique sud-oriental[16].

---

[16] Source : terrain de Jean-Léo Léonard (2011) et surtout, le glossaire inédit de Marco Antonio Garcia Estrada.

synchronie. Cette marque s'est en partie désegmentalisée, en MzH (*h-* < **š* en protomazatec, *s-* dans nombre de dialectes, notamment dans les hautes terres nord-occidentales). Cette laryngalisation relève, dans le système actuel, d'une corrélation de qualité de voix (*voix soufflée*, ou *breathiness*)[17]. Le caractère diffus, sur le plan lexical, de cet indice est illustré par les exemples en (9).

(9) La préfixation *j-* en MzHu : un procédé multivoque :
En gras, les lexèmes relevant d'autres catégories lexicales (N, V,...)[18] :

jti 'poisson'   kjo*a*=jti 'colère'
jtoá 'trapu'   zjo*a*=jti 'personne mince'
jtaya 'espiègle'   *jto* 'pourri, moisi'
jtín 'rassemblement, réunion'   *jtó* 'bouton (de chemise)'
jta 'voix, son'   *jté* 'chaussure', 'il/elle dansera/
jko 'tête'   ils/elles danseront'

Dans une langue concentrique comme le mazatec, la dérivation affixale adjectivale est donc quasiment nulle, et le seul préfixe qui aurait pu s'avérer quelque peu probant est en définitive labile, pour le moins : *j-* est multivoque (se combine avec N, avec V) et ne se laisse réduire à aucune condensation de champ sémantique ou catégoriel. Le cas des langues otomangues est quelque peu extrême, dans la mesure où ces langues, bien que très flexionnelles, reportent une grande partie des contrastes morphologiques sur la prosodie (riche inventaires de tons) ; mais une autre langue méso-américaine concentrique, le totonac, de type polysynthétique et non tonal, a été étudiée de près à l'aide de la grille de Dixon par Levy (1992), avec pour résultat un constat analogue : hormis quelques procédés morphonologiques (dont la réduplication) et quelques affixations régulières, les corrélations sensforme s'y avèrent faibles (*op. cit.* : 295). Dans la mesure où nous avons constaté la même tendance en finnois (et évoqué une situation analogue de décalage sensforme des procédés morphologiques en estonien), ces apories incitent à penser que tout ce que peut nous fournir ce genre de grilles, se limite avant tout à des pistes de recherche.

Ce n'est pas du côté du (pseudo-)préfixe *j-* qu'il faut chercher une pépite heuristique, mais bien plutôt du côté de l'enclitique à valeur prédicative dynamique =*kji*, attesté dans la Figure 9 dans les cellules (c) *ndí iso=***kji** 'légèrement bleu' et *ndí sase=***kji** 'légèrement vert', qui prend une valeur évaluative de

---

[17] Sur le grain fin de la morphologisation de la qualité de voix dans les langues otomangues, voir la modélisation proposée dans Dobui (2017) pour l'amuzgo, langue mixtécane (otomangue oriental).
[18] Source : glossaire inédit de Marco Antonio Garcia Estrada.

nuance chromatique (type B2 de Dokulil), associée au proclitique *ndí* 'petit, menu'[19]. En (b) *koa-jchá* 'mûr' => *s'a=**kji**=ma-jchá* 'en cours de maturation' (type A de Dokulil) et en (f) *ch'aa=**kji*** 'laid' *naská=**kji*** 'beau, belle' sont des constructions où *kji* est de toute évidence clitique (proclitique en [b], enclitique en [f] comme il l'était en [c]), avec une valeur aspectuelle en (b), de type inchoatif, et une valeur attributive en (f) relevant du type B3 de Dokulil.

Or, ce clitique est un marqueur qui relève également du complexe TAMV, en tant que marque d'aspect accompli immédiat =***kji***, croisement de deux allomorphes de verbe de mouvement et trajectoire : *ki* 'vint' et le « splinter » ou morphome flexionnel *ji-*, lié à 'passer', 'arriver', allomorphe supplétif de *bi-* 'aller', comme le montre le jeu de paradigmes en (10), où les *éléments formatifs* contribuant à la forme supplétive *kji* sont indiqués en gras, dans diverses cellules de la flexion (les cellules les plus stratégiques sont grisées)[20] :

(10) Paradigmes de *fa'a* "passer" et de *fi* "aller" (MzHu, données de Pike 1948) :

	3SG	1SG	2SG	2PL	1PLEXCL	1PLINCL
HABITUEL	fa'a	fa'a̱	**b**it*j*ai	**b**it*j*ao	**b**it*j*ai	**b**it*j*aà
ACMPL DIST	*j*a'a	*j*a'a̱	***j****it**j*ai	***j****it**j*ao	***j****it**j*ai	***j****it**j*aà
INCMPL IRR	**kj**oa'a	**kj**oà'a̱	**k**oit*j*ái	**k**oit*j*áo	**k**oit*j*ái	**k**oit*j*á

HABITUEL	fi	fia	'mi	mankíon	mankíin	mankián
ACMPL DIST	**ki**	**ki**a	**k**'in	tsankìon	tsankìin	tsankiàn
INCMPL IRR	**kj**oai	**kj**óia	**k**'óin	**k**oankíon	**k**oankíin	**k**oankián

On voit se manifester dans ces paradigmes de la Figure 9, révélés de manière heuristique par au moins trois des champs sémantiques de la grille de Dixon, un élément de structuration de l'adjectivité en mazatec, à travers une unité périphérique (ou secondaire) et asymétrique (car enclitique) de l'unité

---

[19] Sur les procédés de morphologie « évaluative » (diminutifs, augmentatifs) en mazatec, cf. Léonard (2015).
[20] La complexité des formes supplétives en mazatec pour la flexion d'un verbe de mouvement comme *aller* n'a rien à envier à une langue romane comme le français, dont le verbe *aller* se fléchit sur trois racines supplétives : *all-*, *ir-* et *v-* (*nous allons, nous irons, je vais*, etc.), issus de trois lexèmes latins : *ALLARE, IRE, VADERE.

primaire et démotivée préfixale *ji-*. Le clitique **kji** peut donc s'analyser comme une unité prédicative qualifiante, d'ordre [+V] qui participe de l'adjectivité, et qui forme système avec un terme prédicatif asymétrique sur le plan syntaxique et discursif = **ní** (v. *infra*).

Dans ce qui suit, on distinguera entre la prédication à proprement parler, qui s'analyse en termes de *matrices* (comme un stemma valenciel tesnérien), de la manière de prédication (ou modifications), qui s'analyse en termes de *foncteurs* (modificateurs) (cf. Kartsaklisa & *al.* 2017). Une asymétrie explicite différencie la syntaxe des matrices et des foncteurs en mazatec, comme on peut le constater en (11). En (11a) un énoncé attributif canonique a pour ordre AVS (Attribut/Adjectif, Verbe copule, Sujet), litt. 'bons sont les gens' = 'les gens sont bons'/'ce sont de bonnes personnes', avec l'attribut à gauche de la tête verbale, tandis qu'en (11b), un syntagme adjectival tel que 'de bonnes gens' présente un ordre asymétrique NA (Nom + Adjectif épithète), de type B3 selon la nomenclature de Dokulil, dans la mesure où cet ordre est celui de tout nom composé canonique en mazatec[21]). Signalons que la copule *ní* (dialecte de Chiquihuitlán et des basses terres *ne'e*) est un autre morphème que l'instrumental =*ni* vu précédemment ; les deux se distinguent par le ton (haut pour la copule, moyen pour l'instrumental). En (11c) on constate qu'un énoncé transitif peut voir sa structure informationnelle enrichie (par topicalisation) par l'adjonction en position finale de la copule (avec contour tonal hM **nìi**), équivalent à une construction avec présentatif en français : '**c'est** la fille, qui **a vu** les fleurs rouges'. Les énoncés (11d) et (11e) font contraster une prédication attributive stative (11d) 'la fille est bien' avec une paraphrase dynamique (11e) 'la fille semble bien'. Ce dernier énoncé permet de faire apparaître l'usage de l'enclitique *kji* à fonction de copule, et non plus de formatif lexical de type A, B2 ou B3 selon Dokulil, mais dans une acception dynamique, avec valeur cognitive ('sembler, paraître, avoir l'air de'). Nous nous situons désormais en syntaxe, non plus en microsyntaxe collocative.

(11)   Matrices et foncteurs en MzH, données de Gudschinsky (1959 : 88)

(11a) Attribut (*matrice*) :
       A   v COP   N
       nta   *ní*   *chjota*
       bon(nes)   être   personnes/gens
       'Les gens sont bons'

---

[21] Ex. *chjota xá* litt. 'gens de travail/tâche collective' = « autorités municipales », *chjota xon* litt. 'gens de papier/livre' 'maître d'école', *chjota chjine* 'gens de savoir', etc.

(11b) Epithète (*foncteur*) :
    N   A
    chj̱o̱ta   *nta̱a̱*
    personnes bon(nes)
    '(de) bonnes gens'

(11c) Matrice (bi-argumentale) :
    N   PRED   N   COP
    tsòti̱   **tsa=be̱en**   naxó **nìi**
    fille.Dét ACMPL=voir fleur vTop
    'La fille a vu les fleurs rouges' (littéralement, '**c'est** la fille, qui **a vu** les fleurs rouges')

(11d) Attribut *statif* vs. *dynamique* (qualifié)
    A$_{\text{ATTRIBUT}}$ v   COP   N$_{\text{SUJET}}$
    nta   *ní*   *tsòti̱*
    bien   être la fille
    'La fille est bien'

(11e) A$_{\text{QUAL}}$ V$_{\text{DYN}}$ N$_{\text{FIGURE}}$
    nta   **kji**   *tsòti̱*
    bien semble la fille
    'La fille semble/a l'air bien'

Il est intéressant de comparer (11e) en mazatec de Huautla avec l'énoncé (12), qui en est la traduction en finnois standard. Conformément à la contrainte de condensation des conditions de marquage morphosyntaxique sur la dépendance, c'est sur l'attribut que vient s'ancrer une marque exprimant le rôle d'expérient du N sujet en finnois (ablatif : *hyvä-ltä*), tandis que le verbe n'est pas un « petit verbe » (ou « v ») comme la copule statique *ní* ou dynamique supplétive *kji* du mazatec, mais un verbe lexical de cognition *paraître* (en finnois *näyttää*), dont la rection (autrement dit, le programme de marquage et de sous-catégorisation valenciel de son complément) requiert un cas locatif dans sa *forme phonologique*, de rôle expérient dans sa *forme logique* (ici en finnois, l'ablatif ou l'allatif, cas « externes », de tropisme adverbial et actanciel, à la différence de l'élatif ou de l'illatif, qui sont des cas internes, encodant la manière de franchissement, en termes de mouvement et trajectoire).

(12a) Finnois : attribut dynamique
N_{FIGURE}   V_{PROJECTION}   A_{DYN}
tyttö   näyttää   hyvältä/-lle
tyttö   näyttä-ä   hyvä-ltä/-lle
fille.Nf   semble- 3Sg.prés bien-ABL/-ALL
'la fille a l'air/présente bien'

(12b) *Hän   tuli   rikkaaksi*
Hän   tul-i   rikkaa-ksi
3Pron.Nf (de)venir-3Sg.Passé riche-TRANSL
'Il/elle devint riche'

(13) Stratégies constructionnelles mazatec vs. finnois : (11e) vs. (12)

		Prédication	Argument	Expression
11e	Mazatec (MzH)	v dynamique	Expérient	Mouvement
12a	Finnois	V cognitif		Locative
12b		v dynamique	Attribut	Résultative

Outre ces phénomènes de condensation (qui ont beaucoup à voir, quoique à une échelle d'organisation supérieure à celle de la simple dérivation, avec le type A de Dokulil), opérant sur la tête de l'énoncé ou au contraire sur la dépendance, un autre effet potentiel du type concentrique, lié à la prégnance du type B3 de Dokulil (ou type coordinatif), tient dans l'option disponible du moins dans les langues oto-mangues, en faveur de séries pléonastiques. Ces séries sont en partie liées à des effets de structure informationnelle. On trouvera en (14b), en comparant avec (14a), un exemple d'intégration avec *marquage prédicatif sériel* des deux copules (stative et dynamique) dans deux sous-variétés de mazatec des hautes terres : (San José Tenango [SJT] et Huautla de Jiménez (MzHu), données ALMaz 2011).

(14a) *jè   ndia   xo=**kji**   n'ion ndo* [SJT]
      ce   chemin   DEICT=DIR   Adv   long

(14b) *ndo=**nìi**   jè   ndia   xo=**kji***   [Hu]
      long=vTop   ce   chemin DEICT=DIR
      'Ce chemin est vraiment/trop long'

Tout se passe donc comme si, dans une langue puissamment concentrique comme le mazatec, la prédication ne faisait pas que primer sur l'adjectivité, qui relève de la dépendance puisqu'elle est le site de modifieurs de tous ordres. Comme nous l'avons vu avec les données de la Figure 9, la prédication va, dans une langue de ce type, jusqu'à investir les procédés constructionnels, sur le plan lexical, des adjectifs. À l'inverse, un énoncé comme (12) d'une langue hautement exocentrique, laisse à penser que ce sont les rôles argumentaux qui dominent l'expression adjectivale (en finnois, l'expérient réalisé par des cas locatifs externes, tels que l'ablatif ou l'allatif).

En somme, l'adjectif en tant que modifieur énonciatif ou phrastique vaut moins pour la forme qui l'exprime, qui se décrit le plus souvent dans le lexique comme morphologiquement erratique, que pour la forme qui le spécifie, au niveau de l'énoncé ou au niveau de la projection interne (V+Complément) ou de la spécification (accord sujet-GV). On comprend mieux le caractère flou ou pauvre, dans beaucoup, voire dans la majorité des langues, de l'identification morphologique des adjectifs. Ce n'est pas seulement que la complexité des combinaisons recevables en micro et en macrosyntaxe supplée au manque de marques lexicales discrètes, en tant que partie du discours autonome. C'est que le domaine de l'adjectivité, son champ morphosyntaxique, a tout à gagner, *a posteriori*, à être sous-spécifié : dans le cas des langues concentriques, parce que tout ce qui n'est pas verbe est en sourdine, et que le verbe est un aimant puissant, ou qu'il s'infiltre partout (la verbalité prime sur tout le reste) ; dans le casdes langues exocentriques, parce qu'il n'y a guère de raison de s'embarrasser d'une signalisation morphologique différenciée pour un sous-domaine restreint du lexique, d'autant plus que le marquage opère partout à la périphérie du verbe, et autant que possible, hors du verbe.

Il en résulte, là encore *a posteriori*, une entropie et un conflit avec les contraintes d'économie de condensation des systèmes de classes flexionnelles (déclinaisons). Le cas du paléosuffixe adjectival *-eda* en estonien est particulièrement explicite de ce point de vue : ce formant a perdu toute motivation adjectivale et se contente désormais de « fonder » (au sens de Dokulil) la classe flexionnelle A2 du dictionnaire morphologique de l'estonien standard (Viks 1992) : *tore* Nf Sg 'magnifique' *tore**da*** Gén/Acc.Sg, selon une logique de type B1 de Dokulil, aux côtés d'une autre nichée flexionnelle, substantivale, comme *ase* NfSg vs. *aseme* Gén/Acc.Sg 'endroit, position', classe flexionnelle S4 de Viks, qui a recours au même procédé de thème bref issu d'une apocope *vs.* thème élargi, issu d'une ancienne concaténation qui a protégé l'augment.

Alors que l'on peut être enclin à penser que les systèmes flexionnels ne sont que des aléas de l'arbitraire systémique du signe, notamment par accident de l'érosion diachronique de segments, ils n'en assurent pas moins une certaine homéostasie des taxinomies, et cette grande dérive tectonique, en quelque sorte, est analogue à celle qui lisse le petit contingent de racines lexicales exprimant la qualité ou la propriété (cf. le modèle ou la « grille » de Dixon, qui n'embrasse somme toute qu'un champ sémantique très limité, comparativement aux champs sémantiques des verbes et des substantifs), pour en faire du petit bois syntaxique.

À ce titre, le tseltal, langue maya, de type concentrique, fournit encore un exemple de l'inaboutissement partiel d'un système bien ordonné, sans pour autant prêter le flanc à des conclusions trop hâtives sur l'incohérence des procédés de marquage adjectival. En effet, en tseltal (langue maya du Chiapas, groupe occidental, Mexique sud-oriental), les adjectifs se divisent idéalement en deux groupes :

A_1 : adjectifs primaires ou « non marqués » : ***ch'in*** 'petit'
A_2 : adjectifs dérivés ou « marqués » à l'aide d'un suffixe -*Vl* : ***muk'*** 'grand' > ***muk'ul***

Le tseltal étant une langue à racines polyvalentes (Lois & Vapnarsky 2003, 2006), la fonction d'épithète fournit *a priori* un bon « test » pour identifier la classe primaire ou secondaire des lexèmes adjectivaux, en termes de paradigme ou de « liste », sur le plan morphologique (morphologie lexicale), comme le montrent les énoncés en (15a-b).

(15) Résolution polyvalente tseltale : fonction +/− *attributive* vs. *prédicative*

(15a) A_1 :
    te   ***ch'in***   *na=e*
    DET   petit   maison=DET
    'La petite maison'

(15b) A_2 :
    te   ***muk'-ul***   *na=e*
    DET   grande   maison=DET
    'La grande maison'

Dans la flexion prédicative, seule la formation de type A_1 est possible (par neutralisation de la dichotomie), comme en (16a-b) :

(16a) ***ch'in****-on=to*
    Petit-ABS.1Sg=encore
    'je suis encore petit'

(16b) **muk'**-at=ix
Grand-ABS.2Sg=déjà
'tu es déjà grand'
!*muk'ul-at=ix²²

Il s'ensuit que, pour la possessivation adjectivale dans des *fonctions attributives de mesure*, la possession implique la suffixation de -*Vl* (valeur ABSTR, qui associe des propriétés nominales et adjectivales) :

(17a) *jich   x-ch'in-**il**   te na=e*
Ainsi Poss3-petit-ABSTR maison=DET
'La maison est petite comme ça' (est aussi petite que ça/ainsi est la petitesse de la maison).

(17b) *jich   s-smuk'-**ul**   te na=e*
Ainsi Poss3-grande-ABSTR maison=DET
'La maison est grande comme ça' (est aussi grande que ça/ainsi est la grandeur de la maison).

En (16), la matrice avec activation de l'accord sujet atributif, sous-catégorise les formes primaires (A₁), tandis qu'en (17), la possessivation adjectivale sélectionne le type secondaire (A₁), lié à une forme de définitude. Cette asymétrie renforce le caractère cyclique de l'application de procédés dérivationnels pour les adjectifs dans cette langue, et ne fait, somme toute, que confirmer, une fois de plus, le rôle capital que joue la syntaxe dans l'émergence de structures adjectivales. Ces contraintes syntaxiques sont d'ailleurs plus régulières et harmonieuses que ne l'est la répartition des items lexicaux dans les cellules de la grille de Dixon, dans le tableau de la Figure 10, qui contient des lacunes (mention « NÉANT »), et des exceptions (comme *ch'ujch'ul* 'fin' dans la liste des adjectifs en principe non rédivés, dans la cellule de droite dans le champ de la *dimension*).

Nous avons vu que le mazatec distinguait par l'ordre des constituants et donc par la syntaxe les matrices (prédication attributive) des fonceurs (épithètes). Ici, ce sont deux types de formation, primaire et secondaire, conformément au type B2 de Dokulil, que le tseltal distingue. Ces faits confirment l'explication évoquée par Menon, face au paradoxe de l'adjectif introuvable, contre une adjectivité potentiellement ubiquiste, que l'on pourrait résumer en paraphrasant Danton : « de la syntaxe, encore de la syntaxe, toujours de la syntaxe ! ».

---

22 Les données de (15) à (17) proviennent toutes de Polian (2013 : 531–554).

	Adjectifs **marqués** en fonction attributive	Adjectifs **non marqués** en fonction attributive
Dimension	*bik'it* > *bik'it-al* 'petit' *jay* > *jay-il, jay-al* 'fin' *kom* > *kom-il, kom-ol* 'bas, court' *najt'* > *najt'-il* 'grand' *pim* > *pim-il* 'épais'	*ch'in* 'petit' *ch'ujch'ul* 'fin' *niwak* 'grand' *tsael* 'petit, menu'
Âge	NÉANT	*ach'* 'nouveau, jeune' *poko'* 'vieux'
Valeur	*lek* > *lek-il* 'bon' *uts* > *uts-il* 'abondant'	(quasi) NÉANT
Couleur	*ijk'* > *ijk'-al* 'noir' *k'an* > *k'an-al* 'jaune' *sak* > *sak-il* 'blanc' *tsaj* > *tsaj-al* 'rouge' *yax* > *yax-al* 'vert, bleu'	NÉANT
Caractéristique physique	*al* > *al-al* 'lourd' *chi'* > *chi'-il* 'sucré' *ch'a* > *ch'a-al* 'amer' *k'a'* > *k'a'-al* ''pourri'	*bujts'an* 'agréable' *k'ixin* 'chaud' *takin* 'sec' *telem* 'sain, intact' *tulan* 'dur' *unin* 'tendre, mou'
Qualité humaine	*bij* > *bij-il* 'instruit, savant' *ch'aj* > *ch'aj-il* 'paresseux' *t'ut'* > *t'ut'il* 'égoïste, mesquin'	*bol* 'stupide' *ixta'* 'mauvais, caractériel' *pochan* 'idiot, maladroit'

Figure 10 : Liste de lexèmes adjectivaux en fonction attributive *vs.* non attributive selon la grille de Dixon en tseltal de Oxchuk (d'après Polian 2013 : 538).

4 Conclusion et perspectives

Je tenterai pour finir de répondre aux questions initiales : l'*adjectivité* au sens large résiste-t-elle au « test » de la dichotomie CONCTR/EXOCTR ? Le « test » donne des résultats encourageants : il fait apparaître l'importance de l'opposition statif *vs.* dynamique pour la structure conceptuelle QUALITÉ, les effets de condensation syntaxique, au-delà de la condensation morphologique, au niveau lexical, dont rend compte le modèle de Dokulil. Nous posions la question de savoir si, au contraire, l'adjectivité rendait inopérant ou caduc le paramètre HM vs. DM ? Bien au contraire, l'adjectivité peut faire office de prisme pour observer des effets contingents de la condensation syntaxique, entre le noyau ou la tête de l'énoncé (le verbe) et les périphéries (dépendances, arguments).

La *marque* et le *marquage morphologique* apportent-ils des indices forts et fiables sur les procédés de construction de la charpente morphosyntaxique des langues, ou bien sont-ils de simples indices relevant de la « boîte à outils » taxinomique du lexique, finalement autonomes et superficiels par rapport aux questions catégorielles de fond ? L'application de la grille de Dixon, mais aussi des modèles d'Erelt, d'Edmonds et de Dokulil, ont permis de constater que les conditions de marquage morphologique ne sont, de manière générale, que partiellement probantes, car là encore, la polyvalence des affixes et des clitiques (ou des marques fonctionnelles) prévaut sur la spécialisation, et sur la régularité ou l'univocité des formes et des procédés. Mais on peut observer des effets de condensation des paradigmes affixaux et clitiques, et ces zones de condensation (sur le prédicat ou sur les arguments) sont riches en indices pour la recherche (une fois de plus, elles sont heuristiques).

Dans quelle mesure la classe lexicale des adjectifs est-elle plus ou moins « substantovoïde » ou « verboïde » selon les langues et selon le type CONCTR/EXOCTR ? L'hypothèse chomskyenne A ⇔ [+N, +V] est largement confirmée par nos données, mais de manière distribuée ou répartie entre les systèmes linguistiques, y compris au sein d'un type de condensation de marques, comme le type concentrique.

Comment représenter ou modéliser ces situations structurales plus ou moins complexes, plus ou moins séparées, plus ou moins mixtes ou en relation de *trame typologique* locale, ou de *continuum catégoriel* universel ? Selon nous, à l'aide de modélisations aussi bien de la *forme* (morphologie) que du *contenu* (sémantique), en faisant intervenir plusieurs niveaux d'observation et angles d'approche, comme nous l'avons fait ici (modèle de taxinomie en cercles concentriques du CLP selon Dokulil et Erelt, modèle holistique de Lemaréchal, modèle d'indexation intercatégorielle d'Edmonds, etc.).

L'approche proposée ici part d'autres prémisses :

a) La *polyvalence des racines lexicales* est un trait relativement trivial et neutre d'organisation des parties du discours – voire, il s'agit d'un trait *par défaut*, qui peut se corréler puissamment avec le type concentrique. À ce titre, cela ne « disqualifie » en rien la catégorie adjectivale – pas plus que les catégories V et N. C'est même plutôt une « astuce » qu'utilisent les langues pour augmenter leur *ergonomie combinatoire*.

b) De ce point de vue, lexique et syntaxe ne cessent d'accommoder des configurations visant à l'adjectivité (deuxième cercle génératif), outre leur travail sur la combinatoire permettant de générer des catégories verbales et nominales (premier cercle génératif). Certes, la *collocation* domine pour la formation lexicale, tout comme la *configuration* domine pour la syntaxe. Mais les deux forces « conspirent » en faveur d'une catégorie transitionnelle entre N et V, qui est bel et bien l'adjectivité. Et cette « conspiration », ou cette « tension ergonomique » ou cette « dynamique combinatoire » est bel et bien universelle. On la retrouve dans toutes les langues de notre corpus (finnois, estonien, mazatec, tseltal), à simple titre d'échantillon.

c) En syntaxe, deux pistes s'offrent à nous : (a) l'opposition entre attribut/épithète et prédicat, foncteur et matrice, (b) les relations actancielles de A comme prédicat qualitatif vis-à-vis de N, en relais avec d'autres parties du discours (dont P ou les adpositions, ou les cas, aussi bien grammaticaux que sémantiques).

Autrement dit, *l'adjectivité* peut se définir comme cette *constante* dans les langues du monde à transcender les limites catégorielles du lexique à travers les dynamiques combinatoires dans des domaines étagés sur au moins quatre ordres : phonologie (il en a été question au sujet des classes flexionnelles fenniques, notamment de l'estonien selon Viks), morphologie, syntaxe et sémantique. Là encore, c'est une logique de parcours sens-texte qui s'avère « gagnante », à l'opposé d'un examen des faits de langue par plan privilégié ou unidimensionnel. L'approche doit être nécessairement multidimensionnelle, et se fonder sur des prémisses simples (*foncteur* vs. *matrice*, *actants* vs. *prédicat*, *statif* vs. *actif* ou *dynamique*, etc.).

Principales abréviations

A	adjectif
ABES	abessif
ABL	ablatif
ABS	absolutif
ABSTR	abstrait
ACC	accusatif
ACMPL	accompli
ADESS	adessif
ALL	allatif
ALMAZ	Atlas Linguistique Mazatec (projet en cours)
ATMV	Aspect, Temps, Mode, Voix
CLP	Cercle Linguistique de Prague
COMPAR	comparatif
CONCTR/EXOCTR	concentrique/exocentrique
CMPL	complémenteur
DEICT	déictique
Dér	dérivation
DET	déterminant
DIR	directionnel
DM	Dependent Marking (ou type *exocentrique*)
FACT	factitif
GEN	génitif
GV	Groupe Verbal
HM	Head Marking (ou type *concentrique*)
ILL	illatif
INACMPL	inaccompli
INES	inessif

K	cas
MzHu	Mazatec, variété de Huautla de Jiménez
N	nom
Nf	Nominatif
Ord	ordinal
P	préposition
Part	partitif
Partc	participe
Parf	parfait
Pres	présent
Poss	possessif
PostPos	postposition
Pron	pronom
Quant	quantifieur
Reflex	réflexif
Soc	sociatif
Superl	superlatif
Transl	translatif
V	verbe
Vs.	versus
#	frontière de mot
=	segmente un clitique

Bibliographie

Alonso-Cortés Angel, 2015, *Lingüística*, Madrid, Cátedra.
ALIM : *Archivo de las Lenguas Indigenas de México*, 4, Colegio de México.
ALMaz 2011 : *Atlas Linguistique Mazatec* (Léonard & *al.* 2010–, projet IUF & Labex EFL).
Chomsky Noam, 1970, « Remarks on nominalization », *in* R. Jacobs & P. Rosenbaum (eds.), *Readings in English Transformational Grammar*, Waltham, MA, Ginn : 184–221.
Chomsky Noam, 1982, *Some Concepts and Consequences of the Theory of Government and Binding*, Cambridge, MA, MIT Press.
Chomsky Noam, 1995, *The Minimalist Program*, Cambridge, MA, MIT Press.
Dixon Robert M. W., 1982. « Where have all the adjectives gone ? », in *Where Have All the Adjectives Gone ? and Other Essays in Semantics and Syntax*, Berlin/New York, Mouton : 1–62.
Dixon Robert M. W., Aikhenvald Alexandra Y. (eds.), 2004, Adjective Classes. A Cross-Linguistic Typology, Oxford, Oxford University Press.
Dobui Bien Nhat, 2017, *Grammaire descriptive de l'amuzgo de Xochistlahuaca : documentation d'une variété amuzgoane (otomangue oriental) de « langue en danger »*, thèse de doctorat, dir. Jean Léo Léonard, Université Paris-Sorbonne.
Dokulil Miloš, 1994, « The Prague School's Theoretical and Methodological Contribution to "Word Formation" (Derivology) », *in* P. A. Luelsdorff (ed.), *The Prague School of Structural and Functional Linguistics*, Amsterdam, John Benjamins : 123–161.

Edmonds Joseph E., 1985, *A Unified Theory of Syntactic Categories*, Dordrecht, Foris Publications.
ENBIO : Escuela Normal Bilingüe e Intercultural de Oaxaca.
Erelt Mati, 1980, « Some Notes on the Classification of Words and the Transposition of Adjectives in Estonian », *Grammar and Semantics*, Tallinn, Academy of Sciences, Institute of Language and Literature : 50-66.
Erelt Mati, 1986, *Eesti adjektiivi süntaks*, Tallinn, Valgus.
Erelt Mati & al., 1993-95, *Eesti keele grammatika*, 2 vol., Tallinn, KKI.
Gudschinsky Sarah C., 1959, « Mazatec Kernel Constructions and Transformations », *International Journal of American Linguistics*, 25/2 : 81-89.
Guzmán Morales Micaela, 2009, *Sistemas de alineamiento en lenguas indoamericanas*, México, INAH.
Hagège Claude, 1982, *La structure des langues*, Paris, P.U.F.
Hakanen Aimo, 1973, *Adjektiivien vastakohtasuhteet suomen kielessä*, Helsinki, SKS.
Hakulinen Lauri, 1979, *Suomen kielen rakenne ja kehitys*, Helsinki, Otava.
Hakulinen Auli, Karlsson Fred, 1979, *Nykysuomen lauseoppi*, Helsinki, SKS.
Hayek John, 2004, « Adjective Classes : What can we Conclude? », *in* R. M. W. Dixon & A. Y. Aikhenvald (eds.), *Adjective Classes. A Cross-Linguistic Typology*, Oxford, Oxford University Press : 348-361.
Heinsoo Heinike, Saar Eva, 2015, « Sound symbolism of expressive verbs in Finnic languages », *Eesti ja Soome-Ugri Keeleteaduse Ajakiri*, 6 : 55-74.
Kartsaklis Dimitrios, Ramgoolam Sanjaye, Sadrzadeh Mehrnoosh, 2017, « Linguistic Matrix Theory », *in Combinatorics, Physics and their Interactions* (European Mathematical Society), https://arxiv.org/abs/1703.10252.
Klaas Birute, 1996, « Similarities in Case Marking of Syntactic Relations in Estonian and Lithuanian », *in* M. Erelt (ed.), *Estonian : Typological Studies I*, Tartu, Publications of the Department of Estonian of the University of Tartu, 44 : 37-67.
Klaas Birute, 1999, « Dependence of the object case on the semantics of the verb in Estonian, Finnish and Lithuanian », *in* M. Erelt (ed.), *Estonian. Typological studies III*, Tartu, Publications of the Department of Estonian of the University of Tartu, 11 : 47-83.
Lehmann Christian, 2005, « Typologie d'une langue sans cas : le maya yucatèque », *Travaux du SELF*, 10 : 101-114, http://www.christianlehmann.eu/publ/Typologie_langue_sans_cas_yuca teque.pdf.
Leinonen Marja, 2010, « Tyttöntyllerö ja pojanjolppi suomessa ja virossa », *ESUKA - JEFUL*, 2 : 193-217.
Lemaréchal Alain, 1989, Les parties du discours. Sémantique et syntaxe, Paris, PUF.
Lemaréchal Alain, 1991, *Problèmes de sémantique et de syntaxe en Palau*, Paris, Editions du CNRS.
Lemaréchal Alain, 1992, « Le problème de la définition d'une classe d'adjectifs : verbes-adjectifs, langues sans adjectifs », *Histoire Épistémologie Langage*, 14/1 : 223-243.
Léonard Jean Léo, 2015, « Mazatec », *in* N. Grandi & L. Körtvélyessy (eds.), *Edinburgh Handbook of Evaluative Morphology*, Edinburgh, Edinburgh University Press : 542-549.
Levy Paulette, 1992, « Adjectives in Totonac : Descriptive Statement and Typological Considerations », *International Journal of American Linguistics*, 53/3 : 269-298.
Lois Ximena, Vapnarsky Valentina, 2003, *Polyvalence of Root Classes in Yukatekan Mayan Languages*, Munich, Lincom Europa.

Lois Ximena, Vapnarsky Valentina, 2006, « Root indeterminacy and polyvalence in Yukatekan Mayan languages », *in* L. Ximena & V. Vapnarsky (eds.), *Lexical Categories and Root Classes in Amerindian Languages*, Bern, Peter Lang : 69–115.

Menon Mythili, 2012, « The apparent lack of adjectival category in Malayalam and other related languages », *The Proceedings of GLOW in Asia IX*, Mie University, Japan : 157–171.

Nichols Johanna, 1986, « Head-marking and dependent-marking grammar », *Language*, 62 : 56–119.

Nichols Johanna, 1995, « The Spread of language Around the Pacific Rim », Max Planck Institut, *Evolutionary Anthropology*, 3 : 206–215.

Nichols Johanna, Bickel Balthasar, 2008, « Locus of Marking in the Clause », *World Atlas of Language structures* (WALS), https://wals.info/chapter/23.

Pike Kenneth L., 1948, Tone Languages : A Technique for Determining the Number and Type of Pitch Contrasts in a Language, with Studies in Tonemic Substitution and Fusion, Ann Arbor, University of Michigan Press.

Polian Gilles, 2013, *Gramatica del tseltal de Oxchuk*, 2 vol., México D.F., Publicaciones de la Casa Chata.

Quirk Randolph, Greenbaum Sidney, Leech Geoffrey, Svartvik Jan, 1972, *A Comprehensive Grammar of the English Language*, Londres, Longman.

Renault Richard, 1991, *Recherches en syntaxe du finnois : les désinences personnelles*, Thèse de doctorat dir. par Nicolas Ruwet, Paris, Université Paris 8.

Séguy Jean, 1973, « La fonction minimale du dialecte », in *Les dialectes romans de France à la lumière des atlas régionaux*, Paris, CNRS : 27–42.

Tesnière Lucien, 1925, *Les formes du duel en slovène*, Paris, Honoré Champion.

Van de Velde Freek, Sleeman Petra, Perridon Harry, 2014, « The adjective in Germanic and Romance : Development, differences and similarities », *in* P. Sleeman, F. van de Velde & H. Perridon (eds.), *Adjectives in Germanic and Romance*, Amsterdam, John Benjamins : 1–34.

Vare Silvi, 1984, *Omadussõnaliited tänapäeva eesti kirjakeeles*, Tallinn, Valgus.

Viks Ülle, 1992, *Väike vormisõnastik*, vol. 2, Tallinn, Keele ja Kirjanduse Instituut.

Dan Xu
Chapitre 7 Adjectifs en mandarin : verbe ou adjectif ?

1 Introduction

Il est nécessaire de présenter en quelques lignes la langue chinoise[1] pour les lecteurs non sinophones. Les caractéristiques de cette langue ont beaucoup changé tout au long de son histoire, jusqu'à la faire évoluer vers la langue chinoise contemporaine, qui est typologiquement différente (Xu 2006) de la langue archaïque ou *Old Chinese* (11e-1er s. av. J.-C.). En raison de leur répartition sur une grande aire géographique, les dialectes ou les langues sinitiques ont divergé en (au moins) dix grands groupes et ont été intensément influencés par les langues non chinoises (ou non-Han[2]) depuis plusieurs siècles.

Nous prendrons comme référence le mandarin du nord (langue officielle) pour étudier les exemples en chinois contemporain. Dans ce chapitre, le terme « la langue chinoise » désignera donc le mandarin du nord, sauf dans certains cas particuliers que nous mentionnerons.

La langue chinoise contemporaine est une langue à tons, dont l'ordre des mots principal est SVO (sujet + verbe + objet). Comme Dryer (2002 : 51) l'a remarqué, la langue chinoise est une langue SVO « hautement atypique » (*highly atypical*). Elle possède en effet aussi bien des prépositions que des postpositions, ce qui ne correspond pas à la corrélation VO-préposition et OV-postposition attestée dans une majorité écrasante de langues (cf. *The World Atlas of Language Structures* (WALS)[3] 140 : 1). Lorsqu'un numéral se situe devant un nom, les classificateurs sont obligatoires et doivent respecter l'ordre « numéral + classificateur + nom » (Num + Cl + N).

---

[1] Pour les linguistes de la langue chinoise, le mot *chinois* ou *Chinese* est un mot flou étant donné que ce mot couvre plusieurs réalités tant en espace que dans le temps. Comme Norman (1988 : 1) l'a questionné : « Why have so many disparate historical stages and geographical variants of a linguistic continuum like this been subsumed under a single name ? » (Littéralement : 'Pourquoi tant de périodes historiques et de variantes géographiques disparates d'un tel continuum linguistique ont-elles été regroupées sous un seul nom ?').
[2] Han est l'ethnie la plus importante en Chine ; elle représente environ 95% de la population.
[3] Cf. https://wals.info/.

Dan Xu, INALCO, CRLAO

La langue chinoise contemporaine étant pauvre en morphologie, la catégorie des adjectifs se mélange souvent avec celle des verbes, au sens où un adjectif joue souvent le rôle d'un verbe. Certains chercheurs considèrent en fait qu'il n'y a pas d'adjectif chinois à proprement parler, et qu'il faut les classer dans la catégorie verbale (Hockett 1958, Lyons 1968, Chao 1968 parmi d'autres). Ils sont alors interprétés comme des verbes intransitifs. Ce phénomène semble attesté dans d'autres langues (cf. le volume édité par Dixon & Aikhenvald 2004). Ici, nous allons considérer que la catégorie des adjectifs existe bien en chinois contemporain, et que certains adjectifs sont dérivés de la catégorie verbale du chinois archaïque (ce que nous développerons dans les sections 4 et 5). Comme il est impossible de traiter toutes les caractéristiques des adjectifs en chinois (qui peuvent être redoublés, s'employer comme des adverbes ou s'utiliser dans des constructions comparatives, etc.), nous allons nous concentrer sur les adjectifs qui peuvent alterner entre leurs statuts d'adjectif ou de verbe, et que nous appellerons ici *adjectifs-verbes*. Deux cas se présentent alors : soit on change le ton du mot pour indiquer s'il s'agit d'un adjectif ou d'un verbe, pratique qui constitue l'héritage du chinois archaïque et qui concerne un nombre limité d'adjectif-verbes ; soit le même ton s'applique aussi bien à l'adjectif qu'au verbe, suggérant un manque ou une perte morphologique en chinois contemporain, option qui vaut pour un grand nombre d'adjectif-verbes. Nous pouvons visualiser le changement typologique en chinois sur le schéma suivant :

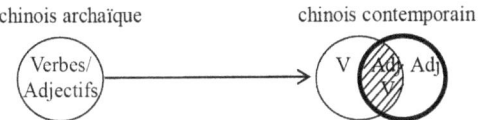

Schéma 1 : Évolution des adjectifs en chinois.

Expliquons en quelques lignes ce graphique. En chinois archaïque, les verbes et les adjectifs se regroupent syntaxiquement et se distinguent seulement sémantiquement. Ce critère de distinction est fréquemment utilisé par les linguistes. Aujourd'hui, une partie des adjectifs (surtout les adjectifs nouveaux et dissyllabiques) forment une catégorie indépendante mais les adjectifs-verbes (illustrés par la partie ombrée à l'intersection des deux ensembles) continuent à se comporter comme en chinois archaïque. Notre chapitre traitera de la partie ombrée qui ne concerne que les adjectifs-verbes en chinois contemporain (section 3) et qui constitue un héritage du chinois archaïque (sections 4 et 5).

En chinois contemporain, un adjectif est identifiable grâce à l'ordre des mots. Au sein d'un groupe nominal (voir l'exemple 1a), un adjectif se trouve devant un nom ou un élément nominalisé ($X_{[ADJ]}+N$), alors qu'au sein d'un groupe verbal l'adjectif-verbe assure le rôle de verbe lorsqu'il se trouve derrière un nom ($N+X_{[VERBE]}$) (cf. 1b). L'adjectif-verbe peut s'employer de manière intransitive ou transitive selon le contexte. Les adjectifs qui s'emploient comme des verbes transitifs peuvent exprimer un sens grammatical « causatif » (cf. 1c) tel que *rendre*, *faire faire*, etc.

La langue chinoise a toujours été une langue VO[4]. Dans une langue VO, la copule précède souvent l'objet ou l'adjectif. Or, dans la langue chinoise, un adjectif n'utilise pas de copule, mais peut se placer après l'adverbe *hen* 'très' (cf. 1d) qui remplace alors la fonction de copule. Le sens 'très' est dans ce cas neutralisé dans la séquence de mots, c'est-à-dire qu'il n'exprime pas forcément l'intensité. Il est clair que lorsque l'adjectif-verbe s'emploie comme verbe (cf. Zhang 1995), les particules aspectuelles peuvent marquer l'adjectif-verbe de même que pour les autres verbes. Voici des exemples illustrant les cas[5] susmentionnés :

(1) a 红花 *hóng huā*, rouge-fleur, 'fleur rouge'
 b 花红了。 *huā hóng le*, fleur-rougir-PA (particule aspectuelle), 'La fleur est devenue rouge.'
 c 他红了脸。 *tā hóng le liǎn*, 3SG-rougir (rendre rouge)-PA-visage, 'Il a rougi.'
 d 花很红。 *huā hěn hóng*, fleur-très-rouge, 'La fleur est rouge.'

2 Perspective typologique

Dans le livre édité par Dixon & Aikhenvald (2004), consacré spécifiquement aux adjectifs, les formes adjectivales de 13 langues ont été étudiées et analysées. Il est considéré comme acquis que les catégories verbale et nominale constituent deux catégories les plus élémentaires des langues. La catégorie adjectivale existe, mais de manière très différente selon la langue. D'après les résultats des recherches susmentionnées, quatre cas de figure se présentent, que nous résumons dans le tableau suivant :

---

4 L'ordre des mots OV existe dans des contextes particuliers. La langue chinoise est une langue *topic-prominent* (Li & Thompson 1976). Le sujet est souvent omis si le contexte est clair.
5 Les exemples seront donnés en caractères chinois, suivi de *pinyin* (une sorte d'alphabet), avec tons suscrits, de traduction de mot-à-mot, et d'une traduction.

Tableau 1 : Traits syntaxiques des adjectifs dans des langues.

	Nom	Verbe
Adjectifs dans	+	+
les différentes	+	-
langues	-	+
	-	-

D'après cet ouvrage, les adjectifs en français et en anglais doivent être classés dans la case « non nominale » et « non verbale », tandis que la langue chinoise se retrouve dans la case « non nominale », mais « verbale »[6]. Dans le livre de Dixon & Aikhenvald (2004), les auteurs indiquent que des adjectifs ayant une caractéristique verbale ont été attestés en vietnamien, en lao, en coréen, en semelai, en qiang, en wolof. Dixon & Aikhenvald (2004 : 13) émettent la critique qu'une vision linguistique traditionnelle trop eurocentrée empêche l'identification des adjectifs en langue chinoise. Ils citent Hockett (1958), Lyons (1968), Li & Thompson (1981) et Schachter (1985), qui ont tous affirmé qu'en chinois, « tous les adjectifs sont des verbes » (*'all adjectives are verbs'*). Nous pouvons encore citer d'autres linguistes tels que Rygaloff (1973), Alleton (1973), Hagège (1975), Norman (1988) entre autres, qui désignent les adjectifs chinois comme des « verbes de qualité ». Cette terminologie est probablement venue de Chao (1968 : 663) qui place directement les adjectifs dans la catégorie des verbes en les traitant comme des « *intransitive quality verbs* » (p. 675), mais sans mentionner ceux qui font l'objet d'étude de notre chapitre, à savoir les adjectifsverbes. En réalité, les linguistes chinois en Chine reconnaissent bel et bien le statut des adjectifs en langue chinoise. Les dictionnaires d'adjectifs variés en chinois « contemporain » en témoignent. Néanmoins, les linguistes distinguent les adjectifs « d'état » des adjectifs « d'action ». En d'autres termes, il existe une partie importante des adjectifs qui se comportent comme des verbes intransitifs ou verbes d'état. Lorsqu'ils sont utilisés transitivement, ils indiquent un sens grammatical « causatif » comme nous l'avons déjà indiqué plus haut.

Un autre phénomène mérite notre attention. Nombreuses sont les langues où, comme en chinois, les adjectifs n'ont pas besoin de copule pour s'exprimer (cf. l'exemple 1d). À cet égard, la carte de distribution des adjectifs prédicatifs dans le monde fournie par Stassen (2013) et qui est présentée sur le site

---

[6] Pour les langues où les adjectifs se comportent aussi bien comme noms que verbes ou ni comme noms ni comme verbes, les lecteurs peuvent les trouver dans le livre susmentionné.

WALS[7], est révélatrice. Les langues qui utilisent les adjectifs prédicatifs sont surtout trouvées en Asie, en région Pacifique, et dans une moindre mesure en Amérique. Les adjectifs non prédicatifs se situent en Europe et en Russie (vaste zone en Sibérie). Typologiquement parlant, et d'après les études de Stassen, nous recensons trois types d'adjectifs : les adjectifs prédicatifs, les non prédicatifs et les « mixtes » qui se trouvent surtout en Afrique. Les adjectifs de certaines langues s'emploient comme des prédicats, alors que ceux dans d'autres langues ont besoin d'une copule pour relier le sujet et l'attribut. La langue chinoise présente un cas commun aux autres langues en Asie, *i.e.* c'est une langue à adjectifs prédicatifs. Cette caractéristique est due à l'évolution du chinois archaïque, ce que nous allons décrire et analyser dans les sections suivantes. Avec le corpus fourni par Stassen (2013), nous sommes enclins à penser que, plus une langue possède d'adjectifs « verb-like », moins elle recourt à une copule pour introduire un adjectif. Bien entendu, des études plus approfondies devraient être menées sur ce sujet pour expliquer le phénomène.

3 Des adjectifs-verbes en mandarin contemporain

En mandarin contemporain, les adjectifs-verbes peuvent être répartis en deux groupes, selon qu'il y ait ou non un changement de ton pour préciser la fonction grammaticale. Dans le premier groupe (a), le ton joue un rôle phonologique. C'est la trace du chinois archaïque, où la fonction grammaticale s'exprimait entre autres par le changement de ton[8] ou la façon de prononcer l'initiale (par exemple, voisé ou non voisé)[9]. En chinois contemporain, il est reconnu qu'il existe quatre tons (ton haut et plat, ton montant, ton contour et ton partant) si l'on ne compte pas le ton zéro porté par les morphèmes atones dus aux phénomènes phonologiques et morphologiques. Dans le deuxième groupe (b), le ton ne change pas, et c'est l'ordre des mots ainsi que le contexte qui indiquent s'il s'agit d'un adjectif ou d'un verbe. Nous donnons ci-dessous des exemples de ces deux groupes. Les exemples du présent chapitre s'inspirent du

---

7 https://wals.info/chapter/118.
8 Voici comment les quatre tons sont symbolisés : *mā* 'mère', *má* 'chanvre', *mǎ* 'cheval', *mà* 'injurier'.
9 Pour plus de détails concernant la phonologie et la morphologie en chinois ancien et archaïque, on peut lire Pulleyblank (1991), Baxter (1992), Sagart (1999), Zhengzhang Shangfang (2000), Baxter & Sagart (2014) entre autres.

dictionnaire 现代汉语词典 *Xiàndài hànyǔ cídiǎn* ['Dictionnaire des mots en chinois contemporain'] (5e édition) publié par l'Académie des Sciences Sociales de Chine (CASS) en 2005. Ils pourraient servir d'échantillon d'adjectifs pour des études typologiques et pour des recherches en linguistique générale.

3.1 La fonction d'adjectif ou de verbe est indiquée par le changement de ton

(2) a 空 *kōng*, adjectif 'vide' ex. 空房 *kōngfáng*, vide-maison, 'maison vide'
    b 空 *kòng*, verbe 'vider' ex. 空[10]水 *kòng shuǐ*, vider-eau, 'vider l'eau'

(3) a 少 *shào*, adjectif 'jeune' ex. 少年 *shàonián*, jeune-âge/an, 'jeune homme'
    b 少 *shǎo*, verbe 'manquer' ex. 少了一页 *shǎo le yī yè*, manquer-PA-un-page, 'Il manque une page.'

(4) a 好 *hǎo*, adjectif 'bon' ex. 好人 *hǎorén*, bon-personne, 'homme bon'
    b 好 *hào*, verbe 'aimer' ex. 好学 *hào xué*, aimer-étudier, 'aimer étudier'

(5) a 长 *cháng*, adjectif 'long' ex. 长发 *chángfà*, long-cheveu, 'cheveux longs'
    b 长 *zhǎng*, verbe 'pousser, grandir' ex. 头发长长了。 *tóufa zhǎng cháng le*, cheveu-pousser-long-PA 'Les cheveux ont poussé.'

(6) a 凉 *liáng*, adjectif 'frais' ex. 凉水 *liángshuǐ*, frais-eau, 'l'eau fraîche'
    b 凉 *liàng*, verbe 'refroidir' ex.水凉凉了。 *shuǐ liàng liáng le*, eau-refroidir-froid-PA, 'L'eau s'est refroidie.'

(7) a 混 *hún*, adjectif 'trouble' ex. 混水 *húnshuǐ*, trouble-eau, 'l'eau trouble'
    b 混 *hùn*, verbe 'mélanger' ex. 混在一起 *hùnzài yīqǐ*, mélanger-à-ensemble, 'se mélanger '

Le morphème reste le même, mais c'est le ton qui permet de distinguer les fonctions d'adjectifs et de verbes. Ce genre d'adjectifs-verbes est devenu limité, car ces moyens phonologiques sont tombés en désuétude depuis la Dynastie des

---

[10] Ce caractère a une forme variante 控*kòng* 'vider' dans laquelle une clé sémantique 'la main' est rajoutée.

Han de l'Est (25 av. J.-C.-220 ap. J.-C.), et ceux que nous pouvons encore observer aujourd'hui sont des traces d'une morphologie ancienne. Depuis les Han de l'Est, une partie sémantique s'est ajoutée à certains caractères pour désambiguïser la signification syntaxique à l'écrit. Cela a eu pour conséquence que les anciennes formes et les nouvelles variantes apparues peu à peu, ont été considérées comme des caractères complètement différents et leurs liens intrinsèques ont été négligés puis oubliés. Citons trois exemples. Les mots 知 *zhī* 'savoir' et 智 *zhì* 'sage/sagesse' s'écrivaient sous la même forme, *i.e.* 知 en chinois archaïque, avec un changement de ton pour les distinguer ; mais aujourd'hui, la plupart des natifs n'identifient plus leur origine commune. Un deuxième exemple : 夾 *jiā* 'pincer', 狹 *xiá* 'étroit' prenaient la même forme 夾. Ici, c'est une différence dans la prononciation de l'initiale qui distingue les deux formes, mais ces caractères sont devenus deux caractères distincts pour les natifs[11]. Un troisième exemple porte sur le mot 远 *yuǎn* 'loin'. En chinois archaïque, le même mot jouait le rôle d'un adjectif signifiant 'loin' ou celui d'un verbe 's'éloigner' selon le changement de ton. Au ton *shǎng* (ton contour), *i.e.* 远 *yuǎn*, correspond au sens 'loin' (adjectif) ; le ton partant, *i.e.* 远 *yuàn*, implique le sens de « s'éloigner, rendre loin » (verbe). La fonction verbale de ce 远 a totalement disparu aujourd'hui ; elle a été remplacée par d'autres expressions ou mots :

知   知 *zhī* <trje<*trje 'savoir'
       智 *zhì* <trjeH<*trjes 'sage/sagesse'

夾   夾 *jiā* <kɛp<*krep 'pincer'
       狹 *xiá* <hɛp<*N-krep 'étroit'

远   远 *yuǎn* <hjwonX<*wjan 'loin'
       远 *yuàn*<hjwonH<*wjans 's'éloigner, rendre loin'

Au fil de l'évolution syntaxique de la langue chinoise, ces moyens phonologiques et morphologiques ont connu une utilisation de moins en moins fréquente et ont fini par tomber en désuétude. Pour pallier cette disparition, soit l'on a créé un autre mot en rajoutant une partie sémantique, soit l'on a opté pour le remplacement par un autre mot ou expression.

---

[11] Le système de reconstruction est venu de celui de Baxter (1992) dans ce chapitre. Le *pinyin* en italique représente le chinois contemporain, la notation au milieu représente le chinois ancien basé sur le *Qièyùn* 切韻 (dictionnaire de rimes, daté de 601 ap. J.-C.) et la reconstruction du chinois archaïque se trouve derrière une étoile. Pour plus de détails, cf. Baxter (1992) et Baxter & Sagart (2014).

3.2 L'adjectif et le verbe portent le même ton

(8) a 黑 *hēi*, adjectif 'noir' ex. 黑天 *hēi tiān*, noir-ciel, 'la nuit'
     b 黑 *hēi*, verbe 'noircir' ex. 天黑了。 *tiān hēi le*, ciel-noircir-PA, 'Il fait noir.'

(9) a 挤 *jǐ*, adjectif 'serré' ex. 车很挤。 *chē hěn jǐ*, bus/wagon-trop-serré, 'Le bus est bondé.'
     b 挤 *jǐ*, verbe 'serrer, presser' ex. 挤牙膏。 *jǐ yágāo*, presser-pâte de dentifrice, 'presser la pâte de dentifrice'

(10) a 苦 *kǔ*, adjectif 'amer' ex. 苦果 *kǔguǒ*, amer-fruit, 'fruit amer/résultat malheureux'
     b 苦 *kǔ*, verbe 'faire souffrir' ex. 苦了父母。 *kǔ le fùmǔ*, faire souffrir-PA-parents, 'faire souffrir ses parents'

(11) a 白 *bái*, adjectif 'blanc' ex. 白纸 *bái zhǐ*, blanc-papier, 'papier blanc'
     b 白 *bái*, verbe 'regarder avec de gros yeux' ex. 他白了我一眼。 *tā bái le wǒ yì yǎn*, 3SG- regarder avec de gros yeux-PA-1SG-un-coup, 'Il m'a regardé avec de gros yeux.'

(12) a 堵 *dǔ*, adjectif 'bouché' ex. 路上很堵。 *lù shàng hěn dǔ*, route-POST-très-bouché, 'La route est très embouteillée.'
     b 堵 *dǔ*, verbe 'boucher' ex. 下水道堵了。 *xiàshuǐdào dǔ le*, égout-boucher-PA, 'L'égout a été bouché.'

(13) a 热 *rè*, adjectif 'chaud' ex. 热饭 **rè** *fàn*, chaud-repas, 'repas chaud'
     b 热 *rè*, verbe 'réchauffer' ex. 热饭 *rè* **fàn**, réchauffer-repas, 'réchauffer le repas'

Les adjectifs-verbes du groupe (b) sont beaucoup plus nombreux que ceux du groupe (a). C'est un trait propre à la langue chinoise : le même morphème pourrait être nom, adjectif, adverbe, ou verbe étant donné que le chinois ne possède pas une morphologie similaire aux langues flexionnelles telles que la langue française. Ici, les exemples choisis se limitent aux adjectifs-verbes et les morphèmes à multiples sens grammaticaux ne sont pas présentés.

Dans les exemples du groupe (b), le ton ne change pas mais le même mot joue tantôt le rôle d'un adjectif, tantôt celui d'un verbe selon le contexte syntaxique. Dans l'exemple (13), l'ordre des mots est le même ; pourtant, deux interprétations sont possibles. Les natifs les distinguent grâce à l'accent porté sur le morphème non-noyau. Autrement dit, l'accent portera sur le modifieur ou le déterminant dans un groupe nominal, *i.e.* sur l'adjectif, ou sur l'objet dans un groupe verbal. En d'autres termes, l'accent doit porter sur l'élément non-tête ou non-noyau d'un groupe. Par exemple, dans un groupe nominal, le nom qui est la tête du groupe nominal ne doit pas porter l'accent (cf. l'exemple 13a) alors que dans un groupe verbal, le verbe qui est la tête du groupe verbal ne doit pas porter l'accent (cf. l'exemple 13b). Ceci se produit de façon récurrente dans des groupes de mots dissyllabiques en mandarin (Duanmu 2000 ; Wang & *al.* 2006 ; Xu 2017). Lorsque deux paires de mots dissyllabiques sont homophones (y compris au niveau des tons), l'accent joue donc un rôle distinctif.

4 Verbes intransitifs/adjectifs en chinois archaïque

Avec les exemples susmentionnés en mandarin contemporain, nous pouvons comprendre que les adjectifs étudiés aient pu être classés comme des verbes en chinois archaïque et ancien. Nous les désignerons par « verbes/adjectifs » lorsqu'ils'agit du chinois archaïque. Comme nous l'avons expliqué auparavant, lorsque certains adjectifs sont employés de manière transitive, ils expriment un sens « causatif » comme dans l'exemple du verbe 远 *yuàn* 'rendre loin = s'éloigner'.

Avant les Han (3e s. av. J.-C et 3e s. ap. J.-C.), les moyens phonologiques et morphologiques sont fréquemment attestés dans des œuvres classiques où le même morphème pouvait être, en changeant le ton ou la prononciation, un nom ou un verbe, un adjectif ou un verbe, un numéral ou un verbe, etc. Les canons classiques annotés pendant les Han (25 av. J.-C. – 220 ap. J.-C.) et dans le 經典釋文 *Jīngdiǎn shìwén* (*Annotations des Classiques*, 7e s. ap. J.-C.) en contiennent la trace. À partir de cette époque, les emplois phonologiques et morphologiques deviennent obsolètes. C'est ce dont témoigne le florilège de livres annotés, apparus lors des Han de l'Est, et qui commentent les grands canons classiques tels que *Les Entretiens de Confucius* (5e s. av. J.-C.), *Les Écrits de Mencius* (4e s. av. J.-C.), etc., . En effet, ces commentaires contenaient beaucoup d'explications à destination des lecteurs de l'époque, afin de soulever l'ambiguïté sur les fonctions grammaticales. Ces exégèses qui nous sont parvenues constituent des documents précieux pour la recherche en morphologie ancienne de la langue chinoise. En plus des moyens phonologiques et morphologiques consistant à changer le ton ou la prononciation de l'initiale, l'ordre des mots a toujours représenté un repère important dans l'interprétation de la fonction d'un morphème. Voici quelques exemples qui illustrent l'importance de l'ordre des mots :

(14) 王請大之！（孟子 1B/3）
wáng qǐng dà zhī,
roi-inviter-agrandir-ceci
'Votre Majesté devrait l'agrandir.' (*Mèngzǐ*).

(15) 匠人斲而小之...（孟子 1B/9）
jiàngrén zhuó ér xiǎo zhī,
charpentier-couper-et-réduire-ceci.
'Le charpentier le coupe et le réduit...' (*Mèngzǐ*)

Dans ces deux exemples, 大 *dà* 'grand' et 小 *xiǎo* 'petit' sont des mots considérés comme des adjectifs dans de nombreuses langues. En chinois archaïque, ils ont un double statut : soit adjectif, soit verbe. Si 大 *dà* et 小 *xiǎo* sont employés de manière intransitive, ils sont compris comme des adjectifs avec le sens 'grand' et 'petit'. S'ils sont employés de manière transitive (ex. 14 et ex. 15), ils sont alors interprétés comme des verbes à sens causatif. Autrement dit, la position syntaxique d'un élément détermine sa fonction grammaticale dans une langue pauvre de repères morphologiques telle que la langue chinoise.

Ce genre de verbes à sens causatif, *i.e.* 大 *dà* 'rendre grand = agrandir' et 小 *xiǎo* 'rendre petit = réduire' ont décliné aujourd'hui[12] au profit d'une montée des verbes résultatifs. Ceux-ci se trouvent en position de deuxième verbe dans un groupe verbal dissyllabique, indiquant ainsi le résultat du premier verbe d'action (cf. les exemples 5b et 6b). Les verbes résultatifs se sont formés autour du 5e siècle après J.-C. (cf. Ōta 1958 ; Li 1983 ; Shimura 1974 ; Mei 1991 ; Xu 2006, entre autres) pour répondre à un besoin syntaxique qui résulte de l'évolution du chinois.

Voici encore deux exemples tirés du 戰國縱橫家書 *Zhànguó zònghéngjiā shū* (*Lettres des Stratèges*, vers 195 av. J.-C.), texte exhumé dans la province de Hunan en 1973. Les documents écrits qui nous sont parvenus sont difficiles à dater, car les copistes des périodes postérieures changeaient souvent de caractères pour faciliter la compréhension par leurs contemporains. En revanche, les

---

[12] Mais ils continuent à s'employer aujourd'hui dans un contexte soutenu.

textes excavés ne souffrent pas de ce genre de défauts et nous fournissent des exemples authentiques, avec une datation plus sûre.

(16) 伐秦，秦伐 *fá Qín, Qín fá*, battre Qin, Qin battu
'Battre le Royaume Qin et celui-ci a été battu.' (Chapitre 8)

(17) 立帝，帝立 *lì dì, dì lì*, mandater empereur, empereur mandaté
'Mandater un empereur et celui-ci été mandaté' (Chapitre 8)

Nous avons sélectionné ces deux exemples pour aider les lecteurs non sinophones à mieux comprendre le problème. La position syntaxique nous indique que, lorsque le même mot est préverbal, il joue le rôle de sujet ; alors que s'il est post-verbal, il est objet. Le sens grammatical est ainsi éclairé : le même mot joue le rôle d'un verbe transitif quand il précède un nom ; dans le cas inverse, il devient un verbe intransitif indiquant le résultat d'action ou une réalisation d'action. Dans le premier cas, il exprime un procès dans le temps alors que dans le deuxième, il exprime un état établi qui se rapproche de la fonction des adjectifs. Sans les annotations de l'époque, nous n'aurions pas su si un mot changeait de ton ou de prononciation – mais parfois, même avec les annotations, la prononciation reste obscure pour les linguistes d'aujourd'hui étant donné que la terminologie était alors limitée et moins précise. Cependant, ces textes nous ont permis de comprendre que certains verbes/adjectifs, verbes transitifs/verbes intransitifs, ou encore les formes actives/passives se distinguaient par la prononciation, et a été en déclin à partir des Han de l'Est.

Maintenant observons quelques exemples où la prononciation de l'initiale indique la fonction du verbe/adjectif. En plus de l'exemple cité plus haut comme 夹 *jiā* 'pincer', 夹 *xiá* 'étroit' (remplacé après par le caractère 狭), ajoutons un autre exemple de même nature, clairement expliqué par les lettrés anciens :

见 *jiàn* <kenH<*kens 'voir'
现 *xiàn* <henH<*N-kens 'se faire voir, paraître'

De même, le caractère 见 a été remplacé par 现 pour les différentier. Les exemples de ce genre ne manquent pas, et peu de paires de mots ont survécu sans qu'un des deux éléments se soit vu rajouter une partie sémantique ou ait été simplement remplacé par un autre caractère. Voici deux exemples qui, aujourd'hui, s'emploient encore en mandarin :

折 折 *zhé* <tsyet<*tet 'casser'
　　折 *shé* <dzyet<*N-tet 'cassé'

解   解 *jiě* <kɛiX<*kreʔ 'dénouer, découper'
    解 [*xiè*]<kɛiH<*N-kreks 'dénoué, découpé'

Des phonologues et des linguistes en langue chinoise ont remarqué depuis longtemps qu'un verbe avec une initiale non voisée s'emploie souvent comme un verbe transitif indiquant une action, tandis qu'un verbe avec une initiale voisée s'emploie souvent comme un verbe intransitif exprimant un résultat (Downer 1959 ; Huang & Deng 1988 ; Huang 1992 ; Baxter 1992, entre autres). En d'autres termes, le verbe transitif marque souvent un sens actif alors que le verbe intransitif marque un sens passif ou un état. Les adjectifs en chinois archaïque sont intrinsèquement liés aux verbes intransitifs, aux verbes causatifs, voire à la voix « passive ». Ceci mérite davantage d'études et de réflexions. La catégorie des adjectifs en chinois est-elle comparable à celle des langues typologiquement différentes, telles que le français ? Nous allons discuter de ce problème dans la dernière section.

5 Un adjectif peut être dérivé d'un verbe

Le chinois archaïque est une langue typiquement monosyllabique : depuis les Hans (3ᵉ s. av. J.-C.-3ᵉ s. ap. J.-C.), on constate un développement significatif de la dissyllabisation aussi bien au niveau nominal qu'au niveau verbal. Dans la structure V1V2, construction de verbes en série, certains verbes transitifs en position de V2 basculent vers des verbes intransitifs, formant ainsi des verbes résultatifs (cf. Ōta 1958 ; Mei 1991 ; Xu 2006, entre autres). Avec le temps, quelques verbes résultatifs ont commencé à évoluer vers des adjectifs. C'est le cas des verbes 破 *pò* 'casser-cassé', 坏 *huài* 'abîmer-abîmé', parmi d'autres (Xu 2005 ; Song 2015). Ces verbes étaient des verbes typiques en chinois archaïque alors qu'en chinois contemporain, ils s'emploient aussi comme des adjectifs. Ce changement est évident si l'on compare le 古代汉语字典 *Gǔdài hànyǔ zìdiǎn* ('Dictionnaire du chinois classique') avec les dictionnaires de chinois contemporain. Par exemple, *pò* 'casser' est typiquement un verbe en chinois archaïque dans le *Dictionnaire du chinois classique* (p. 610) ; l'exemple où *pò* est employé comme adjectif 'cassé' date de la Dynastie des Tang (618–907) selon la même source. Dans le *Dictionnaire des mots en chinois contemporain* mentionné dans la section 1, *pò* a un double statut, verbe et adjectif (p. 1058). Pour le verbe *huài*, 'abîmer' en chinois archaïque, on constate un changement similaire : c'est typiquement un verbe en chinois archaïque, devenu un adjectif en chinois contemporain.

Maintenant expliquons comment *pò* 'casser' a obtenu la fonction adjectivale. Selon nos recherches (Xu 2005, 2006), on peut visualiser ce changement dans deux exemples tirés du même texte du *Zhànguócè* ['Stratégies des Royaumes Combattants'] daté du 1ᵉʳ siècle av. J.-C.

(18) a 燕昭王收破燕後即位。
Yān Zhāo wáng shōu pò Yān hòu jí wèi
Yan Zhao-roi-récupérer-cassé-Yan-après-monter au trône
'Après avoir récupéré le Royaume Yan, le roi est monté sur le trône.' (*Zhànguócè*)
b 齊因孤國之亂，而襲破燕。
Qí yīn gū guó zhī luàn ér xí pò Yān
Qi-profiter-notre-pays-de-désordre-et-attaquer-casser-Yan
'Le Royaume Qi a attaqué et vaincu le Royaume Yan, ayant profité du désordre de notre pays.' (*Ibid*)

Dans les exemples (18a) et (18b), les deux combinaisons 破燕 *pò Yān* sont identiques mais entretiennent des relations grammaticales différentes. Sans contexte historique, il est difficile de les interpréter. Deux possibilités existent : soit *pò* est interprété comme un verbe indiquant le résultat du premier verbe. Dans ce cas, il s'agit d'un verbe résultatif (« [V *pò*]$_{GV}$ + GN »). Soit il est compris comme un adjectif déterminant le nom suivant (« V + [*pò* N]$_{GN}$ »). Mais il est clair que le sens « attaquer et casser » est plus logique que « récupérer et casser ». Les annales historiques nous apprennent que le Royaume Qi a attaqué et vaincu le Royaume Yan, et que plus tard le roi du Royaume Yan est revenu pour le récupérer. Dans l'exemple (18a), *pò Yān* exprime donc une relation grammaticale [*pò* N] $_{GN}$, *pò* jouant le rôle d'un adjectif, tandis que dans l'exemple (18b), sous la même forme *pò Yān*, *pò* ne saurait être indépendant du premier verbe 'attaquer'. Il se trouve ainsi dans la composition d'un groupe verbal qui ne se situe pas au même niveau syntaxique que le groupe nominal qu'est l'objet. Ces deux exemples nous donnent un échantillon typique de la réanalyse[13] qui, étant un des mécanismes du changement syntaxique, constitue un processus

---

[13] En général, la réanalyse consiste en un changement syntaxique d'une unité sans que les mots en surface changent. La définition de la réanalyse adoptée par beaucoup de linguistes est celle de Langacker (1977 : 58) : il a indiqué que la réanalyse est « a change in the structure of an expression or class of expressions that does not involve any immediate or intrinsic modification of its surface manifestation » (Littéralement : 'un changement dans la structure d'une expression ou d'une classe d'expressions n'entraînant aucune modification immédiate ou intrinsèque de sa manifestation superficielle').

assez courant dans la grammaticalisation. Certains adjectifs typiques aujourd'hui sont ainsi dérivés de verbes typiques en chinois archaïque.

6 Synthèse

Par le biais d'exemples en chinois archaïque et contemporain, nous avons essayé d'examiner la spécificité des adjectifs en chinois. Notre étude ne concerne ici qu'une partie des adjectifs en langue chinoise, mais qui mérite une attention particulière comme elle reflète parfaitement l'évolution de la syntaxe chinoise. Ayant parcouru le chinois diachronique, nous avons vu que les adjectifs se forment comme une catégorie indépendante de manière progressive. Autrement dit, il est difficile de séparer complètement les adjectifs des verbes en chinois archaïque. On comprend mieux aussi que les adjectifs-verbes constituent un héritage de la langue ancienne. Nous proposons que les adjectifs-verbes constituent un sous-groupe de la catégorie verbale, tandis que les adjectifs qui ne peuvent pas s'employer comme verbe forment une catégorie indépendante (cf. Schéma 1 dans l'introduction). Dans la catégorie des adjectifs qui ne peuvent pas assurer le rôle d'un verbe, les adjectifs sont souvent dissyllabiques, par exemple :

> 鲜红 *xiānhóng*, 'rouge vif' ; 雪白 *xuěbái*, 'blanc neige' ; 巨大 *jùdà*, 'énorme' ; 冰凉 *bīngliáng*, 'glacial'

Comme nous l'avons expliqué plus haut, la langue chinoise a typologiquement changé et la dissyllabisation massive a commencé à partir des Han (Xu 2006 : 149), époque qui marque le début du chinois ancien. L'apparition des adjectifs dissyllabiques constitue donc le produit de l'évolution du chinois. Sur la base de ces données diachroniques, nous pouvons donc affirmer que la catégorie des adjectifs en chinois est devenue indépendante de la catégorie verbale grâce à un changement typologique de la syntaxe, y compris une dissyllabisation des mots en chinois. Il reste des résidus d'une partie des verbes/adjectifs qui partagent les traits syntaxiques avec les verbes intransitifs. La catégorie adjectivale comprend donc des adjectifs souvent dissyllabiques et créés après le chinois archaïque.

Nous pouvons étayer ce point de vue grâce à d'autres critères qui semblent appropriés et universels pour toutes langues. Les types sémantiques de base des adjectifs peuvent se diviser en quatre groupes (*four core semantic types* ; Dixon & Aikhenvald 2004 : 3–4). Ceux-ci sont attestés dans toutes les langues :

DIMENSION	'grand' ; 'petit'
AGE	'vieux' ; 'jeune'
VALEUR	'bon' ; 'mauvais'
COULEUR	'blanc' ; 'noir'

Ces adjectifs noyaux font partie du vocabulaire courant et fondamental dans les langues. Excepté le mot « jeune » du groupe AGE, les autres mots se trouvent également dans la liste de Swadesh, qui contient les mots les plus élémentaires dans les langues. En chinois, *plus un adjectif monosyllabique est basique, plus il garde un emploi verbal*, c'est-à-dire son double statut de verbe/adjectif. Cette observation soutient l'hypothèse selon laquelle les verbes et les adjectifs auraient dû se trouver dans le même groupe en chinois archaïque, car les mots les plus basiques sont mieux préservés, ou sont perdus à un rythme beaucoup plus lent que les mots non basiques (cf. Pagel 2013). Même si leur nombre a considérablement diminué, les quelques verbes-adjectifs qui sont restés ont vu leur usage résister au temps, en s'employant encore aujourd'hui comme en chinois archaïque.

Bibliographie

Alleton Viviane, 1973, *Grammaire du chinois*, Paris, Presses Universitaires de France.
Baxter William H., 1992, *A Handbook of Old Chinese phonology*, Berlin, Mouton de Gruyter.
Baxter William H., Sagart Laurent, 2014, *Old Chinese : A new reconstruction*, Oxford, Oxford University Press.
Chao Yuen Ren, 1968, *Grammar of Spoken Chinese*, Berkeley, University of California Press.
Dixon Robert M. W., Aikhenvald Alexandra Y. (eds.), 2004, *Adjective Classes-A cross-linguistic typology*. Oxford, Oxford University Press.
Downer G. B., 1959, « Derivation by Tone–Change in classical Chinese, *Bulletin of the School of Oriental and African Studies*, 22/2 : 258–290.
Dryer Matthew S., 2002, « Word Order in Sino-Tibetan Languages from a Typological And Geographical Perspective », *in* G. Thurgood & R. J. LaPolla (eds.), *The Sino-Tibetan Languages*, London, Routledge : 43–55.
Duanmu San, 2000, *The phonology of Standard Chinese*, New York/Oxford, Oxford University Press.
Hagège Claude, 1975, *Le Problème linguistique des prépositions et la solution chinoise*, Paris, La Société de Linguistique de Paris.
Hockett Charles Francis, 1958, *A course in modern linguistics*, New York, Macmillan.
Huang Kunyao, Deng Shiliang, 1988, *Xīn jiào suǒyǐn Jīngdiǎn shìwén* ['Nouvelle version des indexes du Jingdian shiwen'], Taipei, Xuehai chubanshe.
Huang Kunyao, 1992, *Jīngdiǎn shìwén dòngcí yìdú xīntàn* ['Etudes des verbes aux tons différents dans le Jingdian shiwen'], Taipei, Xuesheng shuju.

Langacker Ronald W., 1977, « Syntactic reanalysis », *in* C. N. Li (ed.), *Mechanisms of syntactic change*, Austin, University of Texas Press : 57-139.
Li Zuofeng, 1983, « Xian Qin hanyu de zidongci jiqi shidong yongfa » ['Les verbes intransitifs et leurs emplois causatifs pendant la période Pré-Qin'], *Yuyanxue Luncong*, 10 : 117-144.
Li Zuofeng, 1994, « Xian Qin de bu jiwu dongci he jiwu dongci » 'Les verbes transitifs et intransitifs pendant la période Pré-Qin'], *Zhongguo yuwen*, 4 : 287-296.
Li Charles N., Thompson Sandra A., 1976, « Subject and Topic : A New Typology of Language », *in* C. N. Li (ed.), *Subject and Topic*, New York, Academic Press : 457-489.
Li Charles N., Thompson Sandra A., 1981, *Mandarin Chinese*, Berkeley/Los Angeles, University of California Press.
Lyons John, 1968, *Introduction to theoretical linguistics*, Cambridge, Cambridge University Press.
Mei Tsu-lin, 1991, « Cong Handai de dong-sha dong-si lai kan dongbu jiegou de fazhan » ['Développement des résultatifs via l'opposition entre verbe-tuer et verbe-mourir pendand les Dynasties des Han'], *Yuyanxue Luncong*, 16 : 112-136.
Norman Jerry, 1988, *Chinese*, Cambridge, Cambridge University Press.
Ōta Tatsuo, 1958 [1987], *Zhongguoyu lishi wenfa* ['Grammaire diachronique de la langue chinoise'], Tokyo, Jiangnan shuyuan.
Pagel Mark & *al.*, 2013, « Ultraconserved words point to deep language ancestry across Eurasia », *PNAS*, 110/21 : 841-847.
Pulleyblank Edwin G., 1991, *Lexicon of Reconstructed Pronunciation in Early Middle Chinese, Late Middle Chinese, and Early Mandarin*, Vancouver, UBC Press.
Rygaloff Alexis, 1973, *Grammaire élémentaire du chinois*, Paris, Presses Universitaires de France.
Sagart Laurent, 1999, *The Roots of Old Chinese*, Amsterdam/Philadelphia, John Benjamins Publishing Company.
Schachter Paul, 1985, « Parts-of speech systems », *in* T. Shopen (ed.), *Language typology and syntactic description*, Cambridge, Cambridge University Press : 3-61.
Shimura Ryōji, 1974, « Hanyu shicheng fuhe dongci guocheng de tantao » [Sur la formation des verbes causatifs composés en chinois], *Dongbei Daxue Wenxuebu Yanjiu Nianbao*, 24 : 143-168.
Song Yayun, 2015, « Cong bianjia de jiaodu kan guhanyu dongci zidonghua de qushi » [La tendance d'intransitivation des verbes en chinois archaïque du point de vue de la valence], *Hubei Daxue Xuebao*, 5 : 62-68.
Stassen Leon, 2013, « Predicative Adjectives », *in* M. S. Dryer & M. Haspelmath (eds.), *The World Atlas of Language Structures Online*, Leipzig, Max Planck Institute for Evolutionary Anthropology.
Wang Yunjia & *al.*, 2006, « Hanyu jiaodian zhongyin he yuyi zhongyin fenbu de chubu shiyan yanjiu » [Études préliminaires sur la distribution de l'accent du focus et l'accent du sens, *Shijie Hanyu Jiaoxue*, 2 : 86-98.
Xu Dan, 2005, « Tan 'po'-hanyu mouxie dongci de leixing zhuanbian » ['Changement typologique de certains verbes en chinois : le cas de *po* 'casser' '], *Zhongguo Yuwen*, 4 : 333-340.
Xu Dan, 2006, *Typological Change in Chinese Syntax*, Oxford, Oxford University Press.
Xu Dan, 2017, « Guanyu hanyu shengdiao de yixie sikao » ['Réflexions sur les tons en chinois'], *Nankai Yuyan Xuekan*, 2 : 11-23.

Zhang Guoxian, 1995, « Xiandai hanyu de dongtai xingrongci » ['Les adjectifs d'action en chinois contemporain', *Zhongguo Yuwen*, 3 : 221–229.

Zhengzhang Shangfang, 2000, *The phonological system of Old Chinese*, trad. par Laurent Sagart, collection des Cahiers de Linguistique-Asie Orientale, Paris, EHESS-CRLAO.

Gǔdài hànyǔ zìdiǎn ['Dictionnaire du chinois classique'], 2005, Beijing, Shangwu yinshuguan.

Xiàndài hànyǔ cídiǎn ['Dictionnaire des mots en chinois contemporain'], 2005, Beijing, Shangwu yinshuguan.

Yayoi Nakamura-Delloye
Chapitre 8 Adjectivation et adjectivité en japonais

1 Introduction

Le présent chapitre tente, à travers l'étude de phénomènes d'adjectivation en japonais, d'appréhender la notion d'adjectivité en japonais et de proposer des éléments de réflexion sur la place de la sémantique dans sa définition. Nous allons d'abord présenter brièvement les adjectifs japonais avec leurs quelques spécificités par rapport aux adjectifs français (§ 2). Nous proposerons ensuite un panorama des différents moyens d'adjectivation en commençant par des procédés morphologiques (§ 3), puis syntaxiques (§ 4), ainsi que la catégorie d'adnom (§ 5), avant d'aborder les questions plus délicates de la frontière floue entre les noms et les adjectifs qui entraîne des cas délicats de distorsion ou conversion catégorielle (§ 6). Cette question nous amène à nous rendre compte de l'apport sémantique de l'adjectivation morphologique (§ 7), permettant ainsi de comprendre la nature fondamentalement qualificative de l'adjectif japonais (§ 8).

2 Adjectifs en japonais

2.1 Catégorie des adjectifs et propriétés morphologiques

La classification des mots en parties du discours en japonais se base grandement sur leurs propriétés morphologiques (Watanabe 1976). Les mots se divisent d'abord en deux types, autonomes et non autonomes (ou annexes), puis sont classés encore dans deux catégories selon qu'ils subissent ou non une variation de forme (Figure 1). Il existe deux classes de mots variables : verbes et adjectifs. Les adjectifs japonais sont donc des mots variables ayant des systèmes de variation morphologique différents de ceux des verbes.

2.2 Fonctions syntaxiques des adjectifs

Contrairement au français, les mots variables japonais sont démunis d'un système d'accord et n'indiquent ni nombre ni personne, mais marquent par leur

Yayoi Nakamura-Delloye, IFRAE, Inalco, Université de Paris, CNRS

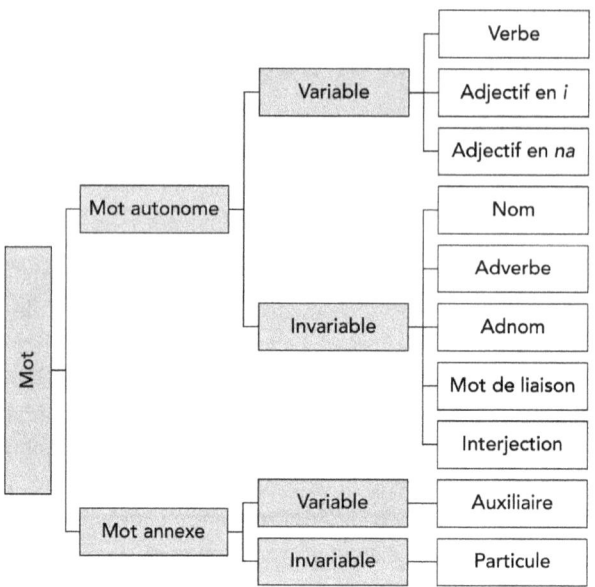

Figure 1 : Catégories grammaticales dans la grammaire scolaire.

forme la fonction qu'ils assurent dans la phrase. L'analyse des formes variantes diffère selon les linguistes et nous présentons ici un tableau (tableau 1) inspiré de l'analyse des linguistes contemporains Masuoka & Takubo (1992) qui se fonde sur les différents travaux linguistiques antérieurs, tels que Teramura (1984), Mikami (1953) ou Bloch (1946). Les formes connectives peuvent marquer différentes fonctions adverbiales et les formes conclusives indiquent la fonction prédicative avec certaines valeurs temporelles et modales. En japonais contemporain, les formes autonomes permettent d'assurer également la fonction adnominale.

Le japonais est une langue strictement centripète et les éléments régis précèdent toujours leur régissant. Dans une phrase, les mots variables japonais marquent donc par leur forme la fonction qu'ils assurent vis-à-vis de leur élément régissant qui se trouve toujours dans une position postérieure. Avec ces différentes formes, les adjectifs peuvent assurer la fonction prédicative dans la position finale (comme dans l'ex. 1), la fonction adnominale en précédant un nom (comme dans l'ex. 2) ou encore la fonction adverbiale (comme dans l'ex. 3). En linguistique japonaise, on distingue traditionnellement la catégorie grammaticale d'adjectif, qu'on appelle *keiyôshi* ('mot de qualité'), de la fonction d'un élément de phrase qui modifie un substantif, qu'on désigne par le terme *rentai* ('adnominale'). Dans le présent chapitre également, pour éviter la confusion de

Tableau 1 : Flexion des mots variables.

Forme		Verbe *Iku* 'aller'	Adjectif en i *Hayai* 'rapide'	Adjectif en na *Shizuka* 'calme'
Connective adverbale	Neutre	Ik i	Haya ku	Shizuka ni
		It te	Haya kute	Shizuka de
		It tari	Haya kattari	Shizuka dattari
	Condition	Ik eba	Haya kereba	Shizuka nara
		It tara	Haya kattara	Shizuka dattanara
Connective adnominale	Déterminante			Shizuka na
	Autonome	Ik u	Haya i	Shizuka da
		It ta	Haya kata	Shizuka data
Conclusive	Volitive	Ik ô	Haya karô	Shizuka darô
		It tarô	Haya kattarô	Shizuka dattarô
	Impérative	Ik e		

ces deux notions, nous réservons le terme *adjectif* pour désigner la catégorie et nous appelons « fonction adnominale » celle assurée par une épithète en français.

(1) Fonction prédicative
    a. 飛行機は 速い。
       Hikôki wa haya-i.
       avion TH rapide-CONCLUSIVE
       'L'avion est rapide'
    b. 図書館は 静かだ。
       Toshokan wa shizuka-da.
       Bibliothèque TH calme-CONCLUSIVE
       'La bibliothèque est calme'

(2) Fonction adnominale
    a. 速い 車
       Haya-i kuruma
       rapide-ADNOMINAL voiture
       'Une voiture rapide'

b. 静かな　部屋
Shizuka-na　　　　heya
calme-ADNOMINAL　pièce
'Une pièce calme'

(3) Fonction adverbiale
a. 速く　走る
Haya-ku　　　　hashiru
rapide-ADVERBAL　courir
'Courir vite'
b. 静かに　話す
Shizuka-ni　　　　hanasu
calme-ADVERBAL　parler
'Parler à voix basse'

Les adjectifs sont divisés en deux types selon les systèmes de variation. On appelle adjectifs en *-i* les adjectifs qui prennent en fonction adnominale la terminaison *-i* comme les exemples de la série (a), et adjectifs en *-na*, ceux avec la terminaison en *-na* comme les exemples de la série (b).

2.3 Caractéristiques des adjectifs japonais

Une des caractéristiques syntaxiques des adjectifs japonais par rapport au français est son comportement rigide. Comme le dit Noailly (2008 : 36), l'adjectif français a un comportement libre et les syntagmes nominaux (SN) sans tête nominale sont assez courants.

> L'adjectif, en français, a un comportement très libre, très souple, et une extraordinaire proximité avec le substantif.

En japonais, le SN sans tête nominale est très peu plausible, sinon impossible. Bien que le japonais soit réputé pour sa grande possibilité d'ellipse liée à sa nature très dépendante du contexte, la présence de l'antécédent ne permet pas de former un SN sans tête nominale comme le montre la traduction japonaise de l'exemple 4. Pour former une phrase grammaticale, il faudrait soit reprendre le mot *bôru* 'balle', soit recourir au pronom *no*. L'explication de cette possibilité en français par la présence du déterminant est tentante, mais Noailly signale un autre type de construction nominale sans nom ni déterminant comme l'exemple 5. La traduction japonaise montre qu'en japonais la construction sans tête nominale est également impossible pour cette structure. L'adjectif japonais a ainsi un comportement beaucoup moins libre et plus rigide que l'adjectif français et il ne peut pas constituer un SN sans la présence d'un nom contrairement au français.

(4) Moi, je prends la balle rouge et toi, tu prends la ø blanche.
僕は、赤いボールを取るから、君は白い{ボール / の / *ø}を取って。
Boku wa akai bôru wo toru kara, kimi wa shiroi {bôru/no/*ø} wo totte.

(5) Je n'ai jamais rencontré ø moins curieux que Mr le mari de ma mère.
僕は、母の夫ほど無関心な{人間 / *ø}に会ったことがない。
Boku wa, haha no otto hodo mukanshin-na {ningen/*ø} ni atta koto ga nai.

3 Procédés morphologiques d'adjectivation

Le japonais est une langue agglutinante et il existe des suffixes dérivationnels qui forment un adjectif à partir de mots de différentes catégories. Certains préfixes interviennent également dans la dérivation (Masuoka & Takubo 1992).

3.1 Suffixes adjectivants

Certains suffixes transforment les noms ou les adjectifs en adjectifs en -*i* (ex. 6a, 6b), d'autres en adjectifs en -*na* (ex. 6c, 6d, 6e). Le suffixe -*teki* (ex. 6e) est sans doute un suffixe typique et très productif d'adjectivation qui transforme simplement un nom en adjectif sans ajouter de sens supplémentaire.

(6) Transposition des noms en adjectifs
    a. フランス人らしい　人
       Furansujin-rashii   hito
       Français-typiquement personne
       'personne typiquement française'
    b. 安っぽい　服
       yasu-ppoi   fuku
       bon_marché-qui_paraît vêtement
       'vêtement paraissant pas cher'
    c. 悲しげな　人
       Kanashi-gena   hito
       triste-qui_a_l'air personne
       'personne qui a l'air triste'

d. 子供みたいな　人
      Kodomo-mitaina   hito
      enfant-qui_ressemble_à   personne
      'personne enfantine'
   e. 文学的な　表現
      Bungaku-tekina   hyôgen
      littérature-qui_a_la_qualité_de expression
      'expression littéraire'

Par ailleurs, certains suffixes suivent les verbes et transforment ces derniers en adjectifs. C'est le cas des expressions de la facilité et de la difficulté (ex. 7a, 7b) ou de l'expression du désir (ex. 7c) ou encore de l'expression de la négation (ex. 7d).

(7)   Transposition des verbes en adjectifs
      a. 行きやすい iki-yasui (aller-facile) 'facile d'aller '
      b. 行きにくい iki-nikui (aller-difficile) 'difficile d'aller'
      c. 行きたい iki-tai (aller-désireux) 'avoir envie d'aller'
      d. 行かない ika-nai (aller-NÉG) 'ne pas aller'

3.2 Acquisition des propriétés des adjectifs

Les unités comportant ces suffixes acquièrent la propriété morphologique des adjectifs et changent leurs formes de la même manière que le système de variation des adjectifs, comme le montre le tableau (tableau 2).

La négation multiple, qui est une des caractéristiques du japonais surprenant parfois les oreilles des étrangers, provient de cette nature morphologique adjectivale de la négation en japonais. Prenons comme exemple le verbe *taberu* ('manger'). Même la triple négation *tabe-naku-naku-nai*, notamment pour demander l'accord de l'interlocuteur comme dans l'exemple (8e), est en effet tout à fait possible en conversation quotidienne entre les jeunes.

(8)   Négation du verbe *taberu* ('manger')
      a. tabe-nai 'On n'en mange pas'
      b. tabe-naku-nai 'Il se peut qu'on en mange'
      c. tabe-naku-nai ? 'On n'en mange pas, si ?'
      d. tabe-naku-naku-nai 'C'est faux qu'il se peut qu'on en mange'
      e. tabe-naku-naku-nai ? 'Il se peut qu'on en mange, non ?'

Tableau 2 : Flexion des verbes adjectivés.

Forme	Adjectif en i *Hayai* 'rapide'	V + tai *Iki-tai* 'vouloir aller'	V + nai *Ika-nai* 'ne pas aller'
Neutre	Haya ku	Iki-ta ku	Ika-na ku
	Haya kute	Iki-ta kute	Ika-na kute
	Haya kattari	Iki-ta kattari	Ika-na kattari
Condition	Haya kereba	Iki-ta kereba	Ika-na kereba
	Haya kattara	Iki-ta kattara	Ika-na kattara
Autonome	Haya i	Iki-ta i	Ika-na i
	Haya kata	Iki-ta kata	Ika-na kata
Volitive	Haya karô	Iki-ta karô	Ika-na karô
	Haya kattarô	Iki-ta kattarô	Ika-na kattarô

En plus de l'acquisition de cette propriété morphologique, le rajout du suffixe peut également donner, du moins partiellement, les propriétés syntaxiques des adjectifs et provoquer le changement du schéma actanciel du prédicat.

Le rajout du suffixe *-tai* provoque le changement de cas du complément au cas accusatif, qui devient le nominatif comme dans l'exemple (9a). Dans cette construction, le complément *poisson*, qui était initialement l'argument du verbe *manger* dans le schéma transitif, est devenu l'argument du prédicat adjectival du type *être désirable*, marqué par la particule nominative *ga*. C'est une transformation du schéma actanciel du type transitif au type adjectival. Toutefois, la conservation du cas accusatif est également possible comme le montre l'exemple (9b). Cette construction peut être analysée par l'adjectivation de l'ensemble du syntagme verbal (SV) et non du verbe seul.

(9) Schéma initial (transitif) : 魚を食べる
    Sakana wo taberu
    poisson ACC manger
    'manger du poisson'
  a. 魚が食べたい
    Sakana ga $_A$[$_V$tabe] -tai]
    poisson NOM manger -DÉSIR
    '(J'ai) envie de manger du poisson'

b. 魚を食べたい
   SA[SV[Sakana   wo   tabe]   -tai]
         poisson   ACC   manger -DÉSIR
   « (J'ai) envie de manger du poisson »

Le rajout du suffixe *yasui* provoque également le même changement de cas du complément au cas accusatif, qui devient le nominatif. Mais l'unité formée par *yasui* exprime essentiellement la propriété et la phrase prend généralement la structure d'un jugement avec un thème pour lui attribuer une propriété. Ainsi, la structure (10b) dans laquelle le *poisson* est thématisé, est plus courante que la structure (10a) sans thématisation.

(10) Suffixe *-yasui* (facilité)
   a. 魚が 食べやすい
      Sakana   ga   tabe-yasui
      poisson   NOM   manger-FACILITÉ
      'Le poisson est facile à manger'
   b. 魚は 食べやすい
      Sakana   wa   tabe-yasui
      poisson   TH   manger-FACILITÉ
      'Le poisson est facile à manger'

Le suffixe de négation n'entraîne pas de changement de structure verbale, mais le complément sur lequel porte la négation est souvent introduit par la particule *wa* de thématisation au lieu de la particule casuelle (PC). La phrase à thème est constituée plutôt avec un prédicat d'état et ce changement peut donc être interprété par une sorte d'adjectivation de la nature de la structure phrastique (Tokieda 1941 ; Mikami 1963).

(11) Suffixe *-nai* (négation)
   a. 魚を 食べない
      Sakana wo   tabe-nai
      poisson ACC manger-NÉG
      '(Je/Il) ne mange pas de poisson'
   b. 魚は 食べない
      Sakana wa   tabe-nai
      poisson TH   manger-NÉG
      '(Je/Il) ne mange pas de poisson'

3.3 Préfixes adjectivants

Certains préfixes interviennent également dans la dérivation (Masuoka & Takubo 1992). Il existe en effet des préfixes qui s'attachent principalement aux mots dits sino-japonais (*kango*), et qui les transposent en adjectifs en *-na*.

Les kango sont des substantifs, généralement d'origine chinoise, constitués pour la plupart de deux sinogrammes comme *ben-kyô* (勉強 'étude'), *ki-gen* (機嫌 'humeur') ou *seki-nin* (責任 'responsabilité'). Certains kango exprimant une action se transforment en verbe à l'aide du suffixe verbal *-suru* comme *benkyô-suru* ('étudier'). Le suffixe *-teki* que nous avons vu dans § 3.1 les transforme en adjectifs en *-na*.

Les préfixes intervenant dans la dérivation sont notamment des préfixes de degré (ex. 12) ou des préfixes à valeur négative (ex. 13).

(12) Préfixes de degré
    a. 大＋規模-な *dai* (grand) + *kibo* (dimension) *-na* 'immense '
    b. 多＋目的-な *ta* (nombreux) + *mokuteki* (objectif) *-na* 'multi-usage'
    c. 高＋性能-な *kô* (haut) + *seinô* (performance) *-na* 'de haute performance'

(13) Préfixes à valeur négative
    a. 不＋機嫌-な *fu* + *kigen* (humeur) *-na* 'qui est de mauvaise humeur'
    b. 無＋責任-な *mu* + *sekinin* (responsabilité) *-na* 'irresponsable'

Le mot *musekinin-na* varie selon le système de variation de l'adjectif en *-na* et assure la fonction adnominale à la forme en *-na* (ex. 14a) ainsi qu'une fonction prédicative avec possibilité de modification par un adverbe (ex. 14b).

(14) 無＋責任-な *mu-sekinin-na* ('irresponsable')
    a. Fonction adnominale
        無責任な親 *mu-sekinin-na oya* 'parents irresponsables'
    b. Fonction prédicative
        とても無責任だ *totemo mu-sekinin-da* 'être vraiment irresponsable'

Ces préfixes effectuent ainsi des conversions catégorielles d'adjectivation et constituent des unités qui partagent totalement les propriétés morpho-syntaxiques des adjectifs.

4 Procédés syntaxiques d'adjectivation

La transposition syntaxique d'adjectivation consiste notamment en la formation d'un syntagme adnominal à partir d'un nom à l'aide de la particule *no*.

(15) 日本の首都
 Nihon no shuto
 Japon GEN capitale
 'Capitale du Japon'

Dans *Essai de grammaire japonaise*, Hoffmann[1] qualifie cette particule de « signe constant de l'adjectivité ».

> La postposition *no* [...] étant le signe constant de l' adjectivité, tout nom substantif, quelle que soit la classe à laquelle il appartient, est qualifié comme adjectif par cette postposition.

4.1 Niveaux d'adjectivation et d'adjectivité

Cependant, contrairement aux affixes que nous venons de voir, qui effectuent les véritables conversions catégorielles d'adjectivation, la particule *no* ne permet de former que les compléments adnominaux et elle se distingue complètement des affixes présentés dans la section précédente. Toutefois, il est envisageable de reconnaître son adjectivité en admettant différents niveaux d'adjectivation et d'adjectivité. Si l'on définit l'adjectivation comme un procédé morphologique de conversion catégorielle, on peut parler de différents niveaux d'adjectivation en fonction du degré de partage des propriétés des adjectifs par l'unité résultant de la transformation. L'obtention de la capacité à assurer la fonction adnominale peut alors être considérée comme une adjectivation partielle, ce qui rend cette particule *no* le marqueur de l'adjectivité par excellence en japonais.

4.2 Différentes constructions avec la particule *no*

Outre l'adjectif à la forme adnominale, il existe six types de constructions adnominales (Teramura 1991, sauf 16d) et cinq sont constituées en syntagmes postpositionnels (SP) constitués avec la particule *no*.

---

[1] Éclaircissement apporté par J. Hoffmann dans Donker Curtius (1861), traduit en français par Léon Pagès (p. 62).

La construction (16a) est le cas typique où la particule *no* introduit un nom. Ces compléments du nom constituent notamment des éléments adnominaux relationnels. Contrairement au français, le japonais ne possédant pas d'adjectif relationnel, les éléments adnominaux relationnels sont formés notamment par ces compléments du nom. La particule *no* peut également introduire d'autres types d'éléments : un adverbe (16b), un syntagme post-positionnel avec particule casuelle (16c), un syntagme verbal à la forme adverbiale (16d), et elle peut même constituer un complément du nom avec une proposition subordonnée (16e).

Le sixième et dernier type de construction adnominale est constitué avec le verbe. Le verbe, qui est un autre type de mot variable, assure également une fonction adnominale. Les éléments formés avec cette forme verbale sont analysés par une proposition déterminante, équivalente à la relative française comme le montre la traduction en français de l'exemple (16f-i). Pour certains verbes, comme le verbe de l'exemple (16f-ii), les emplois en tant que verbe sont très restreints et s'approchent des adjectifs, en particulier sur le plan sémantique. Mais contrairement aux participes en français, la différence morphologique entre les verbes et les adjectifs est indiscutable en japonais comme nous l'avons vu dans le tableau de variation de formes (voir Tableau 1). Si bien que ni la discussion de distorsion catégorielle ni la détermination de leur frontière dans la catégorisation lexicale ne donne lieu à débats, malgré cette propriété commune de formation des éléments adnominaux. Toutefois, lorsque l'emploi en tant que verbe disparaît et que l'usage se limite complètement à la fonction déterminante adnominale, le mot est classé dans la catégorie des adnoms que nous allons étudier dans la section suivante.

(16) a. N + no : 日本の首都
Nihon no shuto
Japon GEN capitale
'Capitale du Japon/capitale japonaise'
b. Adv + no : たびたびの失敗
Tabitabi no shippai
souvent GEN échec
'Échecs récurrents'
c. SP (SN+PC) + no
i. 父からの手紙
[Chichi kara] no tegami
père DÉPART GEN lettre
'Lettre (provenant) de mon père'

ii. 友人との再会
    [Tomodachi to] no saikai
    ami COMITATIF GEN retrouvailles
    'Retrouvailles avec mes amis'
d. SV (forme neutre) + no : 先生を囲んでの食事
  [Sensei wo kakonde] no shokuji
  professeur ACC entourer.F-ADV GEN repas
  'Repas autour du professeur'
e. Proposition subordonnée + no : 成功すればの話
  Seikôsureba no hanashi
  réussir.CONDITION GEN histoire
  'Une possibilité dans le cas où on réussirait'
f. SV dans une forme autonome
  i. ポールが買った本
    [Pôru ga ka-tta] hon
    Paul NOM acheter-PASSÉ livre
    'Le livre que Paul a acheté'
  ii. 古びた車
    [Furubi-ta] kuruma
    se_patiner-PASSÉ voiture
    'Une vieille voiture'

5 Classe de l'adnom

À côté des unités formées par une adjectivation que nous venons d'examiner, existent également d'autres mots ayant intrinsèquement une adjectivité partielle. Ce sont les mots catégorisés dans la classe de l'adnom. Il s'agit d'une classe des mots autonomes invariables qui assurent exclusivement la fonction adnominale.

Cette classe contient majoritairement d'anciennes formes adnominales des verbes ou des adjectifs lexicalisés (17a) qui ont perdu toute variation et qui sont des unités sémantiquement équivalentes aux adjectifs qualificatifs. Elle comporte également d'autres unités correspondant aux adjectifs non qualificatifs français, tels que des démonstratifs (17b), des interrogatifs/exclamatifs (17c), des possessifs (17d) ou encore des indéfinis (l7e), sans compter diverses autres constructions lexicalisées (l7f) composées du nom suivi de la particule *no*. C'est donc une classe homogène morpho-syntaxiquement mais hétérogène sémantiquement.

(17) Adnoms
   a. anciens verbes ou adjectifs lexicalisés : *kakutaru* (確たる 'sûr'), *soshiranu* (素知らぬ 'différent'), *tannaru* (単なる 'simple'), *naki* (亡き 'disparu'), *mishiranu* (見知らぬ 'inconnu'), etc.
   b. démonstratifs : *ano* (あの 'ce'), *konna* (こんな 'ce genre de'), *sôshita* (そうした 'ce genre de'), etc.
   c. interrogatifs/exclamatifs : *dono* (どの 'quel'), *dôiu* (どういう 'quel genre de'), *nantaru* (なんたる 'quel'), etc.
   d. possessifs : *waga* (わが 'mon/ma/mes')
   e. indéfinis : *aru* (ある 'un certain'), *ikanaru* (いかなる 'n'importe quel'), *onaji* (同じ 'même'), *hokano* (他の 'autre'), etc.
   f. divers : *honno* (ほんの 'un peu de'), *masakano* (まさかの 'inattendu'), etc.

6 Frontière floue entre noms et adjectifs en *-na* : distorsions ou conversions catégorielles ?

Le vrai problème de l'analyse et de la catégorisation relatif aux adjectifs japonais réside dans la distinction difficile entre les noms et les adjectifs en *-na*, à cause de leur frontière en réalité assez floue.

Considérons la phrase suivante :

(18) 妹は　とても現実主義者だ。
   Imôto　　　　　wa totemo genjitushugi-sha　da.
   ma_petite_sœur TH très　　réalisme-personne COP
   'Ma petite sœur est très réaliste'

Ici le mot *genjitushugi-sha* est modifié par l'*adverbe totemo*. Or le terme *genjitushugi-sha* est généralement catégorisé comme un nom et un nom ne peut pas être modifié par un adverbe (ex. 19).

(19) a. *とても赤だ。
   * Totemo ₙaka　da
     très　　Rouge COP
   b. とても真っ赤だ。
   Totemo ₐ₋ₙₐmakka-da
   très　　　tout_rouge
   'être vraiment tout rouge'

La possibilité de modification par un adverbe est une des propriétés distinctives de l'adjectif par rapport au nom. On peut donc analyser l'exemple (18) comme un cas de distorsion catégorielle où un nom est utilisé comme un adjectif sans aucune modification morpho-syntaxique. Mais cette analyse est plus complexe car la distinction entre les noms et les adjectifs en -*na* est délicate.

En effet, comme on peut le voir dans les exemples (20a) et (20b), les formes indiquant la fonction prédicative de ces deux catégories de mots sont similaires et leur distinction se fait uniquement avec la forme adnominale (ex. 20c). Si bien que certains linguistes comme Tokieda (1950) considèrent le qualificatif en -*na* comme une sous-catégorie des noms en analysant les parties variables par la copule et non par des terminaisons. Mais cette solution est rarement adoptée aujourd'hui, car l'adjectif en -*na* possède suffisamment de propriétés syntaxiques pour justifier son statut indépendant du nom.

(20)   a. Fonction prédicative (présent)
        i. ここは 静かだ。(Adj)
          Koko   wa   shizuka-da.
          Ici   TH   calme
          'Cet endroit est calme'
        ii. これは 本だ。(N+COP)
          Kore   wa   hon   da.
          Ceci   TH   livre   COP
          'C'est un livre'
   b. Fonction prédicative (passé)
        i. ここは 静かだった。(Adj)
          Koko   wa   shizuka-datta.
          Ici   TH   calme
          'Cet endroit était calme'
        ii. これは 本だった。(N+COP)
          Kore   wa   hon   datta.
          Ceci   TH   livre   COP
          'C'était un livre'
   c. Fonction adnominale
        i. 静かな 部屋 (Adj +N)
          Shizuka-na   heya
          calme   pièce
          'Une pièce calme'

ii. 本の 部屋 (N+no+N)
   Hon   no   heya
   livre GEN   pièce
   'Une salle de livres'

6.1 Propriétés distinctives

Premièrement, comme il a déjà été mentionné (ex. 19), les adjectifs peuvent être modifiés par un adverbe, mais pas les noms. Deuxièmement, les adjectifs sont dotés d'une valence (ex. 21a et 21b) alors que les noms ne peuvent régir que le complément en *no*, et les autres types de compléments post-positionnels ne peuvent s'attacher au nom qu'à l'aide de la particule *no* (ex. 21c et 21d).

(21) a. 先生と互角だ
      Sensei   to   gokaku-da
      professeur COM comparable
      '(capacité) comparable à (celle du) professeur'
   b. 料理に便利だ
      Ryôri   ni   benri-da
      Cuisine DAT   pratique
      '(ustensile) pratique pour la cuisine'
   c. *料先生と思い出
      *Sensei   to   omoide
      Professeur COM souvenir
      'sens voulu : souvenir avec le professeur'
   d. 先生との思い出
      Sensei   to   no   omoide
      professeur COM GEN souvenir
      'souvenir avec le professeur'

En revanche, les noms constituent des compléments argumentaux ou des thèmes avec les particules (ex. 22a et 22b) mais les adjectifs n'ont pas cette autonomie (ex. 22c). Ils ne peuvent pas non plus régir une proposition déterminante.

(22) a. 本を書く
      Hon   wo   kaku
      livre ACC écrire
      'écrire un livre'

b. 本に書く
　　　 Hon ni   kaku
　　　 livre LOC écrire
　　　 'écrire (q.ch) dans un/le livre'
　　c. 静か　　＊を/＊に/＊は/…
　　　 Shizuka *wo/*ni/*wa/ …
　　　 calme   ACC/DAT/TH/ …

6.2 Frontière floue

Mais malgré ces propriétés distinctives, la distinction entre les noms et les adjectifs en -*na* pose parfois des problèmes car entre ces deux catégories, il existe non pas une frontière mais une zone grise représentant leur continuité. Cette continuité n'est pas déconcertante quand on pense à la nature de l'adjectif en -*na*. Les adjectifs en -*na* se sont développés pour combler la lacune due au manque d'adjectifs primitifs en -*i* peu productifs, et beaucoup ont été créés à partir de mots d'origine chinoise ayant une autonomie élevée.

　　Certains mots tels que *genki* (ex. 23) ou *shinsetsu* (ex. 24) sont pluricatégoriels, à la fois nom et adjectif, et ils apparaissent dans la position adnominale sous deux formes, non seulement la forme adjectivale en -*na* (ex. 23a et 24a) mais aussi la construction adnominale avec la particule *no* (ex. 23b et 24b). De plus, leur radical très autonome se comporte en tant que nom et constitue d'autres types de compléments avec les particules casuelles (ex. 23c, 23d et 24c).

(23) 元気 *genki* ('bonne forme')
　　a. 元気な男の子 (forme adjectivale en position adnominale)
　　　 Genki-na   otoko-no-ko
　　　 en_forme   garçon
　　　 'garçon énergique'
　　b. 元気のもと (forme nominale en position adnominale)
　　　 Genki   no   moto
　　　 bonne_forme GEN   source
　　　 'source de force/courage'
　　c. 元気がある (en position nominative)
　　　 Genki   ga   aru
　　　 bonne_forme NOM   existe
　　　 'être en forme'

d. 元気を取り戻す (en position accusative)
   Genki   wo   torimodosu
   bonne_forme ACC récupérer
   'reprendre des forces'

(24) 親切 *shinsetsu* ('gentillesse')
   a. 親切な人 (forme adjectivale en position adnominale)
      Shinsetsu-na hito
      gentil   personne
      'personne gentille'
   b. 親切の押し売り (forme nominale en position adnominale)
      Shinsetsu no   oshiuri
      gentillesse GEN vente_forcée
      'gentillesse déplacée'
   c. 親切を仇で返す (en position accusative)
      Shinsetsu   wo   ada   de   kaesu
      gentillesse ACC mauvais_acte MOYEN   rendre
      'payer (q.qn) d'ingratitude'

Par ailleurs, il existe aussi des mots pour lesquels on constate une variation de la forme déterminante selon les locuteurs (flottement) ou même chez un même locuteur (fluctuation).

(25) a. 上質　な/の　肉
        Jôshitsu   na/no   niku
        bonne_qualité ADJ/GEN viande
        'viande de bonne qualité'
     b. 辛口　な/の　批評
        Karakuchi   na/no   hihyô
        goût_piquant   ADJ/GEN critique
        'critique piquante'

6.3 Catégorisation proposée par Muraki

Muraki (2012) étudie les adjectifs et les mots de la zone grise et propose une catégorisation représentée dans le tableau ci-dessous (tableau 3). La classe indiquée 1 est le prototype de l'adjectif en *-na* et la classe 5 est le prototype du nom. La frontière entre ces deux catégories est tracée ici entre les classes 3 et 4 en accordant de l'importance à la possibilité ou non de formation des

Tableau 3 : Classification par Muraki (2012).

	Forme adnominale	Forme prédicative	Constitution des compléments argumentaux	Exemples
1	-na	-da	non	**Shizuka na** kôen 'jardin calme'
2	-na/-no	-da	non	**Iroiro na/no** koto 'choses diverses'
3	-no	-da	non	**Batsugun no** seiseki 'résultats extraordinaires'
4	-na/-no	-da	oui	**Jiyû na** hassô 'idées libres' **Jiyû no** daishô 'le prix à payer pour la liberté'
5	-no	-da	oui	**Ringo no** ki 'arbre à pommes (pommier)'

compléments argumentaux. La classe 3 catégorisée traditionnellement dans le nom est considérée comme faisant partie des adjectifs, du fait justement de l'incapacité de formation des compléments argumentaux.

Ainsi, la distinction entre les noms et les adjectifs en -na n'est pas toujours évidente. Cette proximité entraine la confusion et rend possible la formation d'un adjectif en -na à partir d'un nom. Et pour l'exemple (18) que nous avons considéré plus haut, il semble plus approprié de parler de confusion catégorielle, plutôt que de distorsion. En effet, le terme *genjitsushugi-sha* fait partie des substantifs pour lesquels on trouve des occurrences des formes variantes adjectivées. Pour le syntagme nominal signifiant 'petite sœur réaliste', on trouve non seulement la construction nominale avec la particule *no* (ex. 26a) mais aussi la forme adjectivale (ex. 26b).

(26) 'Petite sœur réaliste'
    a. 現実主義者の妹
       genjitsushugi-sha   no   imôto
       réalisme-personne GEN petite_sœur
    b. 現実主義者な妹
       genjitsushugi-sha-na   imôto
       réalisme-personne   petite_sœur

Cette présence de la forme adnominale en *-na* montre que ce nom peut être adjectivé et le prédicat de l'exemple (18) *imôto wa totemo genjitsushugi-sha da* n'est pas un nom utilisé adjectivalement, mais un adjectif en *-na* créé à partir du nom, *genjitushugi-sha*.

7 Apport sémantique de l'adjectivation morphologique

Les deux constructions adnominales de l'exemple (26) *petite sœur réaliste* n'ont pas de différence sémantique et il est possible de considérer que leur différence relève de la fluctuation. Mais ce mécanisme de formation adjectivale en *-na* est exploité dans certains cas afin de produire un sens qu'un élément adnominal constitué d'un nom ne peut pas exprimer.

7.1 Procédé morphologique non conventionnel

Considérons les exemples suivants :

(27) *otona* (大人 'adulte')
    a. *大人の子供
       *otona no   kodomo
       Adulte GEN   enfant
    b. 大人な子供
       otona-na   kodomo
       adulte-ADJ   enfant
       'enfant mature'

(28) *uwaki* (浮気 'adultaire')
    a. 浮気の相手
       uwaki   no   aite
       adultaire GEN   partenaire
       'partenaire de l'adultaire'
    b. 浮気な相手
       uwaki-na   aite
       adultaire-ADJ partenaire
       'partenaire infidèle'

En (27), l'élément adnominal avec le nom *otona*, suivi de la particule *no*, signifie 'qui est relatif ou appartient à l'adulte' alors que *otona-na* signifie 'qui possède les caractéristiques de l'adulte'. Ainsi pour dire *enfant mature*, il est impossible d'utiliser le complément du nom (ex. 27a) et il faut recourir à la construction adjectivale en -*na* (ex. 27b). De même, avec le nom *uwaki*, la construction avec le complément du nom (ex. 28a) signifie *partenaire de l'adultaire*, tandis que la construction adjectivale en -*na* (ex. 28b) signifie *partenaire infidèle*. En effet, le complément du nom constitue un élément adnominal relationnel, tandis que l'unité adjectivée peut former un élément adnominal qualificatif.

Si ce procédé d'adjectivation est considéré comme non conventionnel et que les unités ainsi formées peuvent gêner certains natifs de sorte qu'elles soient jugées incorrectes, les exemples du recours à cette méthode d'adjectivation sont abondants. Ce phénomène d'adjectivation n'est d'ailleurs pas une tendance récente. L'évolution du suffixe dérivationnel -*teki* (§ 3.1) montre un très bel exemple d'intervention de cette adjectivation dans la formation même d'une unité.

7.2 Évolution du suffixe dérivationnel -*teki*

Le graphe ci-dessous (Figure 2) présente le résultat d'une analyse des emplois du suffixe -*teki* dans deux corpus de référence des japonais moderne et contemporain compilés par le NINJAL (National Institute for Japanese Language and Linguistics)[2]. Le suffixe -*teki* est introduit dans le japonais vers la fin du XIXe siècle en tant que traduction des suffixes anglais -*tive*, -*al* ou -*tic* (Furuta 1963). Dans ces corpus apparaissent trois formes adnominales. Par exemple, pour dire *société idéale* à partir du substantif *risô* (理想 'idéal'), les trois manières suivantes existent :

(29) 'société idéale'
    a. 理想的の社会
       risô-teki   no   shakai
       idéal-TEKI GEN société
    b. 理想的なる社会
       risô-teki   (-)naru   shakai
       idéal-TEKI COP/-ADJ société

---

[2] Données avant 1930 : *Corpus of Historical Japanese*, http://pj.ninjal.ac.jp/corpus_center/chj/meiji_taisho.html (consulté le 18 mars 2018). Données après 1970 : *Balanced Corpus of Contemporary Written Japanese* (BCCWJ), http://pj.ninjal.ac.jp/corpus_center/bccwj/index.html (consulté le 18 mars 2018).

c. 理想的な社会
risô-teki-na   shakai
idéal-TEKI-ADJ société

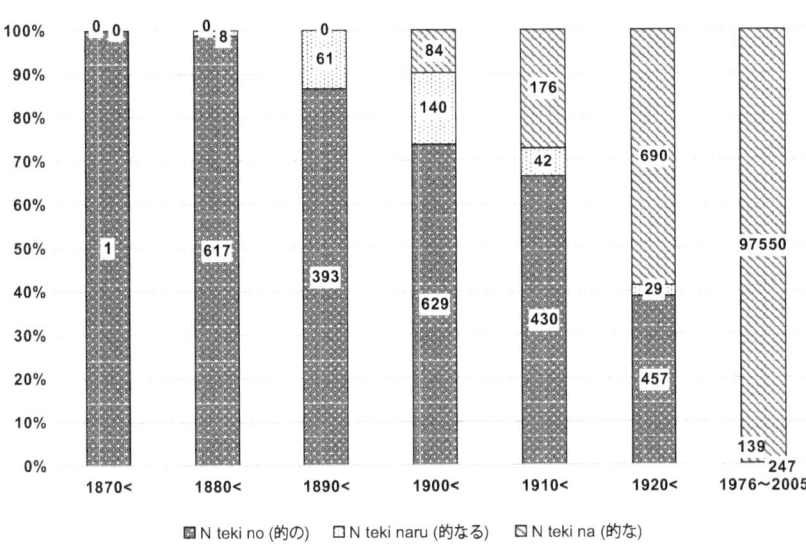

Figure 2 : Évolution du suffixe –*teki*.

L'exemple (29a) est la forme nominale qui constitue le complément du nom avec la particule *no* et l'exemple (29c), la construction adjectivale à la forme adnominale. L'exemple (29b) est ambigu : soit il s'agit d'un nom suivi de la forme adnominale de la copule *naru* ; soit il s'agit de la forme ancienne adnominale de l'adjectif quasiment disparue dans l'usage actuel. Quelle que soit l'analyse que nous adoptons pour la forme de l'exemple (29b), comme on peut le voir dans le graphe, l'emploi en tant que suffixe nominal était d'abord majoritaire, puis l'emploi adjectival a dépassé l'usage nominal en 1920 pour finir par la quasi-disparition du premier (< 0,4%) dans le corpus contemporain.

7.3 Révision de la notion d'adjectivité en japonais

La productivité importante de cette adjectivation semble révéler la psychologie des locuteurs et remet en cause notre définition de l'adjectivité proposée en § 4.1. Le recours à cette adjectivation montre que les locuteurs ressentent l'inadéquation de la construction adnominale en *no* pour exprimer la qualité de l'objet (ou l'être) dénoté par le nom. Les locuteurs emploient les compléments du nom pour former l'élément adnominal relationnel, tandis qu'ils préfèrent les adjectifs pour l'élément adnominal qualificatif.

Nous avons considéré la constitution de l'élément adnominal avec la particule *no* comme une adjectivation partielle, mais ce procédé syntaxique ne produit pas, du moins pas fondamentalement, cette valeur sémantique qu'apporte le procédé morphologique. Il serait sans doute plus approprié de ne parler de l'adjectivité au sens strict que pour les unités constituées par un moyen morphologique en japonais.

Tout cela nous amène à poser comme hypothèse que les locuteurs possèdent bien un concept de catégories et qu'ils attribuent à la classe d'adjectif le rôle d'attribution des propriétés au substantif. Sans contenir les mots adnominaux ayant les valeurs démonstrative, interrogative, possessive ou encore indéfinie comme nous l'avons vu, l'adjectif japonais constitue une véritable classe de qualificatif.

8 Nature qualificative de l'adjectif japonais

8.1 Formation des éléments adnominaux relationnels et qualificatifs

Une des caractéristiques démontrant cette nature fondamentalement qualificative de l'adjectif japonais est l'absence d'adjectifs relationnels. Nous avons déjà vu que les éléments adnominaux relationnels étaient constitués en japonais, non par des adjectifs, mais par des compléments du nom avec la particule *no* comme l'exemple (30a). Mais lorsque la tête nominale et l'élément déterminant sont tous les deux des mots sino-japonais *kango*, il existe une autre possibilité pour former les éléments adnominaux relationnels. C'est la juxtaposition qui donne un substantif composé comme l'exemple (30b).

(30) *gakusei* (学生 'étudiant') + *ryô* (寮 'foyer') → « foyer étudiant »
   a. Complément du nom + tête nominale
      gakusei no ryô 学生の寮
   b. Juxtaposition : déterminant + déterminé
      gakusei ryô 学生寮

Le suffixe *-teki* que nous avons vu précédemment permet également cette méthode de juxtaposition. Mais ce qui est intéressant ici, c'est que la construction avec une juxtaposition comme dans l'exemple (31a) produit le sens qualificatif, mais l'interprétation par le sens relationnel n'est pas impossible, alors qu'une forme adjectivale en -na comme dans l'exemple (31b) ne permet que l'interprétation qualificative.

(31) kakumei (革命 'révolution') + shisô (思想 'idéologie') → « idéologie révolutionnaire »
  a. Juxtaposition avec suffixe -teki
     kakumei-teki-shisô 革命的思想
     'idéologie au caractère révolutionnaire' (sens qualificatif) ou
     'idéologie de la révolution' (sens relationnel)
  b. Adjectif en na+ tête nominale = qualificatif
     kakumei-teki-na shisô 革命的な思想
     'idéologie au caractère révolutionnaire' (sens qualificatif)

Takahashi (2005) compare également ces deux structures avec des séquences qui signifient 'comportement ou caractère masculin'.

(32) « Comportement/caractère masculin » (Takahashi 2005)
  a. 男性的行動/性格
     dansei-teki   kôdô/seikaku
     homme-TEKI comportement/caractère
     'Comportement ou caractère des hommes'
  b. 男性的な行動/性格
     dansei-teki-na   kôdô/seikaku
     homme-TEKI-ADJ comportement/caractère
     'Comportement ou caractère masculin d'une femme'

Ses travaux montrent que la juxtaposition (ex. 32a) est utilisée pour parler surtout de personnes masculines, tandis qu'avec la forme adjectivale (ex. 32b), il s'agit plutôt de comportements ou de caractères d'une femme et l'élément adnominal donne une description de leur nature.

Ces comportements du suffixe -teki nous montrent bien la valeur qualificative apportée par l'adjectivation morphologique, traduite ici par l'ajout de la terminaison adjectivale adnominale -na.

8.2 Adjectifs sans emploi adnominal

Cette nature qualificative des adjectifs japonais apparait encore plus fortement dans les comportements syntaxiques de certains adjectifs, notamment *ôi* (多い 'nombreux'). En effet, cet adjectif, utilisé seul, n'a pas de fonction adnominale et ne peut qualifier de noms.

(33) *多い人
    *ôi   hito
    nombreux personne
    sens voulu 'nombreuses personnes'

Pour former l'élément adnominal, on constitue un complément du nom avec la forme nominale *ôku* (多く) et la particule *no* comme *ôku no hito* (多くの人, 'nombreuses personnes').

Cette contrainte semble être liée à la nature non qualificative de cet adjectif *ôi*. Comme il a déjà été signalé par un certain nombre de linguistes japonais tels que Teramura (1993), cet adjectif, sur le plan sémantique, n'exprime pas une qualité de l'entité dont il est question mais il dénote la présence abondante des entités dont on parle. S'il peut exprimer une propriété, c'est seulement en s'associant avec le complément nominatif en *ga* qui réfère aux entités dont la présence est évaluée nombreuse. Avec ce dernier, il constitue une sorte de prédicat complexe. Examinons la phrase suivante pour mieux illustrer :

(34) 東京は 人が 多い
    Tôkyô wa   hito   ga   ôi
    Tokyo TH   personne NOM   nombreux
    'Tokyo est très peuplée'

Dans cette phrase, l'adjectif *ôi* s'associe d'abord à l'élément nominatif *hito ga* qui réfère à l'entité pour lequel il exprime l'importance de la présence. Seule cette association permet d'exprimer la propriété *peuplé* et de constituer un prédicat qui attribue cette qualité au thème « Tokyo ». Ainsi, cet adjectif n'ayant pas de fonction adnominale lorsqu'il est utilisé seul (ex. 33) peut former un élément adnominal qualificatif sous forme d'un prédicat complexe (ex. 35).

(35) 人が 多い 町
    hito   ga   ôi   machi
    personne NOM   nombreux ville
    'ville peuplée' (litt. 'ville où les personnes sont nombreuses')

Cette contrainte liée à l'adjectif *ôi* est un phénomène démontrant l'exigence sémantique forte du caractère qualificatif pour l'adjectif japonais.

9 Conclusion

Nous avons vu que les adjectifs japonais sont principalement définis par leurs propriétés morphologiques et qu'il existe en japonais de nombreux procédés morphologiques et syntaxiques d'adjectivation permettant de former des unités partageant totalement ou partiellement les propriétés morpho-syntaxiques des adjectifs. Toutefois, le procédé syntaxique formant les compléments du nom donne aux unités produites non pas une valeur qualificative mais relationnelle. Nous avons également examiné le procédé non conventionnel qui transforme les noms en adjectifs en *-na* afin de former les éléments adnominaux qualificatifs. Le recours à ce procédé non conventionnel montre que les locuteurs possèdent une notion de catégories et qu'ils considèrent l'adjectif comme le moyen le plus pertinent pour attribuer au substantif une propriété. Les adjectifs japonais sont non seulement fondamentalement qualificatifs, mais cette nature est également renforcée par le concept d'adjectif, que semblent détenir les locuteurs.

Nous avons examiné les moyens d'adjectivation plus ou moins dynamiques du japonais contemporain. Mais il est possible de trouver des procédés d'adjectivation anciens, probablement peu productifs de nos jours, dans l'étymologie des adjectifs. Muraki (2012) considère la répétition ou l'énumération comme l'un des procédés fondamentaux d'adjectivation sémantique. D'après lui, par une répétition ou une énumération, les noms et les verbes perdent leur propre sens d'origine, qui désigne une substance ou exprime un mouvement, et glissent pour exprimer la propriété ou la qualité relative à leur sens d'origine.

(36) a. Nom →Adjectif
     i. *Toge* ('pique') → *Toge-toge shii* 'piquant'
     ii. *Mizu* ('eau') → *Mizu-mizu shii* 'frais et pur'
     iii. *Iro* ('couleur')→ *Iro-iro na* 'varié'
     iv. *Kan* ('foie') + *Jin* ('cœur') → *Kan-Jin na* 'central/important'
     v. *Hi* ('peau') + *Niku* ('chair') → *Hi-niku na* 'ironique'
  b. Verbe → Adjectif
     i. *Mieru* ('voir') → *Mie-mie no* 'visible '
     ii. *Fumu* ('marcher sur') + *Keru* ('donner un coup de pied')
         → *Fundari-kettari no* 'misérable (suite à une série de malheurs)'
     iii. *Nakazu* ('chanter'.NEG) + *Tobazu* ('voler'.NEG)
         → *Nakazu-tobazu no* '(personne) qui a échoué et qui est inconnue'

Il serait donc intéressant d'élargir le champ d'étude en s'intéressant à ces procédés d'adjectivation moins dynamiques mais peut-être plus fondamentaux, qui interviennent dans la formation des mots.

Bibliographie

Bloch Bernard, 1946, « Studies in colloquial japanese, part I, inflection », *Journals of the American Oriental Society*, 66 repris dans *Burokku nihongo ronkô* publié en 1975 par Kenkyûsha.

Donker Curtius Janus Henricus, 1861, *Essai de grammaire japonaise*, Paris, Benjamin Duprat enrichi d'éclaircissements et d'additions nombreuses par J. Hoffmann publié en 1857 à Leyde, traduit du hollandais en français avec de nouvelles notes extraites des grammaires des PP. Rodriguez et Collado par Léon Pagès.

Furuta Tôsaku, 1963, « Yakugo to honyaku-buntai » [Mots traduits et style de traduction], *Kokubungaku*, 8/2 repris dans *Edo kara tôkyô e – kokugoshi 1 [De Edo à Tokyo : Histoire de la langue japonaise I]* publié en 2012, Kuroshio shuppan.

Masuoka Takashi, Takubo Yukinori, 1992, *Kiso nihongo bunpô* [Base de la grammaire japonaise], Tokyo, Kuroshio Shuppan.

Mikami Akira, [1953] 1972, *Gendaigohô josetsu* [Introduction à la grammaire contemporaine], Tokyo, Toko shoin.

Mikami Akira, 1963, *Nihongo no kôbun* [Structures du japonais], Tokyo, Kuroshio Shuppan.

Muraki Shinjirô, 2012, *Nihongo no hinshi taikei to sono shûhen* [Système des catégories grammaticales en japonais et problèmes connexes], Hitsuji shobô.

Noailly Michèle, 1999, *L'adjectif en français*, Paris/Gap, Ophrys.

Noailly Michèle, 2008, « Sur une place vide », *in* J.-C. Pitavy & *al.* (dir.), *Ellipse et effacement. Du schème de phrase aux règles discursives*, Saint-Étienne, Publications de l'Université de Saint-Étienne : 35–44.

Takahashi Katsutada, 2005, « "Teki" ronkô » [Réflexion sur « teki »], *English literature review*, 49.

Teramura Hideo, 1984, *Nihongo no shintakusu to imi II* [Syntaxe et sémantique du japonais II], vol. 2, Tokyo, Kuroshio Shuppan.

Teramura Hideo, 1991, *Nihongo no shintakusu to imi III* [Syntaxe et sémantique du japonais III], vol. 3, Tokyo, Kuroshio Shuppan.

Teramura Hideo, 1993, *Teramura hideo ronbun-shû II – gengogaku, nihongo-kyôiku hen* [Recueil des travaux de teramura hideo : linguistique et enseignement du japonais II], vol. 2, Tokyo, Kuroshio Shuppan.

Tokieda Motoki, 1941, *Kokugogaku genron* [Fondements d'une linguistique japonaise], Iwanami shoten.

Tokieda Motoki, 1950, *Nihon bunpô kôgo hen* [Grammaire du japonais : langue orale], Tokyo, Iwanami.

Watanabe Minoru, 1976, « Hinshi bunrui » [Classification en parties de discours], *in Bunpô I* [Grammaire 1], vol. 6, Iwanami kôza nihongo, Iwanami Shoten : 83–128.

Olga Artyushkina, Tatiana Bottineau et Robert Roudet
Chapitre 9 La mise en saillance et les réduplications adjectivales en russe

1 Introduction

Ce chapitre est consacré à la réduplication des adjectifs russes, sujet peu étudié dans la littérature linguistique. Nous parlerons d'abord de l'adjectivité en russe, puis de la réduplication simple, avec un adjectif repris sous sa forme non préfixée, inséré dans le schéma réduplicatif Y_1–Y_2 X, où X est le référent déterminé par la réduplication d'un adjectif Y. Nous traiterons ensuite de la réduplication complexe qui suit le schéma Y_1–prefY_2, où l'adjectif Y_2 est doté d'un préfixe. Dans le second cas, notre attention se portera sur les préfixes *raz-* et *pre-*.

Nous chercherons à démontrer que la réduplication simple et la réduplication complexe, à première vue sémantiquement proches, rendent des significations différentes. Les schémas réduplicatifs étudiés invitent à prendre en considération des facteurs linguistiques et sémantiques, mais ils impliquent des différences dans le centrage du propos soit sur la détermination du référent X, soit sur sa perception par une instance S, foyer de la perception et de la détermination du monde. La distinction entre les notions de degré et d'intensité rendus par les adjectifs rédupliqués sera envisagée en relation avec les paramètres contextuels et énonciatifs.

2 L'adjectivité à travers la variation des formes adjectivales russes

L'emploi du terme *adjectivité* est particulièrement pertinent par rapport aux données du russe et sa catégorie adjectivale dont la souplesse de contours illustre bien les liens entre les adjectifs, les noms et les verbes. Comme dans beaucoup d'autres langues européennes, l'adjectif russe s'accorde avec le nom qu'il détermine en genre, en nombre et en cas et connaît les degrés de comparaison. En plus de ces traits, qui ne sont pas distinctifs des seuls adjectifs mais de

---

Olga Artyushkina, Robert Roudet, CEL/Lyon 3
Tatiana Bottineau, CERLOM/Inalco, LabEx EFL

l'ensemble du système nominal russe, les adjectifs possèdent une forme longue et une forme courte, avec une répartition complexe de leur fonctionnement en tant que déterminant et/ou en tant que prédicat. Les participes, dont le statut est hybride, complètent le tableau. Dérivés des verbes, ils en gardent les traits principaux (aspect, temps, voix, transitivité), mais à l'instar des adjectifs, ils déterminent le nom et s'accordent avec lui en genre, nombre et cas et possèdent, comme les adjectifs qualificatifs, une forme courte et une forme longue. En suivant le modèle des verbes conjugués au passé[1], les adjectifs courts varient en genre et en nombre, mais ne se déclinent pas, ce qui autorise à les considérer comme une sous-classe verbale, une catégorie d'état. Qu'ils soient employés à la forme longue ou courte, les participes et les adjectifs peuvent fonctionner en tant que prédicats nominaux, mais la réduplication de leur forme courte est soumise à des contraintes :

> Он красивый.
> On krasivyj.
> 'Il est beau'.
> Он красивый-красивый.
> On krasivyj-krasivyj.
> 'Il est beau-beau'.

et

> Он красив.
> On krasiv.
> 'Il est beau'.

mais

> *Он красив-красив
> *On krasiv-krasiv.

Dérivés aussi bien à partir de bases nominales que de bases verbales, les adjectifs russes sont susceptibles de se combiner avec des préfixes qui modifient leur signification étant eux-mêmes le plus souvent porteurs d'une valeur sémantique[2].

Le terme *adjectivité* en russe couvre ainsi un ensemble de données qui attestent des affinités des formes adjectivales avec d'autres catégories grammaticales, les

---

1 En synchronie, le passé en russe est exprimé avec des formes qui ne se conjuguent pas et qui ne marquent pas la personne, mais qui s'accordent en genre et en nombre avec le sujet. Ce sont des traces de l'évolution en diachronie du système temporel russe qui, avec la disparition des verbes auxiliaires, a progressivement perdu les temps composés, seul l'ancien participe a survécu et s'emploie aujourd'hui comme l'unique forme du passé en russe.

2 La formation des adjectifs russes bénéficie également de la présence de divers suffixes dont le choix est déterminé par le mode de la mise en relation du référent qualifié et du sémantisme de la base de l'adjectif (cf. Bottineau 2012, 2016).

noms et les verbes, ce qui rend difficile la délimitation de la catégorie de l'adjectif. Ce n'est sans doute pas un hasard si en parlant de l'adjectif, les grammaires russes utilisent le terme *imena prilagatel'nye* 'noms adjectivaux'.

Du point de vue sémantique, on distingue en russe les adjectifs qualificatifs et les adjectifs dits relatifs, ou relationnels, ou encore classifiants, qui « servent à former des ensembles, des types à partir de leur nom recteur » (Marengo 2011 : 121, *in* Goes 2014). Le flou terminologique renvoie à celui de la catégorie même des adjectifs, auquel s'ajoute la délicate frontière entre les adjectifs qualificatifs et les classifiants. De manière générale, la propriété de former le comparatif est présentée comme une particularité des seuls adjectifs qualificatifs[3].

L'ensemble des traits évoqués est présent dans la réduplication des adjectifs qualificatifs employés comme déterminants de nom ou comme attribut nominal.

3 La réduplication « simple »

Par *réduplication simple* nous entendons la reprise d'un adjectif sous sa forme non préfixée. Elle existe sous deux configurations, Y_1–Y_2 et Y_1, Y_2, qui ne diffèrent que par leur ponctuation, mais qui expriment, selon notre avis, des significations différentes.

3.1 Types d'adjectifs intégrant les réduplications simples

Les adjectifs dénotant une propriété Y gradable entrent sans contrainte dans les deux schémas réduplicatifs. Ces adjectifs se combinent avec les adverbes de degré *očen'* 'très' *sovsem* 'complètement', *počti* 'presque', etc. et possèdent les formes comparatives. Nous citons au hasard quelques adjectifs parmi les plus courants : *bol'šoj* 'grand', *sil'nyj* 'fort', *dalëkij* 'lointain', *belyj* 'blanc', etc. Les adjectifs classifiants, en revanche, n'ont pas vocation à intégrer les réduplications dans la mesure où ils n'expriment aucun degré et ne se combinent pas avec les adverbes de degré. À titre d'exemple, nous mentionnons les syntagmes *dvuxètažnyj dom* 'immeuble à un étage' ou *derevjannyj dom* 'maison en bois',

---

[3] Ce trait n'est cependant pas observé d'une manière systématique. Si l'expression française « plus royaliste que le roi » ne peut être traduite littéralement en russe, on peut imaginer des emplois comparatifs pour d'autres adjectifs relatifs employés au sens figuré : Чем **железнее**, тем святее. 'Plus c'est en fer, plus c'est saint', glosé 'Plus c'est dur, plus c'est respecté'. Cf. également Sannikov (2002 : 71).

qui ne tolèrent pas la réduplication de l'adjectif en question : **dvuxètažnyj-dvux ètažnyj dom* 'immeuble à un étage-un étage' ou **dom derevjannyj-derevjannyj* 'maison en bois-en bois'. Mais si la réduplication de *derevjannyj* est effectivement impossible en combinaison avec *dom*, il suffit de l'utiliser avec *xleb* 'pain' pour que sa réduplication devienne possible. Son emploi réduplicatif rendrait une appréciation subjective de X par une instance, foyer de la perception du monde : *xleb derevjannyj-derevjannyj* 'le pain est de bois-de bois' que l'on glose par 'pain dur-dur'.

Disons d'ores et déjà que la réduplication possède deux pôles, entre lesquels nous trouverons bien des positions intermédiaires, l'adjectivité en russe se montrant une fois de plus comme un vaste domaine aux contours flous : d'un côté, les adjectifs qui intègrent sans contrainte les schémas réduplicatifs et de l'autre, les adjectifs qui ne les intègrent pas. Dans le premier cas, il s'agit des adjectifs qui dénotent une propriété conjoncturelle Y du référent X ; ils déterminent Y comme ayant atteint un certain degré de réalisation qui suscite un jugement subjectif de la part d'une instance énonciative. Dans le deuxième cas, il s'agit d'une propriété Y intrinsèque à X qui ne peut évoluer sur le gradient et qui est constatée par le locuteur sans qu'il y mette une connotation positive ou négative. Par ailleurs, la propriété de Y d'intégrer une réduplication est corrélée au sémantisme du nom dénotant X et aux paramètres contextuels, avec la prise en compte de l'attitude du locuteur par rapport au monde qu'il décrit.

3.2 Position syntaxique de l'adjectif rédupliqué

Il convient de remarquer que l'adjectif rédupliqué peut être épithète ou attribut nominal et que sa position dans la proposition a un lien avec sa fonction syntaxique.

Employé comme épithète, la forme longue de l'adjectif s'accorde en genre, en nombre et en cas avec le substantif déterminé auquel il est généralement antéposé. La postposition de l'adjectif induit l'expression de significations particulières, telles que construction d'un lien avec les valeurs préconstruites, actualisation d'un présupposé, reprise d'un préconstruit, etc. Nous le verrons dans les contextes attestés, la réduplication d'un adjectif épithète postposé ne relève pas des mêmes principes que la postposition d'un adjectif simple.

En fonction d'attribut du sujet ou de l'objet, un adjectif rédupliqué est toujours en postposition, il ne peut être rédupliqué que s'il est employé dans sa forme longue : dans notre corpus d'exemples, nous n'avons aucun contexte avec la réduplication d'un adjectif attribut de forme courte.

Le choix au niveau de la copule pour les emplois attributifs des réduplications joue un rôle important. Nous avons commencé par sélectionner des exemples ayant comme copule le verbe existentiel *byt'* 'être' au passé ou au futur[4] et avons trouvé plus d'exemples avec le schéma Y_1–Y_2 qu'avec Y_1, Y_2. Avec Y_1–Y_2, sur une centaine de contextes, il y a deux fois plus de propositions attributives que celles où l'adjectif rédupliqué est épithète. Avec Y_1, Y_2, nous avons 50 exemples dont 28 sont de type attributif. Il y a bien une différence entre les deux schémas, mais leurs modes de fonctionnement ne sont pas assez clairs et restent à définir.

Nous avons ensuite pris les cas où la copule était exprimée avec un verbe « copule caractérisée » (*kazat'sja* 'paraître', *stanovit'sja, stat'* 'devenir') et nous avons constaté que les exemples avec Y_1–Y_2 étaient particulièrement fréquents lorsqu'ils contenaient le verbe *kazat'sja* 'paraître' (nous en avons relevé une vingtaine) :

(1) Земля с лошади казалась **далёкой-далёкой**, Элисон сильнее прижималась к папе и мотала головой. [" Домовой "]
Zemlja s lošadi kazalas' dalëkoj-dalëkoj, Elison sil'nee prižimalas' k pape i motala golovoj.
'Du haut du cheval la terre semblait **éloignée-éloignée**, Elison se serrait plus fort contre son père et hochait la tête'.

(2) От огня она (река) тускнеет, сливается с косой, кажется **широкой-широкой**... [Ф. Крюков]
Ot ognja ona (reka) tuskneet, slivaetsja s kosoj, kažetsja širokoj-širokoj...
'Le feu rend la rivière plus sombre, elle se confond avec la rive et semble **large-large**...'

(3) Неровные пятна разом сошли с его лица, и оно стало **белым-белым**, без кровинки. [М. Дяченко, С. Дяченко]
Nerovnye pjatna razom sošli s ego lica, i ono stalo belym-belym, bez krovinki.
'Les taches irrégulières d'un coup disparurent de son visage qui devint **pâle-pâle, exsangue**'.

(4) Хорошо лететь на запад – день становится **длинным-длинным**. [В. Аблазов]
Xorošo letet' na zapad – den' stanovitsja dlinnym-dlinnym.

---

[4] Au présent, le verbe d'existence *byt'* ne se conjugue pas et a la présence zéro (Ø).

'C'est agréable d'être dans un avion qui vole vers l'ouest – la journée se fait **longue-longue**.'

En revanche, nous n'avons trouvé qu'un seul exemple avec un schéma Y_1, Y_2 (et encore : Y_2 est accompagné d'un élément d'information supplémentaire, ce qui fait que l'on n'a plus affaire à un seul bloc) :

(5) (Il s'agit d'un test psychologique mené par les médecins sur un enfant à qui on offre un bonbon pour le remercier d'avoir dit la vérité, alors même que l'enfant sait qu'il a menti.)
[...] конфета оказалась **горькой, горькой** по своему субъективному, личностному смыслу. [А. Леонтьев]
[...] konfeta okazalas' gor'koj, gor'koj po svoemu sub''ektivnomu, ličnostnomu smyslu.
'Le bonbon lui parut **amer, mais amer** selon sa perception subjective, personnelle.'

Le recours à *mais* dans la traduction de l'exemple (5) nous a paru indispensable pour rendre une altérité de points de vue sur la réalité, entre la réalité objective 'le bonbon est sucré' et 'le bonbon parut amer, très amer'. Dans le contexte en russe, l'altérité est rendue avec la reprise de Y ; cependant elle ne constitue pas une réduplication mais correspond à la construction d'une opposition dont les raisons sont données dans la suite à droite.

La fonction d'attribut assurée par Y_1–Y_2 illustrée ci-dessus peut également être assurée par la réduplication Y_1–Y_2.

Les exemples suivants confirment ce constat :

(6) Лицо её было **белое, белое как снег** ; руки висели неподвижно. [И. С. Тургенев]
Lico eë bylo beloe, beloe kak sneg ; ruki viseli nepodvižno.
'Son visage était **blanc, blanc comme la neige** ; ses bras baissés ne bougeaient pas.'

(7) – Мы стали **хорошими, очень хорошими**, – заскулил противным голосом шпион Дырка. [В. Ю. Постников]
My stali xorošimi, očen' xorošimi, – zaskulil protivnym golosom špion Dyrka.

'Nous sommes maintenant **gentils, très gentils**, se mit à gémir d'une voix déplaisante l'espion Dyrka.'

(8) Я стала **лёгкой, очень лёгкой** и казалось, вот она, беспредельность, [. . .]. [Отзыв на сайте о летнем лагере]
Ja stala lëgkoj, očen' lëgkoj i kazalos', vot ona, bespredel'nost'.
'Je me suis sentie **légère, très légère** et j'ai eu l'impression que l'infini était là, à ma portée.'

(9) Лев стал **чужим, совсем чужим.** С болью в сердце я отдала его в один из зверинцев. ["Огонёк"]
Lev stal čužim, sovsem čužim. S bol'ju v serdce ja otdala ego v odin iz zverincev.
'Le lion m'était devenu **étranger, complètement étranger**. Le cœur serré, je le donnai à l'un des zoos.'

Faisant partie du schéma Y_1, Y_2, l'adjectif Y_2 supprimer confirme ce que dit déjà Y_1 : l'adjectif rédupliqué indique le centrage du propos sur la perception par l'instance S du référent X à travers sa détermination par Y et apporte une information supplémentaire.

On notera que les exemples (7) à (9) comportent la copule *stat'* 'devenir' qui signifie que la situation a subi un changement, alors que ce n'était pas le cas des exemples ci-dessus.

Mais il y a plus important : si les schémas à virgule avec *byt'* 'être' rendent le constat de la réalité existante, les schémas avec les copules *kazat'sja* 'paraître' ou *okazat'sja* 'se révéler, se trouver' soulignent le caractère subjectif de la perception de la réalité. Dans ce dernier cas, Y_2 dans Y_1, Y_2 n'est nullement redondant, mais focalise, en corrélation avec le sémantisme du verbe *kazat'sja*, sur l'instance S en tant que foyer de perception.

3.3 Variation sémantique des schémas réduplicatifs

On trouve trace de la variation sémantique des schémas réduplicatifs à travers la ponctuation utilisée, une virgule ou un tiret, les deux schémas étant utilisés pour remplir la fonction d'épithète ou d'attribut. *Stricto sensu*, ils véhiculent la même information, mais le choix entre la virgule et le tiret n'est pas anodin puisqu'il se répercute sur la prosodie des propositions et correspond à une présentation différente du monde par l'instance S.

Des disparités existent sur le plan sémantique mais aussi sur le plan des données statistiques. Par exemple, une recherche rapide sur *ruscorpora* concernant la réduplication des adjectifs qui expriment les couleurs permet d'observer que l'usage du tiret est deux fois plus fréquent que celui de la virgule. On constate également que le schéma avec virgule peut avoir une suite d'adjectifs :

(10) **Бедный, бедный, бедный, бедный** мой Аструг…– каждое « бедный » сопровождалось поцелуем. [Ю. В. Трифонов]
Bednyj, bednyj, bednyj moj Astrug… – každoe « bednyj » soprovaždalos' poceluem.
'Mon **pauvre, pauvre, pauvre, pauvre** Astrug… – chaque "pauvre" était accompagné d'un baiser.'

En revanche, les schémas avec tiret ont rarement plus de deux composants et même si on en trouve des exemples, ils ne sont pas fréquents :

(11) Гнусная у вас религия! **Гнусная-гнусная-гнусная**! – А у вас не гнусная? [Л. А. Каганов]
Gnusnaja u vas religija ! Gnusnaja-gnusnaja-gnusnaja ! – A u vas ne gnusnaja ?
'Vous avez une religion détestable ! **Détestable-détestable-détestable** ! – Et la vôtre ne l'est donc pas ?'

La différence entre les emplois des schémas Y_1, Y_2 et Y_1–Y_2 doit donc être appréhendée au niveau de l'énonciation, la ponctuation étant une trace formelle des significations parfois rendues contextuellement, parfois implicitement.

3.3.1 Réduplication simple avec virgule Y_1, Y_2

(12) – Не ту ! – заорал Коля как оглушённый. – **Левую, левую** ! [И. Грекова]
– Ne tu ! – zaoral Kolja kak oglušënnyj. – Levuju, levuju !
– 'Pas celle-là !, se mit à hurler Kolja à tue tue-tête. – **La gauche, la gauche !**'

(13) Но сон мой был **иным, иным,**/Неизъясним, неповторим,/И если он приснится вновь,/Не возвратится к сердцу кровь… [Н. Н. Берберова]
No son moj byl inym, inym,/Neiz"jasnym, ne povtorim,/I jesli on prisnitsja vnov',/Ne vozvratitsja k serdcu krov…'

'Mais mon rêve était **autre, autre**,/Indicible, unique,/Et s'il me revenait encore,/Mon sang n'afflucrait plus au cœur ... '

La virgule correspond dans ces exemples à une pause entre les deux adjectifs, chacun étant porteur d'un sommet intonatif : l'ensemble Y_1, Y_2 qualifie le référent X au travers de l'insistance sur la propriété Y, ce qui implique l'actualisation ou la construction d'une altérité de points de vue sur la situation existante.

Ainsi, la réduplication dans (12) ne marque ni le degré de réalisation de Y ni l'intensité de la perception du monde par S, mais correspond à l'expression d'un désaccord entre les interlocuteurs : le locuteur insiste sur la nécessité d'utiliser la main gauche et non pas de la main droite comme cela semble être le cas. Dans (13), le conflit d'opinions est fondé sur un préconstruit implicite et porte sur l'identification du référent X *son* 'rêve' par l'adjectif Y, opposé à une autre représentation possible de X, qui pourrait être défini par un adjectif autre que Y.

Les deux contextes suivants illustrent l'utilisation des réduplications servant à confirmer la détermination première de X avec Y_1 face à un point de vue opposé ou différent :

(14) Ты живой ? – **Живой, живой**, – сказал Медвежонок. [С. Г. Козлов]
 – Ty živoj ? – Živoj, živoj, – skazal Medvežonok.
 – 'Tu es vivant ? – **Vivant, vivant**, dit l'Ourson.'

(15) Как звучит : "Перед нами **длинный, длинный** ряд дней, полных моей любви к вам, Ирина". [Л. М. Гурченко.]
 Kak zvučit : "Pered nomi dlinnyj, dlinnyj rjad dnej, polnyx moej ljubvi k vam, Irina".
 'Quel effet ça fait : « Nous avons une **longue, longue** série de jours devant nous, pleins de mon amour pour vous, Irina ».'

Dans (14), la question dans le contexte gauche exprime l'incertitude, voire la crainte de l'interlocuteur que Medvežonok (l'Ourson) ne soit plus en vie ; la réponse avec Y_1 du locuteur dissipe le doute préconstruit (je suis vivant), mais ne lui paraît pas suffisante, d'où l'insistance sur Y_1 avec sa reprise Y_2. L'exemple (15) illustre la même démarche énonciative, mais l'insistance sur Y y est exprimée rétrospectivement : au moment des faits, le locuteur parle de la solidité de ses sentiments inscrits dans la durée (Y_1) soulignée par la reprise de l'adjectif (Y_2) afin de désamorcer un éventuel doute sur la détermination de X avec Y.

En procédant à la réduplication de Y dans le schéma avec virgule, le locuteur souligne que la caractérisation de X avec Y_1 correspond à la réalité sans que l'idée d'intensité soit associée à l'emploi de Y_2. On pourrait gloser ces contextes de la façon suivante : 'la gauche, j'ai bien dit la gauche !' ; 'autre, tout autre' ; 'vivant, bien vivant' ; 'mon amour durera longtemps, très longtemps'. La réduplication avec virgule s'inscrit dans un premier temps, dans la logique énonciative de l'actualisation d'une altérité de points de vue sur la situation, mais implique, dans un deuxième temps, la résorption de cette altérité avec la confirmation de la détermination de X avec Y_1 comme étant, selon S, en adéquation avec la réalité.

3.3.2 Réduplication simple avec tiret Y_1–Y_2

La présentation du monde avec les schémas simples avec tiret est différente :

(16) Волк вышел к **синему-синему** пруду в золотых берегах, достал ножницы и посмотрел в воду. [С. Г. Козлов][5]
Volk vyšel k sinemu-sinemu prudu v zolotyx beregax, dostal nožnicy i posmotrel v vodu.
'Le loup s'approcha d'un étang **bleu-bleu** et de ses rives dorées, sortit une paire de ciseaux et regarda dans l'eau.'[6]

(17) Мы пошли за кулисы. К Бернстайну стояла **длинная-длинная** очередь. [С. З. Спивакова].
My pošli za kulisy. K Bernštajnu stojala dlinnaja-dlinnaja očered'.
'Nous passâmes derrière les coulisses. Il y avait une **longue-longue** queue pour aller voir Bernstein.'

(18) Это письмо будет **длинное-длинное**[7] письмо длиной в три недели. [Ю. М. Даниэль]
Eto pis'mo budet dlinnoe-dlinnoe : pis'mo dlinoj v tri nedeli.
'Cette lettre sera **longue-longue** : une lettre d'une longueur de trois semaines.'

On constate ici l'existence d'un seul sommet intonatif sur Y_2, les deux adjectifs étant prononcés d'une seule traite et sans être séparés par une pause.

---

5 Tous nos exemples sont tirés du corpus national de la langue russe : www.ruscorpora.ru.
6 Les traductions françaises sont données de façon à ce que le lecteur non russophone perçoive au mieux la structure du russe ; en français, ces traductions peuvent bien sûr sembler maladroites.
7 Dans cet exemple, la réduplication fonctionne comme attribut.

Le schéma Y_1–Y_2 indique l'intensité de la perception de la réalité par l'instance S qui résulte du constat du haut degré de la réalisation de la propriété Y du référent X. La détermination de X avec Y ne fait qu'apporter une précision, puisque tout étang possède une couleur, que toute queue dans les endroits publics ou toute lettre sont par définition plus ou moins longues. La reprise de Y marque le haut degré de sa réalisation et apporte une dimension subjective dans la description du monde perçu intensément par S : l'étang n'est pas bleu, mais d'un bleu éclatant ; la longueur de la queue devant la loge du musicien souligne à sa manière le degré de sa célébrité ; la lettre est longue parce que, écrite pendant trois semaines, elle rend compte d'une séquence de la vie. L'expression de l'intensité de la perception due au degré de réalisation de Y permet au locuteur de construire une situation particulière qui sort de l'ordinaire et d'individualiser X en procédant à son extraction de la classe générique des référents à laquelle il appartient. La saillance de X est construite par l'intermédiaire de la réduplication de Y avec le centrage sur la perception de X par S : la description du lac extraordinaire est l'extrait d'un conte ; la longueur de la queue pour rendre visite au musicien souligne son exceptionnelle popularité ; l'importance de la lettre est rendue par une métaphore qui mélange les notions de temps et d'espace.

Les exemples attestés dans lesquels le schéma réduplicatif intègre un adjectif classifiant, qui en principe ne se soumet pas à la gradation, confirment l'analyse proposée :

(19) А мороз крепчает, и небо **звёздное-звёздное**, как и не наше вовсе. [А. Г. Лазарчук, М. Г. Успенский]
A moroz krepčaet, i nebo zvëzdnoe-zvëzdnoe, kak i ne naše vovse.
'Le gel devient plus vif et le ciel se fait **étoilé-étoilé**, comme si ce n'était plus le ciel de chez nous.'

(20) Вечер прелестный, небо **глубокое-глубокое**, **звёздное-звёздное**. [П. К. Козлов]
Večer prelestnyj, nebo glubokoe- glubokoe, zvëzdnoe-zvëzdnoe.
'Une soirée charmante, un ciel **profond-profond, étoilé-étoilé**.'

(21) Утренняя мама, подтыкающая под бок ему одеяло : « спи, спи, сыночка… спи ещё **целый-целый** час ». [Д. И. Рубина]
Utrennjaja mama, podtykajuščaja pod bok emu odejalo :
« spi, spi, synočka… spi eščë celyj-celyj čas ».
'Sa maman du matin le borde au lit : « Dors, dors, mon petit… Dors encore une **entière-entière** heure »'

En (19), la réduplication de l'adjectif *zvëzdnyj* 'étoilé' ne rend pas le degré de présence des étoiles dans le ciel, mais notifie leur grand nombre ou, plus exactement, leur visibilité appréhendée par l'instance S. Dans (20), l'adjectif *celyj* 'entier' n'admet aucune variation de degré (encore qu'il ne faille pas être trop catégorique sur ce point, puisque l'on peut avoir *počti celyj čas* 'presqu'une heure entière'), il n'exprime pas le haut degré, mais la totalité de l'intervalle désigné par X. Le recours dans cet exemple à la notion d'intensité est commode étant donné qu'il s'agit de la perception subjective et non de la durée effective du temps qui reste à dormir : du point de vue du locuteur, une heure de sommeil, c'est beaucoup.

On pourrait proposer la même analyse pour (22) :

(22) Такими делами занимается или прокуратура, или, в **крайнем-крайнем** случае, экономически-контрреволюционный отдел [...] [Ю. О. Домбровский]
Takimi delami zanimaetsja ili prokuratura, il, v krajnem-krajnem slučae, ekonomičeski-kontrrevoljucionnyj otdel [...]
'Ces affaires sont du ressort du parquet, ou, à **l'extrême-extrême rigueur**, du département de la lutte économique avec les contre-révolutionnaires [...]'

Les faits observés sur les données du russe peuvent être comparés à ceux de l'hindi commentés dans l'article de Montaut[8] qui se désolidarise de l'idée que la réduplication adjectivale ne traduit que l'expression du haut degré, mais qu'elle introduit dans l'énoncé une vision subjective des faits :

> [...] l'expression chhoTe-chhoTe bacche (petits-petits enfants) ne renvoie pas à un groupe d'enfants dont chacun est petit, mais exprime l'empathie de l'énonciateur avec ces petits, qui ne sont pas d'ailleurs particulièrement minuscules, mais qui, en tant que petits enfants, sont attendrissants. (Montaut 1999 : 32)

Ainsi, l'emploi en russe du syntagme *malen'kie-malen'kie deti* 'petits-petits enfants' serait normal dans un énoncé à connotation positive ; en revanche, il serait impossible de l'intégrer dans un contexte connoté négativement, comme *ja terpet' ne mogu malen'kix-malen'kix detej* ('je déteste les petits-petits enfants').

---

[8] Cf. Montaut (1999, 2009). Le rapprochement de ce type d'exemple du langage parlé en hindi avec les données du russe pourrait paraître surprenant. Il trouve cependant un écho avec certaines constructions réduplicatives russes, attribuées à l'influence du turc (*na stole vsego na-valom, pomidory-momidory, zelen'-melen'* 'il y a plein de choses sur la table, des tomates-momates, de la salade-lalade') et proches de celles de l'hindi du point de vue de leur forme et de leurs valeurs sémantiques.

Au contraire, une proposition sans la réduplication *ja terpet' ne mogu malen'kix detej* ('je déteste les petits enfants') pourrait choquer par son contenu, mais pas par sa forme. Le rôle du contexte, le sémantisme des composants propositionnels et l'orientation des énoncés sont ainsi primordiaux.

Une autre observation peut venir étayer cette analyse : les diminutifs à valeur hypocoristique ou péjorative ne se trouvent que dans le cadre d'un schéma Y1–Y2 :

(23) И халат на нём уже был **старенький-старенький,** и туфли худые, с оттоптанными задками, [...] [Ю. О. Домбровский]
I xalat na nëm uže byl staren'kij-staren'kij, i tufli xudye, s ottoptannymi zadkami, [...]
'Sa robe de chambre était **toute vieille-toute vieille**, les pantoufles étaient trouées, écrasées à l'arrière [...]'

(24) А ты всё-таки выпей. Будешь **толстенький-толстенький**. [В. Катаев]
A ty vsë-taki vypej. Budeš' tolsten'kij-tolsten'kij.
'Bois quand même. Tu deviendras **gros-gros**.'

On le comprend mieux lorsqu'on observe l'emploi des adjectifs au sens figuré, tels que *bednyj* ('pauvre') ou de *dorogoj* ('cher'). Ils ne peuvent faire partie d'une structure réduplicative avec tiret que lorsqu'ils sont employés au sens propre : le schéma avec tiret *bednye-bednye mužiki* ('pauvres-pauvres *mužik*s') ne s'emploie qu'à l'égard des référents X réellement pauvres ; *dorogie-dorogie produkty* ('chers-chers produits') désigne des produits réellement coûteux. En revanche, dans un schéma réduplicatif avec virgule, les mêmes adjectifs ont un sens figuré et expriment un point de vue subjectif sur le référent X. Ainsi, dans *bednye, bednye mužiki* ('pauvres, pauvres moujiks'), la formule marque l'empathie du locuteur vis-à-vis de X, l'adjectif *bednyj* prenant le sens de 'malheureux'. De même, dans *dorogie, dorogie deti* ('chers, chers enfants') *dorogoj* ne signifie pas 'coûteux', étant employé pour exprimer l'attachement du locuteur aux enfants en question.

4 La réduplication complexe avec Y$_2$ préfixé

Les préfixes russes, qui se voient attribuer les valeurs d'intensité ou de haut degré, sont *pre-* et *raz-* (*ras-*) et il n'est pas étonnant qu'ils intègrent les structures réduplicatives avec les adjectifs. La différence qui sépare ces préfixes n'est pas suffisamment cernée dans la littérature et les schémas réduplicatifs qui les intègrent sont généralement traités sans aucune distinction particulière. La grammaire académique *Russkaja Grammatika* (Švedova 1980 : §706, §711) présente les adjectifs *raz*Y et *pre*Y comme synonymes ayant en commun la propriété d'exprimer le « haut degré » du trait dénoté par la base. Si ce vaste sujet ne peut être abordé ici en détail, notons cependant que les deux préfixes n'ont pas la même combinatoire avec les bases et qu'ils ne sont pas systématiquement permutables. De leur présentation dans la grammaire académique, nous retiendrons que les formes adjectivales préfixées sont considérées comme productives et que, par conséquent, les listes de leurs emplois n'ont qu'une valeur relative.

Une recherche rapide sur *ruscorpora* montre que la dérivation adjectivale avec *pre-* est de très loin la plus productive. Voici quelques statistiques d'emplois des adjectifs les plus courants tirés de *ruscorpora*, dénotant tous des propriétés gradables : *bol'šoj* 'grand' (60 occurrences), *dlinnyj* 'long' (66 occurrences), *tolstyj* 'gros' (36 occurrences), *staryj* 'vieux' (154 occurrences, alors que *staryj-staryj* ne se trouve guère), *zloj-prezloj* 'méchant-très méchant' (46 occurrences), *černyj-pre černyj* 'noir-archi-noir' (54 occurrences). Si l'on se tourne vers un corpus de textes écrits entre 1800 et 1900 proposé sur *ruscorpora*[9], l'emploi des adjectifs avec *pre-* est dominant, ce qui laisse à penser que les préfixations avec *raz-* sont plus typiques de la langue moderne parlée et que les formations avec *pre-* seraient plus littéraires que celles avec *raz*.

Pour ce qui est des adjectifs *raz*Y, leur emploi est conjoncturel et atteste d'une grande créativité discursive. On trouve, en effet, davantage d'exemples dans les blogs de discussion que dans les ouvrages dictionnairiques. Une des difficultés consiste à comprendre les raisons pour lesquelles certains adjectifs se combinent couramment avec *raz-*, alors que d'autres semblent ne pas s'y prêter facilement. À titre d'exemples, les adjectifs tels que *razbelyj, razdobryj, razznakomyj, rasxudoj* ('*raz*-blanc, -bon, -connu, -maigre') ne sont mentionnés qu'une seule fois sur *ruscorpora*, et toujours en réduplication. Quelques adjectifs manifestent une tendance exactement inverse : *razveselyj, razneščastnyj, rasposlednij, rasxorošij* ('*raz*-gai, -malheureux, -dernier, -bon') sont bien plus fréquents pris isolément qu'en réduplication. Il faut ajouter les adjectifs comme *rasprekrasnyj* ('*ras*-parfait', très courant : 230 occurrences sur *ruscorpora*), *razudalyj, rasprokaljatyj, razl'ubeznyj* ('*raz*-

---

[9] *Ruscorpora* (Corpus National de la Langue Russe, NKRJA) est un projet porté par l'équipe de chercheurs en linguistique de l'Institut de la Langue Russe auprès de l'Académie des Sciences de la Russie. *Ruscorpora* propose plusieurs bases de données. Ouvert en 2004 en accès libre, *ruscorpora* propose plusieurs bases de données enrichies et régulièrement complétées par les porteurs du projet.

courageux, -maudit, -aimable') dont nous n'avons trouvé aucun exemple de réduplication.

Notre analyse des schémas réduplicatifs avec les adjectifs *pre*Y et *raz*Y vise à montrer que seuls les premiers expriment le haut degré, alors les deuxièmes sont associés à l'idée de dépassement d'une certaine limite ou d'une certaine norme et servent, par conséquent, l'expression d'une vision subjective et conjoncturelle du monde.

4.1 Y_1–*pre*Y_2

Les adjectifs *pre*Y sont susceptibles de faire partie des schémas réduplicatifs aussi bien avec un tiret Y_1–*pre*Y_2 qu'avec une virgule Y_1, *pre*Y_2, mais le premier modèle est nettement plus courant. Sont concernés seulement les adjectifs dénotant une propriété gradable ; les adjectifs de relation n'entrent pas dans ce type de construction. Examinons les contextes suivants :

(25) И я бы пошла одна в широкое поле или в тёмный лес, и посмотрела бы на небо – **высокое-превысокое** – на это прекрасное голубое бесконечное небо. [Л. Монтгомери, 2017]
I ja by pošla odna v širokoe pole ili v tëmnyj les, i posmotrela by na nebo – **vysokoe-prevysokoe** – na èto prekrasnoe goluboe beskonečnoe nebo.
'Et j'irais seule dans un grand champ ou dans une forêt profonde et je regarderais le ciel – **un ciel haut, si haut** – ce magnifique ciel bleu sans fin.'

(26) По Припяти гонять на велосипеде – одно удовольствие : кругом –асфальт, бетонка, молоденькие деревца, новенькие многоэтажки и **высокое-превысокое голубое небо**. [А. Болясный, 1999]
Po Pripjati gonjat' na velosipede – odno udovol'stvie : krugom asfal't, betonka, moloden'kie derevca, noven'kie mnogoètažki i **vysokoe-prevysokoe goluboe nebo**.
'C'est un vrai plaisir que de foncer à bicyclette à Pripjat' : il y a de l'asphalte partout, les routes sont goudronnées, il y a de jeunes arbres, de nouveaux immeubles de quatre étages et un ciel bleu **haut- *pre*haut**.'

L'ajout du préfixe et la reprise de l'adjectif dans les deux exemples rendent le haut degré de manifestation du trait *vysokij* 'haut', ce qui est en corrélation avec le sémantisme de *pre-* utilisé pour former le superlatif. Cependant la détermination du référent X *nebo* 'ciel' avec *pre*Y_2 laisse envisager qu'il ne s'agit pas seulement de mettre la propriété Y sur le gradient : X est par définition incommensurable et sa hauteur se soumet difficilement à la gradation. La suite à droite dans (25) le dit de manière explicite (*beskonečnoe nebo* 'ciel infini'). La suppression de *pre-* reste possible, mais sa permutation avec *raz-* est improbable. Nous en déduisons que dans ces deux exemples, où la situation décrite est connotée positivement[10], le schéma Y_1–*pre*Y_2 focalise sur l'appréhension de la réalité par l'instance S avec le centrage du propos sur le jugement qu'elle porte sur le monde : selon S, X ne pourrait pas avoir un degré de présence de Y plus fort, parce qu'il a atteint sa limite sur le gradient. Cette présentation peut correspondre ou non à la réalité référentielle, étant fortement marquée par la subjectivité.

4.2 Y_1–*raz*Y_2

L'insertion des adjectifs avec *raz-* dans les structures réduplicatives n'obéit pas aux mêmes principes que celle avec les adjectifs en *pre-*. En effet, les propriétés combinatoires des deux préfixes ne coïncident pas systématiquement et leur permutation ne peut pas être mécanique. À titre d'exemple, dans la liste que nous avons pu établir, *pre-* ne peut pas remplacer *raz-* dans les formes suivantes, la liste étant bien évidemment loin d'être exhaustive : *razl'ubimyj, razmërtvyj, razniščij, raznovëšen'kij, razudarnyj, raspečal'nyj, rasposlednij, rassedoj* ('*raz*-aimé, -mort, -miséreux, -nouveau, -de choc, -triste, -dernier, -gris'), mais aussi *razvesëlyj, rasp'janyj* '*ras*-ivre', *razudaloj* '*ras*-brave', etc. À l'inverse, un nombre considérable d'adjectifs avec *pre-* ne tolèrent pas la permutation avec *raz-*.

Nous notons, comme pour les configurations précédentes, que la réduplication avec *raz-* est observée aussi bien dans les schémas avec virgule qu'avec tiret, le deuxième étant plus courant que le premier.

Venons-en maintenant à la valeur du préfixe *raz-*. D'après Zaliznjak & Šmelëv (2000 : 111), ajouté aux bases verbales, *raz-* signifie l'intensification du procès dénoté par la base du verbe. Guiraud-Weber (1988 : 49) va dans le même sens et indique qu'une des acceptions de *raz-* consiste à indiquer l'amplification d'une action, souvent associée au dépassement d'une limite, d'une norme. C'est en tout cas de cette façon que les grammaires présentent les adjectifs

---

[10] La connotation subjective peut être négative et dépend du sémantisme de X et de Y : *merzkij-premerzkij* 'dégoûtant-*pre*dégoûtant', *strašnyj-prestrašnyj* 'effrayant-*pre*effrayant'.

*raz*Y, mais on peut se poser la question : par quel raccourci cette perception, somme toute, intuitive, peut-elle être motivée ?

Considérons les exemples suivants :

(27) Богом и святым Евангелием клянусь, что это уж моё **последнее, рас-последнее** бегство. [А. И. Куприн]
Bogom i svjatym Evangeliem kljanus', čto eto už moë poslednee, raspos-lednee begstvo.
'Je jure de par Dieu et le saint Evangile que c'est ma dernière, **ras-dernière (toute dernière) fuite**.'

(28) Идет по дороге Альмара-душа. Ночка **тёмная, растёмная**. Злая буря ревмя ревёт, с резвых ног валит, а злой дождик бьет-сечёт. [Н. Вагнер]
Idet po doroge Al'mara-duša. Nočka tëmnaja, rastëmnaja. Zlaja burja revmja revët, s rezvyx nog valit, a zloj doždik b'et-sečët.
'Sur la route Al'mara-duša avance. La nuit est **sombre, *r*assombre**. La tempête féroce hurle, la jette à terre et une pluie impitoyable la fouette.'

(29) А ночь **тёмная-растёмная**. Забылась я чуточку и вижу, будто я хлебы в печку сажаю. [В. Слепцов]
A noč' tëmnaja-rastemnaja. Zabylas' ja čutočku i vižu, budto ja xleby v pečku sažaju.
'La nuit est **noire-*raz*noire**. J'ai eu un instant de somnolence et j'ai rêvé que je mettais les pains au four.'

(30) Прочёл Вашу "В степях Украины". Штука получилась художественно-ценная, **весёлая-развесёлая**. Даже слишком весёлая. [Л. К. Бронтман]
Pročël vašu "V stepjax Ukrainy". Štuka polučilas' xudožestvenno-cennaja, **vesëlaja-razvesëlaja**. Daže sliškom vesëlaja.
'J'ai lu votre « Dans les steppes de l'Ukraine ». Cette chose est artistiquement précieuse, **gaie-*raz*gai**. Même trop gaie.'

Pour analyser ces contextes, à la suite de nombreux travaux consacrés aux préfixes russes et à leur typologie (cf. Krongauz 1998 : 109–115), nous pensons que *raz*-doit être considéré comme un préfixe-prédicat qui se combine avec les adjectifs dénotant l'état résultant d'une activité ou d'un événement. C'est donc l'activité déployée par le référent X qui est à l'origine de son état Y que l'on peut qualifier comme dépassant une norme préétablie. Ce trait classificatoire détermine la combinabilité de *raz-* avec les propriétés Y dénotées par les bases adjectivales et renvoie à la problématique complexe de la typologie des adjectifs et, de manière plus générale, à l'adjectivité dans toutes ses manifestations. Un adjectif nous semble être révélateur à cet égard : il s'agit de *p'janyj* 'ivre', que l'on trouve inséré dans le schéma réduplicatif avec *pre-* (*p'janyj-prep'janyj*), mais qui est surtout utilisé avec *raz-*. Nous avons dans notre corpus douze exemples de son emploi :

(31) В запрошлом году... Евстигней пришёл **пьяный-распьяный**... [К. С. Баранцевич]
V zaprošlom godu... Evstignej prišël **p'jannyj-rasp'jannyj**
'Il y a deux ans... Evstignej est arrivé ivre-*ras*-ivre.'

L'emploi de cet adjectif en réduplication s'inscrit parfaitement dans la perspective que nous défendons : le fait d'être ivre, voire ivre-mort, ne peut être apprécié et qualifié avec Y_1-razY_2 que par un observateur extérieur qui le présente comme la transgression d'une norme, le franchissement d'une limite à travers les agissements de X.

En revanche, un adjectif tel que *staryj* 'vieux', si fréquent avec le préfixe *pre-*, ne se prête guère à une réduplication avec *raz-*, car on ne voit pas bien comment la vieillesse, même extrême, représenterait la transgression d'une norme par une activité de X. Cette approche explique que les adjectifs de couleur si fréquents dans la réduplication simple ne se trouvent que rarement dans un schéma avec le préfixe *raz-* employés avec un sens figuré[11].

L'expression du dépassement d'une norme par les schémas réduplicatifs avec *raz-* est accompagnée de quelques effets de style et notamment par la connotation ironique des contextes avec Y_1-razY_2. C'est notamment le cas lorsque *raz-* est ajouté à des adjectifs axiologiquement positifs. Ainsi, *razvesëlyj* '*raz*-gai' normalement n'est pas perçu comme ironique, alors que *razblagorodnyj* ('*raz*-noble'), *razvažnyj* ('*raz*-important'), même en dehors de tout contexte, sont teintés d'ironie : '*raz*-noble' s'applique à quelqu'un qui cherche à donner de lui-même une image positive et qui en fait trop. Le recours au schéma Y_1-razY_2 et l'excès de détermination de X qu'il véhicule permettent au locuteur de manifester sa distance par rapport au référent et de rendre la qualification de X obsolète.

Cet effet d'ironie est systématiquement présent lors de l'emploi de l'adjectif *rasprekrasnyj* '*raz*-parfait' où les préfixes *raz-* et *pre-* sont soudés : une qualité ne peut pas à la fois atteindre le haut degré de sa manifestation (*pre-*) et dépasser une limite (*raz-*), selon le principe « le mieux est l'ennemi du bien ». Le seul

---

11 *Zelënyj-razzelënyj* 'vert de chez vert' en parlant d'un militant écologiste.

moyen de résoudre ce conflit énonciatif consiste à envisager la détermination de X avec *raz-pre*-Y d'un point de vue ironique permettant de se démarquer de la détermination première avec Y₁ *prekrasnyj*. Si cet exemple nous semble pertinent pour illustrer les données analysées, il faut reconnaître que c'est un des rares adjectifs russes bénéficiant de la combinaison de ces deux préfixes.

Raz- ne fonctionne pas uniquement comme morphème, il est également substantif (*odin raz* 'une fois') et conjonction de subordination 'puisque, si'. Possédant une vocation citative, il introduit un argument thématisé et pose une situation dont l'existence, réelle ou virtuelle, génère une altérité de points de vue et confère ainsi à l'emploi de *raz* une dimension discursive et polémique. C'est la raison pour laquelle *raz* conjonction n'est pas employée en narration (cf. Artyushkina 2016).

La mise en place de l'altérité est également présente lors de son emploi en tant que préfixe. C'est particulièrement le cas lorsque la base nominale renvoie à un stéréotype, comme, par exemple, dans *raskrasavica* '*raz*-beauté' employé, en principe, pour qualifier une très belle femme. Mais le sémantisme du substantif *krasavica* renvoie à la notion de 'beauté', l'ajout du préverbe constitue une sorte de surenchère et, au lieu de renforcer la détermination de X, il la remet en cause et construit ainsi un conflit d'opinions sur son appréciation.

On observe la même logique énonciative dans *tvoj rasprekrasnyj družok* 'ton *raz*-merveilleux ami'. L'emploi du possessif *tvoj* n'y est pas sans importance. Le substantif *družok* implique tout un champ sémantique : être ami de quelqu'un suppose un comportement amical. De même, l'adjectif *prekrasnyj* suppose que X en tant que porteur de la propriété Y peut être défini comme un vrai ami. La préfixation en raz-de Y disqualifie cette première détermination de X avec Y et actualise un point de vue contraire : le locuteur ne pense pas ce qu'il dit. Le possessif *tvoj* suppose l'existence de l'interlocuteur auquel le locuteur attribue le point de vue Y X dont il se désolidarise en employant l'adjectif préfixé *raz*-Y–*raz*Y₂.

On peut citer un autre exemple de ce mécanisme avec le dialogue suivant[12] :

(32) Одного послушаешь, так он крут до чрезвычайности. [...]. Другой – талантлив до жути, просто гений. Третий – **несчастный-разнесчастный**. Прям сиротка в квадрате! [Д. А. Емец]

---

[12] Nous sommes obligés de ne citer qu'une toute petite partie du contexte qui construit nettement avec la réduplication de l'adjectif une remise en question de la détermination de X.

Odnogo pošlušaeš', tak on krut do črezvyčajnosti. [...]. Drugoj – talantliv do žuti, prosto genij. Tretij – **neščastnyj-razneščastnyj**. Prjam sirota v kvadrate.

'Si tu écoutes l'un, pour lui, cet homme est un superman. Si tu écoutes quelqu'un d'autre, pour lui, il a un talent terrible, c'est un génie. Un troisième te dira que l'homme est **malheureux-***raz***malheureux**. Comme qui dirait, un orphelin puissance dix.'

5 Conclusion

Nous avons tenté de décrire quelques cas de réduplication des adjectifs russes entrant dans les schémas proches par leur forme et par leur apport informatif, mais véhiculant des significations différentes. Notre objectif a été de montrer la variation dans les modes d'appréhension du monde par une instance énonciative en fonction des valeurs dénotées par X et Y, la prosodie des propositions et le modèle réduplicatif utilisé. Nous avons pris en considération les paramètres contextuels et énonciatifs.

La comparaison des schémas a permis de poser la séparation, à la fois fine et perméable, entre le haut degré et l'intensité qui ne peuvent être décrits qu'en tenant compte de la visée énonciative du locuteur dans une situation particulière. Dans un schéma réduplicatif simple, deux cas de figure ont été décrits. Premier cas : la détermination première de X avec Y_1 relève de la construction d'une altérité avec sa confirmation par Y_2 en opposition à une vision différente ou contraire. Deuxième cas : Y_2 souligne la détermination première avec Y_1, afin de rendre le haut degré de réalisation de Y et l'intensité de sa perception par une instance. L'ajout de *pre-* apporte une appréciation subjective de Y en tant que trait distinctif de X qui, selon S, a atteint un haut degré de réalisation. La réduplication avec *raz-* dénote le dépassement d'une norme ou d'une limite. Les possibilités de la permutation de *pre-* avec *raz-* sont déterminées par le sémantisme de X et de Y et par la visée énonciative du locuteur avec le centrage du propos sur la détermination du monde ou sur la source de sa perception.

Bibliographie

Artyushkina Olga, 2016, « Rol' polifoničeskix konnektorov pričiny v kogezii teksta vo francuzskom i russkom jazykax » Le rôle des connecteurs de cause polyphoniques dans la cohérence textuelle en français et en russe, *in* O. Inkova & A. Trovesi (dir.), *Langues slaves en contraste*, Bergamo, Bergamo University Press : 265–287.

Bottineau Tatiana, 2012, « Les variations sémantiques du suffixe russe -*ovat*- », *La linguistique russe : une approche syntaxique, sémantique et pragmatique*, 34 : 211–227.

Bottineau Tatiana, 2016, « The Russian adjectives with the suffix -*ist*-: the identity of the constituents and the operations of the location », *Russian Linguistics*, 41 : 109–121.

Goes Jan, 2014, « Les adjectifs classifiants et la dénomination », *in* R. Daval, P. Frath, E. Hilgert & S. Palma (dir.), *Les théories du sens et de la référence. Hommage à Georges Kleiber*, Reims, Éditions et presses universitaires de Reims : 219–236.

Guiraud-Weber Marguerite, 1988, *L'aspect du verbe russe*, Aix-en-Provence, Publications de l'Université de Provence : 49–50.

Marengo Sébastien, 2011, Les adjectifs jamais attributs. Syntaxe et sémantique des adjectifs constructeurs de la référence, Louvain-la-Neuve, De Boeck/Duculot.

Krongauz Maksim A., 1998, « Pristavki i glagoly v russkom jazyke : semantičeskaja grammatika » Préfixes et verbes dans la langue russe : grammaire sémantique, Moskva, Jazyki russkoj kul'tury : 109–115.

Montaut Annie, 1999, « Réduplication et constructions en écho en hindi-ourdou », *Faits de langue/Les cahiers*, 1 : 9–44.

Montaut Annie, 2009, « Reduplication and echo words in Hindi/Urdu », *Annual Review of South Asian Languages and Linguistics* : 21–91.

Sannikov Vladimir, 2002, *Russkij jazyk v zerkale jazykovoj igry* La langue russe à travers les jeux de langue, Moskva, Jazyki slavjanskoj kul'tury.

Švedova Natal'ja, 1980, *Russkaja grammatika* Grammaire russe, vol. 2, Sintaksis, Moskva, Nauka.

Zaliznjak Anna A., Šmelëv Aleksey D., 2000, *Vvedenie v russkuju aspektologiju* Introduction à l'aspectologie russe, Moskva, Jazyki russkoj kul'tury.

Jonas Sibony
Chapitre 10 Y a-t-il des structures morphologiques spécifiquement adjectivales en hébreu ?

1 Introduction

L'hébreu appartient au groupe des langues sémitiques. Les mots de ces langues se forment par le croisement d'une racine lexicale de trois consonnes qui renvoie à une notion globale ($\sqrt{C_1C_2C_3}$ = notion), et d'un schème qui précise et oriente la notion, mais aussi, qui indique la catégorie grammaticale. Il existe des schèmes nominaux et des schèmes verbaux :

- racine √KTB 'écrire' + schème nominal de 'lieu/objet' $miC_1C_2\bar{a}C_3$ = $miḴTāḆ$ 'lettre' ;[1]
- racine √KTB 'écrire' + schème verbal 'causatif/factitif' $hiC_1C_2\bar{\imath}C_3$ = $hiḴTīḆ$ 'dicter'.

Ainsi, *miḏbār* 'désert' *mizrāḥ* 'orient' et *mispār* 'chiffre' sont des noms, construits sur le schème nominal *miqṭāl* – $miC_1C_2\bar{a}C_3$. En revanche, *kāṯaḇ* 'écrire', *šālaḥ* 'envoyer' et *gānaḇ* 'voler' sont des verbes construits sur le schème verbal *pāʿal* – $C_1\bar{a}C_2aC_3$.

Alors que le lexique des langues sémitiques est classé et organisé par type de schèmes, il est difficile d'attribuer aux adjectifs des schèmes spécifiques. En effet, la plupart des structures sur lesquelles ils sont construits ne sont ni plus ni moins que des schèmes nominaux. En grammaire hébraïque, un adjectif se dit *šēm tō'ar* 'nom de description', par opposition au *šēm ʿeṣem* 'nom de substance', le substantif. Toutefois, si adjectifs et substantifs sont effectivement rangés dans la catégorie « noms », le substantif est souvent perçu comme le meilleur représentant de sa catégorie ou comme le prototype du nom. Ainsi,

---

[1] « $MiC_1C_2\bar{a}C_3$ » est une abstraction de schème à comprendre comme : préfixe mi- + Consonne 1 de la racine + Consonne 2 + voyelle longue ā + Consonne 3.

Jonas Sibony, Université de Strasbourg, GEO

que ce soit en français ou en hébreu, quand un mot est qualifié de « nom » sans précision ajoutée, le plus souvent, c'est d'un substantif dont il s'agit[2].

Alors qu'est-ce qu'un adjectif en hébreu ? Que nomme-t-on *šēm tō'ar* si cette dénomination ne renvoie pas à une structure formelle spécifique, dans une langue qui habituellement marque et identifie son lexique de la sorte ?

Si les adjectifs sont des noms, ou en tout cas si rien ne permet de les distinguer formellement des substantifs, le ou les critères permettant de parler d'*adjectif* doivent être syntaxiques. C'est ce qui sera examiné dans la première partie de ce chapitre. Dans un second temps, il s'agira de vérifier s'il existe ou non des marqueurs morphologiques spécifiques à l'adjectif en hébreu.

2 Caractéristiques syntaxiques

L'hébreu possède des structures formelles bien définies pour marquer les termes selon leur nature et ainsi démarquer les noms des verbes. En revanche, aucun schème proprement adjectival ne semble exister, il n'y a d'ailleurs aucun terme pour cela. La grammaire hébraïque se contente de distinguer les schèmes nominaux et verbaux.

Dans sa *Grammaire hébraïque abrégée*, publiée pour la première fois en 1905, Touzard aborde la question de l'adjectif en hébreu biblique en parlant « d'expression de l'idée adjectivale ». Il justifie sa formule en indiquant que « l'hébreu a peu d'adjectifs proprement dits [...] ainsi recourt-on à diverses périphrases pour suppléer à ces éléments du discours » (Touzard 1993 : 91). De plus, les adjectifs « proprement dits » ne semblent pas être formellement distingués des substantifs. Bordreuil & Pardee, au sujet de la langue ougaritique, apparentée à l'hébreu, précisent de leur côté que « la morphologie des adjectifs est identique à celle des noms » (2004 : 48). En fait, ce sont souvent les mêmes termes. C'est principalement l'emploi qui les différencie. En hébreu, un adjectif est souvent un nom qui, dans un énoncé, entretient une relation spécifique avec un substantif ; c'est-à-dire, comme le dit Gai, que ce qui définit un mot comme adjectif est d'ordre syntaxique : « The demarking criteria between substantives and adjectives are not the patterns of the word; those criteria may

---

[2] C'est le cas dans de nombreux articles cités en bibliographie ; par ex. Rubin (2010 : 34) : « The Semitic nominal system (including both *nouns* and *adjectives*) distinguishes two genders, masculine and feminine » (Traduction : 'Le système nominal sémitique (qui comprend à la fois les noms et les adjectifs) distingue deux genres, le masculin et le féminin').

come from other features of morphology, but mainly they are syntactical »[3] (1995 : 1).

L'adjectif hébreu s'accorde en genre et en nombre avec un substantif. En position d'épithète, la construction est de type 'substantif + adjectif' :

yeleḏ	gāḏōl	:	'un grand garçon'
sub.	adj.		
garçon(m.s.)	grand(m.s.)		
yaldâ	gəḏōlâ	:	'une grande fille'
fille(f.s.)	grand(f.s.)		

Quand le substantif est défini par l'article défini, l'adjectif épithète prend également l'article : la construction devient 'art.def.-sub. + art.def.+ adj.' :

hay-yeleḏ	hag-gāḏōl	:	'le grand garçon'
DEF-garçon(m.s.)	DEF-grand(m.s.)		
hay-yəlāḏiym	hag-gəḏōliym	:	'les grands garçons'
DEF-garçon(m.p.)	DEF-grand(m.p.)		

Quand seul le substantif est marqué par l'article défini, s'il est accompagné d'un adjectif, celui-ci est attribut :

hay-yeleḏ	gāḏōl	:	'le garçon est grand'
DEF-garçon(m.s.)	grand(m.s.)		
hay-yaldâ	gəḏōlâ	:	'la fille est grande'
DEF-fille(f.s.)	grand(f.s.)		

C'est donc sa relation avec le substantif qui fait d'un nom un adjectif et ce, quelle que soit sa structure morphologique. Cela signifie également qu'un nom adjectif peut, s'il est utilisé différemment dans un énoncé, devenir substantif. De la même manière qu'en français les adjectifs *bon* et *petit*, s'ils ne viennent pas qualifier explicitement un autre substantif, pourront eux-mêmes apparaître en substantifs : dans le titre « Le bon, la brute et le truand » ou dans l'énoncé « le petit est plus cher que le grand », *bon* et *petit* peuvent être considérés comme des substantifs. C'est aussi ce qu'il se passe en hébreu.

---

[3] Traduction : 'Les critères qui permettent de distinguer les substantifs des adjectifs ne concernent pas les schèmes des mots : même si ces critères peuvent parfois être en lien à d'autres aspects de la morphologie, ils sont essentiellement d'ordre syntaxique'.

Pour Kamhi, un adjectif peut bien être utilisé comme substantif : « All adjectives can be converted into nouns »[4] (1971 : 3). Toutefois, sa formule laisse entendre qu'il considère que certains lexèmes sont d'abord des adjectifs. Il défend sa position en mettant face à face le terme ḥērēš 'sourd' et la formule 'īš ḥērēš 'homme sourd' et affirme que « ḥērēš by itself means "a deaf man" »[5]. Il ajoute « and we need not write 'īš ḥērēš »[6]. Plus loin, il explique qu'un adjectif peut être converti en nom (substantif) « if it is preceded by a definite article »[7] puis conclut : « Adjectives converted into nouns are known as epithet nouns »[8] (1971 : 3).

En effet, les « adjectifs substantivés » ou « noms épithètes » sont toujours précédés d'un article défini en hébreu. La qualité mentionnée ne l'est pas de manière abstraite mais fait référence à une entité précise, définie.

Une différence notable est d'ailleurs observée entre les deux emplois ; contrairement aux autres adjectifs, l'adjectif « substantivé » est invariable en hébreu.

Une même unité lexicale peut donc être à la fois adjectif et substantif. Ce qui les distingue est d'ordre syntaxique. En fait, tout dépend de l'angle sous lequel la question est abordée. À titre d'exemple, dans le dictionnaire unilingue de référence Even-Shoshan, qāṭān 'petit' est dit « adjectif et substantif » (2004 : 856). Le Cohn hébreu-français, en revanche, ne l'indique que comme adjectif (1989 : 605) ; c'est-à-dire qu'il considère que par nature, le mot qāṭān 'petit' est un adjectif, peu importe la façon dont il est utilisé alors que le Even-Shoshan considère que c'est un nom qui peut être employé comme adjectif ou comme substantif.

Des avis contraires s'observent également du côté des auteurs : Gai considère par exemple que « an adjective which functions alone, without a qualified noun, remains an adjective »[9] (1995 : 7).

Pour illustrer son propos, il cite le verset biblique Gen. 29,18 :

rāḥēl	bitt-əḵâ	haq-qəṭannâ	:	'Rachel, ta petite fille'
Rachel	fille-ta	DEF-petite		

---

4 Traduction : 'Tous les adjectifs peuvent être transformés en noms'.
5 Traduction : 'ḥērēš en soi signifie « un homme sourd »'.
6 Traduction : 'Et il n'est pas nécessaire de noter 'īš ḥērēš'.
7 Traduction : 'S'il est précédé de l'article défini'.
8 Traduction : 'Les adjectifs transformés en noms sont appelés noms épithètes'.
9 Traduction : 'Un adjectif qui fonctionne seul, sans nom qualifié, reste un adjectif'.

qu'il compare à Gen. 29,16 :

šēm	haq-qəṭannâ	rāḥēl	:	'le nom de la petite (est) Rachel'
nom	DEF-petite	Rachel		

Pour Gai, *qəṭannâ* « petite » est un adjectif dans les deux cas.

Le deuxième cas est tiré du passage biblique Gen 29,16, dans lequel deux sœurs sont mentionnées : Rachel et Léa. Dans ce contexte, *qəṭannâ* renvoie alors à 'la petite'. Non pas à 'la petite' de façon absolue mais en miroir de 'la grande', c'est-à-dire sa grande sœur. Au niveau sémantique, « la petite » signifie bien 'la petite sœur'. Si telle était la formule (« la petite sœur »), *petite* serait bien un adjectif. Pourtant, au niveau de la structure de la phrase, *qəṭannâ* est ici employé comme un substantif.

Il est difficile de se positionner fermement sur une telle question tant les arguments avancés de part et d'autre dépendent surtout des critères retenus pour définir ce qu'est un adjectif.

C'est dans cette optique que Gai développe ensuite son idée sur ce qui différencie le substantif de l'adjectif. Il estime que le principal critère à retenir est que l'adjectif peut se voir accompagné d'un intensificateur comme *mə'ōḏ* 'très', contrairement au substantif (1995 : 5–6).

Si tel est le critère retenu, alors *mə'ōḏ* peut effectivement accompagner *qəṭannâ* dans les deux énoncés : *rāḥēl bitt-əḵâ haq-qəṭannâ mə'ōḏ* : 'Rachel, ta très petite fille' ; *šēm haq-qəṭannâ mə'ōḏ rāḥēl* : 'le nom de la très petite est Rachel'. À l'inverse, un énoncé de type *yaldâ mə'ōḏ* 'fille très' ne fonctionne pas.

Si Gai a raison au niveau de la validité syntaxique de l'énoncé *šēm haq-qəṭannâ mə'ōḏ rāḥēl* 'le nom de la très petite est Rachel', au niveau sémantique la phrase pose problème. Et c'est donc à ce niveau que va se jouer la nuance.

Dans l'énoncé d'origine, *šēm haq-qəṭannâ rāḥēl* 'le nom de la petite (est) Rachel', le qualificatif « petite » signifie 'la petite (des deux sœurs)' ; il qualifie un élément qui n'est pas mentionné explicitement : la « sœur ». Ce qui signifie qu'ici il n'est pas une mesure mais un statut fixe ; en miroir de « la grande sœur ». Rachel sera toujours la petite des deux sœurs, ni la « très petite », ni la « un peu petite » mais « *la* plus petite des deux ». Ce n'est pas une remarque sur sa taille par rapport à une échelle de tailles possibles (dans ce cas, on pourrait ajouter un intensificateur), mais un rapport déterminé entre deux entités : des deux, elle est la plus petite au niveau de l'âge. Le fait d'ajouter l'intensificateur *très* reste possible syntaxiquement mais cette insertion modifie fondamentalement le sens de l'énoncé. En effet, « le nom de la très petite (des deux sœurs) est Rachel » peut signifier :

- qu'il est question d'une comparaison entre deux sœurs ou plus, dont plusieurs sont jeunes/petites. « petite » ne suffit donc plus à préciser de quelle sœur on parle, ce que vient spécifier « très » ;
- que la jeune sœur est réellement (très) petite de taille.

Dans le premier cas, « la très petite sœur » est encore un statut et donc *qəṭannâ* n'est toujours pas modulable parce qu'il est ici substantif. Ainsi, *məʾōḏ* n'y marque pas l'intensité mais sert de marqueur de différentiation : *la très petite* face à *la un peu petite* ou *la moins petite*. Dans le deuxième cas, par contre, l'énoncé joue sur les sens et les formes (en français comme en hébreu). Ainsi, sous l'apparence d'une remarque faisant plutôt référence à l'âge (hiérarchiquement entre les sœurs), il est en réalité fait référence à la taille : « très petite ». Dans ce sens, *məʾōḏ* 'très' modifie bien l'intensité de *qəṭannâ* justement parce qu'il retransforme le mot en adjectif.

Ces énoncés, les différentes interprétations sémantiques qu'il est possible d'en faire et les modifications causées par de petits changements dans l'agencement des mots illustrent en fait le rôle fondamental du jeu syntaxique qui s'opère. En hébreu, c'est bien l'emploi qui détermine si un nom (*šēm*) est un adjectif (*šēm tōʾar*) ou un substantif (*šēm ʿeṣem*). Ce n'est pas tant la possibilité ou non d'utiliser un intensificateur qui permet de dire si un terme est dans l'absolu un adjectif. Il faut plutôt considérer que l'utilisation de cet intensificateur va permettre, dans certains cas, d'utiliser un nom en tant qu'adjectif, avec les modifications sémantiques que cela implique. Certains noms, de par leur sens, auront plus de chances d'être adjectifs que substantifs, et vice-versa.

Au final, quand en hébreu deux noms se suivent, le premier est un substantif et le second est un adjectif. C'est la capacité du second à se retrouver dans cette position dans un énoncé qui fait de lui un potentiel adjectif. Bien que la question de l'adjectif en hébreu soit donc avant tout une affaire de syntaxe, il s'observe des formes récurrentes sur lesquelles ils se construisent. Il conviendrait de les analyser et de vérifier si ces mêmes formes sont typiquement adjectivales ou partagées avec d'autres catégories.

3 Structures formelles des adjectifs en hébreu

Les mots de l'hébreu se construisent par le croisement d'une racine lexicale et d'un schème morphologique. Toutefois, en ce qui concerne la fonction adjectivale, l'hébreu a historiquement eu recours à divers procédés. Werner (2013 : 36)

en retient quatre et il démontre, dans son article « Adjectives » de l'*Encyclopedia of Hebrew Language and Linguistics*, que ces structures ne sont proportionnellement pas représentées à parts égales. En fait, non seulement certaines constructions sont beaucoup plus courantes que d'autres, mais ces hiérarchies et proportions évoluent aussi considérablement d'une période à l'autre. Il les catégorise comme suit :
- les formations de type 'racine + schème'
  ex : √BHR « clarté » + schème $C_1āC_2īC_3$ > *bāhīr* 'clair' ;
- les 'base + suffixe'
  ex : substantif *ṭebaʿ* 'nature' + suffixe *-iy* > *ṭibʿiy* 'naturel' ;
- les formes composées
  ex : juxtaposition des substantifs *homme* et *paroles*' : *'īš dəḇārīm* 'éloquent' ;
- les autres.

Les proportions entre les différentes structures évoluent au cours des périodes de l'hébreu comme l'indique le tableau ci-dessous (Figure 1), réalisé à partir des résultats de Werner (2013).

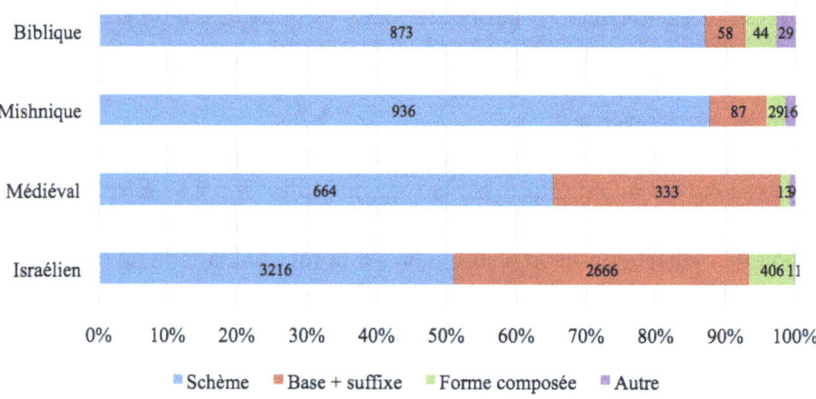

Figure 1 : Types de formation des adjectifs en hébreu.

En hébreu biblique, les formations de type 'racine + schème' représentent 87% des adjectifs, et les constructions 'base + préfixe' seulement 5,5%. Les proportions restent sensiblement les mêmes en langue mishnique. En revanche, à l'époque médiévale, les bases dérivées par adjonction d'un suffixe représentent

33% des formations. En hébreu israélien, la tendance se confirme avec plus de 42 % des adjectifs formés ainsi.

La suite de cette étude entend déterminer s'il existe en hébreu une ou même plusieurs structures morphologiques proprement adjectivales.

Ce qui caractérise le nom adjectif (et non pas tant l'expression adjectivale dans son ensemble), c'est avant tout le fait qu'il puisse se trouver en seconde position dans une des structures syntaxiques : sub.+ adj. ; art.def.-sub.+ art. def.-adj. ou art.def.-sub.+ adj. Pour savoir s'il existe des structures morphologiques proprement adjectivales, il faut donc analyser la forme des mots qui apparaissent en fin de groupe et vérifier si ces formes peuvent ou non correspondre également à autre chose. L'enquête se concentrera sur les formes des deux premières catégories de Werner (2013) ; elle n'étudiera donc que les schèmes et les bases + suffixes[10], qui représentent environ 95% des manifestations de fonctions adjectivales, toutes périodes confondues.

En ce qui concerne les schèmes, la grammaire hébraïque n'en distingue que deux types : les schèmes verbaux (*binyān*) et les schèmes nominaux (*mišqāl*).

3.1 Adjectifs ou verbes ?

– $C_1āC_2ūC_3$, $MəC_1uC_2C_2āC_3$ et $MuC_1C_2āC_3$

Ces formes apparaissent régulièrement dans les constructions syntaxiques mentionnées plus haut :

$C_1āC_2ūC_3/C_1əC_2ūC_3â$
haṭ-ṭeqsṭ   hak-kāṯūḇ   bə-ʕiḇrīṯ   :   'Le texte écrit est en hébreu'
DEF-sub.   DEF-C1āC2ūC3   Prép-"hébreu"

$MəC_1uC_2C_2āC_3/MəC_1uC_2C_2eC_3et$
ham-maʕălīṯ   məqulqeleṯ   :   'l'ascenseur est cassé (en panne)'
DEF-sub. (fém.)   MəC1uC2C2āC3 (fém.)

---

10 J'exclus ici les formes composées, qui viennent exprimer une fonction adjectivale par un jeu syntaxique spécifique jouant sur la fonction de « l'état d'annexion » de la grammaire hébraïque (en hébreu *səmīḵūṯ*). Ce procédé, proche du complément de nom du français, permet de juxtaposer des noms jugés substantifs uniquement, en créant un rapport spécifique entre les deux, comme dans : 'ămārīm 'emeṯ, parole-vérité, 'paroles vraies', ou encore 'ăḥuzzaṯ ʕōlām, possession-éternité, 'possession éternelle' (à ce sujet, voir par ex. Touzard 1993 : 91).

$MuC_1C_2āC_3/MuC_1C_2eC_3e\underline{t}$
hag-ge<u>b</u>er   ham-mušlām   :   'l'homme parfait'
DEF-sub.   DEF- $MuC1C2āC3$

Si ces mots peuvent se retrouver à cette place et que leur fonction y est adjectivale (écrit, cassé, parfait), ils sont pourtant des manifestations de paradigmes verbaux. Ils correspondent tous les trois à des formes de participes passifs et sont bien en ce sens des déclinaisons de formes verbales :

- $C_1āC_2ūC_3$ est le participe passif de la forme $C_1āC_2aC_3$;
- $MəC_1uC_2C_2āC_3$ est le participe passif de la forme $C_1iC_2C_2ēC_3$;
- $MuC_1C_2āC_3$ est le participe passif de la forme $hiC_1C_2īC_3$.

Kāṯūḇ 'écrit' est donc le participe passif du verbe *kāṯaḇ* 'écrire', *məqulqelet* 'cassée' est le participe passif féminin du verbe *qilqēl* 'casser' et *mušlām* 'parfait', celui du verbe *hišlīm* 'compléter'. Ils sont placés ici syntaxiquement comme des adjectifs et s'accordent en genre et en nombre. Contrairement aux verbes, ils ne se conjuguent pas. Ce sont donc des verbes qui sont adjectivés : des adjectifs verbaux.

Cet emploi des participes passifs à fonction adjectivale ne va pas sans rappeler celui des participes passés du français, où les mêmes énoncés présentent la dualité participe/adjectif : *l'ascenseur est cassé/le texte écrit est en hébreu*.

- $C_1ōC_2ēC_3$, $MəC_1aC_2C_2ēC_3$, $MaC_1C_2īC_3$, $MitC_1aC_2C_2ēC_3$, $NiC_1C_2āC_3$

L'hébreu dispose également d'un participe actif qui, comme le passif, peut être utilisé comme un adjectif (position syntaxique, accord en genre et en nombre avec un substantif). Les différentes formes de participe actif correspondent aux différentes formes verbales dont ils sont une déclinaison :

- $C_1ōC_2ēC_3$ est le participe actif de la forme $C_1āC_2aC_3$;
- $MəC_1aC_2C_2ēC_3$ est le participe actif de la forme $C_1iC_2C_2ēC_3$;
- $MaC_1C_2īC_3$ est le participe actif de la forme $hiC_1C_2īC_3$;
- $MitC_1aC_2C_2ēC_3$ est le participe actif de la forme $hi\underline{t}C_1aC_2C_2ēC_3$;
- $NiC_1C_2āC_3$ est le participe actif de la forme $niC_1C_2aC_3$.

À la différence des participes passifs, ceux-là indiquent plutôt une action qu'un état. Ils sont pourtant bien adjectivés. Touzard (1993 : 55) parle ici aussi d'adjectifs verbaux. Gai (1995 : 6-8) les décrit comme des éléments nominaux dont la forme est issue du système verbal. Il les nomme « deverbal adjectives ». L'énoncé *hā-'īš hak-kōṯēḇ* [DEF-homme DEF-$C_1ōC_2ēC_3$], a le sens de 'l'homme écrivant/qui est en train d'écrire'. Mais dans *hak-kōṯēḇ* employé seul, *kōṯēḇ* est substantif et signifie alors 'écrivain, celui qui écrit, qui sait écrire'. Les différentes possibilités d'utilisation et l'ambivalence verbe/nom de ces formes ont peu à peu mené l'hébreu à s'en servir comme une sorte de présent de l'indicatif, de telle sorte qu'un énoncé de type *'ănī qōrē*$^{(\prime)}$ signifie à la fois 'je lis' et 'je suis un lecteur'. Ces mots sont donc des verbes ou des noms verbaux, dont l'emploi peut être adjectival en usant du jeu syntaxique habituel qui fait qu'un substantif peut être adjectivé.

Enfin, certains participes actifs connaissent une forme spécifique. Ils n'apparaissent pas sous la forme $C_1\bar{o}C_2\bar{e}C_3$ mais $C_1\bar{a}C_2\bar{e}C_3$. Ce sont les participes des verbes appelés *verbes d'état*. En ce sens, ils sont sans doute assimilés plus facilement que les autres à des adjectifs. En effet, les verbes *rāʿaḇ* 'avoir faim', ou *yāḇaš* 'sécher', se conjuguent de façon régulière, mais présentent une forme de participe actif en $C_1\bar{a}C_2\bar{e}C_3$: *rāʿēḇ* 'ayant faim' et *yāḇēš* 'sec'. C'est peut-être d'abord au niveau sémantique que se joue leur spécificité. De plus, ils n'ont pas de forme passive, probablement parce qu'ils désignent déjà un état.

C'est encore le sens qui les rend si enclins à être utilisés comme adjectifs. D'ailleurs, les dictionnaires leurs réservent en général une entrée dans laquelle ils sont notés « adjectif »[11]. Le Cohn Hébreu-Français (1989) propose par exemple deux entrées pour l'unité lexicale *yāšēn*. La première l'associe au verbe *dormir* et la seconde en fait un adjectif signifiant 'endormi' ; même chose pour *yāḇēš*, qui compte une entrée verbe « être/devenir sec » et une seconde adjectif, « sec ». De même encore pour *ʿāyēp*, à la fois verbe 'être fatigué' et adjectif 'fatigué'. Le dictionnaire unilingue Even-Shoshan (2004) présente également une entrée par catégorie, une pour le verbe et une autre pour l'adjectif.

Les participes-adjectifs tels que *mušlām* 'parfait', *kōṯēḇ* 'écrivant' ou *yāḇēš* 'sec' sont des formes de verbes pouvant être utilisées comme des adjectifs.

Ces constructions, ces structures formelles, ne sont donc pas spécifiquement adjectivales.

3.2 Adjectifs ou substantifs ?

Pour la grammaire hébraïque, un adjectif (*šēm tō'ar*) est avant tout un nom (*šēm*), catégorie qui comprend aussi le substantif (*šēm ʿeṣem*). En effet,

---

[11] À l'inverse, le plus souvent, les participes $C_1\bar{o}C_2\bar{e}C_3$ n'ont pas d'entrée spécifique dans les dictionnaires, puisqu'ils sont considérés comme une des nombreuses formes possibles des verbes sauf si un usage substantivé est courant. À ce titre, le Cohn (1989 : 295) présente une entrée *kōṯēḇ* 'écrivain', nom masculin.

adjectifs et substantifs présentent souvent les mêmes caractéristiques morphologiques ; ils sont construits sur des schèmes nominaux, nommés *mišqāl*. Pourtant, certains *mišqāl* se retrouvent très souvent dans la construction d'adjectifs. Pour savoir s'il existe des schèmes nominaux proprement adjectivaux, il convient de vérifier s'ils peuvent également servir ou non de structure à des substantifs.

Ci-dessous, une liste non exhaustive de schèmes récurrents dans la construction des adjectifs :

- $C_1āC_2ōC_3/C_1əC_2ōC_3â$

Des adjectifs très courants sont construits sur ce schème. C'est le cas de *gāḏōl* 'grand', *qārōḇ* 'proche', *māṯōq* 'doux', *qāḏōš* 'saint'.

Ces mots répondent bien aux caractéristiques classiques de l'adjectif en ce qui concerne la relation à un substantif et les accords : *yeleḏ gāḏōl* 'un grand garçon', *yaldâ gəḏōlâ* 'une grande fille', *hay-yəlāḏiym hag-gəḏōliym* 'les grands garçons'. Le schème sur lequel ils sont construits n'est pas consacré uniquement aux adjectifs. Il sert aussi de structure formelle à des substantifs, comme c'est le cas pour les noms suivants : *'āḏōn* 'homme', *kāḇōḏ* 'honneur', *ʿāśōr* 'décennie', *šālōm* 'paix, plénitude, salut'.

Ce qui permet de dire de *gāḏōl* 'grand', dans *kāḇōḏ gāḏōl*, que c'est d'abord un adjectif et de *kāḇōḏ* 'honneur' que c'est prioritairement un substantif, c'est premièrement que *gāḏōl* aura plus de facilité, de par son sens, à apparaitre en position syntaxique d'adjectif et deuxièmement qu'il s'accordera alors en genre et en nombre avec le substantif qu'il qualifie. Même s'ils sont construits sur un schème identique, l'énoncé *kāḇōḏ gāḏōl* 'un grand honneur' fonctionne, alors que *gāḏōl kāḇōḏ ne fonctionne pas.

Sagarin, dans son étude consacrée aux schèmes nominaux hébreux (*Hebrew noun patterns (mishqal)*, 1987), présente bien le schème $C_1āC_2ōC_3/C_1əC_2ōC_3â$ comme un schème nominal. C'est un *mišqāl*. Il cite en exemples quelques substantifs comme *kāḇōḏ* 'honneur' et *dārōm* 'sud' et indique que « some words in this mishqal serve as adjectives as well »[12] (1987 : 50). Ce qui signifie que pour lui, les adjectifs sont des noms dont on se sert d'une façon spécifique. Même *gāḏōl* 'grand' est d'abord présenté par l'auteur comme un substantif qui signifie 'adulte, tête, noble'. Un tel point de vue suggère que dans ce cas précis, c'est l'usage même du nom en tant qu'adjectif qui transforme le sens originel de 'adulte' en 'grand'.

- $C_1āC_2īC_3/C_1əC_2īC_3â$

---

[12] Traduction : 'Certains mots construits sur ce mishqal s'utilisent aussi comme des adjectifs'.

La démonstration est la même pour ce schème sur lequel sont formés de nombreux adjectifs : *bāhīr* 'clair', *ʿāḏīn* 'délicat', *ṣāʿīr* 'jeune', *śāʿīr* 'poilu',...

Il n'est pas spécifique aux adjectifs comme le montre la liste suivante : *'āḇīḇ* 'printemps', *ḥālīl* 'flûte', *kārīš* 'requin', *pāʿīl* 'activiste'.

Cette fois, Sagarin présente ce schème comme *mišqāl* sans même préciser sa capacité à former des adjectifs (1987 : 58-59).

– $C_1aC_2C_2\bar{\imath}C_3/C_1\partial C_2C_2\bar{\imath}C_3\hat{a}$

Le schème $C_1aC_2C_2\bar{\imath}C_3$ forme lui aussi à la fois des adjectifs (*kabbīr* 'puissant', *'allīm* 'violent', *ʿattīq* 'antique', *ʿallīz* 'heureux') et des substantifs (*śakkīn* 'couteau', *paṭṭīš* 'marteau', *lappīḏ* 'torche', *tannīn* 'crocodile').

Sagarin précise encore que « Nouns in this *mishqal* often also are adjectives »[13] (1987 : 60).

Un certain nombre d'autres schèmes nominaux sur lesquels sont construits des adjectifs présentent les mêmes caractéristiques ; ils servent en fait également de bases formelles à des substantifs.

3.3 Émergence d'un schème adjectival

Werner (2013 : 37) considère qu'il existe un schème hébreu qui est peut-être bien réservé à des adjectifs, le schème dit « des couleurs » :

– $C_1\bar{a}C_2\bar{o}C_3/C_1\partial C_2\bar{u}C_3C_3\hat{a}$

Cette structure, concerne effectivement une partie des noms de couleur comme *šāḥōr* 'noir', *yārōq/yərūqqâ* 'vert/verte' ou encore *'āḏōm* 'rouge'. Ils sont dérivés à partir de racines consonantiques de substantifs ou de verbes. Mais cette fois, ces racines sont croisées avec un schème qui, lui, semble spécifiquement fait pour ça. Ce qui en fait un exemple de passage substantif/verbe + schème consacré > adjectif, dans lequel l'adjectivité n'est pas seulement évoquée par le jeu syntaxique mais aussi par la structure morphologique.

L'adjectif *yārōq* 'vert' est construit sur la même racine que les substantifs *yereq* 'végétation', *yārāq* 'légume' et le verbe *yāraq* 'verdir/être vert'. Il est plus spécifiquement le résultat de l'opération : racine + $C_1\bar{a}C_2\bar{o}C_3/C_1\partial C_2\bar{u}C_3C_3\hat{a}$ = adjectif de couleur, à partir de la racine √YRQ 'verdure' :

---

[13] Traduction : 'Les noms construits sur ce *mishqal* sont souvent également des adjectifs'.

– √YRQ 'verdure' + schème adjectif couleur $C_1\bar{a}C_2\bar{o}C_3/C_1\partial C_2\bar{u}C_3C_3\hat{a}$ = *yārōq* 'vert' ;

La même relation entre structures est observable avec les mots *šaḥar* 'aube, aurore' et *šāḥōr* 'noir', donc 'couleur de l'aube' :
– √ŠḤR 'aube' + schème adjectif couleur $C_1\bar{a}C_2\bar{o}C_3/C_1\partial C_2\bar{u}C_3C_3\hat{a}$ = *šāḥōr* 'noir' ;

Enfin, *'āḏōm* 'rouge', est à mettre en lien avec *'āḏam* 'être rouge', *'ōḏem* 'rubis', *'ăḏāmâ* 'terre' et peut-être *dām* 'sang' :
– √'DM 'rougeur' + schème adjectif couleur $C_1\bar{a}C_2\bar{o}C_3/C_1\partial C_2\bar{u}C_3C_3\hat{a}$ = *'āḏōm* 'rouge'.

Ce qui rend ce schème important pour cette étude est le fait qu'aucun substantif hébreu ne connaît cette structure. Il est spécifique aux noms de couleur, donc à une catégorie restreinte d'adjectifs. Cela signifie que le croisement d'une racine lexicale et de ce schème évoque pour le locuteur hébréophone la qualité d'adjectif de couleur. C'est pour cela que bien que cette structure ne concerne que très peu de mots en langue biblique, elle a servi de modèle par la suite pour former de nouveaux noms de couleur :
– *kāḥōl* 'bleu foncé', à partir d'une racine √KḤL 'sombre' ;
– *sāḡōl* 'violet', à partir *seḡel/siggāl* 'violette' ;
– *wārōḏ* 'rose', à partir de *wereḏ* 'rose (fleur)' ;
– *kāṭōm* 'orange', à partir de *keṭem* 'or fin'…

Cette exception (pour l'hébreu ancien) indique malgré tout que, déjà en langue classique, un schème a pu servir de modèle pour construire un adjectif en le dérivant à partir d'une base. Ce qui signifie que l'idée du recours à une modification d'ordre morphologique pour exprimer l'adjectivité a commencé à germer à cette époque, déjà.

3.4 Une catégorie morphologique « adjectifs »

Un certain nombre d'adjectifs hébreux sont construits sur une logique tout à fait différente de celle de la dérivation racine + schème. Ils sont dérivés de substantifs (donc déjà des racines + schème nominal) par l'ajout d'un suffixe. Il s'agit de la deuxième catégorie d'adjectif de Werner (2013). La proportion de ces constructions parmi les adjectifs est infime à l'époque biblique : 58 formes sur 1004, soit 5,7%. À l'époque mishnique ils ne représentent que

87 des 1067 nouveaux adjectifs. Si elles sont relativement rares, ces formes impliquent pourtant la possibilité pour le locuteur d'avoir recours à une formule :
- Substantif A + préfixe = adjectif évoquant la qualité de A

Cette formule s'est considérablement développée dans les périodes suivantes de l'hébreu. En hébreu médiéval, ce sont 333 des 1019 nouvelles formes adjectivales, soit 30,6% qui sont construites ainsi. En hébreu israélien, il s'agit de 2666 des 6299 nouvelles formes, soit 42,3% [14] (voir Figure 2) :

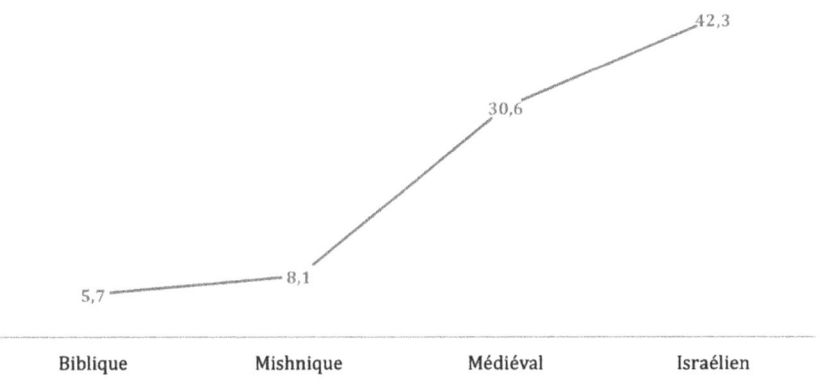

Figure 2 : Pourcentage d'adjectifs hébreux par époque formés en base + suffixe.

En langue biblique, les rares occurrences de ces constructions présentent différents suffixes. Par exemple, le suffixe -ōn se trouve dans les adjectifs rīš-ōn 'premier', formé sur rōš 'tête' ; ou encore dans le mot 'aḥăr-ōn 'dernier', formé à partir de 'aḥar 'ensuite'. Mais cette dérivation base + suffixe -ōn n'indique pas spécifiquement ou exclusivement l'adjectivation. Certains substantifs connaissent la même dérivation : c'est le cas de kišr-ōn 'aptitude', formé à partir de kāšēr 'être apte' ou de košer 'aptitude', ou encore de yitr-ōn 'profit', apparenté à yeter 'reste'.

Bien que ce suffixe serve à matérialiser le passage d'un substantif à un adjectif dans certains cas, il n'est donc pas spécifiquement réservé aux cas

---

[14] Les pourcentages sont calculés à partir des chiffres de Werner (2013).

d'adjectivations en langue classique. Pour que l'adjectivation par adjonction d'un suffixe connaisse un véritable développement, il a sans doute fallu trouver un suffixe qui l'évoque plus clairement, ou en tout cas dont la fonction s'en rapproche de façon plus systématique. C'est ce qui semble s'être passé avec -*iy* (ou -*ī*), au féminin -*iyt* (-*īt*), dont l'emploi pour dériver un adjectif à partir d'un nom se développera considérablement à partir de la période médiévale.

En hébreu biblique, dans l'écrasante majorité des cas, ce suffixe sert à former les noms dits « ethniques » ou « gentilés »[15]. L'adjonction du suffixe -*iy* sur un nom de lieu comme *kənāʕan* 'Canaan' donne le sens de 'Cananéen', qui est d'abord un substantif « nom ethnique » : *kanaʕăniy* signifie 'un cananéen, un habitant de Canaan'. Comme il a été vu plus haut, un substantif peut être utilisé comme un adjectif, c'est d'ailleurs ce qui s'observe en Gen. 38,2 où *'īš kanaʕăniy* signifie 'un homme cananéen'. La langue française permet elle aussi de choisir entre les énoncés « un Français » ou bien « un homme français » et à l'écrit, la majuscule vient justement préciser la nuance entre le nom propre et l'adjectif, dont la distinction réelle est syntaxique.

Pour Kamhi (1971), cette structure est dès le départ une structure d'adjectif. Il appelle ces cas les *gentililial adjectives* et traite la question dans l'autre sens en considérant que *kanaʕăniy* 'Cananéen' employé seul résulte de l'ellipse du substantif *'īš* 'homme'. Pour lui, c'est une forme tronquée de *'īš kanaʕăniy* 'homme cananéen'[16]. Ce phénomène est attesté à l'identique dans d'autres langues sémitiques anciennes. Kamhi indique que « in Semitic Languages, except Akkadian, the gentilitial adjectives are formed by adding a suffix -*ī* [-*iy*] to the words from which they derive »[17] (1971 : 2). Quand Segert traite le cas des adjectifs de la langue phénicienne, il précise que certains d'entre eux sont « derived from geographic names by means of -*iy* : *ṣdny* 'Sidonian', *qrtḥdšty* 'Carthaginian' »[18] (2005 : 180). Bordreuil &

---

15 Quelques rares exemples sortent de ce cadre. Kamhi (1971 : 2) cite *ʕĕwīliy* (Zac. 11,15) 'idiot' et *'akzāriy* 'cruel' (Prov. 11,17) mais rappelle justement que l'interprétation de la fonction ou du sens de ce morphème n'est pas chose aisée. Une fonction d'adjectivation pourrait être une interprétation anachronique. D'ailleurs, *ʕĕwīliy* est manifestement dérivé de *ʕĕwīl*, lui-même déjà potentiel adjectif et de même sens. *'akzāriy*, quant à lui, cohabite avec *'akzār*. Il est possible qu'il y ait eu une nuance exprimée par cette suffixation, dont le sens de l'époque nous échappe.

16 Comme en première partie de cette étude, c'est en fait toujours la même question sur la nature de l'adjectif qui est discutée ici : s'agit-il d'adjectifs substantivés ou de substantifs adjectivés ? Ou s'agit-il plus simplement de noms à double emploi ?

17 Traduction : 'Dans les langues sémitiques, à l'exception de l'akkadien, les adjectifs gentilices sont formés par l'adjonction d'un suffixe -*ī* au mot duquel ils sont dérivés'.

18 Traduction : 'Certains d'entre eux sont dérivés de noms géographiques par l'adjonction de -*iy* : *ṣdny* 'Sidonien,' *qrtḥdšty* 'Carthaginois''.

Pardee retournent encore le problème en indiquant qu'en ougaritique, « la fonction du morphème [-*iy*/-*ī*] est de transformer un nom en adjectif, et il se rencontre le plus souvent dans les gentilices » (2004 : 48).

Tous sont d'accord cependant pour dire que ce morphème marque les noms gentilés dans les langues sémitiques en général, et qu'ils sont souvent employés comme des adjectifs : kənaʕăniy « Cananéen » > 'īš kənaʕăniy « homme cananéen ». Cet emploi spécifique, même s'il se limite au départ aux noms géographiques, a dû favoriser le mécanisme :
- substantif + morphème -*iy* = nom évoquant une qualité qui qualifie le substantif > nom adjectif.

Si l'idée d'un système substantif + morphème -*iy* = adjectif s'implante depuis longtemps dans différentes langues sémitiques anciennes, ce n'est que plus tard qu'il s'est réellement déployé. En hébreu, c'est au Moyen-Âge qu'il a connu un développement fulgurant.

À l'époque médiévale, l'hébreu n'est plus parlé depuis longtemps mais il reste une langue de culture et de littérature qui continue d'évoluer sur les plans lexicaux, syntaxiques et morphologiques[19]. L'hébreu médiéval est ainsi une langue littéraire, seulement. Cette dénomination concerne d'ailleurs surtout la langue des écrits scientifiques, religieux et de la poésie des Juifs du Moyen-Orient et d'Andalousie, population arabophone[20]. La langue arabe a ainsi considérablement influencé l'hébreu au cours de cette période. De plus, la proximité entre les deux langues a rendu l'hébreu particulièrement apte à absorber toute cette influence, que ce soit au niveau phonétique, syntaxique ou lexical, où toute forme de calque est favorisée par la similarité des structures. L'influence se joue aussi sur les plans culturels et scientifiques. Ainsi, à l'époque médiévale la grammaire hébraïque calque la grammaire arabe[21], la poésie hébraïque suit la métrique arabe[22] et les écrits des savants juifs sont écrits en arabe, avant d'être traduits en hébreu[23].

C'est manifestement sous l'influence de l'arabe que l'hébreu s'est mis à systématiser, ou en tout cas à rendre plus fertile le système substantif + morphème -*iy* = adjectif[24]. Pourtant, l'arabe ancien présente les mêmes restrictions que

---

19 Kutscher (1984 : 148) ; Hadas-Lebel (1992 : 100).
20 Haelewyck (2006 : 22).
21 Schippers (2005 : 60).
22 Hadas-Lebel (1992 : 96).
23 Haelewyck (2006 : 22).
24 Werner (2013 : 37) ; Kamhi (1971 : 4).

l'hébreu classique, le phénicien, l'ougaritique et d'autres langues sémitiques quant à l'usage de ce suffixe. Dans l'arabe des inscriptions safaïtiques, antérieur de plusieurs siècles à l'arabe coranique[25], le suffixe -*eyy* ou -*iyy* (qui équivaut à -*iy*) ne concerne lui aussi que les noms gentilés[26].

Plus tard, en langue arabe toujours, les fonctions de ce suffixe se sont multipliées. Kamhi indique que « in arabic the suffix is appended to nouns to form patronymic, tribal and professional nouns; it is appended to nouns to form adjectives and sometimes it is added to an already existing adjective »[27] (1971 : 1). Alors que l'émergence du système substantif + morphème -*iy* = adjectif s'observe déjà dans certaines langues sémitiques anciennes, l'arabe a généralisé ce processus. Ce développement a dû se produire entre les premiers siècles de l'ère chrétienne (nord-arabe ancien ; préislamique, où il n'est pas effectif) et l'époque médiévale (période andalouse, où il est effectif). En effet, les savants juifs qui traduisent à partir de l'arabe vers l'hébreu sont bien confrontés à ces adjectifs en arabe et décident consciemment de s'en inspirer. Ils en ont même créé des centaines[28].

Parmi ces savants, la famille de rabbins provençaux Ibn Tibbon a traduit plusieurs ouvrages philosophiques de l'arabe vers l'hébreu, dont le fameux *Guide des Égarés* de Maïmonide. En annexe de la traduction, achevée en 1224, se trouve un texte ajouté par Ibn Tibbon, intitulé *pērūš ham-millōṯ haz-zārōṯ* 'explication des mots étrangers'. Dans ce texte, l'auteur explique le sens des mots nouveaux créés pour les besoins de la traduction. En effet, l'hébreu ne disposait pas du lexique relatif à certains concepts philosophiques. Certaines de ces innovations lexicales sont des traductions calquées sur des mots arabes. Ibn Tibbon présente également certains adjectifs construits par calque morphologique, c'est-à-dire en ajoutant le morphème -*iy* (ou les formes adaptées *aṯiy*, -*ūṯī*, -*niy*,...) à un substantif pour en faire un adjectif. C'est ainsi qu'il explique la construction du mot *məlāḵūṯiy* 'artificiel/artisanal' (1959 : 5) :

מלאכותי תאר נגזר ממלאכה, הוא מה שאינו ממעשה טבע רק ממלאכת אדם :

Extrait du *pērūš ham-millōṯ haz-zārōṯ* de Shmuel Ibn Tibbon, entrée *məlāḵūṯiy*

---

25 La plus grande partie est datée du 1ᵉʳ siècle avant notre ère au 4ᵉ après. Cf. Al-Jallad (2015 : 17).
26 Al-Jallad (2015 : 73).
27 Traduction : « En arabe, le suffixe est ajouté aux noms pour former des patronymes noms de tribus ou de professions ou pour former des adjectifs et parfois il est ajouté à des mots qui sont déjà des adjectifs ».
28 Kamhi (1971 : 4).

Le texte dit : « məlāḵūṯiy tō'ar nigzar mi-məlāḵâ, hū⁽'⁾ mâ še-'ēynō mi-maʿăśê haṭ-ṭēḇaʿ raq mi-məlāḵaṯ hā-'āḏām », ce qui signifie : 'məlāḵūṯiy : adjectif [tō'ar] dérivé de məlāḵâ [« travail artisanal »], c'est ce qui ne vient pas de la nature mais seulement du travail de l'homme'.

En 1224, Ibn Tibbon explique donc qu'il a créé le terme məlāḵūṯī en tant « qu'adjectif dérivé de məlāḵâ » : tō'ar nigzar mi-məlāḵâ. Il applique consciemment la formule substantif + morphème -iy (ou apparenté) = adjectif.

En hébreu moderne, ce système se voit généralisé. Le suffixe -iy se greffe à presque n'importe quel substantif et évoque une fonction adjectivale à un locuteur, même s'il le rencontre pour la première fois. Il se trouve aujourd'hui sur des mots comme maxševi[29] 'à la manière d'un ordinateur', formé sur maḥšēḇ 'ordinateur' ; inyani 'fonctionnel', construit sur ʿinyān, 'intérêt, affaire, problème', le'umi 'national' sur lə'ōm 'nation'. C'est aussi la manière la plus courante (la seule ?) de dériver un adjectif évoquant la qualité d'un substantif emprunté à une langue étrangère : atomi 'atomique', efektivi 'effectif', anaxronisti 'anachronique', alternativi 'alternatif', empati 'empathique', otomati 'automatique', konkreti 'concret', etc.

Cette structure semble avoir sur les locuteurs l'effet d'une forme adjectivale par excellence. Peut-être parce que justement elle ne permet pas, contrairement aux schèmes nominaux, de créer également des substantifs. Par ailleurs, à l'inverse des autres adjectifs, les constructions base + -iy supportent difficilement le changement de catégorie en étant utilisés comme substantifs par effet du jeu syntaxique.

4 Conclusion

À travers cette étude, il a été montré qu'en hébreu, la question de l'adjectif est avant tout une affaire de syntaxe, ce qui peut surprendre tant les mots des langues sémitiques répondent généralement à des structures morphologiques marquant la nature grammaticale. Justement, dès la période classique apparaissent des embryons de formes spécifiquement adjectivales. Ces phénomènes indiquent que cette logique de structure morphologique est effective et qu'elle exerce une pression sur le système général. Dans le texte biblique, un schème strictement adjectival apparaît pour encadrer le lexique des noms de couleur. Il reste limité et non systématique, mais la dynamique gagne du terrain. Puis une autre structure se met à germer, celle de la dérivation par adjonction d'un suffixe. Encore rare dans

---

29 J'utilise ici une transcription simplifiée, plus adaptée à noter l'hébreu israélien.

la Bible, elle se précise dans la littérature rabbinique avant de se déployer massivement à l'époque médiévale au contact de la langue arabe. C'est à cette époque que des structures morphologiques uniquement adjectivales apparaissent alors en hébreu. Ces développements témoignent d'une tension entre dynamiques morphologiques et syntaxiques. Pour l'heure, puisque ce qui fait l'adjectif reste avant tout syntaxique, des structures morphologiques consacrées sont observées mais elles ne sont jamais des conditions nécessaires à l'adjectivation. Ainsi, alors qu'un schème de couleur est attesté depuis l'époque biblique, il n'a jamais été indispensable à cette fonction : de nombreux noms de couleur sont construits différemment, comme *lāḇān* 'blanc'» ou *ḥūm* 'marron'.

En hébreu moderne, qui représente la somme des périodes plus anciennes, les locuteurs semblent avoir en tout cas accepté l'idée qu'il est possible de dériver un adjectif à partir d'un substantif en suivant un schéma de dérivation consacré. C'est probablement ce qui a favorisé l'apparition, d'une nouvelle formule pour créer des adjectifs en hébreu israélien et ce, en revenant sur un ancien schème nominal. Ainsi, pour les locuteurs actuels, il est possible de créer un adjectif à partir d'un verbe, en le croisant au schème nominal $C_1āC_2īC_3$, qui exprimera alors la 'capacité'. Le schème lui-même n'est pas réservé aux adjectifs mais quand il est dérivé d'un verbe aisément identifiable, il évoque alors cette fonction adjectivale bien précise. C'est de cette façon que sont apparus les nouveaux adjectifs *šāḇīr* 'fragile, cassable', issu de *šāḇar* 'casser' ; *māḥīq* 'effaçable', de *māḥaq* 'effacer' ; *ʿāmīḏ* 'résistant', de *ʿāmaḏ* 'tenir debout' ; ou encore *zāmīn* 'disponible', de *hizmīn* 'réserver'. Peut-être faut-il y voir aussi une influence de langues étrangères tant cette fonction rappelle celle des adjectifs en « -able » du français ou de l'anglais ? Finalement, bien que superflu, le marquage formel des adjectifs gagne sans cesse du terrain en hébreu.

Bibliographie

Al-Jallad Ahmad, 2015, *An Outline of the Grammar of the Safaitic Inscriptions*, Leiden/Boston, Brill.
Bordreuil Pierre, Pardee Dennis, 2004, *Manuel d'Ougaritique*, Paris, Geuthner.
Cohn Marc, 1989, *Nouveau dictionnaire Hébreu-Français*, Paris, Larousse.
Even-Shoshan, 2004, *Millōn 'eḇen šōšān ham-mərukkāz*, ham-millōn he-ḥāḏāš bᵉ"m, Israël.
Gai Amikam, 1995, « The Category "Adjective" in Semitic Languages », *Journal of Semitic Languages*, XL/1 : 1–9.
Hadas-Lebel Mireille, 1992, *L'hébreu : 3000 ans d'histoire*, Paris, Albin Michel.
Haelewyck Jean-Claude, 2006, *Grammaire comparée des langues sémitiques*, Bruxelles, Éditions Safran.

Ibn Tibbon Shmuel, 1959, « Pērūš ham-millōṯ haz-zārōṯ », annexe de la traduction (1224) de Maïmonide, *Mōrê nəḇūḵīm Le guide des égarés*, Jerusalem, Édition Barazani.

Kamhi David Joseph, 1971, « The Gentitial Adjective in Hebrew », *The Journal of the Royal Asiatic Society of Great Britain and Ireland*, 1 : 2–8.

Kutscher Edward Y., 1984, *A History of the Hebrew Language*, Jerusalem, Hebrew University/Magness Press.

Rubin Aaron, 2010, *A Brief Introduction to the Semitic Languages*, Piscataway (NJ), Gorgias Press.

Sagarin James L., 1987, Hebrew Noun Patterns (Mishqal). Morphology, Semantics and Lexicon, Riga, Scholars Press.

Schippers Arie, 2005, « The Hebrew Grammatical Tradition », *in* R. Hetzron (ed.), *The Semitic Languages*, London/New York, Routledge : 59–65.

Segert Stanislav, 2005, « Phoenician and The Eastern Canaanite Language », *in* R. Hetzron (ed.), *The Semitic Languages*, London/New York, Routledge : 174–186.

Touzard Jean, 1993, *Grammaire hébraïque abrégée*, nouvelle édition refondue par A. Robert, Paris, Éditions Gabalda.

Werner Fritz, 2013, « Adjective », *Encyclopedia of Hebrew Language and Linguistics*, Leiden/Boston, Brill : 35–44.

Elise Mignot
Chapitre 11 Les noms composés de type nom + nom à accent tardif en anglais : un cas d'adjectivité

1 Introduction

Nous nous penchons sur les noms composés de l'anglais du type *cotton dress* ('robe en coton'), *silk scarf* ('foulard en soie'), *back door* ('porte de derrière'), c'est-à-dire ceux qui ont pour tête le deuxième nom, et qui reçoivent un accent dit « tardif » (Roach 1991 : 99 ; Huart 2010 : 184 ; Bauer & Huddleston 2002 : 1644 ; Bauer 2017 : 126–127).

Du point de vue de l'accentuation, il n'y a pas de différence entre les séquences nom + nom à accent tardif et les séquences adjectif + nom, c'est-à-dire, entre, par exemple, *a cotton dress* et *a pretty dress*, *a kitchen sink* et *a clean sink*, *a back door* et *a heavy door*. Ces composés sont parfois dits « faux composés », ou « pseudo-composés » (Viel 1981 : 98), et se distinguent des « vrais composés » (*bathroom*, *postman*, *race horse*, *alarm clock*) qui reçoivent un accent initial et forment ainsi une unité accentuelle (Mignot 2003 et 2010).

Ces « faux composés », plus que les « vrais », sont comparables aux constructions nom + nom du français. Notons que de façon générale les séquences nom + nom sont plus fréquentes en anglais qu'en français, mais surtout que le français ne connaît pas la distinction entre « faux composés » et « vrais composés ». Les « vrais composés » anglais trouvent le plus souvent comme équivalents des composés prépositionnels ('brosse-à-dents' pour *toothbrush*, 'rouge-à-lèvres' pour *lipstick*), des noms suffixés ('cendrier' pour *ashtray*) ou des noms simples ('carnet' pour *notebook*).

Sur le plan grammatical, le premier nom est un modifieur du nom-tête (Halliday 1970 : 44–47, Payne & Huddleston 2002 : 448). Or la fonction de modifieur est typiquement celle de l'adjectif épithète (Pullum & Huddleston 2002 : 527) (même s'il est vrai que certains adjectifs, dits « relationnels », sont compléments et non pas modifieurs).

On peut donc se demander si le premier nom des séquences nom + nom à accent tardif devrait être traité comme un adjectif. De façon plus générale, la question de l'emploi adjectival du nom a déjà été posée, par exemple par Bally (1965 : 293), Tesnière (1959 : § 192–195) qui emploie le terme de « translation »,

Elise Mignot, Sorbonne Université, CELISO

ou encore Jespersen (1914 : § 1.21 et 13.22) qui évoque une possible gradation entre le nom et l'adjectif, comme le défend d'ailleurs également Daniel Henkel dans ce volume (chapitre 13).

À la question de l'emploi éventuellement adjectival du nom, il y a en théorie deux réponses possibles : 1) le nom se transforme en adjectif ou 2) le nom reste un nom, et n'a qu'une *fonction* adjectivale. Nous opterons pour la deuxième position. Certes, s'il existe des nominalisations (*rich* – *the rich*, 'riche' – 'les riches'), il pourrait également y avoir des « adjectivations », mais nous défendons l'idée que ce n'est pas le cas ici. Si l'adjectivation est définie comme la transformation d'un mot (autre qu'adjectif) en adjectif (de même que la nominalisation est la transformation en nom), et l'adjectivité comme le phénomène par lequel un mot (qui n'est pas un adjectif) acquiert une ou plusieurs propriété(s) typique(s) des adjectifs, en l'occurrence sa fonction de modifieur, alors il faut parler d'adjectivité, et non pas d'adjectivation.

L'étude qui suit est fondée sur un ensemble de 624 exemples, relevés en contexte dans différentes sources : romans (du XXe siècle), bandes dessinées, scénarios de films notamment[1]. Nous avons pris en compte aussi bien les noms composés lexicalisés (figurant dans le dictionnaire), que les formes non lexicalisés[2]. Nous avons également inclus les cas où le premier élément est lui-même composé de plusieurs éléments : *(long-distance) runner* par exemple. Précisons enfin que le relevé des séquences nom + nom s'est fait indépendamment du degré de soudure orthographique (deux mots séparés, trait d'union, soudure orthographique), qui est de toute façon sujet à variation.

Dans un premier temps nous dresserons la liste des critères permettant de rapprocher les premiers noms de ces séquences nom + nom des adjectifs. Dans un second temps nous décrirons les conditions dans lesquelles un nom peut modifier un autre nom. Nous conclurons que le premier terme de ces constructions est bien un nom ; ce dernier est employé comme modifieur, et on peut donc parler d'adjectivité (mais pas d'adjectivation).

---

[1] Nos sources primaires sont les suivantes : Allen Woody (1983), *Four Films of Woody Allen*, Faber and Faber, Londres, Boston ; Auster Paul (1982), *The Invention of Solitude*, Faber and Faber, Londres, Boston ; Sillitoe Allan (1959), *The Loneliness of the Long Distance Runner*, Flamingo Modern Classic, HarperCollins Publishers, Londres ; Waterson Bill (1990), *The Authoritative Calvin and Hobbes*, Andrews and McMeel, Kansas City.
[2] Sur l'ensemble des noms composés considérés ici, seulement 8% figurent dans notre dictionnaire de référence, le *Webster's Ninth New Collegiate Dictionary* (1985).

2 Points de convergence entre le premier nom des composés à accent tardif et l'adjectif

Nous nous pencherons sur les critères qui permettent de rapprocher les premiers noms des composés à accent tardif des adjectifs, envisageant des arguments sémantiques, discursifs, et syntaxiques.

2.1 Des significations proches des adjectifs

Le premier point de convergence est sémantique. Ces premiers noms ont des significations proches de celles typiquement dévolues aux adjectifs, et notamment aux adjectifs descriptifs, c'est-à-dire ceux qui expriment la taille, l'âge, la forme, la couleur, l'origine, la matière (Quirk 1972 : 925 ; Cotte 1996 : 133–138 sur les adjectifs en anglais). Cette liste de significations adjectivale se rapproche de celle de Dixon (1977 : 19–81 et 2004 : 3–4) pour qui les significations adjectivales centrales (dans une perspective typologique) sont la dimension, l'âge, la valeur, la couleur (cette liste ne se limite donc pas aux adjectifs descriptifs). Que l'on prenne l'une ou l'autre liste (elles sont proches), on retrouve ces significations dans les premiers noms de composés à accent tardif. En voici quelques exemples, classés par type de signification adjectivale.

> **Dimension** : *six-inch stick* (longueur), *ten-ton behemoth* (poids), *half-hour commercials* (durée)
> **Âge** : *child man*, *baby sister*
> **Forme** : *handlebar moustaches*, *lace curtain lungs*
> **Origine** : *my school portraits*, *the Disney adaptation*
> **Matière** (cas particulièrement courant) : *glass jar*, *iron door*, *log cabin*, *steel cube*
> **Valeur** : *second-degree burn* (estimation de la gravité), *second-rate mystery novels* (estimation de la qualité).

2.2 Les noms composés à deux accents apparaissent dans des contextes de description

Le second argument est plutôt d'ordre discursif. Les premiers noms de ces séquences participent de descriptions. Ils représentent un élément de description parmi d'autres, qui sont d'ailleurs souvent exprimés par des adjectifs, comme dans les exemples suivants³.

> My father's office had been robbed so many times that by now there was nothing left in it but some <u>gray</u> **metal desks**, a few chairs, and three or four telephones.
> (Auster 1982 : 388)

> On I went, out of the wood, passing the man leading without even knowing I was going to do so. Flip-flap, flip-flap, jog-trot, jog-trot, crunchslap, crunchslap, across the middle of a broad field again, and rhythmically running in my **greyhound** <u>effortless</u> **fashion**.
> (Sillitoe 1959 : 44)

> It was a **Sunday morning**, <u>gray with rain</u>, and the streets along the canal were deserted.
> (Auster 1982 : 82)

> I was living in a **sixth floor maid's room** <u>barely large enough for a bed, a table, a chair and a sink</u>.
> (Auster 1982 : 63)

2.3 Possibilité d'emploi en fonction autre qu'épithète antéposée

Il y a enfin des arguments d'ordre syntaxique qui permettent de rapprocher les premiers noms des faux composés et les adjectifs. L'un de ceux-ci est la possibilité pour le premier nom d'apparaître non seulement en tant que modifieur, mais aussi dans d'autres fonctions, notamment en tant qu'attribut. Jespersen (1914 : § 13.61) en cite quelques exemples (attestés). Nous avons pour notre part recherché dans notre corpus les cas où le premier élément d'un composé à accent tardif pourrait être utilisé en position attribut, et avons observé que cela est possible dans 57,3% des cas. En voici quelques exemples :

a crystal-set	the set is crystal
an eight and a half foot giant	the giant is eight feet and a half
the five-mile course	the course is five miles
the five-ton carnivorous lizard	the lizard is five tons
a glass jar	the jar is glass
the frosted glass panel	the panel is glass
the half-way mark	the mark is half way
some gray metal desks	the desks are metal

---

3 Nous inscrivons le composé en gras, et soulignons les syntagmes adjectivaux pertinents.

out-of-date atlases	the atlases are out of date
a second-or third-hand children's book	the books are second (or third) hand
the seventeen-hundred line poem	the poem is seventeen hundred lines
the thirty-five-ton behemoth	the behomoth is thirty-five tons
the three hour drive	the drive is three hours
a twenty-one inch telly	the telly is twenty one inches

En français aussi, le passage en fonction attribut est parfois possible (« un cas-limite » à comparer à « le cas était un peu limite », mais ne l'est pas dans tous les cas (*« le bateau est (une) mouche »).

2.4 Possibilité d'avoir un adjectif sur le même plan que le premier nom

Un autre indice syntaxique du comportement adjectival de ces premiers noms est le fait qu'on relève parfois un adjectif se situant (syntaxiquement) sur le même plan que le premier nom du composé (comme dans *that* mysterious, **three-month** *journey*). Jespersen (1933 : § 8.52) le notait déjà, citant les exemples de *her* Christian *and* **family** *name*, *He got into* **money** *and* other **difficulties**, *a Boston* young *lady*. Cet auteur cite également *postal and* **telephone services,** *the* lonely, bare, **stone houses,** *all* national, **state**, **county** *and* municipal **offices**, *his* **silk** high **hat** (Jespersen 1914 : § 13.31, 13.32 et 13.33). On voit que le nom et l'adjectif mis sur le même plan peuvent être coordonnés (en général par *and*), séparés par une virgule, ou simplement juxtaposés.

Même si cette situation est rare dans notre corpus (1% des exemples), elle existe, comme en témoignent les exemples suivants. On notera que, dans certains cas (comme *the late-night final fog*), la séquence nom + nom (*late night* et *fog*) est interrompue par un adjectif (*final*), ceci étant tout à fait impossible pour les composés à accent initial (**a tooth yellow brush*).

an accomplished **amateur magician**
my evil **archnemesis mom-lady**
a clear **plastic tent**
the **five-ton** carnivorous **lizard**
a tailor-made **fifty-shilling grin**
a steady **jog-trot rhythm**
the **late-night** final **fog**
my chronic **Los Angeles nausea**
some gray **metal desks**
cold **metal tools**

a radiant **New-York June**
a minuscule **sixth floor maid's room**
those same **sixth floor windows**
those long **summer days**
a beautiful **summer morning**
that mysterious, **three-month journey**

De ce point de vue, ces constructions anglaises paraissent plus souples que leurs équivalents français, qui ne semblent pas accepter d'adjectif sur le même plan que le deuxième nom. Dans *un petit bateau-mouche*, *petit* qualifierait l'ensemble *bateau-mouche* et ne serait donc pas sur le même plan que *mouche*.

2.5 Possibilité pour le premier nom d'être précédé par un adverbe

On peut également considérer que le premier nom d'un composé tend à avoir un comportement adjectival s'il peut être modifié par un adverbe (ou syntagme adverbial). Jespersen (1933 : § 8.54) donne les exemples suivants : *on merely business grounds*, a *division on strictly party line, from a too exclusively London standpoint*. Ces exemples sont attestés, mais ils restent très rares ; nous n'en avons aucun dans notre corpus. Cette possibilité paraît également exclue pour les composés du français.

2.6 Gradabilité du premier nom

Jespersen (1914 : § 13.7 et 1933 : § 8.55) note la possibilité de former un superlatif à partir du premier nom. Ainsi, à côté de *chief justice*, on a *her chiefest friend*. Sont également donnés en exemples *the toppest floor* et *the bottomest end of the scale*.

Nous admettons ceci puisque Jespersen le mentionne, mais n'en avons dans notre corpus aucun exemple. Nous n'avons pas non plus d'occurrences susceptibles de prendre la marque du superlatif après manipulation : *my three-month journey → *my most three-month journey*. De même, ne sont pas grammaticaux *the most metal desk, *the most kitchen sink, *the most underfoot gravel*.

Nous observons en revanche que certains premiers noms ont un *sens* de superlatif, ce qui pourrait permettre de les rapprocher des adjectifs. On peut par exemple reformuler *the key question* par *the most important question*, et *the top floor* par *the highest floor*. Mais cette remarque nous invite à nous pencher à nouveau sur les exemples de Jespersen, pour lesquels on observe que les superlatifs grammaticaux sont formés sur des noms de sens superlatif (*chiefest friend*, *toppest floor*, *bottomest end of the scale*). On peut alors penser qu'il s'agit de redondance expressive, et que le critère du superlatif n'est donc pas le plus pertinent.

Nous observons également que si la gradabilité (dont un des signes les plus courants en anglais est la possibilité pour un adjectif d'être précédé par *very*) est essentielle pour définir l'adjectif (Goes 1999 : 76), la condition n'est absolument pas remplie par les premiers noms des composés nom + nom à accent tardif : **very metal desk*, **very steel cube*, **very front door*, etc. Il en va de même pour les composés du français (**« un bateau très mouche »*).

Nous relevons donc des points de convergence entre les premiers noms de composés à accent tardif et les adjectifs, mais observons que les critères syntaxiques ne permettent pas de conclure que le nom devient adjectif. On rappellera par ailleurs que l'anglais ne manque pas d'adjectifs (certaines langues ont au contraire des classes adjectivales restreintes), et qu'il paraît donc difficile d'affirmer que le nom viendrait combler un manque lexical. Nous défendons l'idée qu'il s'agit ici d'adjectivité, plutôt que d'adjectivation. Le nom ne devient pas adjectif. Il reste nom mais est utilisé en fonction de modifieur, qui n'est pas celle qui lui est typiquement dévolue. Pour soutenir cela, il faut décrire ce type de modification, par un nom, avec pour but ultime de saisir en quoi les propriétés typiques de la classe nominale sont, dans ce cas, exploitées à des fins de modification. C'est ce que nous entreprenons dans la partie qui suit.

3 Le premier nom et la synthèse

Nous observons que le premier nom des composés à accent tardif synthétise un discours, et que c'est cela qui lui permet de modifier un autre nom.

3.1 Le premier nom apparaît dans le co-texte avant

Dans certains cas le référent du premier nom est objet de discours dans le co-texte avant, comme c'est le cas dans l'exemple suivant, où (dans le film *Annie Hall*) Alvy essaie de comprendre comment s'est passé l'assassinat de J. F. Kennedy. Le composé auquel nous nous intéressons est *conspiracy theory*, qui apparaît à la fin de l'extrait. Le premier nom est préparé par le co-texte avant, qu'il synthétise.

> *Allison and Alvy are on the bed, kissing. There are books all over the room; a fireplace, unlit, along one of the walls. Alvy suddenly breaks away and sits on the edge of the bed. Allison looks at him.*

ALVY : H'm, I'm sorry, I can't go through with this, because it – I can't get it off my mind, Allison ... it's obsessing me!

ALLISON : Well, I'm getting tired of it. I need your attention.

Alvy gets up from the bed and starts walking restlessly around the room, gesturing with his hands.

ALVY : It – but it-it ... doesn't make any sense. He drove past the book depository and the police said conclusively that it was an exit wound. So – how is it possible for Oswald to have fired from two angles at once? It doesn't make sense.

ALLISON : Alvy.

Alvy, stopping for a moment at the fireplace mantel, sighs. He then snaps his fingers and starts walking again.

ALVY : I'll tell you this! He wasn't a marksman enough to hit a moving target at that range. But ... (*Clears his throat*) if there was a second assassin ... it – That's it!

Alvy stops at the music stand with open sheet music on it as Allison gets up from the bed and retrieves a pack of cigarettes from a bookshelf.

ALLISON : We've been through this.

ALVY : If they – they recovered the shells from that rifle.

ALLISON (*Moving back to bed and lighting a cigarette*) : Okay. All right, so whatta yuh saying, now? That e-e-everybody o-o-on the Warren Commission is in this **conspiracy** right?

ALVY : Well, why not?

ALLISON : Yeah, Earl Warren?

ALVY (*Moving towards the bed*) : Hey ... honey, I don't know Earl Warren.

ALLISON : Lyndon Johnson?

ALVY (*Propping one knee on the bed and gesturing*) : L-L-Lyndon Johns- Lyndon Johnson is a politician. You know the *ethics* those guys have. It's like a notch underneath child molester.

ALLISON : Then *everybody's* in on the **conspiracy**?

ALVY (*Nodding his head*) : Tsch.

ALLISON : The FBI, and the CIA, and J. Edgar Hoover and oil companies and the Pentagon and the men's room attendant at the White house?

Alvy touches Allison's shoulder, then gets up from the bed and starts walking again.

ALVY : I-I-I-I would leave out the men's room attendant.

ALLISON : You're using this **conspiracy theory** as an excuse to avoid sex with me. (Allen 1983 : 21–22)

On relève dans le co-texte précédant le nom composé *conspiracy theory* deux occurrences du nom *conspiracy*, avec des prédicats qui lui sont associés. On a donc un discours construit autour de *conspiracy*, que l'on pourrait formuler ainsi : *John Kennedy's death was the result of a conspiracy which involved everybody.*

Dans l'exemple suivant, la synthèse est encore plus flagrante : c'est tout le début d'un roman qui sert à préconstruire le premier nom.

> But that mimosa grove – the haze of the stars, the tingle, the flame, the honeydew, and the ache remained with me, and that little girl with her **seaside limbs** and ardent tongue haunted me ever since – until at last, twenty-four years later, I broke her spell by incarnating her in another.[4] (Nabokov 1955 : 15)

Le nom *seaside* condense un discours, dans la mesure où avec lui le narrateur évoque tout le début du roman : son amour éphémère pour une adolescente, un été, au bord de la mer. Ce ne sont pas quelques phrases qui préconstruisent le premier nom, mais tout un récit, qui commence dès le début du roman, comme l'indiquent les quelques extraits suivants, où l'on notera les éléments qui sont ensuite synthétisés dans le premier nom de *seaside limbs*.

> I was born in 1910, in Paris. My father was a gentle, easy-going person, a salad of racial genes : a Swiss citizen, of mixed French and Austrian descent, with a dash of the Danube in his veins. I am going to pass around in a minute some lovely, glossy-blue picture-postcards. He owned a luxurious hotel **on the Riviera**. (Nabokov 1955 : 9)

> I grew, a happy, healthy child in a bright world of illustrated books, **clean sand**, orange trees, friendly dogs, **sea vistas** and smiling faces. (Nabokov 1955 : 10)

> At first, Annabel and I talked of peripheral affairs. She kept lifting handfuls of **fine sand** and letting it pour through her fingers. (Nabokov 1955 : 12)

> After one wild attempt we made to meet at night in her garden (of which more later), the only privacy we were allowed was to be out of earshot but not out of sight of the populous part of **the *plage***. There, **on the soft sand**, a few feet away from our elders, we would sprawl all morning, in a petrified paroxysm of desire, and take advantage of every blessed quirk in space and time to touch each other : her hand, half-hidden **in the sand**, would creep toward me [. . .]. (Nabokov 1955 : 12)

> Under the flimsiest of pretexts (this was our very last chance, and nothing really mattered) we escaped from the café to **the beach**, and found **a desolate stretch of sand**, and

---

[4] Le roman *Lolita* ne fait pas partie de ceux dans lesquels nous avons conduit un relevé exhaustif des séquences nom + nom. L'édition suivante a été utilisée : Nabokov, Vladimir (1991 [1955]), *Lolita*, Weidenfeld and Nicolson, Londres.

Chapitre 11 Les noms composés de type nom + nom à accent tardif en anglais — 263

> there, in the violet shadow of some red rocks forming a kind of cave, had a brief session of avid caresses, with somebody's lost pair of sunglasses for only witness.
> (Nabokov 1955 : 13)

> Did she have a precursor? She did, indeed she did. In point of fact, there might have been no Lolita at all had I not loved, one summer, a certain initial girl-child. In a princedom **by the sea**.
> (Nabokov 1955 : 9)

Le discours condensé dans le nom *seaside* remonte en réalité encore plus loin que celui qui s'est construit depuis le début du roman, jusqu'à un autre texte, puisque l'expression *princedom by the sea* (dans le dernier extrait) est une quasi-citation d'un vers d'E. Poe (*in a kingdom by the sea*) tiré du poème *Annabel Lee*, qui est le point de départ de *Lolita* (l'adolescente dont parle le narrateur de *Lolita* s'appelle d'ailleurs Annabel Leigh, c'est-à-dire, à l'orthographe près, le même nom que le personnage du poème). Remarquons par ailleurs que *by the sea* devient *seaside* dans le nom composé. Si le lexème *sea* est conservé, *side* est un équivalent lexical de la préposition *by*.

3.2 Une préconstruction implicite

Dans certains cas le premier nom n'apparaît pas dans le co-texte avant, mais il est préparé par ce dernier.

> He remembers taking apart the **family radio** one afternoon with a hammer and screwdriver and explaining to his mother that he had done it as a scientific experiment.
> (Auster 1982 : 167)

Avant l'apparition de ce nom composé, le narrateur se souvient de son enfance et évoque à de nombreuses reprises les membres de sa famille ; l'idée de famille est donc préconstruite, même si le nom *family* n'apparaît pas.

> He remembers that he gave himself a new name, John, because all cowboys were named John, and that each time **his mother** addressed him by his real name he would refuse to answer her. He remembers running out of the house and lying in the middle of the road with his eyes shut, waiting for a car to run him over. He remembers that **his grandfather** gave him a large photograph of Gabby Hayes and that it sat in a place of honor on the top of his bureau. He remembers thinking the world was flat. He remembers learning how to tie his shoes. He remembers that **his father**'s clothes were kept in the closet in his room and that it was the noise of hangers clicking together in the morning that would wake him up. He remembers the sight of **his father** knotting his tie and saying to him Rise and Shine little boy. He remembers wanting to be a squirrel and have a bushy tail and be able to jump from tree to tree as though he were flying. He remembers looking through the

> venetian blinds and seeing **his new-born sister** coming home from the hospital in **his mother**'s arms. He remembers the nurse in a white dress who sat beside **his baby sister** and gave him little squares of Swiss chocolate. He remembers that she called them Swiss although he did not know what that meant. He remembers lying in his bed at dusk in mid-summer and looking at the tree through his window and seeing different faces in the configuration of the branches. He remembers sitting in the bathtub and pretending that his knees were mountains and that the white soap was an ocean liner. He remembers the day **his father** gave him a plum and told him to go outside and ride his tricycle. He remembers that he did not like the taste of the plum and that he threw it into the gutter and was overcome by a feeling of guilt. He remembers the day **his mother** took him and his friend B. to the television studio in Newark to see a showing of Junior Frolics. He remembers that **Uncle Fred** had makeup on his face, just like **his mother** wore, that he was surprised by this. He remembers that the cartoons were shown on a little television set, no bigger than the one at home, and the disappointment he felt was so crushing that he wanted to stand up and shout his protest to **Uncle Fred**.   (Auster 1982 : 166-167)

On peut également considérer que le premier nom est préconstruit lorsque celui-ci dit une position relative (*back* door, *front* lawn, *front* porch par exemple) dont le repère apparaît dans le co-texte avant, comme dans l'exemple suivant, où l'on n'a certes pas parlé de l'arrière de la maison au préalable, mais où la maison elle-même a été mentionnée.

> Instead of driving home to the new house after work, he went directly to the old one, as he had done for years, parked his car in the driveway, walked into the house through the **back door** (. . .).   (Auster 1982 : 8)

Il arrive également que le repère n'apparaisse pas explicitement dans le co-texte avant, comme dans *the whole **front** porch of the cabin*. Le nom *front* désigne l'avant de la maison (*cabin*), ce repère étant donc synthétisé dans le premier nom, même s'il est mentionné après.

Au-delà des noms *front* et *back*, il est fréquent que le discours synthétisé relève d'une localisation spatiale implicite, comme dans l'exemple suivant, où le repère est dit par *the house* et où apparaissent les composés *kitchen stove* et *window shades*. Les référents des premiers noms (*kitchen, window*) sont repérés par rapport à la maison (*the kitchen of the house, the windows of the house*).

> Still, the house seems important to me, if only to the extent that it was neglected – symptomatic of a state of mind that, otherwise inaccessible, manifested itself in the concrete images of unconscious behavior. The house became a metaphor of my father's life, the exact and faithful representation of his inner world. For although he kept the house tidy and preserved it more or less as it had been, it underwent a gradual and ineluctable process of disintegration. He was neat, he always put things back in their proper place, but nothing was cared for, nothing was ever cleaned. The furniture, especially in the rooms he rarely visited, was covered with dust, cobwebs, the signs of total neglect; the **kitchen stove** was so encrusted with charred food that it had become unsalvageable; in the

cupboard, sometimes languishing on the shelves for years : bug-infested packages of flour, stale crackers, bags of sugar that could no longer be opened. Whenever he prepared a meal for himself, he would immediately and assiduously do the dishes – but rinse them only, never using soap, so that every cup, every saucer, every plate was coated with a film of dingy grease. Throughout <u>the house</u> : the **window shades**, which were kept drawn at all times, had become so threadbare that the slightest tug would pull them apart. Leaks sprang and stained the furniture, the furnace never gave off enough heat, the shower did not work. <u>The house</u> became shabby, depressing to walk into.

(Auster 1982 : 9–10)

Dans d'autres cas le repère n'est pas un lieu mais une personne, comme dans le cas de *coat pocket*.

He was equally fond of jokes, which he called 'stories' – all of them written down in a little notebook that he carried around in his **coat pocket**. (Auster 1982 : 120)

Le nom *coat* réfère ici au manteau porté par le personnage ; il a donc intégré des déterminations et synthétise un discours récupérable, que l'on pourrait formuler par *he wore a coat*.

Ces dernières remarques ne semblent que peu s'appliquer au français. Comme indiqué plus haut, la structure est nettement moins productive dans cette langue, et résulte moins de créations *ad hoc*. En anglais, les séquences nom + nom à accent tardif sont dans leur grande majorité (92%) non lexicalisées et apparaissent en discours dans une situation particulière. Le cas suivant en revanche permet également de décrire les composés français auxquels nous avons comparé nos séquences nom + nom à accent tardif.

3.3 La définition, un discours par défaut

Il arrive qu'un nom en modifie un autre sans pour autant désigner un référent inscrit dans une situation particulière. Le premier nom tire alors sa valeur de « qualification » (ou de « modifieur ») du discours qui lui est associé en dehors de toute situation particulière, c'est-à-dire de sa définition, dont on peut penser qu'elle constitue le discours associé au nom « par défaut », en dehors d'une mise en discours qui viendrait le déterminer.

Les noms de matière entrent typiquement dans ce cas, ne reprenant pas un discours explicite ou implicite dans le co-texte avant : *some gray **metal** desks*, *the **frosted glass** panel of his door*, ***silk** scarves*, *a big **rubber** ball*, ***steel** cube*, ***Plexiglas** sculpture*.

Il en va de même dans le cas des noms composés à accent tardif dont le premier nom réfère à un lieu, comme ***London** streets*, *a **jungle** cat*. Si le premier nom est un nom propre (***London** streets*, *a **Paris** chambre de bonne*, *the **Manhattan*** *evening, a radiant **New York** June*), le discours qui lui est associé peut être sa situation géographique (*London is in the United Kingdom*), sa fonction (*London is a capital city*), ses caractéristiques (*London is a large city*). S'il s'agit d'un nom commun, comme *jungle*, ce peut être ce qui définit ce lieu, ce qui fait qu'on le reconnaît comme tel ; la définition de *jungle* se fait sur des critères géographiques, climatiques, et le nom, condensation d'un discours, permet ensuite de situer et caractériser certains animaux.

Ce peut être *un* élément de la définition du nom qui sert à qualifier le nom tête, c'est-à-dire un des prédicats typiquement associés au thème dit par le nom, comme dans les cas de *their **handlebar** moustaches* (*handlebars have a particular shape*), *his **flash-bulb** face* (*a flash-bulb produces a bright light*), *her **gravel** voice* (*gravel produces a certain sound*), ***lace-curtain** lungs* (*lace curtains have holes in them*), *rhythmically running in my **greyhound** effortless fashion* (*greyhounds run fast*), *a **football** heart* (*a football bounces*), *a **ghost** runner* (*a ghost is invisible*). On a donc là une qualification *indirecte*, qui passe par l'évocation d'un discours associé au nom.

Cette évocation peut également se faire par la connotation d'un mot, comme dans le cas de ***hotel** sheets* dans l'exemple suivant, où l'on peut penser que, si *hotel* désigne un lieu (l'hôtel où les parents du narrateur ont passé leur lune de miel), sa valeur de qualification provient du fait qu'il connote la froideur du lieu et son caractère impersonnel. Cette connotation appartient au *discours* associé au nom *hotel*, qui est pris dans un réseau sémantique (*hotel* s'oppose à *home*) et autour duquel s'agrègent (ici) des associations négatives (*a hotel is not as comfortable as a home*).

> I think of it sometimes : how I was conceived in that Niagara Falls resort for honeymooners. Not that it matters where it happened. But the thought of what must have been a passionless embrace, a blind, dutiful groping between chilly **hotel sheets**, has never failed to humble me into an awareness of my own contingency. (Auster 1982 : 18)

4 Conclusion : le nom modifieur, un cas d'adjectivité

Nous avons observé l'environnement discursif des composés à accent tardif et constatons que le premier nom est la synthèse d'un discours. Ce rôle discursif ne peut être assuré par l'adjectif. Ceci nous paraît être une distinction majeure entre la modification par un adjectif et par un nom. Dans les séquences nom + nom à accent tardif, le premier nom ne change pas de nature, il reste nom, avec les propriétés du nom, notamment la complexité sémantique.

4.1 Le nom complexe, l'adjectif unidimensionnel

Wierzbicka par exemple (1988 : 463–497) estime que les adjectifs disent des propriétés singulières, contrairement au nom qui est complexe. Le nom dénote une catégorie, tandis que l'adjectif ajoute un trait sans créer de nouvelle catégorie. Givón quant à lui estime que la différence entre le nom et l'adjectif est une différence de complexité (ou « épaisseur ») sémantique (1984 : 55). Il note par exemple (1984 : 56) qu'au nom *horse* sont associées des propriétés typiques, de l'ordre de la couleur, de la forme, de la taille, du toucher, de l'odeur, etc. Si l'une de ces propriétés change, les autres, qui ne changent pas, suffisent à faire de *horse* un nom adéquat. C'est donc l'effet d'accumulation de propriétés stables dans le temps (propriétés qui pourraient être dites par des adjectifs) qui fait le nom. Les adjectifs en revanche n'impliquent normalement qu'une seule propriété (ou qualité). Si un cheval noir devient blanc (ce qui peut arriver avec l'âge ou les changements de saison), cela conduit à changer l'adjectif, mais pas le nom. La même chose vaut pour le changement de taille avec l'âge, le changement du toucher du pelage en fonction des saisons par exemple, etc. Un nom dit un concept sémantiquement riche ; aucune propriété prise isolément n'est un critère, mais c'est leur association qui est pertinente.

À cette notion de complexité est liée celle de synthèse. Un nom, contrairement à un adjectif, dit une réalité de façon globale (Gentner 1981 : 171) ; plusieurs auteurs ont insisté sur ce point, dont Jespersen (1924 : 75) :

> The adjective indicates and singles out one quality, one distinguishing mark, but each substantive suggests, to whoever understands it, many distinguishing features by which he recognizes the person or thing in question. What these features are, is not as a rule indicated in the name itself; even in the case of a descriptive name one or two salient features only are selected, and the others are understood : a botanist easily recognizes a bluebell or a blackberry bush even at the season when the one has no blue flowers and the others no black berries.

Rappelons encore que pour Croft les noms sont des « dossiers cognitifs » (1991 : 119), le terme de « dossier » impliquant une pluralité d'informations et une complexité interne. Croft ajoute que, contrairement au nom, l'adjectif est conceptualisé comme « unidimensionnel » (1991 : 123).

Ces propriétés du nom s'observent donc lorsqu'ils modifient un autre nom, et c'est pour cela qu'on a un nom plutôt qu'un adjectif. On parlera dans ce cas d'adjectivité : le nom sert à modifier. Ce faisant, il perd ses propriétés référentielles typiques.

4.2 Le nom réfère, l'adjectif modifie

En effet, plusieurs auteurs insistent sur ce point : le nom a une fonction pragmatique, qui est celle de *référer*, tandis que le rôle du verbe est de prédiquer et celui de l'adjectif de modifier (Croft 1991 ; Bhat 1994 ; Baker 2003 : chapitre 3).

Ces fonctions respectives du nom, de l'adjectif et du verbe sont inspirées de Searle (1969 : 23-24) qui considère les fonctions de référence et de prédication comme des actes de parole (à un niveau inférieur de celui des forces illocutoires des propositions). Selon Searle (1969 : 85) l'acte de référence consiste à *identifier* l'entité dont on parle, et l'acte de prédication consiste à assigner une propriété à une entité à laquelle on réfère (1969 : 100). (Searle ne mentionne pas la modification et semble l'intégrer à la prédication).

L'adjectif, donc, modifie. Quand un nom est « adjectivé », il acquiert la fonction pragmatique d'un adjectif, il modifie. Mais il ne change pas de classe lexicale, il reste nom, avec toute sa complexité sémantique, souvent observable en discours, à tout le moins en anglais.

Ces remarques (liées à notre réflexion sur l'« adjectivité ») soulèvent donc aussi la question de l'emploi du terme « fonction » en linguistique, parfois à la jonction de la syntaxe et de la pragmatique. Peut-être y aurait-il là matière à éclaircissement.

Bibliographie

Baker Mark C., 2003, *Lexical categories : verbs, nouns, and adjectives*, Cambridge, Cambridge University Press.
Bally Charles, 1965 [1932], *Linguistique générale et linguistique française*, Berne, A. Francke.
Bauer Laurie, Huddleston Rodney, 2002, « Lexical word-formation », *in* R. Huddleston & G. Pullum (eds.), *The Cambridge grammar of the English language*, Cambridge, Cambridge University Press : 1621-1721.
Bauer Laurie, 2017, *Compounds and compounding*, Cambridge, Cambridge University Press.
Bhat Darbhe Narayana Shankara, 1994, *The adjectival category*, Amsterdam, John Benjamins.
Cotte Pierre, 1996, *L'Explication grammaticale de textes anglais*, Paris, PUF.
Croft William, 1991, *Syntactic categories and grammatical relations. The cognitive organization of information*, Chicago, University of Chicago Press.
Dixon Robert M. W., 1977, « Where have all the adjectives gone ? », *Studies in language*, 1 : 19-81.
Dixon Robert M. W., 2004, « Adjective classes in typological perspective » *in* R. M. W Dixon & A. Aikhenvald (eds.), *Adjective classes, A cross linguistic typology*, Oxford, Oxford University Press.
Gentner Derdre, 1981, « Some interesting differences between verbs and nouns », *Cognition and brain theory*, 4 : 161-178.

Givón Talmy, 1984, *Syntax : a functional-typological introduction*, vol. 1, Amsterdam, Benjamins.
Goes Jan, 1999, *L'adjectif. Entre nom et verbe*, Bruxelles, De Boeck/Duculot.
Halliday Michael A. K., 1970, *A course in spoken English : Intonation*, Oxford, Oxford University Press.
Huart Ruth, 2010, *Nouvelle grammaire de l'anglais oral*, Paris/Gap, Ophrys.
Jespersen Otto, 1914, *A modern English grammar on historical principles. Part II : Syntax*, Heidelberg, Carl Winters Universitätsbuchhandlung.
Jespersen Otto, 1924, *The philosophy of grammar*, Londres, George Allen & Unwin.
Jespersen Otto, 1933, *Essentials of English grammar*, Londres, George Allen & Unwin.
Mignot Élise, 2003, « La référence aux procès dans les noms composés de type nom + nom à un accent », *Correct, Incorrect, C.I.E.R.E.C. Travaux 113*, Saint-Étienne, Publications de l'Université de Saint-Étienne : 95–109.
Mignot Élise, 2010, « Les noms composés de l'anglais, des dénominations communautaires et opaques », *in* P. Frath, L. Lansari, J. Pauchard (dir.), *Res Per Nomen 2, Langue, référence et anthropologie*, Épure – Éditions et Presses Universitaires de Reims : 371–386.
Payne John, Huddleson Rodney, 2002, « Nouns and noun phrases », *in* R. Huddleston & G. Pullum (eds.), *The Cambridge grammar of the English language*, Cambridge, Cambridge University Press : 323–523.
Pullum Geoffrey, Huddleston Rodney, 2002, « Adjectives and adverbs », *in* R. Huddleston & G. Pullum (eds.), *The Cambridge grammar of the English language*, Cambridge, Cambridge University Press : 525–596.
Quirk Randolph, Greenbaum Sidney, Leech Geoffrey, Svartvik Jan, 1972, *A grammar of contemporary English*, Londres, Longman.
Roach Peter, [2]1991, *English phonetics and phonology*, Cambridge, Cambridge University Press.
Searle John R., 1969, *Speech acts : an essay in the philosophy of Language*, Cambridge, Cambridge University Press.
Tesnière Lucien, 1959, *Éléments de syntaxe structurale*, Paris, Klincksieck.
Viel Michel, 1981, *La phonétique de l'anglais*, Paris, Presses Universitaires de France.
Wierzbicka Anna, 1988, « What's in a Noun ? (Or : How Do Nouns Differ in Meaning from Adjectives ?) », *in* A. Wierzbicka (ed.), *The semantics of grammar*, Amsterdam, John Benjamins Publishing Company : 463–497.

Adriana Orlandi et Michele Prandi
Chapitre 12 L'adjectif, une catégorie partagée : le cas de l'italien

1 Introduction

Sur le plan morphosyntaxique, le comportement de l'adjectif en italien n'est pas très différent du comportement de son homologue français, les études portant sur le premier pouvant facilement s'appliquer au deuxième et vice-versa. Pour cette raison, au lieu de nous borner à une description fine de la catégorie adjectivale en italien, nous aimerions adopter ici une perspective à la fois descriptive et explicative. Après avoir brièvement évoqué les caractéristiques formelles et fonctionnelles des noms et des verbes en italien (§ 2)[1], notre but sera d'abord d'illustrer le comportement de l'adjectif (§ 3), au vu de ses deux positions syntaxiques, la position attribut (§ 3.1) et la position épithète (§ 3.2). Nous nous concentrerons sur les retombées que la distribution syntaxique de l'adjectif a sur la structure catégorielle elle-même, la position épithète permettant de définir les contours (la forme) de la catégorie, la position attribut délimitant, quant à elle, son noyau prototypique et exaltant sa fonction élective d'attribuer une propriété au référent virtuel d'un nom. Ce clivage entre forme et fonction sera au centre d'une réflexion sur la notion d'adjectivité (§ 4). Nous nous concentrerons ensuite sur les raisons de ce clivage (§ 5), postulant un régime de codage différent pour les deux positions syntaxiques de l'adjectif, et nous terminerons en formulant quelques considérations sur l'instabilité typologique de l'adjectif (§ 6). Nous envisagerons cette instabilité sur le plan de la dimension de la catégorie (classes ouvertes vs classes fermées d'adjectifs). La référence à un dialecte Gallo-roman de l'Italie du Nord permettra de documenter le cas d'une langue où la catégorie de l'adjectif se réduit à peu de lexèmes au contenu restreint.

---

1 Les citations dans des langues différentes du français seront restituées en traduction française (notre traduction). Les exemples en italien et en dialecte seront accompagnés d'une traduction littérale.

Adriana Orlandi, Université de Modena – Reggio Emilia
Michele Prandi, Université de Gênes

https://doi.org/10.1515/9783110604788-013

2 Forme et fonction des noms et des verbes en italien

Si nous envisageons l'interaction entre la distribution syntaxique, les fonctions, et ses retombées sur la structure de la classe de mots, l'adjectif se distingue de façon radicale des autres classes majeures, à savoir le nom et le verbe. Ces derniers se caractérisent par une heureuse coïncidence entre forme et fonction, que nous illustrerons brièvement dans les lignes suivantes.

En ce qui concerne le nom, « l'indice substantival par excellence » (Tesnière 1959) est, d'un point de vue formel, la présence du déterminant. Déterminant et substantif forment un syntagme nominal, et c'est au sein de cette structure que le substantif se présente à l'intérieur de la phrase. Les substantifs en italien ont un genre inhérent (*il tavolo, il topo, la sedia, la farfalla*)[2] et prennent la marque du pluriel (*i tavoli, i topi, le sedie, le farfalle*). D'un point de vue fonctionnel, le propre du substantif est de constituer la tête d'un syntagme. Le substantif peut parfois apparaître en position attribut sans déterminant : *Questa sì che è fortuna !* ('Ça, c'est de la chance !') ; *Il teatro è emozione* ('Le théâtre est émotion') ; *Il resto era silenzio e pace* ('Le reste était silence et paix', D'Annunzio) ; *E tutto il resto è noia* ('Et tout le reste, c'est de l'ennui') ; *La vita è sogno* ('La vie est un rêve'). Il a alors besoin d'une copule lui permettant d'« 'actualiser' la phrase, c'est-à-dire attribuer au prédicat les marques de temps, de personne et de nombre » (Gross 1989 : 8), ce qui témoigne du caractère non prototypique de cette fonction. Aussi est-ce à l'intérieur du syntagme nominal référentiel qu'il accomplit son principal rôle discursif à savoir introduire des référents. On peut donc affirmer que le substantif sélectionne le syntagme nominal comme structure élective, car c'est à partir du syntagme nominal que les contours de la catégorie (sa forme) se dessinent, et que sa fonction prototypique se déploie.

En ce qui concerne les verbes, « la classe des verbes est délimitée par des propriétés morphologiques exclusives partagées par tous les lexèmes : tous les verbes, indépendamment de leur fonction, se conjuguent selon les catégories de mode, temps et personne. La fonction élective des verbes est la construction d'un procès » (Prandi 2006 : 308). En italien, le verbe est donc porteur des marques de temps, de mode et de personne, qui s'utilisent notamment lorsque celui-ci est le pivot prédicatif de la phrase. Dans cette position, il remplit également sa fonction prototypique, à savoir la mise en place d'un procès. Le verbe peut aussi remplir d'autres fonctions, mais il perd alors ses traits définitoires. Il peut par exemple être employé comme tête d'un syntagme, mais il se présente à l'infinitif, parfois

---

[2] Voir néanmoins le § 3.

associé à un déterminant (*Partire è un po' morire*, 'Partir c'est un peu mourir' ; *Il parlare dei bambini*, 'Le bavardage des enfants', littéralement 'Le bavarder des enfants'). On retiendra donc que le verbe sélectionne comme structure élective la structure prédicative car c'est à partir du noyau de la phrase que les contours de la catégorie (sa forme) se dessinent, et que sa fonction prototypique se déploie. Dans la prochaine section, nous verrons que cette situation d'équilibre parfait entre forme et fonction ne se produit pas pour l'adjectif.

3 Forme et fonction des adjectifs en italien

La distribution de l'adjectif dans la structure de la phrase inclut deux positions : la position d'épithète – soit de modificateur du nom dans un syntagme nominal – et d'attribut – soit de pivot d'un prédicat nominal. Selon la position qu'il occupe, l'adjectif a un comportement fonctionnel variable, ce qui détermine un profil radicalement différent de la classe elle-même.

3.1 L'adjectif attribut

Pour pouvoir occuper la position attribut, l'adjectif a besoin, en italien, d'une copule (*Quel libro è interessante*, 'Ce livre est intéressant'). L'italien fait en effet partie des langues que Wetzer (1996) appelle « nouny », c'est-à-dire des langues où les concepts de propriété ont, en position attribut, un comportement semblable à celui des noms. La copule, sémantiquement vide, a, comme cela arrive pour les noms, une fonction d'actualisation.

En position attribut, l'adjectif a la fonction exclusive de modifier le nom sujet : de lui attribuer une propriété. Lyons (1977 : 472) considère les phrases à prédicat adjectival comme des « phrases ascriptives », car elles servent « à attribuer au référent de l'expression sujet une certaine propriété ». De même, pour Hengeveld (1992 : 76), « la relation sémantique exprimée dans les prédications non verbales basées sur des prédicats adjectivaux nus est, d'une manière très générale, une relation d'*assignation de propriété* ». Bolinger (1967 : 15) parle à ce propos de « modification du référent ».

Le fait que l'attribution d'une qualité soit la fonction privilégiée de l'adjectif en position attribut a des conséquences non anodines. Cela implique que seulement les adjectifs strictement qualificatifs (cf. exemple 1) ou employés comme qualificateurs (cf. *femminile* en 2) ont accès à cette position. En revanche, les adjectifs non qualificatifs (3 et 4) ou n'étant pas employés comme qualificateurs (5) sont catégoriquement exclus de la prédication.

(1) Teresa è triste
    'Thérèse est triste'

(2) L'abito da sposa anni Trenta è femminile, romantico e morbido
    'La robe de mariée années Trente est féminine, romantique et souple'

(3) *La democrazia è cosiddetta
    **'La démocratie est soi-disant'*

(4) *La sposa è futura
    **'L'épouse est future'*

(5) La vecchia dirigente di quell'azienda ≠ La dirigente di quell'azienda è vecchia
    'L'ancienne (litt. vieille) dirigeante de cette entreprise ≠ La dirigeante de cette entreprise est vieille'

En 5, l'expression *vecchia dirigente* désigne 'celle qui dirigeait l'entreprise' et qui désormais ne la dirige plus, l'adjectif *vecchia* servant ici à modaliser l'appartenance du référent à la catégorie des « dirigenti », et non à qualifier l'individu. Si *vecchia* peut être employé comme attribut, c'est que « l'adjectif a tendance à retrouver son sens prototypique en fonction attribut » (Goes 1999 : 123), en se réappropriant son sens qualificatif.

La seule exception apparente à ce comportement est représentée par l'emploi attribut de certains adjectifs relationnels (AR). Si l'on s'en tient à l'adjectif *femminile* cité en 2, nombreux sont les exemples d'emploi attribut (nous n'en citons que quelques-uns tirés du corpus itTenTen16 de SketchEngine) :

(6) il 24% delle imprese è femminile, e ben il 12% è guidata da donne under 35
    '24% des entreprises est féminin, et 12% est même dirigé par des femmes en-dessous des 35 ans'

(7) il 46% del campione è femminile, il 54% è costituito da maschi
    '46% de l'échantillon est féminin, 54% est constitué par des hommes'

(8) Platone afferma che solo il parto è femminile, mentre l'allevamento dei bambini può essere affidato ad altri

'Platon affirme que seul l'accouchement est féminin, alors que l'éducation des enfants peut être confiée à d'autres personnes'

(9) le religioni in cui la divinità più potente, o l'unica, è femminile, tendono a riflettere un ordinamento sociale in cui la discendenza è matrilineare
'les religions où la divinité la plus puissante ou unique est féminine, ont tendance à avoir une organisation sociale à descendance matrilinéaire'

(10) Va ricordato che nelle lingue semitiche lo Spirito Santo è femminile
'Il faut rappeler que dans les langues sémitiques le Saint Esprit est féminin'

L'adjectif garde, dans tous ces exemples, sa valeur relationnelle. Néanmoins, ces occurrences ne contredisent pas l'observation selon laquelle la fonction exclusive de l'adjectif attribut est la fonction qualificative, car il est évident que le verbe *être* n'a pas simplement ici le statut de copule (Nowakowska 2004 parle bel et bien de *prédicat relationnel implicite*). En 6, 7 et 8, il est un verbe plein, dont le contenu est explicité par le cotexte immédiat (*è guidata da*, *è costituito da*, *può essere affidato a*) ; en 9 et 10, le prédicat adjectival *è femminile* renvoie à l'ellipse d'un substantif (*è una divinità femminile* en 9, *è di genere femminile* en 10). L'utilisation prédicative des AR ne constitue donc pas un contrexemple de la valeur qualificative de l'adjectif attribut.

Cette valeur est d'ailleurs confirmée par l'étude des relations conflictuelles (cf. Prandi 1992, 2004, 2017). Si, dans l'exemple 1 (*Teresa è triste*), on remplace *Teresa* par un sujet inanimé, *la luna*, on obtient un énoncé métaphorique :

(11) La luna è triste
'La lune est triste'

L'« attribution illogique de propriété » (Kleiber 1983 : 117) reste une attribution à tous égards. En effet, l'emploi métaphorique « ne soustrait [...] pas l'adjectif à la relation de modification : tout au contraire, il la suppose comme irréversiblement acquise » (Prandi 1992 : 97). La solidité de la relation qualificative, même en présence de contenus conflictuels est, comme nous le verrons au § 4, la conséquence du régime de codage qui caractérise le noyau de la phrase.

En définitive, l'étude du comportement adjectival en position attribut montre que cette position permet d'isoler avec précision une sous-classe de la catégorie adjectivale, à savoir l'ensemble des adjectifs qualificatifs. Cette sous-classe est particulièrement importante parce qu'elle représente le noyau dur de la catégorie, celui qui permet de nommer *adjectifs* la catégorie tout entière. Mais le rôle de la position attribut ne s'arrête pas là. En plus de discriminer les adjectifs qualificatifs, bloquant ainsi tous les emplois non qualificatifs, la position attribut est capable d'imposer une lecture qualificative à des adjectifs qui a priori ne le sont pas (comme l'AR de l'exemple 2), et de sauvegarder la relation de qualification même lorsque le contenu de l'adjectif est en flagrant conflit avec celui du sujet (comme dans l'exemple 11). Nous estimons par conséquent que la position attribut est le vrai garant de la fonction qualificative.

3.2 L'adjectif épithète

Si la position attribut est très restrictive, l'adjectif s'ouvre, par contre, en position épithète, à un éventail de relations avec le nom tête du syntagme qui incluent la qualification mais la dépassent largement. La modification adjectivale permet alors un spectre très large de relations qui ne se limitent pas à l'assignation d'une qualité au référent du nom tête du syntagme. Vu l'étendue du phénomène, nous essaierons d'esquisser une typologie des adjectifs et des emplois adjectivaux pouvant figurer en position épithète afin de rendre notre présentation plus claire. Les relations entre la tête et le modificateur étant en nombre potentiellement infini, la liste d'exemples que nous fournirons ne sera pas exhaustive.

Pour l'italien, la première distinction que l'on peut faire est la distinction entre adjectifs qualificatifs et adjectifs non qualificatifs, ou n'étant pas en emploi qualificatif. Dans le premier cas de figure, il est possible de distinguer deux manières différentes de qualifier : la modification directe et la modification oblique. Pour chacune de ces modifications, l'adjectif peut être cohérent ou conflictuel (emploi figuré). En cas d'adjectif ou emploi non qualificatif, on classera les adjectifs sur la base de leurs fonctions « autres » par rapport à la qualification, à savoir la fonction classifiante, identifiante et modalisatrice. Il est intéressant de remarquer que ces fonctions ne sont pas concernées par le conflit conceptuel : elles impliquent toujours des relations cohérentes.

3.2.1 Adjectifs qualificatifs

La modification directe consiste en l'attribution directe de la propriété au référent du nom tête du syntagme. La relation qui se dessine entre le nom et l'adjectif peut être cohérente ou conflictuelle. Lorsqu'elle est cohérente, on assiste au cas le plus typique de modification : *una mela rossa* ('une pomme rouge'), *un libro interessante* ('un livre intéressant'), etc. Lorsque la relation est conflictuelle, l'interprétation du lien peut donner lieu soit à des métaphores, soit à des oxymorons. La synesthésie est également possible ; nous la considérons

comme un cas particulier de métaphore. Nous donnons ci-dessous quelques exemples :
- Métaphores : *terra lagrimosa* (Dante), *terra ansante* (Pascoli), *vive lacrime* (D'Annunzio), *calvi picchi* (Montale), *rivo strozzato* (Montale), *canuto pomeriggio* (Fenoglio), *violette frettolose* (Sbarbaro), *anima torbida* (Sbarbaro), etc.[3]
- Oxymorons : *epoche severe e licenziose, un'amante a un tempo tenera e furiosa, una persona così soda e così morbida insieme* (Calvino) ; *una melodia [...] appassionata e dolce, sommessa e squillante, leggera e grave* (D'Annunzio), *muto verbo* (D'Annunzio), *il muto grido dell'inviolata natura* (Fenoglio), etc.[4]
- Synesthésies : *dolce color* (Dante), *respiro dolciastro, frastagliato respiro, morbida penombra* (Calvino), *freschi pensieri, pensiero ardente* (D'Annunzio), etc.[5]
- Synesthésies lexicalisées (exemples tirés de Mortara Garavelli 1988 [2018]) : *tinte calde/fredde, profumo fresco, voce chiara/cupa/profonda, colori chiassosi/stridenti, persona ruvida, paura nera/blu, parole acide, suono vellutato/morbido*, etc.[6]

On parle de modification oblique (Prandi 1988) lorsque, au lieu de modifier de façon directe le nom tête du syntagme, l'adjectif qualificatif se lie à un autre référent présent dans le cotexte ou dans le contexte, donnant lieu à un détournement de la relation de modification. Le procédé de modification oblique est connu comme étant le procédé à la base de la figure de rhétorique de l'hypallage. En cas d'hypallage, la relation de modification se dissout sous la pression des contenus conflictuels. On assiste alors à une reconfiguration de la relation. La publicité exploite largement cette figure en raison de son pouvoir expressif : *Giglio, bianche bontà* ('Giglio, des bontés blanches') est le slogan d'une marque de beurre ; *Danissimo di Danone, il piacere rotondo* ('Danissimo di Danone, le plaisir rond') est le slogan d'une marque de yaourt dont le pot est rond ; *Poliedrica fragranza* ('Fragrance polyédrique') est le slogan d'un diffuseur de parfum

---

[3] 'Terre larmoyante' (Dante), 'terre haletante' (Pascoli), 'larmes vivantes' (D'Annunzio), 'montagnes chauves' (Montale), 'rivière étranglée' (Montale), 'après-midi chenu' (Fenoglio), 'violettes hâtives' (Sbarbaro), 'âme trouble' (Sbarbaro).
[4] 'Époques sévères et licencieuses', 'une maîtresse à la fois tendre et furieuse', 'une personne à la fois si dure et si tendre' (Calvino) ; 'une mélodie passionnée et douce, étouffée et perçante, légère et grave' (D'Annunzio), 'parole muette' (D'Annunzio), 'le cri muet de la nature vierge' (Fenoglio).
[5] 'Couleur douce' (Dante), 'haleine douceâtre', 'haleine découpée', 'douce pénombre' (Calvino), 'pensées fraîches', 'pensée ardente' (D'Annunzio).
[6] 'Couleurs chaudes/froides', 'parfum frais', 'voix claire/sombre/profonde', 'couleurs criardes/tapageuses', 'individu rude', 'peur noire/bleue', 'propos aigres', 'son velouté/doux'.

à la forme d'une pyramide ; *Campari rosso : red passion* est le slogan d'une marque d'apéritif, dont la couleur est notoirement rouge, etc.

La littérature italienne abonde également d'hypallages : *O deserta bellezza di Ferrara* ('Ô beauté déserte de Ferrare', D'Annunzio) ; *meriggiare pallido e assorto* ('repos pâle et pensif', Montale) ; *la cigolante vastità del cortile* ('l'immensité grinçante de la cour', Fenoglio) ; *la bianca desertità dell'ultima curva* ('la solitude blanche du dernier virage', Fenoglio), etc.

À côté de l'hypallage, il existe une autre forme de modification oblique, dont l'issue n'est pas la dissolution par détournement de la relation de modification, mais la dilatation de la relation elle-même, incluant soit une chaîne de relations plus complexes soit une relation d'analogie : *brividosa paura* ('peur frissonnante', Fenoglio) est une peur qui fait frissonner, *commiato lacrimoso* ('adieu larmoyant', D'Annunzio) est un départ qui se fait dans les larmes, *vapore argenteo* ('vapeur argentée', D'Annunzio) est une vapeur aux reflets d'argent, *pugnalesca luce* ('lumière poignardesque', Fenoglio) est une lumière qui frappe comme un poignard, etc.

La modification oblique peut facilement se lexicaliser ; elle entre alors dans le vocabulaire courant, et trouve sa place dans les dictionnaires de langue. Nous signalons quelques exemples d'hypallages lexicalisées : *una serata danzante* ('une soirée dansante') est une soirée où les gens dansent, *l'arte bianca* ('l'art blanc') est l'art de la panification (l'adjectif *blanc* renvoyant à la farine), *la settimana bianca* ('la semaine blanche') est la semaine de vacances que l'on passe en hiver à la montagne (l'adjectif *blanc* renvoyant cette fois à la neige), *una potatura verde/secca* ('une taille verte/sèche') est la taille de la vigne que l'on fait respectivement en été (quand les rameaux sont verts) et en hiver (sur les rameaux secs), *una tavola calda/fredda* ('une table chaude/froide') est un endroit où l'on sert des plats chauds plutôt que froids (un snack-bar), *un fuoco amico* ('un feu ami') est un tir venant de son propre camp ou du camp de ses alliés, etc. Voici maintenant quelques exemples de dilatation de la relation de modification lexicalisée : *uno sguardo triste* ('un regard triste') est un regard qui exprime de la tristesse, *un paesaggio triste* ('un paysage triste') est un paysage qui attriste celui ou celle qui le contemple, *uno sguardo inquieto/perplesso* ('un regard inquiet/perplexe') est un regard qui manifeste de l'inquiétude ou de la perplexité, *un'astuzia diabolica* ('une ruse diabolique') est une ruse qui rappelle celle du diable, *una temperatura polare* ('une température polaire') est une température qui rappelle celle des pôles, etc.

Pour finir, un cas particulier de modification oblique est la modification des noms d'agent. L'adjectif ne qualifie pas ici le référent, mais bien l'action habituelle accomplie par l'agent : *un gran bevitore* ('un grand buveur') est quelqu'un qui boit beaucoup, *una buona forchetta* ('une bonne fourchette') est quelqu'un qui mange beaucoup, *un buon sassofonista* ('un bon saxofoniste') est quelqu'un qui joue bien du saxophone, *un abile scrittore* ('un écrivain habile') est quelqu'un qui écrit bien, *un grosso scommettitore* ('un gros parieur') est quelqu'un qui parie souvent ou qui parie des sommes d'argent importantes.

Tous ces adjectifs sont exclus de la position attribut et admis en position épithète.

3.2.2 Adjectifs (et emplois) non qualificatifs

Les adjectifs non qualificatifs sont des adjectifs qui, en raison de leur sémantisme, n'expriment pas une propriété. Ces adjectifs ne peuvent en aucun cas être employés pour qualifier. À côté de ces adjectifs, on rencontre souvent des emplois non qualificatifs d'adjectifs dénotant normalement des qualités. Tous ces adjectifs et emplois adjectivaux sont exclus de la position attribut. Ils peuvent être classés selon leur fonction ; parmi les fonctions principales, on distingue une fonction restrictive (classifiante ou identifiante) (Teyssier 1968) et une fonction modalisatrice (Riegel 2005).

La fonction classifiante est la fonction par excellence de l'adjectif de relation (AR). Appliqué à un nom tête, l'adjectif de relation ne lui attribue pas une qualité mais relie son référent à une autre entité. Sa position en italien est généralement à la droite du substantif. Sa fonction est de « délimiter un sous-ensemble », d'« opérer une sous-catégorisation » (Noailly 1999 : 98), et si le nom qu'il modifie est un nom de procès, il dénote alors l'un des arguments du procès. Nous donnons ci-dessous quelques exemples d'AR classifiants :

- Adjectifs relationnels : *valvola cardiaca, guida telefonica, errore ortografico, polizia stradale, corda vocale, problema coniugale*, etc.[7]
- Adjectifs argument : *arresto cardiaco, produzione cerealicola, frattura femorale, erosione marittima, dimissioni ministeriali, arrivi turistici, cambiamento climatico*, etc.[8]

Les adjectifs qualificatifs peuvent eux aussi être employés pour introduire un référent (ou l'argument d'un procès), se conduisant alors exactement comme un AR :

---

[7] 'Valve cardiaque', 'annuaire téléphonique', 'erreur orthographique', 'police routière', 'corde vocale', 'problème conjugal'.
[8] 'Arrêt cardiaque', 'production céréalière', 'fracture fémorale', 'érosion maritime', 'dimissions ministérielles', 'arrivées touristiques', 'changement climatique'.

- Emplois relationnels d'adjectifs qualificatifs : *base rossa, cultura esagonale, governo giallo-verde, ministro pentastellato, giocatore nero-azzurro, sentimento tricolore*, etc.[9]
- Emplois argument d'adjectifs qualificatifs : *la resistenza nera, la difesa azzurra, la rivoluzione arancione, l'opposizione verde*, etc.[10]

À côté de ces exemples qui ont un degré de figement moyen, il existe d'autres combinaisons qui sont, quant à elles, bien figées et sémantiquement opaques : *salsa bolognese, insalata russa, bottiglia renana/bordolese/borgognona, ombre cinesi, febbre giapponese/maltese, bagno turco*, etc.[11]

Pour finir, on peut citer quelques exemples d'emplois classifiants figés d'adjectifs qualificatifs. Ici l'adjectif n'a pas une valeur relationnelle, mais seulement une valeur classifiante : *vino bianco/rosso, arma bianca, acqua molle/dura/durissima, cavalleria leggera/pesante, formaggio magro/grasso, globuli bianchi/rossi, magia nera/bianca, benzina verde, lavoro nero, numero verde, auto blu/grigia*, etc.[12]

Lorsque l'adjectif a une fonction identifiante, « l'épithète est nécessaire et suffisante pour isoler un objet possible et un seul, là où le substantif seul n'y suffirait pas » (Noailly 1999 : 98). La position de ces adjectifs en italien est généralement à la droite du substantif, et ils sont accompagnés d'un déterminant défini. Font partie de ce groupe les adjectifs ou emplois « partitifs » (qui « indiqu[ent] une relation d'ordre (dans son acception la plus large d'ordre temporel, spatial et hiérarchique) », Schnedecker 2002 : 7) et les adjectifs ou emplois qui soulignent l'exactitude ou l'unicité du référent.

- Adjectifs (ou emplois) « partitifs » : *iniziale, finale* (*il valore iniziale, il risultato finale*) ; *maggiore, minore* (*il fratello maggiore*) ; *preferito, favorito, prediletto, adorato* (*il mio sport preferito, il concorrente favorito, il figlio prediletto*) ; *legittimo, riconosciuto* (*l'erede legittimo, l'autorità riconosciuta*) ;

---

9 'Base rouge', 'culture hexagonale', 'gouvernement jaune-vert' (le premier gouvernement Conte, issu de la coalition entre Mouvement 5 étoiles et Ligue), 'ministre penta-étoilé' (du Mouvement 5 étoiles), 'joueur noir et bleu' (joueur de l'équipe de football Inter), 'sentiment tricolore'.
10 'La résistance noire', 'la défense bleue' (la défense de l'équipe nationale italienne de football qui, comme l'équipe française, porte un maillot bleu), 'la révolution orange', 'l'opposition verte' (du parti vert).
11 'Sauce bolognaise', 'salade russe', 'bouteille renane/bordelaise/bourguignonne', 'ombres chinoises', 'fièvre japonaise/maltaise', 'bain turc'.
12 'Vin blanc/rouge', 'arme blanche', 'eau douce/dure/très dure', 'cavalerie légère/lourde', 'fromage maigre/gras', 'globules blancs/rouges', 'magie noire/blanche', 'essence verte', 'travail noir' (*au noir* en français), 'numéro vert', 'voiture bleue/grise' (véhicules de fonction à l'usage respectivement des personnalités politiques et de l'administration publique).

primo, secondo, terzo.[13] Font également partie des adjectifs partitifs les adjectifs dits « de localisation » (Laporte 2005) : *la mano sinistra, il lato ovest, la costa orientale, l'area circostante, lo spazio esterno*, etc.[14]
- Adjectifs (ou emplois) qui soulignent l'exactitude ou l'unicité du référent : *preciso, particolare, esatto, specifico, stesso* (*il luogo preciso/esatto, lo stesso discorso*) ; *unico, solo, principale, supremo* (*gli unici sopravvissuti, la sola ragione, lo scopo principale, l'autorità suprema*), etc.[15]

Par fonction de modalisation nous entendons une fonction adjectivale qui consiste à modaliser l'extension du substantif recteur. Faute de pouvoir rendre compte, dans les limites de ce chapitre, du débat autour de ces adjectifs, nous nous bornons ici à citer quelques exemples représentatifs des différentes classes d'adjectifs modalisateurs.
- Adjectifs (ou emplois) temporels (correspondant, en français, au « Groupe 8 » de Borillo 2001) : *l'ex cardinale Ratzinger, il futuro presidente, l'attuale governo, il nuovo professore di storia*, etc.[16]
- Adjectifs (ou emplois) aspectuels : *una risposta immediata, un'esplosione istantanea, un dolore improvviso, una reazione subitanea, un cambiamento repentino* (aspect ponctuel) ; *una passeggiata quotidiana, degli sforzi reiterati, delle dispute continue, ripetuti tentativi* (aspect itératif) ; *la solita battuta, una richiesta abituale* (aspect habituel) ; *una richiesta crescente, un rumore persistente, un rapporto duraturo, un dolore continuo, una pioggia incessante* (aspect duratif).[17]
- Adjectifs (ou emplois) conditionnels : *un potenziale cliente, un'eventuale ricaduta, un'ipotetica vincita*.[18]

---

13 'Initial', 'final' ('la valeur initiale', 'le résultat final') ; 'aîné', 'cadet' ('le frère aîné') ; 'préféré', 'favori', 'chéri', 'adoré' ('mon sport préféré', 'le concurrent favori', 'l'enfant chéri') ; 'légitime', 'reconnu' ('l'héritier légitime', 'l'autorité reconnue') ; 'premier', 'deuxième', 'troisième'.
14 'La main gauche', 'le côté ouest', 'la côte orientale', 'la zone environnante', 'l'espace extérieur'.
15 'Précis', 'particulier', 'exact', 'spécifique', 'même' ('le lieu précis/exact', 'le même discours') ; 'unique', 'seul', 'principal' 'suprême' ('les seuls rescapés', 'la raison unique', 'le but principal', 'l'autorité suprême').
16 'L'ex cardinal Ratzinger', 'le futur président', 'le gouvernement actuel', 'le nouveau professeur d'histoire'.
17 'Une réponse immédiate', 'une explosion instantanée', 'une douleur soudaine', 'une réaction instantanée', 'un changement brusque' ; 'une promenade quotidienne', 'des efforts réitérés', 'des disputes continues', 'des tentatives réitérées' ; 'la plaisanterie habituelle', 'une demande habituelle' ; 'une demande croissante', 'un bruit persistant', 'une relation durable', 'une douleur persistante', 'une pluie incessante'.
18 'Un client potentiel', 'une éventuelle rechute', 'une victoire potentielle'.

- Adjectifs (ou emplois) qui modalisent le degré de pertinence de la dénomination : *una mera ipotesi, la pura e semplice verità, una scusa bella e buona, una vera e propria sconfitta, una falsa partenza, un'autentica scoperta, un perfetto imbecille, un vago presentimento, la cosiddetta democrazia, la sedicente organizzazione criminale, il presunto assassino, la fantomatica società, un tale Giovanni*, etc.[19]
- Adjectifs (ou emplois) intensifs : *una lauta ricompensa, una buona manciata di riso, un misero guadagno, un pesante bilancio, gravi danni, una bella sculacciata, una grossa vincita* (quantité) ; *un povero diavolo, uno sporco bugiardo, un lurido verme, una bella scoperta* (jugement).[20]

Pour conclure, la position épithète accueille tous les adjectifs et emplois adjectivaux sans restrictions : qualificatifs et non qualificatifs, cohérents et conflictuels. Comme nous le verrons au § 4, la souplesse de cette structure est due à la faiblesse structurale constitutive du syntagme nominal. Dans la prochaine section, nous essaierons d'évaluer l'impact que la distribution syntaxique de l'adjectif a sur la structure de la catégorie adjectivale et ses retombées sur la notion d'adjectivité.

4 Critères d'adjectivité

Comme nous l'avons vu au § 2, tous les lexèmes que nous connaissons sous le nom d'*adjectif* peuvent apparaître, en italien, en position épithète. Cette caractéristique distributionnelle fournit donc un critère valable permettant d'isoler les adjectifs. À ce critère s'ajoutent, certes, d'autres critères, comme le critère de la dépendance syntaxique et le critère morphologique de l'accord, mais le critère distributionnel est le seul qui permette à la fois de garantir le repérage de tous les adjectifs et de mettre en évidence le rôle spécifique que chaque position a vis-à-vis de la configuration de cette catégorie.

Bien que fondamental, le critère de la dépendance syntaxique ne permet pas de rendre compte de la différence entre la position épithète et la position

---

19 'Une simple hypothèse', 'la vérité pure et simple', 'un prétexte pur et simple', 'une vraie défaite', 'un faux départ', 'une vraie découverte', 'un parfait imbécile', 'un vague pressentiment', 'la prétendue démocratie', 'la soi-disant organisation criminelle', 'l'assassin présumé', 'la prétendue société', 'un certain Giovanni'.
20 'Une récompense généreuse', 'une bonne poignée de riz', 'un faible revenu', 'un lourd bilan', 'des dégâts sérieux', 'une bonne fessée', 'un gros gain', 'un pauvre diable', 'un sale menteur', 'un sale ver' (expression figurée pour *une ordure*), 'une belle découverte'.

attribut, car, même en position attribut, l'adjectif dépend syntaxiquement du nom. Le critère distributionnel permet en revanche de délimiter deux classes de lexèmes en relation d'inclusion. La position épithète permet de définir le périmètre extérieur d'une classe inclusive d'adjectifs au sens large qui correspond à la catégorie héritée des grammaires traditionnelles. La position attribut, par contre, définit une sous-classe restreinte d'adjectifs au sens strict, qui partagent la fonction qualifiante de la catégorie, à savoir l'attribution d'une propriété au référent du nom dont l'adjectif est le partenaire syntaxique. Autrement dit, la possibilité d'apparaître en position épithète permet de définir les contours, la *forme* de la catégorie, alors que la position attribut exalte sa *fonction* prototypique.

Deux autres parties du discours peuvent apparaître dans le SN, rivalisant ainsi avec les adjectifs : les déterminants et les substantifs épithètes (*visita lampo, discorso fiume, treno lumaca, donna cannone, governo ombra, ragazzo prodigio*, etc.[21]). Ces catégories ne risquent pourtant pas de se « contaminer ». Les adjectifs ne peuvent pas être confondus avec les déterminants car ils ne sont pas nécessaires à la formation d'un syntagme nominal, alors que les déterminants le sont. En tant qu'expansions, les adjectifs modifient le nom sans changer sa classe d'appartenance – *gatto nero* maintient les propriétés de *gatto* – c'est pourquoi la structure nom + adjectif n'est pas d'emblée un syntagme nominal, mais un nom modifié, c'est-à-dire une structure dotée d'un noyau (une structure endocentrique subordinative). En revanche lorsque le déterminant s'unit à un substantif comme dans *il gatto*, il participe à la création d'une nouvelle structure. Cette nouvelle structure – qui est cette fois exocentrique car ni le déterminant ni le nom ne peuvent être considérés comme des noyaux – forme le syntagme nominal. En ce qui concerne les substantifs épithètes, bien qu'exerçant une fonction adjectivale, ils ne s'accordent pas avec le substantif, se distinguant ainsi formellement des adjectifs. Aussi suffit-il de les faire apparaître avec un déterminant pour que leur nature substantivale soit retrouvée (*il lampo, il fiume, la lumaca*, etc.).

Le critère morphologique de l'accord est également un critère d'adjectivité important pour l'italien. Comme de nombreux linguistes le soulignent, « dans les langues à morphologie variable, les adjectifs se reconnaissent au fait qu'ils reflètent le genre, le nombre et le cas de la base nominale (ou pronominale) qu'ils qualifient. À la différence des noms, le genre ne leur est pas inhérent » (Feuillet 1991 : 37). Bien qu'il soit un critère fondamental, le critère de l'accord

---

[21] 'Visite éclair', 'discours fleuve', 'train escargot', 'femme-canon', 'gouvernement ombre', 'enfant prodige'.

n'est cependant pas en mesure de garantir en italien le repérage de tous les adjectifs.

Tout d'abord, l'accord caractérise tant les adjectifs que les déterminants. Ensuite, s'il est vrai qu'en italien la plupart des adjectifs s'accordent en genre et en nombre, il existe des adjectifs qui ne s'accordent qu'en nombre (*abbondante, socievole, dolce*, etc.), ainsi que des adjectifs invariables. Font partie des adjectifs invariables (Guasti 1991) :
- des adjectifs comme *dappoco, dabbene, dispari, impari, pari* (ex. *È una persona dabbene*, 'C'est quelqu'un de bien') ;
- des formes composées adjectif (de couleur) + adjectif : *castano chiaro, verde pallido* ;
- des formes composées adjectif (de couleur) + substantif : *giallo oro, rosa pastello, rosso fuoco, verde bottiglia* ;
- certains adjectifs de couleur : *carminio, nocciola, vermiglione* ;
- les adjectifs empruntés à des langues étrangères : *beige, snob, chic, standard*, etc. ;
- certains adjectifs qui réfèrent à des ethnies : *bantu, maya, zulù* ;
- les syntagmes prépositionnels à valeur adjectivale : *in gamba, in forma, alla moda, al dente*, etc.

Le critère morphologique ne permet pas non plus une distinction nette entre adjectifs et substantifs, car beaucoup de substantifs ont un genre masculin et un genre féminin, que cette variation soit marquée à la finale (*il cuoco, la cuoca, il gatto, la gatta*) ou qu'ils soient épicènes (*il dentista, la dentista, il pianista, la pianista*). On retrouve la même situation en français (cf. Noailly 1999 : 12 ; Creissels 2010 : 26).

Pour résumer, nous avons vu que le critère distributionnel, à savoir la possibilité pour un adjectif d'apparaître en position épithète à côté du nom dont il dépend syntaxiquement et avec lequel il s'accorde en genre et en nombre, permet de délimiter une classe d'adjectifs en italien. La position attribut, en revanche, valorise la fonction qualificative et délimite le noyau ontologiquement plus marquant de la catégorie. S'il est vrai que « chaque partie du discours est définie par un critère grammatical par rapport à l'appartenance effective à la classe, alors que les critères ontologiques circonscrivent le sous-ensemble nucléaire et ontologiquement pertinent » (Prandi 2004 : 127), on en conclura que les deux positions syntaxiques contribuent, chacune à sa façon, à la notion d'adjectivité : la position épithète fournit le critère pour délimiter la catégorie de l'extérieur, la position attribut isole la sous-classe ontologiquement plus saillante. Lyons (1966 : 210) écrit justement que lorsqu'on s'attache à étudier les parties du discours, il ne faut pas confondre « deux questions différentes

[...] la question de l'appartenance à une classe ; et [...] celle de la dénomination des classes (comme "noms", " verbes", " adjectifs", etc.) ». Dans le cas de l'adjectif, ces questions reposent sur deux structures différentes : le SN détermine l'inclusion d'un lexème à la catégorie adjectivale, et la structure prédicative (dans notre cas la phrase copulative adjectivale) garantit la possibilité de nommer cette classe *adjectifs*. Comme nous le verrons dans la prochaine section, la spécificité de la position épithète et de la position attribut réside dans une différence de régime de codage.

5 Adjectivité et régime de codage

Le comportement différent de l'adjectif en position attribut et en position épithète renvoie à la présence, dans la structure syntaxique de la phrase, de deux régimes de codage qui se partagent la mise en forme du signifié complexe : le régime relationnel et le régime ponctuel (Prandi 2004 : ch. 3, § 2).

La différence entre codage relationnel et codage ponctuel est corrélée à la présence ou à l'absence de relations grammaticales autonomes. Les relations grammaticales caractérisent le noyau de la phrase, qui code les arguments centraux du procès. Dans les couches périphériques de la structure, par contre, aucune relation grammaticale autonome n'intervient dans la mise en forme des relations conceptuelles formant le contenu complexe. Dans une phrase comme *Jean a coupé le bois avec cette hache*, par exemple, chaque syntagme finit par coder un rôle du procès, mais pas aux mêmes conditions. La relation entre *Jean* et l'agent et entre *le bois* et le patient est médiatisée par une relation grammaticale – respectivement, le sujet et l'objet direct. La relation entre *avec cette hache* et l'instrument, par contre, est directe : un syntagme prépositionnel code un rôle sans l'intermédiaire d'une relation grammaticale.

Les relations grammaticales sont des catégories à la fois formelles et relationnelles ; elles ne se fondent pas sur la forme du syntagme isolé, mais sur sa relation avec la structure globale de la phrase. En italien, par exemple, le sujet et l'objet direct ont la même structure[22] ; ils se distinguent sur le plan relationnel, car le sujet est un constituant immédiat de la phrase, alors que l'objet direct est un constituant immédiat du prédicat. Dans les langues qui, comme l'italien et le français, partagent un alignement accusatif, la relation grammaticale entre le sujet et le prédicat, qui est pertinente pour l'emploi de l'adjectif

---

[22] Dans les langues qui ont des cas, et notamment le nominatif et l'accusatif, la différence de cas marque à son tour la différence de relation grammaticale.

comme attribut, est intégralement formelle, du fait qu'elle est indépendante de la nature nominale ou verbale du prédicat et, *a fortiori*, de la valence du verbe et de la structure conceptuelle du procès. Dans ces conditions, la mise en place des relations constitutives du signifié complexe, et notamment la relation entre syntagmes et rôles, investit la structure relationnelle de la construction toute entière : c'est la raison pour laquelle on peut parler d'un codage relationnel. En régime relationnel, la charpente formelle de la construction – dans le cas spécifique de l'adjectif attribut, la relation entre le sujet et le prédicat – impose au signifié complexe un moule rigide (Blinkenberg 1960), insensible à la pression des contenus conceptuels. Dans notre exemple, *Jean* identifie l'agent parce qu'il est le sujet, et *le bois* identifie le patient parce qu'il est l'objet direct du verbe *couper*. De la même manière, dans une phrase comme *Jean est sage*, l'adjectif *sage* ne peut qu'entrer en relation avec le sujet *Jean* et attribuer une propriété à son référent. Le codage relationnel ouvre, entre autres, la possibilité formelle de la connexion conflictuelle. Dans la phrase *La lune rêve* (Baudelaire), le syntagme *la lune*, du fait qu'il est le sujet, ne peut qu'identifier le rôle d'expérient ; l'obstacle ontologique n'est pas en mesure de défaire cette relation.

En l'absence de relations grammaticales, la mise en place des relations conceptuelles ne bénéficie pas du support d'une charpente formelle indépendante des concepts convoqués. Dans ces conditions, la seule ressource dont dispose le codage ponctuel est la structure interne de l'expression isolée, et notamment le contenu de la préposition. On peut donc parler d'un codage ponctuel. Si la préposition n'est pas en mesure de coder le rôle[23], c'est alors l'inférence qui prend le relais. Comme l'inférence est une forme de raisonnement cohérent, ce qui justifie l'identification de la relation conceptuelle pertinente en régime ponctuel est en dernière instance la disponibilité des concepts convoqués à entrer dans une relation cohérente. L'exemple le plus direct de codage ponctuel est l'expression d'un rôle marginal du procès. Dans la phrase *Jean a coupé le bois avec cette hache*, par exemple, l'instrument est confié au syntagme *avec cette hache*. Or, il est clair que la préposition *avec* n'est en

---

23 Le codage ponctuel est une grandeur graduée (Prandi 2004 : 63–64), qui inclut un codage équilibré, différents degrés de sous-codage, et le surcodage. En cas de codage équilibré, la forme d'expression code exactement la relation conceptuelle qui serait atteinte indépendamment par l'inférence. En cas de sous-codage, l'inférence prend le relais pour atteindre une relation conceptuelle cohérente et pertinente. En cas de surcodage, la forme d'expression code une relation plus riche, inaccessible à l'inférence et indissociable de la forme d'expression. La présence de différents degrés de codage ponctuel présuppose en tout cas l'accessibilité directe d'une structure conceptuelle qui fonctionne comme point de repère.

mesure, sans le support de l'inférence, et donc de la cohérence conceptuelle, de coder ni ce rôle, ni un rôle quelconque. Aux marges d'un procès comme *Jean a coupé le bois*, l'expression *avec SN* est opaque ; elle n'entre dans une relation donnée qu'au moment où le nom reçoit un contenu. Ainsi, *avec cette hache* exprime l'instrument, *avec Pierre* le collaborateur de l'agent, *avec peine* la manière, et ainsi de suite. Dans les couches marginales, ce n'est pas un réseau de relations grammaticales qui impose une forme aux concepts ; tout au contraire, ce sont les relations indépendantes et cohérentes entre les concepts qui tracent les relations formelles. Comme elle est sensible à la pression des concepts et de leur cohérence, une expression en régime ponctuel fournit au contenu complexe un moule large.

Le syntagme nominal, structure au sein de laquelle l'adjectif épithète trouve sa place, est à plus forte raison dépourvu d'une charpente de relations grammaticales autonomes. Dans ces conditions, la charpente syntaxique fonctionne typiquement comme un moule large, sensible à la pression des concepts. Si nous comparons les conditions de la mise en place d'un procès dans la phrase et dans le syntagme nominal, la différence est évidente. Dans le noyau de la phrase la distribution des rôles entre les syntagmes nominaux est rigide. Dans le syntagme nominal, en l'absence de relations grammaticales autonomes, une même structure syntaxique ayant la forme *nom de nom* est prête à exprimer, grâce à l'inférence, toute sorte de relations conceptuelles, y compris la relation entre un procès et ses arguments ou ses marges. Une expression comme *l'arbre du jardin*, qui localise un objet dans un lieu, a la même structure que *le rêve de Paul*, *le rêve de la lune* et *le rêve d'une nuit d'été* qui, grâce à l'inférence, relient le rêve, respectivement, à son expérient, à son contenu et à son cadre temporel.

Si cela est vrai, il n'est pas difficile de justifier le comportement inégal de l'adjectif en position attribut et épithète. En position attribut, l'adjectif est pris dans une relation rigide – la relation entre sujet et prédicat – qui le connecte irréversiblement au sujet et restreint sa fonction à la qualification. En position épithète, un moule très large laisse à l'adjectif un grand espace de négociation pour fixer tant la structure que le contenu de la relation qui l'engage. C'est ainsi que l'on peut expliquer, d'une part, la fragilité de la relation entre l'adjectif et le nom tête du syntagme, qui est prête à se dilater comme à être détournée vers un autre référent et, d'autre part, la variété des relations conceptuelles accessibles, qui justifie la variété fonctionnelle des adjectifs et des emplois non qualificatifs admis dans cette position.

6 Adjectivité et instabilité typologique

Cette différence de comportement de l'adjectif dans les positions syntaxiques observées, qui dépend d'une différence de régime de codage entre le noyau de la phrase et le syntagme nominal, a des retombées importantes sur le statut de la catégorie sur le plan interlinguistique. Comme chacun sait, la catégorie de l'adjectif, à la différence du nom et du verbe, est attestée de façon inégale dans les langues. Cette inégalité se présente sous deux aspects. Le premier concerne les dimensions de la catégorie, l'adjectif n'étant pas dans certaines langues une classe ouverte, comme le sont le nom et le verbe, mais une petite classe fermée. Le deuxième, qui est en fait un cas particulier du premier, concerne l'éventualité pour une langue de ne pas avoir d'adjectifs du tout, ce qui implique la non-universalité de cette catégorie. Nous montrerons, à travers la description d'un dialecte Gallo-roman de l'Italie du Nord (le dialecte de Premana), que la problématique des langues ayant un nombre restreint d'adjectifs touche également les langues romanes.

Les adjectifs ne représentent pas forcément une classe ouverte, alors que les noms et les verbes le sont toujours. Il existe en effet des langues où les adjectifs sont peu nombreux, leur nombre pouvant descendre sous le seuil de 3. Le naténi (Bénin) par exemple n'a que deux adjectifs (Nédellec 2006) ; la langue yimas (Nouvelle-Guinée) et le kham (Népal) n'ont que trois adjectifs (Dixon 2010), le bijogo (Guinée Bissau) n'en a que quatre (Segerer 2008), etc. Le contenu de ces adjectifs appartient généralement à quatre des sept domaines prototypiques identifiés par Dixon (1977), à savoir ÂGE, DIMENSION, JUGEMENT DE VALEUR et COULEUR, alors que les autres concepts prototypiques (PROPRIÉTÉ PHYSIQUE, PRÉDISPOSITION HUMAINE et VITESSE) se répartissent habituellement entre la catégorie des noms et celle des verbes.

Pour illustrer le fonctionnement de ces langues à classe restreinte d'adjectifs, nous avons décidé de nous pencher sur le cas d'un dialecte Gallo-roman de l'Italie du Nord, le dialecte de Premana (village de la Valsassina dans la province de Lecco), afin de montrer que les langues romanes ne sont pas à l'abri de ce phénomène. Nos remarques se basent sur la consultation du *Dizionario dialettale etnografico di Premana* (Bellati 2007), ainsi que sur le témoignage de quelques locuteurs natifs de Premana, mais aussi du village d'Introbio et de la ville de Lecco[24]. D'après le dictionnaire de Bellati, « la caractéristique la plus remarquable du dialecte de Premana en ce qui concerne les adjectifs qualificatifs est leur quantité relativement faible, à tel point qu'aujourd'hui on a souvent

---
[24] Nous remercions Marco Sampietro pour l'aide fournie.

tendance à transformer en lexèmes dialectaux leurs correspondants italiens » (2007 : 40). À cause de la pression de l'italien, qui pousse les locuteurs à faire entrer dans le vocabulaire de nombreux calques, il est difficile d'isoler une véritable classe fermée d'adjectifs. Néanmoins, il est évident, d'une part, que la richesse de l'italien en matière d'adjectifs est loin de trouver dans le dialecte de Premana un miroir exact. D'autre part, les stratégies alternatives, qui sont largement documentées, ont la préférence des locuteurs les plus conservateurs même là où l'adjectif est disponible.

D'après une première enquête, le domaine le plus lacuneux est certainement celui de la PRÉDISPOSITION HUMAINE ; des lacunes sont également présentes dans le domaine des JUGEMENTS DE VALEUR. Par exemple, l'adjectif *orgueilleux* n'a pas d'équivalent : il n'est pas attesté dans le dictionnaire, et les locuteurs confirment ne pas avoir d'adjectif pour ce concept. Pour dire de quelqu'un qu'il est orgueilleux, on dira *al lè pòrte scimàde*, qui signifie littéralement 'il les porte coupés à ras', une expression aujourd'hui opaque qui se réfère probablement, d'après le dictionnaire, à la coupe des policiers. De même, l'adjectif *peureux* n'a pas d'équivalent adjectival ; tous ses équivalents sont des substantifs : *cagóon, fifóon, pisainbràghe, cagainbràghe, fifète, püróos*. Pour dire *Mario est peureux*, on dira donc, par exemple, *ól Mario al è fifóon*. L'attribution de la qualité passe par une construction prédicative nominale. D'autres options possibles sont *al gh'a püre de la so lombrie*, 'il a peur de son ombre' (Premana), ou *al gh'a püra de tűt*, 'il a peur de tout' (Introbio). Ces constructions qui utilisent un nom de propriété actualisé par le verbe support *avoir* sont connues en typologie sous le nom de *constructions possessives*[25]. Les constructions dites « possessives » peuvent également être utilisées pour se référer à la peur comme état transitoire, comme dans *al gh'ive üne püre vache*, 'il avait une grande peur' ou *al a ciapàa 'ne püre strìe*, 'il a attrapé une grande peur' (où le verbe support n'est plus *avoir* mais *attraper*).

Dans le domaine des JUGEMENTS DE VALEUR, nous pouvons donner l'exemple de *passionnant*. Alors que l'adjectif *intéressant* est pourvu d'un équivalent dialectal, probablement calqué sur l'italien (*interesàant*), *passionnant* n'a pas de correspondant. Pour dire *ce livre est passionnant*, on fera appel à une forme verbale métaphorique : *quel libro al tire drée*, 'ce livre t'entraîne'. De même, l'équivalent de *lourd* (en tant que jugement) n'existe pas. Pour dire *ce livre est lourd, indigeste*, on utilisera une construction prédicative nominale : *quel libro*

---

[25] Il faut remarquer que le concept de structure possessive tel qu'il est utilisé en typologie ignore la distinction entre verbe prédicatif qui régit un nom d'objet – *avoir une voiture* – et verbe support actualisant un nom non saturé de procès : *avoir peur* (Gross 1989).

al è ün pach (lit. 'ce livre est un carton'). L'utilisation d'une construction nominale imagée est d'ailleurs l'option privilégiée dans les dialectes du Nord de l'Italie : on dira par exemple que le livre *l'è 'n matòon* ('une brique') à Introbio, et *l'è 'na piòta* ('une tuile') à Lecco.

Un autre fait intéressant concernant le dialecte de Premana est la présence d'un grand nombre de substantifs au sémantisme dense qui implique, pour ainsi dire, les contenus adjectivaux. Ainsi, un enfant vivace est un *mostrécio* (un 'petit monstre'), une enfant espiègle est une *strièt̃e* (une 'petite sorcière'), un individu maigre est un *schéletro* (un 'squelette'). Les propriétés englobées dans le sémantisme nominal peuvent être multiples, grâce à l'antonomase – un individu entreprenant et déterminé est un *garibàldi* (un 'Garibaldi'), un individu méchant, opiniâtre et rebelle est un *baràba* (un 'Barabbas') – et à la métaphore : un homme méchant, superbe et vantard est un *ròspo* (un 'crapaud'), un homme grand et maigre est un *lanternòon* (un 'réverbère'), etc. Le contenu substantival peut aller jusqu'à inclure l'intensification d'une propriété : d'un individu très doué on dira qu'il est *ün s-ciòp* ('un fusil') ; d'un individu très bon, on dira qu'il est *ün tòch de paan* ('un morceau de pain'), d'un individu merveilleux, on dira *la fiin dól mónt* ('la fin du monde'), etc. Dans tous ces cas, le substantif sera privilégié même s'il existe une forme adjectivale qui lexicalise la propriété : ainsi, par exemple, préférera-t-on la construction prédicative nominale *ól Mario al è ün mostrécio* à la phrase copulative adjectivale *ól Mario al è viif*.

Les exemples que nous avons cités montrent bien l'impact des procédés métaphoriques et antonomastiques dans la mise en place d'une qualification. Ces procédés, ainsi que la métonymie et la synecdoque, sont également exploités par la composition et la dérivation. Les composés verbonominaux utilisés pour l'expression de qualités, par exemple, sont très fréquents (ils sont d'ailleurs largement présents dans tous les dialectes du Nord de l'Italie)[26]. C'est ainsi qu'un homme peureux sera un *pisainbràghe* (qqn 'qui fait pipi dans son pantalon') ou un *cagainbràghe* (qqn 'qui chie dans son pantalon'), le fait d'avoir peur étant métonymiquement représenté par l'effet que la peur produit ; un individu menteur sera un *casciabàl* (qqn 'qui lance des mensonges') ; un individu naïf sera un *pacialàch* (qqn 'qui mange du lait'), une personne antipathique sera un *tira-s-ciàf* (qqn 'qui attire des gifles'), une personne querelleuse sera un *tentabéghe* (qqn 'qui incite les disputes'), et ainsi de suite. Encore une fois, la

---

[26] Pour une analyse des composés verbo-nominaux dans les dialectes de la Valteline, cf. Prandi (2005).

construction privilégiée sera pour tous ces exemples la phrase à prédicat nominal, *X l'è ün N*.

Le dernier cas de figure que nous allons illustrer est la dérivation. De nombreux dérivés ont à la fois la fonction de classer et de qualifier un individu ou une entité. Nous prenons en guise d'exemples les dérivés en *–óon* (suffixe augmentatif) comme *crapóon*, *fifóon* etc. qui sont des substantifs. Dans le dialecte de Premana, ces dérivés ont généralement une base nominale qui isole l'élément pertinent pour la caractérisation de l'individu : un *crapóon* (de *cràpa*, 'tête') ou un *zücóon* (de *züche*, lit. 'potiron', métaphore figée de 'tête') est un individu têtu, obstiné, un *fifóon* (de *fife*, 'peur') est un individu peureux, un *golascióon* (de *góle* ou plutôt *golàsce*, 'gorge') est un individu gourmand, un *barbişóon* (de *barbìis*, 'moustache') est un homme généralement âgé, qui a la caractéristique d'être moustachu, rusé et souvent malintentionné.

Il est donc possible d'affirmer que lorsqu'il s'agit d'attribuer des qualités, le dialecte de Premana privilégie nettement la stratégie nominale, et que le moyen formel le plus utilisé pour la qualification est la phrase à prédicat nominal, qui l'emporte souvent sur la phrase copulative adjectivale.

Bibliographie

Bellati Antonio, 2007, *Dizionario dialettale etnografico di Premana*, Premana, Edizioni Il Corno.
Blinkenberg Andreas, 1960, *Le problème de la transitivité en français moderne*, Kopenhagen, Munksgaard.
Bolinger Dwight, 1967, « Adjectives in English : attribution and predication », *Lingua*, 18 : 1–34.
Borillo Andrée, 2001, « Quelques adjectifs de référence temporelle du français », *Cahiers de grammaire*, 26 : 37–53.
Creissels Denis, 2010, « La délimitation des classes d'adjectifs : un point de vue typologique », *in* J. Goes & E. Moline (dir.), *L'adjectif hors de sa catégorie*, Artois Presses Université : 15–31.
Dixon Robert M. W., 1977, « Where have all the Adjectives gone ? », *Studies in Language*, 1/1 : 19–80.
Dixon Robert M. W., 2010, *Basic Linguistic Theory. Grammatical Topics*, vol. 2, Oxford, O.U.P.
Feuillet Jack, 1991, « Adjectifs et adverbes : essai de classification », *in* C. Guimier & P. Larcher (dir.), *Les états de l'adverbe. Travaux linguistiques du CERLICO*, Rennes, Presses Universitaires de Rennes : 35–58.
Goes Jan, 1999, *L'adjectif. Entre nom et verbe*, Louvain-la-Neuve, Duculot.
Gross Gaston, 1989, *Les constructions converses du français*, Genève, Droz.
Guasti Maria Teresa, 1991, « La struttura interna del sintagma aggettivale », *in* L. Renzi & G. Salvi (dir.), *Grande grammatica italiana di consultazione*, vol. 2, Bologna, Il Mulino : 321–337.

Hengeveld Kees, 1992, *Non-verbal predication : theory, typology, diachrony*, Berlin, Mouton de Gruyter.
Kleiber Georges, 1983, « Métaphores et vérité », *Linx*, 9/2 : 89-130.
Laporte Eric, 2005, « Une classe d'adjectifs de localisation », *Cahiers de lexicologie*, 86/1 : 145-161.
Lyons John, 1966, « Towards a "notional" theory of the "parts of speech" », *Journal of Linguistics*, 2 : 209-236.
Lyons John, 1977, *Semantics*, vol. 1, Cambridge, C.U.P.
Mortara Garavelli Bice, 1988 [2018], *Manuale di retorica*, Giunti Editore (prima edizione digitale).
Nédellec Brigitte, 2006, *L'expression de la qualification en naténi*, Köln, Rüdiger Köppe Verlag.
Noailly Michèle, 1999, *L'adjectif en français*, Paris/Gap, Ophrys.
Nowakowska Małgorzata, 2004, *Les adjectifs de relation employés attributivement*, Cracovie, Wydawnictwo Naukowe Akademii Pedagogicznej.
Prandi Michele, 1988, « Modificazioni oblique nel *Partigiano Johnny* », *Strumenti critici*, 3/1 : 111-164.
Prandi Michele, 1992, *Grammaire philosophique des tropes*, Paris, Éditions de Minuit.
Prandi Michele, 2004, *The Building Blocks of Meaning*, Amsterdam/Philadelphia, John Benjamins.
Prandi Michele, 2005, « Creatività controfattuale : la motivazione concettuale dei composti verbo-nome nei dialetti valtellinesi », in M. Pfister & G. Antonioli (dir.), *Itinerari linguistici alpini. Atti del convegno di dialettologia in onore del prof. Remo Bracchi, Bormio 24-25 settembre 2004*, IDEVV – Istituto di Dialettologia e di Etnografia Valtellinese e Valchiavennasca, Sondrio, Lessico Etimologico Italiano (LEI) – Arbeitsstelle der Akademie der Wissenschaften und der Literatur, Mainz : 357-377.
Prandi Michele, 2006, *Le regole e le scelte. Introduzione alla grammatica italiana*, Torino, Utet.
Prandi Michele, 2017, *Conceptual Conflicts in Metaphor and Figurative Language*, New York/ Londres, Routledge.
Riegel Martin, 2005, « Une *ancienne chapelle*, un *pur mensonge*, un *vague diplôme* : ou quand un simple adjectif modalise le rapport de désignation nominale », *Cahiers de lexicologie*, 86/1 : 105-129.
Schnedecker Catherine, 2002, « Présentation : les adjectifs "inclassables", des adjectifs du troisième type ? », *Langue française*, 136 : 3-19.
Segerer Guillaume, 2008, « Bijogo », in H. Tröbs, E. Rothmaler & K. Winkelmann (dir.), *La qualification dans les langues africaines*, Köln, Rüdiger Köppe Verlag : 29-40.
Tesnière Lucien, 1959 [^{2}1965], *Éléments de syntaxe structurale*, Paris, Klincksieck.
Teyssier Jacques, 1968, « Notes on the syntax of the adjective in modern English », *Lingua*, 20 : 225-249.
Wetzer Harrie, 1996, *The typology of adjectival predication*, Berlin, Mouton de Gruyter.

Partie 3 : **Approches comparées avec le français**

Daniel Henkel
Chapitre 13 L'adjectivité en anglais et en français

1 Introduction

Le terme même d'« adjectivité », selon la définition à l'origine du présent ouvrage, présuppose que l'on sache reconnaître les unités lexicales qui appartiennent à la catégorie des adjectifs, faute de quoi il sera impossible de dire objectivement si un mot qu'on trouve dans un emploi syntaxiquement adjectival a subi, ou non, une « distorsion » (Kerleroux 1996) par rapport à sa catégorie d'origine. Or, comme le souligne Creissels (2006), par rapport aux autres parties du discours les adjectifs sont particulièrement réfractaires aux tentatives de catégorisation :

> Dans la description des langues, la délimitation d'une classe d'adjectifs constitue une question particulièrement délicate. [...] Une difficulté constante dans l'étude des adjectifs, sans équivalent pour les noms ou les verbes, est qu'une fois établi dans une langue donnée un prototype de comportement adjectival (en termes morphologiques et/ou distributionnels) [...] il est fréquent de constater que la proportion de lexèmes se comportant pleinement selon ce prototype est relativement faible par rapport à celle de lexèmes qui s'en écartent plus ou moins. (Creissels 2006 : 200–202 [Nous soulignons])

S'agissant d'une comparaison entre l'anglais et le français, pourtant, les adjectifs les plus typiques (prototypiques) dans chaque langue occupent prioritairement les deux mêmes fonctions ou positions : la fonction adnominale (« épithète » en français, « attributive »[1] en anglais) et la fonction prédicative (ou « attributive » en français).

---

[1] Il existe un risque de confusion dans la mesure où le terme *attributive adjective* en anglais correspond en français à l'adjectif « épithète » et non à la fonction d'attribut du sujet. Nous ferons appel, pour lever toute ambiguïté potentielle, aux termes « adnominal » pour les adjectifs présents au sein d'un syntagme nominal (« épithètes »), et « prédicatif » pour ceux introduits par un verbe copule (« attributs du sujet »).

Daniel Henkel, Université Paris 8 Vincennes-St-Denis

Français[2] :

(1) Et elle se prenait à rêver tout haut d'un joli ciel parisien, gris et brouillé, d'une fraîche ondée d'avril sur les trottoirs luisants. (A. Daudet, *Numa Romestan*)

(2) Le Luxembourg qu'il traversa ensuite resplendissait d'une mordorure ensoleillée, plein d'enfants jolis et de flambants rubans. (R. de Gourmont, *Sixtine*)

(3) La maison était si jolie et le prestige de l'heure si favorable aux songes les plus chimériques, que cette gracieuse idée ne leur paraissait pas folle. (R. Boylesve, *Le parfum des îles Borromées*)

Anglais :

(4) « What made you think I was a socialist? » asked Ferguson. -- « Because you had such a quick answer to such a big question, and seemed so sure of yourself. » (S. Glaspell, *The Visioning*)

(5) Then, one day he kissed her. She was standing very close, and the impulse was quick and irresistible. (M.R. Rinehart, *Dangerous Days*)

Dans le cas qui nous intéresse, cependant, la première difficulté consiste à trouver une définition commune de la catégorie adjectivale[3], opérationnelle à la fois dans les deux langues (et idéalement au-delà, dans une perspective typologique), qui permettra de distinguer les unités présumées non adjectivales qu'on trouve dans ces mêmes fonctions :

---

[2] Les exemples cités dans ce chapitre proviennent, pour l'essentiel, des corpus décrits dans Henkel (2014), à savoir deux corpus comparables de 5 millions de mots chacun, composés de 50 œuvres littéraires du domaine public en anglais, de 50 auteurs différents et d'un nombre égal d'œuvres et d'auteurs en français, et deux corpus journalistiques d'environ 7–8 millions de mots chacun contenant, en anglais, des articles de *Time* des années 1970 à 2013 et, en français, des articles du *Monde diplomatique* des années 1980–2000.

[3] Certaines parties de cette étude suivent d'assez près l'argumentation développée dans notre thèse de doctorat (Henkel 2014 : 33 sqq.) à laquelle nous renvoyons pour un commentaire élargi.

(6) The velvety summer night was sweet with flowers; the moon would be late, but the sky was high and dark, and thick with stars. In <u>the silver glimmer</u> the town lights, and the dim eye of the dairy, far up on the range, burned red. (K.T. Norris, *Martie the Unconquered*)

(7) Her eyes were strangely variable. I have seen them of a gray, so pale that it <u>was almost silver</u> -- like the steely light of the snow-line at the edge of the horizon... (D.G. Phillips, *The Deluge*)

(8) Moreover, the walls of my castle <u>are broken</u>. The shadows are many, and the wind breathes cold through <u>the broken battlements and casements</u>. (B. Stoker, *Dracula*)

(9) And yet you must realize that your conduct <u>is shocking</u>? (R.E. Beach, *The Net*)

(10) It was the first time he had said hard things to her, and it had been <u>a shocking moment</u>, ... (E. Arnim, *The Princess Priscilla's Fortnight*)

(11) Alors, contentez-vous du travail comme la fourmi, et du miel comme l'abeille. Restez <u>la bête ouvrière</u> au lieu d'être <u>l'intelligence reine</u>. (V. Hugo, *Quatre-vingt-treize*)

(12) Un peu de vent faisait envoler un corbeau qui retombait dans le lointain, et, contre <u>le ciel blanchissant</u>, le lointain des bois paraissait plus bleu, ... (M. Proust, *Du côté de chez Swann*)

(13) Un peu plus bas on voyait l'étang d'où montait une buée blanche, et sur le bord la petite maison abandonnée, au toit tombant, <u>aux fenêtres cassées</u>, ouvertes, le lazaret des Hochecorne . (A. Daudet, *Sapho*)

(14) <u>Un des carreaux de la fenêtre était cassé</u>, le vent s'engouffrait par cette ouverture, menaçant d'éteindre la lampe placée sur la table ... (L. des Âges, *La Destinée*)

Qu'est-ce qui permet de savoir, sans *a priori* théorique, en effet, si des unités lexicales telles que *silver, shocking, ouvrier* ou *cassé* doivent être considérées comme des noms ou des formes verbales employés de manière adjectivale, c'est-à-dire en « distorsion catégorielle », ou bien appartiennent de plein droit à la catégorie adjectivale (de ce fait, sans distorsion) ? Pour les adjectifs du français, Goes (1999), au terme d'une étude très minutieuse des nombreux cas limitrophes et atypiques, a retenu comme « critères minimaux nécessaires » d'appartenance à la catégorie adjectivale l'accord en genre et en nombre, et la fonction d'épithète postposée. Malheureusement, aucun de ces deux critères n'est transférable à l'anglais, dont les adjectifs prototypiques restent invariables en nombre et occupent la position prénominale[4].

La réponse à laquelle nous sommes parvenu (Henkel 2014 : 160 sqq.), dans une perspective typologique inspirée des travaux de Dixon & *al.* (2004) et de Baker (2004), et que nous adoptons de nouveau ici, consiste à définir comme adjectifs, en anglais comme en français, les lexèmes qui remplissent les deux fonctions prioritairement adjectivales, adnominale et prédicative sans translatif[5] (déterminant), c'est-à-dire qui s'adjoignent directement à un substantif et directement à un verbe copule, ou bien qui sont spécialisés dans une seule de ces deux fonctions, sans être attestés par ailleurs en tant que substantifs ou verbes. Cette prise de position ne manque pas de susciter rapidement des objections de la part de ceux qui craignent que les adjectifs dits « relationnels », réputés « marginalement aptes à l'emploi prédicatif » (Riegel & *al.* 1994 : 598) ou seulement en cas d'« emploi contrastif » (*ibid.* : 634), ne s'en trouvent déchus du statut d'adjectif et laissés, par conséquent, sans appartenance catégorielle. N'ayant nullement le souhait – que l'on se rassure – d'exclure les adjectifs de relation, nous y répondons, d'une part, que les adjectifs dits relationnels ne sont pas si inaptes à la fonction prédicative qu'on a tendance à le croire[6], comme en témoignent les exemples ci-dessous :

(15) Sous la façade d'un régime présentable ... la monarchie hassanienne, explique Gilles Perrault, est fort peu constitutionnelle : l'arbitraire permet au souverain d'exercer un pouvoir absolu et de traiter ses "sujets" selon son bon plaisir. (*Le Monde Diplomatique*, oct. 1990)

---

4 Quand bien même l'on chercherait à assouplir le critère structurel en disant, par exemple, qu'il s'agit de la position « dominante » dans chaque langue, la juxtaposition adnominale ne suffirait pas à délimiter clairement la catégorie par rapport aux substantifs juxtaposés ou « substantifs épithètes », qui se différencient grammaticalement des adjectifs en français par le refus de l'accord en genre, critère qui s'avère inopérant en anglais.
5 Cf. Lemaréchal (1989 : 45)
6 Ni même à la coordination avec des adjectifs dits « qualificatifs » comme l'attestent les exemples 18 à 20 et 24 à 25.

(16) Ces conseillers savent que le grand public ... demande aux leaders politiques de posséder quatre vertus principales : la chaleur humaine, la conviction, la sincérité et, en dernier lieu, l'intelligence. Aucune de ces qualités n'est forcément politique. (*Le Monde Diplomatique*, avr. 1988)

(17) Laissons le soldat, pour ne pas froisser votre susceptibilité de Français ; vous êtes une nation condamnée à être militaire ou à n'être pas, et il serait malséant à moi de vous attaquer sur ce triste point. (R. Boylesve, *Le parfum des îles Borromées*)

(18) Les treize chercheurs italiens et français rassemblés par les coauteurs de ce livre proposent une analyse sociologique et politique de l'Italie contemporaine, depuis les élections de 1994. Leur approche est à la fois scientifique et accessible au grand public. (*Le Monde Diplomatique*, oct. 1997)

(19) L'échelon municipal est le plus adéquat pour une approche plurisectorielle de la santé publique, car le maire dispose d'une très large compétence, l'action est moins bureaucratique et plus rapide, la participation de la population est plus directe ... (*Le Monde Diplomatique*, nov. 1988)

(20) L'action de l'ancien chef du KGB était d'abord policière, et au départ impopulaire ... (*Le Monde diplomatique*, sept. 1985)

(21) Last night, when we were talking up here round the fire, I began to think that the very soul of the world is economic, and that the lowest abyss is not the absence of love, but the absence of coin. (E.M. Forster, *Howard's End*)

(22) It was still early, not yet ten, and the streets were alive with people. Our conversation, as we went, was entirely political. The Agricultural Amendment Act was then before the Commons, and Paul felt very strongly ... (R. Marsh, *The Beetle*)

(23) The elder Bush's bout with the economic blues cost him reelection, but as recessions went it was mostly statistical. The last real one was a one-two punch that lasted almost three years ... (*Time*, 13/04/2001)

(24) But the roots of Putin's confrontationalism are as much political and economic as they are personal and historical. (*Time*, 16/09/2013)

(25) Arthur, and he had wrought it all out, had discovered ... that the result would be profitable in dollars, ... « It is always so. Science is always always <u>economical</u> as well as enlightened and humane » (D.G. Phillips, *The Second Generation*)

et, d'autre part, qu'une forte prédisposition à la fonction adnominale n'a absolument rien d'exceptionnel, étant, au contraire, le lot commun de la grande majorité[7] des adjectifs de l'anglais et du français, y compris des adjectifs aussi insoupçonnables que *véritable* (96 % d'occurrences adnominales), *immense* (92 %), *jeune* (89 %), *lumineux* (87 %), *huge* (95 %), *tiny* (94 %), *ancient* (92 %), *new* (87 %), *brown* (86 %) etc.

Autrement dit, tout en étant assez peu disponibles à la fonction prédicative, ce que nous ne saurions nier, les adjectifs de relation sont néanmoins en très bonne compagnie.

Dès lors, l'analyse que nous consacrons dans les pages qui suivent au phénomène de l'adjectivité portera, d'abord, sur des cas où des lexèmes à vocation substantivale ou verbale sont employés de manière adnominale (c'est-à-dire en tant qu'épithètes), sans pouvoir accéder à la fonction prédicative, des cas où des lexèmes à vocation verbale, à savoir des participes, sont employés dans un syntagme nominal ou après un verbe copule sans qu'on puisse dire avec certitude si une telle construction exprime une qualification ou décrit une action. Dans les deux cas, nous serons amené à admettre, pour certains lexèmes, la possibilité d'une double appartenance catégorielle.

2 L'adjectivité en anglais

2.1 Le substantif épithète en anglais

Pour rendre compte des nombreux cas d'ambivalence syntaxique[8] telles que « *un philosophe grec/un Grec philosophe* » en français, ou « *bastard Normans/ Norman bastards* », « *a Liberal Conservative/a Conservative Liberal* » en anglais, Jespersen (1924 : 74–78) préférait regrouper les deux termes « adjectif » et « substantif » au sein d'une seule « super-catégorie » nominale :

---

[7] Environ 70 % en anglais, 75 % en français d'après nos estimations.
[8] Un examen complet des substantifs épithètes nécessiterait également une analyse des noms composés. Nous renvoyons à celle proposée par E. Mignot dans ce même volume.

> Adjectives and substantives have much in common, and <u>there are cases in which it is difficult to tell whether a word belongs to one or the other class</u> ; therefore it is <u>convenient to have a name that comprises both</u>, and in accordance with the old Latin terminology which is frequently found also in recent continental works on grammar, I shall use the word <u>noun</u> (Lat. nomen) for <u>the larger class of which substantives and adjectives are subdivisions.</u>
> (Jespersen 1924 : 72 [Nous soulignons])

L'avis de Jespersen reste cependant très minoritaire, ne trouvant presque aucun écho chez les autres linguistes de langue anglaise, qui ont plutôt tendance à maintenir en toute circonstance la séparation en deux catégories distinctes. Pour Quirk & *al.* (1985), par exemple, de tels cas s'analysent en tant qu'« homomorphes » (que les auteurs considèrent comme un cas particulier d'homonymie) qui entretiennent un rapport de « conversion » :

> Some items can be both adjectives and nouns. For example, <u>criminal</u> is an adjective in that it can be used both attributively and predicatively :
> *a <u>criminal</u> attack*
> *The attack seemed <u>criminal</u> to us.*
>
> But the word <u>criminal</u> can also be a count noun, since it can :
> (i)   take determiners :
>   *The criminal pleaded guilty.*
>   *He is probably a criminal.*
> (ii) be inflected for number :
>   *one criminal ~ several criminals*
> (iii) be inflected for the genitive case :
>   *the criminal's sentence, the criminals' views*
> (iv) be premodified by an adjective :
>   *a violent criminal*
>   […]
>
> We will therefore say that <u>criminal</u> is a homomorph (…), i.e. both an adjective and a noun, and that the relationship between the adjective <u>criminal</u> and the noun <u>criminal</u> is that of conversion (…).
> (Quirk & *al.* 1985 : 410-11)

Huddleston & Pullum (2002) invoquent également l'homonymie pour rendre compte des cas d'ambivalence de ce type, en postulant l'existence parallèle de deux homonymes, aux significations « étroitement apparentées » :

> Where the criteria give conflicting results we have homonymy :
>
> (26)   i   It was a very professional performance.   [Adj]
>   ii   She did better than all the professionals.   [N]

> Attributive professional in [i] is modified by very, indicating that it is an adjective, while the plural form in [ii] must be a noun : the singular form professional is thus a noun homonymous with the adjective.
> [...]
> Such cases of homonymy, where the adjective and noun are closely related in meaning, result from the lexical word-formation process of conversion [...]
> (Huddleston & Pullum 2002 : 536–537)

Non seulement le recours à l'homonymie comme explication se trouve en porte-à-faux avec une conception classique[9] de la distinction entre polysémie et homonymie, selon laquelle les mots homonymes (tout en admettant la possibilité de cas intermédiaires) n'ont aucune parenté étymologique et n'offrent à l'intuition des locuteurs aucun lien de continuité sémantique, pis encore la notion de « conversion » ne permet pas de savoir – et l'embarras ne fait que s'accroître dans le cas qui nous préoccupe ici – dans quel sens s'opère le changement de catégorie : d'adjectif en substantif ou *vice versa* ?

Comme Jespersen, Creissels constate que dans les langues romanes, les notions d'adjectif et de substantif ne représentent pas des catégories étanches, mais des pôles complémentaires, ayant des liens de réciprocité, dans un seul et même continuum :

> En résumé, dans les langues romanes, noms et adjectifs ne constituent pas deux classes bien distinctes de mots mais plutôt un continuum. A l'un des pôles du continuum se trouvent les adjectifs les plus typiques, qui occupent la position N dans des constituants nominaux réduits à Dét.+N exclusivement dans des contextes qui permettent de rétablir un nom sous-entendu, et à l'autre pôle du continuum se trouvent les noms les plus typiques, qui ne se juxtaposent jamais à un autre nom pour le modifier comme peuvent le faire les adjectifs. Mais beaucoup de mots se rencontrent à la fois dans des contextes où ils commutent avec les noms les plus typiques et dans d'autres où ils commutent avec les adjectifs les plus typiques. (Creissels 2006 : 213)

Afin de nous assurer que les espèces qui serpentent dans les eaux troubles de ces régions inter-polaires ne sont point les monstruosités grammaticales que l'on s'imagine, Noailly (1999) cite des exemples en français, aussi saisissants qu'ordinaires, tels que *linguistique, capital* ou *meuble* qui mènent, sans qu'on s'en

---

[9] « What, then, is the difference in theory between homonymy and polysemy ? The two criteria that are usually invoked in this connexion [are] etymology (the historical source of the words) and relatedness of meaning. In general, the etymological criterion supports the native speaker's untutored intuitions about particular lexemes. » (Lyons 1995 : 58)

aperçoive, une « double carrière » qu'elle interprète comme le signe d'une « double appartenance » catégorielle :

> Il y a d'abord <u>des cas de double appartenance</u> stricte, dont il faut bien reconnaître l'existence en français, ainsi que le font les dictionnaires eux-mêmes, lorsqu'ils notent au début d'une rubrique « adjectif et substantif ». Dans ces cas-là, l'usager le plus averti ne sait pas dire *a priori* si telle unité, présentée *in abstracto*, est à mettre dans un camp ou dans l'autre : <u>linguistique</u>, est-ce un adjectif ou un substantif ? [...]
> Nombreux, beaucoup plus nombreux qu'on ne croit, sont <u>les termes utilisés indifféremment d'une façon ou de l'autre et menant une double carrière</u>, l'organisation syntaxique étant seule responsable en contexte de leur analyse ; ainsi, dans la série suffixée en <u>-ique</u>, bon nombre d'items fonctionnent des deux façons : [...] <u>capital(e)</u>, <u>général</u>, <u>meuble</u>, <u>fossile</u> [...]   (Noailly 1999 : 14–15 [Nous soulignons])

Étant donné que des cas semblables se trouvent facilement en anglais aussi :

(26) It was always <u>a characteristic</u> of the border settler... to rush straight at his foe whenever he saw him. (J.A. Altsheler, *The Scouts of the Valley*)

(27) She was not naturally revengeful, but it was <u>characteristic</u> of her that she could not endure failure. (R.E. Beach, *The Ne'er-do-well*)

(28) He had already thought of this modification himself, but with <u>his characteristic caution</u>, threw cold water on the scheme until he could ascertain definitely whether or not it was practicable. (S.E. White, *The Blazed Trail*)

(29) Leonard told her <u>a secret</u> that he had held shameful up to now. (E.M. Forster, *Howards End*)

(30) She had <u>a secret contempt</u> for most of the old conventions but she had given her word to awaken Alexina the moment any change occurred ... (G.F.H. Atherton, *The Sisters-in-Law*)

(31) I even tried to do better, and <u>be even more secret</u> about it than she expected. (A.K. Green, *The House of the Whispering Pines*)

il nous paraît plus judicieux et plus conforme à la réalité, plutôt que de parler de « conversion » entre « homonymes », de reconnaître qu'il existe en anglais, comme dans les langues romanes, un continuum entre substantif et adjectif. L'idée de la « double appartenance » mérite toutefois, à notre sens, d'être nuancée. Nous y reviendrons plus loin dans notre conclusion.

Du point de vue morpho-syntaxique la question de l'identification des formes à vocation substantivale paraît *a priori* moins problématique en anglais qu'en français[10], dans la mesure où, à l'intérieur du syntagme nominal, l'ordre apport-support est d'une grande régularité, et, à quelques exceptions près, seul le terme recteur est variable en nombre. Les substantifs en fonction adnominale ne se mettent pas au pluriel, souvent au mépris de la logique référentielle (à la différence du français) :

(32)   ... for indeed, nothing is more odious than a noise when one is engaged in a weighty and absorbing card game. (J. Conrad, *Victory*)

(32')   ... a weighty and absorbing *cards game.

(33)   She inherited it from her great aunt, Adelina, wife of the third duke. There was a famous pearl necklace attached to the clasp once, but it disappeared about ten years ago ... (A.J. Rees, *The Hand in the Dark*)

(33')   ... a famous *pearls necklace

Cette perte d'autonomie référentielle qui va de pair avec l'accès à la fonction adnominale est la conséquence ou la contrepartie d'un processus d'abstraction au terme duquel certains substantifs, devenus sémantiquement équivoques et syntaxiquement ambivalents, se rapprochent du statut de double appartenance que nous avons commenté plus haut. Cette évolution connaît cependant différents stades d'achèvement, avec des degrés d'abstraction différents en conséquence, comme le montrent les exemples suivants :

(34)   Susan presently flooded the house with the circulars of a New York dramatic school, wrote mysterious letters pertaining to them. (K. T. Norris, *Saturday's Child*)

(35)   The odours of a summer night crept out to meet them, odours of flowers and dew-wet, sunburned grass. (K. T. Norris, *Martie the Unconquered*)

---

10 Les ambiguïtés sont plus nombreuses qu'on ne l'imagine ; parmi les groupes nominaux suivants, lesquels faut-il analyser comme des associations N+Adj, N+N ou Adj+N : *un ange gardien, un architecte amateur, une arme maîtresse, les compagnons charpentiers, un esprit adversaire, un citoyen étranger, les fidèles chrétiens, les fidèles serviteurs, son jeune voisin, les joueurs voisins, un maître couvreur, un maître écrivain, un pianiste compositeur, un pigeon messager, le souverain pontife, un souverain révolutionnaire, les sauvages barbares, ces sauvages paysans combattants, le téléspectateur citoyen* ?

(36) It was a crisp autumn morning. The early sunshine fell on the hectic flush of decay in the foliage of the woods ... (A. J. Rees, *The Hand in the Dark*)

(37) He sold up the house and furniture, and converted all available property into cash, which cash he then converted into drink for himself and jewellery for his lady friend. The end soon came to the fresh supply of money, and his lady friend went off with his dearest companion, ...(F. Hume, *Madame Midas*)

(38) For a few moments there was a babel of laughing voices explaining to the delighted Margaret that school dresses should be bright and pretty, but simple and plain ... (G. Stratton-Porter, *A Girl of the Limberlost*)

(39) She was arrayed in a new black gown, worn under protest, for her own idea had been to wear her Sunday dress, a vivid purple, with trimmings which, for color and variety, looked "like a patchwork tidy," ... (J. C. Lincoln, *Cap'n' Dan's Daughter*)

Cette série met en évidence plusieurs niveaux d'abstraction dénotative, par laquelle nous entendons la mise en valeur de la représentation mentale du signifié en tant que matière conceptuelle, aux dépens de toute visée référentielle, et, partant, plusieurs stades dans le processus d'intégration sémantique qui s'ensuit entre les deux unités lexicales mises en relation. L'abstraction est au minimum dans l'exemple (34), où *New York* conserve son ancrage référentiel en tant que nom propre. Sa présence sert à exprimer une localisation de manière contraignante dans la mesure où l'expression *New York dramatic school* ne pourrait désigner une école de théâtre qui ne se trouve pas effectivement à New York.[11]

---

11 Sur ce point notre avis diverge de celui de Jespersen pour qui : « It is a simple corollary of our definition that the most special of substantives, proper names, cannot be turned into adjectives (or adjuncts, see below) without really losing their character of proper names and becoming more general. We see this in such a combination as the Gladstone ministry, which means the ministry headed by Gladstone, and stands in the same relation to the real proper name Gladstone as Roman to Rome or English to England. » (Jespersen 1924 : 77 [Nous soulignons]). Il nous paraît excessif en particulier de prétendre que *Gladstone* exprime une relation de même type que *English* ou *Roman* dans la mesure où un ministère qui n'aurait pas Gladstone lui-même à sa tête ne pourrait s'appeler *Gladstone ministry*, quand bien même ses membres se réclameraient de la pensée politique de celui-ci, alors que dans *English accent*, *English breakfast*, *Roman numerals* ou *Roman architecture* le lien est beaucoup plus distendu. Preuve en est que des Français peuvent très bien prendre un petit déjeuner anglais, ou écrire en chiffres romains.

Dans *summer night* (ex. 35) et *autumn morning* (ex. 36), le substantif adnominal situe le substantif support dans le temps, mais il y a cette fois-ci un rapport méronymique de type partie-tout qui implique un approfondissement intensionnel. L'automne et l'été étant constitués de jours, eux-mêmes constitués de nuits et de matins, ce qui caractérise la saison caractérise à un niveau inférieur les unités temporelles constitutives. On imagine sans doute, par connotation, un certain climat, une certaine ambiance, et on aurait probablement une impression d'incohérence, voir de trahison, si l'on découvrait plus loin dans le même contexte que la nuit décrite par l'expression *summer night* était en fait pluvieuse sans que ce « détail » n'ait été précisé d'entrée de jeu. Mais ce qu'on sait, au minimum, et avec certitude, est que la nuit tombe plus tard en été, et qu'inversement en automne il fait nuit plus tard le matin. La représentation mentale de *morning* et *night* se trouve ainsi modifiée de manière contraignante par l'adjonction de *autumn* ou *summer*. Par contraste, quoiqu'on puisse imaginer que *New York*, en plus de situer *dramatic school* dans l'espace, lui confère un certain prestige, force est de reconnaître qu'il s'agit d'une simple conjecture connotative sans aucun caractère de nécessité sur le plan conceptuel.[12]

Malgré la relation consubstantielle qui relie les dénotations des deux termes mis en relation, le rapport de localisation persiste dans *summer night* et *autumn morning* dans la mesure où la consubstantialité reste partielle – le référent visé par *night* et *morning* ne peut incarner la totalité de la dénotation inhérente à *summer* et *autumn*, d'où un calcul interprétatif focalisé sur quelques traits pertinents. Rien de tel dans *lady friend* (ex. 37) où la convergence sur le

---

[12] Entre la saison et le jour, en revanche, le lien est d'ordre consubstantiel : l'automne et l'été se matérialisent à l'intérieur d'une de leurs unités constitutives, et abandonnent ainsi leurs limites propres. Ils fonctionnent alors comme des noms de matières : dans *summer night*, la nuit en question est taillée dans l'étoffe estivale, de même que *autumn morning* délimite une petite portion d'automne. C'est pour cette raison que *summer night* et *autumn morning* suggèrent, au-delà de l'allongement ou du raccourcissement des jours, certaines conditions climatiques (on n'imagine pas spontanément que *summer night* évoque une nuit estivale pluvieuse, bien qu'un tel scénario n'ait rien d'impossible). Cette transposition est possible en raison de la relation structurelle entre les deux échelles d'observation : la période de 24h que nous appelons *jour* est une unité naturelle, imposée par la rotation de la Terre et non une pure invention de l'esprit humain, une saison est nécessairement constituée de jours, et chaque jour contient nécessairement un matin et une nuit. Dans le monde de l'expérience humaine, il ne peut en être autrement. En revanche, l'école de théâtre est certes un composant de la ville de New York, mais New York n'est pas naturellement divisible en sous-parties plus ou moins égales contenant chacune une école de théâtre. Aucun rapport de type structurel ne permet donc de concevoir celle-ci comme une unité représentative qui récapitule, même partiellement, à un niveau inférieur une ou plusieurs caractéristiques pertinentes de l'ensemble.

plan référentiel est totale. Le référent visé est tout à fait de nature à incarner pleinement aussi bien la dénotation de *lady* que celle de *friend*, et l'interprétation de l'ensemble dépasse la somme de ses composants, s'enrichissant d'une dimension sentimentale qui n'est imputable à aucune des dénotations substantivales individuellement, mais seulement à la combinaison des deux.

L'abstraction s'opère différemment dans le cas de *school dress* (ex. 38) et *Sunday dress* (ex. 39), constructions non lexicalisées à la différence de *lady friend*[13] (ex. 37), qui ne renferment pas un lien de consubstantialité, mais qui, contrairement à *New York dramatic school* (ex. 34), n'impliquent pas non plus de manière contraignante une localisation spatio-temporelle. Il ne suffit pas, par exemple, qu'une fille porte une robe de soirée ou une robe de mariée le dimanche ou à l'école pour que celle-ci reçoive la dénomination *school dress* ou *Sunday dress*, et les robes ainsi désignées ne changent pas de dénomination en quittant l'école ou parce qu'on les porte un jour autre que le dimanche, comme le montrent nos exemples. La relation métonymique dont l'interprétation dépend s'inscrit, en effet, dans le cadre d'une situation familière, donc intemporelle et potentiellement hypothétique, et *school* comme *Sunday* sont susceptibles de perdre leur ancrage référentiel. Sans qu'aucune école particulière ne soit visée, *school* sert à catégoriser le référent de *dress* en l'identifiant à un type connu. D'aucuns ont déjà observé que le fait de qualifier pouvait servir aussi à la détermination[14], mais il a moins souvent

---

13 Signalé par une entrée distincte dans les dictionnaires WordNet, Cobuild et Wiktionary.
14 Voici à titre d'exemple le point de vue de Goes : « Actualisation, détermination et qualification (caractérisation) sont des notions qui se recoupent (cf. Wilmet, Tesnière), mais qui ne sont évidemment pas synonymes [...] le plus souvent, l'ajout d'une qualité implique une réduction de l'extension de la base nominale, donc, une détermination. Il y a cependant une nuance à introduire. Dans : (98) *Quelle robe avais-tu ? — Rép. : La robe de l'été dernier./La robe jaune*. Nous avons affaire à deux types de détermination. Le premier (de l'été dernier) circonscrit le référentiel (le champ où se limite la recherche du locuteur) et ancre l'objet dans un monde donné, tandis que le second type « ajoutant au nom son contenu notionnel » contribuerait plutôt à définir le contenu notionnel du substantif « robe » (cf. Bonnard, 1971 : 1281). Ces deux types de détermination ne sont pas à séparer strictement l'un de l'autre. Tous les deux contribuent évidemment à l'identification de la robe, mais, jaune, tout en désignant une « qualité inhérente », peut également participer à l'ancrage dans le monde réel » (Goes 1999 : 82, [Nous soulignons]). Les remarques de Goes sur ce sujet nous paraissent tout à fait pertinentes, mais il omet de mentionner que la détermination par le SP *de l'été dernier* ajoute aussi au contenu notionnel, de manière moins précise sans doute, en laissant entendre qu'il s'agit en toute vraisemblance d'une robe « d'été », dont on peut facilement imaginer les caractéristiques : légère, sans manches, peut-être même courte. Dans un cas la détermination est plutôt forte et la qualification reste floue, dans l'autre la qualification est plus précise, et la détermination l'est sans doute un peu moins.

été dit, nous semble-t-il, que réciproquement le fait de déterminer pouvait impliquer une qualification. En identifiant *dress* à un type pré-défini, *school* réduit son extension, mais il augmente en même temps son intension en suggérant, par connotation métonymique, des qualités inhérentes, le plus souvent implicites, mais susceptibles d'être explicitées lorsqu'il s'agit d'initier des novices aux usages vestimentaires, comme dans notre exemple : *bright and pretty, but simple and plain*. C'est dire que, à la différence de *silk dress* ou *velvet dress*, où les substantifs en fonction épithète ajoutent la totalité de leur dénotation à celle du substantif support, *school* et *Sunday* remplissent la fonction adnominale *aux dépens* de leur propre dénotation, laquelle devient en quelque sorte l'arrière-plan spatio-temporel sur fond duquel se développe la représentation mentale construite par le substantif support.

2.2 L'ambivalence participe/adjectif en anglais

Dans certaines langues du monde (*e.g.* wolof[15], coréen[16]), il est difficile de trouver des critères de différenciation permettant d'opérer une distinction nette entre les catégories adjectivale et verbale. C'est le cas notamment quand les lexèmes qui véhiculent des notions typiquement adjectivales comme *grand* ou *jeune* peuvent fonctionner comme prédicats intransitifs sans copule, et *a fortiori* s'ils prennent des marques typiquement associées avec la morphologie verbale comme les marques de temps ou de personne. Dans un article publié en 2004 où elle insiste d'emblée sur le « peu d'intérêt de la mise en relation de l'adjectif avec le verbe » en français, Noailly note à juste titre que « rien dans la syntaxe de l'adjectif ne le rapproche, ni de près ni de loin, du verbe » (2004 : 153). Ce qui est vrai pour le français à cet égard l'est aussi pour l'anglais. Même si la morphologie verbale y est bien moins riche, les verbes en anglais ont néanmoins un système de conjugaison qui marque des oppositions de personne, de nombre et de temps que les adjectifs ignorent totalement. Il n'y a donc aucune difficulté à démontrer que les adjectifs du français et de l'anglais ne sont pas des verbes.

En revanche, la réciproque n'est pas vraie. Certaines formes du paradigme verbal, celles qu'on appelle traditionnellement les participes « passé » et « présent », ont la capacité de remplir les mêmes fonctions syntaxiques que les adjectifs.

---

15 Cf. Mc Laughlin (2004).
16 Cf. Creissels (2006).

2.2.1 Le participe présent en anglais : V-ing

En français, depuis le XVIIe siècle du moins, on fait une distinction entre les adjectifs verbaux, réputés porteurs de « qualités » ou d'« états durables », dépendants du nom, comme leurs congénères, pour ce qui est de l'accord en genre et en nombre, et les participes présents, supposés exprimer une « action passagère », susceptibles de négation et de complémentation, et ne s'accordant plus[17] en conséquence avec le nom qui leur sert sémantiquement de sujet :

(40) Je me rappelle avoir assisté (j'étais un écolier en vacances alors) à une superbe partie de pêche au saumon, dans les eaux brillantes de la Douve,... (J. Barbey d'Aurevilly, *Les diaboliques*)

(41) Je lève la tête pour regarder Charlotte, en terminant ma phrase, et je rencontre ses yeux fixés sur moi, ses yeux brillant d'un feu intense, éclatant d'une expression d'énergie ardente que je ne leur connais pas. (G. Darien, *Le voleur*)

En anglais, aucun critère morpho-syntaxique ne permet d'opérer une telle différenciation parmi les formes en *V-ing* qui exercent la fonction adnominale, lesquelles peuvent aussi bien exprimer des qualités durables ou des jugements que des actions ou des événements qui se déroulent effectivement dans le temps :

(42) Above the ascending roar of the earthquake Alexina heard the crashing of steeples, the dome of the City Hall, ... (G. F. H. Atherton, *The Sisters-in-Law*)

(43) ... then Marcian, with Sagaris and one other servant, pushed forward, whilst Basil, followed by the rest of the train, took an ascending road to the right. (G. Gissing, *Veranilda*)

---

17 Règle introduite assez tardivement (1679) par l'Académie française, source d'incohérences chez les auteurs français : « L'action était toute dans les mains, je ne dirai pas des fanatiques, mais des bandits *errants* de ville en ville ou des ouvriers paresseux et ivrognes ». (G. Sand, *Nanon*) ; « Nous avions l'air, Jean Munier et moi, de deux ombres *errant* dans une ville morte. » (A. Dumas, *Création et rédemption*) ; « ... la grande échelle *gisante* le long du mur venait aboutir à cette fenêtre, et l'extrémité de l'échelle dépassait un peu le coin de l'embrasure/Elle éclairait juste assez pour qu'on pût traverser la salle sans marcher sur les hommes du poste, *gisant* à terre sur de la paille, et la plupart endormis. » (V. Hugo, *Quatre-vingt-treize*), et sans équivalent dans les autres langues romanes : « Nessun ramo si agitava, né alcun rumore turbava il silenzio che regnava sotto gli arbusti spinosi *fiancheggianti* la cinta. » (E. Salgari, *Il re del mare*).

(44) « Even at school in your Baltimore I learned many improper things, against which I have had to struggle ever since » « For instance? » « Ah, » she sighed, « I saw so much liberty; I heard of the shocking conduct of your American ladies, and, while I know it is quite wrong and wicked, still – it is interesting. ... » (R. E. Beach, *The Ne'er-Do-Well*)

(45) ... and he remembered nothing very distinctly, saw nothing clearly, except that, everywhere among his squadron ran yelling men on foot, shooting, lunging with bayonets, striking with clubbed rifles. Twice he felt the shocking impact of his lance point; once he drove the ferruled counterpoise at a man who went down under his horse's feet. (R.W. Chambers, *Ailsa Page*)

Quoique les épithètes en V-*ing* proviennent majoritairement de verbes intransitifs, il n'est par rare de trouver en position adnominale des formes issues de verbes transitifs avec un complément d'objet implicite ou explicite (lequel empêcherait, en français[18], l'accord avec le nom recteur) :

(46) A long, swelling note, the triumphant cry of the pursuing warriors, rose behind him. (J. A. Altsheler, *The Scouts of the Valley*)

(47) ... the Syrian heard his name whispered; a light touch drew him further away from the lantern-bearing slaves, and a woman's voice, low, caressing, began to utter endearments and reproaches. (G. Gissing, *Veranilda*)

Ceux qui cherchent une réponse catégorique à la question de l'appartenance catégorielle arrivent souvent à des conclusions radicales et, à notre sens, intenables. Pour Borer, par exemple, même si aucune explication théorique ne permet d'invalider l'hypothèse selon laquelle ces formes resteraient imprégnées de leur nature verbale, on gagne néanmoins à postuler (*there is great advantage to assuming*) que toutes les formes adnominales en V-*ing* sont en réalité des adjectifs[19] :

---

18 À la différence de l'italien (cf. *supra*).
19 Il semble que cet avis soit devenu majoritaire, comme l'observe Laczkó (2001), l'un de ses rares contradicteurs : « in recent approaches (cf. Bresnan (1982, to appear), Levin and Rappaport (1986) and Ackerman and Goldberg (1996), it seems to be a strong tendency to consider these prenominal (and, often, even postnominal) participial modifiers to be adjectives uniformly in English. »

[W]e have established that the restriction on the distribution of *very* does not stem from the categorial nature of expressions such as *jumping* but instead is a property of the verbs from which these expressions are derived. Once this is established, it is clear that there is great advantage to assuming that *jumping*, *sleeping*, and so on, are adjectives. Such an assumption explains their syntactic distribution and their morphological affixation possibilities and leads to a simplified account of the similarities between them and adjectival passives. (Borer 1990 : 102-103)

Nous ne souscrivons pas, en particulier, à l'avis selon lequel une telle supposition permettrait de rendre compte de la distribution syntaxique qu'on observe dans ces constructions. Au contraire, des exemples comme les suivants montrent que la combinatoire des épithètes en V-*ing* comporte des qualifications adverbiales telles que *now*, *never*, *suddenly* ou *already* qui commentent le déroulement temporel du processus et sont, de ce fait, bien plus typiques de la catégorie verbale :

(48) She had put it down at first to fastidiousness, possibly a still lurking desire to be able to give all to one man; … (G. F. H. Atherton, *The Sisters-in-Law*)

(49) « Fred », she asked, moved by her never slumbering impulse to find out about things, « just what is it you care for in Helen? » (S. Glaspell, *The Visioning*)

(50) The sky was inky and a few wandering flakes of the now rapidly advancing storm came whirling in, biting my cheeks and stinging my forehead. (A. K. Green, *The House of the Whispering Pines*)

(51) It was his first experience of a large manufacturing city, and the crowded tram-car with its continually squealing brakes frightened him. (R. Kipling, *Kim*)

(52) She liked the suddenly darkening sky, the ominous rattle of thunder … (K. T. Norris, *Martie the Unconquered*)

(53) A breeze began to pull off shore in the body of rain. Little by little it increased, sending the water by in gusts, ruffling the already hurrying river into greater haste, … (S. E. White, *The Blazed Trail*)

La présence de ces modifieurs temporels n'empêche pas, pour autant, que de telles épithètes puissent être coordonnées à des adjectifs non verbaux au sein d'une même construction adnominale, signe d'un degré élevé de parenté du double point de vue syntaxique et sémantique :

(54) The sun broke forth, and nature began some magic work. Calling the mist fairies to her aid, she gathered from every ravine and clove delicate airy clouds, which formed a large and rapidly increasing mass of vapor. (E. P. Roe, *A Young Girl's Wooing*)

(55) As many more individuals of each species are born than can possibly survive; and as, consequently, there is a frequently recurring struggle for existence, it follows that any being, if it vary however slightly in any manner profitable to itself, under the complex and sometimes varying conditions of life, will have a better chance of surviving, and thus be naturally selected. (C. Darwin, *On the Origin of Species*)

Et quoiqu'elle ait été assez peu remarquée, et encore moins étudiée, cette même ambivalence se rencontre quelquefois dans des constructions périphrastiques dites « progressives », où la présence d'un adjectif en emploi prédicatif aux côtés du participe en V-*ing* ne semble pas induire un changement d'interprétation majeur :

(56) And Gyp [...] searched her little world for comfort and some sense of safety, and could not find it; as if there were all round her a hot heavy fog in which things lurked, and where she kept erect only by pride and the will not to cry out that she was struggling and afraid. (J. Galworthy, *Beyond*)

(57) ... as many as 300,000 infants a year may face an increased risk of learning disabilities associated with in utero exposure to mercury. « For kids that young, their brains are developing and vulnerable to this, » Liguori says. (*Time*, 12/04/2011)

(58) « Did you observe anything about the revolver when you picked it up? » said Merrington after a pause. No, except that it was bright and shining. » (J. A. Rees, *The Hand in the Dark*)

Les cas que nous venons d'examiner forment à nouveau, à nos yeux, un continuum participe-adjectif comprenant, comme pour les substantifs, une zone d'ombre à l'intérieur de laquelle des formes issues du paradigme verbal, se délestant plus ou moins de leur charge sémantique originelle, évoluent entre un pôle verbal et un pôle adjectival avec des niveaux d'abstraction différents qui varient selon le contexte mais aussi selon la fréquence des occurrences de type adjectival, adnominales notamment, à travers de multiples contextes, ce qui favorise un affranchissement progressif de la forme en V-*ing* et la lexicalisation d'une dénotation sensiblement éloignée voire indépendante[20] de celle du verbe :

(59) But in the television era, <u>fleeting</u> impressions mattered far more than cogent policies. (*Time*, 09/04/2006)

(60) [...] her fur coat and cap <u>were very becoming</u>, and Captain Elisha inspected her admiringly before making an other remark. (J. C. Lincoln, *Cap'n Warren's Wards*)

S'agissant des exemples les plus extrêmes, comme ceux-ci, nous comprenons les motifs qui incitent à parler de conversion ou d'homonymie, mais dans la grande majorité des cas les participes en V-*ing* mènent eux aussi une « double carrière » se glissant insensiblement dans des rôles tantôt verbaux, tantôt adjectivaux, avec une souplesse sémantique qui, le plus souvent, ne laisse paraître aucune déchirure.

2.2.2 Le participe passé en anglais : V-en

Alors qu'un continuum tel que celui que nous venons de mettre en évidence parmi les participes en V-*ing* de l'anglais n'existe plus en français depuis qu'une « ligne de partage »[21] a été tracée au XVIIe entre adjectifs verbaux et participes présents, aucune règle morphosyntaxique semblable ne sépare en deux sous-espèces grammaticales les participes passés ; d'où s'ensuit la conclusion que ceux-ci s'inscrivent à nouveau dans un continuum entre valeurs verbales et adjectivales :

> Alors que dans le cas du participe présent, la ligne de partage entre la forme verbale, invariable, et l'adjectif, variable, est parfaitement nette, dans le cas du participe passé en revanche, <u>on doit admettre un continuum entre les deux valeurs</u>, l'interprétation adjective reposant plutôt sur la constatation d'un état, sans considération de sa cause, et l'interprétation verbale mettant en jeu davantage l'effet résultatif d'un changement initial...
> (Noailly 1999 : 19)

---

20 Et qui persiste, ainsi, quand bien même le verbe tomberait en désuétude comme dans le cas de *fleet/fleeting*.
21 Sauf le respect que nous devons à M. Noailly, néanmoins, celle-ci ne nous paraît pas toujours « parfaitement nette ».

Parmi les linguistes qui étudient ces questions en anglais, cependant, bon nombre, si ce n'est la majorité, ont adopté le point de vue de Bresnan[22] pour qui tous les participes, présents ou passés, qui remplissent la fonction adnominale (*a smiling child, a fallen leaf, an escaped convict*, etc.), au lieu de former un continuum, subissent un processus de conversion en adjectifs :

> In sum, both present and past participles in English undergo conversion to adjectives. The past participles may be active or passive, « unaccusative » or « unergative », so long as they satisfy the complement restrictions on adjectives and the semantic/pragmatic conditions on adjectival states. (Bresnan 1995: 15)

Nous avons déjà exprimé des doutes quant au bien-fondé, et à l'utilité, de la notion de « conversion » entre des homonymes appartenant à des catégories grammaticales distinctes, à laquelle nous préférons une analyse comme celle proposée par Koontz-Garboden (2010) pour qui des participes passés en fonction adnominale, comme les suivants :

(61) He has no scars but there is a slightly darkened portion of skin on his right leg, near the femoral artery, which he has had since birth and is in the crude... (http://www.adventdestiny.com/forum/archive/index.php?t-2820.html)

(62) Lower Knoll, is a sunken area of land that is located on the eastern side of the Avenues, area in Exmouth and lies above the Maer Valley. (http://www.eastdevon.gov.uk/reportdc_120108_07.3421.out.jb.pdf)

---

22 Dans plusieurs études sur le participe passé Bresnan (1982, 1995) a proposé cinq tests supposés démontrer la conversion de cette forme d'origine verbale en adjectif, ce sont : la compatibilité avec le préfixe négatif *un-*, la position antéposée par rapport au nom (« prenominal modification »), l'incompatibilité avec un COD (*support my daughter* – vs. – **supportive my daughter*, exemples de Bresnan), et la compatibilité avec les marqueurs adverbiaux *too* et *however*. Ces tests ont été largement repris par la suite. Nous observons, pour notre part, d'abord que non seulement le préfixe *un-*, tout en étant typiquement adjectival, n'est pas réservé aux adjectifs : *undo, unmake, untie, uncover*, mais tous les adjectifs ne l'acceptent pas : **ungreen, *untall, *unhuge* etc., ensuite que si l'antéposition montre effectivement qu'un terme occupe la fonction adnominale, dans la mesure où bien des substantifs, que personne ne propose de recatégoriser en adjectifs, sont susceptibles d'occuper cette position (*potato chips, film critic, camera lens, mountain range, bottle cap, razor blade* etc.) nous n'y voyons pas un critère de recatégorisation suffisant non plus pour des formes verbales, et enfin que l'incompatibilité avec un COD, qui est effectivement typique du fonctionnement adjectival, n'est pas non plus spécifique aux adjectifs étant donné que bon nombre de verbes sont aussi incompatibles avec un COD, et pas seulement sous leur forme participiale : *listen to, look at/for/after, depend on, wait for, laugh at* etc. Quant à la pertinence des tests de compatibilité avec des marqueurs d'intensité, nous y reviendrons un peu plus loin.

(63) Elementary school writing paper is manufactured with broken lines on it. (Itamar Francez, p.c.)

(Exemples de Koontz-Garboden)

restent des formes verbales qui s'apparentent à des emplois intransitifs[23] :

(61') His skin darkens on his right leg near the femoral artery.

(62') The valley sinks even further five miles ahead.

(63') The line breaks right at the point where you're supposed to begin the sentence. (*Ibid.*)

L'auteur en conclut que, même si l'emploi adnominal d'un participe passé n'implique pas nécessairement un événement chronologiquement antérieur, une évolution dans l'espace constitue un événement au même titre qu'une évolution temporelle :

> [...] although there is no temporal change, and thus no preceding event if by event one means event of temporal change, there is instead an event of change in space.
> (Koontz-Garboden 2010 : 289 [Nous soulignons])

Il nous semble toutefois que cette analyse emprunte un raccourci en assimilant une *différence* d'ordre spatial, comme une dénivellation, à une *évolution* (« event of change »). Ce qui donne à ces constructions leur dimension évolutive, à notre sens, est bel et bien un processus, celui qu'impliquent la prise de conscience et l'observation de la part de l'énonciateur, et à travers lequel une différence statique dans l'espace est perçue dans le temps comme une évolution. Si l'on ajoute alors à l'antériorité temporelle et spatiale, une troisième dimension subjective qui est celle qui existe dans les attentes de l'énonciateur, on peut étendre cette analyse à d'autres énoncés comme les suivants où aucune différence d'ordre spatial ou temporel n'est perceptible :

(64) There was something stricken and sinister about the place. [...] He crossed the lawn to the portico. Olivia had already reseated herself in the wicker chair from which she had risen at his approach. [...] Another long silence fell between them. The darkened windows of the house on the

---

[23] Borillo (2007) parle plutôt d'« inaccusatifs » dans ce cas.

other side of the lawn began to reflect a pallid gleam as the moon rose. (B. King, *The Street Called Straight*)

(65) Above us the waters ran angrily, breaking into swirls of white where they passed over <u>sunken rocks</u>; below was a rapid, in which none might live; ... (H. Rider Haggard, *Nada the Lily*)

(66) My heart sunk within me, when in his <u>broken English</u> he answered me that it could never be effected. 'Kanaka no let you go nowhere,' he said; 'you taboo. Why you no like to stay? (H. Melville, *Typee*)

Rien dans les exemples ci-dessus ne permet en effet de savoir si un jour les fenêtres décrites comme *darkened* ont été éclairées. Même si une telle supposition n'a rien d'invraisemblable, elle relève entièrement de l'imagination de l'énonciateur chez qui on devine un regret, un malaise, une pensée tournée vers un état du monde différent de son état actuel, c'est-à-dire désactualisé[24]. Dans l'exemple qui suit (ex. 65), contrairement à ceux de Koontz-Garboden (2010), *sunken* ne décrit pas un dénivellement, et rien n'indique non plus que les roches aient été autrefois hors de l'eau. Le seul changement qu'on puisse y déceler est un changement de perspective dans l'esprit terrien de l'observateur humain qui se rend compte de la présence des roches sous l'eau. De même, dans le dernier exemple (ex. 66), ce n'est pas un rythme saccadé ou des interruptions dans le temps qu'évoque *broken English*, mais plutôt le caractère incohérent, déficient du discours par rapport au modèle langagier qui préexiste dans l'esprit de l'énonciateur. Il convient sans doute aussi de souligner que l'interprétation des participes passés peut subir, comme toute autre unité lexicale, des altérations métaphoriques ou métonymiques (*Schomberg [...] discovered a dark sunken stare plunging down on him over the rail of the first-class part of the deck.* (J. Conrad, *Victory*)) qui, selon le contexte, peuvent prendre le pas sur leur valeur aspectuelle ; mais il nous paraît raisonnable, sous cette réserve, de postuler que les participes passés impliquent de manière assez générale un changement par rapport à un état antérieur – temporel, spatial ou imaginaire – qui les caractérise sémantiquement.

---

[24] La dimension d'antériorité peut donner lieu à des effets de sens divers. Par rapport à *dark* qui exprime la même qualité en l'identifiant directement à une image positive, *darkened*, en prenant comme point de départ un scénario où cette qualité n'était pas actualisée, la situe dans une zone intermédiaire entre non-réalisation et réalisation absolue, d'où une interprétation atténuée des formes participiales par rapport à celle des adjectifs apparentés qu'on peut gloser par 'à moitié sombre', 'plus ou moins sombre'.

Cependant, même si l'on peut identifier un trait sémantique qui caractérise collectivement les participes passés, il n'est pas certain, pour autant, que celui-ci les distingue nettement par rapport à la catégorie adjectivale. Parmi les adjectifs primaires ou dérivés, il y a bien des familles, par exemple les adjectifs de couleur, qui partagent certains traits sémantiques, sans que ceux-ci justifient une recatégorisation des unités lexicales en question. Et comme chacune des formes qui figurent en position adnominale dans nos exemples ci-dessus peut fonctionner aussi de manière prédicative avec une interprétation identique ou très voisine :

(67) The windows were darkened down to the lower sash by green paper shades (W.D. Howells, *The Landlord at Lions Head*)

(68) The hussars were, however, again forward, and were galloping down the road, which was here sunken between somewhat high banks. (G.A. Henty, *The Young Buglers*)

(69) At the end of 10 years' captivity, one of these prisoners, James Scurry, found that he had forgotten how to sit in a chair or use a knife and fork; his English was « broken and confused, having lost all its vernacular idiom », ... (*The Guardian*, 09/11/2002)

l'on ne s'étonnera plus que nous souscrivions une nouvelle fois à l'idée d'un continuum entre participes passés et adjectifs en anglais aussi.

L'ambivalence participe-adjectif et leur aptitude commune à la fonction prédicative nous obligent, comme pour les constructions « progressives » plus haut, à un réexamen des constructions dites « passives » dans lesquelles des qualifications adjectivales se mêlent, non seulement à des participes susceptibles d'une interprétation résultative-stative (et ce nonobstant la présence d'un complément de type agentif) :

(70) The houses were cheaply constructed and ugly, ... (S. Anderson, *Poor White*)

(71) The room with its smiling faces became blurred and distant ... (R.E. Beach, *The Ne'er-do-well*)

(72) Youth is headstrong and blinded by dreams ... (R.E. Beach, *The Ne'er-do-well*)

(73) Again I had the sense that it was my body only that was weak and exhausted by disease... (E.P. Roe, *A Day of Fate*)

(74) On examining the panels he saw, however, that they were smooth and not broken by any latch or keyhole. (F.M. Crawford, *Sant Ilario*)

(75) I am a very good liar, an adept, as you shall see, for I am not calloused by practice and therefore liable to forgetfulness. (R.E. Beach, *The Net*)

(76) She found, moreover, that Miss Headworth was extremely anxious and not altogether reassured by Mrs. William Egremont's letter of announcement... (C.M. Yonge, *Nuttie's Father*)

mais aussi à d'autres dont l'interprétation actionnelle-événementielle est rehaussée par l'adjonction d'un adverbe de temps ou de manière :

(77) ... he grasps the reward of his perseverance, of his virtue, of his healthy optimism: an untruthful tombstone over a dark and soon forgotten grave. (J. Conrad, *An Outcast of the Islands*)

(78) « Let her out, Frank, » called McCormick to his chauffeur, as we rounded into a broad and now almost deserted thoroughfare. (A. Reeve, *The Poisoned Pen*)

(79) His lightest and most hastily formed opinions began to be of momentous importance to him (S. Butler, *The Way of all Flesh*)

(80) The cactus needles were loose and easily removed or brushed off. (Z. Grey, *Wildfire*)

(81) The meat was coarse and disagreeably served. (H.G. Wells, *Ann Veronica*)

(82) She had gone, yet I continued still ... gazing fixedly at the spot where I had last seen her, my mind in a strange condition, possessed by sensations which were keenly felt and yet contradictory. (W.H. Hudson, *Green Mansions*)

(83) They soon found that the fish were not only abundant and easily caught, but also very beautiful (A. Lang, *The Green Fairy Book*)

(84) The answer <u>was affirmative and boldly given</u>. (G. Gissing, *Veranilda*)

Dans quels contextes, alors, peut-on parler d'« adjectivation » du participe passé en anglais ?

2.2.2.1 L'intensification, a-t-elle une valeur distinctive ?
Signalons d'abord que pour Quirk & *al.* (1985), la compatibilité avec *very* serait en anglais un indicateur « explicite » du statut adjectival[25] :

> For both participle forms, premodification by the intensifier <u>very</u> is <u>an explicit indication that the forms have achieved adjective status</u> :
> > Her views were <u>very</u> alarming.
> > You are <u>very</u> frightening.
> > The man was <u>very</u> offended.
> > BUT : He is ?<u>very</u>/very much/highly appreciated
>
> We might therefore expect that the presence of <u>very</u> together with an explicit indicator of verbal force would produce an unacceptable sentence.
> [...] However, with the -ed participle, there appears to be divided usage, with increasing acceptance of the cooccurrence of <u>very</u> with a <u>by</u>-agent phrase containing a personal agent :
> <u>?The man was very offended by the policeman.</u>
>
> (R. Quirk & *al.* 1985 : 414-5 [Nous soulignons])

Cependant, hormis que les jugements de grammaticalité ne semblent pas être unanimes sur ce point (« there appears to be divided usage »), la valeur diagnostique de *very* nous paraît d'autant moins décisive que bon nombre d'adjectifs non participiaux sont, eux aussi, assez peu réceptifs à ce type de gradation : *?very excellent, ?very huge, ?very federal, ?very invisible*.

2.2.2.2 La complémentation de type agentif
Inversement, la présence d'un complément de type agentif est très souvent considérée comme un indicateur du caractère verbal d'une construction participiale :

> [...] <u>the verbal force is explicit for the -ed</u> form when a <u>by</u>-agent phrase with a personal agent [...] <u>is present</u>, indicating the correspondence to the active form of the sentence :
> > The man was offended by the policeman.

---

[25] De même, la compatibilité avec *très* en français permettrait de « distinguer l'emploi adjectival de l'emploi verbal » (Goes 1999 : 74).

> *He is appreciated by his students.*
> *She was misunderstood by her parents.*
>
> (Quirk & *al.* 1985 : 141 [Nous soulignons])

> In the literature on passives it has widely been observed that many languages display two kinds of passives : an eventive, or verbal, passive and a so-called "stative", or "adjectival", passive; [...] English does not mark this difference overtly – both verbal and adjectival passives are expressed by an -en/-ed participle in combination with a form of to be. Thus, a sentence like (6) is ambiguous between an eventive and a stative reading and can only be disambiguated by the linguistic or extralinguistic context (...). <u>The manner adverbial *quietly* and the agent phrase *by the thief* in (6a) highlight the verbal passive's eventive reading</u> whereas the durative adverbial *for years* in (6b) selects for the adjectival passive's stative reading.

> (6)   The drawer was closed.   adjectival or verbal passive
> a.   The drawer was quietly closed by the thief.   verbal passive
> b.   The drawer was closed for years.   adjectival passive
>
> (Maienborn 2009 : 34 [Nous soulignons])

Nous avons déjà[26] constaté, pourtant, que la présence d'un complément de type agentif[27] ne garantit pas une interprétation événementielle. Il est bien connu, en outre, que l'interprétation événementielle ne nécessite pas la présence d'un complément agentif.[28] Il arrive très souvent, au contraire, que le complément d'agent ne soit pas exprimé, alors même que l'action dont il est question ne se conçoit pas sans l'intervention d'un agent extérieur :

---

26 Cf. ex. 72 à 76 *supra*.
27 Notons au passage que d'autres compléments, que nous appelons « pseudo-circonstanciels » ou « semi-agentifs » (Henkel 2014 : 144), et qui semblent plus fréquents et variés en anglais qu'en français, seraient tout aussi aptes que des compléments d'agent classiques à occuper la fonction sujet en cas de conversion vers la construction active correspondante :
   A wish <u>was instantly expressed</u> in the eyes of her niece. (M. Edgeworth, *The Absentee*)
– The eyes of her niece instantly expressed a wish
   Philip <u>was no longer interested</u> in art ... (W.S. Maugham, *Of Human Bondage*)
– Art no longer interested Philip.
   The landscape <u>was touched</u> with the mellow light of the evening sun ... (A. Radcliffe, *The Mysteries of Udolpho*)
– The mellow light of the evening sun touched the landscape.
   The self-reproach and contrition which <u>are displayed</u> in his remark appear to me to be the signs of a healthy mind (A.C. Doyle, *The Adventures of Sherlock Holmes*)
– The self-reproach and contrition which his remark displays ...
28 Il semblerait même que les « passifs incomplets » ou « agentless passives » soient largement majoritaires, cf. Riegel & *al.* (1994/2009 : 738), Quirk & *al.* (1985 : 168).

(85) Then every Scotchman was called upon to do homage to the English king as his lord paramount, and all who refused to do so were seized and arrested. (G.A. Henty, *In Freedom's Cause*)

(86) The launch drew up near the fort, and the Crown Prince's salute of a certain number of guns was fired. (M.R. Rinehart, *Long Live the King*)

(87) Under the very eyes of the courts and the churches things worse than we have described – worse than the reader can imagine – are done every day. (T.S. Arthur, *Cast Adrift*)

ou encore, même dans des énoncés construits syntaxiquement sur le modèle d'un passif « complet », que ni le sujet syntaxiquement passif, ni le complément en apparence agentif, n'aient le rôle sémantique d'un « agent » ou d'un « patient » :

(88) The Colonel's departure was followed by a period of temporary speechlessness. (H. MacGrath, *The Puppet Crown*)

Enfin, bon nombre d'énoncés construits sur le modèle passif paraissent difficilement compatibles avec l'ajout d'un complément de type agentif quelconque :

(89) The Indian said he had seen a pool of water in a rocky hole, that the day was spent, that here was a little grass for the mustangs, and it would be well to camp right there. (Z. Grey, *The Rainbow Trail*)

(90) « If I go with you to F--, » Eleanore returned, « it is as a witness, no more. My sisterly duty is done. » (A.K. Green, *The Leavenworth Case*)

(91) They were not left in doubt. The pickets, running in, told them that a heavy force of Northern cavalry was across the Rappahannock ...
(J.A. Altsheler, *The Star of Gettysburg*)

(92) With six men on each side, and the herd strung out for three quarters of a mile, it could only be compared to some mythical serpent or Chinese dragon ... (A. Adams, *The Log of a Cowboy*)

Les participes qui figurent dans de telles constructions sont-ils pour autant « adjectivés » ?

2.2.2.3 L'interprétation stative, une question de degré

Si aucun test syntaxique ne permet de trancher nettement entre les emplois « adjectivaux » et « verbaux » des participes passés, l'une des raisons est que leur glissement sémantique vers une interprétation « stative » passe par plusieurs niveaux. Le cas le mieux connu, et le plus souvent cité, est celui des participes dénotant un état qui s'inscrit nécessairement dans la continuité d'un procès ou d'un événement actualisé antérieurement :

(93) But it was four years ago; and she is married to a man she loves, or is going to love. (C. Reade, *White Lies*)

(94) Your secret is safe with me; you shall take me to the place where the gold is buried, but it shall wait there until the time is ripe. (G. Parker, *Romany of the Snows*)

Cependant, l'état peut aussi être conçu comme un résultat sans qu'il soit possible, ni même pertinent, de savoir précisément quel processus y a conduit, ni à quel moment celui-ci a pu avoir lieu :

(95) And he followed her through the dark hall, into a small double, drawing-room, where the furniture was covered in chintz, and the little maid placed him in a chair. (J. Galworthy, *The Forsyte Saga*)

(96) His clothes were wrinkled; the soft hat he habitually wore was white with the dust of the road. (M. R. Rinehart, *K*)

Il se peut encore que le procès, si procès il y a, ne puisse pas être conçu comme antérieur au résultat, mais nécessairement concomitant, auquel cas la frontière entre procès et état résultant a tendance à s'estomper (*be interested* ≈ *take interest in*) :

(97) And then she became interested in the poem, and dropped her work ... (E. Gaskell, *Wives and Daughters*)

(98) [...] but it had required this breath of fear to fan the fire into full strength. He <u>was deeply moved</u> and answered simply : « I understand. » (R. E. Beach, *The Net*)

(99) In Merrington's opinion, the supposition of motive <u>was strengthened</u> by the fact that the murder was committed during Hazel s first visit to the moat-house ... (A. J. Rees, *The Hand in the Dark*)

De proche en proche, on arrive enfin à un stade où le participe, au terme d'un long processus de glissement métaphorique ou métonymique, et de lexicalisation à travers de nombreuses reprises dans des contextes multiples et variés, décrit un état qui n'est plus vraiment compatible avec l'idée d'un événement ou d'un procès quelconque :

(100) And I don't know what to do. It<u>'s very complicated</u> – doubly complicated. (D.G. Philips, *The Second Generation*)

(101) « I do like his books, » said Mildred. « I read them all. They<u>'re so refined</u>. » (W.S. Maugham, *Of Human Bondage*)

(102) We heard, too, that Chantry House <u>was very secluded</u>, with only a few cottages near at hand (C.M. Yonge, *Chantry House*)

Si certains parmi ces derniers pouvaient prétendre au statut d'adjectifs, ayant atteint un niveau de spécialisation syntaxique et de rupture sémantique suffisant pour remettre en question leur « double appartenance », nous aurions tout au moins quelques preuves tangibles susceptibles d'étayer l'hypothèse de la « conversion », invoquée un peu trop hâtivement à notre sens, et empreinte d'une conception quelque peu simpliste des *partes orationis*. Quant aux autres, qui retiennent certains traits sémantiques ou syntaxiques verbaux, tout en se coordonnant à des adjectifs dont ils partagent les mêmes fonctions, ils nous entraînent à nouveau dans les limbes ténébreux de l'adjectivité.

3 Comparaison avec l'adjectivité en français

3.1 Les substantifs épithètes

Parmi les quatre types de relations sémantiques que décrit Noailly dans son étude des substantifs épithètes en français (1990), celui qu'elle identifie comme le type « *le plus libre et le plus général* » en français, à savoir la qualification métaphorique, est sans doute le moins libre, et le moins fréquent en anglais, en tout cas sous cette forme. On trouve bien quelques constructions de ce type à forte valeur symbolique ajoutée :

(103) Bill Clinton is the first Democratic presidential contender since Jimmy Carter to attract black voters without alienating blue-collar whites. [...] He has a strong organization, loads of powerful friends, a lightning mind and a damage-control system that could have kept the Titanic afloat. (*Time*, 30/03/1992)

(104) Even before they can make basic editorial judgments about the relative news value of stories, TV producers must overcome mammoth technical problems. (*Time*, 12/04/1971)

(105) Party politics and bureaucratic inertia ground down the reformist plans of the last Prime Minister, and he has been replaced by a cookie-cutter party man with what a Tokyo commentator called « all the pizazz of cold pizza. » (*Time*, 14/09/1998)

Mais la plupart de ces qualifications par substantif épithète sont déjà des formules consacrées. Les innovations spontanées comparables en français à *président caméléon, livre cathédrale*, ou la célébrissime *justice escargot* (exemples de Noailly 1990) ont généralement besoin d'être signalées comme des métaphores au moyen de différents suffixes, tels que *-like, -sized, -shaped*, etc. :

(106) As the recovery phase has gathered steam, he has largely left day-to-day management of the quake's aftermath to a snail-paced bureaucracy. (*Time*, 04/04/2011)

(107) In all Ford's chameleon-like moods, one element is constant : his blunt-spoken manner. (*Time*, 20/07/1970)

(108) Enter the Toyota Prius, a revolutionary gas-electric hybrid car, which is causing a flurry of excitement in California. The bubble-shaped auto is a favorite among Silicon Valley execs who hanker after the newest technology (*Time*, 30/04/2001)

(109) The terrorists were members of a sliver-sized religious organization called the Hanafi – a rival of the much larger Black Muslims (*Time*, 21/03/1977)

(110) The tendency of government bureaucracies to grow inexorably larger led C. Northcote Parkinson to formulate his famous law : « Work expands so as to fill the time available for its completion. » In the U.S. this tendency takes the form of an amoeba-like multiplication of departments and agencies. (*Time*, 13/09/1993)

Sinon, pour construire des métaphores comparables à *vie tourbillon, œuvre choc, feuilleton fleuve* en français (Noailly 1990) à partir de deux substantifs, on recourt plutôt en anglais à la tournure prépositionnelle N_1 *of a(n)* N_2, où le premier N qualifie métaphoriquement le second :

(111) It was against this busy backdrop, this social whirlwind of a life, that the December visit that caused Monica so much anguish took place. (*Time*, 18/09/1998)

(112) Gorgeously designed and printed on heavy, off-white paper Walt and Skeezix also comes with a rich trove of photos and archival background material, making this weighty brick of a book a revelation. « Gasoline Alley » clearly belongs in the cannon as a deeply American masterwork of cartooning. (*Time*, 09/07/2005)

(113) As it happens, feminist ideas were the force behind some of the smartest, most powerful art of the past century. You're reminded of that all through "Wack! Art and the Feminist Revolution," a pinwheel of an exhibition that runs through July 16 at the Geffen Contemporary outpost of the Los Angeles Museum of Contemporary Art (*Time*, 22/03/2007)

Il nous semble, en revanche, que la vaste majorité des constructions N_1-N_2 en anglais expriment des relations métonymiques plutôt que métaphoriques, qui correspondent davantage aux relations de complémentation dans le système de classement de Noailly. Voici un petit florilège représentatif, non exhaustif, d'exemples choisis illustrant diverses relations métonymiques de type partie-tout : *bedroom door, chorus girl, church bells, diamond ring, garden path, rose garden, valley floor* ; matière : *lace curtains, paper bag, velvet curtains* ; contenu : *coat room, picnic basket, ink well, waste basket* ; fonction : *alarm bell, auction room, box factory, coal shovel, conference room, dinner table, salad fork, weather vane* ; localisations spatio-temporelles : *barn lantern, birthday cake, camp fire, country people, desert sky, evening air, ground floor, jungle noises, kitchen utensils, library book, office boy, town hall*. Ces rapports métonymiques sont d'ailleurs cumulables et superposables entre eux, par exemple quand le contenu ou la localisation suggèrent également la fonction : *coat room, waste basket, kitchen utensils*, etc.

3.2 Les participes présents

Comme les participes présents du français n'entrent pas dans une construction périphrastique comparable à la forme « progressive » de l'anglais, la question de leur adjectivité ne se pose que pour la fonction adnominale. Ayant déjà exprimé quelques réserves sur la parfaite netteté de la ligne de partage qui sépare les participes présents et adjectifs verbaux en français (cf. n. 17), nous nous contenterons ici de signaler que les seules ambiguïtés potentielles, en théorie, concernent les formes issues de verbes intransitifs et atéliques postposées à un substantif masculin singulier :

(114) Tantôt je sautais une crevasse dont la profondeur m'eût fait reculer au milieu des glaciers de la terre ; tantôt je m'aventurais sur le tronc vacillant des arbres jetés d'un abîme à l'autre, sans regarder sous mes pieds, [...] (J. Verne, *20 000 lieues sous les mers*)
= un tronc qui vacillait ? un tronc qui était vacillant ?

(115) [...] mais voilà qu'elle n'était plus maîtresse de sa volonté, voilà qu'elle l'écoutait avec un cœur palpitant et troublé, voilà qu'au lieu de voir ce qui se passait en lui, elle voyait ce qui se passait en elle... (H. Malot, *Cara*)
= un cœur qui palpitait (tant il était troublé) ? un cœur qui était palpitant ?

Quoiqu'elles restent possibles, les qualifications adverbiales de temps ou de manière avec des adjectifs verbaux sont bien plus rares qu'en anglais :

(116) À distance, en effet, l'illumination du ministère sur ses deux façades, les feux allumés pour le froid au milieu de la chaussée, la lueur lentement

circulante des files de lanternes concentrées sur un même point, enveloppaient le quartier d'un halo d'incendie avivé par la limpidité bleue, la glaciale sécheresse de l'air. (A. Daudet, *Numa Romestan*)

Eu égard à la relation de quasi-homonymie qu'entretiennent la plupart des participes présents et adjectifs verbaux apparentés, nous ne saurions dire si, avec les années, les adjectifs verbaux du français ont réellement renoncé irrévocablement aux jouissances circonstancielles qu'ils connurent autrefois, ou si – dans un moment d'égarement – l'inconvenante présence d'une complémentation verbale ne suscite aussitôt la prompte intervention de la règle d'invariabilité pour sauver les mœurs et garantir le respect des bienséances grammaticales.

3.3 Les participes passés

N'ayant jamais été soumis à la même règle de célibat morphosyntaxique que les participes présents, et connaissant de ce fait les mêmes variations en genre et nombre que les adjectifs, les participes passés du français posent globalement les mêmes problèmes d'analyse que ceux de l'anglais. On en trouve coordonnés à des adjectifs dans les deux fonctions, adnominale et prédicative, et la présence d'un complément agentif ne garantit pas toujours une interprétation événementielle :

(117) [...] ça remue dans le cœur <u>des choses oubliées et si anciennes</u> ! (O. Mirbeau, *Le journal d'une femme de chambre*)

(118) J'avais le rire aigu et dur, quand il venait dans <u>nos discussions échauffées et brutales</u>. (J. Valles, *Le bachelier*)

(119) Ta lettre <u>est bien écrite et très comique</u> ... (G. Sand, *Correspondance*)

(120) N'oubliez pas que plusieurs de leurs ouvrages <u>seront admirés et pleins de vie</u> ... (H. Berlioz, *Les soirées de l'orchestre*)

(121) Mais ma grand'mère, elle, par tous les temps, même quand la pluie faisait rage et que Françoise avait précipitamment rentré les précieux fauteuils d'osier de peur qu'ils ne fussent mouillés, on la voyait dans <u>le jardin vide et fouetté par l'averse</u> ... (M. Proust, *Du côté de chez Swann*)

(122) La vitre est toujours poussiéreuse et blanchie par le double rideau qui est derrière. (Alain-Fournier, *Le grand Meaulnes*)

(123) Après tout, pour être conjugale et protégée par les administrations municipales, la débauche ne change pas d'essence. (R. de Gourmont, *Sixtine*)

Nous constatons de nouveau la même gradation dans les interprétations entre,
 – les états présents qui résultent effectivement d'une action antérieure :

(124) ... l'inscription qui révèle le lieu où sont enfouis les trésors de Khmers est incomplète. (J. Lermina, *Les loups de Paris*)

 – les états qui ne laissent supposer aucun événement chronologiquement[29] antérieur :

(125) Cette affaire est trop compliquée pour des policiers de province [...] (A. Galopin, *Mémoires d'un cambrioleur*)

 – en passant par des stades intermédiaires où la limite procès-résultat paraît pour le moins ténue :

(126) J'étais trop occupé par des soins immédiats pour que ma sensation aboutît à un raisonnement très net. (P. Bourget, *Physiologie de l'amour moderne*)

Dans l'étude que nous avons consacrée ailleurs[30] à ces problèmes d'identification et d'interprétation, nous proposons, pour les deux langues, quatre tests syntaxiques et sémantiques permettant d'évaluer le degré d'adjectivation du participe :
 – la coordination avec un adjectif primaire (indice de syntaxe adjectivale) ;

---

29 Nous n'excluons pas, cependant, que la forme participiale exprime davantage une nuance subjective (cf. supra) impliquant, par exemple, un changement d'avis ou une prise de conscience, suite éventuellement à une évolution de l'état lui-même, là où l'adjectif exprime plutôt une qualité inhérente, objective, stable : *Cette affaire est trop compliquée pour des policiers de province.* (≈ *Cette affaire se complique*) vs. *Cette affaire est trop complexe pour des policiers de province.* Les occurrences du type « plus compliqué que je ne supposais, que vous n'imaginez, qu'il ne le paraissait » sont bien plus fréquentes qu'avec « complexe » que l'on trouve davantage dans des comparaisons entre deux termes « une histoire plus complexe que l'autre ».
30 Cf. Henkel (2014 : 132 sqq).

- la commutation avec une forme verbale simple (indice de syntaxe verbale) ;
- la pertinence comme réponse à la question « Qu'a-t-il de particulier ? » (indice d'interprétation adjectivale) ;
- la pertinence comme réponse à la question « Que s'est-il passé ? » (indice d'interprétation verbale).

Mais en tout état de cause, les participes passés de l'anglais et du français constituent, à notre sens, les espèces les plus réfractaires à toute tentative de catégorisation grammaticale trop rigide.

4 Conclusion

Où s'arrête la catégorie adjectivale, et où commence donc l'adjectivité ? Pour s'en tenir, provisoirement, à la définition que nous avons donnée de la catégorie adjectivale en termes de bivalence adnominale-prédicative, et à la définition de l'adjectivité en tant que distorsion catégorielle, nous dirions que l'adjectivité au sens le plus strict, en anglais comme en français, concerne surtout les substantifs épithètes qui n'ont pas de « double appartenance », ne pouvant accéder tels quels à la fonction prédicative, y compris lorsqu'on pratique, en français, l'accord en nombre ou l'harmonisation en genre :

(36) It was a crisp autumn morning. The early sunshine fell on the hectic flush of decay in the foliage of the woods ... (A.J. Rees, *The Hand in the Dark*)
(36') *the morning was autumn and crisp

(38) For a few moments there was a babel of laughing voices explaining to the delighted Margaret that school dresses should be bright and pretty, but simple and plain ... (G. Stratton-Porter, *A Girl of the Limberlost*)
(38') *the dresses should be school

(127) Les roses et les lys des préparations cosmétiques, les boucles postiches lui avaient rendu momentanément une jeunesse embellie par les rubans aurore de sa capote, ... (P. Adam, *Au soleil de juillet*)
(127')*les rubans étaient aurore

(128) Mais qu'est-ce que ces fautes insectes en comparaison des monstres que nous voyons éclore journellement dans les imprimeries. (H. Berlioz, *Les soirées de l'orchestre*)
(128')*ces fautes étaient insectes

(129) ...voici une vraie fausse note, un grand éclat discord, au milieu de ces trois amitiés sœurs, dont je m'obstinais à croire la pure harmonie tellement inaltérable... (P. Loti, *Les désenchantées*)
(129')*ces trois amitiés étaient sœurs

Quant aux lexèmes tels que *secret*, *characteristic*, *vilain* ou *paysan*, si l'on admet la possibilité d'une double appartenance grammaticale, il n'y a plus vraiment de distorsion. La plupart des formes participiales que nous avons examinées sont disponibles aux deux fonctions et sont dotées, elles aussi, d'une nature grammaticale hybride. Il nous paraît utile, néanmoins, d'étendre notre conception de l'adjectivité jusque dans la zone grise des continuums substantif-adjectif et adjectif-participe, car tous les lexèmes qui s'aventurent dans ces régions encore inexplorées ne les parcourent pas avec la même audace. Bien qu'*animal*, par exemple, soit apte aux fonctions adnominales et prédicatives (ex. 130 *vs* 131) :

(130) Elle n'avait pas, comme Adèle, une de ces grosses organisations matérielles qui ne se laissent traverser par rien que par des impressions animales. (E. de Goncourt, *Germinie Lacerteux*)

(131) L'instinct maternel est divinement animal. (V. Hugo, *Quatre-vingt-treize*)

ces occurrences de type adjectival ne représentent dans nos corpus de référence que 15,8 % du total. Nous dirons donc qu'*animal* est un lexème à double appartenance grammaticale, dont la nature substantivale est toutefois dominante. De même, *paysan* est davantage substantival qu'adjectival, n'étant employé adjectivalement que dans environ 12 % de ses occurrences. Inversement, les occurrences adjectivales représentent 77,6 % de la distribution de *vilain*, que nous considérons comme un lexème à double appartenance, mais à tendance adjectivale. En anglais, 20 % des occurrences de *desert* sont de type adjectival, 32 % des occurrences de *secret*, qui se rapproche ainsi de l'équilibre substantif-adjectif, et 45 % pour *characteristic* que nous considérons comme un exemple de double appartenance quasi parfaite. Pour ce qui est des participes, *intéressant*, *compliqué*, *interesting* et *complicated* sont tous employés adjectivalement à 60–70 %. Même si aucun corpus n'est parfaitement représentatif de l'expérience linguistique sur laquelle se fondent l'intuition des locuteurs et les normes communes constitutives de la langue, l'étude quantitative des fréquences permet néanmoins d'esquisser pour chaque lexème un profil syntaxique et d'estimer approximativement de quel côté il se situe à l'intérieur du continuum grammatical. Cette approche permet dès lors de nuancer l'idée de « double appartenance » et d'éclairer d'une lumière plus pénétrante les zones d'ombre qui entourent la catégorie adjectivale, où noms et verbes se distordent et se confondent dans les obscurs amalgames de l'adjectivité.

Bibliographie

Académie française, 1679, « Des Participes Actifs, Extrait des Registres de l'Académie du Samedi 3 Juin 1679 », in P.-J. Olivet (dir.), 1754, *Opuscules sur la langue françoise/par divers académiciens*, Paris, B. Brunet : 341–343.

Baker Mark C., 2004, *Lexical Categories, Verbs, Nouns and Adjectives*, Cambridge, Cambridge University Press.

Borer Hagit, 1990, « V+ing : It walks like an adjective, it talks like an adjective », *Linguistic Inquiry*, 21/1 : 95–103.

Borillo Andrée, 2007, « Des adjectifs du côté des participes passés », in J. Goes & E. Moline (dir.), *L'adjectif hors de sa catégorie*, Arras, Artois Presses Université.

Bresnan Joan (ed.), 1982, *The Mental Representation of Grammatical Relations*, Cambridge, Massachusetts, The MIT Press.

Bresnan Joan, 1995, *Lexicality and Argument Structure*, Paris Syntax and Semantics Conference.

Creissels Denis, 2006, *Syntaxe générale, une introduction typologique*, Paris, Lavoisier.

Dixon Robert M. W., & A. Aikhenvald (eds.), 2004, *Adjective classes, A cross linguistic typology*, Oxford, Oxford University Press.

Goes Jan, 1999, *L'adjectif. Entre nom et verbe*, Louvain-la-Neuve, De Boeck/Duculot.

Henkel Daniel, 2014, *L'adjectif en anglais et en français*, thèse de doctorat, Université Paris-Sorbonne.

Huddleston Rodney, Pullum Geoffrey (eds.), 2002, *The Cambridge Grammar of the English language*, Cambridge, Cambridge University Press.

Jespersen Otto, 1924, *The Philosophy of Grammar*, London, Allen & Unwin.

Koontz-Garboden Andrew, 2010, « The lexical semantics of derived statives », *Linguistics and Philosophy*, 33/4 : 285–324.

Laczkó Tibor, 2001, « Another look at participles and adjectives in the English DP », *Proceedings of the LFG01 Conference*, Standford, Online publication : CSLI Publications, http://www-csli.stanford.edu/publications/LFG2/lfg02.html.

Lemaréchal Alain, 1989, *Les parties du discours. Sémantique et syntaxe*, Paris, PUF.

Lyons John, [3]2005 [1995], *Linguistic Semantics, An Introduction*, Cambridge, Cambridge University Press.

Riegel Martin, Pellat Jean-Christophe, Rioul René, [4]2009 [1994], *Grammaire méthodique du français*, Paris, P.U.F.

Maienborn Claudia, 2009, « Building Event-Based Ad Hoc Properties : On the Interpretation of Adjectival Passives », in A. Riester & T. Solstad (eds.), *Proceedings of Sinn und Bedeutung*, 13, Stuttgart, University of Stuttgart : 35–49.

Mc Laughlin Fiona, 2004, « Is there an adjective class in Wolof? », *in* Robert M. W. Dixon & A. Aikhenvald (eds.), *Adjective classes : A cross-linguistic typology*, Oxford, Oxford University Press : 242–262.
Noailly Michèle, 1990, *Le substantif épithète*, Paris, PUF.
Noailly Michèle, 1999, *L'adjectif en français*, Paris/Gap, Ophrys.
Noailly Michèle, 2004, « Du lien primordial de l'adjectif et du substantif en français, et du peu d'intérêt de la mise en relation de l'adjectif avec le verbe dans cette même langue », *in* J. François (dir.), *L'adjectif en français et à travers les langues*, Caen, Presses Universitaires de Caen : 151–168.
Quirk Randolph, Greenbaum Sidney, Leech Geoffrey, Svartvik Jan, 1985, *A Comprehensive Grammar of the English Language*, London/New York, Longman.

Peter Lauwers et Kristel Van Goethem
Chapitre 14 L'adjectivité face à la perméabilité catégorielle. Examen contrastif du néerlandais et du français

1 Introduction

Dans ce chapitre, nous proposons une analyse de l'adjectivité en néerlandais sur fond d'une perspective typologique plus large qui la situe par rapport au français. Nous nous intéresserons surtout à l'adjectivité intercatégorielle – appelée « intersective gradience » par Aarts (2007) – et notamment à la frontière entre adjectif et nom. Ce faisant, nous laisserons de côté les prépositions orphelines adjectivées (p. ex. *Il est très contre/Hij is helemaal tegen*), les correspondances syntagme prépositionnel/suffixe (p. ex. *Pierre est sans enfants/Peter is kinderloos*) et la question du continuum entre le participe (le verbe donc) et l'adjectif (p. ex. *un ton agaçant/ ??een ergerende toon*). Tout au long de cette analyse contrastive, nous montrerons que le français est caractérisé par une perméabilité catégorielle plus grande, c'est-à-dire par des « softer boundaries » entre nom et adjectif que le néerlandais (Lehmann 2008 ; Berg 2014).

Si la question du continuum d'adjectivité *à l'intérieur* de la classe adjectivale – la « subsective gradience » de Aarts (2007) – ne sera pas abordée ici, il importe toutefois de rappeler dans un premier temps les principales caractéristiques de la catégorie adjectivale en néerlandais, toujours à travers le contraste avec le français (2). Ensuite, nous prendrons la mesure de l'adjectivité intercatégorielle (3), avant de mettre nos résultats en perspective (4).

Peter Lauwers, Ghent University
Kristel Van Goethem, F.R.S.-FNRS & Université catholique de Louvain

https://doi.org/10.1515/9783110604788-015

2 La catégorie de l'adjectif et son identité par rapport aux autres catégories

2.1 L'adjectif : portrait contrastif

Tout comme le français, le néerlandais dispose d'une catégorie adjectivale. Toutefois, il existe des différences notables entre les deux langues, qui partagent cependant la perte des distinctions casuelles dans le domaine nominal et adjectival.

2.1.1 Propriétés morphologiques et morphosyntaxiques

Regardons d'abord la morphologie et la morphosyntaxe. En français, l'adjectif s'accorde toujours en genre et en nombre avec son nom support, quelle que soit sa fonction syntaxique, épithète, attribut ou apposition. Tel n'est pas le cas en néerlandais, qui, comme l'allemand, ne marque pas l'accord au niveau de l'attribut (et de l'apposition), mais uniquement en emploi épithète. En emploi attributif, l'adjectif reste en effet invariable (Vikner 2006) :

(1) Quelles **belles** fleurs ! – Ces fleurs sont tellement **belles** !

(2) Wat een **mooie** bloemen! – Die bloemen zijn zo **mooi** (*mooie)!

En position d'épithète, la morphologie et notamment les règles morphosyntaxiques sont assez complexes en néerlandais, malgré le fait que l'adjectif ne connaît que deux formes : une forme de base, non fléchie, et une forme fléchie marquée par l'adjonction d'un -e (schwa) : *mooi* vs *mooie*. Cette opposition formelle est mise au service du marquage du genre, du nombre et de la définitude.

L'opposition schwa/zéro contribue tout d'abord au marquage du genre. On constate que le genre est marqué dans les deux langues au niveau de l'adjectif – via l'accord avec le nom tête –, mais les découpages morphosémantiques ne sont pas les mêmes : là où le français oppose le masculin au féminin, le néerlandais oppose une forme pour le neutre (la forme sans schwa) à une seule forme dite commune pour le masculin et le féminin (avec schwa) :

(3) *een mooie* [ə] *man* 'un bel homme' (masc.), *een mooie* [ə] *vrouw* 'une belle femme' (fém.) vs *een mooi huis* 'une belle maison' (neutre)

Ajoutons toutefois qu'en français l'opposition entre le masculin et le féminin au niveau de l'adjectif n'est pas réalisée de la même manière à l'écrit (adjonction d'un/e/) et à l'oral (soustraction de la consonne finale du féminin, cf. déjà Bloomfield (1933 : 217) : *petite* [t] > *petit*). Une telle variation diamésique est étrangère au néerlandais.

Pour ce qui est du nombre, contrairement au français, où l'opposition entre le singulier et le pluriel se réduit souvent à une marque graphique inaudible à l'oral (+ /s/ : *rapide/rapides*) – mais pas toujours (*général/généraux*) –, le néerlandais marque le nombre de manière plus explicite au niveau de la morphologie[1]. Or là encore, le rendement des deux formes s'avère extrêmement bas (cf. aussi Van de Velde & Weerman 2014), car ce n'est que pour le neutre indéfini que la forme utilisée pour le pluriel (+ *-e*) se distingue du singulier :

(4) *een mooi boek* 'un beau livre'/*mooie boeken* 'de beaux livres'

En effet, pour le masculin et le féminin, ainsi que pour le neutre défini, le singulier et le pluriel sont indistincts :

(5) *de mooie man(nen)* 'le bel homme/les beaux hommes' (masc.) ; *de mooie woning(en)* 'la belle maison/les belles maisons' (fém.) ; *het mooie boek* 'le beau livre'/*de mooie boeken* 'les beaux livres' (neutre)

La question du neutre pointe vers une différence cruciale entre le français et les langues germaniques telles que le néerlandais et le suédois (Lyons 1999 : 82–85). Ces dernières font interférer la flexion de l'adjectif avec le trait de [± définitude], trait qui y est déjà marqué par le choix du déterminant. Dans ces langues, on peut faire état d'un phénomène d'accord. Ainsi, pour le neutre, la variante fléchie en *-e* s'allie aux déterminants définis, alors que la forme de base apparaît dans les SN indéfinis :

(6) *het mooie woud* 'la belle forêt' (défini) vs *een mooi woud* 'une belle forêt' (indéfini)

Au masculin et au féminin, en revanche, la définitude n'intervient pas ; dans tous les cas la forme en *-e* apparaît :

---

1 À l'oral, le français dispose de moyens compensatoires tels que le marquage par des déterminants (*le/les, un/des*, etc.), qui sont davantage différenciés pour le nombre que ceux du néerlandais, ainsi que la liaison consonantique, tantôt obligatoire (*les grands hommes*), tantôt facultatif (*les paysages embrumés*).

(7) a. *een mooie man* 'un bel homme', *de mooie man* 'le bel homme', *mooie mannen* 'de beaux hommes', *de mooie mannen* 'les beaux hommes'
b. *een knappe vrouw* 'une jolie femme', *de knappe vrouw* 'la jolie femme', *knappe vrouwen* 'de jolies femmes', *de knappe vrouwen* 'les jolies femmes'

Notons toutefois que la variante régionale belge a conservé un système plus ancien, qui tend à laisser l'adjectif invariable avec un nom neutre, en contexte défini :

(8) *dat oud gebouw* 'ce vieux bâtiment', *het braaf kind* 'l'enfant sage' (Tummers 2005 ; NGF 230).

Il s'ensuit que le trait de définitude, dont l'impact sur la flexion adjectivale était déjà minime, n'y joue pas. Pour le détail de toutes ces règles, voir la *Nederlandse Grammatica voor Franstaligen* (*NGF* : 226–230), Audring (2018), et surtout, la version électronique de la *Algemene Nederlandse Spraakkunst* (*E-ANS* : § 6.4.1.2).

Précisons que les règles que nous venons d'énoncer supposent que l'adjectif dispose d'une forme fléchie (en *-e*). Tel n'est pas toujours le cas, en partie pour des raisons phoniques. Ainsi, l'invariabilité est de mise dans tous les contextes pour les adjectifs qui se terminent par une voyelle (*lila*) et en *-en* (*eigen* 'propre', *e.a.* des participes, p. ex. *verboden* 'interdit'), ainsi que pour les adjectifs de matière (*nylon kousen* 'bas (de) nylon') et les adjectifs en *-er* (*Edammer kaas* 'fromage Edam') (*NGF* : 226–227). Le français connaît lui aussi ce genre de neutralisations, notamment pour le genre[2] et, à l'oral, pour le nombre.

Le néerlandais se distingue encore du français en ce qu'il marque les degrés de comparaison de façon synthétique : + *-er* (comparatif) et + *-st* (superlatif) :

(9) *mooi* 'beau' > *mooier* 'plus beau' > *mooist* 'le plus beau'[3]

En français, par contre, les formes sont de nature analytique, mettant en œuvre des adverbes de degré, comme le montrent les traductions. Pour un aperçu plus complet des règles de formation des degrés adjectivaux en néerlandais, et les exceptions aux règles, nous renvoyons au *E-ANS* (6.4.3.) et à Audring (2018).

---

[2] Cf. les adjectifs épicènes en *-e* en français (*rapide*, *privé*,…).
[3] Nous faisons ici abstraction de quelques allomorphies au niveau de la désinence.

2.1.2 Propriétés syntaxiques

En ce qui concerne la syntaxe, on notera tout d'abord que seule l'antéposition de l'adjectif est possible en néerlandais, alors que le français connaît les deux positions (Wilmet 1986). Rappelons que le français a connu une évolution qui tendait vers la postposition (e.a. Goyens 1994), s'affranchissant de ce fait de plus en plus de l'influence du superstrat germanique. Comme le contraste entre antéposition et postposition est exploité en français pour l'expression de nuances sémantiques, voire même pour désambigüiser des polysémies (selon l'axe *subsective/intersective*, cf. Vendler 1967 ; Larson 1998), le néerlandais se voit ainsi privé d'un moyen distributionnel puissant. Toutefois, l'absence de latitudes positionnelles y est en partie[4] compensée par la morphologie, ou plus particulièrement par la déflexion, qui permet de départager certains cas de polysémie. Ainsi, l'invariabilité caractérise bon nombre des emplois non gradables des adjectifs (de Swart & *al.* 2005 : 452–453), qu'il s'agisse d'emplois relationnels (10) ou d'autres polysémies (11) :

(10) a. *op **wetenschappelijk** vlak* 'sur le plan scientifique'
b. *Hij is **wetenschappelijk** medewerker* 'Il est collaborateur scientifique'
c. *Jan is **artistiek** directeur* 'Jean est directeur artistique'

(11) a. *een **groot** strateeg* 'un grand stratège'/*een **grote** strateeg* 'un stratège grand'
b. *een **fijn** psycholoog* 'un fin psychologue'/*een **fijne** psycholoog* 'un psy sympa'
c. *een **knap** schrijver* 'un bon écrivain'/*een **knappe** schrijver* 'un écrivain attrayant'
d. *de **oud**-burgemeester* 'l'ancien maire'/*de **oude** burgemeester* 'le vieux maire'

Si dans le premier cas la déflexion est obligatoire, dans le second, il s'agit surtout d'un phénomène lié au registre écrit (*NGF* : 229). La déflexion y apparait sans doute comme un signe d'incorporation nominale (cf. *NGF* : 230, « vaste verbindingen ») – voire même de grammaticalisation vers un préfixoïde dans le cas de *oud* (cf. Van Goethem 2008) –, comme en témoigne aussi le trait d'union. En somme, le néerlandais compense par la morphologie ce que le français exprime par la syntaxe. C'est un constat que nous serons amenés à réitérer à plusieurs reprises.

---

4 Cela ne veut pas dire que toutes les nuances peuvent être récupérées. Ainsi, le contraste entre *un beau vieillard* et *un vieillard beau* (Curat 1992 : 137) est perdu (*een knappe grijsaard*).

Comme l'antéposition obligatoire entraine aussi l'impossibilité de répartir des séries d'adjectifs très longues des deux côtés du nom, il n'est pas exclu que la capacité absorptive du SN en néerlandais s'en trouve affectée. Ainsi, on constate que les SN qui contiennent plusieurs adjectifs hiérarchisés (c'est-à-dire donnant lieu à des constituants emboîtés[5] les uns dans autres) passent mal en néerlandais :

(12) *un vieil ouvrage didactique intéressant* → *?een interessant oud didactisch werk*
un excellent petit plat facile à faire → *?een uitstekend klein gemakkelijk te maken gerecht*

En somme, on peut conclure que les mêmes catégories morphosémantiques (genre, nombre) sont exprimées dans les deux langues, mais que les découpages morphosémantiques ne sont pas identiques, ce qui n'est guère étonnant, étant donné que le néerlandais a un genre (le neutre) en plus. Sur le plan de la variabilité des formes, le néerlandais s'accommode de deux formes génériques (zéro/schwa) pour ainsi dire, qui sont exploitées à plusieurs fins, même si le rendement fonctionnel reste assez bas. Le français, en revanche, connaît plus de morphèmes (*-s* ; *-e*), mais ceux-ci disparaissent le plus souvent à l'oral, à l'exception des distinctions pour le genre, qui empruntent un autre mécanisme morphologique. Une telle variation diamésique n'existe pas en néerlandais. En outre, en néerlandais le nombre interfère encore avec la définitude, du moins dans sa variante septentrionale. Les deux langues se distinguent aussi par la forme que prend l'adjectif dans les positions attributives (et appositives), le néerlandais laissant l'adjectif invariable. Cette invariabilité est aussi exploitée dans d'autres emplois, où l'adjectif n'est pas vraiment qualificatif. Sur ce point, la morphologie du néerlandais vient compenser l'absence de mobilité syntaxique de l'adjectif épithète.

2.2 L'adjectif face aux autres classes de mots

En gros, les inventaires de classes de mots en français et en néerlandais ne diffèrent pas de manière substantielle. Dans les deux langues, la classe adjectivale semble être assez robuste. Toutefois, on relève deux différences concernant la délimitation de l'adjectif par rapport aux classes avoisinantes.

La première différence concerne le contraste adjectif/adverbe. Ainsi, en néerlandais, abstraction faite de la flexion grammaticale (cf. 2.1. *supra*), absente pour

---

[5] À distinguer des adjectifs simplement juxtaposés, comme dans *een mooi, leuk en exclusief sieraad* (litt. 'un beau, joli et exclusif bijou').

l'adverbe, l'adjectif s'y distingue à peine de l'adverbe de manière. En effet, en l'absence d'un suffixe adverbialisant productif tel que *-ment* en français, la forme des adverbes est identique à celle des adjectifs. On peut donc parler d'un emploi invariable de l'adjectif[6], à l'instar de *travailler dur* ou *parler fort*[7] en français :

(13) a. *een **intelligent** antwoord/une réponse **intelligente***
b. *Jan antwoordt altijd **intelligent**./Jean répond toujours **intelligemment**.*

Les frontières sont floues, comme l'avouent les auteurs de la *E-ANS*, et l'attribution d'un item à une catégorie de base s'avère problématique : s'agit-il d'« adjectifs qui peuvent occasionnellement être utilisés comme adverbes » ou d'« adverbes qui connaissent un emploi sporadique comme complément adjectival antéposé au nom » ?[8] Seuls quelques adjectifs ont encore un homologue adverbial qui s'en différencie à l'aide d'un suffixe, tantôt *-(e)lijk* (14a), tantôt *-jes* (14b), morphème diminutif (*E-ANS* ; Diepeveen 2012)[9] :

(14) a. *respectief* 'respectif'/*respectie**velijk*** 'respectivement' ; *vals* 'faux'/*valse**lijk*** 'faussement' ; *open* 'ouvert'/*open**lijk*** 'ouvertement'
b. *zacht gepraat* 'bavardages doux'/*zacht**jes** praten* 'parler doucement' ; *een povere maaltijd* 'un pauvre repas'/*ze was pover**tjes** gekleed* 'elle était pauvrement vêtue'

Ces suffixes ne sont cependant nullement l'apanage de la classe adverbiale, bien au contraire : le suffixe *-(e)lijk* sert surtout à former des adjectifs (*moeilijk* 'difficile', *verwerpelijk* 'condamnable', *onvergeeflijk* 'impardonnable').

Une autre différence entre les deux langues, moins attendue celle-là, concerne le contraste adjectif/nom, qui semble plus tranché en néerlandais qu'en français. C'est ce que nous allons examiner maintenant. Notre thèse centrale sera que la porosité de la frontière nom/adjectif confère au phénomène de « l'adjectivité » une portée plus large en français qu'en néerlandais.

---

6 Cf. *E-ANS* : « als bijwoordelijke bepaling gebruikte adjectieven » (http://ans.ruhosting.nl/e-ans/index.html). Traditionnellement, cette classe d'adjectifs adverbiaux est considérée comme une sous-classe des adverbes.
7 Notons que quelques adverbes comme *bien* connaissent aussi des emplois adjectivaux (*un type bien*).
8 http://ans.ruhosting.nl/e-ans/index.html (notre traduction).
9 http://ans.ruhosting.nl/e-ans/06/03/01/05/body.html.

3 Le spectre de l'adjectivité (intercatégorielle)

Après ces préambules, nous nous rapprocherons du cœur de la problématique : l'emploi adjectival d'éléments non intrinsèquement (et non spécifiquement) adjectivaux, en réponse à la question *Dans quelle mesure peut-on (ou ne peut-on pas) parler d'adjectivité ?* Par emploi adjectival, nous entendons toute position réservée typiquement à des adjectifs. Cette définition très large vise à mettre en carte à la fois les phénomènes d'adjectivisation complète (ou d'adjectivité pleine) et des emplois en position adjectivale générant tout au plus des effets d'adjectivité éphémères, en contexte. Nous commencerons par ce dernier phénomène.

3.1 Syntaxe : la portée du phénomène de la distorsion catégorielle/coercition

La différence en termes de perméabilité catégorielle entre les deux langues se manifeste à plusieurs niveaux. Elle se caractérise tout d'abord, en français, au niveau de la syntaxe, par un ensemble de « distorsions catégorielles » (Kerleroux 1996) à travers lesquelles un élément nominal acquiert des propriétés adjectivales sous la pression de la construction dans laquelle il se trouve. Cette « coercition » (Lauwers 2014a) est un phénomène syntaxique (discursif) qui ne se réalise pas hors contexte. Lauwers (2014b) distingue trois constructions en français qui permettent de charger contextuellement le nom de certaines propriétés adjectivales, entraînant des « context-sensitive categorial hybridity effects » :

(15) Construction A : *Les décors du film sont/font très **théâtre**.*

(16) Construction B : *Nous ne sommes pas très **église**.*

(17) Construction C : *Cet été sera très {**livre**/**cinéma**/**sport**}.*

Ces trois constructions formées d'un adverbe de degré (*très*, *plus*, *assez*,...) et d'un nom nu expriment respectivement la ressemblance (basée sur une espèce de métonymie, la chose même pour une propriété saillante de la chose) (construction A), l'inclination (construction B) et un rapport abstrait de contenant (que ce soit un espace ou une période)/contenu (construction C). En clair, le nom ne devient pas un adjectif à proprement parler, mais prend contextuellement les attributs d'un adjectif, tout en faisant preuve de décatégorialisation par rapport à la catégorie source, nominale. Selon le cas, le degré d'adjectivité contextuelle varie, les items utilisés dans la construction A étant plus adjectivés que ceux en B, avec

C comme cas intermédiaire. Dans les trois cas, il s'agit de constructions productives dont les seules limites sont de nature pragmatico-référentielle. Ainsi,

(18) *?Pierre est très **membre*** (construction A)

est bizarre dans la mesure où le nom *membre* ne donne pas lieu à des caractéristiques stéréotypiquement associées comme le font *théâtre, curé* ou *médecin*.

Ce procédé, dont la première variante semble aussi être attestée en anglais, mais limitée sans doute à certains secteurs du lexique (p. ex. *This is so 2013 !* ; Audring & Booij 2016), ne semble pas être attesté en néerlandais :

(19) **De decors zijn zeer theater.*

(20) **We zijn niet echt kerk.*

(21) **Deze zomer wordt zeer {boek/cinema/sport}.*

Pour la construction A, le néerlandais, en revanche, a souvent recours au suffixe *-achtig* (Maesfranckx & Taeldeman 1998), qui transforme le nom en adjectif. Ce suffixe est extrêmement productif, tout comme ses homologues *-like* et *-haft* en anglais et en allemand (Maesfranckx & Taeldeman 1998 : 94). Les seules limites semblent également être de nature sémantico-pragmatique (*?très membre/?erg lidachtig*). Curieusement, ce suffixe exprime non seulement la ressemblance (22), mais aussi, dans certaines variantes régionales du néerlandais, l'inclination (23) :

(22) a. *De decors zijn zeer **theaterachtig** (/theatraal)* 'Les décors sont/font très théâtre'
b. *Hij is echt **priesterachtig*** 'Il fait vraiment curé'
c. *een **kerkachtig** gebouw* 'un édifice (qui fait) très église'

(23) *Zelf zijn we eigenlijk niet **kerkachtig**, ook niet voor de kerk getrouwd bijvoorbeeld, maar de doop hebben we toch maar gedaan* (https://mamaforum.libelle.be*)*
'Nous-mêmes nous ne sommes pas très église, même pas mariés pour l'église par exemple, mais nous avons quand même fait le baptême'

Pour la construction C, il faut recourir à une paraphrase :

(24) *Deze zomer stond in het teken van het voetbal* 'Cet été a été placé sous le signe du football/Cet été a été très football'

En somme, ce qu'il faut retenir ici, c'est que l'emploi productif de noms dans des positions adjectivales – ou, du moins, qui héritent de certaines propriétés adjectivales[10] – n'est pas attesté en néerlandais et que le néerlandais recourt le plus souvent à la dérivation suffixale (-*achtig*) pour rendre ce type de constructions.

3.2 Lexique : conversion et dérivation affixale

Que le néerlandais soit plutôt réticent lorsqu'il s'agit d'employer des noms comme si c'étaient des adjectifs, cela ressort aussi de l'examen du lexique (3.2.1.), et notamment des règles de conversion (3.2.2.) et de la monocatégorialité des suffixes dérivationnels (3.2.3.). Dans tous les cas, le néerlandais apparait comme moins flexible.

3.2.1 Le poids global de la bicatégorialité dans le lexique : examen lexicographique

Afin de nous faire une idée du poids global des lexèmes bicatégoriels dans le lexique des deux langues, nous avons comparé les lemmes d'un dictionnaire de traduction néerlandais/français (*Van Dale*[11]) et cela dans les deux sens. Notre échantillon se limite à tous les lemmes commençant par la lettre *n*, choisie de façon aléatoire, dont nous avons extrait manuellement tous les items catégorisés à la fois comme nom et comme adjectif.

Sur un total de 1522 lemmes commençant par *n* en français et 2659 en néerlandais,[12] nous avons trouvé 174 paires/triplets[13] N-A (358 items) caractérisés par la double catégorisation en français et seulement 29 paires/triplets (61 items) en néerlandais, soit un taux de double catégorisation de 23.52% (358/1522) en

---

10 Notons que d'autres emplois nus du nom, où le nom se décatégorialise sans pour autant prendre des caractéristiques adjectivales (cf. Lauwers 2007a pour une argumentation) sont bel et bien attestés en néerlandais: *Jan is leraar/Jean est professeur; De regenboog is symbool van Gods verbond met de mensen* (https://www.kuleuven.be/thomas/page/leerplan/pages/buba/98-99)/*l'arc en ciel est symbole du contrat entre Dieu et les gens* ; *Carla is (een en al) passie/Carla est tout passion* (Lauwers 2007b).
11 *Van Dale elektronische woordenboeken. Set Groot Nederlands, Engels, Frans & Duits 7.0* (Windows).
12 Le dictionnaire *Van Dale* français-néerlandais contient au total 76 553 lemmes ; la version néerlandais-français en contient 118 444.
13 Certains items ont plusieurs entrées pour la même catégorie (nominale/adjectivale), par exemple *le noir* (la couleur), *le Noir* (la personne noire), à côté de l'emploi adjectival de *noir*.

français et seulement de 2.29% (61/2659) en néerlandais (Pearson khi-deux, avec correction Yates ; 481.35, degré de liberté = 1, valeur p < 2.2e-16 ; logiciel : R). Cet écart met très clairement en évidence le poids beaucoup plus important de la bicatégorialité N-A en français qu'en néerlandais.

Nous basant sur cet échantillon de paires N-A, nous pouvons observer certaines tendances caractérisant les items bicatégoriels dans les deux langues. Tout d'abord, nos données confirment l'hypothèse concernant le champ d'application plus étendu de la conversion et le poids plus important de suffixes bicatégoriels en français ; ces deux facteurs seront discutés dans les paragraphes 3.2.2. et 3.2.3. Ensuite, quant aux domaines sémantiques, l'analyse des données indique que la bicatégorialité se manifeste dans les deux langues souvent dans le domaine de la terminologie géographique/ethnique (30 paires en français *vs* 9 paires en néerlandais) (25) et, dans une moindre mesure, dans les numéraux (6 paires en français *vs* 2 paires en néerlandais) (26) et les N-A de couleur (3 paires en français) (27).

(25) a. *le Néerlandais, la Néerlandaise* (nom d'habitant)/*le néerlandais* (la langue)/*néerlandais* (adjectif relationnel) ; etc.
b. *het Nederlands* (la langue)/*Nederlands* (adjectif relationnel)[14] ; etc.

(26) a. *(le/la) neuvième ; (le/la) nonagénaire ; le nul/personne nulle* ; etc.
b. *de negentiger* 'le/la nonagénaire'/*de negentiger jaren* 'les années quatre-vingt-dix' ; *nul* 'zéro'/*dat is van nul en gener waarde* 'c'est sans valeur aucune'

(27) *(le) noir, (le) nacarat, la noisette/couleur noisette*

Les exemples mentionnés en (27) illustrent deux cas de bicatégorialité différents : des adjectifs de couleur convertis en noms (p. ex. *(le) noir*), d'une part, et des noms (de chose) employés en position adjectivale pour renvoyer à des couleurs (p. ex. *couleur noisette*), d'autre part. Le premier procédé est productif en néerlandais (p. ex. *(het) rood* '(le) rouge', *(het) zwart* '(le) noir'), mais l'échantillon des mots commençant par « n » n'en contient aucun exemple. Cependant, contrairement aux adjectifs de couleur dérivés de noms en français (p. ex. *des yeux noisette/marron ; un pull aubergine/framboise*), le néerlandais opte pour des composés du type [N + A$_{couleur}$]$_A$ (p. ex. *hazelnootbruine/kastanjebruine ogen*) ou des dérivations

---
[14] Notons que le nom d'habitant masculin est formé sur le nom du pays (*Nederland > Nederlander*), alors que la forme féminine est basée sur la forme de l'adjectif (*Nederlands > Nederlandse*). Pour plus de détails, nous renvoyons à Booij & Audring (2018) et Van der Wouden & Booij (2018).

compositionnelles (« samenstellende afleidingen ») du type [N + *kleur*$_N$ + *-ig*]$_A$ (*een auberginekleurige/framboosklerige trui*) (cf. 3.2.4).

L'échantillon néerlandais contient en outre deux noms désignant des matières qui ont aussi un emploi adjectival de type relationnel. Selon la traduction fournie par le dictionnaire, le français aurait recours à un groupe prépositionnel (*de/en X*), même si des constructions comme *bas nylon* sont aussi attestées en français.

(28) *(het/de) nylon* 'le nylon'/*nylon kous* 'bas de/en nylon' ; *(het) nappa* 'cuir nappa'/*een nappa jack* 'un blouson en cuir nappa'

Enfin, quant à la morphologie des lemmes bicatégoriels, nous constatons que les formes participiales du français se prêtent souvent à des emplois doubles (16 paires au total).

(29) a. *(le/la) nouveau-né(e), (le/la) naufragé(e), (le/la) nominé(e),…*
b. *(le/le) non-croyant(e), (le) nettoyant*

Cette tendance ne s'observe pas en néerlandais : les traductions en néerlandais de ces participes bicatégoriels montrent que l'emploi nominal requiert souvent l'ajout du suffixe nominalisant *-e* (30) ou que le néerlandais a recours à un composé ou groupe nominal (31) :

(30) *nouveau-né* 'pasgeboren'/*le nouveau-né* 'de pasgeboren**e**'; *nominé* 'genomineerd'/*le/la nominé(e)* 'de genomineerd**e**' ; *non-croyant* 'niet-gelovig'/*le non-croyant* 'de niet-gelovig**e**'

(31) *le nettoyant* 'het reinigingsmiddel', *le neutralisant* 'de neutraliserende stof'

Une autre source de lemmes bicatégoriels provient des formations néoclassiques, donc non indigènes aux deux langues (21 paires en français (32a) contre seulement une paire en néerlandais (32b)).

(32) a. *naturopathe, néogène, néophyte, neurotoxique, noctambule,…*
b. *necrofiel* 'nécrophyle'

Il est par ailleurs frappant que 6 des 29 paires bicatégorielles attestées dans les données du néerlandais sont en réalité des emprunts au français :

(33) *het naturel* 'le naturel'/*naturel leer* 'cuir naturel' ; *de nasaal* 'la nasale'/*nasaal* 'nasal' ; *de/het normaal* 'le normal ; la normale'/*normaal* 'normal' ; etc.

Cette étude met donc clairement en évidence que la proportion d'items bicatégoriels indigènes au néerlandais est plutôt marginale, alors que la bicatégorialité affecte presque un quart des items commençant par *n* pour le français. Cette « double appartenance » de plusieurs « séries » de formes en français a déjà été remarquée par Noailly (1999 : 15). Ce constat ne devrait d'ailleurs pas nous étonner outre mesure, étant donné les habitudes de la tradition grammaticale (à l'instar de la grammaire latine), qui a longtemps considéré le nom et l'adjectif comme deux sous-classes du *nomen* (*nom substantif vs nom adjectif*), comme le faisait encore la *Grammaire* de Port-Royal en 1660 (Goes 1993 : 11). Rappelons que le parallélisme était essentiellement basé sur des similarités morphologiques.

Dans ce qui suit, nous allons voir que la différence relative au taux de bicatégorialité dans les deux langues est en grande partie déterminée par la portée des règles de conversion (3.2.2) et de la catégorisation opérée par la dérivation suffixale (3.2.3.). Quant à cette dernière, nous allons montrer que les suffixes mêmes portent en eux un potentiel bicatégoriel (d'où l'effet de « série » remarqué par Noailly), qui est souvent absent en néerlandais, où les suffixes s'avèrent plus spécialisés (soit nominaux, soit adjectivaux).

3.2.2 Le champ d'application de la conversion

Rappelons que, contrairement à la distorsion catégorielle (ou la coercition) que nous avons commentée ci-dessus, la conversion n'est pas un procédé de nature syntaxique ou discursive, mais un procédé de morphologie lexicale (Kerleroux 1996 ; Lauwers 2014a ; Van Goethem & Koutsoukos 2018). La conversion correspond dès lors plus ou moins à la dérivation zéro (dite « impropre ») à travers laquelle un mot (en l'occurrence le nom) change de catégorie, sans adjonction de matière phonologique. Comme le précise Kerleroux (1996 : 189), en tant que procédé dérivationnel, la conversion aboutit à « l'*acquisition systématique et massive* d'une identité catégorielle ». Il s'ensuit des noms recatégorisés en adjectifs, qui présentent toutes les caractéristiques de la catégorie-cible, contrairement aux produits de la distorsion catégorielle.

Des données dictionnairiques, il ressort clairement que la conversion entre nom et adjectif est plus productive en français qu'en néerlandais : au moins 29 paires en français et seulement 8 paires en néerlandais sont susceptibles d'être considérées comme des cas de conversion. Il convient de préciser que ces chiffres font abstraction de tous les items classés dans des champs sémantiques donnant régulièrement lieu à la bicatégorialité, comme les termes géographiques/ethniques (cf. 3.2.1) et les items accompagnés d'un suffixe de nature bicatégorielle (cf. 3.2.3). Si pour tous ces items on pourrait, certes, essayer de postuler des conversions, force est de constater que l'on aurait du mal à en déterminer l'orientation (N > A ou A > N ?). Les cas restants sont donc des cas de conversion A > N et N > A incontestables, dans des domaines sémantiques diversifiés.

Signalons tout d'abord que le passage de A à N est productif dans les deux langues, notamment pour les N 'neutres', qui peuvent être paraphrasés par 'ce qui est Adj' (voir *e.a.* Lauwers 2008 pour le français) :

(34) *(le) net, (le) neutre, (le) niais, (le) nouveau, (le) nu,...*

Sur ce point, le néerlandais s'aligne donc *grosso modo*[15] sur le français ; notre échantillon néerlandais contient 6 paires A > N[16], dont 4 N neutres :

(35) *(het) naakt* '(le) nu' ; *(het) nat* '(le) liquide' ; *nauw* 'étroit'/*in het nauw zitten* 'être coincé' ; *nieuw* 'nouveau, neuf'/*zich in het nieuw steken* 's'habiller de neuf'

Quant à la conversion inverse, N > A, le *Van Dale* FR/NL recense 26 paires :

(36) *(yaourt) nature, (musique) new-wave, (arbre) nain, (vie) nomade,...*

On peut y voir l'aboutissement d'un processus qui remonte à l'emploi adnominal de noms nus – comme nom épithète, (cf. Noailly 1990) –, qui expose ceux-ci à des distorsions catégorielles (donc contextuelles) qui finissent par aboutir à la lexicalisation de nouveaux adjectifs. Au cours de ce processus, les emplois de ces items sont de moins en moins déterminés par le contexte (même si l'emploi comme épithète reste clairement prioritaire dans les cas recensés). La lemmatisation de l'adjectif par le dictionnaire, comme pour les cas en (36), reflète l'aboutissement de ce processus. Dans cette optique, la distorsion (syntaxique)

---

15 *Grosso modo*, car il ne faut pas non plus sous-estimer les différences. Ainsi, la distorsion productive (Lauwers 2008) aboutissant à des N dits « neutres » (cf. esp. *lo hermoso* 'le beau') relève en néerlandais (ainsi qu'en allemand) plutôt de la morphologie dérivationnelle dans la mesure où un *-e* est ajouté : *schoon > het schone*.
16 Dans les deux autres cas, l'étymologie et la directionnalité de la conversion est incertaine, mais il semble s'agir de personnes 'qui présentent la propriété Adj' (*naverwant* '(proche) parent' ; *nurks* 'grincheux').

peut donc dans certains cas conduire à des paires N-A considérées comme des cas de conversion (morphologique) en synchronie.

La même conversion N > A est nettement plus marginale en néerlandais. Seuls deux lemmes pourraient entrer en ligne de compte, mais il s'agit pour le moins d'adjectifs peu prototypiques : ainsi, l'emploi attributif de *noord* illustré par le dictionnaire par (37a) nous semble assez artificiel ; de même pour l'emploi fléchi de *nep* 'bidon' en position épithète (37b) :

(37) a. ?*de wind is noord* 'lit. le vent est nord ; le vent vient du nord'
 b. ?*neppe juwelen* 'de faux bijoux'

Nous pouvons donc rejoindre Booij, lorsqu'il affirme que la conversion N > A, comme procédé productif, est inexistante en néerlandais (Booij 2002 : 137). Certes, des paires nom-adjectif existent dans le lexique (natif et non natif) du néerlandais (p. ex. *(de) katholiek* '(le) catholique'), mais selon Booij (2002 : 137), dans la plupart des cas, « the meaning of the noun can be defined more easily as a compositional function of that of the adjective, than vice versa », ce qui implique qu'il s'agit plutôt de conversion A > N que de l'inverse.

Cependant, il existe – même en néerlandais – un procédé, certes fortement conditionné, qui mène avec une certaine régularité à l'émergence d'emplois adjectivaux issus de noms. Il s'agit du processus de « debonding » (Norde 2009) de modificateurs nominaux évaluatifs dans des composés [NN]$_N$ (cf. aussi 3.2.4.). En effet, Norde & Van Goethem (2018), Van Goethem & De Smet (2014), Van Goethem & Hüning (2015) et Van Goethem & Koutsoukos (2018) ont étudié plusieurs cas où le nom, grâce à sa sémantique évaluative, est (progressivement) réanalysé comme adjectif évaluatif[17] :

(38) a. *een **reuzen**stap* 'un pas de géant' – *een **reuze** stap* 'un pas gigantesque'
 b. *een **luxe**hotel* 'un hôtel de luxe' – *een erg **luxe** hotel* 'un hôtel très luxueux' – *dat hotel is erg **luxe*** 'cet hôtel est très luxueux'
 c. *een **top**prestatie* 'une performance top' – *die prestatie was echt **top*** 'cette performance était vraiment top'

Il n'est pas surprenant que les exemples en (38a) et (38b) illustrent des cas avec un nom se terminant en *-e* ou lié par un morphème de liaison *-en* (également

---

[17] Selon le cas, non seulement la piste du « debonding » est prise en compte, mais aussi la possibilité d'une distorsion catégorielle dans la position attributive, Van Goethem & Hüning (2015) affirmant que les deux voies ne sont d'ailleurs pas incompatibles.

prononcé comme un schwa) à la deuxième composante : la ressemblance formelle avec la flexion adjectivale en -e (cf. 2.1.1) est sans doute un catalyseur pour la réanalyse comme adjectif.

Ce processus se rencontre aussi en français, pour ne pas dire qu'il y est plus productif, grâce notamment aux noms composés, qui sont moins cohésifs qu'en néerlandais (cf. notamment, Amiot & Van Goethem 2012 ; Van Goethem & De Smet 2014 ; Van Goethem & Amiot 2018) :

(39) a. *un facteur **clé** (een sleutelfactor) – un facteur économique **clé*** (vs **een sleutel economische factor*)
  b. *un cas **limite** – un cas vraiment **limite** – ce cas est vraiment **limite***
  c. *un moment **charnière** – un moment vraiment **charnière***

Ces exemples montrent que la recatégorisation N > A est toujours sujette à des conditionnements contextuels bien déterminés, ce qui est visiblement moins le cas de la conversion A > N, qui peut être vue comme un procédé morphologique productif tant en français qu'en néerlandais. C'est donc la nominalité qui fonctionne comme pôle d'attraction, pas l'adjectivité, et ceci dans les deux langues.

3.2.3 Le poids des suffixes bicatégoriels

En français, la bicatégorialité observée en 3.2.1. s'appuie en grande partie sur l'existence d'un grand nombre de suffixes bicatégoriels, comme *-eur* (*directeur*, *amateur*, etc.) ou *-ique* (*électronique* vs *electron**ica**/electron**isch***). Le néerlandais, en revanche, répartit souvent les charges expressives entre deux suffixes différents.

De nouveau, cette différence entre les deux langues s'observe clairement dans les données dictionnairiques analysées : plus de la moitié des paires bicatégorielles (183 items sur 358, soit 51,12%) en français se termine par un suffixe susceptible d'une double catégorisation (40) (en excluant les formations participiales et néoclassiques), alors que ce procédé est – à quelques exceptions de suffixation non endogène près (p. ex. *nominatief* 'nominatif', *non-actief* 'non actif') – absent dans les données néerlandaises :

(40) *(le) narcissique, (le) natif, (le) naturaliste, (le) navigateur, (le) noiraud, (le) nutritionniste,...*

Les traductions fournies par le dictionnaire confirment que le néerlandais recourt en effet très souvent à deux suffixes différents pour différencier le nom et l'adjectif (41a), soit à l'ajout d'un suffixe nominalisant à la forme adjectivale[18] (41b) :

(41) a. *Namibien* 'Namibi**ër**'/*namibien* 'Namib**isch**' ; *nativiste* 'nativ**ist**' (N)/ 'nativ**istisch**' (A) ; *néo-zélandais* 'Nieuw-Zeeland**s**'/*Néo-Zélandais* 'Nieuw-Zeeland**er**/Zeeland**se**' ; *nietzschéen* 'nietzsche**aan**' (N)/'nietzsche**aans**' (A)
b. *noir* 'zwart'/*un Noir* 'een zwart**e**'; *nécessaire* 'noodzakelijk'/*le nécessaire* 'het noodzakelijk**e**'; *naïf* 'naïef'/*naïf* 'naïev**eling**'

Le pouvoir catégorisant des suffixes natifs du néerlandais est en effet très déterminatif : à titre illustratif, les suffixes natifs *-achtig, -baar, -elijk, erig, -ig, -loos* et *-zaam* forment toujours des adjectifs qualificatifs, quelle que soit la catégorie de la base (Booij 2018), par exemple :

(42) *rotsachtig* (base nominale) 'rocheux', *weigerachtig* (base verbale) 'récalcitrant', *groenachtig* (base adjectivale) 'verdâtre'

Cette unicatégorialité est beaucoup moins systématique pour les suffixes non natifs, p. ex. *metriek* '(la) métrique', *nasaal* 'la nasale, nasal', etc.

Aux suffixes catégoriellement différenciés du néerlandais s'ajoutent encore les affixoïdes, typiques des langues germaniques, notamment les suffixoïdes issus d'adjectifs, qui eux aussi entrainent la création de mots exclusivement adjectivaux :

(43) *vitamine**rijk*** 'riche en vitamines ; *calorie**arm*** 'pauvre en calories' ; *auto**vrij*** 'lit. voiture-libre ; sans voitures, interdit aux voitures'

3.2.4 Stratégies compensatoires du néerlandais

De manière générale, les cloisons entre les items N-A correspondants en néerlandais sont plus étanches car sanctionnées par la morphologie lexicale. Les données issues du dictionnaire traductif nous révèlent que, outre le recours à des suffixes monocatégoriels, le néerlandais met en œuvre d'autres stratégies compensatoires, telles que le recours à des composés subordonnés (44a-b) et à

---

[18] La distorsion catégorielle A > N de type neutre (Lauwers 2008) correspond donc, *in fine*, à une dérivation suffixale en néerlandais. La morphologie (à réalisation phonique, mais productive) se substitue une fois de plus à la syntaxe.

des dérivations compositionnelles ('samenstellende afleiding') (44c), en plus des paraphrases syntaxiques (syntagmes nominaux, relatives), là où il n'existe pas d'équivalent nominal/adjectival lexical en néerlandais (45) :

(44) a. adjectif (dénominal) en français correspondant au modificateur nominal d'un composé en néerlandais : *personnel navigant* 'boordpersoneel' ; *point nodal* 'knooppunt' ; *arbre nain* 'dwergboom' ; *régime nazi* 'nazibewind' ; *locuteur natif* 'moedertaalspreker' ; *loi naturelle* 'natuurwet'
b. nom simple (désadjectival) en français correspondant à un composé en néerlandais (où la fonction d'instrument est explicitée par la tête *middel* 'instrument, moyen') : *nettoyant* 'reinigingsmiddel (aussi : allesreiniger)' ; *narcotique* 'verdovingsmiddel'
c. dérivation compositionnelle : *néerlandophone* 'Nederlandstalig(e)'

(45) *Nantais(e)* 'inwoner, inwoonster van Nantes' ; *neutralisant* 'neutraliserende stof' ; *naufragé* 'schipbreukeling' (N)/'die schipbreuk heeft geleden' (A) ; *nobélisable* 'die/dat kandidaat is voor een Nobelprijs'

Ce sont surtout les dérivations compositionnelles, encore proches de la dérivation, ainsi que les compositions, qui sont particulièrement pertinentes ici. La dérivation compositionnelle (p. ex. *un blouson crème/een crèmekleurige vest*) est un procédé de morphologie lexicale qui combine deux bases avec un suffixe, sans étape intermédiaire de composition (*crème + kleur + -ig* ; *Nederlands + taal + -ig*) (cf. *E-ANS* : § 12.4.4). Ce procédé n'a pas d'équivalent en français. Puis, la composition subordonnée de type [N + N], de nature catégorisante (46) ou qualifiante (47), est également très productive en néerlandais (cf. aussi les exemples dans (44a)) :

(46) *oorlogsdaad* 'acte guerrier', *misdaadroman* 'roman policier', *ijzerdraad* 'fil de fer', *damesfiets* 'bicyclette de dame', *perentaart* 'tarte aux poires'

(47) *in topconditie* 'en pleine forme', *hoofdrol* 'rôle principal'

Ce procédé de nature morphologique – le profil accentuel en fait foi – permet d'insérer directement des noms, sans préposition, même si souvent un élément de liaison apparaît (*-en* ou *-s*, trace d'un ancien génitif). Le français, quant à lui, recourt à un adjectif relationnel ou a besoin d'une préposition (syntagmes lexicalisés en *de* ou *à*), comme le montrent les exemples en (46).

Dans les deux cas, il s'agit de procédés morphologiques qui montrent une fois de plus que le néerlandais exploite beaucoup plus que le français la morphologie lexicale pour couvrir le spectre de l'adjectivité. Il reste toutefois que, en dépit de sa nature morphologique, la composition subordonnée à base de noms nus utilisés comme modificateurs, se rapproche de la conversion dans la mesure où le nom nu y est utilisé sans ajout de matériel morphologique. Certes, la décatégorisation – comme le montre par exemple *[toekomstige nazi]bewind) – liée à l'incorporation n'y aboutit pas à une recatégorisation comme dans le cas de la conversion. La fonction de modificateur n'en fait donc pas encore un adjectif, même si un processus ultérieur de *debonding* et d'adjectivisation est possible (cf. 3.2.2). De ce point de vue, on serait donc tout au plus dans une configuration de type distorsion catégorielle, à condition, toutefois, que l'on accepte que ce phénomène puisse aussi jouer en morphologie lexicale (cf. Van Goethem & Koutsoukos 2018 sur la distorsion catégorielle en morphologie).

4 Mise en perspective typologique

Toutes les observations réunies ici convergent vers un constat très simple : si les deux langues distinguent clairement le nom de l'adjectif au niveau des classes de mots – il ne s'agit pas de langues « flexibles » à la Hengeveld (2013)[19] –, la perméabilité de la frontière entre adjectif et nom est nettement moins grande en néerlandais, ce qui a un impact non négligeable sur le concept d'« adjectivité ». En clair, à l'instar de l'allemand (cf. Berg 2014), le néerlandais permet moins facilement aux noms d'être utilisés en emploi adjectival sans marquage formel supplémentaire, que ce soit sous la forme de distorsions catégorielles ou de conversions. Cette rigidité catégorielle est étroitement liée au poids et à la productivité des procédés morphologiques à réalisation phonique ouverte. Notons que c'est aussi la morphologie, grammaticale, celle-là, qui vient compenser à travers l'opposition fléchi/non fléchi les latitudes positionnelles plus réduites du néerlandais relatives à l'emploi épithète.

C'est donc la morphologie lexicale qui établit des cloisons plus étanches entre le nom et l'adjectif en néerlandais. Il n'en découle pas pour autant un déficit expressif, car le néerlandais répartit tout simplement la charge expressive sur plusieurs suffixes (plus spécialisés) et certains de ces suffixes sont même extrêmement productifs, au point qu'ils peuvent rivaliser avec la portée des procédés syntaxiques, comme le montre le suffixe *-achtig* (p. ex. *je ne suis pas très fromage/ik ben niet zo kaasachtig*). S'y ajoutent encore des dérivations

---

[19] Toutefois, pour ce qui de la frontière adjectif/adverbe, le néerlandais pourrait être qualifié de *langue flexible*, cf. Rijkhoff & Van Lier (2013 : 9).

adjectivales au moyen de suffixoïdes, p. ex. *zoutarm* 'pauvre en sel'. En outre, le néerlandais fait appel à la dérivation compositionnelle de type [N + N + suffixe] et à la composition, de nature catégorisante ou qualifiante, dans laquelle un nom peut s'insérer en fonction de modificateur. Si la composition de type [N + N], moule pourtant très malléable, n'est pas nécessairement capable de recatégoriser le nom en adjectif, force est de constater qu'un certain nombre de noms qui y figurent se sont engagés dans la voie de l'adjectivisation à travers un processus subséquent de *debonding*, processus dépendant de certaines conditions morphologiques, sémantiques et phoniques (cf. 3.2.2).

Pour terminer, signalons que la perméabilité que nous avons constatée en français n'est pas une idiosyncrasie de la catégorie adjectivale. Elle se retrouve aussi, par exemple, dans le domaine du massif et du comptable, où les mêmes régularités se dégagent : là où les mécanismes de transfert – qu'on les qualifie de conversion ou de distorsion/coercition – sont très puissants en français, le néerlandais se montre plus rigide et davantage porté sur la composition et la dérivation au moyen du suffixe diminutif (Lauwers & Vermote 2014) :

- du comptable au massif :

(48) 'animal' > 'viande de cet animal' : *un veau > du veau* vs *een kalf > kalfsvlees* 'lit. veau-viande' (*??kalf*)

- du massif au comptable :

(49) 'matière' > 'sorte de matière' (selon le mécanisme du « trieur universel ») : *de l'acier > des aciers* vs *staal > staalsoorten* 'lit. acier-sortes' (**stalen*)

  - les transferts s'inscrivant dans le cadre du « conditionneur universel », par exemple :

(50) 'boisson' > 'portion conventionnelle de la boisson' : *de la bière > une bière* vs *bier > een biertje* (**een bier*[20] ; *-tje* = suffixe diminutif)

(51) 'matière' > 'objet fabriqué en cette matière' : *du plomb > un plomb* / vs / *lood > een loodje* (*??* *een lood* ; *-je* = suffixe diminutif)

Il semble donc que nous ayons mis le doigt sur un contraste typologique assez robuste. Notons, pour terminer, que le contraste avec le néerlandais (proche de

---

20 *Een bier* semble toutefois plus acceptable dans la variante septentrionale du néerlandais.

l'allemand) rapproche indirectement le français – pourtant une langue réputée « rigide » (*e.a.* Gilles 2010) sur plusieurs plans – de l'anglais (Lamiroy 2011 : 8–12), dont on reconnaît depuis longtemps la flexion très pauvre, et, corollairement, les nombreuses conversions (Valera 2004, 2014 ; Berg 2014), ainsi que, plus récemment, l'extensibilité des structures argumentales (Perek & Hilpert 2014).

Bibliographie

Aarts Bas, 2007, *Syntactic Gradience. The Nature of Grammatical Indeterminacy*, Oxford, Oxford University Press.
Amiot Dany, Van Goethem Kristel, 2012, « A constructional account of French -*clé* 'key' and Dutch *sleutel*- 'key' as in *mot clé/sleutelwoord* 'key word' », *Morphology*, 22 : 347–364.
Arnauld Antoine, Lancelot Claude, 1660, *Grammaire générale et raisonnée*, Paris, Pierre Le Petit.
Audring Jenny, 2018, « Adjectival inflection », *Taalportaal* : http://www.taalportaal.org/taalportaal/topic/pid/topic–13998813296919801.
Audring Jenny, Booij Geert, 2016, « Cooperation and coercion », *Linguistics*, 54/4 : 617–637.
Berg Thomas, 2014, « Boundary permeability : A parameter for linguistic typology », *Linguistic Typology*, 18/3 : 489–531.
Bloomfield Leonard, 1933, *Language*, New York, Holt, Rinehart & Winston.
Booij Geert, 2002, *The Morphology of Dutch*, Oxford, Oxford University Press.
Booij Geert, 2018, « Adjectival suffixes », *Taalportaal* : http://www.taalportaal.org/taalportaal/topic/pid/topic–14248797291996855.
Booij Geert, Audring Jenny, 2018, « Geographical adjectives », *Taalportaal* : http://www.taalportaal.org/taalportaal/topic/pid/topic–13998813294426868.
Curat Hervé, 1992, « Rôle de l'ordre de perception des signifiants dans l'interprétation des épithètes », *Revue québécoise de linguistique théorique et appliquée*, 11 : 123–141.
Diepeveen Ariane, 2012, *Modifying words : Dutch adverbial morphology in contrast*, PhD Thesis, Freie Universität Berlin, https://refubium.fu-berlin.de/handle/fub188/9301.
Gilles Philippe, 2010, *Le français, dernière des langues. Histoire d'un procès littéraire*, Paris, PUF.
Goes Jan, 1993, « À la recherche d'une définition de l'adjectif », *L'information grammaticale*, 58 : 11–14.
Goyens Michèle, 1994, *Emergence et évolution du syntagme nominal en français*, Bern, Peter Lang.
Hengeveld Kees, 2013, « Parts-of-speech systems as a basic typological determinant », *in* J. Rijkhoff & E. Van Lier (eds.), *Flexible word classes : typological studies of underspecified parts of speech*, Oxford, OUP : 31–55.
Kerleroux Françoise, 1996, *La coupure invisible. Études de syntaxe et de morphologie*, Villeneuve d'Ascq, Presses Universitaires du Septentrion.
Lamiroy Béatrice, 2011, « Degré de grammaticalisation à travers les langues de la même famille », *Mémoires de la Société de linguistique de Paris*, 19, Leuven, Peeters : 167–192.
Larson Richard, 1998, « Events and modification in nominals », *in* D. Strolovitch, A. Lawson (eds.), *Proceedings from Semantics and Linguistic Theory (SALT) VIII*, Ithaca, NY, CLC Publications : 145–168.

Lauwers Peter, 2007a, « Nous sommes ø linguistes. Quelques nouvelles pièces à verser à un vieux dossier », *Neuphilologische Mitteilungen*, 108 : 247–283.

Lauwers Peter, 2007b, « Les noms nus inanimés attributs. Essai de classification syntaxique et sémantique », *Journal of French Language Studies*, 17/1 : 151–171.

Lauwers Peter, 2008, « The nominalization of adjectives in French : from morphological conversion to categorial mismatch », *Folia Linguistica*, 42/1: 135–176.

Lauwers Peter, 2014a, « Between adjective and noun : category/function, mismatch, constructional overrides and coercion », *in* R. Simone, F. Masini (eds.), *Word classes. Nature, typology and representations*, Amsterdam/Philadelphia, John Benjamins : 203–225.

Lauwers Peter, 2014b, « Copular constructions and adjectival uses of bare nouns in French : a case of syntactic recategorization? », *Word*, 60 : 89–122.

Lauwers Peter, Vermote, Timotheus, 2014, « La flexibilité de l'opposition massif/comptable en français et en néerlandais : une étude contrastive », *Syntaxe et sémantique*, 15 : 139–170.

Lehmann Christian, 2008, « Roots, stems and word classes », *Studies in Language*, 32: 546–567.

Lyons Christopher, 1999, *Definiteness*, Cambridge, Cambridge University press.

Maesfranckx Patricia, Taeldeman Johan, 1998, « Polyseem, polyvalent en vaag -*achtig* », *in* E. Hoekstra, C. Smits (eds.), *Morfologiedagen 1996* : 84–105.

Noailly Michèle, 1990, *Le substantif épithète*, Paris, PUF.

Noailly Michèle, 1999, *L'adjectif en français*, Paris/Gap, Ophrys.

Norde Muriel, 2009, *Degrammaticalization*, Oxford, Oxford University Press.

Norde Muriel, Van Goethem Kristel, 2018, « Debonding and clipping of prefixoids in Germanic : Constructionalization or constructional change? », *in The Construction of Words. Advances in Construction Morphology*, Springer, Dordrecht : 475–518.

Perek Florent, Hilpert Martin, 2014, « Constructional tolerance : Cross-linguistic differences in the acceptability of non-conventional uses of constructions », *Construction and Frames*, 6/2 : 266–304.

Rijkhoff Jan, Van Lier Eva, 2013, *Flexible word classes : typological studies of underspecified parts of speech*, Oxford, OUP.

Swart Henriëtte de, Winter Yonad, Zwarts Joost, 2005, « Bare Predicate Nominals in Dutch », *in* E. Maier, C. Bary & J. Huitink (eds.), *Proceedings of SuB9*, Nijmegen, NCS : 446–460.

Tummers José, 2005, *Het naakt(e) adjectief : een kwantitatief-empirisch onderzoek naar de buigingsvariatie bij neutra in het Nederland*s, PhD, KULeuven.

Valera Salvador, 2004, « Conversion vs. unmarked word-class change », *SKASE Journal of Theoretical Linguistics*, 1/1 : 20–42.

Valera Salvador, 2014, « Conversion », *in* R. Lieber & P. Štekauer (eds.), *The Oxford Handbook of Derivational Morphology*, NY, Oxford University Press : 154–168.

van der Wouden Ton, Booij Geert, 2018, « Nominal suffixation : person nouns », *Taalportaal* : http://www.taalportaal.org/taalportaal/topic/pid/topic-14419056073089570.

Van de Velde Freek, Weerman Fred, 2014, « The resilient nature of adjectival inflexion in Dutch », *in* P. Sleeman P., F. Van de Velde F. & H. Perridon H (eds.), *Adjectives in Germanic and Romance*, Amsterdam/Philadelphia, John Benjamins : 113–146.

Van Goethem Kristel, 2008, « *Oud-leerling* versus *ancien élève* : A comparative study of adjectives grammaticalizing into prefixes in Dutch and French », *Morphology*, 18 : 27–49.

Van Goethem Kristel, Amiot Dany, 2018, « Compounds and multi-word expression in French », *in* B. Schlücker (ed.), *Complex lexical units : compounds and phrases*, Berlin, De Gruyter : 127–152.

Van Goethem Kristel, De Smet Hendrik, 2014, « How nouns turn into adjectives. The emergence of new adjectives in French, Dutch and English through debonding processes », *Languages in Contrast*, 14/2 : 251–277.

Van Goethem Kristel, Matthias Hüning, 2015, « From noun to evaluative adjective : conversion or debonding? Dutch top and its equivalents in German », *Journal of Germanic Linguistics* 27/4 : 365–408.

Van Goethem Kristel, Koutsoukos Nikos, 2018, « "Morphological transposition" as the onset of recategorization : the case of *luxe* in Dutch », *Linguistics*, 56/6 : 1369–1412.

Vendler Zeno, 1967, « The Grammar of Goodness », *in Linguistics in Philosophy*, Ithaca, Cornell University Press : 172–195.

Vikner Sten, 2006, « SOV/SVO and Predicative Adjective Agreement », *in The Germanic Languages and the SOV/SVO difference, DGfS/GLOW Summer School : Micro- & Macrovariation*, University of Stuttgart, ms.

Wilmet Marc, 1986, *La détermination nominale : quantification et caractérisation*, Paris, PUF.

Ouvrages de référence

E-ANS : version électronique de la *Algemene Nederlandse Spraakkunst*, http://ans.ruhosting.nl/e-ans/index.html.

NGF : *Nederlandse Grammatica voor Franstaligen*, Chapitre *De naamwoordelijke constituent*, https://www.arts.kuleuven.be/ling/project/ngf.

Van Dale elektronische woordenboeken. Set Groot Nederlands, Engels, Frans & Duits 7.0 (Windows).

Stéphanie Benoist
Chapitre 15 L'adjectivité en allemand et en français – étude comparative

1 Comment se pose le problème de l'adjectivité en allemand ?

Comme le souligne Trost (2006 : 3), un des rares auteurs à avoir consacré récemment une monographie à l'adjectif[1], le traitement de cette catégorie lexicale a lieu surtout dans les grammaires et les manuels universitaires. L'existence d'une classe de mots « adjectif » en allemand y est consensuelle, bien que les contours de la catégorie le soient moins. L'adjectif peut être défini comme un type de mot non autonome, qui véhicule une information en s'appuyant sur un autre support d'information, qui est le plus souvent nominal. Il peut s'employer dans une forme fléchie comme épithète du nom (*attributiv*), ou bien dans une forme non fléchie comme attribut (*prädikativ*) ou comme adverbe (*adverbial*).

En s'appuyant majoritairement sur les travaux de Eroms (2000) et de Engel (1988/1991), Trost (2006) propose une définition de l'adjectif reposant sur des traits prototypiques. Selon lui, les adjectifs peuvent :

1. apparaître entre le déterminant et le nom et s'accorder avec ce dernier en genre, en nombre et en cas,
2. et/ou, associés à un verbe copule, être des attributs. Ils ne sont alors pas déclinés,
3. être employés comme épithètes postposées, et sont alors non déclinés,
4. subir une comparaison,
5. être employés non seulement comme épithètes et comme attributs, mais aussi comme adverbes.

Les adjectifs qui réunissent toutes ces propriétés sont les prototypes de la catégorie. Les caractéristiques 1 et/ou 2 sont obligatoires, tandis que les 3 dernières sont facultatives (Trost 2006 : 4).

---

1 À noter aussi : Rode (2011), Schwenk (2015), Telschow (2014).

Stéphanie Benoist, Université Bourgogne Franche Comté – Centre interlangues Texte Image Langage

https://doi.org/10.1515/9783110604788-016

Par ailleurs, un croisement de critères sémantiques et syntaxiques permet de distinguer plusieurs types d'adjectifs : les adjectifs de qualité relatifs[2], qui acceptent les fonctions d'épithète, d'attribut et d'adverbe, et qui peuvent prendre des marques de degré ; les adjectifs de qualité absolus[3], qui ont les mêmes propriétés, excepté le degré ; et les adjectifs de relation[4], qui ne peuvent être qu'épithètes et qui n'acceptent pas le degré (cf. Trost 2006 : 6–7).

Comme le souligne Eichinger (2007 : 173), la classe des adjectifs est difficile à établir parce que tous les exemplaires de la catégorie ne partagent pas les mêmes propriétés, que les adjectifs prototypiques (ceux qui constituent le centre de la catégorie) ne sont pas les plus nombreux, et enfin parce que les limites avec les autres catégories lexicales sont poreuses.

Il est vrai qu'en allemand, la classe de l'adjectif empiète sur les classes voisines, et en premier lieu sur celle de l'adverbe. Les travaux scientifiques et les chapitres de grammaires consacrés à l'adjectif ne peuvent faire l'impasse sur la délimitation problématique de ces deux classes de mots[5], car contrairement au français, l'allemand a perdu le morphème caractéristique de l'emploi adverbial qui existait encore en moyen haut allemand (cf. Eichinger 2007 : 145). Par conséquent, certains adjectifs peuvent, sans changement de forme, accepter la fonction d'épithète, d'attribut ou d'adverbe (par exemple *gut* : *eine gute Arbeit/diese Arbeit ist gut/er arbeitet gut*[6]). L'incidence à un autre adjectif n'est pas non plus exclue : *ein unheimlich netter Mensch*[7]. La conséquence en est qu'il est plus difficile de définir l'adjectif par son incidence nominale en allemand qu'en français.

Une première option qui s'offre aux grammairiens de l'allemand est alors de considérer l'adjectif comme une classe de mots pouvant avoir plusieurs types d'incidence (incidence au nom, incidence au verbe ou à l'adjectif), et englobant donc les adverbes (c'est par exemple l'option prise par la grammaire *Duden*). Une deuxième possibilité est de distinguer adjectifs et adverbes sur la base de l'opposition entre incidence nominale et incidence verbale (ce que font par exemple Helbig & Buscha 2001). Une autre enfin est de se concentrer sur le critère morphologique pour réserver la dénomination d'*adverbe* aux lexèmes

---

2 *Relative Qualitätsadjektive*.
3 *Absolute Qualitätsadjektive*.
4 *Relationsadjektive*.
5 Voir à ce sujet Telschow (2014) et Schwenk (2015).
6 *Gut* correspond au français *bon* ou *bien* : *un bon travail ; ce travail est bon ; il travaille bien*.
7 Dans son emploi familier, l'adjectif *unheimlich* se traduit par *incroyable*, quand il porte sur un adjectif, il correspond à *incroyablement*, d'où : *un homme incroyablement gentil*.

non déclinables pouvant être incidents à toute sorte d'unités (*oben, hinten, bald, eben, immer, jetzt, sehr*[8],...). C'est par exemple l'option choisie par Eisenberg (1994 : 204).

Quelle que soit l'option choisie, c'est finalement plus la catégorie de l'adverbe qui est sujette à caution que celle de l'adjectif. Les discussions tiennent en grande partie au fait que l'on mélange nature et fonction, comme le souligne Trost (2006 : 8) : « Weder bei den Adjektiven noch bei den Adverbien dürfen Wortart und syntaktische Funktion miteinander verwechselt werden »[9].

Que l'adjectivité soit un phénomène de discours plutôt que de langue, et qu'elle soit affaire de syntaxe, c'est également la conclusion que l'on peut tirer des cas de « distorsions syntaxiques » que constitue par exemple l'emploi comme épithète, attribut ou adverbe des participes 1 ou 2[10]. Mais c'est sur un autre cas de distorsion que notre étude se concentrera : celui de l'emploi adjectival du nom, c'est-à-dire de son adjectivité. Nous laisserons volontairement de côté l'étude de la porosité entre nom et adjectif telle qu'elle apparaît dans les adjectifs substantivés (*das Gute, das Schöne...*) mais aussi des noms devenus des mots invariables employés comme attributs (*pleite, klasse, scheiße...*)[11], qui relèvent plutôt de la « conversion morphologique », pour garder la distinction opérée par Kerleroux (1996), c'est-à-dire de l'adjectivation.

2 L'adjectivité : comparaison allemand-français

Nous poserons comme postulat que l'adjectivité se définit essentiellement par la propriété pour une partie du discours de pouvoir être incidente à un nom[12] et d'apporter une caractérisation de celui-ci. Cette définition a conduit pour le français à observer que le nom a souvent un comportement adjectival, que ce soit en fonction épithète (1) (Salles 2004 ; Noailly 2000), en fonction attribut (2) (Kupferman 1991 ; Forsgren 2000 ; Lauwers 2007 ; ...) ou encore apposé (3) (Neveu 2004). Notre propos est d'étudier si et comment ces trois emplois adjectivaux s'appliquent à l'allemand.

---

8 *En haut, derrière, bientôt, justement (selon contexte), toujours, maintenant, très.*
9 'Tant pour les adjectifs que pour les adverbes, il convient de ne pas confondre classe de mots et fonction syntaxique'.
10 C'est ce qui conduit Eichinger (2007) à les nommer *Verbaladjektive*.
11 *Adkopula* chez Eichinger (2007).
12 Cette propriété n'étant pas exclusive d'autres incidences.

2.1 La fonction épithète

La problématique de l'adjectivité du nom en fonction épithète s'est notamment illustrée par les études sur les noms adjectivés (cf. Salles 2004 ; Amiot & Van Goethem 2010).

Selon Salles (2004), les noms adjectivés en fonction épithète, que l'on trouve par exemple dans *amendement surprise, radio pirate, domaine clé, chaussures tendances, images choc, idée force, livre événement, film monument*, etc. possèdent certaines des propriétés prototypiques des adjectifs (cf. Goes 1999 : 129–130[13]), en ceci qu'ils peuvent figurer en fonction d'épithète, d'attribut, et qu'ils peuvent – pour les « plus adjectivés » d'entre eux – être sous la portée de l'intensificateur *très* (ex. *un cas limite, un cas très limite, ce cas est (très) limite*)[14].

La problématique des noms adjectivés ne se pose pas exactement dans les mêmes termes en allemand. En effet, dans les langues germaniques, la qualification du nom par un autre nom relève non pas de la fonction épithétique classique (où l'adjectif est à gauche du nom), mais de la composition[15]. Plus précisément, il s'agit d'un type marginal de nom composé[16], parfois appelé « qualifiant », par opposition au composé « typifiant », bien plus fréquent (Amiot & Van Goethem 2010 pour le néerlandais).

Le critère majeur qui différencie le composé qualifiant du composé typifiant est que dans le premier cas, le nom déterminant peut se détacher en attribut. Appliqué à l'allemand, on observe que *das ist ein Kultbuch*[17] peut être transformé en *dieses Buch ist Kult*[18], tandis que *das ist ein Kochbuch*[19] ne correspond pas à **dieses Buch ist Koch*[20]. On peut aussi opposer le composé

---

[13] Rappelons que les propriétés prototypiques de l'adjectif sont selon Goes (1999 : 130) : l'accord en genre et en nombre avec le nom support, le fait d'accepter la gradation par *très* quelle que soit la fonction de l'adjectif, la possibilité pour l'adjectif en fonction épithète de glisser de l'anté- à la postposition et vice-versa, et celle d'être employé comme attribut.
[14] Cf. le chapitre de J. Goes dans le présent ouvrage.
[15] Cf. le chapitre d'E. Mignot, par exemple, dans le présent ouvrage.
[16] Les noms composés servent essentiellement à la catégorisation d'objets. Les lexèmes qui les composent n'entretiennent pas un rapport de qualification, mais de spécification (*Determinativkomposita*, type *Haustür*) ou, plus rarement, d'adjonction (*Kopulativkomposita*, type *Radiowecker*), (cf. *Duden Grammatik*, p. 718–720).
[17] 'C'est un livre culte'.
[18] 'Ce livre est culte'.
[19] 'C'est un livre de cuisine'.
[20] *'Ce livre est cuisine'.

typifiant *Piratenschiff*[21] au composé qualifiant *Piratenradio*[22], qui seul peut accepter d'être « dé-composé » en *das Radio ist Pirat*.

Parmi les noms adjectivés identifiés pour le français, beaucoup n'ont pas de correspondant en allemand[23]. Nous nous concentrerons donc sur les couples qui permettent une comparaison : *culte/Kult* et *tendance/Trend*, puis *clé/Schlüssel* et *record/Rekord*.

2.1.1 *Culte* vs. *Kult* et *tendance* vs. *Trend*

a) Culte/Kult

Culte s'emploie en français comme nom épithète (*film culte, série culte, livre culte, objet culte*), comme attribut (*C'est un film qui va devenir culte pour certains*)[24] et il peut être soumis à des modifications adverbiales ou de degré (*un film vraiment/totalement culte ; le très culte Citizen Kayne*)[25].

En allemand, *Kult* crée lui aussi un certain nombre de composés dans une série très homogène de noms désignant des productions culturelles (*Kultbuch, Kultfilm, Kultobjekt, Kultserie,...*).

Kult s'emploie aussi en fonction d'attribut :

(1) Schwarzes Outfit mit schwarzer Sonnenbrille sind wieder Kult.
 'Les vêtements noirs et les lunettes de soleil noires sont de nouveau culte'.

(2) Abba ist Kult, aber leider nicht mehr auf Tournee[26].
 'Abba est culte, mais malheureusement plus en tournée'.

Il peut subir une comparaison de supériorité :

(3) Mit Corny Littmann als Präsident ist der Klub noch mehr Kult geworden.
 'Avec Corny Littmann comme président, le club est devenu encore plus culte'.

---

21 'Bateau-pirate'.
22 'Radio-pirate'.
23 *Limite* peut par exemple avoir pour équivalent *Grenze* seulement dans *Grenzfall* et *Grenzdebil*. Sont en revanche attestés dans le corpus de Leipzig *Überraschungsbesuch, Überraschungsgast, Überraschungsparty, Überraschungsei, Schockbilder*.
24 Exemple cité par Salles (2004 : 9).
25 *Ibid.*
26 Exemples tirés de la base *Cosmas 2*.

(4) Es ging darum, ob Jägermeister in Zukunft <u>noch mehr Kult werden</u> würde.
'La question était de savoir si Jägermeister allait devenir encore plus culte à l'avenir'.

Les corpus en ligne de Leipzig ou Cosmas 2 ne livrent en revanche aucune occurrence de *Kult* accompagnée d'un graduatif *(*sehr Kult, *durchaus Kult)*, mais plusieurs de *wirklich Kult*.

(5) Bierhoff ist sich jedenfalls sicher, dass das adidas-Shirt ein großes Erfolgsmodell wird : « Ich denke, die Trikots <u>können wirklich Kult werden</u> ».
'Bierhoff est en tout cas certain que la chemise Adidas sera un succès. « Je pense que ces tricots peuvent devenir vraiment culte »'.

Culte et *Kult* ont donc à peu près le même comportement, à ceci près que la gradation par *sehr* n'est pas attestée pour *Kult*, ce qui semble réduire son adjectivité par rapport à *culte*.

b) Tendance/Trend
Tendance fait partie des noms dont l'adjectivité est très forte. Selon Salles (2004 : 10), il s'emploie comme épithète (*un pull tendance*), comme attribut sans déterminant (*C'est tendance*) et peut être modifié par le graduatif *très* (*C'est très tendance*).
  Mais pour l'allemand, l'analyse de *Trend* donne les mêmes résultats que celles de *Kult*. En effet, la base de données *Cosmas 2* fait apparaître une série cohérente de noms composés où *Trend* a cette signification qualificative :

> Trendartikel, Trendbar, Trendideen, Trendlokal, Trendberuf, Trendfarbe, Trendgetränke, Trendhobby, Trendmode, Trendobjekt, Trendgerät, Trendprodukt, Trendsport, Trendsportart, Trendsportler, Trendstadt, Trendmetropole.

Trend peut être employé comme attribut, en revanche *sehr Trend sein* n'est pas attesté (mais *ist wirklich Trend* l'est, même s'il est rare).

(6) Triathlon <u>ist Trend</u> in Wolfenbüttel.
'Le triathlon est tendance à Wolfenbüttel.'

(7) Es <u>ist wirklich Trend</u>, man sieht's überall![27]
'C'est vraiment tendance. On le voit partout.'

---

[27] *Ibid.*

L'absence d'emploi du graduatif se*hr* signale un moindre degré d'adjectivité de *Kult* et de *Trend* par rapport à leurs correspondants français.

2.1.2 *Record* vs. *Rekord* et *clé* vs. *Schlüssel*

a) Record/Rekord
Dans les deux langues, le mot s'emploie comme épithète ou dans un composé :

> Rekordhitze, Rekordpreis, Rekordumsatz, Rekordbesuch, Rekordergebnis, Rekordernte, Rekordzahlen vs.
>
> *Chiffres, résultats, pertes, temps, températures, affluence record.*

Les exemples attestés en français sont particulièrement variés dès que le nom support désigne une réalité quantifiable.

Néanmoins, en français, la mobilité de *record* en fonction d'attribut est très limitée. Le seul emploi que nous ayons trouvé est celui cité par Goes (1999 : 153) et emprunté à Noailly :

> Le taux d'abstention reste record.

Concernant l'allemand, l'autonomisation de *Rekord* paraît plus facile qu'en français, aussi bien comme attribut que comme base d'incidence d'une modification adverbiale. L'emploi attributif de *Rekord* est attesté par un très grand nombre d'occurrences sur *Cosmas 2* :

(8) 1601 Aussteller aus 56 Ländern sind Rekord für die Grüne Woche
 '1601 exposants provenant de 56 pays constituent un record pour la Semaine Verte.'

(9) Seine 41 Tore in der Liga sind Rekord.
 'Ses 41 buts dans la ligue constituent un record.'

(10) Auch die 494 Zentimeter Schneefall sind Rekord.
 'Les 494 centimètres de neige constituent également un record.'

La paire *Rekord* vs. *record* est un cas rare où le nom allemand paraît avoir plus de propriétés adjectivales que son correspondant français.

Rekord n'accepte pas de modification du degré (*sehr Rekord n'est pas attesté dans *Cosmas 2*), mais la modalisation par *wirklich* est possible (une occurrence dans *Cosmas 2*) :

(11) Wer definiert mir nun eine Rekordsumme, was kann ich mir darunter vorstellen, ist 150.000 Dollar **wirklich Rekord?**
'Mais qui peut me dire ce qu'est une somme record, comment puis-je me la représenter ? 150 000 dollars sont-ils réellement un record ?'

Comme dans les cas précédents, le fait que ces noms attributs soient de préférence précédés de *wirklich* plutôt que de *très* indique que la prédication porte sur une opération de catégorisation plutôt que de qualification. Dans son emploi attributif, le nom conserve donc certaines des propriétés inhérentes à sa catégorie.

b) Clé/Schlüssel
Amiot & Van Goethem (2010) démontrent que *clé* est un nom adjectivé, car il présente de nombreux traits d'adjectivité : il peut être modifié par un adverbe (excepté *très*), il peut modifier une structure polylexématique, il peut être employé comme attribut, il supporte le comparatif et le superlatif.

Même si certains emplois qualifiants sont attestés en néerlandais[28] *(sleutelbegrip, sleutelfiguur, sleutelfunctie, sleutelmoment),* les mêmes auteurs ont signalé l'absence de traits adjectivaux pour l'équivalent néerlandais *sleutel*. Aucun emploi considéré comme adjectival pour *clé* n'est attesté pour *sleutel*, la palette d'emplois du lexème est plus restreinte, et les mots composés sont difficiles à construire[29].

Ces observations nous semblent pouvoir être reprises pour l'allemand *Schlüssel* car
i) les composés qualifiants sont attestés et forment une série très homogène :

Schlüsselbegriff, Schlüsselerlebnis, Schlüsselfigur, Schlüsselfunktion, Schlüsselfrage, Schlüsselposition, Schlüsselstellung, Schlüsselqualifikation, Schlüsselrolle, Schlüsselstellung, Schlüsselwort.

mais
ii) l'emploi « dé-composé » de *Schlüssel* paraît impossible quel qu'il soit (attribut[30], modifié par un adverbe, par un comparatif, modifiant une structure polylexématique, etc.).

---

[28] Cf. le chapitre de P. Lauwers & K. Van Goethem dans le présent ouvrage.
[29] Amiot & Van Goethem (2010 : 853).
[30] L'emploi attribut de *Schlüssel* est attesté dans la base de données *Cosmas 2*, mais nous ne le prenons pas en considération parce qu'il s'agit de condensations dans des titres d'articles pour lesquelles on peut reconstituer l'article défini (exemple *Kommunikation ist Schlüssel*). Dans le corps des articles, on trouve aussi *Schlüssel* attribut sans article et avec des expansions

Enfin, pour l'allemand comme pour le néerlandais, la traduction d'un nom composé avec *clé* ne fait pas nécessairement appel à un composé en *Schlüssel*[31].

Si l'on s'en tient à la traduction des noms adjectivés du français vers l'allemand, l'adjectivité des noms (épithètes ou déterminants d'un composé qualifiant) paraît globalement plus limitée qu'en français. D'une part, les noms composés concernés sont moins nombreux, et d'autre part, pour les exemples étudiés, l'emploi attributif du premier membre du mot composé est plus rare. *Rekord* est celui des noms étudiés qui a le plus de liberté d'emploi, tandis qu'à l'inverse, *Schlüssel* est celui qui en a le moins. Il semblerait donc qu'il y ait une moindre possibilité de recatégorisation du nom vers l'adjectif en allemand comparé au français, dans la mesure où le premier membre du composé qualifiant peine à adopter un comportement réellement adjectival.

2.2 La fonction attribut

L'incidence au nom, critère d'adjectivité, est également réalisée par la fonction d'attribut du sujet ou de l'objet. Les noms attributs concernent notamment les « noms de statuts », étudiés par Kupferman (1991), Noailly (2004), Lauwers (2007). Ils perdent les propriétés du groupe nominal (absence d'article, d'expansions, absence de coordination avec un adjectif ou un autre nom adjectivé possible, absence de reprise anaphorique).

Dans les structures prédicatives comme :

(12)   Paul est médecin/professeur/fonctionnaire/champion/végétarien.

le nom nu peut entrer en concurrence avec le nom indéfini :

(13)   ?Paul est un médecin/un professeur/un fonctionnaire/un champion/un végétarien.

Cette dernière construction est toutefois moins usuelle sans expansion et s'accommode mal du pronom anaphorique : *Paul est un médecin de renom, ?il est un médecin.*

(ex. *ist Schlüssel zum Erfolg*), mais là encore, l'article défini est facilement reconstituable (*ist der Schlüssel zum Erfolg*). Par conséquent *Schlüssel* ne semble pas être un nom adjectivé.
31 *Élément-clé* : *wichtiger Bestandteil*, *chiffre-clé* : *Kennzahl*, *idée-clé* : *Kernidee, Leitidee*, *problème-clé* : *Grundproblem, Kernproblem, zentrales Problem*, etc.

Plusieurs analyses de la différence des prédications à nom nu et à groupe nominal indéfini ont été proposées : ainsi, pour Kupferman (1991 : 65), « *Être un médecin* renvoie aux caractéristiques intrinsèques du sujet, et *être Ø médecin* à son statut social (une instance du particulier). Pour Lauwers (2007 : 262), *être un médecin* est une « prédication classifiante (ou typante) et *être médecin* une « prédication catégorisante ».

Ces analyses s'appliquent assez bien à l'allemand, mis à part une différence d'emploi du pronom, puisque seul le pronom personnel *er/sie* est possible, et non le pronom « impersonnel » *es*. *Er ist ein Lehrer* opère une classification correspondant à *C'est un professeur*, et pouvant répondre à une demande d'identification (*Wer ist Paul ?*).

(14) Paul/Er ist Lehrer/ein Lehrer.

Il convient de distinguer ces désignations de statut (*il est professeur*) d'emplois caractérisants où le nom nu est accompagné de marques de degré (*très, trop*), qui le font pencher vers la catégorie de l'adjectif.

(15) Il est très professeur/?charpentier.

(16) Il est très artiste/musicien[32]/?maître-nageur.

(17) Elle est très maman avec sa sœur/Il a toujours été très grand frère avec toi/Paula est très femme.

Ces emplois ne désignent alors pas un statut proprement dit, mais attribuent au sujet les caractéristiques typiques, d'ordre psychologique ou comportemental, associées au statut désigné par le nom. La possibilité de la gradation sur ces noms est liée, non pas seulement à la présence d'une propriété saillante dans leur sémantisme, comme le souligne Goes (1999 : 169), mais à la possibilité d'un glissement vers des caractéristiques comportementales habituellement associées à la pratique d'une activité professionnelle. Ceci explique pourquoi d'une part *?Paul est très charpentier/maître-nageur* ne fait pas vraiment sens, mais aussi pourquoi les noms pouvant être gradués par *très* désignent des fonctions qui ne sont pas nécessairement des professions : *il est très mère poule, il est très grand frère, elle est très femme*.

En allemand, quelques emplois gradués sont attestés :

---

32 *Artiste* et *musicien* sont classés comme « adjectifs » pour cet emploi dans *Le Petit Robert*.

(18) Aber ich freue mich auf jeden Film, den Marc dreht. Da bin ich dann schon <u>sehr Mutter</u>.
'Mais je me réjouis de chaque film que Marc tourne. Sur ce point je suis très maman/mère-poule ?'

mais ils sont le plus souvent associés à une comparaison au sens large :

(19) Fast verkniffen ständig um Herz, Feinheit, Originalität und Intellekt bemüht. Mehldau bringt all das in Einklang – wie kein anderer in seinem Metier. Nicht nur ein perfekter Instrumentalist, sondern durch und durch auch <u>so sehr Künstler</u> – im Besten Sinne des Wortes.
'Il se soucie presque obstinément, du cœur, de la finesse, de l'originalité, de l'intellect. Mehldau conjugue tout cela comme aucun autre dans son métier. Il n'est pas seulement un parfait instrumentiste, il est tout autant artiste – au meilleur sens du terme.'

(20) Hauser ist allerdings viel <u>zu sehr Arzt, um</u> nicht zu wissen, wie weit Ideal und Wirklichkeit gerade im Bereich menschlichen Zusammenlebens bisweilen auseinander liegen.
'Hauser est cependant bien trop médecin pour ignorer la distance qui sépare parfois l'idéal et la réalité, notamment quand il s'agit de cohabiter avec quelqu'un.'

(21) Wir sind viel <u>zu sehr Musiker, um</u> uns vom Laptop die Richtung vorgeben zu lassen, versichern die Künstler.
'Nous sommes bien trop musiciens pour nous laisser dicter notre direction par un ordinateur, assurent les artistes.'

(22) Wäre es also besser, die Kinder wären weiter weg? Bianca überlegt, lächelt. „Nein", sagt sie, „auch wenn das bescheuert ist. Ich bin froh, dass sie in Reichweite sind, theoretisch. Dazu ist man dann doch <u>zu sehr Mutter</u>."
'Est-ce que ce serait mieux si les enfants vivaient loin ? Bianca réfléchit, sourit. « Non », dit-elle, « même si c'est stupide. Je suis contente qu'ils soient dans les environs, en théorie. On est trop maman/mère poule pour cela. »'

Dans ces derniers exemples, l'emploi du graduatif *zu sehr*, et non pas de *zu* qui serait le graduatif employé avec un véritable adjectif (*sie ist zu mütterlich*) indique que l'adjectivité du nom nu n'est que partielle. De plus, si l'on compare l'emploi attributif du nom nu *Mutter* et l'emploi attributif de l'adjectif dérivé *mütterlich,* on voit également que l'adjectif évoque certaines qualités habituellement associées à la mère (douceur, tendresse, protection,...) alors que le nom nu gradué *(zu) sehr Mutter* renvoie à une représentation plus vaste, conjuguant qualités prototypiques associées à la mère et désignation d'un rôle social (responsabilité vis-à-vis des enfants, devoir d'assistance,...). Comme le souligne Goes (1999 : 157), « le substantif offre plus de dimensions que l'adjectif » par le fait qu'il est « constitué d'un ensemble de sèmes ».

En résumé, en allemand aussi, certains noms de statut peuvent être graduables quand ils réfèrent aux qualités typiquement associées au dit statut, mais leur nombre est plus restreint qu'en français.

2.2.1 Noms nus attributs désignant des objets

À ces séries on pourrait ajouter d'autres emplois triviaux en français, où le nom nu ne désigne plus un statut mais une inclination (plat, lieu, hobby) comme dans l'exemple suivant :

(23) <u>Êtes-vous plutôt mer ou plutôt montagne</u> ?
En vacances, il y a ceux qui préfèrent partir au bord de la mer et ceux qui optent pour un séjour en montagne. Et vous ? <u>Vous êtes plutôt randonnée ou château de sable ? Lever de soleil sur les sommets vertigineux ou coucher de soleil sur l'horizon infini de l'océan</u> ? Faites le test ! (*Ouest France*, Edition du soir, jeudi 20 juillet 2017)

Les marqueurs du degré comme *très, assez, plutôt*, constitutifs de ces tournures, rapprochent ces noms des adjectifs, mais leur absence d'accord et leur impossibilité d'emploi en fonction épithète les en éloignent.

Ces emplois n'ont absolument pas de correspondant en allemand, ce qui est à interpréter comme un indice supplémentaire de la moins grande adjectivité du nom en allemand.

2.3 Les constructions appositives

Enfin, un moyen d'appréhender l'adjectivité des syntagmes, de quelque nature qu'ils soient, est l'apposition[33]. Celle-ci est définie par Neveu comme « la mise en séquence par appariement de deux segments linguistiques hiérarchiquement

---

[33] Cf. notamment le chapitre de F. Neveu dans le présent ouvrage.

ordonnés, formant une expression désignative complexe, formellement disjointe par le détachement » (2001 : 352). Les deux segments forment une cellule, et sont constitués d'une part d'un support actanciel et d'autre part d'un « terme descripteur détaché » dont la fonction générale est de « prédiquer les propriétés de son contrôleur référentiel ». L'apport opère une prédication seconde, qui peut en contexte avoir une valeur circonstancielle ; il n'est pas référentiel. L'adjectivité suppose l'hétéronomie de l'apport par rapport à son support et est une affaire d'interprétation.

En allemand comme en français, les constructions appositives peuvent concerner des groupes adjectivaux, participiaux, prépositionnels et des groupes nominaux.
 - Groupe adjectival :

(24) Man vergegenwärtige sich einen Brünetten am Anfang der Dreißiger und von stattlicher Statur, dessen Haar an den Schläfen schon merklich zu ergrauen beginnt, dessen rundes, weißes, ein wenig gedunsenes Gesicht aber nicht die Spur irgendeines Bartwuchses zeigt. Es war nicht rasiert, – man hätte es gesehen; <u>weich</u>, verwischt und knabenhaft, war es nur hier und da mit einzelnen Flaumhärchen besetzt. (Mann, *Tristan*, p. 23)
« C'est un homme aux cheveux châtains, d'une trentaine d'années, de taille imposante, et aux tempes grisonnantes. Son visage est rond, pâle et complètement glabre. Il n'a cependant jamais connu le feu du rasoir. On le devine à sa peau qui est restée douce, molle et poupine, recouverte çà et là d'un léger duvet. » (Trad. F. Bertaux & *al.*, p. 168)[34]

Selon Trost (2006 : 283), les adjectifs apposés en allemand ne peuvent concerner que les adjectifs qualificatifs, et non les adjectifs de relation, qui ne peuvent être qu'épithètes, même si le nom sur lequel ils portent est sous-entendu. Ainsi :

(25) *Der Wein, französisch, schmeckt gut.
'Le vin, français, est bon.'

N'est pas acceptable, tandis que :

(26) Der Wein, ein französischer, schmeckt gut.
'Le vin, français, est bon.'

---

34 Littéralement : 'Il [son visage] n'était pas rasé, on l'aurait remarqué. Doux, rond et poupin, il n'avait que çà et là un peu de duvet'.

l'est bien, car le nom élidé devient le support de la prédication.

En allemand, l'adjectif apposé se distingue de l'adjectif épithète par son absence de flexion. Trost (2006 : 282) pose que la distinction entre adjectif épithète et adjectif apposé repose sur l'antéposition. Les adjectifs épithètes ont la fonction de spécifier plus précisément le nom (*näher bestimmen*), tandis que les appositions sont des ajouts relativement autonomes, toujours postposés et à rapprocher des parenthèses. Les adjectifs postposés non déclinés correspondent à des relatives appositives et ont une valeur prédicative.

- Groupe participial :

(27) Alfred Brendel, <u>geboren 1931 in Wiesenberg/Nordmähren</u>, *entstammt einer österreichisch-deutsch-italienisch-slawischen Familie.* (Brendel, *Musik beim Wort genommen*, 2e de couverture)
'Alfred Brendel, né en 1931 à Wiesenberg en Moravie du Nord, vient d'une famille austro-germano-italo-slave.'

(28) Die Persönlichkeit der neuen Patientin erregte ungewöhnliches Aufsehen in Einfried, und Herr Klöterjahn, <u>gewöhnt an solche Erfolge</u>, nahm jede Huldigung, die man ihr darbrachte, mit Genugtuung entgegen. (Mann, *Tristan*, p. 17)
'La personnalité de la nouvelle malade fit sensation à Einfried. M. Klöterjahn, accoutumé à un pareil succès, reçut les hommages qu'on offrait à sa femme avec satisfaction.' (traduction de Félix Bertaux & *al.*, p. 166)

(29) Sie saß im Schnee, <u>ganz in Decken und Pelzwerk verpackt</u>, und atmete hoffnungsvoll die reine, eisige Luft, um ihrer Luftröhre zu dienen. Dann bemerkte sie zuweilen Herrn Spinell, wie er, <u>ebenfalls warm gekleidet und in Pelzschuhen</u>, die seinen Füßen einen phantastischen Umfang verliehen, sich im Garten erging. (Mann, *Tristan*, p. 33–34)
'Elle s'asseyait dans la neige, enveloppée de couvertures et de fourrures, et respirait, pleine d'espoir, l'air glacial nécessaire à ses bronches. Parfois elle apercevait M. Spinell, qui, vêtu chaudement comme elle, ses pieds immenses chaussés de bottines fourrées, se promenait dans le jardin.' (traduction de Félix Bertaux & *al.*, p. 174)

- Groupe prépositionnel :

(30) Sie wurden von den Leuten angestarrt. Dachten wohl : das ist Mutter und Sohn. Oder : das ist ein Liebespaar. Der Luftschutzwart, <u>mit seinem Stahlhelm auf dem Kopf</u>, kaute, sah zu ihnen herüber. Was wird er gedacht haben? (Timm, *Currywurst*, p. 21)

'Les gens les regardaient. Ils pensaient sans doute : c'est une mère et son fils. Ou : c'est un couple d'amoureux. Le responsable de la défense anti-aérienne, son casque en acier sur la tête, mâchonnant quelque chose, leva les yeux vers eux. Qu'aura-t-il pensé ?' (traduction de l'auteure)

- Groupe nominal :
    - « Nominatif absolu » :

(31) San Francisco schläft noch, als Melissa Blaustein – <u>lockige Haare, korallfarbener Badeanzug</u> – um kurz nach sieben Uhr morgens, eine halbe Stunde nach Sonnenaufgang, zum Wasser eilt. (*Die Zeit*, 24. Oktober 2018).[35]
'San Francisco dort encore quand Melissa Blaustein – cheveux bouclés, maillot de bain corail – court à l'eau peu après sept heures, à peine une demi-heure après le lever du soleil.' (traduction de l'auteure)

- « Accusatif absolu » :

(32) Unten im Empfang saßen rechts und links an den Korridorwänden viele alte Frauen und ein paar alte Männer, <u>Filzhausschuhe an den Füßen, orthopädische Manschetten an den Händen,</u> und starrten mich an, als hätten sie seit Tagen auf mein Kommen gewartet. (Timm, *Currywurst*, p. 13).
'En bas à l'accueil, un certain nombre de vielles dames et quelques vieux messieurs étaient assis à droite et à gauche contre les murs du couloir, des charentaises aux pieds et des attelles aux mains. Ils me regardaient comme s'ils attendaient ma venue depuis des jours.' (traduction de l'auteure)

On constate à la lecture de ces exemples que le support sur lequel portent les segments apposés est systématiquement situé dans leur contexte gauche. Il est effectivement beaucoup plus rare en allemand qu'en français que le contrôleur référentiel soit situé à droite du segment apport. La possibilité d'ouverture d'énoncé par une construction détachée n'est d'ailleurs pas traitée dans les recueils d'articles récents consacrés à la question[36]. Cela est-il le signe d'une moindre possibilité pour ces syntagmes d'être employés comme caractérisations d'un groupe nominal support ?

La moins grande facilité pour les syntagmes apposés de figurer en position frontale de l'énoncé est sans doute liée à une fonctionnalité de l'attaque

---

[35] https://www.zeit.de/arbeit/2018-10/rituale-alltag-schwimmen-morgenroutine-erfolg-karriere.
[36] Notamment Marillier (1993), Cortès (2012). Cependant les constructions détachées en ouverture d'énoncé sont étudiées dans les travaux que Marie-Laure Durand (2013) a consacrés à l'apposition en allemand.

d'énoncé différente dans les deux langues. C'est comme si l'ouverture d'énoncé était de préférence occupée en allemand soit par des connecteurs textuels, soit par des constituants de la prédication première, et beaucoup moins facilement par des opérateurs de prédication seconde. Cela explique pourquoi des groupes nominaux en apposition frontale comme dans l'exemple (33), courants en français, sont très rares en allemand, bien que cette possibilité soit mentionnée dans la grammaire *Duden*[37] :

(33) Professionnel des méthodes d'apprentissages, l'enseignant en collège construit ses cours dans le respect des programmes pour accompagner la progression des élèves et de la classe sur toute l'année scolaire, en prenant en compte les divers profils des collégiens. (http://www.devenirenseignant.gouv.fr/cid98887/etre-professeur-college.html)

Les appositions frontales du type de (33), avec un groupe nominal sans déterminant qui désigne un statut, ont recours en allemand à *als*. Les groupes nominaux, qui ne sont plus simplement apposés mais sont reliés à la prédication principale par *als*, peuvent alors être en position frontale, même s'ils demeurent plus fréquemment attestés à droite de leur support :

(34) Schon als kleines Kind malte und zeichnete sie gerne.
'Enfant déjà, elle aimait peindre et dessiner.'

(35) Schon als Studentin begeisterten sie die Tierchen.
'Etudiante, elle se passionnait déjà pour ces petits animaux.'

(36) Man muss als Musiker in gewisser Weise egoistisch sein.
'Musicien/en tant que musicien, on doit être un peu égoïste.'

(37) Mein Vater war als Staatssekretär im Belvedere dabei.[38]
'Secrétaire d'Etat/Comme Secrétaire d'Etat, mon père était présent au Belvédère.'

La plus grande rareté des appositions nominales en position frontale que nous venons de révéler signale une nouvelle fois la moindre adjectivité du groupe nominal en allemand comparé au français. Tandis qu'en français, l'apposition

---

37 Cf. *Duden Grammatik*, p. 896 : « Eine große Stadt, verfügte das Antike Rom über eine ausgebaute Infrastruktur ».
38 Exemples du corpus de Leipzig.

est parmi les constructions qui font le mieux apparaître les contours flous des catégories nominale et adjectivale (Neveu 2001 : 337), en allemand elle fait plutôt apparaître les limites du rapprochement de ces deux classes de mots.

Pour consolider cette intuition, nous remarquerons que les seules appositions frontales que nous avons relevées en nombre significatif concernent non pas des groupes nominaux, mais des groupes adjectivaux ou participiaux. Leur fonctionnement mérite toutefois d'être observé de plus près. Reprenons l'exemple (24) :

> Man vergegenwärtige sich einen Brünetten am Anfang der Dreißiger und von stattlicher Statur, dessen Haar an den Schläfen schon merklich zu ergrauen beginnt, dessen rundes, weißes, ein wenig gedunsenes Gesicht aber nicht die Spur irgendeines Bartwuchses zeigt. Es war nicht rasiert, – man hätte es gesehen; weich, verwischt und knabenhaft, war es nur hier und da mit einzelnen Flaumhärchen besetzt. (Mann, *Tristan*, p. 22)

Contrairement au français, ce n'est pas la syntaxe qui permet d'identifier la présence d'une apposition frontale en allemand dans des constructions comme en (37) : le segment apposé occupe la première position de l'énoncé assertif, comme n'importe quel élément actanciel de la prédication première pourrait le faire. Les seuls indices qui l'en distinguent sont au niveau graphique la présence de la virgule, et au niveau sémantique celle d'une prédication seconde, puisque la fonction d'attribut du sujet est déjà occupée par *besetzt* dans la prédication première. Le travail interprétatif du lecteur est donc fortement mis à contribution au cours du décodage.

On note également que le segment apposé porte certes sur un support situé plus à droite dans l'énoncé (le sujet *es*), mais que l'antécédent nominal de ce pronom anaphorique (*dessen rundes, weißes, ein wenig gedunsenes Gesicht*) est quant à lui situé à gauche de l'apposition. La construction du référent à laquelle participe l'apposition frontale s'effectue donc largement dans son contexte amont[39].

Dans l'exemple suivant, les segments apposés sont multiples :

(38) Rufen Sie alle Leute zurück, es ist nicht nötig. Meine Frau hat mich verlassen." [...] Gerade genug Kraft blieb ihm noch, an uns vorbeizuwanken, ohne einen einzigen anzusehen, und im Lesezimmer das Licht abzudrehen; dann hörte man, wie sein schwerer, massiger Körper dumpf in einen Fauteuil fiel, und hörte ein wildes, tierisches Schluchzen, wie nur ein Mann weinen kann, der noch nie geweint hat. Und dieser elementare Schmerz hatte über jeden von uns, auch den Geringsten, eine Art betäubender Gewalt. Keiner der Kellner, keiner der aus Neugierde herbeigeschlichenen Gäste wagte

---

39 C'est également la conclusion à laquelle arrive M.-L. Durand (2013 : 324).

ein Lächeln oder anderseits ein Wort des Bedauerns. <u>Wortlos, einer nach dem andern, wie beschämt von dieser zerschmetternden Explosion des Gefühls</u>, schlichen wir in unsere Zimmer zurück, und nur drinnen in dem dunklen Raume zuckte und schluchzte dieses hingeschlagene Stück Mensch mit sich urallein in dem langsam auslöschenden, flüsternden, zischelnden, leise raunenden und wispernden Hause. (Zweig, *24 Stunden,* p. 10–11)
'Rappelez tout le monde, ce n'est pas la peine. Ma femme m'a abandonné. » [...] Il eut tout juste la force de passer devant nous d'un pas vacillant, sans regarder qui que ce soit, et d'éteindre la lumière dans la salle de lecture ; puis on entendit son corps lourd et massif qui s'affaissait sourdement dans un fauteuil, et un sanglot sauvage, bestial, comme seul peut en avoir un homme qui n'a encore jamais pleuré. Et cette douleur élémentaire eut sur chacun de nous, sur le moindre d'entre nous tous, une sorte de puissance anesthésiante. Pas un seul des serveurs, pas un seul des clients qui s'étaient insinués là par curiosité n'osèrent sourire ou dire au contraire un mot de déploration. <u>Sans un mot, l'un après l'autre, comme si cette explosion fracassante des sentiments nous avait rendus honteux,</u> nous nous glissâmes de nouveau dans nos chambres, tandis que seule avec elle-même dans la pièce obscure, cette loque accablée tremblait et sanglotait, et que la maison lentement s'éteignait, chuchotait, murmurait, doucement bruissait et susurrait.' (traduction d'Olivier Le Lay, p. 830–831)

Le support de prédication des trois syntagmes apposés est bien le sujet *wir,* situé à leur droite. Mais ces éléments ne surgissent pas du néant, ils s'appuient tous sur des informations antérieures : *wortlos* sur *keiner der Gäste wagte ein Wort des Bedauerns* ; *einer nach dem anderen,* tout en se rapportant à *wir,* est aussi une reprise anaphorique de *über jeden von uns, auch den Geringsten,* mais aussi de *keiner der Kellner, keiner der [...] Gäste.* Quant au groupe participial apposé qui qualifie *wir,* il comprend en lui-même une anaphore infidèle *(dieser zerschmetternden Explosion des Gefühls)* qui reprend la description de la douleur du personnage décrite plus haut.

Tous les exemples d'appositions frontales que nous avons trouvés font donc apparaître dans leur contexte amont un point d'appui qui leur est nécessaire[40]. C'est aussi le cas en (39), où le point d'ancrage de la prédication seconde opérée par les groupes participiaux n'est pas excessivement clair dans le contexte aval (*er ? sie ?*) ; il est en revanche plus limpide si on le recherche dans le contexte amont (*der Anruf, ihre Stimme*) :

---
40 Cf. aussi Durand (2013 : 327) : « La première position [...] est possible lorsque le désigné de GN1 est accessible dans un cotexte amont plus large ».

(39) Er hatte sich eben den Tee eingeschenkt, als der Anruf kam. Ihre Stimme erkannte er nicht sogleich. <u>Verzerrt und von elektronischen Impulsen unterbrochen</u>, hörte er sie sagen, sie sei in Hamburg, es wäre doch Zeit, sich einmal wiederzusehen, und dann etwas förmlich, ob er Lust und Zeit für ein Treffen hätte. (Uwe Timm, *Vogelweide,* 2015, p. 6)
Il venait de se servir le thé quand il reçut l'appel. Il ne reconnut pas tout de suite sa voix. Déformée et interrompue par des impulsions électroniques, il l'entendit dire qu'elle était à Hambourg et qu'il serait temps qu'ils se revoient, puis, sur un ton un peu plus solennel, elle lui demanda s'il avait envie et le temps de la rencontrer. (traduction de l'auteure)

Il ressort de ces analyses que l'apposition frontale est d'une part bien plus rare en allemand que l'apposition postposée à son support, et d'autre part qu'elle s'opère de préférence avec des syntagmes autres que nominaux et dans des textes où elle est préparée par le contexte amont. Cela confirme que le placement préférentiel du syntagme apposé se situe à droite de son support, mais aussi que le segment apposé en position frontale est un acteur essentiel de la progression textuelle[41]. Ces propriétés rendent son apparition dans des énoncés sans contexte amont (incipit, titres) peu probable[42].

3 Conclusion

La perspective contrastive choisie pour cette étude nous a conduite à aborder la question de l'adjectivité en allemand sous un angle différent de celui qui se serait imposé dans une perspective monolingue. Elle a donc permis de sortir des débats classiques qui en allemand tournent beaucoup autour de la porosité entre adjectif et adverbe, et d'ouvrir de nouveaux champs d'investigation.

Si le rapprochement de l'adjectif et du nom dans les fonctions épithète et attribut, largement traité pour le français, fait bien apparaître que l'adjectivité est avant tout une affaire de fonction, l'étude des appositions révèle la dimension syntaxique mais aussi textuelle de la fonction adjectivale. Elle mériterait d'être creusée à partir d'un corpus d'exemples plus abondant afin de mieux mettre en lumière l'importance de la contrainte topologique en allemand.

---

41 Pour une étude détaillée du fonctionnement textuel des appositions en allemand, voir Durand (2013). Nous renvoyons également à Durand (2009) pour une analyse du rôle des constructions détachées dans la délimitation de séquences descriptives.
42 Ce serait à étudier précisément.

L'approche contrastive a finalement montré la ressemblance entre une langue romane et une langue germanique concernant la porosité des classes de mots, mais a aussi révélé leurs différences puisque l'adjectivité du groupe nominal est moins aboutie en allemand qu'en français dans les trois fonctions étudiées.

Bibliographie

Amiot Dany, van Goethem Kristell, 2010, « Le statut de -clé et de sleutel- dans *Mot-Clé/Sleutelwoord* : une analyse unifiée ? », *in* F. Neveu, V. Muni Toke, J. Durand, T. Klingler, L. Mondada, S. Prévost (dir.), *Congrès Mondial de Linguistique Française*, Paris, Institut de Linguistique Française, https://www.linguistiquefrancaise.org/articles/cmlf/abs/2010/01/cmlf2010_000205/cmlf2010_000205.html.

Cortès Colette (ed.), 2012, *Satzeröffnung, Formen, Funktionen, Strategien*, Gunter Narr Verlag, Tübingen.

Drosdowski Günther (ed.), 1984, *Grammatik der deutschen Gegenwartssprache*, Mannheim, Wien, Zürich, Bibliographisches Institut (Duden Grammatik Band 4).

Durand Marie-Laure, 2009, « Apposition et portrait », *Histoires de textes. Mélanges pour Marie-Hélène Pérennec*, http://langues.univ-lyon2.fr/1184-Histoires-textes.html.

Durand Marie-Laure, 2013, *De l'apposition à la construction nominale détachée. Etude syntaxique et textuelle des constructions [GN1, GN2], en allemand*, Université Lyon 2.

Eichinger Ludwig, 2007, « Adjektiv », *in* L. Hoffmann (ed.), *Deutsche Wortarten*, Berlin, De Gruyter : 145–187.

Eisenberg Peter, 1994, *Grundriss der deutschen Grammatik*, Stuttgart, Weimar, Metzler.

Engel Ulrich, 1991 [1988], *Deutsche Grammatik*, Heidelberg, J. Groos.

Eroms Werner, 2000, *Syntax der deutschen Sprache*, Berlin, De Gruyter.

Forsgren Mats, 2000, « Apposition, attribut, épithète : même combat prédicatif ? », *Langue française*, 125 : 30–45.

Goes Jan, 1999, *L'adjectif. Entre nom et verbe*, Paris/Louvain-la-Neuve, Duculot.

Helbig Gerhard, Buscha Joachim, 2001, *Deutsche Grammatik, ein Handbuch für den Ausländerunterricht*, Berlin/München, Langenscheidt.

Kerleroux Françoise, 1996, *La coupure invisible. Etudes de syntaxe et de morphologie*, Villeneuve d'Ascq, Presses universitaires du Septentrion.

Kupferman Lucien, 1991, « Structure événementielle de l'alternance un/Ø devant les noms humains attributs », *Langages*, 102 : 52–75.

Lauwers Peter, 2007, « *Nous sommes ø linguistes*. Quelques nouvelles pièces à verser à un vieux dossier », *Neuphilologische Mitteilungen*, 108 : 247–283.

Marillier Jean-François (ed.), 1993, *Satzanfang – Satzende*, Tübingen, Gunter Narr Verlag, Tübingen.

Neveu Franck, 2001, *Détachement et construction de la référence*, document de synthèse pour l'obtention de l'HDR, Nancy.

Neveu Franck, 2004, « Support référenciateur de l'adjectif dans le système appositif – Sur l'interprétation des prédicats détachés », *in* J. François (dir.), *L'adjectif en français et à travers les langues*, Caen, Presses universitaires de Caen : 337–355.

Noailly Michèle, 2000, *Le substantif épithète*, Paris, PUF, 2000.
Noailly Michèle, 2004, « Du lien primordial de l'adjectif et du substantif en français, et du peu d'intérêt de la mise en relation de l'adjectif avec le verbe dans cette même langue », *in* J. François (dir.), *L'adjectif en français et à travers les langues*, Caen, Presses universitaires de Caen : 151–168.
Rode Magdalena, 2011, *Das Adjektiv. Fachwissenschaftliche Auseinandersetzung und didaktische Überlegungen*, München, Grin Verlag.
Salles Mathilde, 2004, « Adjectif et adjectivité ou comment un substantif peut être plus adjectif qu'un adjectif », *L'information grammaticale*, 103 : 7–12.
Schwenk Hans-Jörg, 2015, *Sind Adjektiv und Adverb verschiedene Wortarten? Deutsche Wortarten im Visier*, Bern, Peter Lang.
Telschow Claudia, 2014, *Die Adjektiv-Adverb-Abgrenzung im Deutschen. Zu grundlegenden Problemen der Wortartenforschung*, Berlin, De Gruyter.
Trost Igor, 2006, *Das deutsche Adjektiv*, Hamburg, Buske.

Sources des exemples

Corpus de Leipzig, http://corpora.uni-leipzig.de.
Corpus Cosmas 2 de l'IDS, https://cosmas2.ids-mannheim.de/cosmas2-web/.
https://www.zeit.de/arbeit/2018-10/rituale-alltag-schwimmen-morgenroutine-erfolg-karriere (dernière consultation le 9.11.2018).
http://www.devenirenseignant.gouv.fr/cid98887/etre-professeur-college.html (dernière consultation le 9.11.2018).
Brendel, Alfred, 2004, *Musik beim Wort genommen*, München/Zürich, Piper.
Geiger, Arno, 2016, *Selbstporträt mit Flusspferd*, München, DTV.
Mann, Thomas, 1991, *Tristan*, Frankfurt am Main, Fischer Taschenbuch Verlag.
Timm, Uwe, 2000, *Die Entdeckung der Currywurst*, München, DTV.
Timm, Uwe, 2015, *Vogelweide, Roman*, München, DTV.
Zweig, Stefan, 1983, *Vierundzwanzig Stunden aus dem Leben einer Frau*, Frankfurt am Main, Fischer Verlag.

Traductions

Thomas Mann, 1994, *Tristan*, traduction de Félix Bertaux, Charles Sigwalt et Geneviève Maury, *in Romans et nouvelles*, vol. 1, Paris, Librairie Générale française.
Stefan Zweig, 2013, *Vingt-quatre heures de la vie d'une femme*, traduction Olivier Le Lay, *in Romans, nouvelles et récits*, vol. 1, sous la direction de Jean-Pierre Lefèvre, Paris, Gallimard.

Mats Forsgren
Chapitre 16 Adjectivité : statut et description grammaticale de l'adjectif dans la tradition scandinave, notamment suédoise

1 Introduction

Dans ce chapitre, nous voulons rendre compte du statut et de la description de la catégorie de l'adjectif dans la tradition scandinave, notamment suédoise. Prenant comme étalon comparatif la tradition française, nous allons présenter les différents descripteurs, ainsi que des points sur lesquels l'usage actuel connaît des variations ou des hésitations. Ce chapitre, qui se concentre sur les traits fondamentaux de la description suédoise, se base avant tout sur la grande grammaire moderne de l'Académie Suédoise, la *SAG*, éditée en trois volumes par Teleman, Hellberg & Andersson (1999), tout en prenant en compte aussi un certain nombre d'études de moindre envergure.

2 Adjectif et adjectivité en grammaire française

Comme il ressort de l'Introduction à ce volume, la notion d'adjectivité vise des propriétés non seulement de l'adjectif, mais aussi d'autres catégories ayant subi le procès d'adjectivation, pour signaler l'emploi adjectival de par exemple un nom ou un adverbe.

Cependant, quant à la « nature » de l'adjectif en soi[1], l'on sait que pour Wilmet, « le formalisme échoue autant que l'impressionnisme à sérier deux (ou trois) natures d'adjectifs » (2010 : 123). Et pourtant, prenant comme point de départ pour sa propre catégorisation le sens étymologique du mot « adjectif », Wilmet soutient que ce terme englobe « par nature » aussi bien les articles que les adjectifs qualificatifs et déterminatifs (*ibid.* : 124). Commune à tous les « adjectifs »

---

[1] « État, qualité de l'adjectif » (de la Châtre 1854).

Mats Forsgren, Université de Stockholm
https://doi.org/10.1515/9783110604788-017

serait la possibilité de deux fonctions syntaxiques, l'attribut[2] et l'épithète ; au dernier terme, Wilmet substitue cependant celui de « fonction déterminative » : l'adjectif est un déterminant – à extension médiate – alors que le nom est un déterminé – à extension immédiate[3].

Traditionnellement, la catégorie de l'adjectif en grammaire française est jugée à l'aune des critères suivants, tout en les mêlant, comme Neveu le constate (2015 : 265) : morphologie (accord et gradation), syntaxe (dépendance du nom, fonctions épithète, attribut, apposition), sémantique (l'apport adjectival à un support nominal ; voir p. ex. Riegel & *al.*, 2009 : ch. XI).

L'identité catégorielle de l'adjectif en français est pour un chercheur comme Goes (1999, 2010) fermement établie et distincte de celle du nom, même s'il parle aussi de « larges zones d'interférence », de « distorsion catégorielle » ou de « conversion réussie » (Goes 2010 : 33). S'il est vrai que les points de vue quant au statut d'une fonction syntaxique de base pour l'adjectif – l'épithète ou l'attribut ? – ont beaucoup varié (*ibid.*), c'est pour Goes la place variable de l'épithète adjectivale qui est le critère primordial de l'adjectif (Goes 1999 : 279) : aucun autre modifieur nominal n'a cette propriété.

3 Adjectif et adjectivité en grammaire suédoise

Le statut de l'adjectif, dans la tradition suédoise, et en particulier dans la veine de Jespersen (1924), est celui uniquement d'une catégorie morphologique, une classe de mots particulière[4]. Du coup, la notion d'« adjectivité » à la suédoise visera ainsi, à l'encontre de la tradition française, avant tout ce qui caractérise un adjectif, propriétés qui se déterminent à l'aide de deux critères morphosyntaxiques : l'accord et la comparaison (la gradabilité).

Au niveau de la fonction sémantique, l'adjectif désigne une propriété essentielle ou transitoire chez un référent, *i.e.* sa base prédicationnelle. Cette propriété peut parfois consister à marquer une relation avec un ou plusieurs autres référents.

---

[2] N.B. les articles indéfinis et définis n'apparaissent jamais en position d'attribut.
[3] La fonction déterminative, on le sait, est scindée par Wilmet en deux : les quantifiants (les déterminants du distributionnalisme) et les qualifiants (les adjectifs qualificatifs) ; s'y ajoute une catégorie mixte, les quanti-qualifiants (Wilmet 2010, § 351). Cf aussi Wilmet, ici-même : « Répétons qu'à rigoureusement parler *adjectif* désigne une classe et *déterminant* une fonction ».
[4] Selon la *SAG* (vol. I : 153), cette classe (y inclus les participes adjectivaux) couvrait dans la prose journalistique des années 60 environ 8% des occurrences et 10% des lemmes différents.

Au niveau syntaxique de base, le syntagme, l'adjectif est ou bien terme régissant/tête du syntagme adjectival, ou bien tête d'un syntagme nominal, comme dans :

(1) Denna åtgärd riktas framför allt 'Cette mesure visera surtout les riches'
     mot **de rika**

Au niveau fonctionnel de la phrase, l'adjectif est avant tout ou bien *attribut* à l'intérieur d'un syntagme nominal ('épithète' en français) :

(2) Årets **bästa** romaner 'Les meilleurs romans de l'année'

ou bien *predikativ* ('attribut' en français), en combinaison avec une copule explicite, ou bien en position « libre » ou « appositive[5] », cette position étant souvent, mais non pas toujours, marquée par une pause prosodique ou graphique (ponctuation) :

(3) Hans första roman **är bättre**   'Son premier roman est meilleur'

(4) **Influensasjuk** tvingades hon   'Malade d'une grippe, elle dut s'excuser'
     lämna återbud

Une particularité du suédois est le fait qu'une même forme adjectivale, celle se terminant en *-t*, peut revêtir deux fonctions syntaxiques différentes, celle d'*attribut* d'un nom à genre neutre (voir plus loin, l'exemple 12) ; celle d'*adverbial* (de syntagme ou de phrase ; voir plus loin, les exemples 23–24).

La description grammaticale suédoise de la catégorie de l'adjectif part donc, comme présupposé théorique de base, d'une distinction nette entre morphologie et syntaxe : ainsi, à l'encontre de la tradition française qui distingue entre les deux fonctions syntaxiques « épithète » (terme employé uniquement pour l'adjectif) et « complément du nom », la description suédoise – comme d'ailleurs l'italien, l'anglais, l'allemand,... – voit une seule catégorie syntaxique, celle d'*attribut*, remplie par différents types de constituants morphologiques[6] : SA, SP, SN, noms nus, Sadv, propositions complétives/relatives,...

---

5 Pour l'emploi de ce terme, voir plus loin.
6 Notons que par exemple Goes (1999 : § 3.3.2) partage aussi, pour le français, ce point de vue sur la fonction épithétique.

Ainsi, les termes *transposition* (Bally) ou *translation* (Tesnière) ou encore *conversion* (Riegel & *al*. 2009 : 908 ; Goes 2010) ne sont pas utilisés en grammaire scandinave : là où, dans un exemple comme « le rouge de la colère » (Riegel & *al*. 2009 : 908), la tradition française voit une recatégorisation grammaticale de l'adjectif *rouge* en nom, la *SAG*, dans l'équivalent *det röda i vreden*, voit toujours *röda* ('rouge') comme morphologiquement un adjectif (décliné comme il se doit), lequel cependant joue ici le rôle syntaxique de tête du SN[7]. Il y a toutefois des grammairiens qui dans un tel cas parlent de *substantivering* ('substantivation') (voir par exemple Bolander 2012). De même, les notions *adjektivisk* ('adjectival') et *adjektivering* ('adjectivation') s'emploient parfois pour désigner d'autres cas de « métaphores grammaticales », comme lorsqu'un nom est utilisé dans une position normalement dévoulue à l'adjectif notamment.

3.1 Le syntagme adjectival

Le syntagme adjectival peut comprendre plusieurs types de déterminations : syntagmes adverbiaux (5), syntagmes adjectivaux (6), syntagmes prépositionnels (7) et syntagmes nominaux (8) :

(5) **Mycket** lång   'très long'

(6) **Ovanligt** vacker   'inhabituellement beau'

(7) **I huvudsak** korrekten 'en principe correct'

(8) **Tre meter** lång   *'trois mètres long' (*i.e.* 'long de trois mètres')

L'élément déterminant peut, avec un nombre restreint d'adjectifs, jouer le rôle syntaxique d'objet[8] :

(9) Han är **sin mor** behjälplig   pron.sujet + copule + SN COD + adj. ;
                                       'il est prêt à aider sa mère'

(10) Han är **sina bröder**   pron.sujet + copule + SN COD + adj. ;
     underlägsen   'il est inférieur à ses frères '

---

7 NB, cependant, le cas de prise de la forme génitive dans l'exemple (25) donné plus loin.
8 Voir aussi plus loin, les exemples (39) et (40).

En fait, alors que l'adjectif *behjälplig* exige l'antéposition de son SN COD (ex. 9), avec le deuxième adjectif (*underlägsen*), le SN objet direct peut tout aussi bien suivre l'adjectif :

(10') Han är underlägsen **sina bröder**   pron.sujet + copule + adj + SN COD ;
'il est inférieur à ses frères'

Toutefois, en position de détermination d'un adjectif modificateur nominal (« *attribut* »), cet objet direct doit impérativement précéder l'adjectif :

(10'') Han är en **sina bröder** pron.sujet + copule + dét. + SN COD + adj. + N
underlägsen löpare   'il est un coureur inférieur à ses frères'

3.2 L'accord

La variation formelle de l'adjectif en suédois se réalise, dans l'accord et dans la comparaison, par des suffixes. L'accord de l'adjectif suédois est régi, en position d'*attribut* (fr. 'épithète') mais pas en position de *predikativ* (fr. 'attribut'), non seulement par le genre et le nombre, mais également par la distinction indéfini-défini (*species*). Ainsi, un adjectif comme *försiktig* ('prudent') connaît la variation suivante :

– Singulier, indéfini, *utrum*[9] :

(11) en försiktig pojke   'un garçon prudent'

– Singulier, indéfini, *neutrum* :

(12) ett försiktig**t** barn   'un enfant prudent'

– Singulier défini, féminin/*neutrum* :

(13) den försiktig**a** flickan   'la fille prudente'

(14) det försiktig**a** barnet   'l'enfant prudent'

---

9 Les noms suédois ne connaissant que deux genres grammaticaux, l'*utrum* (environ les trois quarts des noms) et le *neutrum*, les adjectifs déterminant des noms *neutrum* prennent au singulier indéfini le suffixe *-t*. Le système des pronoms personnels connaît toutefois quatre genres sémantico-grammaticaux : *han, hon, den, det.*

– Pluriel, indéfini/défini :

(15) försiktig**a** flickor   'des filles prudentes'

(16) de försiktig**a** flickornales   'les filles prudentes'

(17) försiktig**a** barn   'des enfants prudents'

(18) de försiktig**a** barnen   'les enfants prudents'

Comme on le voit, le statut défini est marqué trois fois : le déterminant défini antéposé, le suffixe de l'adjectif et finalement le suffixe du nom. À ce système, où le morphème -*a* est comme on le voit bivalent (défini singulier féminin/neutrum ou nombre pluriel), s'ajoute toutefois un cas particulier : l'adjectif modifieur nominal (*attribut*) est sensible au genre sémantique du référent du nom tête, prenant avec un référent de sexe masculin le suffixe -*e* :

– Défini, singulier, masculin :

(19) den försiktig**e** pojken   'le garçon prudent'

– Défini, singulier, féminin :

(20) *den försiktig**a** flickan*   'la fille prudente'

Toutefois, cet accord particulier, reste de l'ancienne déclinaison casuelle, est possiblement en voie de disparition, au moins dans des genres discursifs informels (cf. Widmark & *al.* 1992). Dans certains cas cependant, où l'adjectif est tête d'un SN, la distinction formelle est, jusqu'à nouvel ordre, obligatoire :

(21) Den sjuk**e** 'Le malade'

(21') Den sjuk**a** 'La malade'

(22) Den död**e** 'Le mort'

(22') Den död**a** 'La morte'

La forme en -*t* s'utilise également lorsque l'adjectif remplit la fonction d'*adverbial*, de constituant ou de phrase :

(23) Han svarade klok**t**   'Ill a répondu prudemment'

(24) Lyckli**gt** nog reste han   'Heureusement, il est parti'

Notons au passage que lorsque l'adjectif joue le rôle de tête d'un SN, il peut, à l'instar des noms, prendre la marque casuelle du génitif en -s, signifiant la possession ; ce serait donc là un argument, peut-être le seul, pour considérer que l'adjectif se mue, est « transposé », en substantif :

(25) De unga gynnas på   'Les jeunes sont favorisés
 de äldre**s** bekostnad   aux frais des plus âgés'

Le suédois possède un certain nombre d'adjectifs invariables, fonctionnant aussi bien comme *attribut* que comme *predikativ* : *bra, kul, äkta, små* :

(26) En **bra** bok   'Un bon livre'

(26') Han är **bra**   'Il est bon'

(27) En **kul** idé   'Une idée chouette/géniale'

(27') Hon är **kul**   'Elle est amusante'

(28) En **äkta** svensk   'Un authentique Suédois'

(28') Den är **äkta**   'Il est authentique'

(29) **Små** barn   'Les/De petits enfants'

(29') De **små** barnen   'Les petits enfants'

(29'') När barnen var **små**   'Lorsque les enfants étaient petits'

Précisons que *små* s'emploie uniquement avec un nom au pluriel ; au singulier intervient un autre lexème, comme le montrent les exemples (30) et (30') :

(30) Ett **litet** barn   'Un petit enfant'

(30') Det **lilla** barnet   'Le petit enfant'

Remarquons encore que aussi bien *bra* que *kul* s'emploient également comme adverbiaux (de constituant) dans certains cas :

(31)   Han spelade **bra**   'Il a joué bien'

(32)   Hon sjöng **kul**   'Elle a chanté de façon amusante'

Lorsque la base prédicationnelle, le SN, est un substantif collectif, l'accord du *predikativ* suit normalement la forme grammaticale, le singulier ; cependant surtout dans la langue informelle et/ou orale, il arrive que le *predikativ* s'accorde suivant le sens référentiel du substantif collectif :

(33)   Regeringen är **orolig**   'Le gouvernement est inquiet/s'inquiète'

(33')   Regeringen är orolig**a**   *'Le gouvernement sont inquiets/s'inquiètent'

Et lorsque la base prédicationnelle au pluriel représente un référent indéfini pluriel à sens générique, le *predikativ* prend souvent la forme en *-t* (*neutrum singulier*) ; donc, tout à fait comme en français, la base prédicationnelle est réinterprétée en quelque chose de neutre singulier :

(34)   Ärter är got**t**   'Les pois, c'est bon' (phrase non disloquée en suédois)

(34')   Ärter, det är got**t**   (Phrase disloquée)

(35)   Promenader är nyttig**t**   'Les promenades, c'est sain' (phrase non disloquée en suédois)

(35')   Promenader det är nyttig**t** (Phrase disloquée)

Toutefois, le discours formel semble donner la priorité à l'accord de surface (pluriel) :

(35'')   Promenader är nyttig**a**   'Les promenades sont saines'

Un cas particulier de la variation de l'accord est retrouvé via la fonction d'attribut de l'objet (*objektspredikativ*), où le lien syntaxique entre l'adjectif et la base prédicationnelle semble pouvoir se dissoudre :

(36) Han har gjort **rena** skorna   pron.sujet + SV + attr.obj + SN COD
                               'Il a rendu propres les chaussures'

(36') Han har gjort **rent** skorna   (neutre indéf.)

(36'') Han har gjort **ren** skorna   (accord zéro)

Dans ce dernier cas, il semble justifié de considérer le morphème *ren* comme une particule appartenant au verbe *rengöra*, dénuée du coup de lien syntaxique avec le COD *skorna*.

Il reste que, lorsque le *predikativ* suit sa base prédicationnelle, l'accord « normal » est obligatoire :

(36''') Han har gjort skorna **rena**   'Il a rendu les chaussures propres'

3.3 La gradation

Le système de comparaison suédois se fait dans la plupart des cas par l'ajout de suffixes : *-are* (comparatif) et *-ast* (superlatif) pour la 1ère déclinaison, comme par exemple l'adjectif *kort* (« court ») :

(37) Den här vägen är kort**are**   'Ce chemin est plus court'

(37') Den är kort**ast**   'Il est le plus court'

Les adjectifs de la 2e déclinaison, comme par exemple *hög* (fr. « haut/élevé »), prennent les suffixes *-re* et *-st* ; parfois, comme dans le cas de l'adjectif *tung* (fr. « lourd »), avec métaphonie vocalique :

(38) Det där berget är hög**re**   'La montagne là-bas est plus haute'

(38') Din väska är **tyngre** än min   'Ta valise est plus lourde que la mienne'

Il y a cependant aussi, notamment avec des adjectifs plus complexes et des adjectifs de types particuliers, une comparaison périphrastique de type français, avec les préfixes *mera* (comparatif) et *mest* (superlatif) :

(39) Ett **mera** främmande   'Un comportement plus étrange'
      beteende

(39') Detta drag är **mest** typiskt   'Ce trait est le plus typique'

Au vu de ce qui précède, il paraît clair qu'aussi bien l'accord grammatical particulier de l'adjectif suédois en genre, nombre et *species*, que le système de sa gradation[10] sont des phénomènes morphologiques qui distinguent cette catégorie morphologique de toutes les autres.

3.4 Syntaxe valencielle

Aussi bien que les verbes, les adjectifs suédois se laissent décrire, dans le cadre d'une analyse inspirée par la grammaire dépendancielle, à travers leur valence : à un, deux ou même trois actants, ou « places », argumentaux ou autres (pour le français, voir p.ex. Riegel & *al.* 2009 : ch. XI, § 3.5.2) :
– Adjectif à un actant/une place (= la base prédicationnelle) :

(40) Vägen är **bred**   'La route est large'

(40') Den **breda** vägen   'La large route'

– Adjectif à deux actants/places (la base prédicationnelle + un complément adverbial) :

(41) *Han är **kinkig** med maten* Pron.sujet + copule + adj. + SP
                                    'Il est difficile pour la nourriture'

Dans cette optique, certains adjectifs peuvent, à la différence de ce qui se passe en français (voir p.ex. Riegel & *al.* 2009 : ch. XI, § 1.3.1), prendre un argument complément d'objet direct (sous la forme d'un SN) :

(42) Han är **trogen** sina ideal Pron.sujet + copule + adj. + SN COD
                                    i.e. 'Il est fidèle à ses idéaux'

Pour certains autres adjectifs, ce SN objet est même obligatoire :

---

10 Pour un exposé plus étoffé du système suédois très complexe de la comparaison, voir la *SAG*, vol. 2, §§ 43–45.

(43) Han är **lik** sin mor   Pron.sujet + copule + adj. + SN COD
                                    i.e. 'Il ressemble à sa mère'

(43') *Han är lik   *'Il est ressemblant/ressemble'

De même, avec un SP adverbial :

(44) Han är **benägen** för lättja 'Il est enclin à la paresse'

(44') *Han är **benägen**   *'Il est enclin'

– Certains adjectifs ont une valence zéro :

(45) Det är **sent**   'Il est tard'

(46) Det är **kallt**   'Il fait froid'

– Tandis que d'autres ont une valence un actant :

(46') En **kall** morgon   'Un matin froid'

(46'') Morgonen var **kall**   'Le matin était froid'

– La valence trois places est réservée à un nombre restreint d'adjectifs en suédois :

(47) Han är **skyldig** mig   Pron.sujet + copule + adj. + pron.COI + SN COD
      en middag   i.e. 'Il me doit un dîner'

3.5 Les fonctions syntaxiques du syntagme adjectival

Revenons aux fonctions syntaxiques du syntagme adjectival. Voici les cinq cas distingués :
– *Attribut* (fr. 'épithète') :

(48) En **försiktig** pojke 'un garçon prudent'

– *Predikativ* (fr. 'attribut') :

(49) Han är **försiktig**   'Il est prudent'

(50) Det gjorde honom **lycklig**   'Cela l'a rendu heureux'

– *Fritt predikativ* (fr. 'attribut libre/épithète détachée') :

(51) **Missnöjd** med maten   'Mécontent du repas, il partit'
gick han.

– *Predikativt attribut*[11] (fr. 'attribut prédicatif/épithète détachée') :

(52) Läraren, **ovan** vid stök   'L'enseignant, non habitué au chahut de la classe,
i klassrummet, kallade   appela le proviseur'
på rektorn

– *Adverbial* (fr. 'complément circonstanciel') :

(53) Tala **högt**!   'Parlez fort !'

(54) Han returnerade **elegant**   'Il retourna élégamment le service de l'adversaire'
motståndarens serve

3.6 La place de l'adjectif épithète (*attribut*) en suédois

Comme dans les autres langues germaniques, l'adjectif *attribut* (fr. 'épithète') se place par défaut avant le nom tête :

(55) Det **stora, vackra, röda** huset   'La grande et belle maison rouge'

Or, lorsque la tête du SN est un pronom, l'*attribut* se place, à la différence du français (Riegel & *al.* 2009 : ch. XI, p. 612), directement après le pronom :

(56) Vi **unga**   'Nous les jeunes'

(57) Allt **intressant**   'Tout ce qui est intéressant'

---

[11] Cette classification en deux fonctions syntaxiques différentes, *fritt predikativ* et *predikativt attribut*, prête à discussion. Voir à ce sujet le traitement en linguistique française des constructions détachées (p. ex. Forsgren 1993, 2000 ; Combettes 1998 ; Neveu 2000 ; Havu & Pierrard 2007).

N.B. que la *SAG* réserve la notion d'*apposition* pour le cas d'un syntagme nominal postposé en incise « attributive » à sa base prédicationnelle, comme dans : *Läraren*, **en äldre kvinna**, *kallade på rektorn* ('L'enseignant, une femme d'un certain âge, appela le proviseur').

(58) Inget **roligt**   'Rien d'amusant'

L'on peut observer d'autres cas de postposition de l'adjectif en suédois, comme (a) en situation de phrases vocatives :

(59) Pojkar **små** !   'Mes/chers/petits garçons !'

(60) Gubbe **lille** !   'Mon petit !'

ou (b) lorsque l'adjectif joue le rôle de tête d'un SN « *attribut* » déterminant un nom propre :

(61) Karl **den skallige**   'Charles le Chauve'

(c) Le cas suivant de postposition est dénommé par la *SAG* (vol 3, § 53) *predikativt attribut* ('attribut prédicatif' ; voir ci-dessus) : dans ce cas, l'adjectif est de forme indéfinie (*species*), il s'accorde avec la base prédicationnelle et est presque toujours muni d'une détermination (59).

(62) En artikel **full med lögner** 'Un article plein de mensonges'

Précisons toutefois que l'ordre inverse est parfois possible, alors que cette pratique est impossible en français :

(63) Den **med lögner**   Dét. + SP + adj. + N...
      späckade artikeln...   *i.e.* 'L'article, rempli de mensonges...'

Notons que l'adjectif *full*, la plupart du temps antéposé, peut aussi se postposer même lorsqu'il n'a pas de détermination :

(64) Jag gav honom öl : 'Je lui ai donné de la bière : une chope entière'
      en sejdel **full**

De même, selon la *SAG* (vol 3, § 53, note 1), l'adjectif *ensam* (seul), sans détermination, peut suivre sa base prédicationnelle, comme dans :

(65) Andersson **ensam** kan inte 'Andersson seul ne peut pas réussir une
      klara av en sådan sak   telle chose'

4 Conclusion : propriétés fondatrices ou descriptives ?

Si l'adjectif suédois peut être caractérisé par ses propriétés syntaxiques : dépendance du nom ; fonctions d'*attribut*, de *predikativ*, d'*apposition*[12] ou d'*adverbial*, c'est cependant un fait que plusieurs de ces fonctions sont ouvertes également à d'autres constituants morphologiques : SP, SN, noms nus, SAdv, propositions complétives/relatives. Elles ne fondent donc pas la catégorie de l'adjectif.

Est-ce que, en revanche, la place de l'adjectif *attribut* (fr. 'épithète') peut être considérée, comme Jan Goes le propose pour le français, comme la propriété fondamentale de la catégorie ? On l'a vu, sa place par défaut en suédois, comme dans les langues germaniques en général, est l'antéposition. Comme nous l'avons montré, des *attributs* adjectivaux postposés existent toutefois dans certains cas précis. Et s'il est vrai que les autres constituants *attributs* possibles (SP, SN, noms nus, SAdv, propositions complétives/relatives) se placent après le nom tête, on constate néanmoins quelques rares exceptions dans ce groupe, à savoir le cas de certains SN attributifs quantifiants (66)[13] ou à la forme génitive en -s (67–68), les *possessivattribut* ('épithètes possessives') :

(66) **Fyra kilo** mjöl   'Quatre kilos de farine'

(67) **Fem månaders** frånvaro   'Une absence de cinq mois'

(68) **Min mosters** katter   'Les chats de ma tante'

Notons, entre parenthèses, que la possibilité qui existe en français de placer un nom nu comme épithète – obligatoirement postposée ! –, comme dans :

(69) Les guerres éclairs (Noailly 1990)

ne se retrouve pas en suédois ; cette dernière langue a recours dans ce cas, à l'instar de l'allemand, à la composition :

(70) Blixtkrigen

---

12 Voir note précédente.
13 Les « mesureurs » de Marc Wilmet (cf. ici-même).

En fin de compte, nous constatons, comme au début de cette contribution, que dans la tradition grammaticale suédoise, l'adjectif est traité uniquement comme une catégorie morphologique, avec pour paramètres fondateurs de l'« adjectivité » l'accord (genre, nombre, *species*) et la gradation.

Bibliographie

A. Grammaire suédoise :

Bolander Maria, 2012, *Funktionell svensk grammatik*, Stockholm, Liber.
Teleman Ulf, Hellberg Staffan, Andersson Erik, 1999, *Svenska Akademiens Grammatik* I-III.
Widmark Gun, Källström Roger, Hagåsen Lennart, Hultman Tor, 1992, *Svenska i harmoni*, Uppsala, Hallgren & Fallgren.

B. Linguistique française :

Bally Charles, [4]1965, *Linguistique générale et linguistique française*, Bern, Francke AG Verlag.
Combettes Bernard, 1998, *Les constructions détachées en français*, Paris/Gap, Ophrys.
Forsgren Mats, 1993, « L'adjectif et la fonction d'apposition : observations syntaxiques, sémantiques et pragmatiques », *L'Information grammaticale*, 58 : 15–22.
Forsgren Mats, 2000, « Épithète, attribut, apposition : même combat prédicatif ? », *Langue française*, 125 : 30–45.
Goes Jan, 1999, *L'adjectif. Entre nom et verbe*, Bruxelles, De Boeck/Duculot.
Goes Jan, 2010, « Les adjectifs substantivés : entre distorsion et conversion », *in* J. Goes & E. Moline (dir.), *L'adjectif hors de sa catégorie*, Arras, Artois Presses Université : 33–56.
Havu Eva, Pierrard Michel, 2007, « Paramètres pour l'interprétation des constructions à prédication seconde », in D. Bouchard, I. Evrard & E. Vocaj (dir.) *Représentations du sens linguistique II, Actes du colloque international, Montréal, 23–25 mai 2003*, Bruxelles, De Boeck/Duculot : 219–234.
Jespersen Otto, 1924, *The Philosophy of Grammar*, London, George Allen & Unwin.
La Châtre Maurice de, 1853, *Le dictionnaire universel : panthéon littéraire et encyclopédie*, Paris, F. Cantel.
Neveu Franck, 2000, « L'apposition : concepts, niveaux, domaines », *Langue française*, 125 : 3–17.
Neveu Franck, [2]2015, *Dictionnaire des sciences du langage*, Paris, Armand Colin.
Noailly Michèle, 1990, *Le substantif épithète*, Paris, P.U.F.
Riegel Martin, Pellat Jean-Christophe, Rioul René, [4]2009, *Grammaire méthodique du français*, Paris, PUF.
Tesnière Lucien, 1959, *Éléments de linguistique structurale*, Paris, Klincksieck.
Wilmet Marc, [5]2010, *Grammaire critique du français*, Bruxelles, De Boeck/Duculot.

Eva Havu et Rea Peltola
Chapitre 17 L'adjectivité et le temps. Les propriétés permanentes et situationnelles des adjectifs finnois

1 Introduction

Les fonctions pragmatiques de *prédication*, *référence* et *modification* sont considérées comme faisant partie des universaux linguistiques, et elles servent de base pour la distinction traditionnelle en trois parties de discours principales, dont l'*adjectif* (Croft 2000 : 86–87, cf. aussi Dixon 2004 : 2). Toutefois, cette distinction ne reflète aucune nécessité logique : l'universalité de la catégorie de l'adjectif n'est pas assurée en typologie, dans la mesure où certaines langues ne semblent pas posséder d'adjectifs[1], et dans les langues où cette catégorie est présente, elle peut être fermée ou ouverte (cf. p. ex. Creissels 2004 ; Croft 2000, 2003 ; Dixon 1977, 2004 ; Feuillet 2006 ; Goes 1999).

Les *classes syntaxiques*, propres aux langues particulières, doivent donc être distinguées des *fonctions pragmatiques* appartenant aux universaux typologiques (p. ex. Croft 1991, 2000 ; Goes 2015 : 294–295) : ce qui est catégorisé dans la classe des adjectifs dans une langue peut trouver son équivalent pragmatique dans celle des noms ou des verbes dans une autre. Comme les frontières entre les parties de discours ne sont pas étanches, la fonction pragmatique de *modification* d'une référence au moyen d'une *propriété*, réalisée prototypiquement par les adjectifs, peut également être matérialisée par d'autres catégories fonctionnelles (cf. Dixon 2004 ; v. aussi Creissels 2004, Havu & Pierrard 2014 et la *Grande Grammaire Finnoise – Iso Suomen Kielioppi,* version en ligne, dorénavant « VISK » (§ 603, 630)). Le terme *adjectivité* permet de décrire le comportement fonctionnel d'autres parties de discours présentant un emploi

---

[1] Toutefois, Dixon (2004 : 12) constate que « an adjective class can be recognized for every language, although sometimes the criteria for distinguishing adjectives from nouns, or adjectives from verbs, are rather subtle » ; cf. aussi Hajek (2004 : 361).

Eva Havu, Université de Helsinki
Rea Peltola, Université de Caen Normandie

https://doi.org/10.1515/9783110604788-018

similaire à celui de l'adjectif (cf. *Paul est artiste/malade/aimé de tout le monde*), notamment celui de caractériser l'entité en question d'une manière distinctive.

Dans les deux langues comparées dans ce chapitre, le français et le finnois, la classe des adjectifs est ouverte et relativement étendue, mais pas identique, les différences majeures se situant au niveau du concept de *propriété*, qui, d'après des critères spatio-temporels, peut être vue comme permanente ou situationnelle (cf. section 2.1.). L'examen de la structure interne de la catégorie adjectivale en finnois se fondera sur la dimension temporelle de la propriété décrite et illustrera l'interface dynamique de cette structure avec les catégories nominale et verbale.

Dans la section 2, nous donnerons un aperçu des classes d'adjectifs identifiées en finnois. Une brève comparaison avec le français montrera des différences dans le groupe des adjectifs les plus périphériques où les facteurs spatio-temporels des propriétés décrites entrent en jeu. Cette problématique sera illustrée par un aperçu de trois groupes d'adjectifs peu prototypiques qui n'ont pas d'équivalent adjectival en français.

La section 3 sera consacrée à l'étude plus détaillée d'un type spécifique d'adjectivité en finnois, notamment les emplois adjectivaux du participe *TAVA*[2], considéré traditionnellement comme la forme passive du participe présent (*helposti lue-ttava kirja* « facile.ADV lire-TAVA livre » > « un livre facile à lire »). La comparaison des formes en *TAVA* tirés de six romans finnois avec leurs traductions françaises[3] permettra d'illustrer le caractère permanent ou situationnel d'une propriété et les frontières floues entre les parties de discours, ainsi que les solutions proposées par les traducteurs.

Nous n'aspirons pas à déterminer le groupe d'adjectifs finnois le plus prototypique sur tous les critères, mais à nous concentrer sur les éléments limitrophes de la catégorie et à ne traiter que brièvement ceux qui se trouvent au centre. Ainsi, les

---

2 L'indication *TAVA* couvre la variation suffixale en termes du type de radical verbal et de l'harmonie vocalique (cf. Karlsson 1999 : § 11, 80).

3 Corpus de romans :
   Holappa, P. 1998. *Ystävän muotokuva*. WSOY, Porvoo. *Käännössuomen korpus (KK)*, corpus électronique de traductions recueilli par l'Université de Joensuu; droits: A. Mauranen.
   Holappa, P. 2001. *Portrait d'un ami*. Trad. par L. de Chalvron & G. Rebourcet. Riveneuve, Marseille.
   Hotakainen, K. 2002. *Juoksuhaudantie*. WSOY, Helsinki.
   Hotakainen, K. 2005. *Rue de la Tranchée*. Trad. par A. Colin du Terrail. J.C. Lattès, Paris.
   Paasilinna, A. 1988. *Suloinen myrkynkeittäjä*. WSOY, Porvoo.
   Paasilinna, A. 2001. *La douce empoisonneuse*. Trad. par A. Colin du Terrail. Denoël, Paris.
   Pulkkinen, R. 2010. *Totta*. Otava, Helsinki.
   Pulkkinen, R. 2012. *L'armoire des robes oubliées*. Trad. par C. Saint-Germain. Albin Michel, Paris.

résultats de notre analyse peuvent servir à compléter les descriptions des adjectifs prototypiques en ce qui concerne l'organisation des zones les plus périphériques.

2 Centre et périphérie de la catégorie adjectivale en finnois

2.1 Classements d'adjectifs

La plupart des classements d'adjectifs dans les différentes langues distinguent une catégorie limitée d'*adjectifs primaires* qui sont les prototypes de la catégorie adjectivale (Goes 2011 : 122 ; Goes 2015 : 293 ; cf. aussi Dixon 2004). Ils expriment en général le même type de concepts et peuvent être répartis sur certaines classes sémantiques, dont les plus centrales sont la dimension, le temps, l'appréciation et la couleur (Dixon 2004 : 3–4 ; cf. aussi Goes 2011 : 12). Les classes d'*adjectifs non primaires* se composent d'adjectifs dénominaux, déverbaux, désadjectivaux, et non dérivés (Goes 1999). Elles sont plus ouvertes et leur formation et leur sémantisme montrent bien plus de variation entre les langues.

La *Grande Grammaire Finnoise* (VISK : § 603–604) définit les adjectifs comme décrivant des entités animées ou inanimées, des circonstances ou des situations en exprimant leurs propriétés réelles ou imaginées, et présente une liste de mots incluant des adjectifs primaires et non primaires, y compris des formes participiales. En s'appuyant sur des critères sémantiques, elle distingue les adjectifs décrivant une propriété *relative* (*pieni* 'petit', *ihana* 'adorable'), interprétables d'après le porteur qualifié ou l'attitude du locuteur, des adjectifs exprimant une propriété *absolue* (*lasinen* 'en verre', *musiikillinen* 'musical') dont le sens ne change ni selon le porteur qualifié ni selon l'attitude du locuteur. Cette répartition diffère du classement présenté traditionnellement dans les grammaires de référence françaises, où trois types d'adjectifs sont distingués : les *qualificatifs* (*petit*, *rouge*, etc.), les *relationnels* (*une voiture présidentielle*) et les adjectifs *de troisième type* (Riegel & al. 2009 : 634 ; Schnedecker 2002 *la semaine dernière*).

Le grand nombre de classes d'adjectifs présentées dans la littérature linguistique témoigne du fait que la fonction pragmatique de modification d'une référence au moyen d'une propriété se réalise de manières différentes, le concept de *propriété* étant assez flou[4]. Nous proposons d'identifier ce concept

---

4 Par exemple, *Le Grand Robert* (2008) définit *propriété* de la manière suivante : « Qualité propre, caractère (surtout caractère de fonction) qui est commun à tous les individus d'une espèce (sans nécessairement leur appartenir exclusivement) ».

à partir d'une dimension temporelle[5]. Une propriété peut être, d'une part, *permanente* (*pieni terassi* 'une petite terrasse'), c'est-à-dire indépendante des repères spatio-temporels spécifiques. Elle accompagne l'entité dans le temps et dans l'espace, permettant de la distinguer des autres d'une manière générale, ce qui ne sous-entend pas l'invariabilité absolue de la propriété ou de l'entité.[6] D'autre part, une propriété peut servir à distinguer l'entité dans une situation donnée, à un moment et dans un lieu spécifiques, mais n'a pas de continuité au-delà de cet intervalle et n'appartient pas à l'entité sur un plan générique (*varjonpuoleinen terassi* 'ombre.GEN.côté.ADJ terrasse' > 'une terrasse du côté de l'ombre'). La propriété est localisée et limitée dans le temps et dans l'espace et, de ce fait, *situationnelle*.

Les deux cas de figure peuvent être schématisés sur l'axe de temps comme suit :

(1) *Pieni* 'petit'

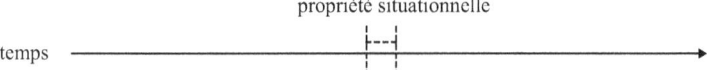

propriété permanente

temps

(2) *Varjonpuoleinen* 'du côté de l'ombre'

propriété situationnelle

temps

Après avoir présenté brièvement le classement des adjectifs en finnois et sa correspondance avec la distinction en adjectifs primaires et non primaires, nous discuterons les différences majeures en fonction de la dimension temporelle de la propriété, en prenant comme exemple trois cas spécifiques.

2.2 Catégories d'adjectifs en finnois

VISK (§ 605) distingue deux catégories principales d'adjectifs. Les adjectifs dénotant des propriétés relatives encodent des propriétés scalaires : *pieni*, *pienempi*,

---

[5] Notre définition du terme *propriété* est donc assez large et, se fondant sur des critères spatio-temporels, croise bien d'autres définitions (cf. p. ex. Riegel & *al.* 2009 : 633–634, qui distinguent les adjectifs *relationnels* et *de troisième type*, qui ne dénotent ni une qualité ni une propriété du référent, des adjectifs *qualificatifs*).

[6] En effet, la modification du porteur qualifié au moyen d'une propriété permanente n'est pas non plus univoque. Elle peut dépendre du locuteur ou du sémantisme du nom qualifié (voir ci-dessous).

pienin/'petit, plus petit, le plus petit' (cf. Goes 2011 : 122). Ils peuvent soit exprimer l'attitude subjective du locuteur (*quel beau cadeau*), soit décrire une propriété objective dont le sens dépend du porteur qualifié (*une petite mouche* est bien plus petite qu'*un petit ours*). Ces deux types de modification forment plutôt un continuum : *Tu es déjà un grand garçon* !/*C'est un grand garçon* (il mesure 190 cm). La majeure partie des adjectifs primaires font partie de ce groupe[7], qui, en plus, inclut des adjectifs moins centraux tels que les adjectifs modaux du type *ilmeinen* 'évident', *mahdollinen* 'possible', *välttämätön* 'nécessaire'.

Les adjectifs absolus marquent des propriétés non scalaires que le porteur qualifié a ou n'a pas (VISK : § 606), mais leur sens ne dépend pas du type de porteur qualifié ou de l'attitude du locuteur : par exemple, l'origine d'un *chanteur/ paysage/plat finlandais* reste la même, quel que soit le contexte. Ce groupe inclut surtout des adjectifs dérivés de noms qui expriment différents types de notions, telles que la matière (*puu* 'arbre' > *puinen* 'en bois'), la durée (*vuosi* 'an(née)' > *30-vuotinen* 'de trente ans'), l'origine ou la localisation spatiale ou temporelle (*Pariisi* 'Paris' > *pariisilainen* 'parisien' ; *keskiaika* 'Moyena Âge' > *keskiaikainen* 'médiéval/moyenaâgeux') ou l'appartenance (à un groupe) (*sosioekonominen* 'socioéconomique') (cf. aussi VISK : § 605–606). Les participes, marquant l'état résultant ou duratif du porteur qualifié, font également partie de ce groupe, p. ex. *kuollut* 'mourir.PTCP.PST' > 'mort' et *elävä* 'vivre.PTCP.PRS' > 'vivant'.

La frontière entre relatif et absolu est assez floue : bien des propriétés en soi absolues peuvent recevoir une interprétation relative dans un autre contexte et devenir scalaires (VISK : § 607 ; cf. aussi Goes 2015). Un certain nombre d'adjectifs non scalaires marquant une propriété univoque, tels que *lopullinen* 'final' et *pääasiallinen* 'primordial', sont, d'après VISK (§ 607), plutôt absolus que relatifs, de même que les adjectifs qui situent le porteur qualifié dans le temps ou dans l'espace (*jälkimmäinen* 'suivant', *eilinen* 'd'hier', *oikeanpuoleinen* 'du côté droit'), bien qu'ils qualifient l'entité par rapport à d'autres entités équivalentes.

Les adjectifs relatifs expriment des états permanents ayant une indépendance spatio-temporelle. Ces adjectifs, en grande partie primaires, ont assez régulièrement un équivalent adjectival en français. Parmi les adjectifs non primaires absolus, ceux exprimant une propriété permanente (*keskiaikainen* 'médiéval') se laissent également traduire en français par un adjectif (cf. adjectifs relationnels). Par contre, les différences majeures entre les deux langues se situent au niveau des adjectifs non primaires situationnels, classés dans VISK soit

---

[7] Par exemple les adjectifs de couleur, primaires, sont en principe absolus. Cependant, si on parle de nuances ou de degrés, ils sont assimilables aux adjectifs relatifs (*Kuinka saada valkoisemmat hampaat ?* 'Comment obtenir des dents plus blanches ?', voir VISK (§ 606)).

parmi les absolus (*pihanpuoleinen* 'du côté de la cour'), soit dans une zone entre relatif et absolu (*eilinen* 'd'hier'). Ils encodent des propriétés qui ne qualifient pas l'entité au-delà d'un certain intervalle spatio-temporel[8]. À la différence des adjectifs non primaires plus centraux, la qualification exacte de la propriété de ces adjectifs périphériques dépend donc fortement de la situation.

Parmi les adjectifs situationnels, nous examinerons trois séries formées par dérivation avec les suffixes *-inen, -lAinen*[9] et *-mOinen* : les proadjectifs, les adjectifs locatifs et temporels et les adjectifs qui expriment une comparaison avec une autre entité.

2.3 Trois exemples d'adjectifs situationnels

2.3.1 Proadjectifs

Le finnois a un système complexe de mots qualificatifs dérivés de différents types de pronoms et d'adverbes, appelés « proadjectifs » (VISK : § 610, 715). Ils ne réfèrent à aucune propriété distinctive autre que la position de l'entité qualifiée par rapport à un repère spatio-temporel, plus spécifiquement le centre déictique ou une entité comparable. En voici un échantillon :
a) Proadjectifs dérivés de pronoms démonstratifs[10] :
   – *tämä* ('celui-ci, ceci') > *tällainen* 'comme celui-ci ; de ce genre'
   – *tuo* ('celui-là, cela') > *tuollainen* 'comme celui-là ; de ce genre'
   – *se* ('celui-ci/là, il/elle, ce') > *sellainen* 'comme celui-ci/là ; de ce genre ; tel'
b) Proadjectifs dérivés de pronoms indéfinis exprimant la quantification ou la comparaison, p. ex. :
   – *jokin* 'quelque chose' > *jonkinlainen* 'de quelque genre'

---

[8] Certains, p. ex. *jälkimmäinen* 'suivant', trouvent un équivalent français parmi les adjectifs de troisième type.
[9] Le suffixe *-lAinen* tire son origine du nom *laji* 'espèce' (Häkkinen 1987). Il n'est pas difficile de rétablir le lien entre la valeur 'de l'espèce de' et l'usage de *-lAinen* pour former des adjectifs qui qualifient une entité par rapport à un repère.
[10] Le système des démonstratifs du finnois est tripartite et le plus souvent analysé comme fondé sur la notion de proximité. Ainsi, *tämä* encode la proximité et *tuo* la distance par rapport au locuteur, alors que *se*, neutre du point de vue de la distance, donne le statut de repère référentiel à l'interlocuteur (voir Duvallon 2006 : 54–55 et la littérature y citée). Etelämäki (2006) analyse la différence entre les trois pronoms en termes de l'ouverture référentielle et de la symétrie indexicale.

- *eri* 'distinct' > *erilainen* 'différent'
- *moni* 'plusieurs' > *monenlainen* 'de plusieurs/différents types'
c) Proadjectifs dérivés de pronoms relatifs et interrogatifs, p. ex. :
    - *joka* 'qui' > *jollainen* 'tel que'
    - *mikä* 'qu'est-ce qui, lequel' > *millainen* 'de quel genre, comment'
d) Proadjectifs temporels, p. ex. :
    - *silloin* 'alors, à cette époque-là' > *silloinen* 'de cette époque-là'
e) Proadjectifs localisants, p. ex. :
    - *sikäläinen* 'de là-bas' (cf. *siellä* 'là-bas')

Comme illustré par l'exemple (3), les proadjectifs s'accordent en nombre et en cas (ici, le génitif) avec le nom auquel ils sont antéposés, comme les adjectifs finnois en général.

(3)   Lars Axelsen, **sillo-ise-n omaisuusrikososasto-n** *johtaja*
        PROP PROP   alors-ADJ-GEN   braquage.section-GEN   directeur
        'Lars Axelsen, le directeur **de ce qui était la section des braquages**'
        (Jo Nesbø, *Gjenferd*, 2011, traduit en finnois par Outi Menna, *Aave*, 2012, et en français par Paul Dott, *Fantôme*, 2013)

Même si certains proadjectifs se laissent traduire en français par un déterminant démonstratif (*ce*) ou un adjectif indéfini (*tel*, *différent*), le finnois présente ici un vrai système paradigmatique qui permet de qualifier l'entité à travers les différentes relations qu'elle peut entretenir avec le centre déictique ou une entité comparable. En français, beaucoup de ces relations sont exprimées par un syntagme prépositionnel.

2.3.2 Adjectifs temporels et locatifs

Le suffixe *-inen* rattaché à un nom (composé) ou un syntagme nominal référant à un moment ou à un lieu spécifiques, permet de former des adjectifs temporels et locatifs d'une manière productive, p. ex. :

(4)   a. **viime-vuot-inen** *suunnitelma*
         dernier-année-ADJ projet
         'le projet **de l'année dernière**'
   b. **tori-n-puole-inen** *ikkuna*
         place-GEN-côté-ADJ fenêtre
         'la fenêtre **du côté de la place/donnant sur la place**'

L'exemple suivant illustre l'utilisation de ce type d'adjectifs :

(5) Hänellä oli   jopa   kopio
     3SG.ADE AUX.PRET.3SG même   copie
     viime-vuot-ise-sta   veroilmoitukse-sta [...].
     dernière-année-ADJ-ELA   déclaration.d'impôts-ELA
     'Il y avait même une copie de sa déclaration de revenus **de l'année dernière** [...].' (Leena Lehtolainen, *Ensimmäinen murhani*, 1993, traduit en français par Anne Colin du Terrail, *Mon premier meurtre*, 2013)

Ces adjectifs situent les porteurs qualifiés par rapport à un repère. Cette localisation est situationnelle dans le sens où elle dépend de la position spatio-temporelle du locuteur ou du repère. Par exemple, *viimevuotinen* 'de l'année dernière' réfère à l'année qui précède celle du moment de l'énonciation, quelle qu'elle soit, et *torinpuoleinen* 'du côté de la place' nécessite la prise en considération de l'orientation du porteur par rapport à la place (cf. 2.2.).

Souvent, un syntagme nominal au génitif, sans dérivation adjectivale, comparable au syntagme prépositionnel en français, est également possible :

(5') Hänellä oli   jopa   kopio viime   vuode-n
      3SG.ADE AUX.PRET.3SG même   copie dernière année-GEN
      veroilmoitukse-sta [...].
      déclaration.d'impôts-ELA
      'Il y avait même une copie de sa déclaration de revenus **de l'année dernière** [...]'

La relation entre le repère temporel et l'entité localisée n'est toutefois pas conceptualisée de la même manière que dans le cas d'une forme adjectivale. En plus ou au lieu d'une relation de modification, le complément au génitif assure une relation d'appartenance (cf. Jaakola 2004 : 106–121, 143 ; VISK : § 574).

2.3.3 Les adjectifs exprimant la projection d'une propriété du repère

Le dernier groupe d'adjectifs périphériques étudié ici permet d'attribuer une propriété du repère à l'entité qualifiée. Ces adjectifs sont composés d'une forme en *-inen* exprimant la catégorie quantitative ou qualitative de la propriété projetée et d'un complément ou d'un déterminant au génitif référant au repère (Jaakola 2004 : 212–218 ; VISK : § 609) :

(6) a. *sama-n-pitu-inen*
même-GEN-longueur-ADJ
'de la même longueur'
b. *oudo-n-näkö-inen*
bizarre-GEN-aspect-ADJ
'd'un aspect [de ce qui est] bizarre'

(7) *Juoksujalkaa he tulivat, [...]*
'Ils venaient en courant, [...]'
isä-nsä *näkö-inen Mökö ja **äiti-nsä***
père-GEN.POSS.3 aspect-ADJ PROP et mère- GEN.POSS.3
näkö-inen *Luru.*
aspect-ADJ PROP
'Mökö, **qui ressemblait à son père**, et Luru, **qui ressemblait à sa mère**.'
(Jalmari Finne, *Kiljusen herrasväki satumaassa*, 1916 [2013])

Ces adjectifs forment un groupe plus hétérogène que les deux premiers. Leur interprétation dépend des propriétés du point de repère (p. ex. à quoi ressemble le père ?) et du point de vue subjectif du locuteur (p. ex. où se situe la limite entre bizarre et non bizarre ?). Les adjectifs exprimant une qualité qui résulte d'un jugement subjectif acceptent la comparaison : *oudo-mma-n näkö-inen* 'bizarre-COMP-GEN aspect-ADJ' > 'd'un aspect plus bizarre', alors que ceux référant à une entité générique ou spécifique sont non scalaires : **isä-nsä näkö-ise-mpi* 'père-GEN.POSS.3 aspect-ADJ-COMP'. Certains acceptent toutefois des quantificateurs et des modificateurs de complétude (cf. Paradis 2001 ; VISK : § 609 ; Pander Maat 2006 : 279 ; Hadermann & al. 2010 : 6) : p. ex. *enemmän/täysin isä-nsä näkö-inen* 'plus/complètement père-GEN.POSS.3 aspect-ADJ' > 'qui ressemble plus/complètement à son père'.

Si le noyau central des adjectifs primaires et non primaires exprime une propriété permanente (avec possibilité d'être transitoire du fait de l'attitude subjective du locuteur ou des autres caractéristiques du porteur qualifié), relative ou absolue, les adjectifs non primaires périphériques examinés ici renvoient globalement, malgré une certaine variation à l'intérieur de ces groupes, à une propriété qui est associée à l'entité dans une situation donnée et qui dépend des coordonnées spatio-temporelles propres à celle-ci. Ces séries d'adjectifs, que nous avons qualifiés de *situationnels*, n'ont pas d'équivalent direct en français.

Dans la section suivante, nous étudions de plus près l'interface entre les propriétés permanentes et situationnelles, en analysant un groupe d'adjectifs déverbaux en finnois. Leur usage adjectival interagit avec la valeur modale propre à la forme verbale qui est à leur origine.

3 Le participe en *TAVA* comme l'expression de propriétés permanentes et situationnelles

Les formes adjectivantes finnoises marquées par l'affixe complexe *TAVA* et considérées dans la tradition linguistique comme des formes passives du participe présent associent dans leur sémantisme des caractéristiques verbales et adjectivales. Elles laissent ainsi apparaître les liens spatio-temporels qui découlent de l'origine verbale et qui sont activés dans le cas d'un adjectif situationnel.

La marque *TA* assure la référence à un agent non spécifié, potentiellement collectif (cf. p. ex. Blevins 2003 ; Helasvuo 2006 ; Kaiser & Vihman 2006), alors que l'affixe *VA* encode le temps relatif non passé. Les formes participiales finnoises pertinentes pour cette étude sont présentées dans le Tableau 1[11] :

Tableau 1 : Quatre formes participiales en finnois.

Participe en VA (participe présent actif) *teke-vä* « faire-VA » > « faisant »	Participe en NUT (participe passé actif) *teh-nyt* « faire-NUT » > « (qui a) fait »
Participe en TAVA (participe présent passif) *teh-tävä* « faire-TAVA » > « faisable, à faire, (qui se) fait »	Participe en TU (Participe passé passif) *teh-ty* « faire-TU » > « (qui est) fait »

Pekkarinen (2011 : 215) s'oppose à l'analyse dichotomique et symétrique qui décrit le participe en *TAVA* simplement comme la contrepartie passive du participe en *VA* et l'équivalent au temps présent du participe passé en *TU*. L'auteur souligne l'importance de reconnaître le sémantisme propre du participe en *TAVA* et ses usages qui ne trouvent pas de correspondant parmi les emplois des autres formes participiales (voir aussi Haspelmath 1994).

Nous avons examiné les occurrences du participe en *TAVA* dans six romans finnois et leurs traductions en français (voir *supra*). Comme nous nous intéresserons aux emplois de ce participe du point de vue de son degré d'adjectivité, notre analyse se limitera aux occurrences dans lesquelles le participe en *TAVA* occupe une position syntaxique propre à l'adjectif, notamment celle de l'épithète, de

---

[11] Nous avons exclu du Tableau 1 le participe d'agent et le participe négatif (voir VISK : § 521), non concernés dans cette étude.

l'attribut et du complément circonstanciel attributif[12], ou bien est employé comme un substantif déadjectival. Le corpus contient en tout 89 occurrences du participe en *TAVA*, dont celles remplissant la fonction épithète sont les plus fréquentes (voir aussi Pekkarinen 2011 : 47–48)[13].

Nous étudierons la manière dont ces emplois non verbaux se rapprochent ou bien s'éloignent du centre de la catégorie adjectivale en nous appuyant sur l'analyse de Pekkarinen (2011) selon laquelle la fonction adjectivale des formes participiales en *TAVA* est en lien avec la référence temporelle non spécifique et le profilage du point de vue de l'agent implicite. Notre objectif est de continuer cette réflexion en mettant en avant les différents degrés d'adjectivité des formes en *TAVA* d'après les deux critères de propriété et en montrant que la position de la forme en *TAVA* au sein de la catégorie adjectivale se reflète dans la manière dont cette forme est traduite en français.

3.1 La propriété permanente et la valeur modale

Le participe en *TAVA* se distingue des autres formes participiales par le fait que les deux marques qui s'associent en lui, celle de l'agent non spécifié, potentiellement collectif *TA* et celle du temps non passé *VA*, donnent lieu à une référence particulièrement non spécifique en ce qui concerne les repères spatio-temporels. Il est donc possible d'envisager l'événement exprimé par le verbe comme détaché d'une situation particulière, sous un angle générique. Dans ce cas, il ne s'agit pas de décrire un événement dans le temps et dans l'espace, en référant à un participant spécifique (8), mais d'accorder à l'événement le potentiel d'apparition à durée ou à fréquence indéfinies, en incluant un nombre indéterminé de participants non spécifiés (9)[14].

(8) *Hyppäsin epämääräisten esineiden yli pienen saunan pukuhuoneeseen.*
 'J'ai sauté par-dessus le bric-à-brac pour aller dans le petit vestiaire du sauna'

---

[12] Le complément circonstanciel attributif se rapproche de l'attribut par son sémantisme : il sert à qualifier le référent du sujet ou du complément d'objet. Il est toutefois marqué par les cas essif, translatif, allatif et ablatif qui ne sont pas propres à l'attribut en finnois. Celui-ci n'apparaît qu'au nominatif et au partitif (cf. attribut du COD/COI).
[13] 34 parmi les 89 occurrences du participe en *TAVA* non verbales fonctionnent comme épithètes, 15 comme compléments circonstanciels attributifs et 9 comme attributs. Les emplois nominaux déadjectivaux sont au nombre de 31.
[14] Les exemples (8) et (9) sont modifiés à partir d'un extrait de Hotakainen (2002 : 230), et de sa traduction (Hotakainen 2005 : 242).

Taito-i-n penkin kokoon.
plier-PRET-1SG banc.GEN ensemble.ILL
'J'ai plié le banc'

(9) *Hyppäsin epämääräisten esineiden yli pienen saunan pukuhuoneeseen.*
'J'ai sauté par-dessus le bric-à-brac pour aller dans le petit vestiaire du sauna'
***Kokoon-taite-ttava** penkki, pyöreä pöytä, kukallinen liina päällä.*
ensemble.ILL-plier-TAVA banc
' **Un banc pliable**, une table ronde, une nappe à fleurs'

Grâce à la marque de l'agent *TA* qui lui est inhérente, le participe dit passif permet d'orienter l'action vers le patient (ici, *penkki* 'banc') (cf. Haspelmath 1994 : 153). Sans liens spatio-temporels, le potentiel de l'événement « plier » devient une propriété permanente qui accompagne l'entité désignée. Dans l'exemple (9), cette propriété où l'action « plier » apparaît à un état potentiel est mise en parallèle avec des propriétés plus primaires tels que la forme (*pyöreä* 'rond') et le motif (*kukallinen* 'fleuri').

Le potentiel, plus spécifiquement la possibilité dynamique (cf. p. ex. Palmer 2001), est une des valeurs modales produites par la forme en *TAVA*. Il peut aussi s'agir d'une valeur de nécessité. Dans tous les cas, la valeur modale émerge dans un contexte où l'intention de l'agent, en faveur de ou opposée à l'événement décrit, est en jeu (Pekkarinen 2011 : 128). Le type de modalité dépend de l'interaction du sémantisme de *TAVA* avec les facteurs contextuels, tels que la valeur lexicale du verbe modifié par *TAVA*, les éléments modaux entourants et la connaissance du monde. Dans l'exemple (10), la valeur modale est nécessaire, car « distribuer les journaux » fait partie des tâches professionnelles du locuteur. En revanche, dans l'exemple (11), la construction comprenant un bénéficiaire *löytää* + l'allatif « trouver [qqc] pour qqn » indique que la propriété *remontoitava* 'à retaper' est souhaitable.

(10) *Kumarruin kahmaistakseni*
'Je me penchais pour prendre'
*lähimpään portaikkoon **jae-ttava-t***
proche.SUP.ILL escalier.ILL distribuer-TAVA-PL
lehdet, [...]. (Holappa 1998 : 124)
journal.PL
'les journaux **à distribuer** dans l'escalier le plus proche [...].' (Holappa 2001 : 108)

(11) *Tiedä vaikka löytäisimme hänelle **remontoi-tava-n***
savoir.IMP.2SG PTCL trouver.COND.1PL 3SG.ALL retaper-TAVA-GEN
pientalon kohtuuhintaan. (Hotakainen 2002 : 255)
petite.maison.GEN raison prix.ILL
'Qui sait si on ne lui trouvera pas une petite maison **à retaper** à un prix raisonnable.' (Hotakainen 2005 : 267)

En ce qui concerne leur indétermination modale, Pekkarinen (2011 : 128) compare les emplois modaux de la forme en *TAVA* avec ceux de l'infinitif finnois, marqué par l'affixe *A* (cf. Visapää 2008 : 177) et correspondant à l'infinitif présent actif en français. Comme illustré par la traduction française des exemples (10) et (11), la construction *à + infinitif* véhicule également ces deux valeurs modales (Riegel & al. 2009 : 353).

Par ailleurs, une partie des formes adjectivales en *TAVA* à valeur modale sont hautement lexicalisées. Elles se traduisent en français généralement par un adjectif déverbal en *-ble*, comme en (12) :

(12) *Hän ajattelee, että naisen on piilotettava tiettyjä asioita itsestään*
'Elle pense qu'une femme doit cacher certaines parts d'elle-même'
*ollakseen **usko-ttava**.* (Pulkkinen 2010 : 68)
être.TRANSL.POSS.3 croire-TAVA
'pour être **crédible**.' (Pulkkinen 2012 : 88)

Il faut noter que la forme française en *-ble* exprime la possibilité dynamique, alors que dans les usages les plus lexicalisés des adjectifs en *TAVA*, il est parfois difficile de déterminer s'il s'agit à' l'origine d'une possibilité ou d'une nécessité (*p. ex. uskottava* 'mérite d'être cru' ou 'doit être cru').

Lorsque la référence non spécifique assurée par les formes en *TAVA* donne lieu à une valeur modale de possibilité ou de nécessité, la propriété exprimée est d'ordre permanent, dans le sens où elle apparaît comme indépendante des liens spatio-temporels. Il s'agit de la capacité de l'entité d'être objet de l'action dénotée par la forme en *TAVA* à tout moment, quel que soit l'agent. Le caractère virtuel de la propriété n'empêche pas le passage de la forme en *TAVA* du côté de la catégorie des noms :

(13) *Kysyin, mitä **ihail-tava-a** miehen*
demander.PRET.1SG Q.PART admirer-TAVA-PART homme.GEN
toiminnassa on, [...].
agissement.INE être.3SG

(Hotakainen 2002 : 119)
'Je lui ai demandé ce qu'il y avait **d'admirable** dans les agissements de ce type, [...].' (Hotakainen 2005 : 231)

(14) *Lajittelin taloja, jaoin niitä ryhmiin.*
'J'ai classé les maisons, établi des groupes'
Mielenkiintoiset, **halu-ttava-t** *ja mahdolliset.* (Hotakainen 2002 : 6)
intéressant.PL   désirer-TAVA-PL   et possible.PL
'Les intéressants, **les désirables** et les possibles.' (Hotakainen 2005 : 71)

En (13), il s'agit d'une construction associant l'adjectif à un pronom (ici, le pronom interrogatif *mikä*) au cas partitif. Dans cet assemblage étroit, le pronom fonctionne comme déterminant de l'adjectif qui, lui, réfère à une entité abstraite (VISK : § 628). En français, les adjectifs épithètes d'un pronom, généralement précédés de la préposition *de,* indiquent une singularité ou une pluralité indéterminée (Riegel & *al.* 2009 : 381, 612 : *quoi de neuf, rien de nouveau*).

En ce qui concerne (14), il est possible d'analyser les trois syntagmes coordonnés comme elliptiques (p. ex. *haluttavat [talot]* 'les [maisons] désirables') ou comme usages nominaux des adjectifs. Dans la traduction française, la présence de l'article défini témoigne d'une interprétation nominale (cf. Noailly 1999 : 132 ; Riegel & *al.* 2009 : 277), et ces adjectifs substantivés réfèrent soit à une catégorie d'entités (*un jeune*), soit "à la classe de tous les référents qui vérifient la propriété" (*Paul aime le moderne*) (Riegel & *al.* 2009 : 617).

3.2 La propriété temporaire situationnelle

Dans les contextes où l'engagement positif ou négatif d'un agent par rapport à l'événement n'est pas en jeu, l'action exprimée par la forme en *TAVA* se rattache à un certain repère spatio-temporel. Elle est simultanée au moment de référence (15), habituelle (16) ou future mais irrévocable (17) (cf. Gosselin 2010 : 138–139).

(15) *Kuinka monta rakkauden alkua*
'Combien de débuts d'histoires d'amour'
tässä   kirjakaupassa **myy-tävä-t**   *kirjat*
DEM.INE librairie.INE   vendre-TAVA-PL livre.PL
sisältävät? (Pulkkinen 2010 : 88)
contenir.3PL
'contiennent les livres **vendus** dans cette librairie?' (Pulkkinen 2012 : 112)

(16) *Siikavirta sanoi arvostavansa (...) sitä, että*
'Il a répliqué qu'il (...) appréciait encore plus que'
rekkoihin **lasta-ttava** *tavara on sitä, mitä*
camion.PL.ILL charger-TAVA marchandise être.3SG DEM REL
'les marchandises **chargées** dans les camions correspondent'
asiakas on tilannut. (Hotakainen 2002 : 69)
'aux commandes de clients.' (Hotakainen 2005 : 75)

(17) *Maalaushetkien jälkeen he menivät puistoon.* [...]
'Après la séance de pose, ils allaient au parc, [...].'
He katselivat **vihi-ttäv-i-ä** *hääpareja,*
3PL regarder.PRET.3PL marier-TAVA-PL-PART couple.PL.PART
'Ils observaient les couples **sur le point de se marier**'
arvuuttelivat yhdessä nimiä. (Pulkkinen 2010 : 27)
'et essayaient de deviner leurs noms.' (Pulkkinen 2012 : 37)

Comme dans les contextes discutés ci-dessus, où la valeur de l'engagement positif ou négatif de l'agent est activée et où, de ce fait, une valeur modale émerge, ici aussi la référence personnelle et temporelle de la forme en *TAVA* reste, en soi, indéterminée. L'interprétation de l'action comme commise par un agent spécifique dans un espace-temps particulier est le résultat d'une inférence pragmatique.

En revanche, les traductions françaises de ces exemples contiennent des formes verbales assurant en elles-mêmes la structuration temporelle. Dans les exemples (15) et (16), la forme en *TAVA* fait référence aux propriétés « d'être en vente » et « d'être chargé » sans que leurs bornes initiale et finale soient manifestes dans la structure sémantique, alors que le participe passé français présente l'événement sous un aspect accompli (cf. p. ex. Gosselin 2005 : 36 ; Pekkarinen 2011 : 85). En (17), le texte en finnois ne détermine pas le lien temporel entre le moment de référence associé au verbe fini *katselivat* 'observaient' et le moment où les couples sont mariés. Les deux événements peuvent être simultanés (la cérémonie étant donc déjà en cours), ou bien décalés par un temps plus ou moins long (les couples attendent d'être mariés). Par contre, la traduction française précise la relation temporelle entre les événements.

Pour illustrer l'émergence d'une interprétation modale, on peut imaginer un autre contexte où c'est le pasteur en charge de la cérémonie qui observe les couples. Puisque l'action de « marier » serait alors envisagée comme faisant partie de ses responsabilités, la forme en *TAVA* pourrait porter la valeur modale nécessaire (« qu'il fallait marier »).

Comme les adjectifs référant à une propriété permanente, les adjectifs situationnels en *TAVA* peuvent également évoluer vers la catégorie nominale (cf. Pekkarinen 2011 : 62–63).

(18) *Issakainen sai taltioiduksi todella uniikkia aineistoa muistivihkoonsa.*
'La psychologue recueillit ainsi quelques données exceptionnelles'
*Paha   kyllä **haastatel-tava** alkoi   juopua*
malheur   PTCL interroger-TAVA   commencer.PRET.3SG   devenir.ivre
'mais **l'interrogé** semblait hélas sombrer peu à peu dans l'ivresse.'
ja lähennellä, [. . .]. (Paasilinna 1988 : 142)
'Il tentait aussi de lui faire des avances, [. . .].' (Paasilinna 2001 : 187)

L'exemple (18) illustre la capacité des adjectifs situationnels en *TAVA* de référer, une fois substantivés, à des entités spécifiques.

4 Conclusion

Nous nous sommes concentrées sur la dimension temporelle de l'adjectivité, qui devient manifeste lorsqu'on observe les zones périphériques de la catégorie adjectivale en finnois. En effet, du fait d'un système de dérivation relativement productif et d'une catégorie complexe de formes nominales du verbe, la classe des adjectifs finnois englobe non seulement des éléments référant à des propriétés permanentes, dans le sens où celles-ci permettent l'identification d'une entité dans des contextes variés, mais aussi des éléments désignant des propriétés situationnelles, associées à un certain repère spatio-temporel.

Après une brève présentation du classement des adjectifs en finnois, nous avons discuté trois types de groupes adjectivaux situationnels qui qualifient l'entité en question par rapport à un repère spatio-temporel ou une propriété de celui-ci. Il s'agit de proadjectifs (*silloinen työtoveri* 'un collège de cette époque-là'), d'adjectifs temporels et locatifs (*viimevuotinen suunnitelma* 'le projet de l'année dernière') ainsi que d'adjectifs exprimant la projection d'une propriété du repère (*isänsä näköinen poika* 'un garçon ressemblant à son père'). Dans ces trois cas, l'interprétation de l'adjectif est fortement dépendante du contexte, car elle s'appuie sur la localisation spatio-temporelle et/ou relative de l'entité qualifiée. Cette localisation est assurée par une expression temporelle ou locative, déictique ou non, ou par l'association de l'entité qualifiée avec une autre.

Nous avons évoqué par la suite le cas des adjectifs déverbaux en *TAVA*, pour démontrer encore une autre stratégie pour former des adjectifs situationnels. En effet, du fait de son origine verbale à référence personnelle et temporelle non spécifiée, l'adjectif en *TAVA* dénote une propriété dont le sémantisme temporel peut être plus ou moins déterminé. Dans un contexte où l'action exprimée par la forme en *TAVA* est conceptualisée comme conforme ou opposée à l'intention de l'agent, l'adjectif est interprété comme portant une valeur modale. L'action est envisagée comme ayant potentiellement lieu à tout moment, commise par un agent non spécifié. Dans l'absence d'un tel contexte, la propriété exprimée par l'adjectif en *TAVA* se rattache à un repère spatio-temporel situationnel, et le moment de l'événement, ainsi que l'identification de l'agent, se déterminent par rapport à celui-ci.

Comme plusieurs autres dimensions de l'adjectivité, le caractère permanent ou situationnel de la propriété doit être envisagé comme formant un continuum. Dans une extrémité se trouvent les adjectifs exprimant une propriété indépendante de liens spatio-temporels (p. ex. *punainen* 'rouge'), y compris les formes en *TAVA* à valeur modale (*kokoontaitettava* 'pliable'). Dans l'autre se situent les adjectifs dénotant une propriété situationnelle, voire momentanée (<u>varjonpuoleinen</u> *terassi* 'une terrasse <u>du côté de l'ombre</u>' ; <u>rekkoihin lastattava</u> *tavara* 'les marchandises <u>qu'on charge dans les camions</u>'), en passant par ceux désignant une propriété en soi permanente mais s'appuyant sur la localisation spatio-temporelle d'une autre entité (*isänsä näköinen* 'qui ressemble à son père').

Notre analyse a démontré que la dimension temporelle croise la distinction des adjectifs absolus et relatifs, car certains des adjectifs situationnels se situent dans une zone entre les deux classes. L'étude de cette dimension nous a également permis d'identifier une différence entre les systèmes adjectivaux en finnois et en français. Si le centre de la catégorie adjectivale semble être relativement similaire dans les deux langues, les zones les plus périphériques s'étendent plus loin en finnois, couvrant des domaines qui en français appartiennent aux éléments nominaux ou prépositionnels.

Abréviations

1, 2, 3	première, deuxième, troisième personne
ADE	adessif
ADJ	suffixe adjectival
ADV	suffixe adverbial
ALL	allatif
AUX	auxiliaire

COMP	comparatif
COND	conditionnel
DEM	démonstratif
ELA	élatif
GEN	génitif
ILL	illatif
IMP	impératif
INE	inessif
PART	partitif
PL	pluriel
POSS	suffixe possessif
PRÉT	prétérit
PROP	nom propre
PRS	présent
PST	passé
PTCL	particule
PTCP	participe
Q	mot interrogatif
REL	relatif
SG	singulier
SUP	superlatif
TRANSL	translatif

Bibliographie

Blevins James P., 2003, « Passives and impersonals », *Journal of Linguistics*, 39 : 473-520.
Creissels Denis, 2004, « La notion d'adjectif dans une perspective typologique », *in* J. François (dir.), *L'adjectif en français et à travers les langues*, Caen, Presses Universitaires de Caen : 73-88.
Croft William, 1991, *Syntactic categories and grammatical relations*, Chicago, The University of Chicago Press.
Croft William, 2000, « Parts of speech as language universals and as language-particular categories », *in* P. M. Vogel, B. Comrie (eds.), *Approaches to the Typology of World Classes*, Berlin, Mouton de Gruyter: 65-102.
Croft William, 2003 [1991], *Typology and Universals*, Cambridge, Cambridge University Press.
Dixon Robert M. W., 1977, « Where have all the adjectives gone? », *Studies in Language*, 1 : 19-80.
Dixon Robert M. W., 2004, « Adjective classes in typological perspective », *in* R. M. W. Dixon & A. Aikhenvald (eds.), *Adjective classes : A cross-linguistic typology*, Oxford, Oxford University Press : 1-49.
Duvallon Outi, 2006, *Le pronom anaphorique et l'architecture de l'oral en finnois et en français*, Paris, L'Harmattan/ADÉFO.
Etelämäki Marja, 2006, *Toiminta ja tarkoite : Tutkimus suomen pronominista tämä*, Helsinki, SKS.
Feuillet Jack, 2006, *Introduction à la typologie linguistique*, Paris, Honoré Champion.
Goes Jan, 1999, *L'adjectif : Entre nom et verbe*, Bruxelles, De Boeck/Duculot.

Goes Jan, 2011, « Les adjectifs primaires : entre quantité et qualité », *Studii de lingvistică*, 1 : 121–137.
Goes Jan, 2015, « Types d'adjectifs et fonctions adjectivales : quelques réflexions », *Studii de lingvistică*, 5 : 293–322.
Gosselin Laurent, 2005, *Temporalité et modalité*, Bruxelles, De Boeck/Duculot.
Gosselin Laurent, 2010, *Les modalités en français : La validation des représentations*, Amsterdam, Rodopi.
Hadermann Pascale, Pierrard Michel, Van Raemdonck Dan, 2010, « La scalarité dans tous ses aspects », *Langue française*, 165 : 3–15.
Hajek John, 2004, « Adjective classes : What can we conclude? », *in* R. M. W. Dixon & A. Aikhenvald (eds.), *Adjective classes : A cross-linguistic typology*, Oxford, Oxford University Press : 348–361.
Häkkinen Kaisa, 1987, *Nykysuomen sanakirja : Etymologinen sanakirja*, Porvoo, WSOY.
Haspelmath Martin, 1994, « Passive participles across languages », *in* B. Fox & P. Hopper (eds.), *Voice : Form and function*, Amsterdam, John Benjamins : 151–177.
Havu Eva, Pierrard Michel, 2014, *Les co-prédicats adjectivants*, Bruxelles, PIE Peter Lang.
Helasvuo Marja-Liisa, 2006, « Passive : personal or impersonal? A Finnish perspective », *in* M.-L. Helasvuo & L. Campbell (eds.), *Grammar from the human perspective : Case, space and person in Finnish*, Amsterdam, John Benjamins : 233–255.
Jaakola Minna, 2004, *Suomen genetiivi*, Helsinki, SKS.
Kaiser Elsi, Vihman Virve-Anneli, 2006, « Invisible arguments : Effects of demotion in Estonian and Finnish », *in* T. Solstad & B. Lyngfelt (eds.), *Demoting the agent : Passive and other voice-related phenomena*, Amsterdam, John Benjamins : 111–141.
Karlsson Fred, 1999 [1983], *Finnish : An Essential Grammar*, London, Routledge.
Noailly Michèle, 1999, *L'adjectif en français*, Gap/Paris, Ophrys.
Palmer Frank R., 2001, *Mood and modality*, Cambridge, Cambridge University Press.
Pander Maat Henk, 2006, « Subjectification in gradable adjectives », *in* A. Athanasiadou, C. Canakis & B. Cornillie (eds.), *Subjectification : Various paths to subjectivity*, Berlin, Mouton de Gruyter : 279–321.
Paradis Carita, 2001, « Adjectives and boundedness », *Cognitive Linguistics*, 12 : 47–64.
Pekkarinen Heli, 2011, *Monikasvoinen TAVA-partisiippi. Tutkimus suomen TAVA-partisiipin kayttokonteksteista ja verbiliittojen kieliopillistumisesta*, Helsinki, Département de finnois et des langues et littératures finno-ougriennes et nordiques de l'Université de Helsinki, http://urn.fi/URN:ISBN:978-952-10-6965-9.
Riegel Martin, Pellat Jean-Christophe, Rioul René, 2009 [1994], *Grammaire méthodique du français*, Paris, PUF.
Schnedecker Catherine, 2002, « Présentation : Les adjectifs "inclassables", des adjectifs du troisième type ? », *Langue française*, 136 : 3–19.
Visapää Laura, 2008, *Infinitiivi ja sen infiniittisyys : Tutkimus suomen kielen itsenäisistä A-infinitiivikonstruktioista*, Helsinki, SKS.
VISK = Hakulinen A., Vilkuna, M., Korhonen, R., Koivisto, V., Heinonen, T. R. & Alho, I. 2004, *Iso suomen kielioppi*, Helsinki, SKS. Version électronique, scripta.kotus.fi/visk.

Alvaro Arroyo-Ortega
Chapitre 18 Détermination et adjectivité du nom attribut en espagnol et en français. Éléments de comparaison

1 Introduction

L'adjectivité en espagnol est un phénomène semblable à celui du français. En position d'attribut, il en est de même, mais la possibilité de l'article zéro (absence d'article), du nom nu, beaucoup moins restreinte en espagnol qu'en français, donne à l'adjectivité du nom attribut une autre dimension et permet d'en approfondir la notion même.

Salles (2014 : 10) soulève cette question en indiquant qu'en français « avec cette valeur sémantique propre, le passage à la fonction attribut se fera de préférence, sinon toujours, sans déterminant : ce sujet est bateau/ce projet est bidon. »

Il s'agit de rendre l'adjectivité plus facile, bien évidemment. En espagnol, c'est toujours possible ou presque :

> El deporte es espectáculo/cultura/riesgo/dinero/educación/formación/vida/felicidad/ salud/negocio/pasión/alegría/amistad/competición/esfuerzo/... ['spectacle, culture, risque, argent, éducation, formation, vie, bonheur, santé, affaire, passion, joie, amitié, compétition, effort']

En français, cependant, les possibilités d'absence de déterminant sont beaucoup plus restreintes.[1] Déjà dans Arroyo (1994), les exemples littéraires analysés, tirés de Camilo José Cela[2] et de Marguerite Yourcenar[3], nous le montraient, surtout pour le N objet direct :

---

[1] Rien que pour *la politique est communication*, on obtient très peu de résultats en lançant le moteur de recherche sur le web, alors qu'en espagnol *la política es comunicación* affiche 20 à 30 fois plus de résultats.
[2] Cela, Camilo José (1963), *Nuevas andanzas y desventuras de Lazarillo de Tormes*, Barcelona-Madrid: Editorial Noguer. Traduction française: *Nouvelles aventures et mésaventures de Lazarillo de Tormés*, traduit de l'espagnol par Marie-Berthe Lacombe, Paris, Gallimard, 1963.
[3] Yourcenar, Marguerite (1974), *Mémoires d'Hadrien*, Paris, Editions Gallimard, collection Folio. Traduction : *Memorias de Adriano*, Traduit du français par Julio Cortázar, Barcelona, Edhasa, 1982.

Alvaro Arroyo-Ortega, Université Complutense de Madrid

https://doi.org/10.1515/9783110604788-019

¿Va a tomar copita? (Cela 1963 : 143)/'Vous prendrez un petit verre d'alcool ?' (traduction, p. 150)

Mais, bien sûr, aussi pour le N attribut :

el trato del ganado es oficio duro (Cela 1963 : 34)/'L'élevage des troupeaux est un dur métier' (traduction, p. 37)

Que ya no eres moza (Cela 1963 : 168)/'car tu n'es plus une jeune femme' (traduction, p. 177)

??* 'car tu n'es plus jeune femme'

Cet énoncé est difficile sinon impossible, du moins à la 2e personne. Pour « jeune fille », certains résultats sont affichés :

Mais tu n'es plus « jeune fille »

Elle n'est plus jeune fille, elle n'est pas encore femme

Mais cependant *tu n'es plus femme* affiche beaucoup plus de résultats, autant que *elle n'est plus femme*.

Quand tu es mère, tu n'es plus femme ?

Elle n'est plus reine, elle n'est plus femme.

La différence de résultats, entre *jeune femme et jeune fille* d'un côté, et *femme* de l'autre, s'expliquerait parce que le N attribut nu *femme* est plus compatible avec la non-actualisation, la non-référence, que les SN *jeune femme* ou *jeune fille* qui expriment, du fait des adjectifs, une certaine actualisation. À la forme négative, bien évidemment, l'explication semble être encore plus justifiée.

si uno es criado (Cela 1963 : 52) vs. si uno es un criado

'si on est un valet' (traduction, p. 54)

Du point de vue de l'adjectivité, l'absence d'article s'oppose à l'article indéfini parce que celui-ci présente le N comme un exemple de N. Alors que le N nu est présenté dans sa substance donc dans son adjectivité (cf. Arroyo 1994 : 318 ; Bosque 1996).

Del Chubasco [...], seré hijo (Cela 1963 : 29)/'je pourrais être le fils de Chubasco' (traduction, p. 27)

je fus deux jours l'hôte de Plutarque (Yourcenar 1974 : 87)/'fui durante dos días huésped de Plutarco' (traduction, p. 64)

eso de cobrar por adelantado debía ser costumbre de Belinchón (Cela 1963 : 133)/'Évidemment c'était la coutume de Belinchon' (traduction, p. 162)

Mais l'article zéro en français, pour le N attribut, est possible, comme c'est le cas ici :

> comme c'était coutume de le faire/la coutume romaine était coutume générale de l'empire/Cette règle [...] était coutume nationale/Avoir une photo de la famille royale était coutume dans ces temps-là/chez eux la royauté était coutume/faire bon accueil au voyageur et à l'étranger en lui offrant, pour un temps plus ou moins long, l'abri et la nourriture, était coutume dans ces contrées désertiques/, etc.

Le français préfère donc utiliser un mécanisme intermédiaire avec la présence du déictique *ce*, un type d'atténuateur. En effet, en passant par le pronom neutre *ce*, le N sujet peut être plus facilement identifier au N attribut. Il s'agit d'un mécanisme dont l'espagnol n'a pas besoin (cf. Arroyo 2007). Dans ce cas, bien sûr, le déterminant est le plus souvent privilégié[4]. Prenons des exemples, en interrogeant un moteur de recherche sur le web[5], avec le partitif et le N sujet *politique* :

> La politique, c'est de la désinformation/de la grosse merde/de la comédie/de la crotte/de la mascarade/de la bagarre/de la communication et de la séduction/de la complicité et du mensonge/de la dialectique/de la stratégie/de la magouille/de la sorcellerie/de la malice/de la séduction/du bricolage/du show-business/du sport/du marketing/du roman/du suicide/du cinéma/,etc.

Par ailleurs, l'article dit partitif[6], grâce au morphème *de*, accède à la substance[7] du Nom ; il accède, pour ainsi dire, au substantif. Il en est de même pour l'article Ø (ArtØ)[8] :

> La politique c'est comédie, magouilles, copains et cie !/c'est séduction, élection, trahison/c'est séduction de la masse/c'est magouille et compagnie/c'est magouille de droite et magouille de gauche/c'est magouille et lutte d'influences dès les cantonales/c'est magouille, vol, arrangement entre amis/etc.

---

4 Avec ce tour, tout semble possible. Voyez la phrase attribuée à Edgar Faure : « *la politique c'est du* tout à l'égout à l'ONU » (http://www.slate.fr/story/160489/partis-avenir-politique).
5 Les interrogations ont été faites durant octobre et novembre 2018.
6 « A diferencia de otras lenguas románicas como el francés o el italiano, el español actual no conserva el llamado artículo partitivo [...]. Antes sí: *Deje que nos den del pan* » [Autos, Aucto de la Fee, primera parte, escena III] (Rigau 1999 : 326). (Traduction littérale : 'contrairement à d'autres langues romanes, comme le français ou l'italien, l'espagnol actuel ne conserve plus l'article dit partitif [...]. Avant, cela était possible : *Laissez qu'on nous donne du pain*').
7 Nous en prenons plutôt le sens philosophique : *ce qui existe en soi par opposition à ce qui change* (pour nous et grammaticalement parlant : *en dehors des référents particuliers*), *l'essence, le fond* (voir le *TLFi*)
8 Exemples consultés le 24/10/2018.

L'absence d'article est possible ici surtout parce que la suite, la coordination ou le complément sont des éléments de détermination.

Malgré tout, l'ArtØ est parfois possible même sans le déictique :

> [...] soit que la politique est corruption, soit que la question de la [...]/pour elle, la politique est corruption/Elle confond rumeur et vérité et ne croit plus que les politiques sont corrompus mais bien plutôt que la politique est corruption.
>
> Chez les Athéniens du Ve siècle qui inventent la démocratie, la politique est praxis, pratique (« action »)/c'est que précisément la politique est praxis, initiatives et gestions quotidiennes de questions on ne peut plus matérielles, marquées, ...
>
> La politique est responsabilité devant Dieu et les hommes ! s'est-il exclamé [= le Pape]. Par Europe1.fr avec AFP.
>
> Parce que, justement, la politique est discussion, dialogue, contradiction, doute, incertitude et équivoque, [...]/cette République est encore celle des lettres où la politique est discussion, [...]/La direction doit s'assurer que la politique est discussion avec la direction sur les [...]
>
> Pour Manuel Valls, la politique est communication/La politique est communication depuis l'origine, [...]/Il n'y a plus de communication politique depuis Sarkozy. La politique EST communication/Pour parvenir au pouvoir, pour l'exercer, pour en rendre compte au citoyen, la politique est communication/La politique est communication. Berlusconi a été le pionnier de la télévision commerciale [...]/Si la politique est communication, comme on dit aujourd'hui, ...

Un autre exemple :

> Qu'est-ce qui fait qu'une ville est ville ?/Il s'agit donc de comprendre ce qui « fait » ville plus que ce qui « est » ville/elle est ville universitaire/Lorsque Paris était ville-lumière/Paris était ville municipe/Kampala proprement dite était ville « publique »/ lorsqu'elle était ville libre et impériale/Maguelone était ville épiscopale/Les 6 et 7 juillet 2017, Troyes était ville-arrivée et ville-départ du Tour/Paris était ville de départ et ville d'arrivée/Avec cette nouvelle publication « La Ville était Village »/La vie reprenait ses droits, comme chaque matin depuis que le village était village.

Dans les exemples *une ville est ville*, *le village était village*, le N attribut adjectivé transforme le N sujet référence en un N sujet substance. C'est comme si un N, qui est un exemple de N (voir Arroyo 1994)[9], n'était pas nécessairement toujours N, d'où la pertinence de l'exemple et de la question *qu'est-ce qui fait qu'une ville est ville ?*

Dans l'exemple

> Brest est ville amie des aînés.

---

[9] C'est bien pour cela que l'on peut dire *Ce n'est pas une voiture* pour une annonce de voiture.

on passe du N référence (Brest-une ville) au N substance (ville) ; on veut dénuer Brest de son référent *ville* pour identifier *Brest* à *amie des aînés* :

> Brest est (ville) amie des aînés
>
> Brest est ville-amie des aînés

Si on avait *Brest est une ville amie des aînés*, on aurait un éloignement formel,

> Brest est + une ville + amie des aînés

et donc un éloignement sémantique entre *Brest* et *amie des aînés*.

Il s'agit de mécanismes que possède la langue pour mettre en relief un sens concret. Ces mécanismes sont souvent en rapport avec l'espace, la distance.

2 Adjectivité et gradualité

Comme nous l'avons dit auparavant, en espagnol, il n'y a quasiment pas de restriction[10] :

> La política es desinformación/comedia/pelea/comunicación y seducción/complicidad/estrategia/malicia/imaginación/arte y ciencia/corrupción/falsedad/voluntad de conquista y conservación de poder/espiritualidad/instrumento/conflicto de intereses/diálogo/administración pública/ejercicio práctico del derecho/dedicación/servicio/motivación, espíritu y esperanza/diálogo y negociación/delito/cultura/cosa pública/espectáculo/etc.

Permettez-moi de le dire : la politique peut être tout ce que l'on veut.

En français, rien que pour les premiers substantifs équivalents, les restrictions sont énormes, si l'on s'en tient, bien sûr, aux résultats obtenus sur le web :

> La politique *est désinformation/*est de la désinformation/*c'est désinformation/ ?c'est de la désinformation
>
> La politique *est comédie/*est de la comédie/*c'est comédie/c'est de la comédie
>
> La politique *est bagarre/*est de la bagarre/*c'est bagarre/c'est de la bagarre[11]
>
> La politique est communication/ ?est de la communication/*c'est communication/c'est de la communication
>
> La politique ?est séduction/*est de la séduction/*c'est séduction/c'est de la séduction

---

10 Exemples consultés le 03/11/2018.
11 « *La politique, c'est de la bagarre*, il faut convaincre les Français » (leparisien.fr ; consulté de 28/10/2018).

La politique est corruption/ ?est de la corruption/ ?c'est corruption/*c'est de la corruption[12]

La politique *est complicité/*est de la complicité/*c'est complicité/ ?c'est de la complicité

La politique est stratégie/*est de la stratégie/*c'est stratégie/c'est de la stratégie

La politique est imagination/*est de l'imagination/*c'est imagination/*c'est de l'imagination

La politique est art/est de l'art/ ?c'est art/c'est de l'art

La politique est dialogue (et gouvernance)/*est du dialogue/ ??c'est dialogue/ ?c'est du dialogue/est un dialogue

Cela étant, l'étape intermédiaire, avec le partitif mais sans le déictique, est possible aussi :

La politique est de la discussion/En effet la politique est de la morale/la politique est de la mise en scène/la politique est de la merde/toute la politique est de la communication/En politique quand la politique est de la politique/La politique est de la discussion/La politique est du théâtre de boulevard (lexpress.fr. Le questionnaire de style de Pascal)/la politique est du marketing très superficiel et grossier et pourtant ça marche/La politique est du pain béni/Est-ce qu'on peut dire qu'inversement la politique est du cinéma ?/la politique est du commerce/c'est parce que la politique est du romantisme/si la politique est du cirque/La politique est du diable

D'après ces résultats, on pourrait donc songer à une gradualité sémantique en commençant par ce qui est le plus facilement associé à politique, socialement parlant, et en terminant par ce qui est le moins inhérent, et tout cela grâce à deux éléments formels : la présence ou absence du déterminant en phrase copulative et le renforcement au moyen de *c'*. On retrouverait les noms attributs les plus communément associés au N sujet avec le tour N1 + est + Artø + N2, puis les N attributs communément associés au N sujet avec le tour N1 + est + ArtPart + N2. Finalement, le tour N1 + c' + est + ArtPart + N2 permet de faire des associations, des relations qui sont même très éloignées de ce qui est accepté socialement parlant :

La politique serait surtout associée à *communication, corruption, stratégie, art, imagination, dialogue.*

Puis, elle serait *discussion/morale/mise en scène/merde/théâtre de boulevard/marketing superficiel et grossier/pain béni/cinéma/commerce/romantisme/cirque/diable.*

---

[12] Même si les résultats trouvés ne sont pas représentatifs, on peut songer au fait que plus l'attribut est associé, socialement parlant, au sujet, plus l'attribut peut se présenter sans déterminant et même sans le tour atténuateur avec *c'*. Il en est de même pour *stratégie, imagination,* etc.

Finalement, elle pourrait être, mais en moindre mesure, *désinformation/comédie/bagarre/séduction/complicité/psychologie/linguistique*[13]*/dialectique/réflexion, recul et dignité/musique/rhétorique, gestes et discours/méthode et pédagogie/métaphysique/volonté.*

Avec l'adjectivation en phrase copulative, la richesse de la substance des N attributs que l'on peut associer au Nom sujet est bien plus grande qu'avec l'adjectif équivalent, lorsque celui-ci est possible. Prenons l'exemple de l'adjectif *corrompu* ('altéré dans sa valeur' ; 'dénaturé dans sa valeur morale') face au nom *corruption* :

> La politique est corrompue
>
> La politique est corruption

L'adjectif attribut « se colle » au N sujet lui transférant ses sèmes compatibles : corrompue s'associe à politique et lui « colle » le sens de dénaturé dans sa valeur morale. Mais le N attribut adjectivé, le substantif adjectivé, lui transfert sa substance entière. En effet, en disant *la politique est corruption*, tout ce qui est applicable à un corps, à une substance matérielle (*action de changer l'état naturel d'une chose en la rendant mauvaise, généralement par décomposition ; fait de se corrompre. La corruption de la chair, de l'air* [...]. *Altération, décomposition*[14]), n'est pas exclu. Il suffit de reprendre l'exemple d'avant :

> Elle confond rumeur et vérité et ne croit plus que les politiques sont corrompus mais bien plutôt que la politique est corruption.

Mais, c'est en espagnol que cela est plus net puisque, comme nous l'avons dit, les restrictions syntaxiques sont quasiment nulles : on peut toujours, ou presque toujours, avoir un N attribut sans déterminant. C'est donc aussi en espagnol que l'on peut saisir plus facilement le rôle sémantique de l'adjectivation dans la position d'attribut. Le premier serait d'élargir presqu'à l'infini le champ associatif. Le deuxième, c'est d'attribuer à un N des signifiés autres que celui de l'adjectif correspondant. Le troisième, finalement, c'est d'identifier un N référence à un N substance[15], un Nom à un Substantif. C'est cette identification totale qui est difficile

---

13 Rémy de Gourmont, *Epilogues : réflexions sur la vie – 1905–1907.*
14 D'après le *TLFi*.
15 Ou à une propriété essentielle. À ce propos, Demonte (1999 : 135) signale que « si en ocasiones algunos nombres van acompañados de adverbios de grado (*muy mujer, muy torero*) es precisamente porque el nombre designa en esos casos la propiedad esencial o estereotípica de la entidad que se miente ». (Traduction littérale : 'si certains noms sont parfois accompagnés d'adverbes de degré (*très femme, très torero*), c'est précisément parce que le nom désigne, dans ces cas-là, la propriété essentielle ou stéréotypique de l'entité nommée'). Pour certains exemples français, voir Salles (2004).

en français, syntaxiquement parlant. C'est bien pour cela qu'il a recours à l'atténuateur *c'* et au déterminant. Bien évidemment, avec le tour en *c'* et le partitif, le N attribut s'identifie autrement au N sujet puisqu'il est dit que le N sujet *est du domaine du* N attribut :

> La politique, c'est de la communication = « relève du domaine de, appartient au domaine de »

alors que dans *La politique est communication* il y a identification : le référent « politique » possède la substance « communication », est substantiellement « communication ». D'ailleurs, on aurait du mal à dire *??la politique n'est pas communication*[16], tandis que l'on peut dire sans problème *la politique, ce n'est pas de la communication*.

3 Adjectivité et image grammaticale

Étudions maintenant le degré d'adjectivité du nom attribut et « l'image » rendue par cette adjectivité. Nous entendons ici par « image », ou « image grammaticale » (dorénavant IG), l'image fixe que nous rend la construction grammaticale (entre guillemets) lorsqu'on lance l'un des moteurs de recherche les plus usuels du web, en cliquant sur « images » (cf. Arroyo 2016). Ce qui nous paraît important dans cette recherche, c'est de savoir si le N attribut sans déterminant est capable, en associant sa substance au N sujet, d'en éliminer la référence. Par ailleurs, les images grammaticales peuvent nous renseigner sur l'adjectivité qui est mise en œuvre. Comme nous l'avons dit auparavant, la langue possède des mécanismes pour mettre en relief un sens concret et ces mécanismes sont souvent en rapport avec l'espace, donc la distance, et, par conséquent, facilement visibles à travers l'image, l'image grammaticale.

Voici quelques exemples :

> Pour « La política es arte », l'IG montre plutôt les arts, la peinture, la musique, le théâtre, en plus des protagonistes ; pour « la política es un arte », l'IG montre surtout les protagonistes.
>
> L'IG de « El deporte es vacuna » efface le référent sport. Pour « El deporte es una vacuna » (le sport est un vaccin), le sport réapparait.
>
> L'IG de « La política es una ciencia » montre des écrits, des savants ; pour « la política es ciencia », l'IG montre davantage de politiques (groupes, gens), et moins d'écrits.

---

[16] Car c'est comme si l'on disait *la politique n'est pas ce qu'elle n'est pas selon son sens propre*.

L'IG de « la política es un juego » montre de vrais jeux, par exemple les échecs[17] ; pour « la política es juego », il s'agit plutôt de personnages et d'écrits.

L'IG de « la politique est stratégie » montre des livres, des documents ; l'IG de « la politique, c'est de la stratégie » montre les résultats de cette stratégie.

L'IG de « la política es diálogo » montre les interlocuteurs, les conflits ; l'IG de « la política es un diálogo » montre moins de conflits, et plus d'apaisement.[18]

Regardons maintenant *le sport est spectacle/*le sport c'est spectacle/ ??le sport est du spectacle/le sport, c'est du spectacle/le sport, c'est un spectacle/le sport est un spectacle.*

L'IG de « le sport est spectacle » ne montre pas les sports : la substance du N attribut élimine la fonction référentielle du N sujet. Alors que dans l'IG de « le sport est un spectacle »/« le sport c'est du spectacle » les sports sont montrés : les deux référents s'identifient, encore que, comme le signale Kleiber (1981 : 72), « s'il paraît plausible de parler de référence à des particuliers pour les syntagmes en position de sujet grammatical [...], une telle attitude est absolument inconcevable avec les syntagmes attributs »[19]. Mais, quoi qu'il en soit, ce qui paraît important c'est que le N attribut adjectivé est capable d'effacer la référence du N sujet.

Pour l'espagnol, il en est de même. Il n'y a que 20% des IG[20] de « el deporte es espectáculo » qui montrent un sport, alors que pour « el deporte es un espectáculo » elles montrent, à hauteur de 40%, un sport.

el deporte es cultura/'le sport est culture'

---

[17] Malgré sa position d'attribut le référent « jeu » est dans l'esprit de l'énonciateur. Il ne l'est plus pour « la política es juego ».
[18] C'est comme si dans « la política es diálogo », le substantif attribut, dénué de référent, nous renvoyait à ce qui est nécessaire, à ce que produit son manque. Dans « La política es un diálogo », le nom attribut nous renvoie à une réalité plus objective, à un objet construit.
[19] Leonetti (1990 : 159) fait la même réflexion : « Los predicados nominales en las atributivas son SSNN desde el punto de vista formal, pero se comportan como adjetivos o, en general, como predicados, por lo que es legítimo suponer que no se trata de argumentos, sino de verdaderas expresiones predicativas, no saturadas, incapacitadas para referir debido a su status sintáctico. Esta es sin duda la forma más radical de no referencialidad: convertirse en predicado ». (Traduction littérale : 'Les prédicats nominaux attributs sont des syntagmes nominaux du point de vue formel, mais ils se comportent comme des adjectifs ou, en général, comme des prédicats ; il est donc légitime de penser qu'il ne s'agit pas d'arguments mais de véritables expressions prédicatives, non saturées, incapables de référer étant donné leur statut syntaxique. C'est sans doute la forme la plus radicale de non-référence : devenir prédicat'). On pourra aussi tirer profit de l'ouvrage David & Kleiber (1986).
[20] En observant, en espagnol, les 50 premières images qui s'affichent lorsqu'on lance le moteur de recherche.

En fait, dans cet exemple, le N *culture* devient adjectif mais en y ajoutant d'autres valeurs que « culturel ». L'adjectif s'associe, le N attribut s'identifie, il devient un tout avec le N sujet[21] :

> Le sport est culture et savoir/Pour lui le sport est culture car il est « une école du perfectionnement moral, il développe le caractère, le sens de l'équipe et quelques autres …/ car le sport est culture à part entière/Que ça plaise ou non, le sport est culture !

L'IG de « Le sport est culture » le corrobore : éducation, bien-être, art et spectacle, populaire, politique (moins), intégration, etc.

Ainsi que les images de « El deporte es cultura » : politique, éducation, art et spectacle, intégration, histoire, etc.

Mais l'IG de « le sport c'est de la culture » ne montrent quasiment que des sports.

4 Conclusion

Le N attribut occupe une place adjectivale, mais c'est l'absence de détermination qui renforce son adjectivité. C'est ainsi que l'on accède à sa substance et que sa valeur référentielle est très affaiblie. Nous préférons donc l'appellation de « Substantif » au « Nom attribut nu », et lorsqu'il est adjectivé, en rejoignant donc la terminologie de Goes (1999), « substantif adjectivé ».

En espagnol, l'Art∅ est toujours possible, ou presque. De ce fait, on a accès plus facilement à la fonction de l'adjectivité dans la position d'attribut. C'est l'identification du N attribut et du N sujet, c'est-à-dire l'attribution d'une autre identité, qui peut même aller jusqu'à la substitution de l'une à l'autre, qui donne à l'adjectivité une nouvelle dimension : l'adjectif se colle au nom, montrant une qualité ou une appartenance, le N attribut adjectivé s'identifie au N sujet et en montre une autre essence. Par ailleurs, le N attribut adjectivé prendrait aussi le rôle de l'adjectif de relation qui ne peut généralement pas avoir la fonction d'attribut, aussi bien en espagnol qu'en français (cf. Demonte 1999 : 129).

En français, cela est beaucoup plus restreint. On a donc recours à des tours intermédiaires : le passage par *ce* et/ou l'utilisation de l'article dit partitif. Ces structures attributives pourraient donner lieu à une gradualité dans l'adjectivité et pourrait permettre d'établir, socio-linguistiquement parlant, une hiérarchie

---

[21] Comme, en espagnol, pour les verbes « pseudocopulatifs » : *hacerse, ponerse, volverse y quedarse* (cf. Gumiel, 2005 : 70) : *La política se vuelve comedia*. (Traduction littérale : 'la politique se fait/devient comédie').

des Noms attributs que l'on peut identifier au Nom sujet qui en donnerait une autre identité. Plus l'attribution d'un N2 à un N1 est atténuée par le pronom neutre *ce* et par l'article partitif, plus on (je, nous, la société) rejette l'identification de N1 et de N2, on rejette que N1 soit essentiellement N2, que N2 soit donc l'essence de N1. On a donc une dynamique formelle qui fait que N1 devient *ce*, donc neutre, pour devenir N2. En espagnol, N1 devient N2 sans transition. L'adjectivité en phrase copulative transforme le Nom en Substantif puisqu'elle y permet l'attribution d'une substance autre ou nouvelle. L'adjectif éclaire le nom, l'adjectivité en donne une nouvelle essence.

Bibliographie

Arroyo Ortega Alvaro, 1994, *El determinante artículo en francés y en español. Estudio contrastivo de sus servidumbres sintácticas y semánticas*, Tesis doctoral, Servicio de publicaciones de la Universidad Complutense de Madrid.

Arroyo Ortega Alvaro, 2007, « Déterminants, absence de déterminants et détermination en phrase copulative », *in* M. Teresa, R. Gómez & C. Després (dir.), *Percepción y Realidad. Estudios francófonos*, Departamento de Filología Francesa y Alemana de la Universidad de Valladolid.

Arroyo Ortega Alvaro, 2016, « La visibilité des structures grammaticales », *in* A. I. Labra *& al.* (dir.), *Crisis, ¿fracaso o reto? (Crises, échec ou défi)*, [recurso electrónico], actas del *XXIII Congreso de la APFUE* (actual AFUE) : 366–373.

Bosque Ignacio (dir.), 1996, *El sustantivo sin determinación*, Madrid, Visor Libros.

David Jacques, Kleiber Georges (dir.), 1986, *Déterminants : syntaxe et sémantique*, Paris, Klincksieck.

Demonte Violeta, 1999, « El adjetivo : clases y usos. La posición del adjetivo en el sintagma nominal », *in* I. Bosque & V. Demonte (dir.), *Gramática descriptiva de la lengua española*, vol.1, Madrid, Espasa Calpe : 129–215.

Goes Jan, 1999, *L'adjectif. Entre nom et verbe*, Paris/Bruxelles, Duculot.

Gumiel Molina Silvia, 2005, *Los complementos predicativos*, Madrid, Arco/Libros.

Kleiber Georges, 1981, *Problèmes de référence : descriptions définies et noms propres*, Paris, Klincksieck.

Rigau Gemma, 1999, « La estructura del SN : Los modificadores del Nombre », *in* I. Bosque & V. Demonte (dir.), *Gramática descriptiva de la lengua española*, vol.1, Madrid, Espasa Calpe : 311–363.

Salles Mathilde, 2004, « Adjectif et adjectivité ou comment un substantif peut être plus adjectif qu'un adjectif », *L'Information Grammaticale*, 103 : 7–12.

Huy Linh Dao et Danh Thành Do-Hurinville
Chapitre 19 Adjectivité entre lexique, syntaxe et discours : le cas de la recatégorisation N → V$_Q$ en vietnamien

1 Introduction

La présente contribution s'inscrit dans la lignée du débat sur l'absence formelle de la catégorie « adjectif » dans les langues d'Asie du Sud-Est dont font partie, entre autres, le lao, le thaï et le vietnamien (voir Bhat & Pustet 2000 ; Enfield 2004 ; Evans 2000 ; Thompson 1991 ; Post 2008 ; Prasithrathsint 2000, *inter alia*). En linguistique vietnamienne, les travaux les plus récents (voir par exemple Do-Hurinville & Dao 2017, et les références qui y sont citées) abondent aussi dans ce sens en avançant des arguments distributionnels en faveur de l'idée que les expressions vietnamiennes équivalentes aux adjectifs des langues flexionnelles constituent en réalité une sous-classe de la catégorie verbale. Plus précisément, ces expressions sont analysées comme des verbes de qualité. L'une des implications de ce point de vue est que le label « adjectif » est assimilé à une étiquette fonctionnelle, plutôt que catégorielle. Cela semble plausible, étant donné la polyfonctionnalité et la transcatégorialité des unités lexicales en vietnamien. En effet, le caractère isolant de cette langue a pour conséquence qu'une même unité, comme *đẹp* 'être beau' dans (1), peut fonctionner soit comme un prédicat (1a), soit comme un modificateur adnominal (1b), soit comme un modificateur adverbial (1c). Pour un exemple comme (1a) ou (1b), *đẹp* semble donc pouvoir être considéré comme ayant une « fonction adjectivale ».

(1) a. *Cô gái   này   rất   **đẹp**.*
      Jeune femme DEM[1] très être beau
      'Cette jeune femme est très belle'

---

[1] Abréviations : 1SG (1ère personne, singulier) ; 2SG (2e personne, singulier) ; 3SG (3e personne, singulier) ; 3SGMasc (3e personne, singulier, masculin) ; 3SGFem (3e personne, singulier, féminin) ; 3PLUR (3e personne, pluriel) ; CLF (Classificateur) ; COP (Copule) ; DEM (Démonstratif) ; EXPL (Explétif) ; FUT (Futur) ; IMP (Impératif) ; INTENS (marqueur intensif) ; INTER

Huy Linh Dao, INALCO & CRLAO – CNRS
Danh Thành Do-Hurinville, Université de Franche-Comté – ELLIADD

https://doi.org/10.1515/9783110604788-020

b. *Cô gái* ***đẹp*** *này là bạn của nó.*
Jeune femme être beau DEM COP ami POSS 3SG
'Cette belle jeune femme est son amie'
c. *Cô gái này nhảy* ***đẹp*** *lắm.*
Jeune femme DEM danser être beau trop
'Cette jeune femme danse joliment/à merveille !'

Cependant, aussi convaincante que soit leur démonstration, la discussion menée est centrée sur les « verbes de qualité ». Les auteurs mentionnés laissent donc dans l'ombre la question de savoir comment traiter les expressions nominales présentant des propriétés (sémantico-syntaxiques) symptomatiques de la « fonction adjectivale » (F_A), comme c'est le cas du mot *chất* 'qualité' en (2)[2]. On peut ainsi se demander dans quelle mesure ces expressions conservent leurs propriétés nominales et si leur fonctionnement est plus « adjectif » que les verbes de qualité en fonction adjectivale. De même, on peut s'interroger sur les changements interprétatifs que peut induire cette transposition fonctionnelle.

(2) a. ***Chất*** *của sản phẩm*
Qualité POSS produit
'Qualité du produit'
b. ***Chất*** *của một vị anh hùng*
Etoffe POSS un CLF héros
'Etoffe d'un héros'
c. *Đồng hồ Fossil – Cái tên mới nhưng rất* ***chất!***
Montre N_{propre} CLF nom être nouveau mais très qualité
'Les montres Fossil – Nouveau nom mais vraiment original !'
d. *Thành Long tuy già nhưng diễn vẫn rất* ***chất*** *!*
N_{propre} bien que être vieux mais jouer encore très qualité

'Bien qu'il soit âgé, Thành Long joue toujours avec brio.'

(Interrogatif) ; LOC (Locatif) ; NEG (Négation) ; PASS (Passif) ; PLUR (Pluriel) ; POSS (Possessif) ; REFL (Réfléchi) ; TAM (Temps-Aspect-Modalité) ; TOP (Topicalisateur).
2 Sauf indications contraires, nos exemples sont tous tirés des corpus de différentes sources (romans, presse électronique et imprimée, forums, dictionnaires, Google, etc.). Pour la clarté de l'exposé et de l'argumentation, certains en sont simplifiés ou adaptés.

Notre chapitre est structuré comme suit : après une brève mise au point terminologique (§2.1), nous montrerons que le traitement des phénomènes de transcatégorialité et de polyfonctionnalité, tel qu'il est proposé dans Do-Hurinville et Dao (2016, 2018), ne permet de rendre compte que partiellement des effets de recatégorisation observés ici (§2.2). Nous exposons dans la section §3 les principales caractéristiques sémantico-syntaxiques des verbes de qualité (§3.1), ainsi que celles des noms (§3.2). La section §4 propose une typologie des configurations où un nom (N) semble se comporter comme un verbe de qualité (V_Q) et, donc, être doté de la fonction « adjectivale » (F_A). L'examen des cas de recatégorisation N → V_Q servira de base à une brève mise en contraste, dans la section §4, des constructions étudiées avec des constructions similaires en français, telles qu'elles ont été discutées dans Lauwers (2014, 2017).

2 Verbe de qualité, adjectif, adjectivité et transcatégorialité

2.1 Adjectif *versus* Verbe de qualité et degré d'adjectivité

La plupart des grammaires vietnamiennes reconnaissent l'existence d'une catégorie « adjectif » à part entière en vietnamien (voir Diệp 2005 pour une synthèse des différents points de vue sur la question), sans pour autant asseoir leur vision sur des bases empiriques et distributionnelles suffisamment convaincantes. L'argument le plus fréquemment invoqué est que les expressions qu'elles analysent comme des adjectifs sont compatibles avec les adverbes d'intensité ou de degré comme *rất* 'très', *hơi* 'un peu', *khá* 'assez', *quá* 'trop', *lắm* 'trop', etc. :

(3) Mai   (rất/hơi/khá/quá)   *béo*   (lắm)[3]
   N_{propre} (très/un peu/assez/trop) gros (trop)
   'Mai est très/un peu/assez/trop grosse.'

Le clan opposé, représenté notamment par Cao (2004) et, plus récemment, Do-Hurinville & Dao (2017), rejette cet argument en défendant l'hypothèse que les expressions en question sont en réalité des verbes et qu'un terme comme *béo*

---

[3] L'adverbe *lắm* 'trop', qui est aussi une particule finale, se rencontre dans les énoncés exclamatifs. Il sert à exprime le haut degré d'une qualité/propriété et est en distribution complémentaire avec la série des adverbes préverbaux *rất/hơi/khá/quá* : 'très/un peu/assez/trop'.

dans (3) devrait correspondre non pas au seul adjectif français *gros* mais plutôt à la séquence verbale *être gros*. En effet, ce type d'expressions peut se combiner directement avec un support nominal, au même titre qu'un verbe intransitif comme *chạy* 'courir' :

(4) *Mai* **béo/chạy**.
  N_propre être gros/courir
  'Mai est grosse/court.'

Qui plus est, la compatibilité avec les adverbes de degré et d'intensité n'est pas l'apanage des expressions comme *béo* 'gros'. Comme nous l'indique l'exemple (5), les verbes d'état comme *thích* 'aimer', *sợ* 'avoir peur', *hiểu* 'comprendre', *rõ* 'savoir clairement' peuvent être modifiés par les mêmes adverbes d'intensité/de degré :

(5) *Tôi* *rất/hơi/khá/quá* **thích/sợ/hiểu/rõ**.
  1SG très/un peu/assez/trop aimer/avoir peur/comprendre/savoir clairement
  'J'aime/j'ai peur/je comprends/je sais + bien/un peu/assez/trop.'

Il convient toutefois de souligner que les partisans de l'existence de la classe « adjectif » n'ont pas entièrement tort si l'on regarde de plus près le métalangage grammatical utilisé par les linguistes vietnamiens pour désigner les parties du discours connues dans les traditions grammaticales indo-européennes sous les étiquettes de « verbes » et « adjectifs ». Ainsi les verbes et les adjectifs français sont-ils respectivement rendus en vietnamien par les termes de *động từ* et *tính từ*. Or, ceux-ci signifient littéralement *mouvement-mot* (ou mot qui exprime des mouvements) et *propriété/qualité-mot* (ou mot qui exprime des propriétés/qualités). Certains auteurs emploient, à la place de *tính từ*, le label *tĩnh từ*, glosable par *absence de mouvement/changement-mot*. Qu'il s'agisse de *tính từ* (mot de qualité) ou de *tĩnh từ* (mot statique), le critère sous-jacent à la dichotomie opérée par les grammaires vietnamiennes, entre les « verbes » et les « adjectifs », semble reposer sur une distinction aspectuelle, et donc essentiellement sémantique. Vu sous cet angle, reconnaître l'existence d'une classe de mots dénotant des propriétés/qualités ou, d'une manière générale, l'absence de mouvement/changement, consisterait moins à discriminer deux catégories morphosyntaxiques « verbe » *versus* « adjectif » qu'à séparer les mots exprimant des procès dynamiques de ceux renvoyant aux procès statiques. On se douterait bien que, tout en admettant que les « adjectifs » (*tính từ/tĩnh từ*) vietnamiens soient loin d'être comparables aux adjectifs des langues flexionnelles, les grammaires vietnamiennes privilégient les *classes sémantiques/notionnelles* au détriment des *classes morphosyntaxiques* dans l'identification des parties du discours du vietnamien.

Ce raisonnement n'est pas sans rappeler le point de vue de Croft (1991), souligné par Muller (2008 : 693-695) et qui consiste à rattacher les adjectifs à une catégorie basique à contenu notionnel, celles des « propriétés », associées à une fonction discursive de base, celle de la « modification ». Cette dernière se distingue à la fois de la fonction de « référence » associée préférentiellement aux objets, et de celle de la « prédication » associée aux « actions ». Il s'agit là d'un classement croisé qui ne permet pas de déterminer directement les catégories. L'« adjectif », au sens de Croft, constitue une catégorie de termes non marqués, dotés du contenu notionnel et de la fonction discursive de modification. Pour Muller (*op.cit.* : 695), cette description a l'intérêt de séparer les fonctions, discursives selon Croft, comme celle de la « modification », de l'existence de termes préformatés pour exercer cette fonction.

Nous considérons, dans le cadre de ce travail, que l'« adjectif », au sens de catégorie morphosyntaxique établie pour les langues flexionnelles, est absent en vietnamien et que les termes catégorisés comme « adjectifs » dans les grammaires vietnamiennes sont des expressions verbales. Suivant Post (2008 : 375), qui reprend les termes de DeLancey (2001), nous adoptons l'hypothèse selon laquelle « adjective classes crosslinguistically may be a type of "*functional sink*" into which terms from diverse lexical classes have the potential to be "pulled" »[4]. Cette hypothèse est loin d'être nouvelle, le problème de la définition d'une classe d'adjectifs et celui des langues dépourvues de cette catégorie étant soulevés et longuement débattus dans la littérature (cf. Lemaréchal 1989, 1992). Creissels (2006 : 200-204), par exemple, souligne que typologiquement, une partie des langues traite les adjectifs à la manière de verbes, ou à la manière des noms. L'auteur parle de « lexèmes à vocation adjectivale » pour décrire les classes, variables selon les langues, de prédicats qui se démarquent à la fois des noms et des verbes, et cela dans tous ou seulement certains de leurs emplois.

Cela revient à dire que les expressions verbales vietnamiennes en discussion sont équipées d'une fonction « adjectivale », comprise *grosso modo* comme incluant les fonctions communément associées aux adjectifs d'une langue comme le français, à savoir celles d'épithète (liée et détachée) et d'attribut. À ce titre, il semble plausible que cette fonction soit remplie par des expressions appartenant à d'autres catégories, comme les noms, leur degré d'« adjectivité » n'étant

---

[4] Traduction : 'Les classes adjectives peuvent constituer, du point de vue translinguistique, un type d'« évier fonctionnel » dans lequel peuvent être potentiellement versées les expressions appartenant à diverses classes lexicales'.

vraisemblablement pas le même que celui des verbes en fonction adjectivale. Les cas de *recatégorisation* N → V$_Q$ en vietnamien, que nous examinerons plus en détail *infra*, seraient susceptibles d'être réduits à une forme de *transposition fonctionnelle*, d'une fonction typiquement nominale (F$_N$) à une fonction davantage adjectivale (F$_A$) : un nom quitte donc ses fonctions nominales de base pour s'intégrer dans des configurations associées à un fonctionnement adjectival.

2.2 Transcatégorialité et polyfonctionnalité

La discussion de la recatégorisation N → V$_Q$ ou de la transposition fonctionnelle F$_N$ → F$_A$ ne saurait être dissociée du débat sur la transcatégorialité/polyfonctionnalité en vietnamien. À l'instar de bon nombre de langues, le vietnamien semble ne pas opposer des catégories majeures, comme le nom et le verbe, par exemple (Do-Hurinville 2012). L'appartenance catégorielle d'un terme est de ce fait fonction du contexte d'insertion, au lieu d'être préalablement déterminée dans le lexique. Si cela est correct, le vietnamien devrait s'approcher des langues que Gil (2005) qualifie de « Isolating-Monocategorial-Associational »[5]. À la différence d'une langue comme le français, où les entrées lexicales sont assez nettement différenciées en catégories (Muller 2008 : 691), le vietnamien semble ne pas opter pour une spécialisation préalable et préférer rester « généraliste ». Ainsi, en (6), le terme *thành công*, qui renvoie à l'idée de la réussite, peut être analysé respectivement comme un verbe dynamique (6a), comme un verbe de qualité (6b), comme un modificateur adnominal (6c), comme un modificateur adverbial (6d), ou même comme un nom (6e) :

(6) a. *Anh ấy   đã   **thành công**   rực rỡ.*
      3SGMasc TAM   THANH CONG   être brillant
      'Il a brillamment réussi.'
   b. *Buổi bảo vệ   của   anh ấy   rất   **thành   công**.*
      CLF défendre POSS   3SGMasc   très   THANH   CONG
      'Sa soutenance a été très réussie.'
   c. *Bài thuyết trình rất   **thành công** đó   đã   được*
      CLF exposer   très   THANH CONG   DEM   TAM   PASS
      mọi người   tán thưởng.
      tout personne   applaudir.
      'Ce discours très réussi a été applaudi par tout le monde.'

---

5 Traduction : 'Isolant-Monocatégoriel-Associatif'.

d. *Anh ấy đã bảo vệ* **thành công** *luận án tiến sĩ.*
   3SGMasc TAM défendre THANH CONG thèse doctorat
   'Il a défendu avec réussite/de manière réussie sa thèse de doctorat.'
e. *Sự* **thành công** *của anh ấy không làm tôi ghen tị.*
   CLF THANH CONG POSS 3SGMasc NEG faire 1SG être jaloux
   'Sa réussite ne me rend pas jaloux.'

Dans (6a), précédé du marqueur TAM *đã* et suivi du verbe de qualité *rực rỡ* 'être brillant' en fonction de modificateur adverbial, le mot *thành công* est analysé comme un verbe dynamique. (6b) montre que *thành công* est modifié par l'adverbe d'intensité *rất* et reçoit une lecture résultative. Il peut y être traité comme un verbe de qualité dont la fonction est assimilable à celle d'un adjectif en emploi attributif/prédicatif. Dans (6c), la séquence *rất thành công* 'très réussi', qui fait partie intégrante du groupe nominal-sujet délimité par le classificateur nominal *buổi* et le déterminant démonstratif *đó*, s'analyse comme un modificateur épithétique. Notons au passage que le mot *bảo vệ*, tête du groupe nominal sujet, s'emploie dans d'autres contextes comme un verbe (cf. 6d). Ici, c'est la présence du classificateur *buổi* et du démonstratif *đó* qui permet de catégoriser *bảo vệ* comme un nom[6]. Dans (6d), *thành công* modifie *bảo vệ* 'défendre' qui, précédé du marqueur TAM *đã* et suivi de l'objet direct *luận án tiến sĩ* 'thèse de doctorat', est clairement un verbe. Étant donné que les modificateurs se trouvent systématiquement à droite de l'élément modifié, *thành công* est susceptible d'être traité comme un modificateur adverbial dans cette phrase. Enfin, dans (6e), le statut nominal de *thành công* est révélé non seulement par la présence du classificateur *sự*, mais aussi par le marqueur de possession *của*.

Le cas de *thành công* illustre le comportement d'une unité transcatégorielle/polyfonctionnelle. Do-Hurinville & Dao (2016, 2018) proposent de rendre compte de ce type de phénomènes en vietnamien sur la base d'un schéma triangulaire. L'idée est que l'unité transcatégorielle/polyfonctionnelle est fondamentalement caractérisée par un noyau sémantique originel, central, à partir duquel se développent ses différents emplois comme *lexèmes, grammèmes et pragmatèmes*. En effet, de nombreux morphèmes vietnamiens peuvent fonctionner, en fonction du contexte d'apparition, tantôt comme des verbes, tantôt comme des prépositions, tantôt comme des conjonctions, tantôt comme des marqueurs TAM. Le champ fonctionnel du schéma en question s'organise donc sur un mode triadique (voir Figure 1) : L (Lexique), G (Grammaire), P (Pragmatique).

---

6 La même remarque s'applique à *thuyết trình* 'exposer' dans (6c).

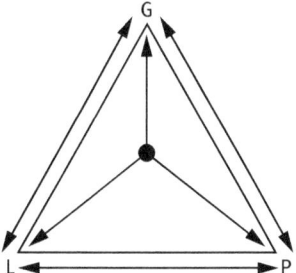

Figure 1

Précisons d'emblée que chacun des trois pôles L, G, P peut avoir une structure interne. En effet, et pour ne se cantonner que dans le cas du vietnamien, une unité transcatégorielle, lorsqu'elle se situe au pôle L, peut développer plusieurs types d'emplois comme lexèmes (lexème1, lexème2, etc.). Les mêmes observations s'appliquent aux unités situées aux pôles G et P (voir Figure 2) :

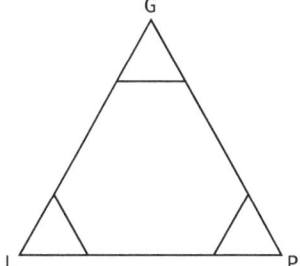

Figure 2

Lexème, Grammème et *Pragmatème* constituent donc les trois « superparties du discours » (cf. Lemaréchal 1989) du vietnamien, les catégories de la grammaire traditionnelle pouvant être rangées dans l'une de ces trois cases fondamentales. Ainsi les verbes et les noms peuvent-ils être classés sous le pôle L, les prépositions et les conjonctions sous le pôle G, etc. Dans cet esprit, les cas de catégories dites « hybrides » sont analysés comme se situant quelque part entre deux catégories majeures. Dans cette vision, un mot comme *thành công* exemplifie la transcatégorialité/polyfonctionnalité internes au pôle L. Cela étant, ce modèle triangulaire représente uniquement des cas de polyfonctionnalité/transcatégorialité dite *lexicale*, c'est-à-dire de ceux qui sont encodés dans le lexique de manière stable. Comme nous le verrons *infra*, la recatégorisation syntaxique ou la transposition fonctionnelle en discours, en raison notamment de la taille des unités susceptibles d'être affectées par ces processus, semble échapper à ce schéma triadique.

3 Syntaxe et sémantique des verbes de qualité et des noms

3.1 Principales caractéristiques sémantico-syntaxiques des verbes de qualité

Comme nous l'avons mentionné *supra*, les verbes de qualité, et notamment ceux qui sont gradables, peuvent se combiner avec des adverbes d'intensité/de degré (7) ou faire l'objet d'une réduplication intensive par *ơi là/thật là* (8) :

(7) *Cuộc họp   ngày mai sẽ   rất **dài**.*
     CLF   se réunir demain   FUT très être long
     'La réunion de demain sera très longue.'

(8) *Cuộc họp   ngày mai sẽ   **dài**   ơi là/thật là **dài** !*
     CLF   se réunir demain   FUT être long INTENS   être long
     'La réunion de demain sera vraiment longue !'

Ils peuvent être précédés de marqueurs TAM, comme le marqueur du futur *sẽ* dans l'exemple (7), ou comme la combinaison aspectuelle en *đã...rồi* dans (9). Ces expressions dites « prédicatives » sont considérées comme des indicateurs associés aux verbes.

(9) *Bài viết   của   anh như vậy đã   **dài**   lắm rồi !*
     CLF écrire POSS 2SG ainsi   TAM être long trop TAM
     'Comme ça, votre rédaction est déjà très longue !'

Les verbes de qualité peuvent être niés et faire l'objet d'une interrogation, au même titre que les verbes ordinaires :

(10) a. *Truyện này   không quá   **dài**.*
        Histoire DEM NEG   trop être long.
        'Cette histoire n'est pas trop longue.'

b. *Truyện này có **dài** lắm không ?*
   Histoire DEM INTER être long trop INTER
   'Cette histoire est-elle très longue ?'

Ils peuvent former avec un support nominal une structure sujet-prédicat complète dont la relation attributive ne peut être médiatisée par la copule *là*, à moins que la qualité ne soit portée au plus haut degré (cf. 11'). Ce qui nous semble intéressant à signaler ici est que la présence d'un adverbe d'intensité/ de degré rend le verbe de qualité compatible avec *là* (11''). Notons que, dans ces deux derniers cas, *là* est facultatif.

(11) *Tóc   cô ấy   (*là) **dài**.*
     Cheveux 3SGFem COP   être long
     'Ses cheveux sont longs.'

(11') *Tóc   cô ấy   (là)   **dài**   nhất.*
      Cheveux 3SGFem COP   êtrelong le plus
      'Ses cheveux sont les plus longs.'

(11'') *Tóc   cô ấy   (là)   rất/cực kì/vô cùng   **dài**.*
       Cheveux 3SGFem COP   très/extrêmement/infiniment être long
       'Ses cheveux sont très/extrêmement/infiniment longs.'

Contrairement aux verbes dynamiques, ils peuvent entrer dans la construction explétive de sens inchoatif en *cho* 'pour que' et dans la construction copulative en *trông* 'avoir l'air/paraître' (Dao 2015) :

(12) *Thêm   đoạn   này   vào   cho nó   **dài**.*
     Ajouter paragraphe DEM entrer CHO EXPL être long
     'Ajoute ce paragraphe pour que ce soit/cela devienne plus long.'

(12') *Thêm   đoạn   này   thì   bài   trông   hơi   **dài***
      Ajouter paragraphe DEM TOP texte avoir l'air un peu être long
      'Si l'on ajoute ce paragraphe, ce texte a l'air/paraît un peu long.'

Ils sont pronominalisables par *như thế nào* 'comment' :

(13) Q : *Cái váy   đấy   **như thế nào** ?*
         CLF robe DEM comment
         'Comment est cette robe ?'

R : *Cái váy đấy quá **dài***
CLF robe DEM trop être long
'Cette robe est trop longue.'

S'ils peuvent s'employer comme des modificateurs adnominaux et adverbiaux, ils ne sont toutefois pas toujours compatibles avec la fonction d'apposition (ou d'épithète détachée). Comparons (14), (14') et (14''). Nous pensons donc que l'exclusion d'un exemple (14) est sans doute due à des facteurs indépendants et ne permet pas d'arriver à une généralisation solide.

(14) *****Dài**, *chương trình đó đã bị cắt bớt 30 phút.*
Être long programme DEM TAM PASS couper enlever 30 minute
'Long, ce programme s'est vu écourter de 30 minutes.'

(14') ***Không hấp dẫn**, chương trình đó đã bị cắt bớt.*
NEG être intéressant programme DEM TAM PASS couper enlever
'Inintéressant, ce programme s'est vu écourter.'

(14'') ***Nhanh nhẹn** và **thông minh**, cô ấy rất được lòng sếp.*
Être rapide et être intelligent 3SGFem très être apprécié chef
'Rapide et intelligente, elle est très appréciée par son chef.'

3.2 Caractéristiques sémantico-syntaxiques générales des noms

Les phrases attributives à prédicat nominal se construisent obligatoirement avec la copule *là* (15a). Celle-ci peut néanmoins être remplacée par une césure prosodique entre le sujet et le prédicat nominal (15b). Le nom en position de prédicat peut être un nom nu, dépourvu de toute détermination, ou un groupe nominal complet ou expansé (15c) :

(15) a. *Chị ấy *(là) **bác sĩ** từ ba năm nay rồi.*
3SGFem COP médecin depuis trois année maintenant TAM
'Elle est médecin depuis trois ans déjà.'
b. *Chị ấy // **bác sĩ** từ ba năm nay rồi.*
3SGFem pause médecin depuis trois année maintenant TAM
'Elle est médecin depuis trois ans déjà.'

c. *Chị ấy   là | //   **một bác sĩ   giỏi**.*
   3SGFem COP | pause un   médecin être compétent
   'Elle est un bon médecin.'

Contrairement aux descriptions présentées dans les grammaires vietnamiennes, lesquelles insistent sur l'idée que les noms en position de prédicat ne puissent se combiner avec les marqueurs TAM qu'en présence de la copule *là*, il n'est pas rare de trouver des énoncés comme (16) (exemple trouvé sur Google) :

(16) *Nhà   bà ấy,   con cái đã   **giáo sư   bác sĩ**   cả   rồi.*
      Maison 3SGFem enfants TAM professeur médecin tout TAM
      'Dans sa famille, les enfants sont tous déjà professeurs et médecin.'

Cela étant, les phrases attributives à prédicat nominal, lorsqu'elles se mettent à la forme négative (17a) ou interrogative (17b), requièrent la forme composée *phải là* :

(17) a. *Chị ấy   không **phải là** bác sĩ.*
        3SGFem NEG   COP   médecin
        'Elle n'est pas médecin.'
     b. *Chị ấy   có   **phải là** bác sĩ   không ?*
        3SGFem INTER COP   médecin INTER
        'Est-elle médecin ?'

Les noms en position de prédicat ne sont pas pronominalisables par *như thế nào* 'comment' mais, en fonction de leur sémantisme, par d'autres expressions interrogatives telles que *ai* 'qui', *cái gì* 'quoi', etc. Les noms semblent susceptibles, à l'instar des verbes de qualité, d'assumer aussi bien la fonction de modificateur épithétique (18b-c) que celle d'épithète détachée (apposition) (18a) :

(18) a. *Marie,   **giảng viên**   tại   một   trường Đại học   ở*
        N$_{propre}$ enseignant   LOC   un   université   LOC
        ***Paris**, vừa   bị   tố cáo   có   hành vi*
        N$_{propre}$ TAM   PASS   dénoncer avoir   comportement
        không   trung thực   trong nghiên cứu khoa học.
        NEG   être honnête   dans   recherches sciences
        'Marie, enseignante dans une université parisienne, vient d'être dénoncée pour avoir manqué d'honnêteté dans ses recherches scientifiques.'

b. *Trung tâm **thể thao thành phố***
   Centre   sport   ville
   'Centre sportif municipal'
c. *Sách **thiếu nhi** và truyện **tranh Nhật Bản***
   Livre enfant   et histoire dessin Japon
   'Livres pour enfants et bandes dessinées japonaises'

Alors que la fonction d'épithète détachée des noms ne pose *a priori* pas de problème d'analyse particulier, celle d'épithète liée est souvent considérée en linguistique vietnamienne comme un cas de composition, les séquences N-N, comme dans *sách thiếu nhi* 'livre pour enfants' (cf. 18c), étant analysées comme des expressions nominales composées à ordre déterminé-déterminant. Les grammaires vietnamiennes traitent celles-ci comme des mots composés du type « principal-subordonné », par opposition aux mots composés du type « coordonné », tels que *bố mẹ* 'père-mère' (= 'parents') ou *quần-áo* 'pantalon-chemise' (= 'vêtements'). On y voit donc une classification basée sur les rapports sémantiques entre les différents composants du mot composé. Cependant, la relation de subordination dans les composés *déterminé-déterminant* n'est à notre avis rien d'autre que celle reliant une tête à un modificateur épithétique. Cela semble d'autant plus plausible que les séquences comme *trung tâm thể thao thành phố* 'centre-sport-ville' (cf. 18b) et *truyện tranh Nhật Bản* (histoire-dessin-Japon) (cf. 18c) se composent de plus de deux noms et suivent un mode de construction relevant clairement davantage de la syntaxe que de la morphologie (composition). En effet, nous avons affaire à une construction emboîtée du genre [[[N_1]-N_2]-N_3]. Aussi la séquence *trung tâm thể thao thành phố* 'centre-sport-ville' aurait-elle la structure suivante : [[[*trung tâm*]- *thể thao*]-*thành phố*]. Ces noms vietnamiens rappellent les adjectifs relationnels du français (cf. *voiture présidentielle*, *pouvoir municipal*, etc.). Il est impossible, on s'en doute bien, de construire une relation attributive/prédicative entre le nom modifié et le nom modificateur en vietnamien :

(19) a. *Truyện   tranh   Nhật Bản* (ex. 18c)
       Histoire dessin Japon
       'Bande dessinée japonaise'
   b. **Truyện   này   là* |//   *tranh.*
       Histoire DEM   COP|pause dessin
       Litt. 'Cette histoire est dessin.'
   c. **Truyện   tranh   này   là* |//   *Nhật Bản.*
       Histoire dessin DEM COP|pause Japon
       Litt. 'Cette bande dessinée est Japon.'

Nous observons ainsi, au-delà des divergences structurales entre les verbes de qualité et les noms, un parallélisme fonctionnel (voir Tableau 1) :

Tableau 1

	Verbe de qualité	Nom
Épithète liée	+	+
Épithète détachée	+	+
Prédication (directe)[1]	+	+/−

Une des questions que l'on peut se poser d'emblée serait de savoir si les noms, une fois « recatégorisés » en V_Q, présenteront un comportement fonctionnel similaire à celui des verbes de qualité, ou en d'autres termes, si leur transposition fonctionnelle sera totale ou partielle.

4 Recatégorisation N → V_Q ou transposition fonctionnelle F_N → F_A

Observons l'exemple suivant :

(20) a. *Nhà   nó   nuôi   một   đàn   **trâu**.*
Maison 3SG élever un troupe buffle
'Sa famille élève une troupe de buffles.'
b. *Thằng đấy **trâu**   lắm !*
Type DEM buffle (= 'être fort et résistant') trop
'Ce gars est bien fort et résistant.'
c. *Thằng đấy học **trâu**   lắm !*
Type DEM étudier buffle (= 'être fort et résistant') trop
'Ce gars étudie beaucoup et sans relâche.'

Dans (20a), le mot *trâu* 'buffle' est un nom, alors que dans (20b-c), il présente un fonctionnement similaire à celui d'un verbe de qualité : doté d'une nouvelle signification par extension métonymique (*être fort et résistant comme un bœuf*), il est modifiable par l'adverbe d'intensité *lắm* et se comporte respectivement comme un prédicat (20b) et un modificateur adverbial (20c). Il peut également remplir la fonction de modificateur adnominal (20d) ou apposé (20e) :

d. Với   viên   pin   rất   **trâu**   này,
   Avec   CLF   batterie très   buffle (=être fort et résistant)   DEM
   Massgo E3   *hoạt động*   *thoải mái*   *trong khoảng*   *ba*
   N_propre   fonctionner   être confortable   dans environ   trois
   ngày   *dài*   *liên tiếp.*
   jour   être long   être continuel
   'Avec cette batterie bien robuste, Massgo E3 peut fonctionner confortablement pendant environ trois jours d'affilée.'

e. *Cực*   **trâu,**   *viên*   *pin*
   Extrêmement   buffle (=être fort et résistant)   CLF   batterie
   này   *có thể*   *hoạt động*   *trong vòng*   *ba*   *ngày.*
   DEM   pouvoir   fonctionner   pendant   trois   jour
   'Extrêmement robuste, cette batterie peut tenir trois jours.'

On observe un phénomène semblable dans (21) où le nom de marque *Yomost*[7] joue le rôle d'un « substantif épithète de qualification » au sens de Noally (1999) :

(21) a. *Trẻ con   rất   thích   uống   sữa   **Yomost**.*
        Enfant   très   aimer   boire lait N_propre
        'Les enfants adorent boire du lait de Yomost.'
     b. *Một cảm giác   rất   **Yomost** !*   (Publicité)
        Un   sensation très N_propre (= 'excellent comme Yomost')
        'Une sensation très « Yomost » !'

Dans ce qui suit, nous tenterons de mettre en avant une typologie des configurations de recatégorisation N → V_Q/transposition fonctionnelle F_N → F_A en nous inspirant de la classification proposée par Lauwers (2014, 2017) pour les cas de recatégorisation N → Adjectif en français.

4.1 Type 1 : « Ressemblance »

Comme son nom l'indique, dans ce type de recatégorisation, le nom recatégorisé semble établir une relation de ressemblance entre deux entités X et Y (= X présente des caractéristiques de Y), le sens de base de Y étant réduit aux sèmes

---

7 *Yomost* est le nom d'une compagnie spécialisée dans les produits laitiers.

qui correspondent à ses propriétés prototypiques (cf. ex. 20 et 21). Ainsi, dans l'exemple (22) ci-dessous, le nom *tiến sĩ* 'docteur' renvoie à l'idée que le langage de Hoang Thuy, une célébrité au Vietnam, présente des caractéristiques de celui d'un docteur :

(22) *Hoàng Thùy   lấy được   sự   yêu mến   của   nhiều   khán giả*
       N$_{propre}$ obtenir   CL   apprécier POSS   beaucoup spectateur
       *nhờ   cách   sử dụng   ngôn ngữ   có phần   rất   «**tiến sĩ**»*
       grâce à   façon   utiliser   langage   en partie très   docteur
       của   mình. (Google)
       POSS   REFL
       'Hoang Thuy a été appréciée de bon nombre de spectateurs, grâce à son langage (en quelque sorte) bien « docteur » (= 'pédant').'

Les noms propres peuvent aussi entrer dans cette configuration de recatégorisation/transposition fonctionnelle :

(23) *Lối sống   rất   bình dị,   rất   **Việt Nam**,   rất   **phương Đông***
       Style de vie très   être modeste   très   Vietnam   très   Orient
       của   Bác Hồ   được   biểu hiện   như thế nào?
       POSS   Oncle Ho   PASS   exprimer   comment
       'Comment le style bien modeste, bien « Vietnam », bien « Orient » de l'Oncle Ho est-il manifesté ?'

(Manuel de littérature)

L'exemple (23) nous montre que *Việt Nam* et *phương Đông* sont coordonnés par juxtaposition au verbe de qualité *bình dị* 'être modeste', lui-même modifié par l'adverbe d'intensité *rất* 'très'. Elles sont pronominalisables par *như thế nào* 'comment' et, à l'instar des verbes de qualité, sont compatibles avec *là* (cf. ex. 11") :

(23') *Lối sống   của   Bác Hồ   **như thế nào** ?*
        Style de vie POSS   Oncle Ho   comment
        'Comment est le style de vie de l'Oncle Ho ?'

(23") *Lối sống   của   Bác Hồ   (là)   rất   bình dị,   rất   **Việt Nam**,*
       Style de vie POSS   Oncle Ho   COP   très   être modeste   très   Vietnam
       *rất   **phương Đông**.*
       très   Orient

'Le style de vie de l'Oncle Ho est très modeste, très « Vietnam », très « Orient ».'

Le vietnamien spontané recourt à cette forme de recatégorisation syntaxique de manière assez fréquente et exploite, à cet effet, des noms d'animaux ou des expressions nominales complexes comportant un nom d'animal, mais aussi des noms dénotant des parties du corps. Comme on peut le remarquer, on a affaire tant aux noms simples et composés qu'aux syntagmes nominaux :

(24) *Trong teaser trailer « Ngày mai Mai cưới », hình ảnh nữ*
Dans bande annonce Demain Mai se marie image femme
chính   Mai (Diệu Nhi) không hề   xuất hiện   lung linh   mà
principal N$_{propre}$ (N$_{propre}$) pas du tout apparaître être radieux mais
cực kỳ   « hổ báo ».   (Google)
extrêmement tigre-panthère (= 'fort, violent et intimidant comme les fauves')
'Dans la bande d'annonce du film « Demain Mai se marie », le personnage féminin principal apparaît non pas radieux mais bien « tigre et panthère ».'

(25) *Khi   sử dụng hệ thống Windows được   một thời gian thì*
Quand utiliser système Windows depuis un temps   TOP
bạn sẽ   cảm thấy Windows của   mình đang chạy
2SG FUT sentir   Windows POSS REFL TAM courir
rất   « rùa bò »   và   hay   bị   treo.   (Google)
très tortue-ramper et souvent PASS bloquer
'Après avoir utilisé le système d'exploitation Windows un certain temps, vous aurez l'impression que votre Windows marche très lentement (comme une tortue qui rampe) et est très souvent bloqué.'

(26) *Kasim là   một ca sĩ   với   giọng hát vô cùng   « máu lửa »*
N$_{propre}$ COP un chanteur avec voix   extrêmement sang-feu
và ngoại hình rất   đàn ông.
et physique très homme
'Kasim est un chanteur à la voix bien « sang et feu » et au physique très viril.'

(27) *Nagasawa   luôn   khinh miệt những kẻ   xung quanh*
N$_{propre}$ toujours mépriser   PLUR   personne autour
vì   bọn chúng quá   đầu đất.   (Google)
parce que 3PLUR   trop tête-terre (= 'bête et lent')

Ces noms ne se rencontrent jamais accompagnés de classificateur, ni de déterminants (démonstratifs, par exemple). Ils ne peuvent servir d'antécédent à une reprise anaphorique dans un discours ultérieur. La modification épithétique (libre) de ces noms n'est plus possible. De même, ils ne sont plus coordonnables avec des syntagmes nominaux pleins. En outre, dans ces configurations où « X ressemble à Y ou présente des caractéristiques de Y », il n'est pas nécessairement vrai que « X est un Y ». Leurs propriétés sont donc [-nominal]. À l'inverse, en plus des propriétés [+verbe de qualité/F_A] présentées *supra*, ils sont commutables avec des verbes de qualité et peuvent figurer dans la construction explétive à sens inchoatif en *nó*, ainsi que la construction copulative en *trông* 'avoir l'air/paraître' (cf. ex. 12') :

(28) *Anh   cứ   chờ   mấy   hôm   rồi   hãy   trả lời*
2SG continuer attendre quelques jour puis IMP répondre
thư   của   tụi đấy   cho   nó
lettre POSS 3PLUR pour que EXPL
« ***cành cao*** ».
branche-haute (= se montrer important et hautain)
'Attends quelques jours avant de leur répondre, pour leur montrer qu'on est important.'

(29) *Trang điểm   kì quái   nên   cô ta   trông   khá   « **phù thủy** ».*
Se maquiller être bizarre donc 3SGFem paraître assez sorcier
'Avec ce maquillage bizarre, elle a l'air assez « sorcière ».'

À côté des cas de recatégorisation syntaxique ci-dessus, on peut en trouver qui relèvent davantage de la recatégorisation lexicale : les noms de ce dernier type sont lexicalisés en verbes de qualité :

(30) *Tôi   thấy   anh ta   vừa   **trẻ con**   vừa   **gia trưởng***
1SG trouver 3SGMasc aussi enfant aussi chef de famille
*vừa   khá   **anh hùng rơm**   và   dù   lái   xe*
aussi assez héros-paille et bien que conduire voiture
*rất   « **lụa** »,   anh ta   lại   cực kì   « **low-tech** ».*
très soie 3SGMasc au contraire extrêmement technologies basses (='qui est nul en nouvelles technologies')
'Je le trouve à la fois puéril, autoritaire (= 'chef de famille') et assez poltron (= 'héros de paille') et bien qu'il conduise merveilleusement bien (= 'fluide comme de la soie'), il est à l'inverse extrêmement nul en nouvelles technologies (=/= *high-tech*).'

(31) Bà   giáo sư   **máu lạnh** đó   luôn   mở miệng
    Madame professeur sang-froid DEM toujours ouvrir la bouche
    chê   người   khác   **nhà quê**.
    déprécier personne autre campagne
    'Cette professeur au cœur de marbre, dès qu'elle ouvre la bouche, dit que les autres sont niakoué.'

Dans (30), à côté des noms et expressions nominales syntaxiquement recatégorisés en verbes de qualité comme *anh hùng rơm* 'héros de paille', *lụa* 'soie', *low-tech* 'technologies basses', lesquels sont modifiables par des adverbes d'intensité/de degré, les noms *trẻ con* 'enfant' et *gia trưởng* 'chef de famille' sont de véritables cas de lexicalisation et sont listés dans le lexique comme ayant un emploi de verbe de qualité. Ainsi peuvent-ils s'employer adnominalement, avec une valeur descriptive et sans adverbe d'intensité/de degré, comme c'est le cas de *máu lạnh* 'sang-froid (cœur de marbre)' et *nhà quê* 'campagne (niakoué)' dans (31).

4.2 Type 2 : « Inclination/propension »

Cette forme de recatégorisation est illustrée en français par les phrases du type « *Je suis très* **café** *et pas du tout* **thé** » (cf. Lauwers 2017). Le nom recatégorisé établit une relation « orientée », dite d'« inclination/propension », dans laquelle X est « caractérisé par le fait qu'il est porté sur/pour Y ». Cette configuration semble plus contrainte en vietnamien qu'en français, dans la mesure où il n'est pas possible de construire, sur la base de cette caractérisation sémantique, des phrases comme (32) :

(32) *Tôi rất   **cà-phê**, chứ   không trà tí nào.
     1SG très café   mais NEG   thé du tout
     'Je suis très café et pas du tout thé.'

Cela ne signifie pas qu'un nom comme *cà-phê* ou *trà* ne puisse être recatégorisé. Cependant, il s'agit non pas de la recatégorisation N → V_Q mais de celle dans laquelle le N est recatégorisé en V_{Action} et renvoie à une activité récurrente, habituelle. C'est pour cela que la présence d'expressions adverbiales de sens itératif/fréquentatif est nécessaire.

(33) *Thằng đấy suốt ngày **cà-phê**, **thuốc lá** với **điện tử**.*
 Type DEM tout au long jour café tabac et jeux vidéo
 'Ce type passe sa journée à boire du café, fumer du tabac et jouer aux jeux-vidéo (= ce type ne connaît que le café et le tabac).'

On pourrait penser que les noms mis en gras en (33) n'ont nullement été recatégorisés en verbes d'action et que les verbes dont ces noms sont objets directs ont été simplement élidés. Cela semble être une piste plausible, en partie à cause du sémantisme processif de la phrase. Ce raisonnement paraît valable, étant donné l'existence des cas similaires suivants :

(34) *Sau khi cưới chồng 2 tuần tôi*
 Après moment épouser mari deux semaines 1SG
 bắt đầu phát hiện ra bản chất của chồng là
 commencer découvrir nature POSS mari COP
 *một người cực kỳ **trăng hoa** và chơi bời.*
 un personne extrêmement lune-fleur et noceur (Google)
 'Deux semaines après le mariage, j'ai commencé à me rendre compte que mon mari était une personne très « lune et fleur/amourette » (qui aime les amourettes) et noceuse.'

(35) *Sau đó con và bạn trai chia tay vì bạn trai*
 Après 1SG et copain se séparer parce que copain
 *con rất **rượu chè, cờ bạc**, hút ngày 2 bao thuốc.*
 1SG très alcool-thé échecs-argent fumer jour deux CLF cigarette
 'Après, mon copain et moi nous sommes séparés car mon copain était très « alcool et thé » (= 'boire trop d'alcool, au point d'en devenir accro/être alcoolique'), « échecs-argent » (= 's'adonner aux jeux d'argent/être accro aux jeux d'argent'), fume chaque jour deux boîtes de cigarette.'

Les expressions nominales à connotation péjorative *trăng hoa* 'lune-fleur '(cf. 34), *rượu chè* 'alcool-thé', *cờ bạc* 'échecs-argent' (cf. 35) renvoient initialement aux activités qui y sont liées (flirter = 'parler de la lune et des fleurs' ; 'passer son temps à boire de l'alcool et de thé ; 's'adonner aux jeux d'argent'). Il y aurait donc une première recatégorisation N → V$_{Action}$. Ces noms recatégorisés en verbes d'action semblent connaître une seconde recatégorisation V-$_{Action}$ → V$_{Qualité}$ en dénotant les propriétés typiquement associées aux sujets qui pratiquent les mêmes activités de manière habituelle. Susceptibles d'apparaître en position d'épithète et de prédicat, ils sont listés dans le lexique comme de vrais verbes de qualité. Il s'agit là plutôt de lexicalisations que de recatégorisations syntaxiques. Notons au passage que ces lexicalisations sont ambiguës entre une lecture dynamique et une lecture qualitative, la désambiguïsation étant rendue possible grâce à la présence de l'adverbe de degré.

4.3 Type 3 : « contenant/contenu »

Ce dernier type peut être illustré en français par des phrases comme *Cet été sera (très)* **livre/cinéma/sport** (Lauwers 2014 : 90) et exprime l'idée qu'un contenu (cible) soit localisé dans un contenant (site) qui caractérise le site. Contrairement au type 2, on trouve en vietnamien des cas équivalents de ce type, qui partage des propriétés syntactico-sémantiques des deux premiers :

(36) *Hè này sẽ   là   một mùa hè   vô cùng   « **phim ảnh** ».*
 Été DEM FUT COP un CLF été extrêmement cinéma
 'Cet été sera bien « cinéma ».'

(37) *Chúc   các   bạn một tuần lễ   thật   « **thể thao** ».*
 Souhaiter PLUR 2SG un   semaine vraiment sport
 'Nous vous souhaitons une semaine vraiment « sport ».'

5 Brève comparaison avec le français

Les trois types de constructions que distingue Lauwers (2014, 2017) ne présentent pas le même degré d'adjectivité. Le premier type (« ressemblance ») est le plus [Adjectival], suivi du troisième (« contenant/contenu ») qui, lui, témoigne d'un degré d'adjectivité intermédiaire. Le deuxième type (« inclination/propension) semble garder le plus de propriétés nominales et est donc le moins [Adjectival]. En termes de fréquence relative, on observe la même tendance en vietnamien qu'en français : le premier type de recatégorisation N → V_Q (« ressemblance ») est de loin le plus fréquent des trois. Cependant, le vietnamien semble dépourvu de cas de recatégorisation syntaxique du type 2 (cf. *Je suis très café*), les exemples trouvés contenant tous des noms lexicalisés en verbes de qualité.

Selon Lauwers (*op.cit.*), dans le type 1 (« ressemblance »), l'adverbe de degré transforme le nom « affaibli » en un élément doté de propriétés adjectivales légitimant ses emplois épithétique, appositif et attributif. Cette propriété syntaxique est associée à la portée sémantique de l'adverbe de degré sur le nom recatégorisé : le premier modifie directement le second. L'adverbe de degré porte donc sur la propriété (gradable) extraite du nom. Le type 2 (« inclination/propension »), quant à lui, repose nécessairement sur une relation prédicative et dénote une relation entre deux entités nominales (plutôt qu'entre une entité et une propriété consubstantielle). La gradation induite par l'adverbe de degré quantifie, de ce point de vue, la relation prédicative en question et donc la force de l'inclination (cf. *Je suis très (porté sur) le café*).

L'analyse que propose Lauwers pour expliquer le fonctionnement du premier type peut s'appliquer aux données vietnamiennes. Cependant, comme nous l'avons mentionné *supra*, le type 2 (« Inclination/propension ») semble être absent en vietnamien, exception faite de quelques cas de recatégorisation lexicale : N → (V_{Action} →) $V_{Qualité}$. Tous les noms ne sont pas propices à ce fonctionnement et la plupart d'entre eux semblent subir une première recatégorisation en verbes d'action.

Conclusion

Dans cette contribution, nous nous sommes attachés à montrer que l'« adjectif » en tant que catégorie morphosyntaxique est absent en vietnamien. Nous avons tenté de défendre l'idée selon laquelle les expressions vietnamiennes correspondant aux adjectifs qualificatifs d'une langue comme le français constituent en réalité une sous-classe des verbes d'état, à savoir les verbes de qualité (V_Q). Dotés d'une fonction adjectivale (F_A), ces derniers sont ensuite comparés aux termes nominaux dont certains peuvent subir une recatégorisation syntaxique (N → V_Q) ou une transposition dite fonctionnelle (F_N → F_A). Placés dans le contexte du débat sur la transcatégorialité/polyfonctionnalité en vietnamien, de tels cas de recatégorisation suggèrent une révision et un élargissement du traitement proposé par Do-Hurinville & Dao (2016, 2018). Après avoir passé en revue les principales caractéristiques syntactico-sémantiques des verbes de qualité et des noms, nous avons examiné les trois types de configurations de recatégorisation N → V_Q en nous appuyant sur les travaux de Lauwers (2014, 2017). Au terme de cet examen, nous avons brièvement mis en contraste les cas vietnamiens et français. Il s'avère que si le premier type de recatégorisation (« ressemblance ») est de loin le plus fréquent et le plus [Adjectival] dans les deux langues, le vietnamien semble ne pas posséder le deuxième type (« inclination/propension »), mis à part quelques cas de lexicalisation. Le troisième type (« contenant/contenu »), également attesté en vietnamien, présente un degré d'adjectivité intermédiaire en partageant des propriétés des deux premiers types.

Bibliographie

Bhat D. N. S., Pustet Regina, 2000, « Adjective », *in* G. Booij & *al.* (eds.), *Morphology : An international handbook on word-formation*, Berlin, Mouton de Gruyter : 757–770.
Cao Xuân Hạo, 2004, *Tiếng Việt, sơ thảo ngữ pháp chức năng* [Le vietnamien, esquisse de grammaire fonctionnelle], Vietnam, NXBGD.
Creissels Denis, 2006, *Syntaxe générale, une introduction typologique*, vol. 1, Paris, Hermès-Lavoisier.
Croft William, 1991, *Syntactic Categories and Grammatical Relations*, Chicago, The University of Chicago Press.
Dao Huy Linh, 2015, *Inaccusativité et diathèses verbales : le cas du vietnamien*, Thèse de doctorat, Université Paris 3 – Sorbonne Nouvelle.
DeLancey Scott, 2001, *Functional Syntax*, Lecture series presented at the Linguistic Society of America Summer Linguistics Institute, University of California at Santa Barbara, Summer.
Diệp Quang Ban, 2005, *Ngữ pháp tiếng Việt* [Grammaire vietnamienne], Vietnam, NXB GD.
Do-Hurinville Danh Thành, 2012, Étude du vietnamien et du français. Pour une contribution à la linguistique générale et typologique, Mémoire d'HDR, École des Hautes Études en Sciences Sociales.
Do-Hurinville Danh Thành, Dao Huy Linh, 2016, « La transcatégorialité. Une histoire de *limite* sans limite », *Bulletin de la Société de Linguistique de Paris*, 111/1 : 157–211.
Do-Hurinville Danh Thành, Dao Huy Linh, 2017, « La catégorie "adjectif" est-elle universelle ? Étude des verbes de qualité en vietnamien », *in* M. Grégoire & *al.* (dir.), *Sur les traces de l'adjectif*, Presse Universitaire de l'université Blaise Pascal : 241–255.
Do-Hurinville Danh Thành, Dao Huy Linh, 2018, « Transcategoriality and isolating languages : the case of Vietnamese », *in* S. Hancil, D.-T. Do-Hurinville & H. L. Dao (eds.), *Transcategoriality : a cross linguistic perspective*, Amsterdam/Philadelphia, John Benjamins : 8–38.
Enfield Nicholas J., 2004, « Adjectives in Lao », *in* R. M. W. Dixon & A. Aikhenvald (eds.), *Adjective classes. A cross-linguistic typology*, Oxford, Oxford University Press : 323–347.
Evans Nicholas, 2000, « Word classes in the world's languages », *in* G. Booij & *al.* (eds.), *Morphology : An international handbook on word-formation*, Berlin, Mouton de Gruyter : 708–732.
Gil David, 2005, « Isolating-Monocategorial-Associational Language », *in* H. Cohen & C. Lefebvre (eds.), *Handbook of Categorization in Cognitive Science* : 347–379.
Lauwers Peter, 2014, « Copular constructions and adjectival uses of bare nouns in French : a case of syntactic recategorization ? », *Word*, 60 : 89–122.
Lauwers Peter, 2017, « Des effets de recatégorisation en contexte à l'extension de la construction-hôte. Une approche très… "Grammaire des Constructions" », Colloque *Adjectivité*, Sorbonne Université, 7–9 septembre 2017.
Lemaréchal Alain, 1989, *Les parties du discours*, Paris, PUF.
Lemaréchal Alain, 1992, « Le problème de la définition d'une classe d'adjectifs ; verbes-adjectifs ; langues sans adjectifs », *Histoire Épistémologie Langage*, 14/1 : 223–243.

Muller Claude, 2008, « Les catégories grammaticales dans une approche modulaire », in M. Birkelund, M.-B. Mosegaard Hansen & C. Norén (dir.), *L'énonciation dans tous ses états, Mélanges offerts à Henning Nølke*, Berne, Peter Lang : 687–701.

Post Mark, 2008, « Adjectives in Thai : Implications for a functionalist typology of word classes », *Linguistic Typology*, 12 : 339–381.

Prasithrathsint Amara, 2000, « Adjectives as verbs in Thai », *Linguistic Typology*, 4 : 251–271.

Thompson Laurence C., 1991, *A Vietnamese reference grammar*, revised edition, Honolulu, University of Hawai'i Press.

Naoyo Furukawa
Chapitre 20 Quelques cas particuliers de l'adjectivité en français et en japonais

1 Introduction

Cette étude porte sur des constructions à prédication seconde en français et un type particulier d'énoncé exclamatif en japonais.

La construction qui fait le principal objet d'étude dans la première partie consacrée au français est illustrée par l'exemple suivant :

(1)   En localisant et en spécifiant, l'on restreint. *Il n'y a de vérité psychologique que particulière*, il est vrai ; mais *il n'y a d'art que général*. Tout le problème est là, précisément ; exprimer le général ! (Gide, *Les faux-monnayeurs*, Frantext)

Les adjectifs en position finale dans les phrases en italique ont un statut d'*attribut* ou d'élément prédicatif dans la mesure où ils font l'objet de la restriction par *ne...que* et qu'ils sont détachés de leur support *de N* qui précède. On peut supposer que l'ensemble formé par *de N* et l'adjectif dans ce type de construction constitue syntaxiquement une prédication seconde (médiate), mais sémantiquement une prédication principale, le sujet étant impersonnel et vide donc de sens thématique.

Cette construction impersonnelle se rapproche d'un autre type d'énoncé avec un sujet non impersonnel, tel que :

(2)   Je ne vois pas qu'il y ait là de quoi s'attrister ; je me plais au contraire à cette conviction de mon rôle, et ce rôle, somme toute, si tout le motive, c'est bien un chacun seul qui l'invente. Tu apprendras à considérer l'humanité comme la mise en scène des idées sur la terre. *Nous n'avons de valeur que représentative*. (Gide, *Littérature et morale*, Frantext)

On suppose que le changement du sujet (de l'impersonnel *il* au sujet non impersonnel) influe, à travers l'élargissement du paradigme verbal, sur les rôles de la

Naoyo Furukawa, Université de Tsukuba

https://doi.org/10.1515/9783110604788-021

double particule *ne...que* et de l'adjectif (ou, plus extensivement, la forme adjectivante[1]).

Dans la seconde partie de ce chapitre, consacrée au japonais, lequel est une langue agglutinante, nous traiterons d'une construction qui est à rapprocher, fonctionnellement, d'un certain type de prédication seconde en français. Néanmoins, il faut préciser que la prédication seconde française, comprise comme « celle qui est réalisée par un type de séquence qui, malgré son statut syntaxiquement intégré, exprime sémantiquement un contenu phrastique à l'intérieur même de la phrase »[2], ne se trouve pas en japonais et qu'en conséquence, la confrontation d'ordre structurel (et non fonctionnel) entre le japonais et le français sur ce sujet est difficile à faire.

Il s'agit d'un type d'énoncé exclamatif, qui se compose d'un radical adjectival isolé (*i.e.* forme tronquée de la marque finale *i*), éventuellement précédé d'un élément nominal, et qui se termine par un arrêt glottal. Ainsi, à la première bouchée d'un gâteau, les japonophones, surtout les jeunes, peuvent s'exclamer[3] :

(3a)   Uma ! ('délicieux')

(3b)   Kore uma ! ('ça délicieux')

Nous nous intéresserons principalement au cas où apparaît l'élément nominal, illustré dans (3b). La phrase standard ou ordinaire qui s'emploie dans la même situation est :

(4)   Kore-wa umai ! ('c'est délicieux')
       (wa : marque de thème ; umai : forme complète de l'adjectif)

Ce qui caractérise l'énoncé (3b) par rapport à l'énoncé (4), c'est qu'il est soumis à des contraintes syntaxico-sémantiques assez fortes. Ainsi, (3b) n'accepte pas l'addition de la marque du thème *wa*, ni celle de la marque sujet *ga*, à l'élément (pro)nominal *kore* :

(5a)   ?Kore-wa uma !

(5b)   ?Kore-ga uma !

---

1 Le terme est de Havu & Pierrard (2014).
2 Cf. Cadiot & Furukawa (2000).
3 Les exemples (3a-b) sont dus à Konno (2012).

Récemment sont apparues deux analyses intéressantes, radicalement opposées, sur ce type d'énoncé particulier. L'une recourt à l'approche en termes de (*root*) *small clause*, qui consiste à supposer l'existence d'un sujet devant le radical adjectival isolé qui, lui, constitue donc le prédicat, et à dire que la *small clause* ainsi formée par les deux éléments fonctionne comme proposition principale. L'autre considère l'énoncé en question, plutôt que de parler de structure sujet-prédicat, comme une simple juxtaposition de deux éléments nominaux, en assimilant donc le radical adjectival à un élément nominal et en laissant l'interprétation de l'énoncé en tant que phrase à l'interprétation pragmatique. L'examen de ces deux analyses nous aidera à cerner la nature de l'énoncé en cause. Commençons par le cas du français.

2 Quelques constructions à prédication seconde adjectivale en français

2.1 Le type *Il n'y a de vérité psychologique que particulière*

Reprenons l'exemple (1), renuméroté sous (6) :

(6)   En localisant et en spécifiant, l'on restreint. *Il n'y a de vérité psychologique que particulière*, il est vrai ; mais *il n'y a d'art que général*. Tout le problème est là, précisément ; exprimer le général !

Le verbe *avoir* forme ici, avec l'impersonnel *il* et le clitique *y*, l'expression existentielle *il y a*. La suite *y avoir* peut être remplacée par des verbes (ou emplois verbaux) existentiels :

(7)   Alix posa ses grosses pattes de gorille affectueux sur les épaules de Bernard, entreprit de le consoler maladroitement, car *il n'existe de consolation que féminine*. Apanage des dames et des demoiselles, justice à rendre. (Fallet, *Banlieue sud-est*, Frantext)

(8)   Il règne tout un ensemble d'erreurs que je n'ai pas aujourd'hui le temps de tirer au clair sur le rôle de l'objectivité : à vrai dire *il n'est d'expression que subjective*, c'est envers un certain subjectif combien plus aisé à sentir qu'à définir que l'écrivain a tous ses devoirs ; [...] (Du Bos, *Journal*, Frantext)

Les exemples (6–8) représentent une construction grammaticale que l'on peut schématiser comme suit :

(9)   *il ne* [...] *de* N *que* A

L'élément qui remplit la place mise entre crochets fait l'objet d'une contrainte sémantique qui exige qu'il soit un verbe existentiel. Cette contrainte sémantique est imposée par le cadre syntaxique constitué d'autres éléments qui restent : *il* impersonnel, *ne... de* N *que* A[4].

On peut se demander quel est le statut de l'élément A dans la construction en question. Notre analyse est que dans (6), l'adjectif *particulière* (ou *général*) a un statut d'*attribut* par rapport à la séquence *de vérité psychologique* (ou *d'art*) et que, abstraction faite de la forme existentielle superficielle, les phrases peuvent être glosées par des phrases comme celles-ci :

(10a)   La vérité psychologique est toujours particulière.

(10b)   L'art est toujours général.

Le sens existentiel qui échappe aux paraphrases (10a-b) est construit sur la négation de l'existence d'un nom qui serait qualifiable d'une autre façon que par l'adjectif en focus. Le nom thème peut lui-même être déjà qualifié restrictivement, comme ci-dessous avec un adjectif comme *bon, vrai* :

(11)   Ne croyez pas que je raille vos maux, je n'entreprendrais pas de les soigner si je ne savais pas les comprendre. Et, tenez, *il n'y a de bonne confession que réciproque*. (Proust, La recherche, côté de Guermantes, Frantext)

(12)   *Il n'y a donc de vraie charité que généreuse*, car il y a des gens qui se dévouent sans penser à Dieu et qui ne le font pas pour Dieu, mais je crois qu'ils le font quand même par Dieu. (Reverdy, *Le gant de crin*, Frantext)

D'ailleurs, l'analyse selon laquelle l'élément A dans le schéma (9) n'est pas une épithète mais un attribut se renforce par l'observation qu'il peut être occupé par des participes passés :

---

4 Sur le cadre et la contrainte dans la construction grammaticale, cf. Furukawa (2005).

(13) *Il n'est de joie complète que partagée*, et j'aimerais associer celle de ma famille aux miennes, faire accéder mes père et mère, frères et sœurs aux délices de la dégustation des chefs-d'œuvre pâtissiers de Rumpelmayer. (Simonin, *Confession d'un enfant de la chapelle*, Frantext)

(14) C'est la prose qui affranchit. La prose repousse la mémoire chantante. *Il n'y a de prose que lue* ; ainsi savoir lire est le tout. Chacun comprend que celui qui sait lire pourra s'instruire ; mais la vertu de savoir lire n'est point toute là ; [...]. (Alain, *Propos*, Frantext)

Or, le remplacement de l'impersonnel *il* par un sujet non impersonnel dans le schéma (9) lève la contrainte sémantique qui pèse sur le verbe, celle qui demande un verbe existentiel. Il ne s'agit plus alors d'une construction grammaticale, composée de cadre et de contrainte. Néanmoins, le verbe *avoir* contribue à former un moule phrastique, qui côtoie la construction grammaticale examinée ci-dessus.

2.2 Le type *Nous n'avons de valeur que représentative*

Reproduisons l'exemple (2) sous (15) :

(15) Je ne vois pas qu'il y ait là de quoi s'attrister ; je me plais au contraire à cette conviction de mon rôle, et ce rôle, somme toute, si tout le motive, c'est bien un chacun seul qui l'invente. Tu apprendras à considérer l'humanité comme la mise en scène des idées sur la terre. *Nous n'avons de valeur que représentative.*

La phrase en italique se laisse gloser comme suit :

(15') La valeur que nous avons n'est que représentative.

S'il doit exister une différence entre les deux phrases, elle réside sans doute en ce que la première, et non la seconde, est proche d'une construction grammaticale, celle à double thème[5], illustrée dans :

(16) Elle a les yeux bleus.

---

5 Sur cette construction, cf. Furukawa (1996).

À cet égard, l'exemple suivant est intéressant en ce que les deux phrases en italique ont un contenu comparable, à ceci près que la seconde est une reformulation conclusive de la première :

(17) La joie, comme le génie, résidait dans une certaine puissance de recueillement, et puis dans une certaine puissance d'attention au milieu du recueillement suprême. *La tristesse ne pouvait avoir de raisons que faibles et superficielles. Les raisons de la tristesse de M. Godeau pouvaient toujours se réduire.* (Jouhandeau, *Mousieur Godeau intime*, Frantext)

Il convient d'observer que la seconde phrase condense les deux thèmes de la première (*la tristesse* et *les raisons*) en un seul thème : *les raisons de la tristesse*.

Le caractère bithématique du type en question s'opacifie avec le sens moins abstrait (celui d'*obtenir*) du verbe *avoir* :

(18) Mary-Ann morte ne pouvait plus défendre son grand homme ; elle *n'avait eu* de fortune que viagère, la maison même passait à des héritiers et Dizzy dut déménager, se réfugier à l'hôtel. (Maurois, *La vie de Disraeli*, Frantext)

La section suivante va montrer que l'emploi d'un sujet autre que l'impersonnel *il* dans le schéma (9) entraîne la désintégration de la construction grammaticale en cause.

2.3 Le type *Il ne pouvait avaler de boisson que chaude*

La désintégration de la construction se reconnaît tout d'abord à l'élargissement du paradigme verbal. En effet, celui-ci n'a plus de contrainte sémantique particulière à respecter, comme on le voit dans :

(19) Il fut saisi d'une sorte de paralysie des membres inférieurs, [...]. *Il ne pouvait* avaler de boisson que chaude, et goutte à goutte, à grand'peine, par suite de spasme ou de paralysie partielle au gosier. (Sainte-Beuve, *Port-Royal*, Frantext)

(20) Eprouvant un changement si extraordinaire et aussi subit, j'ai failli devenir fou de joie. Je ne mange pas de viande, et *je ne bois de vin que coupé d'eau*. (Google)

(21) Dominique l'interrompit pour expliquer posément qu'*elle n'acceptait d'hommages que platoniques* et qu'il ne pouvait être question entre eux des viles et stercoraires réalisations de l'amour charnel. (Queneau, *Loin de Rueil*, Frantext)

L'élargissement du paradigme verbal entraîne la variété morphologique du complément d'objet direct :

(22) Au premier service, ce seront des grands crus de Bourgogne ou de Bordeaux, au second service, des vins d'exception. *Une femme ne boira du vin que coupé à l'eau*, on lui accordera une coupe de champagne doux au dessert. (Google)

(23) Mon cher ami, *je ne puis boire le vin que coupé d'au moins moitié d'eau*, et pas plus d'un verre et demi par repas. (Villiers de L'Isle-Adam, *Correspondance*, Frantext)

(24) Cédant enfin aux objurgations de ma mère, je vins la retrouver à Paris quinze jours avant son départ pour La Roque, où je devais la rejoindre, en juillet, et où *je ne la revis que mourante*. (Gide, *Si le grain ne meurt*, Frantext)

On retrouve ainsi le fameux problème de l'*attribut* du complément d'objet direct et de la prédication seconde[6]. Dans ce qui suit, on l'abordera à travers l'étude de la double particule *ne...que*.

2.4 La double particule *ne...que* et ses deux aspects : aspect négatif et aspect positif

L'alternance constatée entre le complément d'objet direct (COD) *de N* et d'autres formes morphologiques nous amène à supposer que la double particule *ne...que* a deux aspects, l'un négatif et l'autre positif. En effet, tout se passe comme si le champ négatif mis en place par *ne* pouvait être actif, mais aussi rester inactif. L'aspect négatif peut être observé dans l'exemple suivant :

---

[6] Sur ce sujet, cf. par ex. Blanche-Benveniste (1988, 1991), Muller (2000), Kupferman (2000), Willems & Defrancq (2000), Pierrard & Havu (2014).

(25) (Manicamp) En voici d'excellent... (Prenant une autre bouteille). Ceci est du nanterre, près Paris... je le donne à mes cochers... (Chatenay) Servez-vous donc... (Manicamp, se versant de l'eau) *Non, je ne bois de vin que lorsque je suis de bonne humeur...* (E. Labiche, sur Google)

Dans l'énoncé en italique, l'effet négatif de la particule *ne* se reconnaît à la forme du COD *de vin*. Le corrélatif *que* exclut de la portée de la négation la séquence subséquente *lorsque je suis de bonne humeur*. La réplique en question se laisse ainsi paraphraser par :

(25') Non, (parce que) je ne bois pas de vin, sauf lorsque je suis de bonne humeur...

L'aspect positif se reconnaît à la forme du COD *du vin*, comme le montrent l'exemple (26) et sa paraphrase (26') :

(26) Le repas entre le marquis, Thierry Gimenez et le viconte, Gabot Rassov est totalement désopilant, (...). Pour donner une idée, on y entend cela : « Non, je ne bois du vin que lorsque je suis de bonne humeur... ». (Google)

(26') [...] je bois du vin, mais seulement lorsque je suis de bonne humeur...

La double particule *ne...que*, en fonctionnant de manière synthétique, ajoute à cet aspect positif une réserve ou une condition restrictive[7].

2.5 La forme du COD et la fonction de l'élément après *que*

Une petite enquête sur Google montre que la forme du COD n'est pas sans rapport avec la fonction de l'élément après *que*. La recherche des séquences *je ne bois de café que*, *je ne bois du café que*, *je ne bois mon café que* et *je ne bois le café que*, donne respectivement 8, 413, 243 et 9 occurrences, dont voici les exemples typiques[8] :

(27) Je ne bois de café que très ponctuellement/lorsque l'on m'en sert un.

---

7 Sur ce type de paraphrase, cf. Wilmet (2010 : 427) : *Je n'avais du goût qu'à cause de toi* (Colette) = j'avais du goût, mais seulement à cause de toi.
8 Recherche effectuée en juillet 2018.

(28)　Je ne bois du café que rarement/lorsque je suis au bureau.

(29)　Je ne bois mon café que bien noir.

(30)　Je ne bois le café que très chaud.

La même opération effectuée pour les séquences *je ne mange de viande que*, *je ne mange de la viande que* et *je ne mange la viande que*, apporte respectivement 10, 5010 et 1460 occurrences dont les exemples caractéristiques sont :

(31)　Je ne mange de viande que si elle est longuement mijotée.

(32)　Je ne mange de la viande que deux fois par semaine.

(33)　Je ne mange la viande que très saignante.

Ce qui est commun aux deux résultats obtenus, c'est que le cas du COD *de N* est nettement minoritaire par rapport aux autres formes morphologiques. Cet indice pourrait être interprété comme suit : la double particule *ne...que* fonctionne tendanciellement comme une expression plutôt positive que négative pour mettre en valeur l'élément subséquent.

Par ailleurs, les résultats obtenus permettent d'observer qu'un COD indéfini, que l'on peut considérer comme une forme orientée du côté du verbe plutôt que vers l'élément après *que*, s'adapte mieux avec une expression de fréquence qu'avec un adjectif, d'une part et que, d'autre part, un COD défini, qui est, lui, une forme neutre à l'égard de son orientation, va avec un adjectif aussi bien qu'avec une expression de fréquence.

On peut ainsi se rendre compte que la relation thème-prédicat entre le COD et la forme adjectivante après *que* s'établit le plus aisément dans le cas où le COD est un SN défini.

2.6 *Il le boit chaud* et *Il ne le boit que chaud*

Voyons la paire de phrases suivante :

(34a)　Il le boit chaud.

(34b)　Il ne le boit que chaud.

En (34a), l'adjectif *chaud* est théoriquement susceptible de se rapporter soit au COD *le*, soit au verbe *boit*. L'interprétation la plus naturelle est celle que montre l'accord morphologique entre le COD et l'adjectif, comme dans :

(35) Une infusion se prépare exactement comme le thé, à partir d'une seule plante ou d'un mélange de plusieurs, et on *la boit chaude ou froide*. (Google)

L'autre interprétation n'est pas exclue, car elle se vérifie par l'invariabilité morphologique de l'adjectif, comme en témoignent l'exemple qui suit[9] :

(36) Une autre boisson d'hiver qui mérite sa place dans cette liste est le jus de pomme épicé. Sa préparation est des plus simples puisque l'on verse dans une casserole du jus de pomme, du gingembre [...]. *Il faut la boire chaud* et l'apprécier entre amis au coin du feu. (Google)

D'ailleurs, le COD peut être absent, comme dans[10] :

(37) En hiver, il faut boire chaud. (ex. cité dans Havu & Pierrard, 2014 : 103)

(38) Boire chaud est aussi bénéfique que manger chaud, et pas plus difficile grâce aux bouteilles Thermos. (Google).

En (34b), la situation semble différente. L'interprétation de l'adjectif se limite à celle de l'accord morphologique avec le COD, dans la mesure où les phrases suivantes sont difficilement acceptables :

(39a) ?Il ne la boit que chaud.

(39b) ?Il ne la mange que très saignant.

---

[9] Cependant, pour Claude Muller (communication personnelle, qu'il en soit remercié ici), l'absence d'accord avec le COD se limite à une construction comme « il la chante trop fort, cette chanson », construction pour laquelle il faut un adjectif adverbial, en relation avec certains verbes.
[10] Une autre analyse est possible. Claude Muller (communication personnelle) reconnaît dans *boire chaud* un complément implicite qui est régulièrement « neutre ». Pour lui, il ne s'agit donc pas de l'absence d'accord mais d'un accord avec un COD implicite au neutre.

Ce qu'il convient de remarquer est que l'application du test par *ne...que* à (34a) *Il le boit chaud* permet de confirmer ou plutôt de renforcer la propriété d'autonomie de l'adjectif *chaud*, mais qu'en revanche, elle apporte quelques changements au caractère de celui-ci. Cela revient à dire que dans (34b), la relation entre le COD et l'adjectif, deux éléments séparés l'un de l'autre par le corrélatif *que*, est moins directe que celle en (34a), dans la mesure où la double particule *ne...que* produit un statut de réserve ou de condition restrictive ; autrement dit, elle ajoute quelque chose de propositionnel à l'adjectif qui est, lui, prédicatif. Ainsi, la phrase (34b) pourrait être glosée par[11] :

(34b')   Il ne le boit que (s'il est) chaud.

La relation entre (34b) et (34b') s'observe dans la paire d'exemples suivante :

(40)   En Grèce, par exemple, *on ne mange la viande que très cuite*. Et il est inconcevable là-bas de manger de la viande crue, comme on le fait en Belgique, avec notre américain-frites. (Google)

(41)   Le magret se mange en général pas trop cuit, mais *je ne mange la viande que si elle est très cuite*. (Google)

Nous allons voir que cette analyse n'est pas gratuite.

2.7 Encore un regard sur le type *Il n'y a de vérité psychologique que particulière*

Nous revenons ici à la construction initialement traitée :

(42)   Il n'y a de vérité psychologique que particulière.

On rappellera que, abstraction faite de la forme existentielle superficielle, (42) se rapproche sémantiquement de (43) :

---

[11] En proposant la notion de concomitance, Muller (2000) donne à la phrase *Il boit son café tiède* les deux gloses : *Il boit son café quand il est tiède* et *Il boit son café (seulement) s'il est tiède* (p. 22). Justement, la seconde glose s'applique à notre type de phrase *Il ne boit son café que tiède*.

(43) La vérité psychologique est toujours particulière.

Nous avons avancé que la phrase (42), qui est une sorte de phrase existentielle, implique l'existence d'un ensemble constitué d'une pluralité de vérités psychologiques et que dans cet ensemble construit, l'adjectif, restreint par la double particule *ne...que*, prend comme support thématique un élément approprié, en excluant d'autres éléments qui ne conviennent pas à la propriété qu'il exprime.

Il convient d'observer que dans (42), la relation entre le COD *de vérité psychologique* et l'adjectif *particulière* n'est pas directe ; autrement dit, celui-ci n'est pas le prédicat direct de celui-là. C'est ici, justement, que la glose proposée à la section précédente s'avère utile. La phrase (42) peut ainsi être paraphrasée par :

(42') Il n'y a de vérité psychologique que (si elle est) particulière.

2.8 Conclusion provisoire

La phrase *il n'y a de vérité psychologique que particulière* se compose de la proposition *il n'y a de vérité psychologique* et de la prédication seconde qui s'établit de manière médiate entre le SN *de vérité psychologique* et l'adjectif *particulière*, à travers le double rôle sémantico-syntaxique de celui-là. Il s'agit d'une construction grammaticale[12], qui est constituée du cadre syntaxique *il ne... de N que A* et d'une contrainte sémantique qui pèse sur le verbe.

3 Un type particulier de construction adjectivale en japonais

Dans cette partie consacrée au japonais, nous traiterons d'une construction adjectivale assez particulière, particulière dans sa forme et aussi en ce que son usage s'observe surtout chez les jeunes locuteurs.

Il s'agit, rappelons-le, d'un type d'énoncé exclamatif, qui se compose d'un radical adjectival isolé (*i.e.* forme tronquée de la marque finale *i*)[13], précédé ou

---

12 Au sens de Furukawa (2005).
13 Les adjectifs dont il s'agit ici sont des « mots de qualité purement japonais (MQJ) », qui « se terminent tous [par *i*] à la forme du dictionnaire », et non des « mots de qualité nominaux (MQN) » d'origine chinoise ou occidentale. Les termes sont de Shimamori (1997).

non d'un élément nominal, et qui se termine par un arrêt glottal[14]. Les exemples suivants, dus à Konno (2012), illustrent le cas où apparaît l'élément nominal[15] :

(44a) *Kore uma* ! (à la première bouchée d'un gâteau)
'ça délicieux'

(44b) *Ojiichan waka* ! (publicité télé d'un portable)
'Pépé, jeune'

Les énoncés (44a-b) sont fonctionnellement comparables à un type de prédication seconde en français, que l'on peut appeler « prédication seconde nue ». Ce type de prédication seconde, qui est composé d'un SN défini et d'une relative prédicative, fonctionne en tant qu'énoncé indépendant :

(45) Mais eux, avaient l'horreur de ce coudoiement, de cet étalage en public : et ils bousculèrent le monde, pour entrer dans la salle déserte et fraîche. Tiens ! *Fagerolles qui est seul* ! cria Claude. (Zola, *L'œuvre*, Frantext)

(46) Marguerite s'arrêta sur le seuil, pétrifiée de cet énorme désordre, et s'écria : Seigneur ! *La chandelle qui est toute brûlée* ! (Hugo, *Les misérables*, Frantext)

(47) (Petypon, voyant que son truc a réussi, se met, toujours à croupetons, à jouer l'air "des côtelettes" sur le piano.) Dieu ! *Le piano qui joue tout seul* ! Le piano est hanté ! (Feydeau, *La dame chez Maxim*, Frantext)

(48) Et, comme on s'arrêtait, morfondu de crainte et d'étonnement, on entendit une voix plaintive, qui récitait la prose des morts dans le fond de l'oubliette. C'en fut assez pour démonter la confrérie, et l'un des sonneurs s'étant écrié : – Les morts ! *Les morts qui se lèvent* ! – tous prirent la fuite, pêle-mêle, criant et se poussant par toutes les issues, [...]. (Sand, *Les maîtres sonneurs*, Frantext)

---

[14] Par souci de simplicité, l'arrêt glottal ne sera pas noté dans cette étude.
[15] Les exemples sont majoritairement empruntés, parfois avec modification de la situation d'emploi, à Konno (2012, 2017), Togashi (2006), Shimizu (2015), Dhorne & Kobayashi (2005).

On peut observer que les énoncés japonais (44a–b) et les énoncés français (45–48) ont ceci de commun qu'ils forment, à leur manière respective, des énoncés « athématiques » ou « déthématisés »[16].

Les énoncés japonais (44a–b) correspondent respectivement aux phrases standard (44a'–b') :

(44a') *Kore-wa umai !*
    'c'est délicieux'
    (*wa* : marque de thème ; *umai* : forme complète de l'adjectif)

(44b') *Ojiichan-wa wakai-naa !*
    'Pépé est jeune'
    (*-naa* : particule finale d'exclamation)

Il convient de remarquer que les énoncés correspondants (44a'–b') ont des thèmes marqués tels quels, ce qui permet de considérer en retour que les énoncés (44a–b) sont des énoncés sans thème marqué.

Cette analyse peut être renforcée par le fait que l'emploi d'un seul radical adjectival, non précédé donc d'un élément nominal, s'observe beaucoup plus fréquemment :

(49a)   *Kara !* (à la première bouchée d'un plat épicé)
       'piquant'

(49b)   *Mazu !* (à la première bouchée d'un fast food)
       'mauvais'

(49c)   *Kowa !* (en face d'un gros chien qui grogne)
       'terrifiant'

(49d)   *Samu !* (en passant de la maison chauffée à l'extérieur froid)
       'froid'

(49e)   *Sukuna !* (en voyant le bulletin de salaire)
       'faible'

---

[16] Sur le mécanisme de déthématisation en français, cf. Furukawa (1996).

(49f) *Haya !* (en s'émerveillant de la rapidité de la cuisine dans un restaurant)
       'rapide'

(49g) *Tsuyo !* (en voyant un match de boxe)
       'fort'

Or, certains adjectifs de sentiment résistent à l'emploi en question[17] :

(50a) ?*Kanashi !* (au sens de 'je suis triste')

(50b) ?*Tanoshi !* (au sens de 'je me sens joyeux')

(50c) ?*Sabishi !* (au sens de 'je me sens solitaire, triste')

(50d) (?)*Ureshi !* (au sens de 'je suis heureux, content')[18]

Le caractère étrange de (50a-d) vient sans doute de ce que dans l'emploi de ces adjectifs, il est plus ou moins difficile de trouver des stimuli situationnels qui provoquent de tels sentiments[19].

3.1 Les principales caractéristiques du type d'énoncé (*kore*) *uma !*

L'analyse qui vient d'être faite nous invite à passer en revue les propriétés du type d'énoncé en question.
a) Tout d'abord, ce type d'énoncé exprime une réaction immédiate ou instantanée à un stimulus qui vient de la situation le plus souvent extérieure. Il importe d'observer que l'immédiateté de la réaction n'empêche cependant pas d'exprimer l'objet qui est à l'origine du stimulus :

(51a) *Kore uma !* (= 44a)
       'ça délicieux'

---

17 Cf. Dhorne & Kobayashi (2005), Togashi (2006).
18 L'exemple (50d) est jugé comme déviant dans Togashi (2006), mais il nous semble acceptable dans une situation où le locuteur reçoit un cadeau inattendu ; il est, au moins, meilleur que (50a–c).
19 Il n'est pas exclu que cette difficulté soit liée au fait que les radicaux de ces adjectifs se terminent par *i*, voyelle qui est la même que celle tronquée.

Chapitre 20 Quelques cas particuliers de l'adjectivité en français et en japonais — **461**

(51b) *Ojiichan waka !* (= 44b)
'Pépé, jeune'

(51c) *Kono rakkasei deka !*
'ces cacahuètes, grosses'

(51d) *Ano kuruma chiisa !*
'cette voiture-là, petite'

(51e) *Kono tokei taka !*
'cette montre, chère'

Néanmoins, l'élément nominal n'accepte que difficilement la marque de thème *wa* ou celle de sujet *ga* :

(52a) ?*Kore-wa/ga uma !*

(52b) ?*Ojiichan-wa/ga waka !*

(52c) ?*Kono rakkasei-wa/ga deka !*

(52d) ?*Ano kuruma-wa/ga chiisa !*

(52e) ?*Kono tokei-wa/ga taka !*

Le statut de l'élément nominal sera discuté plus loin.

b) La modalité négative ne s'adapte pas au type d'énoncé en question :

(53a) ?*Kore umakuna !* (vs *Kore uma !*)
'ça pas délicieux'

(53b) ?*Mazukuna !* (vs *Mazu !*)
'pas mauvais'

(53c) ?*Hayakuna !* (vs *Haya !*)
'pas rapide'

(53d) ?*Tsuyokuna !* (vs *Tsuyo !*)
'pas fort'

Dans le même ordre d'idées, la modalité interrogative est étrangère au radical adjectival autonome :

(54a) ?*Kore uma* ?
'ça délicieux ?'

(54b) ?*Kono tokei taka* ?
'cette montre, chère ?'

c) Le type d'énoncé à l'étude s'accorde mal avec les adverbes de degré[20] :

(55a) ?*Kore totemo uma !* (vs *Kore uma !*)
'ça très délicieux'

(55b) (?)*Ojiichan sugoku waka !* (vs *Ojiichan waka !*)
'Pépé, très jeune'

(55c) ?*Sugoku mazu !* (vs *Mazu !*)
'très mauvais'

(55d) ?*Kanari samu !* (vs *Samu !*)
'assez froid'

Toutefois, le préfixe adverbial *chô*, qui marque le plus haut degré, échappe à cette tendance :

(56) *Mickey chô-waka !* (en reconnaissant un acteur préféré dans un vieux film)
'Mickey, super-jeune'

d) Les observations qui précèdent conduisent à dire que l'intention de communication du locuteur est faible dans ce type d'énoncé. Ainsi, dans une situation où il attend un ami qui est en retard à un rendez-vous et, enfin, il le voit au loin qui arrive, le locuteur peut dire avec soulagement[21] :

(57) *Oso !* '(trop) tard'

---

20 Cf. Togashi (2006).
21 Les exemples (57-57') sont empruntés à Togashi.

En revanche, la forme standard *osoi* s'utilise, parfois avec la particule d'affirmation et d'insistance *yo*, dans une situation où le locuteur s'adresse directement à l'ami qui est arrivé en retard :

(57')   *Osoiyo !*

La même observation peut être faite pour la paire d'énoncés suivante :

(58)   *Abuna !* (en apercevant un enfant qui surgit sur la route)
       'dangereux'

(58')   *Abunai !* (dans la même situation)

L'énoncé (58) se limite à la constatation d'un danger, alors que (58') peut être directement adressé à l'enfant.

3.2 L'élément nominal : le sujet ou la simple présentation d'un objet d'émotion ?

Sur cette question, on remarque deux analyses radicalement opposées : l'approche en termes de (*root*) *small clause* de Konno (2012, 2017) et la thèse de juxtaposition de deux éléments nominaux de Shimizu (2015). L'examen de ces deux analyses nous permettra de cerner de plus près la nature de l'énoncé en question.

L'essentiel de la thèse de Konno (2017) consiste à supposer l'existence d'un sujet devant le radical adjectival isolé qui, lui, constitue donc le prédicat, et à dire que la *small clause* ainsi formée par les deux éléments fonctionne comme proposition principale. L'auteur avance que le type d'énoncé en cause se compose syntaxiquement d'un SN sujet, qui est optionnel, et d'un radical adjectival, et que ces deux éléments forment un constituant. Ainsi, les énoncés *Uma !* et *Kore uma !* se schématisent respectivement sous (59a) et (59b) :

(59a)   [$_{SC}$ *pro* Uma !]

(59b)   [$_{SC}$ Kore uma !]

Konno pense que malgré l'apparence d'un mot-phrase, l'énoncé *Uma !* a une structure sujet-prédicat dans laquelle la position de sujet est occupée par un pronom vide.

Par contre, Shimizu (2015) soutient que l'énoncé *Uma !* constitue un mot-phrase et n'a donc pas de sujet structural. Quant à l'énoncé *Kore uma !*, il le considère comme une simple juxtaposition de deux éléments nominaux, en assimilant le radical adjectival à un élément nominal et en attribuant l'interprétation de l'énoncé en tant que phrase à l'interprétation pragmatique et non à la structure syntaxique. Selon l'auteur, l'élément pronominal *kore* dans l'énoncé *Kore uma !* n'exprime pas un sujet mais se limite à présenter un objet d'émotion.

Laquelle choisir entre les deux analyses ? Mis à part les détails du cadre théorique adopté, nous partageons l'essentiel de l'analyse de Konno (2012, 2017)[22].

Il convient de voir l'un des arguments que Shimizu (2015) donne pour mettre en doute l'existence d'un pronom vide dans l'énoncé *Uma !*. Dans le cas où on utiliserait les deux énoncés *Uma !* et *Kore uma !* successivement, l'ordre *Kore uma ! Uma !* est moins naturel que l'ordre *Uma ! Kore uma !* :

(60a) ?*Kore uma ! Uma !* ('ça délicieux, délicieux')

(60b) *Uma ! Kore uma !* ('délicieux, ça délicieux')

Cet argument est intéressant. À notre avis, néanmoins, la différence d'acceptabilité entre les deux séquences (60a-b) pourrait être attribuée à la différence de nature qui existe entre le pronom vide (sujet implicite) et l'élément nominal (sujet explicite), dans la mesure où celui-là n'a pas de substance phonétique. Nous considérons que cette absence de substance n'empêche pas l'existence d'un sujet implicite. L'idée n'est pas gratuite. Prenons un exemple que l'on aurait tendance à considérer intuitivement comme étant un mot-phrase :

---

[22] L'assimilation du radical adjectival à un élément nominal dans Shimizu (2015) n'est pas tout à fait sans fondement. Néanmoins, cette assimilation est surtout possible pour les adjectifs qui se terminent en *-na*, non pas en *-i*. Justement, Nakamura-Delloye (dans ce volume) signale que la frontière entre les noms et les adjectifs en *na* peut être floue. Prenons le nom *genki* (énergie, vitalité, entrain) et l'adjectif *genki-na* (énergique, en pleine forme). Les deux emplois, nominal et adjectival, de *genki* s'observent respectivement dans *genki no moto* (la source de la vitalité) et *genki-na rôjin* (vieillard en pleine forme). Cependant, l'assimilation du radical adjectival à un élément nominal est difficile à faire pour les adjectifs qui se terminent en *-i*. Prenons l'adjectif *umai* (délicieux) en question. Il est difficile de prétendre que le radical *uma* est un élément nominal, car on ne peut pas dire *uma no moto* (au sens voulu de 'la source de la saveur, du goût délicieux'), mais il faut dire *umami no moto* ou *umasa no moto*, en ajoutant au radical *uma* le nom suffixal *-mi* ou *-sa*.

Chapitre 20 Quelques cas particuliers de l'adjectivité en français et en japonais — 465

(61)   *Ita !* (en se cognant la tête contre quelque chose)

Dans la même situation, le français dira *Aïe !*, mais cette correspondance est un peu trompeuse, car elle pourrait faire oublier que la forme *ita* en japonais n'est pas une interjection mais un radical adjectival qui est donc un élément prédicatif. Effectivement, la forme en question peut prendre comme sujet explicite la partie qui fait mal :

(62a)   *Atama ita !* (dans une situation où le locuteur a trop bu la veille)
        'la tête, mal'

(62b)   *Kubi ita !* (dans une situation où le locuteur a attrapé un torticolis)
        'le cou, mal'

Enfin, nous verrons ci-dessous quelques-uns des arguments que Konno (2017) fournit pour soutenir que l'énoncé *Kore uma !* a une structure sujet-prédicat.

L'argument qu'il convient de présenter en premier lieu est lié à l'emploi du pronom réfléchi *zibun*. On sait que l'antécédent de celui-ci se limite à un SN qui occupe la position de sujet :

(63)   *Taro-ga Jiro-ni jibun nituite hanashita*
        'Taro a parlé à Jiro de lui-même'

En (63), le pronom réfléchi *zibun* se rapporte au sujet *Taro*, et non à l'objet indirect *Jiro*, et ce à la manière du pronom réfléchi *soi*(*-même*) en français. Si l'on s'attarde quelque peu sur la différence entre le pronom *zibun* et le pronom *soi* (*-même*) (et celle entre le pronom *zibun* et sa traduction française *lui-même*), on peut noter qu'à la différence du pronom *soi*(*-même*), dont l'antécédent se limite au sujet non spécifque (ou générique), le pronom *zibun* est soit spécifique, soit générique[23], et que contrairement au pronom *zibun*, le pronom *lui-même* dans la traduction française « Taro a parlé à Jiro de lui-même » est susceptible de se rapporter soit au sujet *Taro*, soit à l'objet indirect *Jiro*.

Voyons maintenant les exemples suivants :

(64a)   *Sensei jibun-ni ama !*
        'le prof, indulgent à lui-même'

---

[23] Sur l'étude comparative du pronom réfléchi *zibun*, cf. Imoto (2007).

(64b) *Jibun-ni kibishi !*
  'sévère à lui-même'

Évidemment, l'antécédent du pronom *jibun* en (64a) est *sensei*. Cette observation suggère fortement que le mot *sensei* est bien un sujet. L'exemple (64b) est d'autant plus intéressant que l'antécédent que requiert nécessairement le pronom *jibun* est matériellement absent. En effet, tout se passe comme s'il était structuralement présent.

On peut trouver un second argument dans la possibilité d'occurrence du quantificateur flottant *zenbu* (= *tous*) dans le type d'énoncé *Kore uma !*. Observons d'abord que la phrase standard (65a) accepte l'insertion du quantificateur flottant *zenbu*, comme l'indique (65b) :

(65a) *Ryôri-ga umai*
  'les plats sont bons'

(65b) *Ryôri-ga zenbu umai*
  'les plats sont tous bons'

De même que la phrase standard (65a), le type d'énoncé *Kore uma !* accepte l'insertion du quantificateur flottant *zenbu* :

(66a) *Ryôri uma !*
  'les plats, bons'

(66b) *Ryôri zenbu uma !*
  'les plats, tous bons'

Le phénomène observé joue en faveur de l'analyse selon laquelle l'énoncé (66a) a un contenu propositionnel et que l'élément nominal *ryôri* constitue le sujet de cette proposition.

Enfin, l'analyse qui consiste à dire que le type d'énoncé *Kore uma !* a un contenu propositionnel et que l'élément nominal *kore* est le sujet de l'énoncé, peut être renforcée par le fait que l'interlocuteur puisse réagir au jugement émis par le locuteur, en déclarant qu'il ne le partage pas.

4 Conclusion : prédication seconde en français et « proposition réduite » en japonais

La prédication seconde adjectivale dans la phrase *il n'y a de vérité psychologique que particulière*, c'est-à-dire celle qui se construit entre le COD *de vérité psychologique* et l'adjectif *particulière*, constitue un cas assez particulier dans la mesure où, les deux éléments étant séparés par le corrélatif *que*, elle est indirecte ou médiate et où elle exprime sémantiquement une prédication principale qui équivaut à une phrase comme : *la vérité psychologique est toujours particulière*. Si l'on tient compte du syntagme verbal *n'y a*, qui exprime un sens (in) existentiel, la phrase entière se laisse gloser par : *il n'y a de vérité psychologique que (si elle est) particulière*. On peut considérer que cette relation prédicative particulière entre le COD *de vérité psychologique* et l'attribut *particulière* s'assimile à la prédication seconde, plus ordinaire et plus connue, qui existe entre le COD *le* et l'attribut *chaud* dans *il le boit chaud* (> *il ne le boit que chaud* > *il ne le boit que s'il est chaud*).

En japonais, où l'ordre des mots est relativement libre, il est difficile de reconnaître la prédication seconde, qui est, par définition, intégrée dans la structure syntaxique de la phrase. L'énoncé exclamatif du type *Kore uma !*, qui a fait l'objet d'étude dans la seconde partie, correspond en français, dans un certain sens, à la construction « marquée » que l'on peut appeler « prédication seconde nue » et qui fonctionne donc comme un énoncé indépendant, illustrée dans : *Fagerolles qui est seul !*, *La chandelle qui est toute brûlée !*.

Enfin, il convient de rappeler que les énoncés *Kore uma !* ('ça délicieux') et *Ojiichan waka !* ('Pépé, jeune') correspondent respectivement aux phrases standard *Kore-wa umai !* ('c'est délicieux') et *Ojiichan-wa wakai-naa !* ('Pépé est jeune'). Cette correspondance nous invite à considérer que ceux-là constituent des « propositions réduites » – au sens littéral du terme et non au sens technique de *small clause* – par rapport à celles-ci.

Bibliographie

Blanche-Benveniste Claire, 1988, « *Laissez-le tel que vous l'avez trouvé* : proposition pour l'analyse du fameux "attribut du complément d'objet" », *Travaux de linguistique*, 17 : 51–68.

Blanche-Benveniste Claire, 1991, « Deux relations de solidarité utiles pour l'analyse de l'attribut », *in* M.-M. de Gaulmyn & S. Remi-Giraud (dir.), *À la recherche de l'attribut*, Lyon, Presses Universitaires de Lyon : 83–98.

Cadiot Pierre, Furukawa Naoyo, 2000, « La prédication seconde : présentation », *Langue française*, 127 : 3–5.

Dhorne France, Kobayashi Yasuo, 2005, Nihongo-no mori-o aruite, furansugo-kara mita nihongogaku, Tokyo, Kôdansha.

Furukawa Naoyo, 1996, *Grammaire de la prédication seconde, forme, sens et contraintes*, Louvain-la-Neuve, Duculot.

Furukawa Naoyo, 2005, Pour une sémantique des constructions grammaticales, thème et thématicité, Bruxelles, De Boeck/Duculot.

Havu Eva, Pierrard Michel, 2014, *Les co-prédicats adjectivants : propriétés et fonction des adjectifs et des participes adjoints*, Bruxelles, PIE Peter Lang.

Imoto Hidetake, 2007, « L'expression de la réflexivité en japonais et en français : étude comparative », *Modèles linguistiques*, 56 : 11–36.

Konno Hiroyuki, 2012, « The Japanese adjectival conjugational ending drop construction : from a syntax-semantics interface perspective » (rédigé en japonais), *Gengo Kenkyu*, 141 : 5–31.

Konno Hiroyuki, 2017, « I-ochi kôbun niokeru shugo no umu », *in* M. Amano & N. Hayase (eds.), *Kôbun no imi to hirogari*, Tokyo, Kuroshioshuppan : 163–182.

Kupferman Lucien, 2000, « *Avoir* et prédication seconde », *Langue française*, 127 : 67–85.

Muller Claude, 2000, « Les constructions à adjectif attribut de l'objet, entre prédication seconde et complémentation verbale », *Langue française*, 127 : 21–35.

Pierrard Michel, Havu Eva, 2014, « L'attribut de l'objet, une complémentation nucléaire ? », *Travaux de linguistique*, 68 : 27–48.

Shimamori Reïko, 1997, *Grammaire japonaise systématique*, Paris, Jean Maisonneuve.

Shimizu Yasuyuki, 2015, « Adjective stem-type sentences in modern Japanese : the distinction between phrasal nominal structures and small clause structures » (rédigé en japonais), *Gengo Kenkyu*, 148 : 123–141.

Togashi J., 2006, « Keiyôshi gokan tandoku yôhô nituite : sono seiyaku to shinteki tetsuzuki », Nihongogakkai nendo shunki taikai yokôshû : 165–173.

Willems Dominique, Defrancq Bart, 2000, « L'attribut de l'objet et les verbes de perception », *Langue française*, 127 : 6–20.

Wilmet Marc, ^{5}2010, *Grammaire critique du français*, Bruxelles, De Boeck/Duculot.

Nizha Chatar-Moumni
Chapitre 21 L'adjectivité en arabe. L'état d'annexion et la relative

1 Introduction

La tradition grammaticale arabe (TGA) classe l'adjectif avec les noms et le définit comme une ṣifā 'qualificatif/descriptif' ou un naʿt 'caractéristique'[1]. Une ṣifā est un « nom qui dénote une certaine manière d'être de la substance, comme ṭawīl ('grand'), qaṣīr ('petit'), ʿāqil ('intelligent'), aḥmaq ('sot'), qāʾim ('debout'), qāʿid ('assis'), saqīm ('débile'), ṣaḥīḥ ('sain'), faqīr ('pauvre'), ġanī ('riche'), šarīf ('noble'), waḍīʿ ('humble'), mukram ('respecté'), muhān ('méprisé') » (Ibn Yaʿīš[2] (m. 643/1245), cité dans Guillaume 1992a : 61).

On pose, dans le cadre de cet article, la question du statut de la ṣifā. Cette notion renvoie-t-elle à une classe lexicale (la classe des « adjectifs ») ou à une fonction syntaxique (la fonction « adjective ») ? Afin d'apporter des éléments de réponse à ces questions, nous examinerons des unités et des constructions perçues comme des adjectifs ou fonctionnant comme des adjectifs, en arabe standard (AS) et en arabe marocain (AM).

Dans un premier temps, nous présenterons succinctement les principales propriétés définitoires de l'adjectif en arabe pour ensuite nous attarder plus particulièrement sur la phrase relative (ṣilā) – qui, nous dit Kouloughli, « est, au fond, une phrase servant d'adjectif » (1994 : 280) – et sur le statut de l'adjectif dans des structures ressemblant formellement à des iḍāfāt (sg. iḍāfa) 'états d'annexion' ou 'états construits'.

---

[1] Le terme de naʿt ('caractéristique') désigne particulièrement l'adjectif épithète (Guillaume 1992a : 64).
[2] Il s'agit en fait d'un passage du Mufaṣṣal de al-Zamaḫšarī (mort en 1143) qu'Ibn Yaʿīš (mort en 1245) a commenté dans son Šarḥ al-Mufaṣṣal.

Nizha Chatar-Moumni, Université Paris Descartes – Université de Paris, MoDyCo – CNRS

https://doi.org/10.1515/9783110604788-022

2 Propriétés générales de l'adjectif en arabe

2.1 L'adjectif peut qualifier un nom (épithète)

Dans les exemples (1 à 4) ci-dessous, les adjectifs *žamīla* (AS) *et zina* (AM) 'belle' dépendent syntaxiquement du nom *bint*, *bent* 'fille'. L'adjectif épithète s'accorde en genre, en nombre, en cas (en AS uniquement) et en 'définitude' (ex. 1 et 2). Ces variations formelles lui sont conférées par le nom qu'il qualifie et auquel il est nécessairement postposé (ex. 3 et 4) :

(1) *ra'ay-tu* **al**-*bint*-**a** **al**-*žamīlat*-**a**
AS voir-je.acc[3] la-fille-accu la-belle-accu
'J'ai vu la belle fille.'

(2) *šef-t* **el**-*bent* **ez**-*zina*
AM voir-je.acc la-fille la-belle
'J'ai vu la belle fille.'

(3) *ra'ay-tu* *bint*-**an** *žamīlat*-**an**
AS voir-je.acc fille-accu indéf belle-accu indéf
'J'ai vu une belle fille.'

(4) *šef-t* *bent zina*
AM voir-je.acc fille belle
'J'ai vu une belle fille. »

L'adjectif est marqué par le défini dans le contexte d'un nom ou d'une construction sémantiquement définis. Cela peut être un nom propre, un nom déterminé par l'article défini (ex. 1 et 2) ou une *iḏāfa* (cf. § 4 ci-dessous), par exemple un nom auquel est accolé un pronom clitique (ex. 5 et 6) ou un nom (ex. 7 et 8) :

(5) *ra'ay-tu* **bint-a-hu** *al-žamīlat-a*
AS voir-je.acc fille-accu-lui la-belle-accu
'J'ai vu sa jolie fille.'

---

[3] Abréviations : acc : accompli ; accu : accusatif ; d : duel ; déf : défini ; f : féminin ; indéf : indéfini ; masculin ; nom : nominatif ; gén : génitif ; inac : inaccompli ; indic : indicatif ; litt : littéralement ; pl : pluriel ; pr : présent ; rel : relativiseur.
  Le tiret bref (-) et le point (.) dans les gloses des exemples signalent respectivement une unité segmentale et un amalgame.

(6)　šef-t　　**bent-u　ez-zina**
AM　ai vu-je　fille-lui　la-belle
　　'J'ai vu sa jolie fille.'

(7)　ra'ay-tu　**bint-a　al-žirān-i**　　**al**-žamīlat-a
AS　voir-je.acc.　fille-accu　le-voisin.pl-gén　la-belle-accu
　　'J'ai vu la jolie fille des voisins.'

(8)　šef-t　　**bent až-žiran　ez**-zina
AM　ai vu-je　fille le-voisin.pl　la-belle
　　'J'ai vu la jolie fille des voisins.'

Les deux noms construisant un état d'annexion ne peuvent être séparés ; l'adjectif se place donc obligatoirement après le complément du nom. Il s'accorde en genre, en nombre et en cas avec le noyau de l'*iḏāfa*, ici le nom formellement indéterminé *bint* 'fille', ce qui confère – grammaticalement – à ce dernier un sens défini.

2.2 L'adjectif peut être noyau de syntagme

L'adjectif peut recevoir une expansion, par exemple un adverbe (ex. 9 et 10) ou un nom (ex. 11 et 12) :

(9)　ra'ay-tu　　bint-an　　　žamīlat-an　　　**židdān**
AS　voir-je.acc　fille-accu indéf　belle-accu indéf　très
　　'J'ai vu une très belle fille.'

(10)　šef-t　　　bent　zina　**bezzaf**
AM　　voir-je.acc　fille　belle　beaucoup
　　　'J'ai vu une très belle fille.'

La relation qui unit l'adjectif et son expansion en (11) et (12) s'apparente formellement à une *iḏāfa*. Nous y reviendrons au § 4 ci-dessous :

(11)　ra'ay-tu　　al-bint-a　　**al-žamīlat-a al-wažh-i**
AS　　voir-je.acc　la-fille-accu　la-belle-accu　le-visage-gén
　　　'J'ai vu la fille belle de visage/au beau visage.'

(12) šef-t   el-bent **zina(t)-el-wažeh**
AM   voir-je.acc la-fille belle-le-visage
     'J'ai vu la fille belle de visage/au beau visage.'

2.3 L'adjectif peut assumer les fonctions d'un nom

L'adjectif assume une fonction sujet en (13) et (14) et une fonction objet en (15) et (16) :

(13) al-žamīlat-u   qām-at
AS   la-belle-nom se lever-elle.acc
      'La belle s'est levée.'

(14) ez-zina   waqf-et
AM   la-belle se lever-elle.acc
      'La belle s'est levée.'

(15) ra'ay-tu   al-žamīlat-a
AS   voir-je.acc la-belle-accu
      'J'ai vu la belle.'

(16) šef-t   ez-zina
AM   voir-je.acc la-belle
      'J'ai vu la belle.'

Bien qu'elles occupent syntaxiquement une position proprement nominale, les unités *žamīla* et *zina* 'belle' dans les exemples (13) à (16), restent des *ṣifāt*, c'est-à-dire des unités qui prédiquent d'un nominal une qualité. Les propriétés morphologiques, syntaxiques et référentielles de l'adjectif « substantivé » lui sont, de ce fait, transférées par ce nominal. Notamment, l'adjectif « substantivé » n'a pas de genre intrinsèque ; il doit alors porter celui du nominal qu'il « qualifie »[4].

---

[4] L'adjectif « substantivé » porte les marques de genre, de nombre et de détermination qui lui sont transférées par le nom qu'il qualifie. Par exemple, lorsque le nom prédiqué est un nom masculin singulier défini : *al-žamīl-u qāma-ø* ; litt. : le-beau-nom se lever-il.acc 'Le beau s'est levé'. Lorsque le nom prédiqué est un nom masculin singulier indéfini : *ra'ay-tu žamīl-an ya-qūm-u* ; litt. : voir-je.acc beau-accu indéf il.inac-se lever-indic 'J'ai vu un beau se lever'. Ou encore avec un nom prédiqué masculin pluriel indéfini : *ra'ay-tu žamīl-īna ya-qūm-ū-na* ; litt. : voir-je.acc beau-accu pl indéf il.inac-se lever-pl-indic 'J'ai vu des beaux se lever'.

2.4 L'adjectif comme noyau syntaxique de la phrase

Dans une *ǧumla ismiyya* 'phrase nominale' (ou 'phrase thématique'), par exemple (17) et (18), l'adjectif occupe la position syntaxique de *ḫabar* (litt. 'information') :

(17)   *al-walad-u   ʿāqil-un*
AS   la-garçon-nom raisonnable-nom
      'Le garçon est raisonnable.'

(18)   *el-weld   ʿaqel*
AM   le-garçon raisonnable
      'Le garçon est raisonnable.'

Une *ǧumla ismiyya* – structure syntaxique composée d'un *mubtadaʾ* ('thème' ou 'incohatif') et d'un *ḫabar* ('attribut', 'propos' ou 'prédicat') – est produite lorsque le locuteur arabophone parle de quelqu'un ou de quelque chose de (déjà) connu du locuteur et de l'allocutaire (Bohas & *al.* 2017 [1990] : 44). Dans cette position syntaxique, l'adjectif ne reçoit pas, théoriquement, le défini (nous revenons sur ce point au § 2 ci-dessous). La relation qui lie les deux termes de la prédication est régie en (17) par un opérateur (*ʿamal*) phonétiquement vide, l'*ibtidāʾ*[5] qui assigne le cas nominatif aux deux termes de la prédication ; le *mubtadaʾ* et le *ḫabar*.

(19)   *kāna-ø   al-walad-u   ʿāqil-an*
AS   être-il.acc le-garçon-nom raisonnable-accu
      'Le garçon était raisonnable.'

(20)   *kan-ø   el-weld   ʿaqel*
AM   est-il.acc le-garçon raisonnable
      'Le garçon était raisonnable.'

Lorsque le vouloir-dire du locuteur porte sur un événement particulier localisé dans le temps et exprimant un changement dans une situation, changement dû à un nouvel événement, la structure syntaxique produite est une *ǧumla fiʿliyya*

---

5 « […] *yibtidaa*' ('le fait-de-commencer', *i.e.* son énoncé), que l'on peut concevoir comme étant la prise en charge directe de la relation prédicative par le locuteur dans la situation d'énonciation ; cette prise en charge étant "marquée" sur le plan formel par l'absence d'opérateur de rection phonétiquement représentable » (Guillaume 1986 : 57).

'phrase verbale' (ex. 19 et 20). La relation prédicative lie alors un *fiʿl* 'faire' à un *fāʿil* 'faiseur' (en anglais, 'doer') généralement traduits par 'verbe' et 'sujet'.

Le verbe bivalent *kāna* assigne, en (19), le nominatif au premier participant, « formellement assimilé au sujet », et l'accusatif au second participant, « formellement assimilé au complément » (Bohas & *al.* 2017 [1990] : 45–46).

3 L'adjectif est un qualificatif ; une *ṣifā*

L'adjectif, en arabe, est un complément qualificatif ; il « établit (*ṭubūt*) une propriété de l'entité qualifiée » (Guillaume 1992b : 9). Cette opération est toutefois différente selon que l'adjectif est épithète ou attribut.

Les contextes (17) à (20) ci-dessus sont des énoncés assertifs non marqués ; le locuteur asserte que le garçon possède une certaine qualité, la propriété d'être raisonnable, qualité qui peut être niée par l'allocutaire[6] : *le garçon n'est pas raisonnable, il est téméraire* où la négation porte sur l'adjectif *raisonnable*. L'adjectif, dans ces contextes, ne peut être supprimé. En revanche, l'adjectif *krim* 'généreux', qui entre dans la construction des syntagmes nominaux en (21) et (22) ci-dessous, est supprimable et échappe à la portée de la négation, dans ces énoncés non marqués :

> C'est que le lien établi entre le qualificatif et ce qu'il qualifie n'est pas le fait du locuteur, ni d'une assertion explicite qu'il en ferait, en sorte qu'elle soit déniée par la construction négative de la phrase ; ce lien est au contraire établi en soi et par le fait que le destinateur, tout comme le locuteur, en reconnaissent l'existence.
> (Al-Ǧurǧānī 1983, cité dans Guillaume 1992b : 9)

(21)   *r-rağel*   **el-krim**   *ğa-ø*
AM   le-homme   le-généreux   venir-il.acc
'L'homme généreux est venu.'

(22)   *rağel*   **krim**   *ğa-ø*
AM   homme   généreux   venir-il.acc
'Un homme généreux est venu.'

---

[6] L'assertion est « explicitement prise en charge par le locuteur, et [...] le destinataire peut par conséquent [la] rejeter tout aussi explicitement en construisant la contrepartie négative de l'affirmation » (Guillaume 1992b : 9).

Deux opérations énonciatives sont à l'œuvre en (21). D'abord, le locuteur identifie, individualise – parmi la catégorie générale des hommes – un homme en particulier. Cette opération, marquée ici par le défini, assigne à *homme* le statut de thème. Nous parlerons d'*opération de 'définitude'* ou *d'opération d'individuation*. Le locuteur attribue ensuite à ce thème une propriété, une qualité ('être généreux'). Ce qualificatif[7] prédique quelque chose du thème ; la configuration obtenue est donc de nature prédicative[8] au sens logico-sémantique de « apport d'un commentaire à un support ». Nous parlerons ici d'*opération de qualification*.

La relation qui lie *homme* à *généreux* en (22) est de nature différente.

> Le qualificatif « sert à "distinguer et identifier" (*tawḍīḥ wa-taʿyīn*) les noms déterminés, alors qu'il sert à "spécifier" (*taḥṣīṣ*) les noms indéterminés […]. [La spécification] porte sur des notions génériques, sur des "genres" (*ǧins*), alors que [l'identification] porte sur des entités singulières. […] spécifier une notion générique revient, en fait à constituer une nouvelle notion générique, et non pas une instance. » (Guillaume 1992b : 9–10)

Le nom *homme* en (22) est présenté comme une notion générale, le qualificatif spécifie cette notion générale sans la rapporter à un individu en particulier : « "un homme généreux" n'est pas une instance "généreuse" de la notion d'"homme", mais bien une instance d'"homme généreux" » (*ibid*)[9].

Reconsidérons maintenant le statut de l'adjectif dans son rôle de noyau syntaxique de la phrase (attribut) :

(23)   *ar-raǧul-u*   **karīm-un**
AS   le-homme-nom généreux-nom
    'L'homme est généreux.'

---

[7] La fonction qualificative (ou adjective), *ṣifā*, peut également être endossée par une phrase relative ou encore par un participe (actif ou passif) ; cf. § 3.2.
[8] « Le syntagme est sans doute le véritable lieu de la prédication, dans la mesure où elle n'est qu'une forme de détermination ; et, par exemple, l'adjectif épithète est aussi prédicatif que l'adjectif attribut, même s'il l'est autrement » (Rastier 1994 : 5).
[9] Guillaume s'appuie, pour étayer sa démonstration, sur Al-Ǧurǧānī, grammairien arabe du XIe siècle : « Il y a un principe dont tu dois bien te pénétrer l'esprit, c'est qu'il est de la nature de tous les noms de genre (*i.e.* des noms qui renvoient à une notion générique), s'ils sont qualifiés, de se diversifier en espèces par l'effet du qualificatif : ainsi "homme" qui est une seule et unique notion générique, lorsque tu le qualifies en disant "un homme élégant" ou "un homme petit", "un homme poète" ou "un homme prosateur", tu le transformes en une collection d'espèces différentes, dont chacune devient quelque chose d'autonome, de sorte que le mot "homme" accompagné d'un quelconque qualificatif acquiert lui aussi le statut de notion générique. » (Al-Ǧurǧānī 1983, cité dans Guillaume 1992b : 10)

(24) r-rağel   **krim**
AM   le-homme généreux
    'L'homme est généreux.'

Les phrases (23) et (24) sont des phrases nominales (ou thématiques). La juxtaposition des deux unités non verbales suffit à construire une phrase syntaxiquement complète. Le rôle syntaxique de chacune des unités est marqué par l'ordre des unités et par le fait que le noyau syntaxique non verbal n'est pas défini, n'est pas marqué par une opération de définitude. La relation qui lie les deux unités construit une phrase syntaxiquement autonome.

(23) et (24) sont des énoncés plats. Dans un énoncé marqué, en revanche, – par exemple la structure clivée en (25), où une relation prédicative lie deux termes déterminés –, l'opération de définitude s'accompagne obligatoirement d'une intonation plus forte sur le premier terme de la relation (le *mubtada'*), ce qui permet à l'allocutaire de l'identifier, de le distinguer sans ambiguïté comme le thème de la relation. Le *ḫabar*, ou noyau syntaxique de cette phrase non verbale, peut alors recevoir le défini. Ce type d'énoncé n'est possible que si la « définitude » du thème est davantage marquée que celle du propos :

(25) **r-rağel**   **el-** krim//   (maši el-mra)
     LE-HOMME déf généreux (pas la-femme)
     'C'est l'homme qui est généreux. (Ce n'est pas la femme (qui l'est)).'

Le même effet de sens est obtenu avec une structure comme celle donnée en (26) où c'est le relativiseur *lli* qui joue le rôle de marqueur de qualification en lieu et place du défini. Notons qu'il n'est pas nécessaire, en (26), de définir davantage le thème de la relation ; le relativiseur – originellement un défini renforcé (cf. § 3.2 ci-dessous) – suffit à marquer la qualification :

(26) r-rağel   **lli** krim//   (maši el-mra)
     l'-homme rel généreux (pas la-femme)
     'C'est l'homme qui est généreux. (Ce n'est pas la femme (qui l'est)).'

Le parallélisme entre (25) et (26) est intéressant ; nous allons donc nous arrêter, dans les paragraphes suivants, sur le fonctionnement de la relative en arabe, standard et marocain, pour en considérer le statut adjectival, c'est-à-dire d'expansion qualificative.

4 La phrase relative (*ṣilā*) a le même statut syntaxique que l'adjectif (*ṣifā*)

La phrase relative (*ṣilā*) en arabe, standard et marocain, est une expansion à noyau syntaxique, verbal (ex. 29 et 30 ; 33 et 34) ou non verbal (ex. 35 et 36) liée à un nom ou à un syntagme nominal (terme relativisé) lui même dépendant d'un noyau syntaxique central. Le terme relativisé est placé avant la relative. Dans le contexte d'un nom déterminé, la relative est liée au terme relativisé par le relativiseur *allaḏī* (ou ses variantes) en AS, et par le relativiseur *lli* en AM. Dans le contexte d'un nom indéterminé, la relative est « juxtaposée » à son noyau.

La TGA établit un parallélisme entre le statut syntaxique du qualificatif (*ṣifā* 'qualité') et celui de la phrase relative (*ṣilā*) :

> *mazrā l-ṣilā mina l-mawṣūl mazrā l-ṣifā mina l-mawṣūf* 'le statut (ou le cours) de la suite (*ṣilā*) par rapport au suivi (*mawṣūl*) est identique à celui du qualificatif (*ṣifā*) par rapport au qualifié (*mawṣūf*)'. (Ibn Yaʿīš (m. 643/1245), cité dans Fassi-Fehri 1976 : 127)

Ce parallélisme est également souligné par Benveniste dans son chapitre sur la phrase relative dans le tome 1 de *Problèmes de linguistique générale* :

> Dans la syntaxe de l'arabe, la phrase relative est décrite comme une « qualification », au même titre que l'adjectif ou que le groupe formé par une préposition et son régime. Un parallélisme qu'il faut souligner apparaît notamment entre le traitement syntaxique de l'adjectif et celui de la phrase relative. (Benveniste 1966 : 213)

Benveniste ajoute plus loin :

> [...] la « phrase relative » en arabe a le même statut syntaxique que l'adjectif qualificatif, et elle est susceptible, comme l'adjectif, d'une forme indéterminée et d'une forme déterminée. (Benveniste 1966 : 214)

Comparons les exemples suivants où l'expansion qualificative d'un nom déterminé est un adjectif déterminé en (27) et (28) et une relative dite « déterminée » en (29) et (30) :

(27) *qābal-tu   ar-raǧul-a   al-karīm-a*
AS   rencontrer-je.acc déf-homme-accu déf-généreux-accu
'J'ai rencontré l'homme généreux.'

(28) *tlaq-it   r-raǧel   el-krim*
AM   rencontrer-je.acc déf-homme   déf-généreux
'J'ai rencontré l'homme généreux.'

(29) *qābal-tu*   ***ar****-raǧul-a*   ***allaḏī*** *ya-qra-u*
AS rencontrer-je.acc déf-homme-accu   rel   il.inac-lire-indic
'J'ai rencontré l'homme qui lit.'

(30) *tlaq-it*   ***r****-rağel*   ***lli*** *ka-i-qra*
AM rencontrer-je.acc. déf.-homme   rel pr-il.inac-lire
'J'ai rencontré l'homme qui lit.'

Dans le contexte d'un nom indéterminé, en revanche, l'adjectif indéterminé (ex. 31 et 32) et la relative dite « indéterminée » (ex. 33 et 34) sont juxtaposés à leur noyau (§ 3.3) :

(31) *qābal-tu*   *raǧul-an*   *karīm-an*
AS rencontrer-je.acc homme-accu indéf   généreux-accu indéf
'J'ai rencontré un homme généreux.'

(32) *tlaq-it*   *rağel*   *krim*
AM rencontrer-je.acc homme   généreux
'J'ai rencontré un homme généreux.'

(33) *qābal-tu*   *raǧul-an*   *ya-qra-u*
AS rencontrer-je.acc homme-accu indéf   il.inac-lire-indic
'J'ai rencontré un homme qui lit/lisant.'

(34) *tlaq-it*   *rağel*   *i-qra*
AM rencontrer-je.acc homme   il.inac-lire
'J'ai rencontré un homme qui lit/lisant.'

Le nom peut être qualifié à la fois par un adjectif, un complément du nom et par une relative. Dans ce cas, l'ordre est : nom, complément du nom, adjectif, phrase relative (ex. 35) :

(35) *qābal-tu*   *al-bint-a*   *(al-ǧīrān-i)*   *(al-ǧamīlat-a)*   *allatī*
     rencontrer-je.acc la-fille-accu (le-voisin.pl-gén) (la-belle-accu.)   rel
     hija *fī al-menzil-i*
     elle dans la-maison-gén
     'J'ai rencontré la (belle) fille (des voisins) qui est à la maison.'

(36) tlaqi-t   el-bent lli   f-ed-dar
     rencontrer-je.acc la-fille rel dans-la-maison
     'J'ai rencontré la fille qui est à la maison.'

La TGA définit le relativiseur *alladī* (et ses variantes) comme un *'ism al-maw
ṣūl*[10] 'nom du suivi' figurant obligatoirement entre un *mawṣūl* ('suivi'), nom à
l'état déterminé et une *ṣila* ('suite'). En AS, le relativiseur varie en genre et en
nombre[11], marques qu'il reçoit du nom qu'il suit :

m.sg :   *'alladī*   d.m *'alladāni* m.pl : *'alladīna*
f.sg :   *'allatī*   d.f *'allatāni* f.pl : *'allawātī*

En AM, la forme *lli* est utilisée dans le contexte d'un nominal, animé ou inanimé ; ce nominal peut ne pas être exprimé[12]. Généralement, on traduit l'arabe *'ism al-mawṣūl* par le français 'pronom relatif'.

4.1 Le pronom de reprise (*al-'āʿid*) ou pronom résomptif

La phrase relative arabe est également caractérisée par l'apparition d'un pronom de reprise – dit également pronom « résomptif » – à la place que devrait occuper le nominal relativisé dans des propositions indépendantes. Le terme relativisé et le pronom de reprise sont coréférents. Ce pronom est donc un substitut du terme relativisé.

Le pronom résomptif peut ne pas être exprimé dans le contexte d'un nom à l'état déterminé en fonction objet (ex. 37 à 40), mais il est obligatoire dans toutes les autres positions syntaxiques dans le contexte d'un nom déterminé (41) et il est obligatoire dans tous les contextes d'un nom à l'état indéterminé :

---

10 La TGA distingue deux types de *'asma al-mawṣūla* ; les spécifiques (*ḫāṣṣ*) et les génériques ou communs (*muštarak*) utilisés dans les contextes d'une suite sans antécédent. Les génériques sont : *men* 'qui' pour les humains ; *mā* 'que' pour les non-humains ; *āyy* 'lequel' « qui suppose une sélection dans une classe, il s'applique aux deux catégories » (Kouloughli 1994 : 281).
11 Le relativiseur peut également varier en cas dans le contexte d'un nom duel au nominatif ou à l'accusatif.
12 Notons que la forme *ma* se réalise dans le contexte d'une relative sans antécédent. Notons également que la morphologie du relativiseur est nettement plus simple en AM qu'en AS.

(37) al-kitāb **alladī** kataba-ø(-**hu**) Ali mumtaʿ
AS   déf-livre rel   écrire-il.acc(-le) Ali intéressant
'Le livre qu'a écrit Ali [est] intéressant.'

(38) al-kitāb **alladī** qaddama-ø(-**hu**)-la-hu Ali mumtaʿ
AS   déf-livre rel   offrir-il.acc(-le)- à-lui   Ali intéressant
'Le livre que lui a offert Ali [est] intéressant.'

(39) el-ktab **lli** ketb-ø(-**u**)   Ali mufid
     déf-livre rel écrire.il.acc(-le) Ali utile
'Le livre qu'Ali a écrit [est] utile.'

(40) el-ktab **lli** hda-ø(-**hu**)-l-u   Ali mufid
     déf-livre rel offrir.il.acc(-le)-à-lui Ali utile
'Le livre que lui a offert Ali [est] utile.'

(41) al-kitāb **alladī** kataba-ø ʿalay-**hi**   mumtaʿ
     déf-livre rel   écrire-il.acc sur-lui.gén intéressant
'Le livre sur lequel il a écrit [est] intéressant.'

En arabe, contrairement à ce qui se passe en français, c'est le pronom résomptif qui est lié au terme relativisé, et non le relativiseur. C'est donc le pronom résomptif qui assume une fonction nominale et non le relativiseur. La réalisation et les variations du relativiseur de l'AS ne sont pas corrélées au rôle syntaxique du terme relativisé, mais à la présence dans le contexte d'un nom déterminé. Nous rejoignons ici Creissels pour qui :

> Identifier comme « pronom relatif » des relativiseurs qui introduisent des relatives à pronom résomptif soulève des difficultés théoriques, car une telle analyse implique que le même rôle syntaxique soit assumé simultanément par un pronom en position canonique et un pronom occupant une position spéciale. (Creissels 2006 : § 33.3.1.)

4.2 Le relativiseur de l'arabe est un marqueur de qualification

Le relativiseur de l'arabe ne peut pas être analysé comme un pronom (relatif) dans la mesure où il ne se substitue pas au terme relativisé et où sa forme n'est pas corrélée à la position syntaxique du terme relativisé[13]. Nous défendons ici l'idée que le relativiseur de l'arabe est une variante du défini-marqueur de qualification (§2) dans le contexte d'un nom déterminé.

Brockelmann (1910) et Benveniste (1966) considèrent d'ailleurs tous deux que le relativiseur de l'arabe a pour origine le renforcement de l'article défini par un déictique :

> Dans toutes les langues sémitiques les relatifs proviennent des démonstratifs. [...] ; en arabe classique on se sert de la forme renforcée par *la* et l'article : *alladī* f. *allatī*, qui forme par analogie des substantifs, les pluriels *alladīna*, *allātī*. (Brockelmann 1910 : 123)

> [...] la forme du « pronom relatif », *alladī*, fém. *allatī*, etc. qui est un renforcement du préfixe déterminatif ou article (*al*) par un déictique -*la*-, suivi d'un morphème indiquant le genre, le nombre : -*dī* masc. sg. ; -*tī* fém. sg. ; -*dāni* masc. du. ; -*tāni* fém. du., etc.
> (Benveniste 1966 : 214)

Considérons les exemples (42) et (43) en AM[14] ci-dessous afin d'étayer notre prise de position :

(42) *tlaqi-t* *l-bent* **el-/lli** *zina*
AM   **el-/lli** *qarya*   *el-ktab*
                          el-/lli *mašya*   *l-london*
   rencontrer-je.acc la-fille déf/rel belle
                               déf/rel ayant lu le-livre
                               déf/rel partant   à-Londres
'J'ai rencontré la belle fille/qui est belle.'
'J'ai rencontré la fille instruite/ayant lu, qui a lu le livre.'
'J'ai rencontré la fille partant/qui part/partira à Londres.'

(43) *tlaqi-t* *l-bent* **el/lli** *zina*
AM   **el-/lli** *matzawja* *f-london*
                          el-/lli *maʿrūfa*   *f-london*
   rencontrer-je.acc la-fille déf/rel belle
                               déf/rel mariée   à-Londres
                               déf/rel connue   à-Londres

---

13 À notre sens, il ne doit pas non plus être analysé comme un simple « joncteur » (position de Creissels 2006) ou comme un « complémenteur ». Le relativiseur de l'arabe établit en effet un lien avec le terme relativisé (d'où les variations formelles en AS) mais il est également un marqueur de qualification dans le contexte d'un nom déterminé.
14 Des contextes semblables sont bien sûr possibles en AS.

'J'ai rencontré la belle fille/la fille qui est belle.'
'J'ai rencontré la fille mariée/qui est mariée à Londres.'
'J'ai rencontré la fille connue/qui est connue à Londres.'

En (42) et (43), les participes[15] actifs *qarya* 'instruite' ou 'ayant étudié (à Londres)' et *mašya* 'partant' ou 'qui part/partira (à Londres)' et les participes passifs *matzawja* 'mariée' ou 'qui est mariée (à Londres)' et *maʿrūfa* 'connue, ou 'qui est connue (à Londres)' occupent la même place syntaxique que l'adjectif *zina* 'belle' ; ce sont des expansions prédicatives qui qualifient le nom *bent* 'fille'. Dans ces contextes, le relativiseur *lli/allaḏī* est une variante du défini-marqueur de qualification. Le locuteur a en effet le choix entre l'une ou l'autre des deux formes du marqueur de qualification lorsque le qualificatif d'un nom déterminé est un prédicat adjectival ou un prédicat participial. En revanche, dans les contextes où le qualificatif d'un nom déterminé est une « phrase » à noyau syntaxique verbal (44) ou non verbal (45) et (46), c'est la forme *lli/allaḏī* du marqueur de qualification qui est obligatoirement réalisée :

(44) *tlaqi-t   l-bent **lli** qra-t   el-ktab*
                            mša-t   l-london
AM   rencontrer-je.acc la-fille **rel** lire-elle.acc   le-livre
                                    partir-elle.acc à-Londres
'J'ai rencontré la fille qui a lu le livre.'
'J'ai rencontré la fille qui est partie à Londres.'

(45) *tlaqi-t l-bent **lli** f-london*
AM 'J'ai rencontré la fille qui est à Londres.'

---

15 Les participes de l'arabe sont des déverbaux ; ils sont syntaxiquement proches à la fois des verbes et des adjectifs. On sait en effet depuis les travaux de Cohen que le participe actif est au cœur du renouvellement du système verbal de l'arabe dialectal : « Il [le PA] y [dans les dialectes] apparaît comme un mode d'expression de la concomitance pour l'inaccompli dans certains verbes et pour l'accompli dans d'autres verbes auxquels il fournit un véritable parfait. » (Cohen 1986 : 269) : *l-bent qarya f-london* la-fille ayant étudié à-Londres 'La fille a étudié à Londres.' ; *l-bent mašya l-london* la-fille étant partie à-Londres 'La fille part/partira à Londres.' « D'autre part, les participes se prêtent particulièrement bien aux fonctions adjectivales, si bien que tous leurs schèmes peuvent être considérés comme des schèmes potentiels des adjectifs » (Kouloughli 1994 : 224).

(46) qābal-tu   al-bint-a   **allatī** hijā[16] fī-london
AS   rencontrer-je.acc la-fille-accu **rel**   elle   à-Londres
     'J'ai rencontré la fille qui est à Londres.'

Le rôle syntaxique de qualificatif (fonction adjective) d'un nom déterminé peut donc être endossé par un adjectif, par un participe (actif ou passif) ou par une expansion à noyau syntaxique verbal ou non verbal ; une « phrase ». Ces expansions adjectives sont marquées par un marqueur de qualification qui se réalise obligatoirement sous la forme du 'relativiseur' *lli/alladi* dans le contexte d'une phrase verbale ou non verbale et sous la forme, au choix, du défini ou du relativiseur dans le contexte d'un adjectif ou d'un participe.

Il est intéressant de souligner que dans d'autres parlers arabes, notamment au Liban, en Palestine ou en Syrie, c'est le défini qui marque la phrase relative qualificative à noyau syntaxique verbal et non le relativiseur. Les exemples en baghdadi (47) ou en libanais (48), empruntés à Holes (2004 : 285), appuient notre analyse ; le défini et le relativiseur sont des variantes du marqueur de qualification :

(47) dīnār **i**-ṣṣarafta
     dinar **the**-spent-1sg-it...
     'the dinar (that) I've spent...'

(48) t‘āl   li   ‘indi   sā‘t   **el**-betrid
     come   to   with me hour   **the**-2msg-want
     'come to my place at the time (that) you want.'

Nous reviendrons sur ces exemples au § 5.

4.3 Les relatives indéterminées sont des phrases juxtaposées

En arabe, nous dit Kouloughli, « il n'y a de véritable subordination relative que si l'antécédent, le nom à qualifier, est déterminé. Sinon, on utilise une phrase adjectivale juxtaposée au nom à qualifier » (1994 : 280).

Nous l'avons vu (§ 3), la TGA distingue entre les relatives déterminées et les relatives indéterminées selon que le nominal relativisé est à l'état déterminé ou

---

[16] Notons qu'un pronom est obligatoire en AS (ex. 46) mais pas en AM (ex. 45).

à l'état indéterminé. Dans le contexte d'un nom à l'état indéterminé, la subordonnée relative est considérée comme directement liée au terme relativisé :

(49)   *qābal-tu*   *bint-an*   *ta-drus-u*   *fi-london*
AS   rencontrer-je.acc la-fille-accu indéf elle.inac-étudier.ind à Londres
      'J'ai rencontré une fille qui étudie à Londres.'

(50)   *tlaqi-t*   *bent*   *t-qra*   *f-london*
AM rencontrer-je.acc la-fille elle.inac-étudier à-Londres
      'J'ai rencontré une fille qui étudie à Londres.'

(51)   *ra'ay-tu*   *kitāb-an*   *kataba-ø-***hu***   Ali
AS voir-acc.je livre-accu indéf écrire-il.acc-le Ali
      'J'ai vu un livre qu'a écrit Ali.'

(52)   *šri-t*   *ktab* *ketb-ø-***u***   Ali
AM acheté-acc.je livre écrire-il.acc-le Ali
      'J'ai acheté un livre qu'a écrit Ali.'

Le nom ne peut être séparé de ces expansions qualificatives que par d'autres expansions qualificatives ou adjectives. Rappelons que l'ordre des expansions qualificatives est : nom, complément du nom, adjectif (ou participe), relative. Des expansions autres que qualificatives peuvent toutefois venir s'insérer entre le nom indéterminé *bent* 'fille' et ce que la TGA analyse comme une subordonnée relative indéterminée *ka-t-qra f-london* 'elle étudie à Londres' (ex. 53), alors que cela n'est pas possible en (54). « La fonction épithétique est marquée par l'intégration au syntagme nominal, qu'il s'agisse des équivalents de nos adjectifs épithètes, noms apposés et relatives » (Lemaréchal 1992 : 227).

(53)   *tlaqi-t*   **bent lbareh**   *ka-t-qra*   *f-london*
                                        f-ed-dar
                                        m'a ḥmed
      rencontrer-je.Acc fille hier   pr-elle.inac-étudier à Londres
                                   dans-la-maison
                                   avec Ahmed
      'J'ai rencontré une fille hier   // elle étudie à Londres.'
                                   à la maison
                                   avec Ahmed

(54) *tlaqi-t **l-bent** lbareh **lli** ka-t-qra f-london
  f-ed-dar
  m'a ḥmed

Rappelons par ailleurs que si le terme relativisé est un nom indéterminé, il est obligatoirement repris par un pronom[17] (ex. 51 et 52), quelle que soit sa fonction. Dans ces contextes, le pronom n'est pas résomptif ; il n'assure pas la cohésion du syntagme nominal étendu comme dans le cas d'une expansion qualificative, mais participe à la cohérence textuelle. Nous analyserons donc les phrases (49) à (52) comme deux phrases juxtaposées et non comme constituées d'une phrase relative indéterminée.

5 L'adjectif dans les états d'annexion

Les constructions *dīnār i-ṣṣarafta* (dinar le-j'ai-dépensé) 'le dinar que j'ai dépensé' et *sāʿt el-betrid* (heure le-tu-veux) 'l'heure que tu veux' dans les exemples (47) et (48) empruntés à Holes (2004), ci-dessus, ressemblent formellement à des *iḏāfāt* 'états d'annexion' ou 'états construits'. Dans une *iḏāfa ḥaqīqiyya* ou *iḏāfa* 'véritable', c'est-à-dire une *iḏāfa* à tête nominale, N1 n'est jamais déterminé, alors que N2 l'est obligatoirement. N2 est par ailleurs lié grammaticalement à N1 par le génitif en AS (ex. 55) et par juxtaposition en AM (ex. 56). Les deux unités composant un état d'annexion ne peuvent être séparées. Ce type de structure exprime la possession.

(55) **wažh-u   al-bint-i**   *žamīl-un*
AS   visage-lui la-fille-gén beau-nom
    « Le visage de la fille est beau. »

56. **wažeh-el-bent** zin
AM   visage-la-fille beau
    « Le visage de la fille est beau.»

En (47) et (48), N1 ne peut pas non plus être déterminé, mais c'est une phrase verbale déterminée par le défini qui occupe la position du N2 obligatoirement déterminé.

---

[17] Le pronom, en arabe, ne peut se substituer qu'à un nom ou un syntagme nominal ; il ne reprend jamais une phrase ou une proposition.

Les structures en (11) et en (12) – données au § 1.2 et reprises ci-dessous – ressemblent elles aussi formellement à des *iḍāfāt*. Dans ces structures, toutefois, un nom est complément (du nom) d'un adjectif. On considère généralement que ces *iḍāfāt* sont *ġīr ḥaqīqiyyāt* 'non véritables'. Kouloughli les nomme, quant à lui, constructions « inversées » (1994 : 112). Nous retenons cette dénomination.

(11) *ra'ay-tu   al-bint-a   al-žamīlat-a   al-wažh-i*
AS voir-je.acc la-fille-accu **la-belle-accu le-visage-gén.**
'J'ai vu la fille belle de visage/au beau visage.'

(12) *šef-t   el-bent   zina(t)-el-wažeh*
AM voir-je.acc la-fille **belle-le-visage**
'J'ai vu la fille belle de visage/au beau visage.'

(57) *ra'ay-tu   bint-an   žamīlat-a   al-wažh-i*
AS voir-je.acc. fille-accu indéf **belle-accu le-visage-gén**
'J'ai vu une fille belle de visage.'

(58) *šef-t   bent   wažeh-ha   zin*
AM voir-je.acc la-fille **visage-elle beau**
'J'ai vu une fille/son visage est beau.'
'J'ai vu une fille dont le visage est beau.'

Si dans une *iḍāfa* à tête nominale (ex. 54 et 55), N1 ne peut pas être déterminé dans une *iḍāfa* à tête adjectivale, en revanche, l'adjectif reçoit le défini dans le contexte d'un nom déterminé (ex. 11), respectant ainsi la règle d'accord en détermination[18] avec le nom qualifié (*bint* 'fille') – propriété définitoire de l'adjectif épithète. En revanche, la règle de non détermination de N1 en état d'annexion est violée. Soulignons par ailleurs l'accusatif défini dans le contexte d'un nom indéterminé en AS (ex. 57) et l'impossibilité de produire une *iḍāfa* à tête adjectivale dans le contexte d'un nom indéterminé en AM (ex. 58). L'arabe moderne permet en effet la détermination de N1 par le défini, contrairement à l'arabe ancien qui préconisait de respecter les règles de l'état d'annexion (Kouloughli 1994 : 114, note 1). L'AM respecte, comme l'arabe ancien, les règles de l'état d'annexion (ex. 12).

---

18 Kouloughli (1994 : 114) parle, pour ce cas, d'*annexion formelle*.

Pour Guillaume, une *iḏāfa* à tête adjectivale indique « le rapport (*sabab*) sous lequel la propriété marquée par l'adjectif est inhérente à l'entité qualifiée : c'est à peu près l'équivalent de l'"accusatif de relation du grec classique" » (1992a : 62). De même, pour Ryding, ces constructions sont « generally used to express qualities of "inalienable possession" that is, qualities that are "naturally attributable" to their owners » (2005 : 221-222).

Les constructions inversées expriment et marquent la possession inaliénable. Dans le syntagme *al-bintu al-žamīlatu* 'la belle fille', la qualité « belle » qualifie la fille dans son entité alors que dans *al-bintu al-žamīlatu al-važhi* 'la fille belle de visage', cette même qualité se limite à une partie inaliénable du qualifié, son visage.

Les constructions inversées de l'arabe sont, nous semble-t-il, comparables au « type converse » du français que Frei analyse dans son article « Sylvie est jolie des yeux » publié en 1939 dans les *Mélanges de linguistique offerts à Charles Bally* :

> Si je dis que Sylvie a de jolis yeux, cette phrase suppose logiquement au moins deux jugements : 1. un jugement de relation entre deux substances ou sujets logiques : Sylvie a des yeux ; 2. un jugement d'inhérence entre une substance et sa qualité : ces yeux sont jolis […]. Dans ces exemples, l'expression, quoique condensée est directe, car le prédicat est bien appliqué à celui des deux sujets auquel il convient en vertu de la logique. Mais il arrive aussi que, par une sorte de court-circuit ou de chassé-croisé, le prédicat se rapporte au premier sujet : *Sylvie est jolie…*, le second spécifiant, dès lors, à quelle parte du premier ce prédicat s'applique : *… jolie des yeux.* (Frei 1939 : 185)

Frei oppose ainsi les expressions directes aux expressions converses[19] : *Pierre a une grande taille* vs *Pierre est grand de taille* ; *Marie a les cheveux noirs* vs *Marie est noire de cheveux* ; *Marie a la peau brune* vs *Marie est brune de peau*, etc.

En arabe la construction inversée (ex. 60) s'oppose à la construction donnée en (59) :

(59) Leyla   važh-u-ha   žamīl-un
     Leyla   visage-nom-elle   beau-nom
     Litt. : Leyla, son visage est beau
     'Leyla a un beau visage.'

---

[19] « L'expression converse, ainsi définie, doit être distinguée soigneusement de deux autres espèces qui lui ressemblent extérieurement : le type passif et le type transitif » (Frei 1939 : 186) : *brune de peau* (type converse), mais *brune de soleil* (type passif) ; (*une salle*) *pleine de visages* (type transitif), mais (*une femme*) *pleine de visages* (type converse).

(59) est une phrase nominale (ou thématique) à double thème. Le premier thème (*mubtada'*) est *Leyla* auquel est appliqué le propos ou prédicat (*ḫabar*) *wažh-u-ha žamīl-un*. Ce propos est lui-même constitué d'un deuxième thème ; *wažh-ha* 'son visage' auquel est appliqué le prédicat *žamīl* 'beau'. Une relation exprimant la possession s'établit avec chacun des deux thèmes : *Leyla a un visage...* ; *le visage (de Leyla) est beau* (possède la qualité de...). La construction inversée correspondant à cette construction « directe » est :

(60) *Leyla   žamīlat-u   al-wažh-i*
    Leyla   belle-nom   le-visage-gén
    'Leyla est belle de visage/quant au visage.'

avec pour thème *Leyla*, auquel est appliqué le prédicat *žamīlat-u al-wažh-i*. Le prédicat *žamīla* se rapporte au premier thème : *Leyla est belle...* ; le deuxième thème (*visage*) restreint alors la portée du prédicat *beau*. Soulignons que le prédicat adjectival *beau* est syntaxiquement qualifié, via le génitif, par un complément nominal déterminé. Dans ce type de structure, le marqueur de qualification est également le défini.

Par ailleurs, les constructions inversées en (11), (12) et (57) ci-dessus peuvent correspondre aux constructions relativisées (« directes ») suivantes :

(61) *ra'ay-tu   al-bint-a   allati   wažh-u-ha   žamīl-un*
    voir-je.acc la-fille-accu rel   visage-nom-elle beau-nom
    'J'ai vu la fille dont le visage est beau.'

(62) *šef-t   el-bent   lli   wažeh-ha   zin*
    voir-je.acc la-fille rel visage-elle beau
    'J'ai vu la fille dont le visage est beau.'

La phrase relative en (61) est également une phrase thématique à double thème : *la fille* (premier thème), *son visage* (deuxième thème) *est beau* (prédicat). Dans la construction inversée en (11), le prédicat *beau* est appliqué au premier sujet (*la fille est belle...*) et le second thème précise à quelle partie (inhérente au premier thème) le prédicat est appliqué (... *belle de visage*).

Le défini sur l'adjectif en (11), et l'accusatif défini au lieu de l'accusatif indéfini sur le nom lié en (57) ne relèvent donc pas des règles de l'état d'annexion mais marquent l'opération de qualification qui lie le qualificatif (l'adjectif *žamīl*) au qualifié (le nom *bent/bint* 'fille').

6 Conclusion

La classe des adjectifs en arabe, standard et marocain, est syntaxiquement proche à la fois de la classe des noms et de la classe des verbes. L'adjectif se différencie formellement du nom en ce qu'il n'a pas de genre intrinsèque et prend celui du nom dont il dépend, que ce nom soit exprimé ou nom dans le contexte. Par ailleurs, l'adjectif permet, comme le verbe, de construire des phrases syntaxiquement autonomes.

Du point de vue fonctionnel, l'adjectif arabe est une ṣifā ou 'qualificatif', c'est-à-dire une unité qui prédique d'un nominal une qualité, une propriété. Cette fonction « qualificative » ou « adjective » n'est toutefois pas propre au seul adjectif ; elle peut être endossée, selon les contextes, par des participes, actifs ou passifs, ou encore par des constructions telles que ce que la TGA nomme ṣilā ('relative') et iḍāfa 'état d'annexion'. L'examen de ces constructions nous a permis d'identifier le rôle du défini dans le marquage de la fonction qualificative ou adjective.

Bibliographie

Al-Ǧurǧānī ʿAbd al-Qāhir, 1983, *Dalāʾil al-Iʿǧāz*, M.R. Dāyeh & F. Dāyeh (ed.), Damas, Dār Qutayba.
Benveniste Émile, 1966, *Problèmes de linguistique générale*, vol. 1, Paris, Gallimard.
Bohas Georges, Guillaume Jean-Patrick, Kouloughli Djamel-Eddine, 2017 [1990], *The Arabic linguistic tradition*, London, Routledge.
Brockelmann Carl, 1910, *Précis de linguistique sémitique*, traduit de l'allemand par W. Marçais & M. Cohen, Paris, P. Geuthner.
Cohen David, 1986, *La phrase nominale et l'évolution du système verbal en sémitique. Études de syntaxe historique*, Paris, Peeters.
Creissels Denis, 2006, *Syntaxe générale : une introduction typologique*, Paris, Hermès-Lavoisier.
Fassi Fehri Abdelkader, 1976, « Relatives et adjectifs en arabe : le problème de la détermination », *Lingua*, 38/2 : 125–152.
Frei Henri, 1939, « Sylvie est jolie des yeux », *Mélanges de linguistique offerts à Charles Bally*, Genève, Librairie de l'Université : 185–192.
Guillaume Jean-Patrick, 1986, « Sibawayhi et l'énonciation : une proposition de lecture », *Histoire Épistémologie Langage*, 8/2 : 53–62.
Guillaume Jean-Patrick, 1992a, « Le statut de l'adjectif dans la tradition grammaticale arabe », *Histoire Épistémologie Langage*, 14/1 : 59–74.
Guillaume Jean-Patrick, 1992b, « Dossier 2. Quelques aspects sémantiques de la qualification dans la tradition linguistique arabe », *Histoire Épistémologie Langage*, 6/1 : 7–11.
Holes Clive, 2004, *Modern Arabic : structures, functions, and varieties*, Georgetown, Georgetown University Press.

Ibn Yaʿīš (m. 643/1245), *Šarḥ al-Mufaṣṣal al-Zamaḥšarī*, 10 vol., Le Caire, dār al-tibāʿa l-munīriyya (s.d.).

Kouloughli Djamel-Eddine, 1994, *Grammaire de l'arabe d'aujourd'hui*, Paris, Pocket.

Lemaréchal Alain, 1992, « Le problème de la définition d'une classe d'adjectifs ; verbes-adjectifs ; langues sans adjectifs », *Histoire Épistémologie Langage*, 14/1 : 223–243.

Rastier François, 1994, « L'activité sémantique dans la phrase », *L'Information grammaticale*, 63 : 3–11.

Ryding Karin, 2005, *A Reference Grammar of Modern Standard Arabic*, Cambridge, Cambridge University Press.

Adriana Orlandi et Michele Prandi
Conclusion

Questionnement sur l'universalité de la catégorie adjectivale : l'adjectivité, un faux problème ?

Si l'instabilité typologique de l'adjectif se manifeste tout d'abord à travers l'existence de langues ayant une classe restreinte d'adjectifs, une autre manifestation de cette instabilité est l'existence de langues « sans » adjectifs, ce qui soulève le problème de l'universalité de cette catégorie.

Le débat sur l'universalité de la catégorie adjectivale se nourrit du débat sur la possibilité d'identifier « un ensemble de critères partagés et vérifiés de manière indépendante pour l'organisation taxonomique des classes de mots à travers les langues » (Post 2008 : 377). Selon Haspelmath (2007 : 6), « aucun critère nécessaire et suffisant universellement applicable ne peut être donné pour définir des catégories a priori ». C'est pourquoi se demander si une langue a ou n'a pas une catégorie d'adjectifs est simplement « une question erronée » (Haspelmath 2012), car cela présuppose que l'adjectif est une catégorie interlinguistique, alors que selon lui « les catégories interlinguistiques n'existent pas » (*ibid.*). Selon Dixon (2010 : 104), « les classes de mots devraient être distinguées sur la base de critères grammaticaux internes à la langue ». Sa conclusion se situe à l'opposé de celle de Haspelmath (2007, 2012), puisqu'il revendique avec force l'universalité des parties du discours, y compris celle de l'adjectif. Pour Haspelmath (2012 : 123), le seul moyen de mener une étude comparative au sujet des classes lexicales est de s'en tenir à une définition sémantique : « ainsi pouvons-nous limiter notre recherche typologique aux racines, et plus particulièrement à la manière dont les langues expriment les trois grands groupes de racines (racines d'objets, racines de propriétés, racines d'actions) ». Au contraire, pour Dixon (2010 : 59), « la signification d'un lexème ne peut pas être utilisée comme critère pour établir la classe de mots à laquelle il doit appartenir. Cependant, une fois les classes établies, leur contenu sémantique doit être étudié ».

D'une manière générale, l'approche qui semble s'être imposée aujourd'hui (chaque typologue finissant par choisir ses propres critères) est la tendance universaliste selon laquelle « une classe d'adjectifs peut (et devrait) être reconnue

---

Adriana Orlandi, Université de Modena – Reggio Emilia
Michele Prandi, Université de Gênes

pour chaque langue, distincte des classes des noms et des verbes » (Dixon 2010 : 62), mais cette approche est loin de faire l'objet d'un consensus général[1]. Pour les typologues, affirmer que toutes les langues ont une classe d'adjectifs revient le plus souvent à admettre que les voix adjectivales ont des traits en commun avec les noms et/ou les verbes, voire qu'elles constituent une sous-classe des noms et/ou des verbes, mais que cette (sous-)classe est une catégorie distincte. Le problème est alors de savoir si les propriétés distinctives des voix adjectivales représentent des différences de genre (auquel cas l'adjectif est une partie du discours à part entière) ou de degré (auquel cas l'adjectif reste une sous-classe distincte des noms et/ou des verbes).

Malgré la diversité des approches adoptées, il est possible de déterminer un certain nombre de points concernant le comportement interlinguistique des voix adjectivales. Le premier point est que « dans la mesure où les lexèmes adjectivaux ont des propriétés syntaxiques distinctives non partagées par les noms ou les verbes, c'est dans les constructions attributives et non dans les constructions prédicatives que cela se vérifie » (Wetzer 1996 : 70). Il est donc généralement admis que la position épithète confère aux voix adjectivales un maximum de traits distinctifs. Citons également Hengeveld (1992 : 47) : « pour savoir si un prédicat est un adjectif, il faut étudier son emploi attributif [épithète] ».

Le deuxième point concerne la position attribut et consiste à admettre que la position attribut est celle dans laquelle les voix adjectivales manifestent le plus de ressemblances avec la catégorie nominale et/ou la catégorie verbale : « le caractère nominal ou verbal des voix adjectivales semble se manifester le plus clairement dans les constructions prédicatives » (Wetzer 1996 : 70). Autrement dit, « les adjectifs n'ont pas une stratégie de codage prédicative qui leur soit propre. Dans la majorité des langues, les adjectifs sont codés comme des verbes ou comme des noms » (Verkerk & Lestrade 2008 : 157).

Le troisième aspect est que si les voix adjectivales manifestent des stratégies verbales en position épithète (par ex. la construction relative), elles auront également tendance à adopter une stratégie verbale en position attribut, alors que le contraire ne se vérifie pas : les voix adjectivales qui manifestent des propriétés verbales en position attribut ne seront pas forcément « verby » en position épithète, ce que Verkerk & Lestrade (2008 : 168) précisent en disant que « les langues à stratégie verbale peuvent devenir des langues à stratégie nominale dans les contextes attributifs [en position épithète] ».

---

[1] N'oublions pas que Dixon lui-même était d'un avis différent lorsqu'il écrivait que « toutes les langues n'ont pas la classe de mots principale Adjectif. Soit elles n'ont pas de classe d'adjectifs du tout, soit elles ont une petite classe mineure non productive qui peut être nommée Adjectif » (1977 : 20).

Une dernière tendance concerne les « nouny languages », c'est-à-dire les langues où les voix adjectivales adoptent une stratégie nominale en position attribut (par ex. la copule). Il n'arrive jamais que dans une langue de ce type les voix adjectivales exhibent des propriétés verbales en position épithète : « S'il y a un changement dans la stratégie de codage des adjectifs entre la construction attributive et la construction prédicative, les langues avec une stratégie verbale dans la construction prédicative passeront toujours à une stratégie nominale dans la construction attributive, et non le contraire » (Verkerk & Lestrade 2008 : 167).

Les voix adjectivales peuvent en somme se conduire : comme les noms, à la fois en position épithète et attribut (c'est le cas pour les langues romanes, mais aussi pour l'arabe et le finlandais, pour ne citer que quelques-unes des langues étudiées dans ce volume) ; comme les verbes, à la fois en position épithète et attribut (c'est le cas pour le vietnamien) ; comme les noms en position épithète uniquement et comme les verbes en position attribut uniquement (c'est le cas pour une sous-classe d'adjectifs du chinois qui ne se différencient pas des verbes en position attribut alors qu'ils peuvent apparaître en position épithète sans la marque de relativisation *de*, à l'instar des noms). Il existe également des cas où deux classes d'adjectifs au comportement différent sont présentes : le japonais par exemple a une classe d'adjectifs fléchis qui se conduisent comme les verbes dans les deux positions syntaxiques, et une classe d'adjectifs non fléchis qui se conduisent comme les noms. Dans tous les cas, l'adjectif manque de stabilité, et ce même dans les langues où il constitue une catégorie bien distincte. C'est pourquoi Wetzer (1996 : 3) observe que « même s'il existe des arguments grammaticaux pour identifier une classe distincte d'adjectifs dans une langue donnée, cette classe n'aura quasiment jamais un statut indépendant comparable à celui des classes de mots majeures comme le nom et le verbe ». En italien, où l'adjectif est une catégorie aux contours stables, cette classe présente davantage de ressemblances avec la catégorie nominale qu'avec la catégorie verbale, et même en anglais où selon Dixon (2010 : 64) « les adjectifs ont des propriétés grammaticales différentes de celles des noms et des verbes », les adjectifs partagent des traits avec la catégorie nominale, ne fût-ce que parce qu'ils ont besoin d'une copule pour apparaître en position attribut.

Comment expliquer les causes de cette instabilité typologique de l'adjectif ? Peu d'hypothèses ont été formulées à ce propos. D'après Wetzer (1996 : 55–56), « une réponse pleinement satisfaisante à la question explicative en cause doit attendre une étude plus approfondie sur la nature de la catégorisation lexicale ». Les quelques linguistes qui ont essayé de proposer une explication se sont penchés essentiellement sur des observations de nature sémantique (Givón 2001 ; Croft 2001, Langacker 2008) ou pragmatique (Croft 2001 ; Thompson 1988). L'hypothèse que nous défendons ici est que le manque de stabilité de la catégorie est dû au clivage entre forme et fonction attesté par ses deux positions syntaxiques. On a vu qu'en italien (voir chapitre 12) le comportement de l'adjectif en position épithète permet de définir les contours de la catégorie. S'il est donc possible d'isoler une catégorie d'adjectifs en italien, c'est grâce à la position épithète et non à la position attribut qui, elle, ne sélectionne qu'une sous-classe d'adjectifs (les qualificatifs). La position attribut, quant à elle, garantit et exalte la fonction prototypique des adjectifs, qui est celle de qualifier : toutes les phrases copulatives adjectivales sont en effet des phrases « ascriptives ». Si le propre de l'adjectif est de qualifier un substantif, la structure qui permet de garantir cette fonction est la position attribut. On a donc affirmé que la position épithète est sur le plan structural ce que la position attribut est sur le plan fonctionnel : la première est fondamentale pour définir la forme de la catégorie, la deuxième pour garantir sa fonction élective. Mais nous devons également souligner avec une grande énergie que la même position qui souligne la fonction élective de l'adjectif est aussi la moins appropriée à définir la classe lexicale – celle où l'adjectif se différencie moins nettement du nom et du verbe.

Cette situation de clivage n'est pas caractéristique de la langue italienne, puisqu'elle est largement partagée par l'ensemble des langues. On a vu en effet que la position épithète est celle qui fournit le plus de traits distinctifs aux voix adjectivales, contribuant ainsi à la délimitation de la catégorie. Comme le souligne Hengeveld (1992 : 59), « même si l'emploi attributif [épithète] n'est pas l'emploi prototypique, il s'agit néanmoins de l'emploi qui les différencie des prédicats des autres classes ». Quant à la position attribut, Hengeveld (1992 : 47) souligne que « l'emploi prédicatif d'un prédicat ne peut jamais être considéré comme décisif pour son inclusion dans une certaine classe ». La structure prédicative est en revanche la structure qui se charge du codage de la relation qualificative.

Dans une langue comme l'italien ou le français, la structure prédicative coïncide avec la phrase copulative adjectivale. Il existe néanmoins d'autres structures prédicatives vouées à la qualification. Dans certaines langues, par exemple, la phrase copulative adjectivale rivalise et est parfois même remplacée par la construction dite « possessive », qui est en fait une construction à verbe support où le pivot prédicatif est un nom de qualité actualisé (du moins dans la forme la plus typique de construction possessive) par le verbe support *avoir* (cf. Francez & Koontz-Garboden 2015). En italien, par exemple, *essere coraggioso* ('être courageux') rivalise avec l'expression *avere coraggio* ('avoir du courage'). Nous avons vu que la construction dite « possessive » est également présente dans le dialecte de Premana[2]. Dans les langues « verby », en revanche, où les voix adjectivales ressemblent davantage aux verbes en position attribut,

---

2 Cf. le chapitre d'Orlandi & Prandi dans le présent volume (chapitre 12).

la structure prédicative coïncide, de manière assez intuitive, avec la phrase à prédicat verbal ayant pour pivot prédicatif soit un adjectif verbal, soit un verbe de qualité. Toutes ces structures se caractérisent, du moins dans les langues accusatives, par la présence d'un régime de codage relationnel, et c'est grâce à ce régime de codage qu'elles sont de vraies constructions, c'est-à-dire des structures qui se chargent du codage de la relation de qualification.

D'un point de vue typologique, cela a des conséquences incommensurables, puisque cela signifie que la fonction de qualification est assurée non pas par une classe lexicale mais par une structure syntaxique. Comme le dit Prandi (2004 : 144), « le cadre formel rigide de la structure de la phrase s'avère plus pertinent pour l'attribution des qualités que la disponibilité d'une classe spécialisée d'adjectifs ». La fonction de qualification n'est donc pas nécessairement liée à la présence d'une catégorie adjectivale. Que ce soit sous la forme d'un adjectif, d'un nom ou d'un verbe, la qualification est assurée dans la mesure où la langue dispose d'une structure syntaxique capable de coder cette relation, structure qui coïncide d'après nous avec la structure prédicative. Par conséquent, dans les études typologiques, il faudrait sans doute séparer la question de l'*adjectif* comme classe lexicale spécifique de la question concernant la *qualification*, les deux problèmes étant liés à deux structures syntaxiques différentes : au SN est confiée la possibilité de distinguer une classe d'adjectifs, à la structure prédicative l'attribution des qualités. La non-universalité de la catégorie adjectivale ne va pas en principe entamer la possibilité de « qualifier », dans la mesure où quasiment toutes les langues possèdent une structure prédicative vouée à cette tâche.

Bibliographie

Croft William, 2001, *Radical construction grammar : Syntactic theory in typological perspective*, Oxford, O.U.P.
Dixon Robert M. W., 1977, « Where have all the Adjectives gone ? », *Studies in Language*, 1/1 : 19–80.
Dixon Robert M. W., 2010, *Basic Linguistic Theory. Grammatical Topics*, vol. 2, Oxford, O.U.P.
Francez Itamar, Koontz-Garboden Andrew, 2015, « Semantic variation and the grammar of property concepts », *Language*, 91/3 : 533–563.
Givón Talmy, 2001, *Syntax : An Introduction*, vol. 1, Amsterdam, John Benjamins.
Haspelmath Martin, 2007, « Pre-established categories don't exist – consequences for language description and typology », *Linguistic Typology*, 11 : 119–132.
Haspelmath Martin, 2012, « How to compare major word-classes across the world's languages », *UCLA Working Papers in Linguistics, Theories of Everything*, 17 : 109–130.
Hengeveld Kees, 1992, *Non-verbal predication : theory, typology, diachrony*, Berlin, Mouton de Gruyter.
Langacker Ronald W., 2008, *Cognitive grammar : A basic introduction*, Oxford, O.U.P.

Post Mark, 2008, « Adjectives in Thai : implications for a functionalist typology of word classes », *Linguistic Typology*, 12 : 339–381.

Prandi Michele, 2004, *The Building Blocks of Meaning*, Amsterdam/Philadelphia, John Benjamins.

Thompson Sandra, 1988, « A discourse approach to the cross-linguistics category "adjective" », *in* J. A. Hawkins (ed.), *Explaining language universals*, Oxford, Blackwell : 167–185.

Verkerk Annemarie, Lestrade Sander, 2008, « The encoding of adjectives », *Linguistics in the Netherlands*, 25 : 157–168.

Wetzer Harrie, 1996, *The typology of adjectival predication*, Berlin, Mouton de Gruyter.

Table des matières

Introduction —— 1
1 Introduction —— 1
2 L'adjectivité comme observatoire des frontières syntaxiques —— 2
3 L'adjectivité comme opération linguistique —— 5
4 Problématique terminologique —— 6
5 *Adjectivation* et *adjectivité* —— 17
5.1 Peut-il y avoir *adjectivité* sans *adjectivation* ? —— 18
5.2 Peut-il y avoir *adjectivation* sans *adjectivité* ? —— 18
6 Conclusion —— 19
 Bibliographie —— 20

Partie 1 : **Regards sur le français**

Chapitre 1 Adjectif, adjectivité et adjectivite —— 27
1 Introduction —— 27
2 À la recherche d'une définition —— 27
3 Les classes grammaticales —— 29
4 Le syntagme —— 32
5 La phrase —— 37
 Bibliographie —— 38

Chapitre 2 Quels critères d'adjectivité pour... l'adjectif *en français* ? —— 40
1 Introduction —— 40
2 Le prototype adjectival —— 41
2.1 Le prototype abstrait —— 41
2.2 Le prototype sémantique —— 47
3 Une classe fragmentée ? —— 49
4 L'hypothèse unitaire et *l'adjectivité de l'adjectif* —— 52
4.1 La gradation —— 52
4.2 La fonction épithète, et plus particulièrement la place de l'adjectif —— 54
4.3 La prédicativité de l'adjectif —— 56
5 Une conclusion provisoire —— 57
 Bibliographie —— 58

Chapitre 3 Peut-on présumer de la capacité d'un nom à s'adjectiver ? —— 61
1 Introduction —— **61**
2 Les principaux types de N épithètes —— **61**
2.1 Des noms épithètes métaphoriques —— **62**
2.2 Les autres cas —— **66**
3 Peut-on évaluer la capacité d'un N à s'adjectiver ? —— **69**
Bibliographie —— **75**

Chapitre 4 Les syntagmes prépositionnels en *de* assimilables aux adjectifs —— 77
1 Introduction —— **77**
1.1 Un phénomène aux racines profondes —— **78**
1.2 Pour cerner le corpus —— **79**
1.2.1 Les syntagmes lexicalisés —— **80**
1.2.2 Les emplois en composition libre —— **82**
2 Les syntagmes prépositionnels en *de* sont-ils « assimilables » aux adjectifs ? —— **84**
2.1 Les propriétés nécessaires —— **84**
2.2 Les critères de l'adjectivité des syntagmes *de N* —— **85**
2.3 Critères de l'adjectivité des segments prépositionnels en *de* —— **87**
2.3.1 La commutation avec un adjectif —— **87**
2.3.2 La coordination du syntagme prépositionnel avec un adjectif —— **87**
2.3.3 Le fonctionnement exclusivement épithétique —— **88**
3 Pour une systématisation des données —— **88**
3.1 Les syntagmes N1 *de Adj. N2* : *de bonne humeur* —— **88**
3.2 Les syntagmes lexicalisés et métaphoriques N1 *de N2* : *des vacances de rêve* —— **89**
3.3 Les syntagmes libres métaphoriques N1 *de N2* : *un cœur/des regards de glace* —— **89**
3.4 Les syntagmes libres N1 *de N2* à sens littéral : *homme/femme/geste de paix et d'ouverture* —— **89**
4 Conclusion —— **89**
Bibliographie —— **90**

Chapitre 5 Détachement et adjectivité —— 91
1 Introduction —— **91**
2 La problématique actancielle du détachement —— **91**

2.1	Une zone de l'énoncé disjointe de la structure argumentale : le rôle du point d'ancrage —— **91**	
2.2	Détachements par redoublement actanciel —— **92**	
2.2.1	Sur les notions d'actant, d'argument et d'instanciation —— **93**	
2.2.2	Constructions vocatives et constructions disloquées instanciées —— **94**	
2.3	Détachements par caractérisation actancielle : l'apposition —— **97**	
2.3.1	Incidence et prédication seconde —— **97**	
2.3.2	La sphère actancielle —— **99**	
2.4	Détachements par expansion de relation prédicative —— **101**	
2.4.1	Constructions vocatives et constructions disloquées non instanciées —— **101**	
2.4.2	Autres constructions, associées au système appositif —— **102**	
3	Adjectivité et système appositif. Sémantique des caractérisants détachés : de la place à la position informationnelle —— **103**	
3.1	Sur le contrôle référentiel du terme descripteur détaché du système appositif : retour sur le critère de la coréférence —— **104**	
3.1.1	Le cas des syntagmes binominaux N_1 (*de*) N_2 —— **104**	
3.1.2	Constructions détachées —— **107**	
3.2	Format syntaxique du terme descripteur détaché : position du problème —— **110**	
3.2.1	Sur le rang de prédicat second —— **110**	
3.2.2	Sur le rang de clause —— **112**	
3.2.3	Quelle connexité pour les constituants du système appositif ? —— **112**	
3.3	Fonction de la place des segments détachés dans l'énoncé —— **113**	
3.3.1	Les constructions à « incidence » relationnelle —— **113**	
3.3.2	Les constructions sans instanciation du référenciateur dans la phrase graphique —— **114**	
3.3.3	Les constructions obliques —— **115**	
3.3.4	Les constructions standard —— **117**	
3.3.5	Appariement des appositifs et normativité grammaticale —— **119**	
4	Conclusion —— **122**	
	Bibliographie —— **122**	

Partie 2 : **Adjectivité et diversité linguistique**

Chapitre 6 L'adjectivité dans deux antipodes typologiques, en termes de concentricité/exocentricité —— 129
1	Problématisation —— 129	
1.1	Objectifs —— 129	
1.2	Approche —— 130	
1.3	Le paramètre Conctr/Exoctr —— 133	
1.3.1	Une langue concentrique : le mazatec —— 133	
1.3.2	Une langue exocentrique : le finnois —— 136	
2	Modèles et modélisations —— 138	
2.1	Taxinomies : classes ouvertes. Noyau, transition et périphérie catégorielle —— 138	
2.2	Modèles et modélisations des procédés de transposition adjectivale —— 143	
2.3	Grappes affixales, grille sémantique : l'inévitable décalage —— 150	
3	Condensation morphosyntaxique —— 153	
4	Conclusion et perspectives —— 164	
	Principales abréviations —— 166	
	Bibliographie —— 167	

Chapitre 7 Adjectifs en mandarin : verbe ou adjectif ? —— 170
1	Introduction —— 170	
2	Perspective typologique —— 172	
3	Des adjectifs-verbes en mandarin contemporain —— 174	
3.1	La fonction d'adjectif ou de verbe est indiquée par le changement de ton —— 175	
3.2	L'adjectif et le verbe portent le même ton —— 177	
4	Verbes intransitifs/adjectifs en chinois archaïque —— 178	
5	Un adjectif peut être dérivé d'un verbe —— 181	
6	Synthèse —— 183	
	Bibliographie —— 184	

Chapitre 8 Adjectivation et adjectivité en japonais —— 187
1	Introduction —— 187	
2	Adjectifs en japonais —— 187	
2.1	Catégorie des adjectifs et propriétés morphologiques —— 187	

2.2	Fonctions syntaxiques des adjectifs —— **187**
2.3	Caractéristiques des adjectifs japonais —— **190**
3	Procédés morphologiques d'adjectivation —— **191**
3.1	Suffixes adjectivants —— **191**
3.2	Acquisition des propriétés des adjectifs —— **192**
3.3	Préfixes adjectivants —— **195**
4	Procédés syntaxiques d'adjectivation —— **196**
4.1	Niveaux d'adjectivation et d'adjectivité —— **196**
4.2	Différentes constructions avec la particule *no* —— **196**
5	Classe de l'adnom —— **198**
6	Frontière floue entre noms et adjectifs en *-na* : distorsions ou conversions catégorielles ? —— **199**
6.1	Propriétés distinctives —— **201**
6.2	Frontière floue —— **202**
6.3	Catégorisation proposée par Muraki —— **203**
7	Apport sémantique de l'adjectivation morphologique —— **205**
7.1	Procédé morphologique non conventionnel —— **205**
7.2	Évolution du suffixe dérivationnel *-teki* —— **206**
7.3	Révision de la notion d'adjectivité en japonais —— **207**
8	Nature qualificative de l'adjectif japonais —— **208**
8.1	Formation des éléments adnominaux relationnels et qualificatifs —— **208**
8.2	Adjectifs sans emploi adnominal —— **209**
9	Conclusion —— **211**
	Bibliographie —— **212**

Chapitre 9 La mise en saillance et les réduplications adjectivales en russe —— 213

1	Introduction —— **213**
2	L'adjectivité à travers la variation des formes adjectivales russes —— **213**
3	La réduplication « simple » —— **215**
3.1	Types d'adjectifs intégrant les réduplications simples —— **215**
3.2	Position syntaxique de l'adjectif rédupliqué —— **216**
3.3	Variation sémantique des schémas réduplicatifs —— **219**
3.3.1	Réduplication simple avec virgule Y_1, Y_2 —— **220**
3.3.2	Réduplication simple avec tiret Y_1-Y_2 —— **222**
4	La réduplication complexe avec Y_2 préfixé —— **225**

4.1	Y_1–$preY_2$ —— **227**
4.2	Y_1–$razY_2$ —— **228**
5	Conclusion —— **232**
	Bibliographie —— **232**

Chapitre 10 Y a-t-il des structures morphologiques spécifiquement adjectivales en hébreu ? —— **234**

1	Introduction —— **234**
2	Caractéristiques syntaxiques —— **235**
3	Structures formelles des adjectifs en hébreu —— **239**
3.1	Adjectifs ou verbes ? —— **241**
3.2	Adjectifs ou substantifs ? —— **243**
3.3	Émergence d'un schème adjectival —— **245**
3.4	Une catégorie morphologique « adjectifs » —— **246**
4	Conclusion —— **251**
	Bibliographie —— **252**

Chapitre 11 Les noms composés de type nom + nom à accent tardif en anglais : un cas d'adjectivité —— **254**

1	Introduction —— **254**
2	Points de convergence entre le premier nom des composés à accent tardif et l'adjectif —— **256**
2.1	Des significations proches des adjectifs —— **256**
2.2	Les noms composés à deux accents apparaissent dans des contextes de description —— **256**
2.3	Possibilité d'emploi en fonction autre qu'épithète antéposée —— **257**
2.4	Possibilité d'avoir un adjectif sur le même plan que le premier nom —— **258**
2.5	Possibilité pour le premier nom d'être précédé par un adverbe —— **259**
2.6	Gradabilité du premier nom —— **259**
3	Le premier nom et la synthèse —— **260**
3.1	Le premier nom apparaît dans le co-texte avant —— **260**
3.2	Une préconstruction implicite —— **263**
3.3	La définition, un discours par défaut —— **265**
4	Conclusion : le nom modifieur, un cas d'adjectivité —— **266**
4.1	Le nom complexe, l'adjectif unidimensionnel —— **267**
4.2	Le nom réfère, l'adjectif modifie —— **268**
	Bibliographie —— **268**

Chapitre 12 L'adjectif, une catégorie partagée : le cas de l'italien —— 270
1   Introduction —— 270
2   Forme et fonction des noms et des verbes en italien —— 271
3   Forme et fonction des adjectifs en italien —— 272
3.1   L'adjectif attribut —— 272
3.2   L'adjectif épithète —— 275
3.2.1   Adjectifs qualificatifs —— 275
3.2.2   Adjectifs (et emplois) non qualificatifs —— 278
4   Critères d'adjectivité —— 281
5   Adjectivité et régime de codage —— 284
6   Adjectivité et instabilité typologique —— 287
            Bibliographie —— 290

Partie 3 : **Approches comparées avec le français**

Chapitre 13 L'adjectivité en anglais et en français —— 295
1   Introduction —— 295
2   L'adjectivité en anglais —— 300
2.1   Le substantif épithète en anglais —— 300
2.2   L'ambivalence participe/adjectif en anglais —— 308
2.2.1   Le participe présent en anglais : V-ing —— 309
2.2.2   Le participe passé en anglais : V-en —— 313
2.2.2.1   L'intensification, a-t-elle une valeur distinctive ? —— 319
2.2.2.2   La complémentation de type agentif —— 319
2.2.2.3   L'interprétation stative, une question de degré —— 322
3   Comparaison avec l'adjectivité en français —— 324
3.1   Les substantifs épithètes —— 324
3.2   Les participes présents —— 326
3.3   Les participes passés —— 327
4   Conclusion —— 329
            Bibliographie —— 331

Chapitre 14 L'adjectivité face à la perméabilité catégorielle. Examen contrastif du néerlandais et du français —— 333
1   Introduction —— 333
2   La catégorie de l'adjectif et son identité par rapport aux autres catégories —— 334
2.1   L'adjectif : portrait contrastif —— 334

2.1.1	Propriétés morphologiques et morphosyntaxiques —— **334**	
2.1.2	Propriétés syntaxiques —— **337**	
2.2	L'adjectif face aux autres classes de mots —— **338**	
3	Le spectre de l'adjectivité (intercatégorielle) —— **340**	
3.1	Syntaxe : la portée du phénomène de la distorsion catégorielle/coercition —— **340**	
3.2	Lexique : conversion et dérivation affixale —— **342**	
3.2.1	Le poids global de la bicatégorialité dans le lexique : examen lexicographique —— **342**	
3.2.2	Le champ d'application de la conversion —— **345**	
3.2.3	Le poids des suffixes bicatégoriels —— **348**	
3.2.4	Stratégies compensatoires du néerlandais —— **349**	
4	Mise en perspective typologique —— **351**	
	Bibliographie —— **353**	

Chapitre 15 L'adjectivité en allemand et en français – étude comparative —— 356

1	Comment se pose le problème de l'adjectivité en allemand ? —— **356**
2	L'adjectivité : comparaison allemand-français —— **358**
2.1	La fonction épithète —— **359**
2.1.1	*Culte* vs. *Kult* et *tendance* vs. *Trend* —— **360**
2.1.2	*Record* vs. *Rekord* et *clé* vs. *Schlüssel* —— **362**
2.2	La fonction attribut —— **364**
2.2.1	Noms nus attributs désignant des objets —— **367**
2.3	Les constructions appositives —— **367**
3	Conclusion —— **374**
	Bibliographie —— **375**

Chapitre 16 Adjectivité : statut et description grammaticale de l'adjectif dans la tradition scandinave, notamment suédoise —— 377

1	Introduction —— **377**
2	Adjectif et adjectivité en grammaire française —— **377**
3	Adjectif et adjectivité en grammaire suédoise —— **378**
3.1	Le syntagme adjectival —— **380**
3.2	L'accord —— **381**
3.3	La gradation —— **385**
3.4	Syntaxe valencielle —— **386**
3.5	Les fonctions syntaxiques du syntagme adjectival —— **387**

3.6	La place de l'adjectif épithète (*attribut*) en suédois —— **388**	
4	Conclusion : propriétés fondatrices ou descriptives ? —— **390**	
	Bibliographie —— **391**	

Chapitre 17 L'adjectivité et le temps. Les propriétés permanentes et situationnelles des adjectifs finnois —— 392

1	Introduction —— **392**
2	Centre et périphérie de la catégorie adjectivale en finnois —— **394**
2.1	Classements d'adjectifs —— **394**
2.2	Catégories d'adjectifs en finnois —— **395**
2.3	Trois exemples d'adjectifs situationnels —— **397**
2.3.1	Proadjectifs —— **397**
2.3.2	Adjectifs temporels et locatifs —— **398**
2.3.3	Les adjectifs exprimant la projection d'une propriété du repère —— **399**
3	Le participe en *TAVA* comme l'expression de propriétés permanentes et situationnelles —— **401**
3.1	La propriété permanente et la valeur modale —— **402**
3.2	La propriété temporaire situationnelle —— **405**
4	Conclusion —— **407**
	Bibliographie —— **409**

Chapitre 18 Détermination et adjectivité du nom attribut en espagnol et en français. Éléments de comparaison —— 411

1	Introduction —— **411**
2	Adjectivité et gradualité —— **415**
3	Adjectivité et image grammaticale —— **418**
4	Conclusion —— **420**
	Bibliographie —— **421**

Chapitre 19 Adjectivité entre lexique, syntaxe et discours : le cas de la recatégorisation N → V$_Q$ en vietnamien —— 422

1	Introduction —— **422**
2	Verbe de qualité, adjectif, adjectivité et transcatégorialité —— **424**
2.1	Adjectif *versus* Verbe de qualité et degré d'adjectivité —— **424**
2.2	Transcatégorialité et polyfonctionnalité —— **427**
3	Syntaxe et sémantique des verbes de qualité et des noms —— **430**

3.1	Principales caractéristiques sémantico-syntaxiques des verbes de qualité —— **430**	
3.2	Caractéristiques sémantico-syntaxiques générales des noms —— **432**	
4	Recatégorisation N → V_Q ou transposition fonctionnelle F_N → F_A —— **435**	
4.1	Type 1 : « Ressemblance » —— **436**	
4.2	Type 2 : « Inclination/propension » —— **440**	
4.3	Type 3 : « contenant/contenu » —— **442**	
5	Brève comparaison avec le français —— **442**	
	Conclusion —— **443**	
	Bibliographie —— **444**	

Chapitre 20 Quelques cas particuliers de l'adjectivité en français et en japonais —— 446

1	Introduction —— **446**
2	Quelques constructions à prédication seconde adjectivale en français —— **448**
2.1	Le type *Il n'y a de vérité psychologique que particulière* —— **448**
2.2	Le type *Nous n'avons de valeur que représentative* —— **450**
2.3	Le type *Il ne pouvait avaler de boisson que chaude* —— **451**
2.4	La double particule *ne...que* et ses deux aspects : aspect négatif et aspect positif —— **452**
2.5	La forme du COD et la fonction de l'élément après *que* —— **453**
2.6	*Il le boit chaud* et *Il ne le boit que chaud* —— **454**
2.7	Encore un regard sur le type *Il n'y a de vérité psychologique que particulière* —— **456**
2.8	Conclusion provisoire —— **457**
3	Un type particulier de construction adjectivale en japonais —— **457**
3.1	Les principales caractéristiques du type d'énoncé (*kore*) *uma !* —— **460**
3.2	L'élément nominal : le sujet ou la simple présentation d'un objet d'émotion ? —— **463**
4	Conclusion : prédication seconde en français et « proposition réduite » en japonais —— **467**
	Bibliographie —— **467**

Chapitre 21 L'adjectivité en arabe. L'état d'annexion et la relative —— 469
1	Introduction —— 469	
2	Propriétés générales de l'adjectif en arabe —— 470	
2.1	L'adjectif peut qualifier un nom (épithète) —— 470	
2.2	L'adjectif peut être noyau de syntagme —— 471	
2.3	L'adjectif peut assumer les fonctions d'un nom —— 472	
2.4	L'adjectif comme noyau syntaxique de la phrase —— 473	
3	L'adjectif est un qualificatif ; une ṣifā —— 474	
4	La phrase relative (ṣilā) a le même statut syntaxique que l'adjectif (ṣifā) —— 477	
4.1	Le pronom de reprise (al-ʾāʿid) ou pronom résomptif —— 479	
4.2	Le relativiseur de l'arabe est un marqueur de qualification —— 480	
4.3	Les relatives indéterminées sont des phrases juxtaposées —— 483	
5	L'adjectif dans les états d'annexion —— 485	
6	Conclusion —— 489	
	Bibliographie —— 489	

Conclusion —— 491
   Bibliographie —— 495

www.ingramcontent.com/pod-product-compliance
Lightning Source LLC
Chambersburg PA
CBHW050523300426
44113CB00012B/1937